이 책 1, 2, 3권을 모든 은인에게 바칩니다.

인류 공통문화 지각변동 속의 한국1

2012년 9월 14일 1판 1쇄 발행
2013년 12월 9일 1판 3쇄 발행

글 정의채

펴낸이 백인순
펴낸곳 위즈앤비즈
주소 서울시 마포구 토정로 21
전화 02-324-5677
출판등록 2005년 4월 12일 제 313-2010-171호

ISBN 978-89-92825-67-2 04230
        978-89-92825-66-5 (세트)
값 25,000원

인류 공통문화 지각변동 속의 한국1

정의채 글

위즈앤비즈
Wisdom & Vision

　유학 시절, 독일어권 신학에서 칼 라너(K. Rahner)가 점했던 태산 같은 위상에 점입가경으로 경탄했다. 아무것도 모르던 초기엔 대부분의 교수들이 그의 글을 가히 절대 권위로 인용하고 있음에 경외심을 품었다. 조금씩 독일 신학을 배워갈 즈음엔, 철학, 신학, 영성, 나아가 실천에 이르기까지 거미줄처럼 뻗쳐 있는 그의 사후 영향력을 확인해가며 전설의 존재감에 황홀하게 빠져들기도 했다. 그리고 박사학위를 쓰던 무렵엔, 그의 후기 저술 속에서 빛나고 있는 미래 교회에 대한 탁월한 예지력에 탄복했다. 특히나 단 한 줄의 주석 없이 인류사상의 과거와 현재를 활보하며 미래의 경계선까지도 넘나드는 그의 자유로운 사량(思量)은 일개 우둔한 학도를 매혹하고도 남았다.

　그로부터 정확히 15년이 지난 오늘, 나의 경탄은 계속 진행 중이다. 내 앞에는 여전히 크기를 가늠할 수 없는 한 거목이 서 있다. 바로 나의 은사이신, 가톨릭 철학계의 거두 정의채 몬시놀이시다.

　본디 까마득한 제자였다가, 대담집 『모든 것이 은혜였습니다』를 위한 장기간 대담을 계기로, 몬시놀께서는 나의 기억 속에 '20세기 가톨릭의 최고 지성'으로 각인되어 있었다.

　이후, 몇 년간 몬시놀 님과의 개인적인 만남과 소통을 통해서 나의 존경심엔 점점 경외감이 가중되어갔다. 창조계 전반에 잇닿아 있는 사유지평, 사태의 표리를 관통하는 통찰력, 그리고 암흑의 시야를 뚫고 미래를 내다보는 예지력은 잦아들었던 경탄의 박동을 다시금 터치하기 시작했다.

이윽고 나는 칼 라너보다 더 큰 지성을 보았다. 특히 복잡다단한 역사적 사건 속에서 '시대의 징표'를 읽어내어 굵직한 대안을 제시하는 실천 이성에 있어서, 나는 방금의 진술에 한 점 과장이 없다고 확신한다. 몬시뇰께서는 오늘 신문을 장식한 사건들 속에서 진행되고 있는 하느님의 창조경륜과 구원경륜에 대해 자주 말씀하신다. 늘 첨단 국내외 소식들에 정통하신 가운데 듣도 보도 못한 글로벌 프로젝트의 필요성을 불쑥불쑥 영감처럼 토로하신다. 나아가 3천 년 기 세계사의 거대 조류 속에서 한국의 선도적 역할론 및 그에 따른 한국 교계의 질적 성숙의 필요성을 예언자의 권위로 역설하신다. 그리고 시간이 흐르고 나면 절로 무릎이 쳐지기 다반사다. 그러기에 하늘이 부어주신 천재성의 발로라는 것이다.

나는 이런 보물들이 역사의 뒤안길에 사장되는 것이 너무 안타까웠다. 그래서 책으로 내자고 감히 제안 드렸다. 이 책을 1권으로 하여 앞으로 3권까지 나올 계획이다. 알아볼 눈이 있고 들을 귀가 있는 이 시대 지성과 더 많이 공감하게 될 미래세대를 위해서.

2012년 6월
고촌 천등 성지에서
미래사목연구소장
차동엽 신부

앞으로 본론에서 상론되겠지만, 여기서 우리는 깊이 상처받은 인간의 극악성과 인간성 타락에 대항한 교회의 위대성도 간단히 언급함이 좋을 것이다.

천하를 호령하던 대로마 제국의 변방에서 태어난 어린 생명, 천주성을 깊이 간직한 어린 예수님의 말씀은 동물 이하의 취급을 받던 노예 제도를 폐지하고 하느님 모습으로서의 고귀한 인간 본연상을 첫 천 년대에 실현하여, 대지에 뿌리내려 평화롭게 사는 첫 번째 첫 년 후기와 두 번째 천 년 초기를 열었다. 더 나아가 인문이 꽃피는 사회와 철학과 신학의 깊은 사유, 하늘과 땅을 잇는 건축술·조각·음악 등의 예술을 꽃피웠다. 그리하여 8세기부터 볼로냐의 법과 대학, 파도바의 의과 대학, 파리 대학, 옥스포드 대학 등 유럽 천지를 종합 대학이 뒤덮게 되었다.

그러나 스스로 계발하여 키워낸 하느님 모습의 지혜와 용기로 권력에 눈이 어두웠던 당시 교회와 사회 지도부는 이를 수용하지 못해 결국 종교를 비롯하여 정치, 경제, 사회 전반에 혁명의 시기를 불러왔다. 그것이 종교혁명이요, 산업혁명이요, 프랑스의 대혁명, 심지어는 공산혁명까지 수천 수억의 인명을 살상한 피의 혁명과 인간성 말살을 3천 년대는 유산으로 이어받았던 것이다.

그러나 인간, 특히 젊은이에겐 언제나 대희망이 떠오른다. 그 한 예는 사랑의 봉사 정신이 기승하기 시작한 것이다. 그것은 인간이 사랑 자체이신 하느님 삼위일체의 모습 자체이기 때문이다. 여기에 지금까지와는 다른 질 높은 사랑의 봉사 정신을 개발하고 실천해야 할 3천 년대의 교회 사명이 있다. 그러나 아직 그것이 무엇인지조차 모르는 것이 우리 교회의 실정이 아닌가 싶어 서글프다.

우주 끝까지 누릴 3천 년 인류의 삶은 곧 인류 공통문화이며 인류문화를 올바르고 풍요롭게 하느님의 창조경륜에 따라 실천하는 것이 3천 년대에 걸친 교회의 사명일 것이다. 그러나 그런 것이 무엇인지조차 감을 잡지 못하는 것이 교회의 현실인가 싶어 안타깝기 그지없다.

2003년 사제서품 50주년 기념집 『현재와 과거, 미래와 영원을 넘나드는 삶』1,2,3권을 감격에 젖어 출판한 것이 어제 같은데 만 9년이 지나 내년이면 사제서품 60주년을 맞게 되니 "세월이 유수(流水)같다"는 격언을 실감케 한다. 어찌 보면 이 『인류 공통문화 지각변동 속의 한국』1,2,3권은 사제서품 60주년 기념집 같은 감마저 든다.

이 책자의 주 흐름은 3천 년을 맞아 온 인류가 공존 공영해야 하는 하느님 창조경륜의 새로운 실현 단계에 도달했음을 그 기저(基底)로 하고 있기에 지금 막 시작됐거나 아직 그 싹조차 비쳐지지 않은 새 천 년 미래 인류의 삶을 상정(想定)한다. 그래서 선뜻 출판이 쉬운 것이 아니었다. 거기 더해 차동엽 소장 신부님은 분에 넘치는 발간사까지 써주니 고맙기 그지없다. 하느님의 지혜와 성령의 기(氣)로 충만한 미래사목연구소장이며 인천 가톨릭대학교 교수인 차동엽 신부님은 우리 시대를 멀리 보는 예언직의 선각적 지혜를 역사에 남겨야 한다며 내게 출판을 제안하여 이렇게 제1권을 출간하게 되었다. 차 신부님은 평범한 교수나 사목 활동가를 넘어 하느님의 창조경륜을 멀리 투시하는 형안을 지닌 특별한 이다.

사실 나는 윗분의 뜻을 따라 가톨릭의 대표로서 대통령 자문기구인 국민원로회의 의원이 되었다. 그런데 대통령과 정부는 G20 서울정상 회의를 개최하고도 어찌할 줄 몰라 우왕좌왕 원로들에게 안건 요청을 하였으나 별다른 의견이 없었다. 때마침 내가 발언 요청을 받아 5백 년 식민 문화 보상을 해야 하니 "개발도상국 개발안을 주제로 발의하 라"고 한 것이 주효, 같은 해 10월 벨기에 브뤼셀의 ASEM 준비회의에 서 이명박 대통령이 "개도국 개발안"을 발의하였다. 이는 온 백인 세 계에 충격을 가해 영국의 유력지 〈가디언〉은 3천 년대 인류의 가이드 라인이 한국의 이명박 대통령에게 나왔다며 대서특필하였고 이 안은 서구세계에 충격을 주었다는 소식이었다. 이 대통령의 이런 일과는 관 계없이 우리 교회는 차동엽 소장 신부님이 이 땅, 이 시기에 특수 사명 을 띠고 보내진 사도임을 인정하여, 적극 그 분의 일에 협력하면 좋겠 다. 그리스도교국이 아닌 이 나라에서 그 분의 저서가 순식간에 150만 부 이상의 독자층을 확보하니 그리스도교국에서도 이런 일은 듣지도 보지도 못한 일대 이변이다. 차 신부님의 책은 그 내용으로 보아 독자 층 대부분이 젊은 층일 것이니 90% 이상의 젊은이들이 가톨릭교회를 떠나는 것이 우리의 현실이기에 더욱 놀라운 일이다.

　다시 한 번 차 신부님께 마음으로부터 감사를 드린다. 신부님은 나 와의 〈사목정보〉지 연재 8회에 걸친 대담을 마치고 그 대담 내용을 『모든 것이 은혜였습니다』라는 책자로 발간하신 후, 이 시대 산 증거 로서의 나의 경험과 사상을 묶어 책자를 출판하시겠다고 말씀해 주셨 다. 교회 내외와 현재와 미래에 걸친 나의 사상과 경험을 저서로 후대 에 남기고자 한다는 것이었다. 그분은 하느님의 사람으로서 현재 이 땅뿐만 아니라 세계에 하느님의 나라 선포와 시대적 사명감에 투철한 분으로 널리 알려져 있다. 그분은 3천 년대 여명에 하느님의 창조경륜 실현에 대한 역사 감각 또한 뛰어나신 분이다. 또한, 이번 출판에 묵묵히 모든 뒷바라지를 해 준 미래사목연구소의 김양석 실장님께 깊은 사의를 표하며 그 많은 글자 하나하나에 마음을 써준 최현주 과장님께 감사의 마음을 전한다. 그리고 캐나다에 거주하는 오성철, 강리리 부부께 감사드린다. 이 두 분은 캐나다에서 이민 생활 초기의 고달프고 바쁜 중에도 이 책의 원고 초고를 면밀히 검토하여 주셨다. 또 한 분은 전 인천 대건고등학교장을 지낸 이석은 수사님이다. 그분은 뛰어난 필력을 지닌 분으로 내 원고의 전면적인 교정을 보아주셨다. 이 글을 통해 감사의 마음을 전한다. 음지에서 마음과 정성을 다해 도움을 주신 분들 모두에게 깊은 감사의 마음을 전하며 기도하는 바이다. 실은 이 말씀을 드리고 싶은 심정에서 저자의 말씀이라는 몇 자의 글을 여기 적게 되었다.

2012년 8월
저자 정의채

3천 년대 들어 인류문화사는 인간의 생각이 전혀 미치지 못했던 방향으로 치닫는 듯하다. 나는 문화라는 개념을 언제부터인가 아주 평범하게 생각하게 되었다. 인간의 삶, 그것이 문화이기에 사람이 사람답게 살면 좋은 문화, 즉 생명의 문화이고 그와는 반대로 나쁘게 살면 나쁜 문화, 즉 죽음의 문화라고 생각하게 되었다. 이런 생각을 하게 된 것은 내가 서강대학교 부설로 생명문화 연구소를 창설하고 초대 소장을 맡아 당시 매일 같이 일어나던 어린이 유괴와 살해 · 실종 사건, 페놀 사건으로 낙동강이 죽은 강으로 변해가는 조국 산하의 폐허화와 맞서면서부터다.

이제, 90을 바라보는 노경에 이르러, 젊을 때에 전수받으며 이론으로만 알던 것을 절절히 느끼는 자신을 발견하며 깜짝 놀라는 때가 있다. 그리고 옛 어른들의 말들이 기억나 인생은 지식만이 아닌, 무르익는 삶으로 느끼는 것이라는 생각마저 든다. 그렇지만 역시 시인이 아닌 나는 논리적으로 정리해야 직성이 풀린다.

3천 년대 들어 인류의 삶은 전과는 확실히 다른 획을 긋는 듯싶다. 2천 년이 열리며 인류는 새 천 년을 맞는다며 열광했다. 새 천 년에는 인류에게 고통이란 없는 환희의 세계로 진입하는가 하는 착각마저 들 정도였다. 그런 도취도 잠시였을 뿐, 2001년 7월 세계 경제의 상징이며 본산이었던 세계무역센터는 아랍 항공 게릴라에 의해 삽시간에 온데간데없이 사라졌고 세계 경제 우수 두뇌 수천 명이 같이 묻혀버렸다. 이것은 경제에서만 행복을 찾는 경제 동물인 인간에게 큰 징표이며 예시(豫示)적인 사건이었다. 인류는 대경실색(大驚失色)하였다. 그러나 얼마 안가 인간들은 언제 그랬더냐는 식으로 다시 희희락락(嬉嬉樂樂)하여 경제적 성취와 그 열매인 안락에만 심취하고 도취되는 형국이 되었다. 천심(天心)이 노하여서일까, 2008년 천하의 부(富)의 집중처, 부(富)의 호령처 뉴욕의 월가는 리먼브러더스 파산으로 전면적 세계 경제 혼란을 야기, 세계를 경제 대혼란으로 몰아갔다. 그런 파국은 나아지는듯하면서도 도지기를 반복하여 드디어 미국 문화의 원천인 유럽을 급습하였다. 이후, 2011년에는 그리스와 이탈리아 발 경제위기를 조성하기에 이르렀다. 그리스와 이탈리아가 현금 유럽 문화의 원천지인 것을 감안한다면, 식민지 500년 착취와 20세기 미국을 선두로 G7이 등장하여 IMF를 통해 세계 경제를 멋대로 휘몰아 가며 착취를 감행하던 서구 문화의 한계와 그 사양(斜陽)을 점치기에 어렵지 않게 되었다.

따라서 지금 인류문화의 중심은 서구에서 동양으로 그 중심이 옮겨오는 시기에 이르렀다. 문화의 척도조차 우선 경제에서 가늠해야 하기에 한마디로 선진국이 쏟아내는 잉여산품을 살 수 있는, 경제력이 있는 동양으로 문화의 축도 옮겨오는 것이다. 여기 더해 한국은 2010년 G20 서울정상회의를 개최하며 172개 개도국 개발안을 냈기에 한국이 동양으로 옮겨오는 인류문화의 중심축을 이루는 상황이 되었다. 나는 이런 인류문화의 흐름을 신학을 배경으로 하느님의 창조의지에서 설명해야 올바른 미래지향적인 답이라고 생각한다. 다시 말해 인류가 하나가 되어가며 인류의 더 좋은 삶, 즉 더 고차적인 인류문화를 이루는 3천 년대는 하느님 창조경륜(創造經綸)의 더 높은 단계의 실현임을 확신한다.

이런 관점에서 3천 년대에 펼쳐지는 국내외의 격동을 배경으로 『인류 공통문화 지각변동 속의 한국』 1, 2, 3 권을 출간한다. 1권에서는 인류 공통문화 지각변동 속의 한국 사회, 2권과 3권에서는 한국 가톨릭교회의 현실과 미래를 조망하는 부분을 다루게 될 것이다.

2012년 8월
교황명예고위성직자
철학박사, 서강대학교 전 석좌교수
정의채 몬시뇰

▌차례

---

1 책에서는 당시 사회에 큰 충격을 주었던 노무현 정권을 역주행(逆走行)당으로, 야당인 한나라당을 좌초(坐礁)당으로 표현한다. (보수와 진보의 본 의미에 관해서는 본문 〈時代精神〉 인터뷰 중, 427-469쪽 참조.)

제2부 새로운 인류문화와 우리의 진로

부록

3천 년대 인류문화 흐름과 한국의 진로 조망

아래 글들은 있는 그대로 사실대로 기록한 것이나 나의 행적이 등장하기에 마음의 부담을 느낀다. 그래도 용기를 준 것은, 복음 선포에 도움이 된다면 무엇이든지 감행한 바오로 사도의 말씀이다. 물론 나는 바오로 사도와 같이 계시를 받은 바도 없고 고생한 바도 없다. 바오로 사도는 다음과 같이 말한다.

― 이로울 것이 없지만 나는 자랑하지 않을 수 없습니다. 그리고 아예 주님께서 보여 주신 환시와 계시까지 말하렵니다. 나는 그리스도를 믿는 어떤 사람을 알고 있는데, 그 사람[2]은 열네 해 전에 셋째 하늘까지 들어 올려진 일이 있습니다. 〔…〕 나는 그 사람을 알고 있습니다. 〔…〕 낙원까지 들어 올려진 그는 발설할 수 없는 말씀을 들었는데, 그 말씀은 어떠한 인간도 누설해서는 안 되는 것이었습니다(2코린 12,1-4).

― 누가 감히 자랑한다면, 어리석음에 빠진 자로서 말하는 것입니다만, 나도 자랑해 보렵니다. 그들이 히브리 사람입니까? 나도 그렇습니다. 그들이 이스라엘 사람입니까? 나도 그렇습니다. 그들이 아브라함의 후손입니까? 나도 그렇습니다. 그들이 그리스도의 일꾼입니까? 정신 나간 사람처럼 하는 말입니다만, 나는 더욱 그렇습니다. 나는 수고도 더 많이 하였고 옥살이도 더 많이 하였으며, 매질도 더 지독하게 당하였고 죽을 고비도 자주 넘겼습니다. 마흔에서

---

2 바오로 사도 자신을 말함.

하나를 뺀 매를 유다인들에게 다섯 차례나 맞았습니다. 그리고 채찍을 맞은 것이 세 번, 돌질을 당한 것이 한 번, 파선을 당한 것이 세 번입니다. 밤낮 하루를 꼬박 깊은 바다에서 떠다니기도 하였습니다. 〔…〕 수고와 고생, 잦은 밤샘, 굶주림과 목마름, 잦은 결식, 추위와 헐벗음에 시달렸습니다(2코린 11,21-27).

─ 말씀을 선포하십시오. 기회가 좋든지 나쁘든지 꾸준히 계속하십시오. 〔…〕 사람들이 건전한 가르침을 더 이상 받아 드리려고 하지 않을 때가 올 것입니다. 〔…〕 그러나 그대는 어떠한 경우에도 정신을 차리고 고난을 견디어 내며, 복음 선포자의 일을 하고 그대의 직무를 완수하십시오. 〔…〕 나는 훌륭히 싸웠고 달린 길을 다 달렸으며 믿음을 지켰습니다. 〔…〕 의로운 심판관이신 주님께서 그날에 그것을 나에게 주실 것입니다(2티모 4,2-8).

나는 부족하기 이루 말할 수 없지만 이런 심정을 본받아 교회의 갈 길도 비추어보고자 한다. 또한, 한 사제로서 또 한 지성으로서 시대의 오류를 복음의 정신으로 바로 잡고 혼란과 고통에 동참하여 감소시키거나 소멸시키려 애쓴다. 그리하여 교회의 갈 길과 하느님의 창조경륜 실현으로 세상 질서를 '인류문화 흐름'에서 비추어 보려는 것이다.

나는 지금까지 실제적으로는 성(聖)과 속(俗)을 이분화하여, 종교인의 삶에는 성(聖)의 개념을, 그 반대인 일반인의 삶에는 속(俗)의 개념을 적용하는 데 동의하지 않는다. 그리스도교 정통 교리에 근거하여 성이든 속이든 모두 성(聖), 즉 거룩함 자체인 하느님으로부터 창조된 것이기에 인간이 일반적으로 말하는 종교인의 삶의 세계 혹은 그와는 다른 일반인의 삶의 세계인 세상질서도 모두 성(聖), 즉 거룩함일 수밖에 없다. 따라서 동양의 표현에 따라 우주 만물의 영장(靈長)인 인간, 그리스도교 교리에 의하면 '하느님의 모습'(imago Dei)이라는 인간이나 하느님의 흔적(痕迹-vestigium Dei)인 물질세계 모두 하느님을 본받아 세상에 나타난 것이다. 이른바 사람들이 구별하여 말하는 영적인 질서나 물질적인 세계질서도 다 같이 창조주 하느님의 창조의지에 따라 유지·발전되어야 하기에 두 가지 질서가 올바로 서도록 인간은 다 같이 노력해야 한다. 더욱이 나는 이 땅에서 큰 비중을 차지하는 사회집단인 천주교의 일원으로서 교회 고위층으로부터 천거되어 국민원로회의 위원의 임무를 맡게 되었기에 성(聖)·속(俗)의 영역을 넘나드는 역할을 하게 되었다. 나는 오랜 성직 생활과 철학과 신학을 전공하고 인류문화 흐름의 탐구인으로서 이 나라 국리민복(國利民福)과 더 나아가 인류복지(人類福祉)를 위해 노력해야 한다.

여기에서 제시하는 주요 기록은 2003년 나의 사제품 50주년을 계기로 출판한 세 권의 책자, 『현재와 과거, 미래, 영원을 넘나드는 삶』1, 2, 3(2003년, 가톨릭출판사) 이후의 것이다. 사건의 연관으로 그 전의 것, 특히 인류문화의 큰 분수령인 2천 년을 기점으로 논하기 시작했다. 이 책자에 제시되는 문제들은 3천 년대에 들어 인류는 창조주에게 부여받은 인권에 바탕을 둔 공통문화 창출의 긴요(緊要)성에 몰리고 있기에 그런 면에서 문제들을 조망했다.

① 1950년대 공산 사상의 철학적 내부 붕괴와 1989년 10월에서 1990년 5월까지 천년 철옹성(鐵甕城) 궤멸의 기적이다. 1960년대 당시, 인간의 자유 말살과 그의 필연적 귀결인 사유재산의 전면적 부정과 몰수를 기간으로 하는 공산 전체주의 체제가 정점을 치고 있을 때, 한국에서는 공산주의 사상이 새로운 활력을 받고 있었다. 그러나 1950년대에 발생한 사상적 내부 붕괴는 1989년 10월에서 1990년 5월까지 짧은 시간에 걸쳐 천 년 철옹성(鐵甕城) 같았던 소련 중심의 동구 공산국가들이

도미노 현상을 일으키며 공산주의 정체(政體)가 사라져 갔다. 동독에서 일어난 작은 불길은 이웃의 강력한 가톨릭 국가인 폴란드에서 삽시간에 전국을 휩쓸었고 그 공산 정체(政體) 붕괴의 불길은 공산 체제의 심장인 소련 자체를 뒤엎었다. 이런 기적적 변화는 정치인, 군사 전문가, 사상가, 철학자, 신학자, 미래학자, 종교사상가도 예언하지 못한 것이었다. 인류는 또 한 번의 기적을 체험한 것이다. 물론 이런 변화의 도화선은 아주 기이했다. 당시 소련의 수상이었던 고르바초프가 교황 요한 바오로 2세를 두 번 만난 후, 소련의 해체를 결심한 데 그 근원이 있었음을 인정하고서다. 소련의 강력한 공산 체제 붕괴가 2010년경 혹은 2020년경 등으로 보는 사람들이 더러 있었다. 나는 하느님의 섭리로 2천 년이 도래하기 전에 소련 공산주의 정체가 사라지리라는 확고한 신념을 가지고 말했기에 동구 공산주의의 붕괴 후, 〈조선일보〉에 3일간에 걸쳐 큰 지면을 할애하여 기고한 바 있다.

② 3천 년대에 인류 역사는 하느님 창조계획의 새로운 단계의 실현인 인류의 공생(共生), 공조(共助), 공영(共榮)의 단계로 접어들었다. 이에 인류는 새로운 공생과 공영의 공통문화를 창출해야 한다. 지금은 자본주의 4.0.에 대해 "따뜻한 자본주의", "행복한 발전" 등의 말이 무성하다. 이런 인류 사조 흐름의 근본은 '사랑으로 나누는 것'이다. 이러한 사랑 실천은 인류가 하나가 되어 갈수록 더욱 요청되는 요인이다. 이런 사랑은 인간의 사랑을 넘어 하느님 삼위일체 안에서 영원에서 영원으로 교류되는 근원적 사랑에서 이루어지는 완전한 자기증여(自己贈與)의 단계에서 완성된다. 그런 단계를 구태여 표현한다면, 10점 만점 규준으로 "인간 사회 10.0"이라 해도 좋을 것이다. 이런 사회의 예시는 인도의 마더 데레사 수녀의 가난한 이들의 돌봄에서 잘 나타

났다. 이런 사랑의 실천 시기를 지향하는 인류공생(人類共生) 시기에 자기증여 사랑의 화신(化身)인 가톨릭교회의 역할은 절대적으로 요청되기에 가톨릭교회는 가일층 사랑 실천에 분발해야 한다.

③ 하느님 창조경륜의 실현으로 1945년 제2차 세계대전 종식과 더불어 5백 년 식민지 문화는 종식되었다. 1970년대 초기 오일쇼크로 발생한 G7 시기는 2008년 미국 월가 경제 파탄으로 G7의 IMF를 통한 경제착취 시기의 막을 내린 셈이다. 이러한 가운데 G20 시기를 맞은 지금, 인류문화의 축이 동양으로 옮겨오며 3천 년대를 맞았다. 이러한 가운데 하느님 창조경륜의 새로운 실현을 따라 우여곡절을 겪으면서도 온 인류가 한 민족, 한 가족과 같은 미래를 지향한다. 그러기에 G20의 첫 번째 정상회의가 선진국 밖인 서울에서 처음 열린 것은 그 시사하는 바가 매우 크다. 이런 흐름은 누구도 막을 수 없는 강력하면서도 자연스러운 것이다. 이는 지금 그 중심이 한국임을 인류문화의 세계 흐름은 우주 공간 끝까지 넘나들 인류에게 강력히 지시한다.

본론에서는 그 단적인 예 한두 가지를 소개하고자 한다. 그것은 먼저 세계 문화의 중심이라는 프랑스의 심장, 파리에서 한류 아이돌의 공연을 연장하라는 성화로 샤를르 드골 공항이 마비된 것이다. 또 한 가지는 평창 동계올림픽 유치 성공이다. 물론 삼세 번의 유치 노력담은 이제 새로운 것이 아니다. 표면화된 성공담과 숨은 비화 등 수많은 이야기를 들었다. 지금은 그런 노력에 걸맞는 준비와 성취, 사후 시설 관리가 나라의 큰 짐이 되지 않기를 바라는 마음이다.

나는 이번 유치의 쾌거를 더 깊은 인류문화 차원에서 보고자 한다. 그것은 다름 아닌 이번 동계올림픽 경쟁 상대가 유럽 문화를 대변하는 프랑스와 독일이라는 점이다. 이런 강력한 유럽의 문화 대변국인 두 나라를 제치고 한국의 시골인 평창이 세계에 떠오른 것이다. 세계인의 축제인 동계올림픽은 오늘날 인류문화의 단적인 표현이기에, 평창이 유럽의 문화 대변국을 물리치고 압도적인 다수표로 일차 투표에서 당당히 승리한 것은 3천 년대 새로운 인류 공통문화 창출에 의미하는 바가 크다. 한편, 한국은 G20 서울정상회의에서 172개국 개도국 개발안을 제안함으로써 다 같이 번영해야 할 3천 년대 인류의 지표를 제시하여 세계를 놀라게 했다. 그것은 동양이, 그것도 한국이 3천 년대 새로운 인류 공통문화 창출의 시발 테이프를 끊었기 때문이다. 동양에서의 3천 년대 인류문화의 중심은 일본이나 중국이 아닌 한국이란 점을 분명히 한 것이다. 그것은 단 50년에 가장 빈곤했던 식민지이자 1945년 해방된 최빈국, 5년 후인 1950년에서 3년간 민주와 공산의 이념 전쟁으로 1천만 이산가족과 백만의 사상자와 전국 초토화를 겪은 한반도의 반쪽 나라인 한국, 그것도 최빈국으로서 남의 도움을 받았던 수혜(受惠)국인 한국이 세계사에 그 유례가 없는, 남을 돕는 나라 시혜(施惠)국으로 변한 것이다. 경제적 부흥 또한 10대 경제국에 들어 후진국, 이른바 개발도상 172 개국이 한국을 표본으로 하게 된 것이다. 그들은 G20 서울정상회의에서 개발도상국 개발안을 제창한 한국을 표본으로 발전하고자 한국 뒤에 줄서게 된 것이다.

2010년 5월 25일, 이명박 대통령 주재의 청와대 국민원로회의에서 (대통령이 G20에 대한 아이디어 제공 요청에 단호한 건의로) 나는 개도국 개발안과 주요국 초청안을 건의했다. 이명박 대통령은 이 안을 그대로 수용하여 브뤼셀 ASEM 회의에서 개도국 개발안을 발표했다. 영국의 유력지 가디안(Guardian)은 이 안이 3천 년대 새로운 세계 질서 아이디어라고 찬사했다. 이렇게 3천 년대 새로운 인류문화의 축은 동양으로 오되, 한국이 싫건 좋건, 원하건, 원하지 않건 문화의 중심에 서게 되는 것이다.

④ 위에서 언급한 바처럼, 이런 흐름의 주역은 우리 젊은이들이어야 한다. 우리 사회, 특히 정부 정책에서는 그간 젊은이들에 대한 우선 정책이 없었다. 이는 이명박 정부에 들어 촛불시위를 위시하여 주요 선거 때마다 여당의 참패로 나타났다. 나는 이러한 부분도 청와대 국민원로회의에서 심각한 문제로 지적했다. 우리의 지금 실정은 그냥 젊은이들을 잃어버리는 것이 아니라 젊은이들의 성격을 따라 극 좌경화 하여 국가의 앞날에 큰 걱정거리가 된다는 것이다. 이는 이회창 씨와 노무현 씨 대선 결과와 그 후 촛불시위를 비롯해, 지방 자치단체장 선거 등에서 번번이 여당(한나라당) 참패로 나타났음을 지적했다. 좀 더 구체적으로 말하면 그간 청와대와 여당 한나라당은 파당이나 권력 독식에 도취되었다. 그래서 인민의 나라라고 하면서 인민 수백만이 굶어 죽는데도 세습 왕조 건설에 온 국력을 쏟아 아사와 기아로 탈북을 감행하는 인민을 사살하고 노력 수용소에 구금하는 북한 정부에는 일언반구도 못한다. 나는 추종 일변도밖에 없는 종북(從北)에는 절대 반대이기에 밀어준 민심을 배반하는 정권인 이명박 정권에 고언(苦言)을 할 수밖에 없었다. 이런 젊은이들의 흐름은 이명박 대통령의 형님, 이상득 의원과 만사형통(萬事兄通) 이상득 의원 비서들의 놀라운 부정부패 수뢰 혐의 사건과 국회의장 비서진의 수뢰혐의 사건으로 날이 새고 저무는 형국이기에 사태는 생각보다 더욱 심각하다. 일언이폐지(一言以蔽之)하고 이런 청와대와 여당을 젊은이들은 등지고 돌아설 수밖에 없다. 나는 어느 당파나 편 가르기에 서는 것이 아니라 나라의 번영과 3천 년대 세계 속에서 웅비하는 우리 젊은이들의 운명과 사명을 생각하며 직언을 해야 했다. 그러나 젊은이들의 문제를 운만 떼었다. 그리고

오늘날 한국 젊은이들의 세계적 위상, 즉 새로운 3천 년대 인류문화의 주역과 사명을 말할 여지가 없었다. 이는 시간과 권력자들의 "무지와 권력의 야합"에 부딪쳐서다. 심지어는 내가 이런 논리를 전개하는 동안, 시간 초과로 사회자 측으로부터 쪽지 전달이나 사전 연락도 없이 자기들의 말을 내보내었다. 나는 명색이 국민원로인데 어찌 이럴 수가 있느냐의 표지로 마이크의 소리를 더 높여, 이런 무례를 염려했기에 발언 전에 이명박 대통령께 말이 좀 길어져도 좋으냐고 양해를 구한 것이 아니냐고 타이르며 마무리했다. 이렇게 청와대 주변 인사들, 그 안에서 진행될 수많은 주요 회의들이 그러할 것이다. 일단 요직에 임명되면 국가 중대사가 그런 꼴로 처리될 것이니 그게 무슨 의견 개진과 수렴이냐는 비난을 면치 못할 곳이 청와대 회의이기에 그 모든 것은 이명박 대통령의 책임이라는 것을 그 당시에도 말했고 여기에도 밝힌다. 물론 귀가 후에, 그날 회의를 주재한 위원회 위원장에게 실례했다는 전화 사죄 연락을 받았지만 말이다.

이제 이런 논조, 즉 젊은이 문제에 대한 본론을 말해야겠다. 나는 청와대 국민원로회의가 이 모양이어서 제대로의 의견 개진과 그 해결의 전모를 제시하지 못했기에 실망이 컸다. 그러나 대통령의 의중은 진정성이 있음을 확인할 수 있었다. 2010년 12월 초순 청와대 측으로부터 2011년 대통령 신년 시정(施政) 연설 준비를 위해 중요한 의견 제시를 요청받았다. 물론 나는 국가 대사(大事)이고 국민의 안위와 복지, 세계 속에서의 국가 발전 문제와 깊이 관련되기에 서슴없이 수락했다. 단 조건이 있었다. 그것은 제일 먼저 내가 제기한 의견이 비서실에서 적당히 첨삭(添削)되어 대통령에게 전달되는 것이 아닌가 하는 의구(疑懼)였다. 그대로 전달된다는 확답이었다. 그 후 대통령 신년 시정(施政)사를 보니 내가 말한 것을 제대로 이해하지는 못했지만 그대로 전달된 것을 확인할 수 있었다. 나는 그 다음은 무엇을 말하기를 원하느냐고 물었다. 청와대측 대답은 지난 3년간 대통령의 연례 시정 표어에 대한 나의 견해였다. 첫 해는 "더 큰 대한민국", 둘째 해는 "중도 실용", 셋째 해는 "공정한 사회"에 대한 나의 견해였다. 그에 대한 나의 견해는 본론에서 말하겠다. 그리고 앞으로 4주기를 맞는 데 대한 나의 건의였다. 자못 진지했기에 나는 모 행정 비서관을 숙소 서재에서 만나 4시간여 동안 면담했다.

그 상세한 내용은 이 책자(제1권) 말미 적소에서 소개할 것이나 그중 한 가지를 먼저 밝힌다. 그것은 먼저 '젊은이 20만 명가량의 세계 파견 문제'다. 나는 젊은이들을 문화봉사단으로 파견해야 한다고 주장했다. 우리는 6·25 동란으로 무수히 많은 인명 살상과 부상, 굶주림, 헐벗음, 무지와 질병 등을 극복하며 남을 도와 어떻게 문명사회를 이루는가에 대한 노하우를 충분히 가지고 있다고 했다. 그렇기에 이런 노하우로, 또 우리 젊은이들의 K-POP을 위시한 한류 바람과 여타 동서(東西)의 전(前)세대가 생각도 못하는 전혀 새로운 문화 동력으로 그들은 개도국뿐만 아니라 선진국까지 휘어잡을 괴력(怪力)을 갖고 있다. 그런 우리 젊은이 20여만 명을 문화봉사단으로 세계에 파견해야 한다고 제안했다. 이에 이명박 대통령은 2011년 신년 시정(施政)사에서 2만 명 젊은이의 세계 파견을 천명했다. 물론 이 정도의 파견도 적은 것은 아니지만 내가 제안하는 문화봉사단 세계 파견 의도나 규모나 그 내용 면에는 전혀 미치지 못했다. 그렇기에 교육이나 훈련, 파견 등도 기존의 외무부 국제협력단(KOICA) 관장만으로는 부분적으로 이해했음을 단적으로 드러낸다. 나는 그 제안이 내포하는 전체를 아우르려면 새로운 독립적인 연구소(institute)가 필요하다고 보았다. 정부의 다른 부서들은 그런 기관을 적극 돕는 위치에 서야 하는 것이다. 그런 연구소가 잘 발전하게 되면 미국의 MIT(Massachusetts Institute of Technology), 혹은 독일에서 높은 평가를 받으며 전국에 분산되어 있는 막스 플란크 연구소(Max Planck Institut)처럼 될 수 있다. 3천 년대 인류의 새로운 질서를 창출하고 유지·발전시키는 데는 20세기에 큰 발전을 이룬 (상기한) 연구소를 뛰어넘는 기구 창설과 관련 분야의 연구와 실천이 요구된다.

그리고 3년간의 시정 표어 문제 중에 하나다. 그것은 이명박 정부 둘째 해의 "중도 실용"이라는 시정(施政) 표어다. 이명박 대통령은 노 대통령의 좌경 정책에 실망한 국민의 우익에 대한 절대적 지지로(530만 표로) 대선 사상 초유의 압승을 거두었다. 그런데 "중도"하면 좌익에 가까이 간다는 말이다. 또한, 선거로 공산당이 대도시는 물론 몇 개의 중소 도시를 제외하고 전국을 휩쓸던 1950년대 말과 1960년대 초기에 이탈리아 기민당이 (중도하면 우냐 좌가 되기에) '중도 우'(右)라고 하면서 서민층에게 다가갔다. 이에 절대다수 우익의 지지를 받은 이명박 정권이 중도를 표방하며 왜 좌로 가지 못해 안달이냐는 우익의 위구심을 사, 적지 않은 우익 인사들이 이명박 정부에게 실망하고 떠났다. 구체적으로는 서민을 위해 그렇게 한다면, 왜 전(前) 정권의 좌경화로 망친 서민 정책을 답습해야 하느냐. 또한, 우익적 인간 자유와 민주 번영 일로인, 어느 정도 수정된 시장경제 속에서 서민에게 더 득이 되는 정책을 개발하지 못하는 것이냐. 그렇기에 나는 당당한 정책 하나 제대로 이끌어 내지 못하는 무능한 인사들이 청와대 참모와 정부 각료냐고 힐난(詰難)하는 의견을 제시했다.

이명박 대통령의 모든 실책과 민심 이탈은 한마디로 처음부터 끝까지 이른바 고소영(고려대, 소망교회, 영남) 인사 정책에 갇힌 데에 기인

한다. 그뿐만 아니라, 미국과 세계 경제 심장부 월가의 경제 파탄으로 세계 경제가 혼미를 거듭하는 데는 미국적 사고, 즉 존 듀이의 실용주의가 큰 역할을 한 것인데 실용주의는 또 무엇이냐는 난문을 제시했다. 그 후로 이명박 대통령은 '중도 실용'이란 말을 사용하지 않는데 오히려 아부성 청와대 참모들이나 정부 각료들이 섣불리 사용하는 듯하다.

내가 발언한 의견은 구체적 경제 문제나 정치 문제에 목이 매어 있는 인사들에게는 감조차 잡지 못하는 새로운 인류문화의 흐름, 즉 인류문화사(史) 흐름에서의 더 근원적인 문제에 대한 것이다. 그 길만이 전(前) 세대를 느낌으로 멀리 앞지르는 우리 젊은이들을 좌(左)에 눈 돌릴 새도 없이 휘어잡을 수 있는 길이기 때문이다. 이에 나는 앞으로 세계로 미래로 날아오르는 우리 젊은이들 20여만의 문화봉사단 세계 파견 안을 제시했다.

그것은 제3천 년대가 요구하는 인류의 새로운 공통문화 창출, 즉 급속히 인류가 하나가 되어가며 공생(共生) 공영(共榮) 하는 인류의 새로운 문화 창출의 중심에 우리 젊은이들이 우뚝 서 있음을 의미한다. 그것은 과거 수 세기 동안의 유럽인, 즉 영국이나 프랑스가 좀 더 늦게는 미국이 서 있던 인류문화의 중심에, 아니 그보다 더 폭넓고 심오한 위치에 우리 젊은이들이 서게 하는 것이다. 이는 기성세대와 이명박 대통령을 필두로 청와대 참모, 정부 각료, 여당이 말과 실천으로 입증해 주어야 한다. 이런 일을 이루기 위해서는 G20서울정상회의에서 172개국 개도국 개발안 및 주요 개도국의 초청 계기를 충분히 활용하여, G7이 되살아나 역주행적 요동을 치기 전에 선수(先手)치며 실천해야 한다.

그런데 지금은 이미 때와 실천의 핵심을 놓친 것 같다. 단적으로 집약하면, 다음과 같다. 2010년 서울정상회의에 앞서 경주의 중앙은행장과 재무부 장관 준비회의가 같은 장소에서 G7 회의를 했지만 흐지부지하게 끝난 듯하다. 내 생각은 G20에서 의제가 주최국 한국의 제안으로 확정 단계에 이르렀기에 어떤 의미로 G7이 이전의 경제착취를 근거로 부귀영화에로의 역주행 복귀 분위기가 전혀 아니었던 것 같다. 그러던 것이 새로운 시대의 명줄이라 할 수 있는 세계 금융이 IMF로, (아마도 한국의 제안으로) 미국 달러화와 중국의 위안화 갈등에 중재를 든다는 식으로 IMF를 강조했으니 그 역대 총재직 독점으로 재미를 본 프랑스가 얼마나 신이 났을까 싶다. 그렇기에 지난 이명박 대통령의 유럽 방문 시 사라코지 프랑스 대통령과의 회담에서는 조금의 주저도 없이 G7 문제가 다시 크게 부각된 것이 아니었을까. 날짜를 기억하지 못하지만, 우리나라 유력지 경제면에 말레이지아 수상(영국의 유수 대학 경제학과 출신)이 자기는 어떤 일이 있어도 IMF 구제(救濟)는 절대 안 받겠다는 요지의 인터뷰 기사를 읽은 것으로 기억한다. 그 주장의 이면에는 IMF를 G7 시대의 경제착취 기구로 인정하기 때문이라는 생각이 들었다. 나는 2010년 G20 서울정상회의 때부터 줄곧 20세기 세계 경제 착취 파이프라인인 IMF가 역사 속으로 사라져야 한다고 주장해 왔다(교황청 정의평화위원회는 2011년 10월 24일자 성명에서 IMF가 역사 속으로 사라져야 한다고 말했다). 또한, 미국의 달러화와 중국의 위안화 문제는 그들이 필요할 때 스스로 해결할 문제이지 제3자가 참견해서 해결될 문제가 아니다. 3조 달러를 가진 중국은 미국의 달러가 힘이 있어야 자국에 유리하고, 미국은 13억 신흥시장 중국이 필요하기에 자기들끼리 적절한 시기에 문제를 해결할 것이다.

한국이 제시한 172개국 개도국 개발안 발언과 더불어 가장 중요한 것은 개도국 개발 은행의 서울 신설안이다. 세계 개발안, 즉 경제 문제를 위해 기존의 IMF 강화(强化) 안은 인류문화사 흐름에서 볼 때 시대착오적인 것이다. 천 년대 변혁기에서 지난 세기, 더 크게는 지난 2천 년대의 잔재를 깨끗이 씻어내야 경제 식민시기의 잔재물, 다시 말해 G7의 세계 경제 중추기구인 IMF 대신 새로운 세계 개발은행을 서울에 설립하는 것이 절실히 요청된다. 이런 은행을 서울에 세우면 그 본점이 위치한 서울은 상징적으로만이 아니라 실제적으로 매우 큰 의미가 있다. 그것은 세계 은행과 IMF가 미국에 자리하고 있음으로 세계 금융계의 중심이 미국인 것에서도 자명이 드러난다.

세계 개발은행이 서울에 있어야 할 이유는 다음과 같다. G20 체제는 실질적으로 3천 년대의 새로운 세계 경제질서를 확립해야 한다. 5백 년 식민지 시기의 경천지동(驚天地動) 지역 및 인간 착취, 2008년 미국 월가 파탄까지 세계 경제를 휘저으며 최대한의 이득을 갈취한 원죄를 고스란히 떠안은 유럽이나 미국이 아닌, 3천 년대 인류문화의 중심이 동양이 되어야 하기 때문이다. 동양에서도 G20 의장국으로 첫 번째 회의를 개최하며 172개국 개도국 개발안을 발의, 3천 년대 인류의 새 질서를 지향하는 한국의 서울이어야 한다.

토지 식민시기 5백 년은 1945년 제2차 세계대전 종전으로 끝을 맺었다. 그 후 1970년대 오일 쇼크로 발생한 G7과 IMF로 인한 세계에 걸친 경제망으로 경제 착취 시기는 2008년 미국 월가 파탄으로 끝난 셈이다. 이제 인류문화는 새로운 공생(共生) 공조(共助) 공영(共榮)의 천 년대를 맞았다. 이에 G20은 사명 완수를 위해 세계 착취 조직을 역사 속에 묻고, 모든 것을 새롭게 해야 할 시기에 도달한 것이다. 이에 세계 개발은행을 서울에 두는 것이 합당하다.

한국은 가장 가난한 식민지, 가장 처참했던 이념전(理念戰) 6 · 25 내전으로 수많은 살상자(사상자)와 천만 이산가족 및 전국 초토화, 더

할 수 없는 가난한 수혜(受惠)국에서 유일하게 남을 돕는 나라, 즉 시혜(施惠)국으로 변했다. 또한, 서울은 숱한 시련으로 남을 돕는 많은 노하우를 가졌기에 세계 개발은행의 가장 적합한 장소다. 또한, 그 총재직도 한국인이어야 개도국에게 노하우의 전수(傳授)국이 될 수 있다. 그렇기에 유럽이나 미국을 넘어 이제 동양에도 세계 은행이 있어야 한다. 서울은 이의 최적의 지점이다.

이렇게 새 천 년대의 세계 새 질서는 새 술을 새 부대에 담아야 한다는 지혜를 실현하는 것이다. 또한, 서울에 세계 개발은행이 생기는 경우, 많은 한국 젊은이들에게 일자리가 생기며 세계 속에서의 웅비가 펼쳐질 것이다. 물론 한국에 많은 세계인이 유입되어야 한다. 이런 국운은 한국을 세계 속의 한국으로, 새 천 년대의 한국 시대를 여는 것이다. 이른바 선진국들이 3세기에 걸쳐 이룬 근대화를 단 50년에 이룬 한국은 그 모범을 받으려 줄선 개도국을 등에 업고 새로운 천 년대를 열어가는 위업을 이룰 수 있다. 물론 그 막대한 자금은 5세기 여에 걸쳐 착취를 감행한 식민 주도(主導)국이 그 큰 부분을 담당해야 한다. 이런 새 질서 실현에 식민 주도국, 이른바 선진국은 기꺼이 응해야 할 것이다. 불응할 경우, 개도국은 그런 식민 주도국의 산품(産品) 불매 운동으로 응징해야 할 것이다. 앞으로의 세계질서에서 지난 5세기 여에 걸친 식민제국(帝國)과 근 1세기간 세계 경제를 좌지우지(左之右之)한 선진국들은 자국에서 매일 산더미처럼 쏟아내는 잉여 물자를 후진국, 즉 개도국에 팔지 않고서는 자멸(自滅)을 초래할 것이다. 이런 인류문화의 흐름은 정의(正義)의 요청이며 근원적으로는 하느님 창조경륜의 새로운 단계의 실현이다. 하느님은 이 세상에 생을 받고 오는 모든 사람이 다 같이 행복한 삶을 살기 위해 당신의 창조 사업을 이루셨다. 그러므로 인류가 공동으로 실현해 가는 문화의 새로운 흐름은 하느님 모습으로서의 인간의 사고, 그런 사고에 의한 행동 혹은 실천이 하느님 창조의지의 실현이다.

작금 언론에 요란하게 소개되는 자본주의 4.0. 시기, 행복한 성장 시기, 즉 사회 구성원 모두가 행복한 삶을 실현하려는 꿈이랄까 현실을 품게 되는 사회 구현은 바로 하느님 창조경륜의 더 높은 단계의 실현으로 보아도 무방하다. 다만 여기에 가장 중요한 요인은 진정한 사랑으로 행복한 성장 실천이 뒷받침 되어야 한다. 이점에 가톨릭교회 영성의 원천인 사랑의 실천이 절실히 요청된다. 물론 그런 것은 인간이 깊은 상처를 받은 본성으로 이런 본궤도에서 심하게 탈선하는 경우가 적지 않음을 항상 염두에 두고서다. (여기서 나는 우리에게 한 가지 중요한 사건을 제시하고자 한다. 그것은 8월 24일 서울시 초등학교 무상 급식의 단계적 실시안 서울 시민 찬반 투표 문제다. 나는 이런 것은 문제조차 되지 않는다고 생각한다. 앞에서 말한 바와 같이 자본주의 4.0. 운운하는 시점에 인류문화가 도달하고 우리 사회 재벌들에게 이런 분위기가 감돌고 있는 것이다. 지금은 많은 기업이 그 막대한 이윤의 적지 않은 부분을 사회에 환원해야 할 시점이다. 이 점을 정부는 십분 이용하여 재벌을 설득하고 실천하게 하면 쉽게 할 수 있다. 또 재벌에게는 세계에서 선진적이라는 긍지를 갖고 자진하여 실천할 수 있는 문제다. 그것은 다름 아닌 재벌이 초등학교, 중학교의 점심 급식을 자본주의 4.0. 정신으로 자진하여 실시하도록 하는 것이다. 예컨대 가장 많은 이윤을 낸 재벌에게는 서울시의 무상 급식을, 두 번째로 이윤을 많이 낸 재벌에는 부산시에서, 그 다음은 또 다른 도시나 도에서 하게 하는 것이다. 자본주의 4.0. 시기 정신의 고취로 하면 현 시점, 즉 자본가 세계에 새로운 기풍으로 이 땅에서 놀라운 성과를 거둘 것이다. 그것은 이 땅의 기업가들이 기업 세계뿐만 아니라 필요한 때에, 또 세계적 새로운 기풍에 동기만 부여하면 세계적으로도 앞서가는 기질을 갖고 있기 때문이다. 정부 측은 그들이 오늘과 같이 방대한 이윤을 내게 된 데는 한국이라는 풍토에서 노동자의 피땀과 우수한 두뇌가 한국의 국제적 위상을 높이고 발전된 한국의 뒷받침이 되었기에 가능했음을 일러준다. 또한, 그 막대한 이윤을 같이 나누는 것이 자본주의 4.0. 정신임을 알려주면 어렵지 않게 무상 급식 정도는 해결할 것이다. 그런데 왜 그렇게 문제를 혼란스럽게 몰고 가는지 여야(與野)가 다 같이 답답할 따름이다. 이런 견해는 아직 나오지 않은 새로운 아이디어이기에 8월 25일 모 언론기관 중진들과의 대담에서 처음으로 발설하니 깜짝 놀랐다.)

이렇게 하느님 창조계획 실현의 새로운 면모인 올바른 세상 질서 실현은 이 세상에 생을 받고 오는 모든 인간이 그 처지에 따라 이행할 의무와 권리가 있다. 이에 가톨릭교회 윗분들의 뜻에 따라, 나는 가톨릭교회의 일원으로 국민원로위원 자리에서 국가의 안녕과 복지, 더 나아가서는 세계인의 번영을 하느님 창조경륜의 실현이라는 관점에서 사태의 흐름을 조망하고 실현시켜야 할 입장에 서게 된 것이다.

하느님께서 세상창조 시, 인간의 마음에 깊이 심어준 근원에로의 회귀심(回歸心)은 종교 형태로 나타난다. 하느님이 직접 세우시고 알려준 계시(啓示)종교인 천주교는 이 땅에서 그 위대성을 유감없이 드러내기도 하지만 때로는 인류문화의 격류(激流) 속에서 혼란을 겪거나 해야 할 것을 제대로 하지 못한 때도 있었다. 그러나 탁류(濁流)와 역류(逆流) 속에서도 가톨릭교회는 그 예언적 사명으로 사회복음화 청류(淸流)의 도도한 흐름으로 전진을 계속해야 한다.

제1권에서 나는 사회, 정치, 경제 등의 민생 문제, 즉 국민이 고민하는 문제들의 해결과 국민이 행복하게 사는 세상 질서 확립을 위해 오늘날 흔히 말하는 자본주의 4.0.을 멀리 앞지르며 더 근원적으로 조명했다. 또한, 인류문화 발전이 지향하는 하느님의 선하심에서 더 근본적으로는 하느님 삼위일체 안에서 영원에서 영원으로 교류하는 우주 창조경륜의 더 높은 단계인 사회성 실현, 즉 사랑으로 뒷받침 받는 사회상 구현을 불편부당(不偏不黨) 객관적인 입장에서 말한 것을 언론은 언론 나름으로 여론은 여론 나름으로 인용하였다. 나는 인류문화 흐름에서, 사태의 옳고 그름의 입장에서 논하고자 한다.

여기 싣는 1권의 글들은 〈평화라디오〉와의 대담과 유력 일간지, 전문지 투고와 여타 유력지 등에 자주 인용되고 발표된 것들이 대부분이다. 〈평화라디오〉와의 대담은 그때그때 사회에 제기되는 문제들을 올바로 해결하여 민복(民福)에 이바지하려는 내용이다. 따라서 〈평화라디오〉에서 한 나의 발표는 여타 언론과 여론의 관심사는 물론이고 판단 규준이 되는 경우도 적지 않았다. 또한, 이런 나의 〈평화방송〉과 일간지 투고에 대한 비판도 있었지만, 수많은 격려의 이메일 투고를 접하며 감동하였다. 그분들께 이 지면을 통해 감사의 말씀을 전한다.

이런 저런 국가적 세계적 격랑기(激浪期)를 거친 이 1권의 분량이 적지 않음을 독자(讀者) 제현(諸賢)께 말씀드리며 지혜를 청하는 바이다.

〈문화일보〉 2천 년 신년사[3]

대망의 2천 년 새 아침이 밝았다. 새 천 년에 지구와 우주에서 살아가는 모두에게 축복을 빈다. 새 천 년 맞이에 세계는 온통 흥분의 도가니다. 어떤 지성인 한 분이 우리는 천 년을 맞는데 이 땅에서는 21세기만을 말하니 답답하다고 하였다. 세 번째의 천 년의 기원은 예수 그리스도의 탄생이다. 그리스도교는 그 의미가 인생의 본 의미를 깨우쳐 준 것이고 인류의 삶에 큰 빛을 주어 인류 구원의 길을 열어 준 것이라고 말한다.

우리는 새 천 년의 인간 삶을 꿈꾸기에 앞서 먼저 지나온 두 천 년의 큰 줄기를 간략하게나마 더듬어보는 것이 좋겠다. 예수의 탄생 당시는 암흑에 뒤덮였던 시기다. 폭력이 인간의 모든 것을 지배하던 약육강식의 대로마 제국은 노예 제도의 천하였다. 장시간 완강히 저항하던 카르타고에 입성한 로마의 장군 스피키오는 모든 것이 파괴된 비참 앞에서 대성통곡하고 "나는 왔노라, 보았노라, 이겼노라"(Veni, Vidi, Vici)라는 대승전보를 로마 원로원에 전해 로마를 흥분의 도가니로 몰아넣었다. 이런 실화는 당시의 포악성을 여실히 드러낸다. 그러나 천하를 제압한 로마의 무자비한 포악성도 3백 년의 박해를 감행했지만 식민지의 변방 한 마을에 탄생한 예수의 가르침으로 서서히 변해 갔다. 온 로마 천지가 그리스도 탄생 전에는 알지 못했던 새 천지로 변해갔다. 예수의 탄생은 천사들이 말해 준 대로 '평화'와 '기쁨'의 소식이었다. 그러나 첫 번째 천 년대의 중반에 사방에서 몰려온 야만족의 침략과 행패로 로마제국은 암흑천지가 됐다. 교황 레오 1세는 직접 적장 아틸

---

3 2000년 1월 1일 〈문화일보〉.

라를 만나 고결한 인품과 사상으로 그를 설복하고 결국 그들을 그리스도교 정신으로 순화시켜 유럽에 새 천지를 도래케 했다. 그리스도의 깊은 영성은 고달픈 인간 심령에 평화와 삶의 보람을 선사했다. 이런 흐름은 크고 작은 많은 곡절을 겪으면서도 전 유럽에 문물을 꽃피웠다. 가톨릭의 절대적 후원 아래 13-14세기에 우후죽순 격으로 유럽 전역에 나타난 대학들은 인문과학, 사회과학, 자연과학과 예술을 꽃피워 현대 문명의 원천을 이루었다.

그러나 두 번째 천 년의 중반에 유럽은 또 다시 큰 혼란의 물결에 휩싸였다. 그것은 종교 분열이었다. 30년간에 걸친 처절한 종교 전쟁으로 유럽은 초토화됐고 수많은 인명이 살상됐다. 근·현대에 일어난 각 방면의 분열은 꼬리를 물었다. 프랑스 대혁명으로 프랑스 전토는 피로 물들었다. 식민지 쟁탈전, 흑인 노예화와 인신매매, 자본계급의 극심한 착취, 맑스주의 대두, 6백만 명 유태인 학살, 두 번의 세계대전, 공산주의 정권의 확산, 급기야는 빵과 자유를 다 잃은 공산국가의 참상과 붕괴 현상이 뒤를 이었다. 두 번째 천 년대의 후반기에는 겉으로는 화려하면서도 인류문화사에서 지울 수 없었던 피비린내가 가실 줄 모르는 오점들이 수없이 각인됐다.

우리는 새 천 년을 맞으며 가는 천 년대 말기에 일어난 몇 가지 사건에 주목한다. 첫 번째 사건은 삽시간에 일어난 공산 정체들의 도미노 붕괴 현상이다. 이런 놀라운 사건은 세계를 주름잡는 지식인, 정치가, 경제인, 군사 전문가, 철학자, 종교인 등 그 누구도 예견하지 못했던 사건이었다. 그것은 역사를 이끌어 가시는 하느님의 역사로밖에 볼 수 없다. 소련의 고르바초프는 교황 요한 바오로 2세를 두 번 만나고 그 인품에 감동했다. 그는 살벌한 공산사회에서는 찾아볼 수 없었던 마음의 세계, 영(靈)의 세계에 접하게 되어 공산체제의 종주국 소련을 붕괴시키기로 결심했다고 고백했다. 그것은 또한, 맑스의 「공산당 선언」과 「자본론」이 세계를 풍미할 때 그 오류를 지적하여, 올바른 인간상을 제시한 교황 레오 13세의 「새로운 사태」(Rerum Noverum, 노동헌장) 교서의 100년간에 걸친 항쟁의 결과였다. 물론 인간의 자유와 창의성에 근거한 경제 부흥은 공산주의 몰락의 결정적 동인이었다. 다른 낭보(朗報)는 5백년간 갈라져 반목하던 가톨릭과 개신교의 화해 선언이다. 또 하나의 길조(吉兆)는 교황 요한 바오로 2세가 1986년과 1999년 두 번에 걸쳐 초빙한 세계 종교 지도자들의 기도 모임이었다. 다른 편으로는 새 천 년대를 바로 눈앞에 두고 일어난 사건들, EU, 즉 유럽통합의 실현과 사상 초유의 아프리카 정상 모임인 아프리카 합중국 실현의 선언이었다. 기존의 미합중국과 남미 정상회의체 등을 합쳐 인류 역사는 하나의 세계, 하나의 인류를 향해 전진한다.

　오늘 2천 년의 새 아침이 밝았다. 지난 천 년대의 말미 몇 세기의 인류는 식민지와 착취에서의 해방, 독재에서의 자유 쟁취 등에 몸부림쳤다. 그들을 이끌어 간 표어가 '인권'과 '사회 정의'였다. 새 천 년대에 인류를 하나로 묶어주고 골고루 번영하는 삶으로 이끌어갈 표어는 더 심층적인 '생명'과 '사랑'으로 생각된다. 인류는 지금 하나의 '공통문화' 형성의 필요성에 몰리고 있다. 문화란 인간이 인간답게 사는 삶의 형태다. 물론 인간의 삶은 인종 및 그 지역 특성과 조건에 따라 각기 다른 삶의 이념과 윤리, 종교 등 역사의 배경에서 이루어진다. 따라서 인류는 할 수 있는 한, 그런 것들의 좋은 요인을 보존하면서 하나로 살아가는 공통문화를 창출해야 한다. 여기에 기득권, 이해관계, 이기심, 적대감 등이 겹쳐 많은 갈등과 심지어 전쟁까지 유발될 수 있다. '생명에 대한 사랑'은 인간 누구에게나 소중한 삶의 공통요인이다. 새 천년은 '생명을 소중히 하고 사랑하며 더 풍요롭게 하자'는 슬로건으로 펼쳐져야겠다.

필자는 1991년 서강대학교에 '생명문화연구소'를 창설하고 초대소장 취임사 몇 구절을 여기에 덧붙이고자 한다.

'생명 그것은 두 말할 것 없이 하늘의 선물이며 은혜이며 기쁨입니다. 그것은 삶의 모든 가치의 근거입니다. 그것은 또한 인간 이전의 것이며 인간 이상의 것입니다. 생명, 그것은 분명 사랑의 소산이며 모든 생명은 사랑을 먹고 자라고 사랑으로 영위되며 사랑으로 인간이 상상할 수 없는 아득한 태고로부터 오늘에 이르렀습니다. 또 사랑으로 먼 훗날까지 끝없이 이어져갈 것입니다. 특히 인간의 생명은 이 우주 안에서 가장 고귀하고 일회적인 것, 유니크(unique)한 것, 침범할 수 없는 것입니다. 급기야는 신비스러운 것, 신성한 것입니다. 생명은 이 세상 질서에서 모든 가치의 알파요 오메가입니다. 우리는 이런 생명을 사랑하고 수호하며 그것을 본연의 모습으로 신장시키려는 것입니다. 그렇기에 우리는 이 연구소의 표어를 '세상의 생명을 위하여'(Pro Mundi vita) (요한 6,51)로 정하여 세상의 모든 생명을 사랑하며 수호하려는 것입니다. 인간 생명에 준하여 자연 생명도 창조의지에 따라 유지, 발전시키려는 것입니다.

모든 생명을 사랑한다는 것이 새 천 년대 인류의 기본 이념이 되어야 할 것이다. 이런 인류 역사 진행은 예수의 마지막 기도 "이들도 우리처럼 하나가 되게 해 주십시오"(요한 17, 11)의 넓은 의미의 실현이다. 인류의 생명 문화사는 특권을 아래로 일반인에게 분유(分有)하여 참여시키는 것이 그 본류다. 부족장이나 씨족장의 특권 시대, 왕조와 귀족, 장군의 특권 시대, 종교인과 정치인, 경제인의 특권 시대와 그에 부응하는 크고 작은 특권층은 점차 사라지고 국민 모두가 그런 특권을 분유하여 참여하는 시대인 민주주의 시대로 변천해 왔다. 그러나 현 단계에서는 그런 흐름에서 소외된 민족이나 사람들이 너무 많다. 그뿐만 아니라 권력이나 부(富)에 참여하더라도 여전히 왕조시대에 버금가게 소수의 직책이나 계층의 전유물의 테두리를 벗어나지 못한다. 우리나라에서는 더욱 그렇다. 새 천 년의 인지(人智)의 발전과 양심, 기술 발전은 모든 생명이 분수에 맞게 해당 권력과 부에 골고루 참여하고 각자의 능력을 충분히 발휘하도록 정치, 경제, 사회, 과학, 문화 전반에 걸쳐 새로운 삶을 이루어 줄 것이다. 다시 말해, 인간 삶은 평면적이고 지역적 성격을 넘어 입체적이고 세계적, 우주적 성격을 띨 것이다. 인간의 사회성은 그 양상을 달리하여 더 강력하게 될 것이다. 이런 삶을 위한 새로운 문화, 즉 '공통문화' 형성이 요청된다. 어떤 국제 학술회에서는 이 점에 중요한 시사를 했다. 그것은 새 천 년의 삶을 위한 인간의 '공통 소명'(common vocation) 의식설이다. 이런 공통 소명 의식은 각 사람의 참여(participation)로 성립된다. 이 때, 개개인은 주인이며 봉사자의 성격을 띠게 된다. 이런 문화 형성에는 "네 이웃을 네 몸같이 사랑하라"는 예수의 말씀이 그 밑바탕에 깔린다.

또한, 과학기술의 발달, 특히 사이버의 발전, 더 나아가 울트라 사이버(사이버를 넘어서)의 기술 발전으로 외적 통제(그것이 법률적이건 관습적이건 심지어는 도덕률까지도)만으로는 인간을 올바로 이끌어 가지 못할 것이다. 그런 삶에서의 인간은 자각과 자율이 규제의 규준이 될 것이다. 이런 면에서 종교는 중대한 역할을 해야 한다. 인간 내면 세계의 실현인 하느님과 개인의 내면적 만남이 절실히 요청된다. 한편, 새 천년대는 지난 천 년으로부터 과학기술 발전을 유산으로 이어받았다. 세상 질서에서는 '모든 것은 인간이 하고 인간을 위해 하는 것인데' 현금의 과학기술은 인간성과 우주질서에 역행할 위험이 크다. 사실 과학기술이 올바른 가치판단의 규범을 이탈할 때, 인간성과 자연 질서의 파괴, 우주 질서의 혼란으로 이어진다. 이것은 인류가 적지 않게 경험한 바이다. 독가스 생산 금지, 생화학 무기 생산 금지, 핵무기 생산 금지와 작금에 일고 있는 유전자 변형 농산물 생산 금지, 환경 호르몬 문제 등이 그 예다. 근년에 심각하게 발생하는 기상 이변도 과학기술 오·남용에 의한 것이라는 설이 강하다. 지구가 성난 것이다. 과학기술이 아무리 발전한다 해도 그것이 물질 세계에 속하는 이상 한계에 부딪힐 수밖에 없다. 과학기술은 인간성과 자연 본성과 법칙에 순응할 때, 인간 삶과 자연에 크게 이바지할 것이다.

인류가 하나를 지향하기 위해 지금 대륙별로 각기의 단일체, 통합체를 만들어 가고 있다. 그러나 인류의 가장 큰 부분이며 가장 오랜 종교와 철학 등 고도의 문화를 갖는 아시아가 통합체를 이루지 못한다면, 인류의 하나의 통합체 형성도 무망(無望)하다. 새 천 년대는 환태평양 시대이기에 더욱 그렇다. 아시아의 모든 나라는 식민지의 쓰라린 경험을 공유한다.

오늘날 세계 도처에서 세계화, 지구화 논의가 고조되고 있다. 그것은 '미국화'라고도 한다. 그러나 만일 미국이 앞선 기술과 풍부한 자본으로 독주하며 세계를 좌지우지한다면 곧 인류 양식의 강력한 저항과 역사의 준엄한 심판에 직면하게 될 것이다. 미국은 이제 기술과 자본으로 인류 공동 발전에 이바지해야 할 의무가 있다. 중국·인도·아프리카의 오지, 남태평양의 고도 원주민 등 아직도 원시 생활의 문화 형태를 벗어나지 못한 사람들도 선진국형의 문화를 공유해야 한다. 그렇게 되기까지는 새 천 년의 거의 전반의 시기가 소요될 것으로 보인다. 인류 문명이 이대로 발전한다면, 머지않아 인류는 에너지난, 식량난, 식수난, 주택난 등에 봉착할 것이다. 물론 인간은 지혜와 과학기술 발전으로 태양열 사용, 바닷물 담수화, 공중에서의 농작물 재배, 천체 자원의 활용 등 여러 가지 방도를 강구할 수 있다. 그러나 자연 자원과 과학기술 발전에는 한계가 있다. 인간에게는 더욱 더 근검절약, 사랑, 나눔의 정신이 요청된다. 또 이런 삶 속에서 인간다움이 드러날 것이다. 과학기술의 발전으로 복제인간 출현을 비롯하여 인간 수명이 200-300세로 연장된다면 2-3대가 아니라 10대, 20대 손(孫)들과 같이 살아야 한다. 문제의 심각성은 상상을 초월한다.

인간은 정신과 신체, 즉 영(靈)과 육(肉)으로 된 존재이기에 물질적 풍요와 감각적 즐거움만으로는 만족할 수 없다. 이런 상태에서 인간의 마음과 영은 더욱 심한 공허와 허탈감을 느끼게 될 것이다. 오히려 이런 상태에서 인간은 자살률을 높여 갈 위험이 크다. 그렇기에 새 천 년대를 통해 거듭 새로운 성탄이 요청된다.

천부의 인간성과 자연과 우주를 지키며 풍요롭게 하자, 인간 생명의 모체인 가정을 지키며 풍요롭게 하자. 이런 것은 새 천 년대에 인류 공통의 커다란 과제가 될 것이다. 새 천 년대를 살아갈 모두에게 천사가 하늘 중천에서 노래한 '하늘 높은 데서는 하느님께 영광, 땅에서는 마음이 착한 사람에게 평화' 라고 한 기쁜 소식, 구원의 소식을 전하며 축복을 빈다.

추기: 여기에 제시한 나의 사상을 좀 더 부연한 것을 이어서 소개한다. 1991년 12월, 나는 서강대학교 부설 생명문화연구소 개설과 그 초대회장을 맡았다. 2000년 11월 타이완 보인대학(輔仁大學)이 주최한 북경에서의 창설 70주년 세계 철학자 대회에서 3천 년대 인류 공통문화 창설을 주창하였다. 그 주요 개념을 "생명"으로 하되 "생명을 사랑하자 풍요롭게 하자"는 발표로 삽시간에 세계적인 큰 호응을 얻었다.

미래를 지향하는 오늘의 인류 사상계 동향

(이 문제는 폭넓은 것이기에 여기서는 국제회의 발표와 내게 청해온 자문과 관련되는 한에서 그 요점을 소개한다.)

나의 근자의 일이, 한국 교회와 학계가 세계 교회와 학계에 하는 일의 한 자락으로 생각하기에 여기에 덧붙여 말한다. 그 자료들은 제3권에 첨부한다. 내가 여기서 설명하는 연구소는 영향력 있는 곳으로 미국 정부 국무성의 연구비를 받으며 앞에 올 세계를 정신적 · 윤리적으로 준비하는 미국 워싱턴 가톨릭 대학의 "가치와 철학의 연구소" (Research in Values and Philosophy)이다. 나는 약 20여 년간 그 연구소의 자문 역할을 간간이 해왔다. 여기에 이메일로 받은 발전된 연구소의 모습을 일별할 편지 몇 통을 요약하여 첨가한다.

이는 2006년에 주고받은 것으로서 첫째는 1986년에 불광동성당 주임신부로서 내가 연구소와 같이했던 국제회의에 대한 회고와 연구소가 전개할 회의, 특히 2008년 열린 세미나의 주제 "문화로부터의 철학의 발생"(The Emergence of Philosophy from Cultures)에 대한 자문 요청, 둘째, 2006년 가을 진행된 (10주간 분) 집중 세미나 "역사와 문화적 정체성"(History and Cultural Identity)에 대한 보고 및 자문 요청 및 세미나 내용, 셋째, 그 내용에 대해 연구소에 보낸 새로운 자문, 넷째, 연구소의 나의 자문에 대한 감사와 내 의견에 근거하여 여러 해 동안 연구를 전개해 갈 것을 논의하고 보내온 것이다. 그들은 내 의견을 "반성과 격려와 예시"(reflection, encouragement, suggestion)라고 했다. 또한, "당신이 제시한 또 다른 진보를 위한 기대"(We look for the resources for the alternative progressiveness you mentioned)라는 표현을 했다. 이는 그동안 그들과의 교신에서 (내가 아는 바로는) 어떤 발표나 자문에 대해서도 좀처럼 쓰지 않는 표현이다. 또한, 맥린(Prof. McLean) 소장이 다년간 교류에서 한 번도 쓰지 않던 "참으로 대단히 고맙다"(many thanks indeed)라는 표현 등은 매우 이례적인 것이다. 그 연구소는 세 번째 이메일 교신에서 제시한 새로운 제안을 지표로 삼고 싶었으나 상당한 문제가 그들에게 있었을 것으로 보인다. 그 방향의 국제회의를 하기 위한 해당 자료 수집이나 학자 발굴, 범례 등을 세계 어디에서도 찾을 수 없기 때문이다. 상기한 연구소는 그 모든 것을 UN 등 국제기구와 학문의 세계를 비롯하여 탐험가·민속학자들의 세계, 상품판촉을 위해 세계 오지를 누비는 상사의 노하우 등을 총동원하여 시작해야 할 것이다. 그것은 인류의 미래적 필수 과제이고 어디에선가 시작해야 할 과제다. 이렇게 해서 수세기 앞에 이루어질 인류문화 사회 도래가 많이 앞당겨질 수 있을 것이다. 수세기 동안 세계 식민지 시대를 좌우한 영국에 뒤이어 새 세계 질서를 구상하는 미국의 권위 있는 연구소이자 종말론적인 신앙관에 뿌리를 둔 가톨릭 연구소라면 이런 점에 선두주자 역할을 해야 할 것이다.

반기문 UN 사무총장 취임 후 기자회견 시(2007년 1월), 이라크의 사담 후세인 처형에 대한 질문에 '국내법의 문제'라는 표현으로 곤혹을 치른바 있다. 이는 UN 등의 국제기구나 세계학회에서는 모든 것을 인간의 보편적 가치, (나의 표현은) 모든 실증법의 기본이 되는 인간의 천부적 가치와 권리와 의무에 근거해 모든 것을 처리해야 하기 때문이다. 이런 인간과 자연의 천부적 가치를 향해 인류문화는 전진하고 있으며 이는 모든 인간 존재에 해당된다. 또한, 이런 가치 판단과 실천은 어떤 의미로는 자연과 우주 전체에도 해당한다. 인류문화는 여기에 이르기까지 계속 크고 작은 충돌과 재앙에 시달릴 것이다. 거기에 도달해도 인류는 낙원적 평화를 구가하지 못할 것이다. 아마 지금으로서는 예상할 수조차 없는 문제에 부닥칠 것이다. 앞으로 인류의 평화를 위해 큰일을 해야 할 반기문 UN 총장이 이런 면의 비전까지 겸비하면 금상첨화일 것이다.

저간의 미국의 과정을 위에서 언급한 워싱턴 가톨릭대학의 "가치와 철학연구소"(RVP)의 움직임과 결부하여 좀 더 부연한다면, 1974년 미국이 베트남에서 패배한 후, 미국인들의 충격은 매우 컸다. 특히 젊은 이들의 충격이 커 의기소침 감각주의, 나아가 쾌락주의, 더 극단적으로는 호모, 게이[4] 등으로의 급격한 확산을 보일 때였다. 그 당시, 위 연구소와 미국 국무성이 협동하여 미국 국민, 특히 젊은이들의 올바른 가치판단과 사기 앙양, 전개될 태평양 시대 준비와 베트남에서 베트콩이 승리한 정신적 근거[5]에 대해 종교적[6]이고 윤리적인 가치관을 연구하며 앞으로 다가올 태평양 시대를 예상하고자 했다.

이에 대한 첫 번째 회합은 태평양 연안 국가인 멕시코에서, 두 번째는 아르헨티나, 세 번째는 일본, 그 다음 1986년에 한국에서 하기로 했다. 한국에서는 다른 나라들의 예를 따라(일본은 큰 재벌 회사가 주관하였음), 국립대학이나 명문 사립대학에서 하려고 했다. 그래서 당시 백기수 교수(지금은 고인)를 통해 서울대학교에 교섭했지만, 서울대학교 측에서는 생소한 문제라고 사절했다. 이에 내가 당시 주임신부로 있던 불광동성당에서 '윤리와 가치'라는 주제로 그 회의를 개최했다. 그

---

4 이런 문제들은 지금은 큰 이해와 관심의 대상이지만 확산 초기에는 사회적 이해나 관심 밖일 뿐만 아니라 냉대의 대상이었다. 이런 흐름은 드디어 샌프란시스코 한복판에 게이 지구가 형성되기도 했다. 가톨릭교회는 처음부터 이런 이들을 위해 큰 관심과 많은 재력과 인력을 투입하여 이들을 돕고 있다. 그러나 그 비윤리성을 정당화하는 것은 아니다.

5 다시 말해, 소총 한 자루도 없는 베트콩에게 매일 1억불의 폭탄을 퍼부으면서도 미국이 패배한 원천적 힘.

6 공산주의 신념을 종교적이라고 보며, 특히 동양인의 종교적 심성관을 포함한다.

다음은 중국이었다. 중국 대륙에서는 아직 죽(竹)의 장막인 중공(中共)의 시기라 중국 본토에서 못하고 대만에서 했다. 그 다음에는 인도에서 그리고 태국이나 인도네시아 등에서 할 계획이었다고 했다. 한국 회의 때, 나는 개회사와 여타 대화 중에 좀 더 근본적으로 문화 문제를 다루어야 한다는 점을 지적했다. 만일 몇 세기에 걸친 먼 미래지향적으로 다루지 않으면, 어쩌면 식민지 시대의 앙금과 정신적, 심리적 갈등을 폭발시킬 것(지금 이라크 상태처럼)이라는 점을 지적했다. 또한, 몇 년 후, 홍콩 반환 후를 생각해야 하며 회의는 문화적 차원에서 해야 한다는 점을 지적했다. 이는 참가 회원인 워싱턴 가톨릭대학교, 보스턴대학교, 도쿄대학교 교수들에게 (더 근본적으로는 국무성에게) 충격을 주었다.

이는 영국이 홍콩을 99년간 점령한 것은 중국의 일만 년 역사에서 볼 때 중국인들에게 아무것도 아닌 것이어서 영국은 결국 승리자가 아닌 대패자(大敗者)임을 알아야 한다는 내용이었다. 다시 말해 영국이 세계를 제패했지만 동양에서는 중국의 일만 년 역사 앞에 중국에 공헌만 하는 결과가 되었다는 것이다. 영국은 수에즈 운하를 거쳐 중동 아랍 국가들을 석권하고 인도와 싱가포르를 거쳐 홍콩에 거대한 거점으로 놀라운 현대 도시를 건설하고 공전의 해상 항로(航路) 개척으로 동양을 제압하고 부와 영광을 누렸다. 그러나 중국은 모든 외래 세력, 즉 정신, 종교, 물질, 무력 등 어떤 것이든 중국 문화와 1만 년 역사, 중국 대지(大地)에 흡수되고 동화한다는 것을 알아야 한다고 했다. 백인 500년 식민 정책의 결정체 같은 영국인들이 훌륭하게 개척한 해상 항로를 따라 중국은 새로운 노력이나 투자를 하지 않고 바로 영국인들이 침략한 그 루트로 역(逆)진출, 대영제국(大英帝國)의 식민지권을 그대로 인수하게 될 것이라는 점을 말했다. 또 한 가지 유의할 점은 그 백 년 동안에 무수히 많은 중국인이 영국이 개척한 홍콩 해상 항로를 통해 동남아 일대와 중동, 아프리카 등을 위시하여 세계로 퍼져나가 화상(華商)이 되고 거부(巨富)가 되어 중국 정부와 합세하여 영국과 세계를 압박하게 될 것이라고 말했다. 지금 중국은 영국이 개척한 홍콩에서 출발하여 동남아, 중동, 더 나아가 아프리카의 영국 식민지들에 거의 다 손을 뻗친 셈인데 그 재력은 화교들의 부와 중국이 미국과의 무역에서 번 막대한 달러를 통해 이룬 것이다.

　이런 점을 그 당시에 말했기에 위에 말한 연구소(RVP)장 (지금도 그 당시도 동일 인물)은 내 조언을 계속 구하는 것이다. 그래서 2000년 11월, 70주년 기념 세계 가톨릭 철학 대회를 대만의 보인대학(輔仁大學)에서 개최할 때, 나도 맥린 교수(McLean)와 함께 발표하게 되었다. 그때 그분은 내 발표를 중시하여 새로운 차원에서 자문을 구했다. 그때 강연 주제와 요지는 인류가 같이 살아야 하는 3천 년대이므로 "인류 공통문화" 창출이었다. 그 핵심 개념은 인류가 공통으로 간직한 "생명 사랑과 생명 풍요화"였다. 그러나 그 노정(路程)은 고통스런 충돌과 진통 과정을 거쳐야 할 것이라고 했다. 그런데 뜻밖에 2001년 미국 뉴욕시의 9·11 사태가 발생했다. 이는 미국이 이라크를 침공했지만, 더는 무력으로 안 된다는 것을 체험하게 했다. 이런 사태 진전에 미국의 워싱턴 가톨릭대학교의 "가치와 철학 연구소"(RVP)는 활기를 띠고 내가 말한 문화 문제를 큰 슬로건으로 (전에 국무성의 지원으로 태평양 시대를 연구했던 것을) 폭을 넓혀, 인류 공통문화 형성 관점에서 수많은 국제 세미나를 하게 되었다. 드디어 2006년 9, 10, 11월에 걸쳐 세계 각지의 석학들을 초빙하여 집중적으로 인류문화에 관한 국제 세미나를 했다. 그리고 이후 연속될 국제 세미나의 방향에 대해 자문을 구했다. 나는 이메일로 말해 준 내용 즉, 적어도 3천 년대의 전반기 3-4세기에 걸쳐 인류가 비록 심산유곡이나 절해고도에 사는 인간이라도 다 같이 번영하는 삶, 즉 인권에 근거해 정당한 대우를 받으며 의무와 권리를 향유하는 공생(共生)·공영(共榮)의 세계를 구상하지 않으면 걷잡을 수 없는 대재앙(disaster)을 불러올 수 있으니 결국은 앞으로 "인류 공통문화" 창출이 시급히 요구된다는 것을 말했다. 오늘날 강대국들의 현재의 정치, 사회, 경제 등 시스템의 해체를 구상하고 약소민족, 소수종족, 각종 종교, 산속, 즉 심산유곡(深山幽谷)에 또는 외딴 섬, 즉 절해고도(絕海孤島)에 인간의 손길이 닿지 않은 곳에 사는 부족들의 개인적 인권 존중과 소공동체 즉, 가족적 삶을 이른바 선진국과 같은 단계에서 인정하고 보장해 주는 '인류 공통문화' 구성을 향해 나아가지 않으면 인류는 더 큰 혼란과 비극을 초래할 것이라는 점을 밑에 깔았다. 그리고 그런 방향을 설정하고 연구에 노력해야 한다는 점을 제시해 주었다. 결국 이런 3천 년대의 인류문화는 하느님 창조경륜의 실현이라는 점을 제시했다.

현재의 미국 체제가 해체되어야 한다고 했는데도 연구의 지표로 삼겠다는 것은 미국의 저력을 보여주는 놀라운 일이었다. '가치와 철학 연구소'는 미국 국무성의 자문역을 하니 어떤 의미로 미국 국무성을 자문하는 결과가 되었다. 참으로 시쳇말로 "세상은 요지경"이고 신앙적으로는 "하느님의 창조경륜은 인간의 의도와는 상관없이 더욱이 교회의 권력일변도와는 상관없이 인간의 지혜와 선의에 의해 구현되어가는 것이라는 점"을 경탄할 수밖에 없었다.

덧붙여, 2001년 아시아 가톨릭철학회(필자가 회장직 재임 시)가 인도네시아에서 그리스도교 문화와 이슬람 문화를 주제로 이슬람 학자들과 같이 국제 철학회의를 하려했으나 동티모르 사건 등으로 인도네시아에서 할 수 없게 되었다. 그런데 나와 인연이 깊은 '가치와 철학 연구소'가 2003년 터키의 이스탄불에서 내가 인도네시아 회의 주제로 생각했던 것과 비슷한 내용으로 세계 각지에서 온 120여명 학자들이 모여 회의를 했다. 어찌 말하면 종교문화 회의를 한 것이다. 그런 중에 큰 보람을 느끼는 것은 내가 2000년 보인대학(輔仁大學) 창립 기념 70 주년 기념 국제철학회의에서 "생명을 사랑하자 풍요롭게 하자"는 표어로 "인류 공통문화" 창출을 제안한 후,[7] 오늘에는 국제 철학회를 위시하여 여러 가지 국제회의에서 "생명문화"가 다각적으로 조명되거나 밑바탕에 깔리는 것이 상식화 된 것이다. 사실 내가 제안한 이런 표어, 즉 "생명을 사랑하자 풍요롭게 하자"는 사상은 어느 종교나 철학이나 신학을 비롯하여 모든 학문과 실천계, 즉 인간 삶이 영위되는 곳에는 어디서든지 기초가 되는 개념이다. 앞으로 수 세기 동안, 인류의 가장 중대한 과제는 인류 공통문화 창출과 실현이다. 그것은 인류가 다 같이 평화롭고 번영된 인간다운 삶을 살아야 하기 때문이다. 이런 문제에서 나 같은 사람이 낸 아이디어가 인류사상의 새로운 차원을 여는 데 시조(始祖)적 역할을 하게 된 것은 깊은 우연이다. 기실 하느님께서는 이런 과정을 통해 계속 인류사와 우주사의 발전을 이끌어 가신다. 이렇게 당신의 창조경륜을 전개해 가시는 하느님의 섭리는 놀랍고 감사할 뿐이다.

또 이 기회에 사상적으로 한국의 위상을 세계에 드높일 제22회 세계 철학자 대회를 서울에서 개최하게 되었다. 그것도 철학의 본원지라는 그리스 아테네와의 경쟁을 뚫고 이루어낸 서울 회의라니 의미심장하다. 서울 회의의 표어가 "오늘의 철학을 다시 생각한다"(Rethinking

---

7 실은 이런 나의 사상의 출발은 1991년에 서강대학교에서 당시 박홍 총장신부의 적극적 후원으로 나와 같이 대학사상 초유로 "생명문화연구소"를 창설하여 당시 매일 같이 자행되던 수많은 어린이 유괴 살해사건을 종식시켰다. 또한, 당시 발생한 낙동강 페놀 사건으로 한국의 산하(山河) 전체가 산업화로 온통 오염 황폐화되었을 때, 나는 '환경보존을 위한 국가 선언문 제정 위원장'을 맡아 인간과 자연의 생명 보존과 존중, 번영 운동을 펼쳐 성공한 경험을 인류 삶의 차원, 즉 문화 차원으로 승화하여 '인류공통문화' 창출을 주창하게 되었다.

Philosophy Today)라니 위에서 제시한 철학의 진로와 일맥상통하는 것 같아 매우 큰 의미로 다가왔다. 그러던 중, 세계 철학자 대회 한국 조직 위원회 고문직을 한국 조직위원회 의장 이명현 교수(전 문교부장관, 현 서울대 교수)로부터 부탁받아 내게는 새로운 감회로 다가왔다. 이명현 의장 명의 안내문 일부를 소개하는 것도 의미 있을 것 같아 덧붙인다.

"한국철학회는 2003년 그리스 아테네와의 치열한 경합을 뚫고 2008년 제22차 세계 철학자대회를 서울에 유치했습니다. 국제철학연맹(FISP)의 주관 하에 1900년 이후 매 5년마다 열리는 세계 철학자대회는 세계 최대 규모의 철학 분야 학술 대회로서 흔히 '철학자들의 올림픽'이라고 불리고 있습니다. 2008년 서울에서 열리는 세계 철학자대회에는 전 세계에서 약 3천 명의 철학자들이 참가할 예정입니다 이에 정의채 선생님을 한국 조직위원회의 고문으로 모시고자 하오니, 허락해 주시면 대단히 감사하겠습니다."

또한, 한국 교회와도 밀접한 관계에 있는 급변하는 사상계 동향을 부연한다. 그 하나는 2008년 마닐라에서 열리는 "세계 가톨릭 철학대학회"(COMIUCAP)의 모임이다. 이 모임은 새 천 년을 맞으며 교황청이 인류 사상을 하느님의 창조경륜에 따라 올바로 이끌기 위해 심혈을 기울여 만든 것이다. 교황청 문화평의회 의장 푸파르 추기경님의 임석 하에 파리 UNESCO 본부에서, UNESCO와 프랑스 정부 문화성의 후원을 받고 파리 가톨릭대학교의 철학대학 주관으로 2000년 3월 창립 총회와 기념 세계 철학 학술회의를 했다. 나는 이 회의에 초청되어 "아시아에서의 철학과 그리스도교 사상"에 대해 아시아를 대표하여 발표한 바 있다. 그리고 아시아 지역을 책임져 달라는 간곡한 부탁을 수차례에 걸쳐 받았지만 다른 일들로 사절했다.

그 후 미국과 남미의 국제회의를 거쳐 2008년에는 동양에서 하게 되는데 장소를 필리핀의 마닐라로 정한 것이다. 그런데 필리핀이 가톨릭 국가이긴 하지만 그 나라는 지정학(地政學)적으로만 동양에 위치할 뿐, 그들의 생활이나 사고, 사상, 종교, 관습 등 일체가 서구식, 즉 오랜 스페인과 미국의 식민지로 유교나 불교를 위시하여 동양 사상과는 전혀 관련이 없고 완전히 서구화된 나라이기에, 한국 교회 특히 명동에 인프라가 되어 있으면, 한국에서 회의를 하는 것이 정상적일 것이다. 더 나아가 새 천 년에 아시아는 인류문화의 중심축이 되고 한국 교회는 앞으로 가톨릭이 아시아의 중심이 되어야 하기에 이런 일에 대한 대비가 필요하다. 물론 "세계 가톨릭 철학대학회" 회장(會長)도 UN 사무총장처럼 사무국은 파리에 두고 6대주(大洲)에서 돌아가며 해야 할 것이다.

이런 안이 벌써 발의되고 지금쯤은 실천됐어야 한다. 이런 가톨릭의 사상적 문제도 당대 출중한 젊은 선조(先祖) 석학들에 의해 도입된 한국 교회가 중대한 역할을 해야 할 문제다. 한국 교계가 이런 점에 각별한 관심과 노력을 기울여 주면 하는 마음 간절하다.

덧붙여 말할 것은 벌써 1980년대에 출발한 아시아 가톨릭 철학회가 1999년에 한국에서 열리게 되었다. 이 회의와 본인의 관계는 독특하다. 이 회의가 가톨릭대학교 역곡 캠퍼스에서 열린 것을 계기로 전무후무한 예외적인 회장직 연임을 내가 하게 되었다. 또한, 2004년 태국의 방콕 회의에는 회장이면서도 사정에 의해 불참했는데 그때까지 제도에도 없었던 명예회장직을 부여받게 되었다. 여러 모로 한국과 한국 교회는 세계 속에서 더 구체적으로는 3천 년대에 들어 인류의 공통문화 창출과 그 발전에서 그 비중이 날로 커지고 있다.

'2천 년을 맞는 성탄' 〈조선일보〉 특별 기고[8]

인류 대망의 2천 년이 성탄 밤 성 베드로 대성전에서 장엄하게 선포되었다. 새 천 년의 기원은 예수의 성탄이다. 성탄은 평화와 기쁨의 소식이며 하나의 아버지와 사랑으로 맺어지는 인류의 선포였다. 성탄의 메시지는 로마제국과 야만의 포악성을 순화시켰다. 고달픈 인간 심령에 깊은 영성을 선사했다. 드디어 유럽 도처에 대학을 창설하고 문화를 꽃피웠다. 그리스도교의 분열은 각 분야에 걸쳐 맑스주의의 몰락에 이르기까지 분열과 갈등과 전쟁, 인명 살상, 자연파괴를 몰아왔다.

이제 우리는 새 천 년에 진입하면서 가는 천 년대 말기에 일어난 몇 가지 사건에 주목한다. 첫 번째는 철옹성 같았던 공산 정체들의 도미노 붕괴 현상이다. 이 놀라운 사건은 아무도 예견치 못했다. 하느님의 역사였다. 또 다른 낭보는 500년간 갈라졌던 가톨릭과 개신교의 화해 선언이다. 다른 또 하나의 길조(吉兆)는 두 차례에 걸쳐 아시시와 로마에서 열린 세계 종교지도자 기도 모임이었다. 세계 종교지도자들의 마음의 화합은 새 천 년대 인류 향방에 지대한 영향을 미칠 것이다. 다른 편으로는 EU, 즉 유럽통합의 실현이었으며 초유의 아프리카 정상 모임에서 아프리카 합중국 실현의 구상이었다. 지역별 통합체 구성으로 인류는 하나의 세계와 하나의 인류를 향해 한 발 성큼 다가섰다.

지난 날 인류는 식민지와 착취에서의 해방, 독재에서의 자유 쟁취 등에 몸부림쳤다. '인권'과 '사회정의'는 인류를 이끌어 온 모토였다. 새 천년에 인류를 이끌어 갈 표어는 '생명'과 '사랑'으로 생각된다. 인류는 지금 하나의 '공통문화' 창출의 필요성에 몰리고 있다. 문화란

---

8 1999년 12월 25일.

인간이 인간답게 사는 삶의 양태다. 생명과 사랑은 인간 누구에게나 삶의 공통된 기본 개념이다. '생명을 사랑하며 더 풍요롭게 하자'는데 인간은 누구나가 공감하며 적극 협력할 것이다. 이런 흐름은 예수의 마지막 기도 '그들이 하나되게 하소서'의 폭넓은 실현이다. 마더 데레사 수녀의 '생명 사랑'의 열정은 이런 흐름의 예시(豫示)다. 생명 문화사는 소수가 누리던 특권을 아래로 일반인에게 돌려주는 것이 그 핵심이다. 부족장의 특권 시대, 왕조와 귀족의 특권 시대, 종교인, 정치인, 자본계급의 특권 시대에 부응하는 크고 작은 특권계층은 점차 사라지고 모두가 특권을 분유(分有)하여 참여하는 시대로 가고 있다. 그 과정은 험난할 것이다. 이런 차원에서 인류 '공통문화' 창출이 요청된다. 여기에는 인류가 같이 살아야 한다. '공통소명' 의식이 요청된다. 이런 '공통소명'은 각 개인의 적극적 참여에 성립된다. 이 때 인간 개개인은 스스로 주인이며 봉사자다. 남을 먼저 생각하는 지혜가 요청된다. 이런 삶의 밑바탕에는 '네 이웃을 네 몸같이 사랑하라'는 예수님의 정신이 짙게 깔린다. 과학기술, 특히 사이버의 발전으로 그 어떤 외적 통제(법률·관습·도덕률이건)로는 인간을 규제할 수 없게 되었다. 자각과 자율만이 삶의 규준이 되었다. 이런 고도의 문화 차원에서 종교는 중대한 역할을 해야 한다. 인간 내면세계의 실현, 초월자 혹은 하느님과 개인의 내면적 만남이 절실히 요청된다. 이 세상 삶에서 모든 것은 '인간이 하고 인간을 위해 하는데' 현금의 과학기술은 인간성과 우주 질서에 역행할 위험이 크다. 사실 과학기술이 올바른 가치관과 규범에서 이탈할 때, 인간성과 자연 질서 파탄, 우주질서의 혼란으로 이어진다. 지금 지구는 성나 있다. 과학기술은 인간성과 자연에 순응할 때, 인간 삶에 크게 이바지한다.

인류는 하나를 지향한다. 그 성취는 아마도 새 천 년 중반에나 가능하겠다. 지구상 모든 오지 사람들도 인류 공통의 문화 혜택을 누려야 한다. 지역 통합체들이 형성 중이다. 인류의 가장 큰 부분이며 가장 오랜 종교와 고도의 문화, 깊은 사상을 발생시킨 아시아의 통합 없이 인류의 통합은 불가능하다. 그 중에서도 종교 간의 격의 없는 대화와 화합이 절실히 요청된다. 아시아의 모든 나라는 식민지의 쓰라린 경험을 공유한다.

오늘날 세계 도처에서 세계화, 지구화, 미국화의 논의가 고조된다. 미국은 이제 앞선 기술과 자본으로 인류의 공동 발전에 이바지해야 할 의무가 있다. 새삼 인류적인 성탄의 정신 실천이 아쉽다. 새 천 년에는 정치, 경제, 사회 등 문화 전반에 걸쳐 근본적인 변화가 예상된다. 오늘의 평면적, 지역적 민주주의는 입체적인 형태, 즉 지역적이면서도 세계적, 우주적 형태로 바뀌어 해당 구성원이 적극 참여하는 투명한 제도가 될 것이다. 새 천 년대 후반에는 현금의 정부 국가 형태는 사라지고 다양한 자발적 민간기구들로 사회가 운영될 것이다. 우주를 주유하면서도 인류 역사에 대한 향수와 지구에 대한 귀소 본능은 더욱 강해질 것이다. 머지않아 인류는 자연자원을 고갈시켜 에너지난, 식수난, 주택난 등에 봉착하겠다. 과학기술로 복제인간 출현, 인간이 200-300세의 수명으로 2-3대가 아니라 10대, 20대 손(孫)들과 같이 살게 될 때, 문제의 심각성은 상상을 초월한다. 인간은 하늘과 땅과 바다의 모든 가능한 자원을 이용할 것이나 역시 한계에 부딪힐 것이다. 인간에게는 계속 근검절약의 희사, 헌신의 정신이 요청된다. 인간은 정신과 신체, 즉 영(靈)과 육(肉)으로 된 존재이기에 물질적 풍요와 감각적 즐거움만으로는 충족될 수 없다. 오히려 인간의 마음과 영은 더욱 심한 공허에 시달리게 될 것이다.

새 천 년대에는 더 넓고 깊은 영성이 요청된다. 이것은 새 천 년대에 이어질 성탄의 몫이다. 천부적인 인간성과 자연과 우주를 본연의 모습대로 지키고 풍요롭게 하여 모든 인간이 다 같이 행복을 향유 하는 것이 새 천 년 인류 공동의 과제다. 2천 년 대희년 벽두에서 새 천 년을 통해 지구와 우주에 사는 모든 이에게 성탄 밤 천사들이 하늘 중천에서 노래한 '하늘에서는 하느님께 영광, 땅에서는 사람들에게 평화'의 기쁜 소식을 전하며 축복을 빈다.

제1부 보수와 진보 정권의 혼란의 시기를 지내며

이 책에서는 당시 사회에 큰 충격을 주었던 노무현 정권을 역주행당으로 야당인 한나라당을 좌초당으로 표현한다.
보수와 진보의 의미에 관해서는 본문 〈時代精神〉 인터뷰 중. 427-469쪽 참조.

1. 하상 신앙대학 강연 원고

제목: 21세기 가톨릭 지성인의 역할과 사명
  - 오늘을 사는 현대인들이 추구해야 할 가치와 미래지향적인 삶, 특
    히 가톨릭 신자 지성인으로서 오늘을 사는 의미와 역할과 사명
장소: 명동대성당
일시: 2004년 11월 9일 오후 7~9시
주최: 서울대교구 평신도 사도직 협의회

1) 서론

제가 오늘 강연할 제목은 여러분이 벌써 알고 계시는 바와 같이 '21
세기 가톨릭 지성인의 역할과 사명 −오늘을 사는 현대인들이 추구해
야 할 지성인으로서 오늘을 사는 의미와 역할과 사명−'이라는 긴 부
제가 붙은 제목입니다.

먼저 저의 강의를 듣기위해 이 강좌에 친구들과 같이 등록했다는 말씀을 해 주신 많은 분들께 각별한 감사의 정을 표하며 저의 변변치 못한 강연을 들어주실 이 자리의 모든 분께 진심으로 감사드립니다. '21세기 가톨릭 지성인의 역할과 사명'이라는 제목의 강연을 우리의 국운과 깊은 관련을 맺고 있는 이 명동성당에서 하게 되니 제게 와 닿는 성경 구절이 있습니다. 그것은 하느님께서 놀라운 광경 속에서 모세에게 내리신 사명의 말씀입니다.

　모세는 미디안의 사제인 장인 이트로의 양 떼를 치고 있었다. 그는 양 떼를 몰고 광야를 지나 하느님의 산 호렙으로 갔다. 〔…〕 그가 보니 떨기가 불에 타는데도, 그 떨기는 타서 없어지지 않았다. 모세는 '내가 가서 이 놀라운 광경을 보아야겠다. 〔…〕 하고 생각하였다. 모세가 보러 오는 것을 주님께서 보시고, 떨기 한가운데에서 "모세야, 모세야!" 하고 그를 부르셨다. 그가 "예, 여기 있습니다." 하고 대답하자, 주님께서 말씀하셨다. "이리 가까이 오지 마라. 네가 서 있는 곳은 거룩한 땅이니, 네 발에서 신을 벗어라." 그분께서 다시 말씀하셨다. "나는 네 아버지의 하느님, 곧 아브라함의 하느님, 이사악의 하느님, 야곱의 하느님이다." 그러자 모세는 하느님을 뵙기가 두려워 얼굴을 가렸다. 주님께서 말씀하셨다. "나는 이집트에 있는 내 백성이 겪는 고난을 똑똑히 보았고, 〔…〕 정녕 나는 그들의 고통을 알고 있다. 그래서 내가 그들을 이집트인들의 손에서 구하여, 그 땅에서 저 좋고 넓은 땅, 젖과 꿀이 흐르는 땅, 〔…〕으로 데리고 올라가려고 내려왔다. 〔…〕 내가 이제 너를 파라오에게 보낼 터이니, 내 백성 이스라엘 자손들을 이집트에서 이끌어 내어라." 그러자 모세가 하느님께 아뢰었다. "제가 무엇이라고 감히 파라오에게 가서, 이스라엘 자손들을 이집트에서 이끌어 낼 수 있겠습니까?" 하느님께서 대답하셨다. "내가 너와 함께 있겠다. 이것이 내가 너를 보냈다는 표징이 될 것이다. 네가 이 백성을 이집트에서 이끌어 내면, 너희는 이 산 위에서 하느님을 예배할 것이다"(탈출 3,1-12).

그렇습니다. 지금은 우리가 특히 가톨릭 신자들이 자기 처지에 따라 이 거룩한 땅, 민족과 운명을 같이 해온 이 명동성당에서 하느님께로부터 주어진 사명을 깊이 자각하는 은혜로운 시간입니다. 이런 하느님께로부터 주어지는 사명은 시대적, 지역적 배경에서 짙게 혹은 엷게, 넓게 혹은 좁게 각 사람에게 주어지는 것입니다.

우리는 먼저 이 명동성당이 어떤 곳인지에 대해 잠깐 동안 생각해보겠습니다. 한마디로 명동성당은 한국 천주교의 요람이며 쇄국 한국을 개국으로 이끌어간 원천이고 상징이었습니다. 일백 년에 걸친 모진 박해와 만여 명 혹은 몇 만 명에 이르는 순교자의 피의 희생으로 우리 순교선조들은 이 땅을 정화하고 세계로 열게 하였으며 그 상징으로 나타난 것이 바로 이 명동성당이었습니다. 당시 명동성당은 그 웅장한 모습으로 온 장안을 놀라게 했으며 한국 근대화의 가시적 현현(現顯)이었습니다.

그뿐만 아니라 이 명동성당을 중심으로 하는 천주교 본부는 민족문화 창달의 앞서간 산실이었습니다. 한국교회는 1907년에 벌써 순 한글로 경향신문을 그 부록 보감(寶鑑)(후에 〈경향잡지〉로 개명)과 같이 발행하여 그 당시 누구도 생각 못했던 한글문화에 크게 기여했습니다. 그 제목이 경향(京鄕), 즉 서울과 향리로 되어있어 각지의 성당 신부들이 제보원이 되어 이 땅 방방곡곡의 소식을 수준 높게 전해 당시에 벌써 4천 2백 부라는 놀라운 부수로 민중계몽에 앞장섰습니다. 민족문화의 자랑인 조선어 사전 편찬이 처음으로 시작된 것이 1910년이고 우여곡절 끝에 1928년에 이르러서야 조선어 사전 편찬회가 창립되었으니 한국 천주교회가 한국문화 창달에 얼마나 선구적 역할을 했는지를 짐작하고도 남음이 있습니다. 아마도 〈경향신문〉은 당시 한국지성들에게 이런 우리말 운동에 큰 자극이 되었을 것을 추측하기에 어렵지 않습니다.

그뿐만 아니라 이 명동성당은 해방 후 좌우충돌의 격동기에 자유 대한민국을 수호한 특히 적색, 백색 독재에 항거하는 민족정신의 근거지였습니다. 이 명동성당을 중심으로 하는 천주교는 이승만 정권 독재화에 끝까지 저항했습니다. 공산 남침에 극력 항거했습니다. 군사정권과는 정의, 인권, 자유, 민주, 평화로 맞섰습니다.

또 한 가지 덧붙여야 할 것은 이 명동성당은 38선이 그어지면서 특히 6·25 동란을 거치면서 1천만을 넘는 수많은 이산가족들의 상봉의 장이 되었습니다. 오늘에 이르기까지 많은 사람들, 특히 젊은 남녀들의 만남의 장소입니다.

또한, 명동성당은 민족정기의 분출처입니다. 그렇기에 안중근 의사도 이 성당을 드나들며 그 의(義)로운 기(氣)를 가다듬었습니다. 언제나 민족에 암운이 드리울 때, 더 나아가서는 인간성 자체가 위기를 만날 때, 명동성당은 빛을 발하여 민족과 모든 인간에게 나아갈 길을 비추는 곳이며 불의와 부패, 압제, 패륜이 판을 칠 때, 소금과 누룩의 역할을 한 곳이며 지금도 하고 있으며 앞으로도 계속할 곳입니다.

또 명동성당은 앞으로 인류사가 하나의 인류를 지향하는 데에 큰 역할을 해야 할 곳입니다. 명동성당은 하느님의 창조경륜에 따라 하나가 되는 인류의 삶으로 한국을 열어가며 한국이 하나의 인류사를 형성하는 데에 큰 역할을 하게 할 곳입니다. 여기에 명동성당의 큰 사명과 세기적 큰 책무가 있습니다. 그동안 명동성당은 민족사와 영욕을 같이 했으며 특히 고통과 절망의 시기에 위안과 희망으로 민족적 새로운 힘 산출의 본원지가 되었습니다. 민중운동이 과격해져 미움과 증오와 투쟁으로 치달을 때, 명동성당은 복음의 정신으로 정의와 사랑, 화해를 이루는 곳, 그 누구와도 다 같이 살아가야 하는 위대한 정신을 발휘하는 곳, 민족에게 갈 길을 제시하는 곳, 중재자 화해자의 역할을 하는 곳이었습니다. 이 명동성당은 앞으로 더욱 그럴 것입니다.

제가 부임하는 날은 바로 노태우 대통령이 취임하는 날(1998년 2월 25일)이었습니다. 그날 젊은이들은 노태우 정권이 군사정권의 연장이라며 가장 격렬한 데모를 했습니다. 그에 못지않게 경찰의 최루탄 가스도 그 때까지 유례가 없었던 가장 독한 것이어서 그야말로 전쟁터를 방불케 하는 아수라장이었습니다. 명동성당은 그날 주임신부의 부임조차 할 수 없는 지경이었습니다. 따라서 본인은 성당 정면으로 부임할 수가 없어 옆의 가톨릭회관의 좁은 통로로 눈물이 앞을 가리는 가스탄 연기 속에 부임하였습니다. 그 충돌의 내용은 그 당시 여(與), 즉 정부 측은 수하를 막론하고 악(惡)이고 그 반대편인 데모대와 야(野)는 다 선이라는 형국이었습니다. 따라서 누구든지 성당에 들어올 수 없다는 식이었습니다. 그런 상황이었기에 미움과 증오, 쇠꼬챙이와 투석이 난무했고 경찰의 몽둥이와 가스차는 불과 연기를 내뿜었습니다. 적대국과의 전쟁터에서도 이럴 수는 없겠지 하는 지경이었습니다.

저는 본당 주임신부로서 단호하게 이런 미움과 폭력의 난무를 거부하게 되었습니다. 이런 폭력의 난무는 교회의 본질적 행사인 미사, 특히 혼인미사, 장례미사 등 모든 종교 행사를 이행 불능으로 몰고 가 교의 강좌 등을 비롯하여 거의 모든 교회 활동이 불가능하게 되었습니다. 그러므로 명동성당은 더 이상 성당이 아니었고 성당을 빙자한 정치 문제로 미움으로 가득 찬 폭력 충돌의 장이었습니다. 저는 주임신부로서 이 성당에 들어오는 모든 사람의 목자이며 아버지라는 점을 명시하여 만일 여(與)가 죄인이라면 그들은 더욱더 성당에 들어와 기도하며 참회하고 하느님과 화해해야 하고 사람들과도 화해해야 한다는 점을 강조했습니다. 더 나아가 누가 죄인인지 선인지는 하느님만이 아시는 것이라는 점을 역설했습니다. 결국 폭력적 미움의 데모를 잠재우고 투표에 의한 진정한 민주화의 길을 명동성당에서 열었던 것을 지금 이 자리에서 새삼 기억하게 됩니다.

그렇지만 명동성당의 본 힘과 사명은 하느님의 천지창조와, 인간창조의 경륜에 따라 인간의 영원한 구원이 그 본령이며 사명인 것입니다. 그것은 예수 그리스도의 인간 구원에 근거하기에 사람과 하느님이 만나는 곳, 화해하는 곳, 은혜를 받는 곳이며 동시에 사람과 사람이 화해하는 곳, 한마디로 인간이 하느님의 사랑을 받고 하느님을 사랑하는 곳, 사람이 사람을 사랑하고 사랑을 받는 곳입니다. 따라서 명동성당은 모든 사람에게 은혜의 장소, 민족의 성소입니다. 그 중에서도 신자들의 마음의 고향, 현세 삶에서 영원에로의 길이 비쳐지는 곳, 희망과 힘이 솟아 오는 은혜의 장소입니다. 명동성당은 영성의 힘이 끊임없이 솟아나는 샘터입니다. 앞으로도 명동성당은 이와 같은 역할을 온 아시아인과 세계인에게 해야 할 것입니다. 그것은 하느님의 빛이 동방에서부터 와야 하기 때문입니다.

2) 가톨릭 신자의 신원

여기에 이르러 우리는 먼저 이 제목이 제시하는 바 가톨릭 신자란 무엇인가, 우리의 현 상황에서 그 사명은 무엇인가 하는 절실한 문제와 마주치게 됩니다. 따라서 우리는 먼저 가톨릭 신자란 무엇인가라는 가톨릭 신자의 정체성을 확인해야 합니다.

가톨릭 신자는 하느님의 은혜로 예수 그리스도의 십자가에서의 죽음과 부활의 구속에 힘입어 영세를 받아 본죄(본인의 죄)와 원죄(원조로부터 유전 받아오는 죄)를 다 용서받고 하느님의 자녀가 되어 구원을, 즉 영원한 삶을 약속받은 신분입니다. 또 이런 상태를 성경에서는 그리스도의 신비체 교리에 근거하여 신자들은 세례를 받음으로 그리스도 몸의 일부, 즉 그리스도의 몸의 지체와 같이 되어 그리스도의 삶을 사는 높은 지위를 얻게 된다는 것입니다. 이런 삶을 신자들은 하느님의 창조경륜에 따라 이 세상 삶을 통해 이룹니다. 따라서 신자들은 이 세상 질서가 올바르게 이루어지게 해야 한다는 점에서 다른 누구보다도 더 큰 책임을 부여 받은 것입니다. 이런 전통적 교리에 더해 제2차 바티칸 공의회는 가톨릭 세례를 받은 신자들을 그리스도의 사제직과 예언직과 왕직에 참여한다고 가르쳐 신자들의 더 높은 신분 위상을 밝혀준 것입니다. 이 가르침은 다음과 같은 성경 말씀에 근거합니다. "여러분은 선택된 겨레고 임금의 사제단이며 거룩한 민족이고 그분의 소유가 된 백성입니다"(1베드 2,9).

　본디 그리스도는 그의 사제직을 천주 성부께 받고 하늘에서 내려와 희생적인 지상 삶을 삶으로써 특히 하느님 앞에 만민의 죄를 속죄하기 위해 십자가에서 죽음으로써, 또 삼일 만에 부활함으로써 그의 사제직을 실천하였습니다. 이런 그리스도의 고귀한 사제직 일부에 신자들도 참여한다는 것입니다. 신자들이 세례를 받음으로 향유하는 사제직을 '공동 사제직'이라고 합니다. 사제들이 수품으로 받는 사제직을 '직무적 사제직'이라 합니다. 그리스도께서 당신의 사제직 일부를 평신도에게 부여하신 것은 그들이 행하는 신심생활과 세속의 삶 전체를 성령 안에서 행하여 그들의 삶 전체가 하느님께 기쁘게 받아들여지는 영적 희생이 되게 하려는 것입니다. 특히 신자들은 그리스도 사제직에의 참여로 성체성사로 주님의 몸을 받으며 주님의 몸과 같이 성부께 봉헌되어 거룩한 삶을 살게 되는 것입니다. 이렇게 평신도는 그 공동 사제직으로 세상 어디서든지 또 무엇을 하든지 성스러운 예배자로서 자기의 삶 전부와 세상 자체를 하느님께 봉헌하는 것입니다.

그뿐만 아니라 평신도는 세례를 받음으로써 그리스도의 예언직에 참여하는 삶을 사는 것입니다. 이 예언직은, 성부의 나라를 선포하신 위대한 예언자이신 그리스도께서 당신의 영광을 완전히 나타내실 종말 시기까지 성직자뿐만이 아니라 평신도를 통해서도 당신의 예언직을 수행하시는 것입니다. 이 예언직은 평신도가 그들에게 주어진 복음의 힘이 가정과 사회에서 그들의 일상생활을 통해 드러내고 빛을 발하게 하는 데서 수행됩니다. 이 예언직은 평신도들이 이 현세 삶을 큰 희망 중에 영원으로 가는 순례자로서 약속의 아들임을 드러내며 살아가는 데에 수행됩니다. 그러므로 평신도들은 하느님을 알지 못하거나 잃어버렸기 때문에 암흑 중에, 혹은 잘못된 세상 질서를 형성해 가는 모든 것을 하느님의 빛과 진리와 선으로 바로잡아 가며 근본적으로는 복음의 정신을 따라 세상 삶을 올바로 살아감으로써 실천하는 것입니다. 이렇게 하여 평신도는 그 생활로 이기심 일변도이며 권력과 금력, 쾌락에 젖어버린 인간의 마음에, 인간 본연의 희망을 상실한 현대인의 마음에, 세상 삶에도 올바름과 영원한 희망을 다시 일으켜 주어야 합니다.

또한, 신자들은 세례를 받아 '그리스도의 왕직'에 참여합니다. 평신도는 세상 삶 속에서 그 왕직을 행사해야 합니다. 성부의 뜻에 죽기까지 순명하신 그리스도께서는 성부께 높임을 받으시어 당신 나라의 영광에 들어가셨습니다. 그리스도께로부터 이런 왕직을 받은 평신도들은 왕적 자유를 얻게 되며 자기희생과 성스러운 생활로 죄의 지배를 이기고 그리스도 왕께 봉사하며 겸손과 인내, 섬김으로 사람들을 그리스도 왕께 인도해야 합니다. 그리스도의 나라는 진리와 생명의 나라이며 거룩함과 은총의 나라이고 사랑과 평화의 나라입니다. 평신도들은 죄를 극복하고 현세 삶에서 선(善)한 삶을 삶으로써 그리스도의 왕국을 건설합니다.

이런 신분에 있는 평신도들의 세계 질서, 즉 세상 삶 안에서 21세기에 이행해야 할 사명과 역할에 대해서는 제2차 바티칸 공의회가 「현대세계의 사목헌장」에서 그 정곡을 찔러 명시하고 있습니다. 사실 제 2차 바티칸 공의회는 교회의 힘의 원천, 즉 깊은 영성을 「전례헌장」에서 드러내고 있습니다. 그러므로 이 「거룩한 전례에 관한 헌장」은 제2차 바티칸 공의회에서 맨 먼저 제정된 헌장입니다. 그 다음으로는 「교의헌장」을 제정했는데 이 헌장에서는 평신도들의 위상을 그리스도의 사제직, 예언직, 왕직에의 참여로 높여놓았습니다. 이런 평신도의 높은 신분과 능력으로 교회는 세상에 열린 교회, 아지오로나멘토(aggioramento)의 기치를 높이 들고 자신을 드러내며 세상질서를 하느님의 창조경륜에 맞갖게 이끌어 가려는 것이었습니다. 그런 의도에서 나타난 것이 「현대세계의 사목헌장」이었습니다. 이 헌장 첫 부분의 주류 사상이 그 당시 왕자처럼 세상에 군림하던 공산주의에 맞추어졌으나 그 제목이 너무 직접적이라 하여 무신론으로 바뀌었던 것입니다. 전 세계에 걸친 신자들의 이 헌장 정신 실천과 헌장 정신에 근거한 선의의 사람들의 의식 변화는 급기야 무신론에 근거한 공산주의와 극좌 사회주의 사상, 공산 정권이 무너지는 결과를 가져왔습니다. 또한, 자본주의의 무제약적 착취성을 인권과 정의로 경고하며 하느님의 창조경륜에 따른 정치 질서, 경제 질서, 국제 질서 등을 제시, 하느님의 모습으로서의 인간존중의 세계 질서를 정착시키는 데 크게 공헌했습니다. 이러한 작용을 한 주역들은 위와 같은 신분과 사명을 자각한 평신도들이었으며 그들의 노력의 결과였습니다.

이런 맥락에서, 더 구체적으로는 우리가 처한 사회질서 속에서, 제가 받은 오늘의 강연의 주제에 대해 말씀드리겠습니다. 저는 '지성인 평신도의 사회적 사명'에 치중하여 말씀드리겠습니다. 제가 여기서 말하는 것은 사회생활을 하는 평신도들의 정치, 경제, 교육, 문화, 예술 전반에 걸친 참여와 사명에 대한 것입니다. 교회는 성직자가 정치에 직접 간여하는 것을 원치 않습니다. 특히 사목자에 대해 그렇습니다. 그것은 사목자가 본당의 신자들을 위한 존재인데 신자들은 여당에도 야당에도 있고 중간적 입장에도 있어 일정한 정당이나 권력기구와 야합되는 것을 금기시하기 때문입니다. 성직자는 교회의 사회적 가르침에 따라 여당이든 야당이든 중간적 신자들이건 간에 주어진 입장에서 교회의 가르침과 양심에 따라 정치, 경제, 교육, 문화 등 사회생활의 모든 면에서 올바른 사회질서 건설에 열성적으로 노력해야 할 것을 가르칩니다. 교회는 사회생활 전반은 평신도의 고유 영역임을 분명히 합니다. 따라서 성직자는 정치권력과는 불원(不遠)·불근(不近)의 입장이어야 합니다. 물론 성직자는 정치적으로 어느 입장에 있는 인사이든 인간적 친분을 가질 수 있습니다. 저는 성직자이자 학문하는 사람으로서 정치권력과는 무관하며 어느 편에든 옳고 그름을 말할 뿐이라는 입장임을 여기서 먼저 분명히 말해두고 신자들의 사회참여와 사명에 대해 강연하려는 것입니다. 세례를 받은 신자들은 위에서 설명한 바와 같은 엄청난 지위를 획득한 것이며 그런 신자의 정체성을 현세의 삶 전반에 걸쳐 실천해 가야 합니다.

3) 우리의 사회 현실과 대처 방안

이제 저는 우리가 사는 이 땅의 삶의 여건, 즉 현재의 상황에 대해 고찰하며 신자들의 사명에 대해 말씀드리겠습니다. 우리는 지금 특히 어려운 상황에서 살아가고 있습니다. 이 정부가 참여정부를 표방하며 '개혁'이라는 기치를 들고 정책을 감행함으로써 국민의 생활 전반은 매우 어려운 상황을 맞게 되었으며 근래에 이르러는 그 어려움이 점점 더 심해지는 형국이 되었습니다. 정부는 희망을 연발하고 2년이 가까워지는 시간이 흘렀지만, 밝은 앞날은 전혀 보이지 않는다는 것이 전문가들의 거의 공통된 견해이며 국민이 피부로 느끼는 현실입니다. 우리는 저간의 이런 점들을 나름대로 짚어보며 가톨릭 신자들, 특히 가톨릭 지성의 오늘과 내일의 사명을 성찰하며 3천 년대 초반 수세기 간의 인류문화도 짚어보는 것이 좋을 듯싶습니다.

한마디로 노무현 정권이 발족한 후, 우리에게 평안한 날이란 하루도 없었습니다. 국민은 두 동강 세 동강 쪽쪽이 났으며 분열만이 계속됐습니다. 전국은 마치 전쟁터 같은 살벌한 분위기였습니다. 모든 것이 개혁이란 한 단어로 생겨난 불편과 분란이었습니다. 이 나라 방방곡곡은 노무현 대통령 취임 후부터 계속되는 파업과 소요, 실업, 실정, 요소요소에 정치권력 지향적 386세대 등장, 급격한 경기후퇴, 민생고가 나날이 가중되어 갔습니다. 마치 6 · 25 때와 같은 느낌마저 들었습니다.

드디어 노무현 대통령의 인기는 측근비리로 급격 하락이란 보도가 난무하는 가운데 '재신임을 묻겠다'는 폭탄선언까지 하여 여론에 큰 파장을 일으켰습니다. 거기에 대해 헌재는 불가 판정이었습니다. 드디어 헌정 사상 초유의 '대통령 탄핵소추안'이 찬193 대 반2로 국회에서 가결됐습니다. KBS, MBC 등 TV와 친노 신문들, 젊은이들의 극렬 데모 행렬은 국회 비판으로 일관했습니다. 시민단체도 가담했습니다. 나라는 온통 수라장이 됐습니다. 전국이 이성을 잃은 상태였습니다. 헌법으로 보장된 헌재의 결정에 따르면 되는 것이고, 총선이 곧 있을 것이니 국민이 선거로 판가름하면 될 것인데 왜 그리도 미친 듯 야단인지 미숙한 한국인이란 평을 피할 길 없게 되어갔습니다. 물론 국회가 잘못했습니다. 탄핵 전에 여론을 광범위하게 수렴했어야 했습니다. 어찌되었건 국회는 국회대로 헌법에 보장된 대통령 탄핵소추권을 갖고 있습니다. 그것을 이행한 것입니다. 국회위원도 국민이 뽑았습니다. 어쩌면 대통령 선거 때보다 국회위원 선거는 지역적으로 더 가까운 인물, 더 잘 알 수 있는 인물을 국민이 직접 뽑았기에 그들의 권한도 존중해야 하되 헌재의 결정과 선거의 결과로 판가름해야 했습니다. 폭력이라고도 할 수 있는 시위일변도로 압력을 행사하는 것은 좋은 방법이 아니었습니다. 그 국민의 수준이 그 정치 수준이라는 말이 바로 이런 상황을 두고 하는 말인 성 싶었습니다. 헌재 결정으로 노무현 대통령은 정상 집무에 복귀했으나 대통령의 선거법 위반과 헌법 위반이 신랄하게 지적됐습니다. 그러나 국가의 극심한 혼란을 피하기 위해 기각은 잘된 일이었으며 국민은 노무현 대통령이 심기일전 전 국민을 끌어안는, 전 국민의 대통령이 되기 바랐습니다. 그러나 날이 갈수록 그런 기대는 허상이었음이 선명히 드러나게 되어 이 땅의 앞날이 몹시 암울하게 되었습니다.

그 단적인 예가 근일 있은 헌재의 노 정권이 운명을 건다고 한 개혁의 핵심 과제인 '수도 이전 계획'에 대한 위헌 판결이었습니다. 이런 와중에서도 여당인 열린우리당은 노 대통령의 절대 지지 하에 국회에서 4대 개혁안, 즉 국보법 폐지, 친일 및 과거사 규명법, 신문 등 언론 관계법, 사립학교법 개정을 강력히 추진하고 있습니다. 국보법 폐지는 국보법 자체가 악법이니 법리론 이전의 문제라는 것입니다. 이 모든 개혁 법안에 대한 국민 여론이 많이 엇갈리고 있는 상황에서 말입니다. 민생이 최악의 상태인데 이런 것에 매달려 국력을 쏟아 부을 여지가 없다는 것이 중론입니다. 그렇다면 그들이 반대한 지난날의 독재정권과 다를 바가 무엇이겠습니까. 국민이 정권을 쥐어 준 것은 국리민복(國利民福)을 위한 것인데 국민 대다수는 죽겠다고 아우성인 이 때, 여당과 정부는 자기들의 이상이나 기분에만 도취된 것이 아닌가 싶습니다.

택시기사 한 분은 어느 날 오후 3시쯤이었는데 벌컥 화를 내며 노무현 대통령에 대한 분통을 터트렸습니다. 그 양반은 그 출신으로 보아 서민층의 고통을 이해하고 잘 살게 해 줄 것을 기대하고 찍어주었는데 부익부 빈익빈의 간격만 넓힌다며 어느 사이엔가 청와대에는 이른바 신 부르주아가 자리 잡게 되었다는 것이었습니다. 그 기사는 근래에는 전의 1/3도 수입을 올리지 못한다는 것이었습니다. 장기화되는 경제 불황의 결과였습니다. 어찌 말하면 지금 정부와 여당에게 민심은 안중에도 없어 독선과 아집, 자기들의 기분풀이로 일관하여 반민주적 행태를 서슴지 않는 성 싶습니다. 국보법 폐지에 앞서 여당의총에서 격론이 벌어졌을 때, 어떤 위원은 자기들이 하고 싶은 것을 해야겠다고 했다고 합니다. 국가는 이른바 무지 무경험 무능의 정치권력 지향적 386세대의 한풀이의 장 이상의 실천 장이 아닙니다. 물론 이른바 386세대는 지난날 큰일을 해냈습니다. 광주민중항쟁 등 수많은 고통과 말할 수 없는 희생을 치르며 군사정권을 종식시켰습니다. 그뿐만 아니라 지금 그들 중에는 예체능계와 학계, 특히 자연과학계에서 국내외에 걸쳐 명성을 떨치는 이들과 학자들이 속출하고 있습니다. 그들은 침식을 잊은 채 밤낮으로 자기 전문분야 연구에 몰두하는 사람들입니다. 그 때문에 저는 학생데모가 날로 심해가던 1970-1980년대에 나라의 앞날을 감당하며 빛낼 사람들은 도서관에서 불 밝히는 학생들이라고 수없이 반복하고 강조했던 것입니다. 그런데 정치권력 지향적인 운동권 학생들, 이른바 오늘의 386세대는 별로 공부하지 않고 데모에 전력하는 것을 익히 보아왔습니다. 별로 아는 것도 없고 경험도 없는 그들이 국가의 큰 권력을 장악하게 되니 이 땅은 혼란을 거듭하게 되는 것입니다. 다 무지와 만용의 소산입니다.

지난 추석 민심에도 국민은 '좀 먹고 살게 해달라' 는 등 아우성이었습니다. 이런 극한의 소리로 울부짖는 소시민, 밑바닥 삶의 마음에는 청와대의 고대광실에서 쉴 새 없이 토해내는 장밋빛 공약(公約)은 그야말로 공약(空約)일 수밖에 없습니다. 거기에 장단 맞추는 비서, 수행원을 즐비하게 거느리는 정부 각 부서장관, 여당 국회의원의 말들은 역시 권력층 외의 국민에게는 공허한 메아리로 들릴 수밖에 없습니다. '먹고 살게 해달라' 는 울부짖음, 그것은 인권의 기초입니다. 현금 북쪽 정권의 가장 큰 고통은 아사지경을 헤매는 인민을 먹여 살리는 일입니다. 기초적인 인권이 흔들릴 때, 지금 정권의 핵심이라는 386세대의 지난날의 인권과 민주화 투쟁은 무엇 때문이었습니까. 그것은 오늘와서 보니 역시 정권욕의 일종이었다는 비난을 면키 어렵게 되었습니다. 오히려 그때 자기들이 당하던 군사 독재정권과 같은 수법이 되풀이 되는 것이 아니냐는 여론도 만만치 않습니다. 그렇기에 신공안이니 또 다른 어설프기 짝이 없는 독재 출현이니 반민주적 탄압, 국회에서 간첩 만들기 등의 옛날 그들이 타기하던 행태를 그대로 모양새만 바꾸어 재연하는 것이 아니냐는 말들입니다. 이런 소리를 들을 때, 저와 같이 나이가 있어 이 땅에서 일어난 사건들을 몸으로 겪으며 그 와중에서 살아온 사람에게는 이승만 독재정권 말기 야당 민주당의 선거구호가 연상됩니다. '못 살겠다 갈아보자'가 그것입니다. 이런 구호는 당시 절대다수 국민의 마음속에 큰 공감을 불러 일으켰습니다. 그렇기에 노무현 정권은 심기일전 국민의 바람에 부응하게끔 변해 주기를 바라는 마음 간절합니다. 실업자 중 태반이 젊은 층이라며 20-30대의 사망률 중 경제적 고통으로 인한 자살률이 최고라니 이게 어찌된 일입니까. 생명력이 넘쳐야 할 젊은이들이 실직, 생활고로 목숨을 끊어야 한다니 아이러니 치고는 너무 심합니다. 젊은이들이 결사적으로 뽑은 대통령의 정책 밑에서 젊은이들이 생활고로 스스로 목숨을 끊어야 하는 것입니다. 사정이 여기에 이르면 우리 동양 덕치(德治)의 정서로서는 군왕이 스스로 물러나야겠다는 생각조차 하게 될 것입니다. 선진국 같으면 내각이 무너져도 몇 번 무너졌어야 했습니다. 외국 자본이 투자가 격감한 것은 물론이고 국내 자본마저 중국, 동남아제국으로 줄줄이 빠져나가고 몇 안 되는 국내 최첨단 기술마저 국외로 불법적으로 또는 합법적으로 빠져나간다니 이 어찌된 정치이겠습니까. 민간인 돈의 외국 유출도 또한 막대하다는 것입니다. 민간인 전문가 장관들은 386에 발목이 잡혀 경제부흥에 큰 제약이라니 이 나라가 어찌되어가겠습니까.

민생고가 여기에 이르렀는데도 총리는 2007년에는 경기가 나아질 것이라니 그때까지 서민들은 이 생활고를 무작정 참아야 한다는 것입니까. 또 그때는 대선이 있을 것이니 무작정한 선심 정책으로 경제를 위장하겠다는 말인가 하는 의구심마저 들게 합니다. 한 때 아시아의 4마리 용 중 선두를 달리던 한국경제가 아시아의 다른 나라들은 다 상승세인데 왜 나 홀로 추락입니까. 사정이 이런데도 행정 수도 이전이다, 국가 보안법 폐지다, 친일 및 과거사 규명이다, 신문법 개정이다, 사립학교법 개정이다 등 현실과는 동 떨어진 문제들에만 여당과 정부가 골몰하니 국민의 불만은 높아만 갑니다.

국보법 폐지만 하더라도 그 법에 의해 많은 고초를 겪은 이들의 한을 이해하지 못하는 것은 아니지만, 지난 10여 년간 그 법 때문에 옛날과 같이 고통 받는 사람들은 전무합니다. 또 새 대체법으로는 간첩 잡을 법규는 다 빠졌다니, 그것이 386세대의 주장이라니 그들은 나라를 어디로 끌고 갈 것이냐 하는 국민의 불안은 높아만 갑니다. 그렇기에 국민 사이에 국보법 폐지는 스스로 무장해제라는 말까지 퍼지는 것이 아닙니까. 필요할 때는 없앨지라도 왜 지금 그것이 이렇게 민생고가 극한에 달한 때에 최우선적 과제가 되는 것입니까. 더욱이 북한에서는 상응한 조치가 전혀 없어 적화통일 이념 그대로라는데도 말입니다. 국보법 폐지에 대한 국민의 반대 여론은 60% 이상이라는데 말입니다. 근일 아시아 월스트리트 저널(AWSJ)지 사설은(2004년 10월 25일) "김정일 정권의 지저분한 일을 열린우리당이 대신한다", "한국정권은 핵무장 북한보다 자유언론에 더 큰 위협 간주하여 북한이 간첩을 보내 공작해도 더 이상 잘 할 수 없을 만큼 김정일이 할 일을 해냈다"라고 비꼬았다고 합니다. 사상의 자유, 언론의 자유, 신문 구독의 자유 등은 자유 민주주의의 기본이 아니겠습니까. 자유민주주의를 포기하려는 것이겠습니까.

사립학교법 개정은 또 무엇입니까. 사립학교 존재 이유는 각 학교가 갖는 설립 취지, 혹은 설립 이념입니다. 종교재단 설립에서는 더욱 그렇습니다. 현재 우리나라 학교, 특히 고등교육 기관의 절대다수가 사립학교이고 그 중에서도 종교재단이 운영하는 학교가 가히 절대다수라 할 수 있는데 이사진과 운영을 이래라 저래라 식으로 국회에서 좌경한 386세대, 특히 전교조의 구미에 맞게 입법하려 한다니 도대체 인간교육이 무엇인지 알고 하는 것입니까. 이런 면에서 가장 앞질러 가고 가장 큰 성과를 거두는 미국에서 국가가 종교재단 학교에 대해

의회에서 이사진과 운영을 그렇게 법제화 하던가요. 인간학의 기초지식조차 갖지 못한 386세대 중심의 여당이 이런 사립학교법 개정을 강행한다면, 앞으로 사립학교 재단, 특히 종교 재단의 무서운 저항에 부딪혀 혼란만을 거듭할 것입니다.

이제 과거사 규명법에 대해 말씀드리겠습니다. 요즘 민족사관 정립의 일환으로 친일파 명단이 발표되었는데 그런 식으로 진짜 친일파를 가리기보다 민족주의자를 잡는 것이 알맞겠습니다. 가장 중요한 증거는 그 당시 같이 살았던 사람들의 증언입니다. 그런데 그 전 사람들의 말들은 이번의 발표된 내용과는 전혀 다른 경우가 많습니다. 예컨대 노기남 대주교를 친일파로 모는 것은 언어도단입니다. 노 대주교님은 제가 가까이서 모신 어른이시기에 잘 알고 있습니다. 그분은 일제 말기 포탄용으로 교회의 종인 철물을 무조건 공납시킬 때, 명동성당 종을 지키기 위해 피나는 노력을 하고 감옥에 갈 각오를 하고 항일한 분이십니다. 그 당시의 민족사관을 지금 386세대가 갖고 있는 지식으로 운위하는데 민족사관 정립을 아무나 하는 것이겠습니까. 1945년 해방 후부터의 과거사를 거론한다면, 가장 큰 문제가 북한 공산정권 수립을 민족사관적으로 어떻게 정립할 것이냐가 문제입니다. 특히 이 민족사에 일찍이 없었던 동족상잔의 비극을, 이른바 5천 년 민족사에서 어떻게 정리할 것이냐의 문제가 필연적으로 제기됩니다. 그래서 여당이 감당할 수 없는 부메랑 효과로 자폭적인 참상도 만날 수 있게 될 것입니다. 이 문제는 복잡다단하고 지금으로서는 여러 가지 이유 때문에 정확히 정립할 수 없습니다. 먼 훗날 많은 역사학자의 피나는 연구 결과로서만 이 시기의 민족사관을 정립할 수 있을 것입니다. 이 기간 중의 친미, 친북 행위를 어떻게 정리할 것인가는 많은 연구와 고증, 시대적 역사 흐름을 깊이 있고 객관적으로 학문적으로 조명하지 않고서는 단편적이고 편파적, 심하면 정치적 편법으로 정리되어 상훈·처벌 등이 이루어질 위험이 큽니다. 참으로 그 시대를 살아보지 않고서 친일과 항일을 사실에 입각하여 규정하기란 매우 어렵습니다. 그뿐만 아니라 오늘의 역사 연구는 외부적이며 집단적 힘에 초점을 맞추기보다는 각 개인의 인권과 자유, 행복권 등에 근거한 공동체성의 관점에서 이루어지는 것으로 알고 있습니다. 지식이 짧고 집단적 힘만을 능사로 하는 386세대 중심의 여당이 이런 문제를 제기할 입장에 있느냐는 의문도 꼬리를 물 것입니다. 이 문제는 자칫하면 스스로 역사의 심판대를 만드는 것일 수도 있습니다.

특히 사회주의적 시각에서의 민족사관 정립은 후대의 진지한 역사학적 관점에서 크나큰 시행착오적 오류였다는 비난을 면할 수 없게 될 것입니다. 또 그 전 시기인 일제시의 친일분자 정리 문제에서도 그리 간단한 것이 아닐 것입니다. 조상의 잘못된 정치로 식민지 시대를 살아온 민족이 강점된 일제 밑에서 살아남기 위해, 가족을 부양하고 자식을 키우기 위해 일제 통치에 적응하고 순응하며 협력할 수밖에 없는 처지였던 것을 인정해야 합니다. 또한, 그런 선대의 대를 이어 오늘의 우리가 삶을 받고 독립하고 번영한 이 땅에서 살고 있다는 전제 하에 이 문제와 접촉해야 할 것입니다. 물론 악질적 친일분자들이 있었으니 그런 사람들은 경우에 따라 처벌하면 됩니다. 무엇보다도 그 당시 사람들은, 지금 일제에서의 해방이 근 60년이 되어서 거의 타계했으니 정확한 자료를 얻기도 어려운 형편입니다. 그래서 민생고가 극한에 달한 이 시점에서 그런 문제에 국력을 쏟아 분열시키는 것이 우선 과제인가의 문제가 제기되는 것입니다. 또 이런 문제는 386세대 중심의 현 정권과 여당의 능력으로 제대로 해낼 수 있느냐는 것도 큰 문제입니다. 급조된 요원 수백 명이 전국을 누빌 것이라는 후문도 파다하니 중국에서 있은 홍의병식이라느니 말이 많을 것입니다.

저는 어렸을 때 교육 사업을 하기 위해 겉으로는 모범적인 일본 신민인 척하며 뒤로는 중국의 임시정부에 돈을 보내는 사람도 있다는 말을 들으며 자랐습니다. 그때 저는 어려서 무슨 말인지 잘 몰랐습니다만, 사정이 이렇기에 친일의 옥석을 가리기가 쉬운 일이 아니라는 것입니다. 국회에서 강압적으로 입법을 한다고 될 일도 아닙니다. 친일의 민족사관에 대해 말한다면 저는 정치지향적 386세대보다는 할 말이 훨씬 더 많습니다. 그것은 저의 집안은 독립운동을 하다 일제의 탄압으로 쇠락(衰落)한 집안이기 때문입니다. 저의 백부(伯父)님은 혈기왕성한 독립운동 청년으로서 105인 사건과 신민회 사건에 연루되어 경성통감부에 이송되어, 일경(日警)의 혹심한 고문으로 29세의 건장한 청년이 3개월 여만에 시신으로 돌아왔다고 들었습니다. 그때 그 시신을 인수받은 저의 아버지 말씀은 머리끝에서 발끝에까지 극심한 고문의 상처가 나지 않은 곳이 한 곳도 없었다고 했습니다. 그런대로 괜찮았다는 가세는 그 후 급격히 기울었다고 합니다. 그러나 남강 이승훈, 고당 조만식, 춘원 이광수(이 분은 말년에 친일분자로 배신자라는 평도 있습니다) 선생 등과 그 후배 민족사상가들이 오산학교에 운집했기에 이 학교에 다닌 저는 어렸을 때부터 민족정신을 이어 받을 수 있었습니다. 저는 친일분자들에 대해 남다른 아픔을 지니고 있지만, 지금 여당과 정부가 하려는 식의 과거사 청산에는 반대입니다. 그것은 어디까지나 정치인의 단견이고 참된 역사와 양국의 젊은이들이 앞으로 선린협력 관계에 있어야 하는 인류사의 운명을 지고 있기에 좀 더 깊은 학문의 연구로 진실을 밝혀야 한다고 생각합니다. 이 정부와 여당은 고구려사와 발해사, 간도사 등에 대한 뿌리찾기에는 입도 열지 못하면서 과거사 정립이라는 명분으로 국내 사람들만을 들볶는 인상을 준다면 참으로 안 된 것입니다.

　일제의 식민지 과거사에 대한 저의 체험을 여기에 소개하겠습니다. 저는 1976년 일본 국제교류기금(The Japan Foundation) 도쿄 본부의 초청을 받아 당시의 도쿄대학 총장 하야시 겐따로(林健太郎) 교수님과 만나게 되었습니다. 저는 일본 박물관에 표기된 당(唐)에서부터의 문물의 일본 유입에 대해 강한 의심과 반론을 교류기금 본부에 제기한 바 있었습니다. 아마 그런 연유인지 동경대학 총장 방문은 상당한 우대 속에 이루어졌습니다. 이른바 아까몽(赤門一, 도쿄대 정문; 일본 문화의 정화(精華)라는 아까몽)을 들어섰을 때 내심 깜짝 놀랐습니다. 무슨 국빈이나 맞이하는 듯, 검은 양복과 흰 와이셔츠에 검은 넥타이를 단정하게 맨 젊은이들이 2열로 군데군데 도열, 총장의 귀빈 접대 저택까지 도열해 있었습니다. 그 사이를 안내할 사람은 제가 오실 분의 선발자 정도로 아는가 싶었습니다. 약속된 면회할 분이 곧 오시냐기에 그 사람이 바로 나라고 했더니 놀라는 표정이었습니다. 그도 그럴 것이 에스코트해 온 차를 정문에서 돌려보내고 단신으로 부슬비가 내리기에 우산을 펴들고 들어섰기 때문이었습니다. 하여간 무슨 국빈인사 맞이하는 듯이 도열한 일인들 사이를 지나 이른바 총리급 이상 국빈만 맞는다는 일본식 야시끼(邸)에 들어섰습니다. 마당은 아름답게 꾸민 일본 정원이었습니다. 집안은 검소하면서도 편안하고 기분 좋은 일본식이었는데 서양식 탁자들이 놓여있었습니다. 하야시 총장은 사학자였습니다. 자연스럽게 한ㆍ일의 역사적 문제로 이야기는 옮겨졌습니다. 일본 문화의 기원점에 대해 저는 물었습니다. 그러는 동안 대담은 진지해졌고 약속시간은 30분이었는데 하야시 총장은 비서에게 지시하여, 다음 약속시간을 연기시켜 12시 점심때까지 대담은 계속 되었습니다. 저는 정치인도 경제인도 아니기에 정치적, 경제적 배상이나 보상을 요구하는 것이 아니고 역사적 사실을 사실대로 인정하자는 입장을 분명히 했습니다. 그분은 사학자로서 학자다운 기풍을 지녔기에 진지하게 이야기가 진전되었습니다. 급기야 그분은 저의 신분, 즉 일본 식민지 시대의 희생 가문이라는 것을 알고 몹시 미안해하며 자기는 일본 군부정치 시대 자유주의자로서 감옥에 있었다고 했습니다. 전쟁이 더 연장되었더라면 군부에 의해 죽었을 것이라고 하며 군부정치를 비난했습니다. 그러나 저의 입장은 그런 것은 일본인 내부의 문제이고 식민지 피해자의 입장은 다르다고 말했습니다. 즉 도쿄대학은 옛(동숭동) 경성제국대학의 어미처럼 크고 경성제국대학(구 동숭로 서울대학)은 그 새끼처럼 보였습니다. 그렇기에 저는 총장님은 두뇌가 명석하였기 때문에 식민지, 특히 한국(그 당시 조선)에서 무자비하게 착취한 막대한 재력으로 이룩된 세계 굴지의 도쿄 제국대학에서 많은 혜택을 받으며 공부하고 그 대학의 총장까지 된 것이라고 말했더니 그분은 즉석에서 나의 견해를 다 수용했습니다. 그분은 도쿄대학의 일본사 연구소 야마다(山田) 소장에게 전화하여 저를 만나도록 지시했습니다. 12시가 되었을 때 그분은 예정에도 없었던 점심을 제의하며 가구시인(學士院) 식당으로 저를 인도했습니다. 가구시인(學士院)이면 우리 식으로 대학4년을 졸업한 대학원생 정도의 식당인가 하며 따라갔더니 그 식당은 아카데미, 즉 한림원 학자들이 식사하는 특별한 식당이었습니다.

오후 1시 30분경 야마다 소장을 만났습니다. 벌써 그분은 일본사(日本史)라는 큰 책을 5–6권 갖다놓고 있었습니다. 그분은 자기는 일제시 경성(서울) 경복궁 근처에서 태어나 경복궁 담을 쓰다듬으며 소년시절을 보내고 경성제국대학에서 (조교수인가로) 강의를 하다가 일본 패전으로 도쿄에 왔으며, 도쿄대학 교수이자 일본사 연구소장이라고 했습니다. 거기 갖다놓은 일본사는 메이지(明治) 유신 후, 그 놀라운 사건을 역사에 남기기 위해 교수 두 사람이 시작한 것인데 백 년 이상이 지나는 동안 5백 권의 일본사를 발행했으며 앞으로도 7백 권분이 계획되어 있어 대물림으로 연구가 계속될 것이라고 했습니다. 제2차 세계대전 중에는 미군 폭격으로 전국이 초토화되었기에 그 원고 뭉치와 (특히 그 당시는 필름이 발달되지 않아 약칠로 필름 노릇을 한) 유리판을 들고 자료를 지켜왔다는 자랑이었습니다. 그뿐만 아니라 일본 내 어디에 있든지 심지어는 개인이 소장한 자료일지라도 자기들은 다 입수하여 일본사를 편찬해 갈 수 있다는 것이었습니다. 물론 놀라운 작업이었습니다.

저는 그 자료를, 특히 식민지 시대와 제2차 세계대전 중의 자료들은 어디 있느냐고 물었더니 자료는 일본 국내에 있다고 했습니다. 예컨대 관보, 신문, 전쟁 중에는 대본영(大本營-군부) 발표 등이 그 주요 자료를 이룬다고 했습니다.

나는 그 자료의 허점과 허구성을 지적했습니다. 특히 식민지 시기의 관보나 전쟁 중 대본영 발표는 대부분 거짓이기에 전혀 믿을 수 없다는 것도 말했습니다. 이런 자료에서 기본적인 방대한 일본사가 쓰여지고 그것을 토대로 중·고교 역사 교과서와 온갖 역사서가 기술된다면 일본의 다음 세대는 자신들이 가해자인데도 피해자로 생각하게 되어 또 전쟁을 일으킬 위험이 있다는 것과 역사는 기본적으로 사실대로 기록해야 한다고 했습니다. 그렇게 하려면 일본 내 자료만으로는 부족하고 주변국가, 특히 침략이나 식민지 피해 입은 현지의 실정과 역사를 연구해 학문적으로 기록해야 한다고 했습니다. 그러자 야마다 소장은 원래 서울에서 나고 자라나 한국 사람을 센진(鮮人)이라고 멸시하던 세대인지라 잘 인정하지 않으려 했습니다. 그러나 이런 반론에 직면한 일본 국제교류측은 이런 관점에서 저와 이야기할 수 있는 일본 국내 학자들을 물색했습니다. 결국 오사카 대학의 문학 부장 우메타니(梅溪) 교수를 찾아내 나를 그곳으로 급하게 보냈습니다.

　비가 억수로 쏟아지는 날, 그분을 오사카 대학에서 만났는데 도쿄에서 급하게 연락을 받고 그 날 회의를 다 취소했다는 것이었습니다. 그분은 일본 역사에 대해 고압적인 식민지사관을 완전히 벗어난 학자로서 일본 군부시대에는 여러 가지 고통도 받은 학자인지라 저의 물음에 거침없이 대답했습니다. 일본 문화, 혹은 일본 정신의 정착은 어디에서 시작됐느냐고 물었더니 자기 연구로는 신라, 백제 혹은 고구려에서 문화인들이 온 데서 시작됐다고 보는데 자기 생각으로는 백제에서 온 것 같다고 했습니다. 그들이 정치적 망명으로 왔는지 침략자로 왔는지, 혹은 일본의 당시 토착민들이 모셔왔는지는 잘 모르겠다고 하였습니다.

　저는 어떻게 그런 논리를 전개할 수 있느냐고 했더니 한국말에 '무리'라는 말이 있느냐고 했습니다. 저는 그 말이 본래 짐승에게 쓴다고 했더니 조선 반도에서 건너온 문화인들이 그 때 문화 없이 사는 토착민들을 보고 '무리'라고 한 것이 발음상 '무라'(村)로 쓰게 되었다는 것이었습니다. 조선 반도에서 온 문화인들이 그 토착민들에게 농업도 가르치고 글도 가르쳤으며 그 교수는 일본어의 무라(村)에서, 즉 집단적 정착촌에서 일본 정신 혹은 일본 문화가 시작됐다고 하는 언어적 접근법을 썼습니다.

　이런 식의 일본 문화관이었기에 식민지적 문화에 젖어있는 당시 일본 선임 학자들에게 좋지 않게 보여 교수직에서 쫓겨날 뻔했는데 학생들의 항의 데모로 살아남았다는 것이었습니다. 저와 만날 때는 아무도 건드릴 수 없는 일가견의 학자가 되었다는 것이었습니다. 저는 즉시 이제 문제는 다 끝났다고 했습니다. 저는 정치인도, 경제인도 아니고 학문하는 사람이기에 역사의 진실을 드러냈으면 됐다고 했습니다. 즉, 저는 앞으로 양국 간의 젊은이들이 올바른 역사관, 즉 역사적 사실을 사실대로 인식하고 미래 지향적인 우호 관계를 갖는 것이 중요하다고 하며 자리를 떴습니다. 이런 과정에서 저는 인종학적이며 과학적 검증이 필요할 것이라는 점을 암시했습니다.

사정이 어찌되었건, 귀국 약 2개월 후 일본 나가사키 의과대학에서 한국 쪽을 향하는 일본의 관서지방과 북해도 쪽을 향하는 관동지방 주민의 몽고반점을 조사했는데 관서지방 인구는 85% 가량이 몽고반점을 갖고 있었고 관동지방 사람들은 85% 정도가 몽고반점을 갖고 있지 않다는 의학적 조사 결과가 발표되었습니다. 이는 한반도에 가까운 지방으로 한국인들이 건너갔으며 문화를 전했다는 것이 입증된 셈이었습니다.

근일 국회에서 친일 과거사를 규명한다니 우리는 이제 내년이면 해방 60주년이어서 그 때 친일한 사람들이 거의 다 사망해 없어졌는데도 죽겠다고 아우성인 민생고는 외면하고 시급하지도 않은 문제, 역사학자들에게 맡기면 될 문제를 저렇게 야단이니, 지울 수 없는 원한이 있어야 할 나 같은 사람도 아닌 그들이 그런 문제에 대해 야단이니 정말 착잡한 심경입니다.

그런데 친일 부분에 대한 역사 바로잡기를 한다면, 생명을 걸고 반공의 전쟁을 치르며 피 흘려 지키고 땀으로 쌓아올린 6 · 25 이후의 이 땅의 역사관을 어떻게 할 것인가의 문제가 제기됩니다. 386세대의 아버지와 할아버지 세대의 공을 헛되이 하지 말아야 하겠습니다. 386세대와 그 아래도 이런 선대가 피땀 흘려 쌓아올린 국력과 경제적 바탕 위에서 교육을 받았으며 오늘의 자유와 풍요 속에서 활개치고 있습니다. 1950년대 국민소득 80달러의 세계 최빈국에서 1만 달러를 넘는 국가를 그들의 피땀이 이루어 놓았습니다. 그 터전에서 국가의 미래가 구상되고 경제대국 10위를 넘보고 있는 것입니다. 미래지향적 현대 세계에서 경제력 없이는 아무것도 안 된다는 것을 명심해야 합니다.

여기 더해 한마디를 덧붙입니다. 얼마 전에 들은 386세대의 말이 마음에 와 닿았으며 국회 과거사 규명 법안이란 말을 들을 때마다 그 말이 뇌리에 맴돕니다. 자기 또래 4인이 터놓고 이야기해보니, 2인의 친척 2인은 친일이었고 또 다른 2인의 친척 2인은 친공이었다는 것이었습니다. 이런 판국에, 노골적으로 친일하여 민족이나 일반 사람들에게 막심한 피해와 고통을 입힌 사람들이 드러나 지장이 된다면 경우에 따라 색출·처벌할 수 있는 일이나 당장 파산, 실직, 민생고, 자살이 잇달아 일어나는 판국에서 친일 진상 따위로 정국이 야단법석이고 국론분열이 가중된다면, 대한민국의 오늘의 정치인이 맞느냐는 경멸의 말이 나올 수도 있습니다.

또 한 가지의 문제를 짚어보고 싶습니다. 그것은 국회에서 법을 만들어 신문 부수를 조정하려 한다는 것은 자유민주주의의 형태가 아닌 편협한 사회주의 내지 독재의 수법입니다. 신문 구독은 독자의 자유의사에 달린 것이지 정부 여당이 규제하고 말고의 문제가 아닙니다. 사상의 자유, 표현의 자유, 언론의 자유, 신문 구독의 자유는 자유민주주의의 기본권 중의 기본권입니다. 그런데도 국회에서 법을 만들어 주요 신문의 부수를 줄이겠다니 어찌된 일입니까. 조선·동아 두 주요 신문의 구독 부수가 4백 만 가량 되는 듯합니다. 신문 한 부를 보통 2-3명이 읽는다고 볼 때 조선·동아의 독자는 8백 만 내지 천 만 명입니다. 그렇다면 그런 독자는 다 형편없는 오보나 왜곡된 기사를 읽는다는 말이 되니 이는 독자에 대한 모독입니까. 그것도 KBS와 같은 여권 편중매체가 서구 선진국에서는 법으로 신문구독 제한의 예가 있다고 예증한 것이 허위로 드러났다는 보도이니 그 얼마나 조작적인 행태입니까. 자유민주주의 체제에서 신문 부수를 줄이거나 특정 신문이 정부 여당에 쩔쩔매게 하여 독자가 외면하게 할 수 있는 방법이 경우에 따라 있습니다. 그것은 정부·여당 측 인사들과 그 정책 입안자들의 사고와 실천이 신문의 논조나 기사를 훨씬 능가하는 때입니다. 예컨대 W. 처칠, Ch. 드골, K. 아데나워, J.F. 케네디, T. 마가렛 수상 등이 그랬습니다. 유치한 발상, 다 지나가 역사의 뒤안길로 사라진 정치이념이나 정책으로는, 또 그런 식의 국회법 제정으로는 부메랑 효과만이 있을 뿐입니다. 이는 세상의 웃음거리 내지는 후일에 그들 자신들이 더 호된 비판의 대상이 될 뿐입니다. 정권이 지금처럼 자기에게 유리한 TV나 신문에게는 호의적인 이중적 작태를 보이는 것은 절대 금물입니다. 그렇다고 주요 신문이 다 옳다는 것은 아닙니다. 주요 신문들 또한 반성할 점과 쇄신할 점이 있는 것을 인정하고 실천해야 합니다.

신문은 공기(公器) 중의 공기입니다. 주요 신문들이 너무 상업성에 치우치면 안 됩니다. 세습의 시대도 지났습니다. 세계의 주요 신문들처럼 말씀입니다. 이제 한국의 주요 신문은 지난날의 과오들에 대한 자진 참회를 국민 앞에서 보여야 할 시기에 도달했습니다. 주요 신문은 모든 희생을 무릅쓰고 국가와 민족에게 봉사하기 위한 창업자의 초심으로 돌아가야 합니다. 작금의 이 땅의 NGO 문제는 저에게 무엇보다도 더 큰 실망을 안겨주었습니다. 지난 약 10년간 저는 민간정부라 하더라도 전의 권위주의 시대와 별 다른 것이 없어 NGO의 필요성을 역설해 왔습니다. 그러나 많은 NGO의 활동도 이상한 조짐을 보이더니 마침내 정부의 금전적 후원을 받으며 총선에서 야당의 낙선운동을 했다니 실망이 컸습니다. 그렇다면 어디에 희망을 걸어야 하나 하는 심정이었습니다. 그래도 다행한 것은 NGO에 건전한 부분이 있다는 것입니다.

두 명 여중생의 미군 훈련 탱크의 압사사건으로 일어난 젊은이들의 촛불시위는 의미를 갖는 것이 사실이지만, 그것이 거대한 반미시위로 변하고 한편으로는 정치인과 젊은이들이 민족 공조, 자주 국방을 외치니 미국은 미군 감축을 신속하게 결정하고 실현하고 있답니다. 그 공백을 메우기 위해 우리는 천문학적 경제적 부담을 져야 합니다. 무슨 돈으로? 국민은 허리가 휘고 등골이 빠져야 할 판입니다. 이라크 파병은 미국과 영국, 그 다음으로 많은 병력을 보내면서도 시기를 놓치고 방법이 서툴러 국가의 큰 손해를 보는 형국입니다. 국민에게 혈세만 가중시키는 정부가 되었습니다. 미군의 후원이 없으면 북한의 남침 후, 16일이면 서울이 함락될 위기입니다. 이런 위기 상황을 국민에게 국회위원이 알렸다고 국회는 온통 소동이며 그런 알림은 간첩 행위랍니다. 이런 위기로 국민의 생명과 재산을 몰아넣은 현 정부와 여당은 책임질 생각은 않고 국민의 눈을 가리거나 속이는 데만 혈안인 듯싶습니다.

국민은 불안합니다. 이 정부 들어 국민의 불안은 날로 가중됩니다. 마음 편한 날이 하루도 없는 듯합니다. 이제야 사정사정해서 간신히 미군 1만 2천여 명 감축의 3년 유예를 얻어내 그나마 국민의 불안의 일말을 진정시켰고 경제적 큰 부담도 덜게 되어 어느 정도 숨통을 틔워 준 셈입니다. 그것은 미국 고위 당국자와 정동영 통일원장관의 지난번 방미 중 외교의 결과라고 하니 다행입니다. 우리는 국제 정세의 무지와 무능으로 결국 파병 등의 희생을 치르면서 국토 안보에 위기를 조성하여 국민의 불안과 부담을 가중시켰습니다. 이웃 일본의 처사는 역시 감탄스럽습니다. 미군은 한 명도 감축하지 않고 미국의 주요 관심사는 한국에서 일본으로 이동하여 일본은 막대한 경제적 이익과 미군의 강력한 군과 핵우산의 보호 속에 최대로 국익을 신장할 뿐만 아니라 UN의 상임이사국까지 거론하기 시작했습니다. 보이지 않는 미국의 강력한 지원 없이 말이나 꺼낼 수 있는 일이겠습니까.

한반도는 북한의 핵 개발과 핵 보유로 시한폭탄을 안고 있는 형국이 되었습니다. 오늘날 핵 보유는 세계의 양식(良識)이 허용치 않습니다. 미국은 기회 있을 때마다 여의치 않을 경우, 북폭설을 흘리곤 합니다. 미국 선거 결과가 어찌되든 북핵 문제를 끝까지 몰고 가 현 부시 대통령의 부친, 부시 대통령 때 미국의 한반도 내 핵 철수에 상응하는 북핵 완전 철거, 즉 한반도의 비핵화를 실현할 태세입니다. 이것은 또한, 세계 양식의 강력한 요청입니다. 한국의 어정쩡한 태도는 결국 한국을 국제적 외톨이로 만들 위험이 크다는 주변국의 경고가 있다고 합니다.

일본 정부는 정식으로 한·미 동맹 관계의 이상을 걱정하는 입장을 한국 정부에 표명했다고 하고 독일 대사는 국제적 외톨이 신세가 되는 한국 외교를 걱정했다고 합니다. 중국은 북한과의 혈맹관계를 강조하며 한국 통일을 원치 않는다는 입장을 분명히 한답니다. 근일 중국은 북한 편에 서서 탈북자 60여 명을 대거 검거했다는 보도입니다. 그런데도 권력 핵심의 386세대는 미국보다는 중국을 우선시킨다는 입장이었습니다. 정부는 평양과 중국의 눈치만 보는 형편입니다. 러시아는 어차피 미·일의 북진을 견제해야 할 입장이니 결국 북한 측에 힘을 실어줄 것입니다. 미·일은 중·러의 태평양으로의 남진을 저지하기 위해 더욱 견고한 유대를 유지할 것인데 한국은 이쪽도 저쪽도 아닌 형국이며 북한조차도 대수롭지 않게 여기는 입장이니 그 운명은 어떻게 되겠습니까. 대원군 일파의 무지와 실력 없는 자주, 배짱, 쇄국정책은 이 땅과 그 주변을 러·일 전쟁, 청·일 전쟁의 회오리바람 속으로 몰아넣었고 결국 한일합방(1910)으로 한국을 35년간의 일본 식민지로 내준 천추의 민족한을 남겼습니다. 세계사의 큰 흐름 와중에 있는 한국이 민족 공조 정도의 좁은 정책으로 국운을 열어가기에는 애당초 유치한 전략입니다. 오히려 그와는 반대로 세계의 큰 흐름을 타고 한국이 경제적으로, 또 모든 방면에서 국제적 국력을 키울 때, 민족공조가 효과적으로 이루어질 것입니다. 대원군 쇄국 시대의 한국 젊은이들의 개화파는 세계에 열린 조국을 생각했는데 지금의 386세대 정치인들은 폐쇄적인 것 같아 앞날의 국운이 몹시 우려됩니다.

통일 문제도 그렇습니다. 통일은 저와 같이 나이가 많은 사람에게는 누구보다도 절실한 염원입니다. 그렇기에 1980년대 후반 남북관계가 경화되고 상호 폐쇄적이 되었을 때, 저는 어떤 투고에서 빈차라도 좋으니 공기만이라도 싣고 서울이나 부산에서 평양이나 신의주까지, 또 평양이나 신의주에서 서울이나 부산까지 왕래시키는 것이 좋겠다고 했습니다. 아직도 기차는 왕래하지 못하지만, 사람들의 왕래는 제한적으로나마 되고 있으니 다행한 일로 생각합니다. 통일은 지금 곧 되어도 60년이라는 긴 세월 동안 양쪽이 서로 다른 체제에 살았고 더 나아가서는 사고와 생활 방식이 다를 뿐만 아니라 자유민주체제와 사회주의 통제 체제가 너무 다르고 경제적 차이도 너무 큽니다. 그러니 통일은 먼 훗날로 미루고 그 전 단계로서 자유롭게 왕래하며 서로의 삶의 이해와 신뢰를 쌓아 자연스럽게 통일이 되는 것이 순리이고 바람직합니다. 이에 대해 저는 1990년 유럽에서의 통독 이후부터 줄곧 말해 왔습니다. 지금 이 단계에서 해야 할 일은 양쪽 이산가족의 상호 고향 방문이며 친척을 고향에서 상봉하고 조상의 묘(墓)를 참배하는 것입니다. 이것은 인간의 기본입니다. 그것은 서로의 신뢰를 쌓는 데 가장 좋은 방법이며 북쪽에 자연스럽게 많은 돈이 유입되는 길입니다. 1천만 이산가족 중 많은 분이 세상을 떠났지만, 아직 수백만이 남아있고 가신 분들의 자녀들도 이산의 한을 품고 있으며 적지 않은 경제력을 갖고 있으니 부모간 혹은 형제간의 고향길 교류가 트이면 상당한 경제력이 북한으로 유입될 것입니다. 이런 유입은 북한 곳곳의 경제적 부흥에 큰 도움과 기여가 될 것입니다. 저는 이런 생각을 1980년대부터 갖고 있었습니다. 여기에 대해 기회 있을 때마다 말했습니다.

통일 문제, 북한 문제를 논하는 데에 지금 세계적 관심사가 되고 있는 북한 핵 문제와 북한 인권 문제를 외면할 수 없게 되었습니다. 생명권과 인권 문제는 인간의 어떤 문제보다도 앞서가는 인간의 존재와 삶의 기본권입니다. 이것을 외면하는 것은 인간 자체이기를 외면하는 것이나 마찬가지입니다. 그렇기에 세계의 양식(良識)은 이 점에 가장 큰 무게를 두는 것입니다. 인권과 민주를 내세워 군사독재와 싸웠다는 권력 중심부의 386세대가 탈북자와 북한 주민의 인권을 모르는 채 눈감고 함구한다면 그 모순성과 이중성은 가증스러운 것입니다. 다른 변명들은 위선의 변일 뿐입니다.

요즘은 또 정부 기관의 낙하산 인사설로 언론이 분분합니다. 이것 또한 이승만 정권과 군사정권 시대의 전매특허였으며 그 후 정권에도 이어진 폐습이었습니다. 이런 폐습이 개혁을 외치면서 독야청청 풍의 현 정권에서도 급류를 탄다는 보도입니다. 또 요즘은 대학입시에서 고등학교 등급제와 내신과 대학의 입시 본고사가 큰 문제로 사회와 국회에서 논란이 되고 있습니다. 이 문제야말로 원칙에서 벗어나면 안 됩니다. 교육은 인간이 타고난 성품과 능력계발을 위해 해야 하는 것인데 인간의 타고난 성품과 능력은 꼭 같은 것, 즉 평등한 것이 아니고 천차만별입니다. 이렇게 하느님께서는 사람을 창조하였습니다. 획일적인 인간이 아니고 천차만별의 다양성으로 하느님은 자신의 무한한 진리와 선과 아름다움을 당신의 모습인 인간창조에서 드러낸 것입니다.

이런 다양성을 훌륭하게 키워가는 것이 교육입니다. 따라서 교육의 평준화, 더 나아가서는 하향평준화는 있을 수 없습니다. 천차만별하게 타고난 재능과 가지가지의 능력을 교육을 통해 발전시키고 그렇게 함양된 인간성과 능력으로 인간 삶을 조화시켜 공동체 안에서 인간이 다같이 행복하게 살게 해야 합니다. 원칙을 견지하고 파생되는 부작용을 극복해가야 합니다. 임시방편으로 원칙을 희생시키고 부작용을 없애는 데만 급급하여 모든 교육을 하향평준화 하면 오늘과 같이 모든 면에서 영재교육에 혈안이 되어있는 세계 속에서 한국의 젊은이들과 국력은 도태 내지 파산의 운명을 맞을 것입니다. 또 그런 식으로 억지로 교육부나 국회가 법을 제정해 보았댔자 피(被) 교육 당사자들은 그런 룰을 짓밟을 것입니다. 그렇게 되면 예상도 못했고, 해결도 할 수 없는 더 큰 부작용을 일으키게 되어 교육을 파탄으로 몰고 갈 것입니다. 그것은 하느님의 모습으로 창조된 인간이 정치권력으로 구속할 수 있는 것이 아니기 때문입니다. 일언이폐지하고 이런 일그러진 교육 제도 하에서는 386세대라도 끝까지 무지로 일관하지 않는 한, 자기의 아들딸들을 교육시키고 싶겠느냐고 묻고 싶습니다. 이제 386세대도 40을 훌쩍 넘어 곧 50대로 접어들 것이어서 앞으로 20-30년 혹은 40년 후에 완전히 세계화된 시대를 살아가야 할 자기들의 자녀들을 두고 있습니다. 그런데 노무현 대통령 자신부터 자기는 외국에 간 일이 없다고 자랑하고, 386세대는 미국보다는 중국을 우선 시켜야 한다고 하니 오늘의 386세대가 그런 지식으로 사학법 개정을 고집해야 하느냐의 문제입니다. 저는 이런 문제를 이 정권 초기부터 제기해 왔습니다. 이 사립학교 개정법에 대해서 천주교 주교단과 평신도 협의회가 타종교와 연합하여 끝까지 하느님의 창조이념에 거역하는 '열린우리당' 개혁 법안을 반대하여 '헌재' 소송까지도 불사할 것이니 신자의 양심을 가진 국회위원이라면 여야를 떠나 사립학교법 개정안을 반대해야 할 것입니다. 만일 그렇지 않고 신자의 양심을 버리고 정권의 눈치만 보거나 아부 한다면 하느님 앞에서 신자라고 할 수 없습니다.

또한, 정부에서 시종일관 열병처럼 열을 올리는 언론개혁법에 대해 주요 신문들은 파업 등과 관련하며, 정부에도 큰 도움이 된 면도 여기에 부연하겠습니다. 저는 이 땅에서의 권력과 언론의 상극관계와 상호관계, 즉 해방 후 오늘에 이르기까지 때로는 양자가 혈투까지 감행하는 현상을 몸으로 느끼며 살아왔고 정권이 끝난 후, 그 실상이 드러나는 것을 익히 보아왔습니다. 그 중에서도 이번 노무현 정권의 경우는 특이한 면이 있습니다. 그것은 노 정권이 젊은이들과 노동계에 절대적 후원으로 창출됐는데도 실제 정치를 맡고 보니 출발 초부터 이익단체들의 후진성에 젖어있는 노동계의 총 반란 앞에 속수무책이 되었습니다. 그것이 다름 아닌 노무현 정권 초기의 두산중공업, 철도노사, 화물연대 등의 총파업과 맹렬시위였습니다. 현대자동차 노조투쟁에는 정부의 일방적 투항이었다고 했습니다. 노동파업은 하투(夏鬪)에서 추투(秋鬪)로 연장되는 형국이었습니다. 그 후에도 은행노조 강경파업, 지난 7월에는 전국 지하철 노조파업이 열기를 뿜다 스스로 물러나는 형국이었습니다. 이런저런 와중에서 정부는 그 태생적 한계로 거의 속수무책이었으나 정부가 그렇게도 천추의 한이 있는 양, 또 개혁의 제1호인 양 압박해가는 〈조선일보〉, 〈동아일보〉, 〈중앙일보〉같은 주요 신문들의 정곡을 찌르는 사설, 전문가와 국민원로 인사들의 논설과 말씀으로 형성된 국민 여론과 압력으로 파국이 수습되기도 했습니다. 아이러니 치고도 보통 아이러니가 아니었습니다. 말하자면 정부가 계속 옥죄여가는 주요 신문들이 정부를 위기상황에서 구출하곤 한 셈이었습니다. 또 정치권력 지향적 386세대가 주축이 된 현 정권과 여당은 권력으로 법제정만 하면 모든 것이 다 잘될 것 같은 환상에 사로잡혀 있는 것 같습니다. 그래서 현 정권에 거추장스러운 주요 신문들을 법으로 묶어 그 부수도 확 줄이고 영향력을 무력화 하고 싶을 것입니다. 그런 유혹에 사로잡힌 신문 압살 정책을 쓴 것이 이승만 독재정권과 박정희 군사정권이었습니다. 그리고 그 아류로 태어난 것이 전두환, 노태우 정권이었습니다. 어떤 의미로는 문민정권이라는 김영삼 정권 말기와 국민의 정권이라던 김대중 정권 말기도 유형은 다르지만 예외는 아니었습니다. 정권이 독선, 독재화되고 언론탄압, 혹은 언론과의 불협화음이 크면 큰 만큼 그런 정책은 부메랑 효과로 나타난다는 것을 명심해야 합니다.

이 땅에 해방 후 나타난 정권들치고 개혁, 혁신, 쇄신, 부정부패 일소, 정의구현 등의 구호를 내걸지 않았던 정권이 있었습니까. 그러나 그 강조의 정도 여하에 따라 그만큼 역대정권들은 다 실패한 정권이 되었고 비참한 운명을 맞기도 했습니다. 제발 현 정권 핵심부는 이 점에 특히 유의해 주기 바랍니다. 현 정권은 천하의 개혁은 다 자기들이 하는 것처럼 소리가 요란한데 빈 달구지의 소리가 더 요란하다는 통속적 속담에 귀 기울임이 좋을 듯싶습니다. 그렇기에 근자에 이르러 학회 등을 통해 한국 최고 지성들 중에서는 그런 개혁을 포장된 폭력으로 표현하기도 합니다. 그것은 현 386세대 중심의 노 정권과 여당을 반지성적, 감성적으로 보기 때문입니다. 반지성적, 감성적 흐름은 결국 합리적이기보다는 권력과 야합할 때, 강압적이거나 폭력적이 되기 일쑤입니다. 그래도 다행인 것은 아마도 고육지책인 듯한데 1930년대의 미국의 경제대공황을 성공적으로 수습하여 오늘의 미국을 경제 대번영으로 이끈 뉴딜 정책을 이 땅에 실현하고자 하는 발상입니다. 그런데 뉴딜 정책의 핵심은 우리와 같이 사립학교법 개정, 신문법 개정,

보안법 철폐, 과거사 규명 등 대다수 국민정서에는 맞지도 않고 이는 학문적 뒷받침도 없는 행정 위주의 얍삽한 정책이 아니라 경제공황에 가장 기본이 되는 새로운 노동법이 학문적, 현실적 배경을 갖고 미래 지향적인 통찰을 겸한 학자들에 의해 입법되었기에 성공했다는 것을 이 정권은 알아야 합니다.

당시 소련에서는 공산당 지휘 하에 노동자, 농민 위주의 경제 정책이 새로운 태양처럼 비쳐질 때였지만, 미국은 그리스도교 정신에 의해 그 대공황 속에서도 소련과는 전혀 다른 정책을 폈습니다. 이후 소련은 경제적 파탄과 함께 지구상에서 사라져 갔습니다. 또한, 그 위성국도 다 간 곳 없이 되었으며 남아있는 중국도 미국식 자본주의의 길을 택할 수밖에 없게 되었습니다. 그런데 국민의 좌경과 무지의 집단이라는 눈초리를 받고 있는 이 정권이 과연 미국식 뉴딜 정책에 준하는 성공을 할 수 있을까의 근본적인 의문부터 제기됩니다. 또한, 궁지에 몰린 사람들이 들은 풍월에서 느닷없이 튀어나온 말이 아닐까 싶어 기대에 앞서 또 무슨 국세 낭비와 용두사미 내지, 더 큰 혼란을 조장하지나 않을까 하는 걱정이 앞섭니다. 그렇다고 별로 지식도 없는 386세대가 지휘하는 무슨 위원회를 만든다고 기대할 만한 학자들과 연구 성과를 바랄 수 있을까도 지금까지의 경험으로 보아 큰 문제인 것 같습니다.

기실 뉴딜 정책을 성공으로 이끈 것은 당시 새롭게 제기된 노동 문제, 임금 문제, 실직 문제, 노사 문제, 국가 문제 등을 깊은 인간성에 근거하여 정리해 낸 노동법이었습니다. 루즈벨트 대통령이 이 법을 위촉한 사람들은 그 방면에 새로운 기운으로 떠오른 두 젊은 성직자 학자였습니다. 그 한 분은 워싱턴 가톨릭대학 교수였으며 필생을 학문 연구와 사회활동 연구에 몸 바친 윤리 신학자이며 사회학자인 라이언 교수였고 또 한 분은 오랫동안 신학교에서 교수생활을 한 성직자였습니다. 라이언 교수는 당시로서는 사회·정치 문제에서 아주 새로운 비전이었던 교황 레오 13세의 「새로운 사태」(Rerum Novarum) 교서에 근거하여 미국 역사에 길이 빛날 노동법을 제정했습니다. 이 교황 회칙은 「공산당선언」과 「자본론」에 대한 응답으로 나왔는데 하느님의 모습으로 창조된 인간상과 모든 사람, 특히 노동자의 생명권과 기본적 인권에 근거한 노동법이었기에 미래지향적 성격을 띤 것이었습니다. 그 노동법은 당시 경제공황을 수습했을 뿐만 아니라 오늘과 내일의 미국을 번영으로 이끄는 원동력이 되었습니다. 필생을 바쳐 연구를 거듭한 학자들과 깊은 인간성에 바탕을 갖는 입법을 골격으로 한 뉴딜 정책은 말하기는 쉽지만 이 땅에 펼칠 수 있겠습니까. 더욱이 대학시절, 학문적 기초를 쌓아야 할 학창시절을 데모로 보낸 사람들, 그 후로도 별로 공부하지 않은 386세대의 조정 하에 미국과 같은 뉴딜 정책이 펼쳐질 수 있겠습니까. 노무현 대통령은 이제 핵심적 진영을 바꾸어야 성공한 대통령이 될 것입니다. 그렇지 않으면 탄핵소추를 받은 대통령, 그 정책이 위헌 결정을 받은 대통령, 혼란을 거듭한 대통령으로 역사에 남게 되지 않을까 걱정입니다. 이런 말을 하는 이유는 노무현 대통령이 우리의 대통령이니 어쨌든 잘되어야 하겠다는 생각에서입니다. 그것은 국민이 잘살게 되어야 대통령이 잘 되기 때문입니다. 국민은 사나운 말과 같아서 온순하고 말 탄 사람, 기수에게 순종, 절대 충성인 것 같다가도 이게 아니라고 느끼는 순간에 사나운 말로 돌변하여 탄 사람을 사정없이 내친다는 것을 알아야 합니다.

한마디 더 부연한다면, 노무현 정권이 내건 개혁은 그리 인기 있는 용어가 될 수 없습니다. 역대정권에서 이런 낱말이 계속 반복되었으나 결국 그런 표어는 권력과 금력을 쥔 전 사람들을 몰아내고 새로운 권력층이 자리를 차지하는 것밖에 아무것도 아니라는 것을 국민은 수없이 체험했습니다. 실은 노 정권의 개혁은 그 내용이 아무것도 다듬어진 것이 없는 거친 소재와 같은 것이어서 그것이 개혁인지 혁명인지조차 분간할 수 없습니다. 혁명이면 헌법 정지, 국회 해산, 형명 령(令) 또는 포고령 1, 2, 3호 등으로 옛것을 다 청산하고 모든 것을 새롭게 하게 되는 선명성을 띠게 됩니다. 그런데 개혁은 기존에 있는 헌법을 준수함을 전제로 국회를 인정하고 이런 제도 위에서 성립된 정부 조직과 제반 사항을 인정해야 하기에 개선(改善)의 입장일 수밖에 없습니다. 개선은 있는 것을 전제로, 즉 있는 것을 존중하고 잘못된 부분을 서서히 바로 잡아가는 것입니다. 국가의 명운이 좌우되는 것일수록 더욱 그렇습니다. 노무현 정권의 핵심부는 이런 점을 이해하지 못하는 것 같습니다. 노무현 대통령은 상당히 영리한 분이고 법조인이었는데도 입장이 어려워질 때는 기존의 제도를 무시하는 듯한 발언으로 헌법재판소의 제재를 받았습니다. 국보법 폐지 문제도 법이론 이전에 그것은 악법이니 폐지되어야 한다는 등의 논리를 펴 헌법재판소와 대법원에 대립하는 듯했습니다. 현 헌법에 의해 선출된 현직 대통령, 헌법을 준수하여 국토를 방위하고 국민의 생명과 재산을 지키겠다고 선서한 대통령이 현 헌법에 기초하여 조직된 권위 있는 기관들을 무시하는 듯한 발언을 하는 것은 매우 적절치 못하다는 비판을 면키 어렵습니다. 이럴 바에는 혁명이었으면 선명했을 것을 하는 생각마저 들게 합니다.

또한, 노무현 대통령은 국회통과법의 헌재소를 헌재가 계속 위헌판결을 한다면 헌정문란으로 몰아붙이려는데 이것은 헌법에 대한 도전으로 간주하게 될 수도 있습니다. 헌재는 헌법 해석의 권위 있는 최고 기관이기에 아무리 국회라 해도 잘못 입법하면 그때마다 위헌 판정을 해야 합니다. 물론 우리 시대 우리 사회에서 혁명 같은 것은 꿈도 꿀 수 없습니다. 소련의 공산혁명, 중국의 홍위병의 문화혁명 후, 혁명이란 구호는 오늘의 인류문화 선상에서 가장 인기 없는 용어이기 때문입니다. 이런 바탕 위에서 보수는 악이고 진보는 선이라고 하는 논리를 펴는 것은 듣고 보기에도 안쓰럽습니다. 더욱 지금 적지 않게 염려스러운 것은 이른바 386세대를 중심으로 '수구'니 '꼴통'이니 '냉전시대 유물'이니 등으로 몰아붙여 전 세대를 매장하려는 듯한 경향입니다. 이런 것은 역사의 뒤안길로 사라진 공산사회나 극좌 사회주의 사회 혹은 백색 독재정권이나 그런 류에 종속되는 사회에서 '반동', '자본주의 수구', '반국가', '반국민', '반혁명', '반개혁' 등으로 나타나는 행태와 어딘지 모르게 유사합니다. 오히려 '수구'라고 몰아붙이는 정치권력 지향적 386세대야말로 오늘에 이르러서는 '수구 중 수구'라는 표현이 적중할 수도 있습니다. 인류 사조는 그들이 생각하는 것보다는 수십 년 앞서가고 있기 때문입니다.

오늘날 국제 사상계에서는 탈식민주의 혹은 식민주의 후기(postcolonianism)를 깊이 있게 논하며 새로운 세계 질서를 인류공동으로 모색하는 시기입니다. 그렇기에 몰아치기와 분열, 선동의 작태는 극히 후진적인 것입니다. 특히 무고하고 순진한 젊은 층을 선동적 시위로 몰아가거나 젊은이들 스스로 그런 식으로, 정치적으로 이용되는 것은 극히 후진적이고 반 인간적어서 젊은이들의 인격적 가치를 말살시키는 것입니다.

한국사회는 이제 몰아붙여서 고칠 수 있는 식의 어린 사회가 아닙니다. 저간의 정부들의 개혁, 쇄신, 정화 등의 표어가 계속 실패하는 중에서도 한국이 세계의 경이 속에 발전을 거듭한 것은 국민이 자발적으로 세계의 각 분야로 뛰어든 패기와 진취성 덕분이었습니다. 개혁이 필요한 것도 사실이나 그것은 큰 나무를 바로 잡듯 받침목과 버팀목을 세워 오랜 세월에 걸쳐 바로 잡아야지 성급하게 하다가는 튕겨나가거나 부러질 수 있음을 명심해야 합니다. 가장 중요한 것은 민심의 향배입니다. 지금과 같이 국민의 큰 부분이 계속 정부개혁 정책에 반대하고 있는 상태에서 민주국가라면 정부가 민의를 따라야 합니다. 큰 권력이 현 대통령과 여당에 쥐어져 가다가는 폭언까지 일삼는 안하무인격인 때가 비일비재 합니다. 권력은 예리한 검과 같아서 훈련되지 않은 자가 휘두르면 많은 사람이 다치게 되고 급기야는 크나큰 자해(自害)를 가하게 된다는 것을 현 집권층은 유념해야 할 것입니다.

장시간에 걸쳐 작성된 이 원고를 마감하려는데 충격적인 소식이 전해졌습니다. 그것은 세계 경제포럼(WEF)의 '한국 경제 추락' 발표였습니다. 그동안 정부와 여당은 주요 일간 신문들이 경제 동향의 심각성을 말할 때, 사실은 그렇지 않은데 신문들이 부풀린 음해성이라고 몰아붙인 적이 한두 번이 아니었습니다. 그런데 이 경제의 세계적 권위 기관은 한국 신문들이 보도한 것보다 한국 경제의 추락 상이 훨씬 더 심각하다는 것을 단적으로 보여주었습니다. 그것은 지난해 18위에서 올해에는 29위로 한 해 동안에 11단계나 떨어졌다는 놀라운 사실이었습니다. 그 주요 내역을 보면 더 경악스럽습니다. 93개국 중 우리나라는 노사협력에서 92위, 말하자면 꼴찌이고 정치인 신뢰도는 85위입니다. 결국 이 정부의 참 모습을 그대로 드러내준 성적표입니다. 이런 참담한 현실 앞에서 서민들은 못살겠다고 아우성입니다. 갑자기 신 귀족 계급이 되었다는 386세대가 핵심인 현 정권은 이런 현실은 외면하면서 지난날의 역사 진상 규명이니 한풀이로밖에 보이지 않는 국보법 폐지니 좌경 적색인사들의 포상 정책, 신문법 개정, 사학법 제정 등에 있는 힘을 다 하는 것 같아 현 정권과 여당은 국민의 호된 비난을 면할 길이 없게 되었습니다.

위에서 열거한 근 2년간의 실정(失政)과 경제도단의 근원을 나름대로 구명해 봅니다. 그 근본 원인은 이 정권과 여당 핵심의 정치권력 지향적 386세대의 의식 문제입니다. 다시 말해 다 지나간, 번영하는 인류 사회에 어디에도 없는 좌경적 이념입니다. 물론 그 세대의 공적이 큰 면도 있습니다. 위에서도 언급한 바와 같이 그들은 광주민중항쟁 등을 몸으로 받아내며 군사정권을 종식시켰습니다. 그리고 그들 중에서 국내외의 예체능, 과학 등 여러 분야에서 세계적으로 두각을 나타내는 인재들이 속출하는 것도 사실이며 우리의 자랑입니다. 그러나 그것은 한 가지 조건 하에서입니다. 대학시절에도 분초를 아껴가며 공부를 계속한 사람들에 한해 그렇습니다.

저는 근 45년간에 걸친 대학 강단 생활에서 특히 1980년대 중·하반기 학생들의 데모가 극에 달했을 때에도 학생은 그 1차적 임무가 면학이니, 데모는 하되 공부를 게을리 해서는 절대 안된다는 것을 수없이 강조했습니다. 결국은 실력의 문제이고 그런 실력은 세계에서 두각을 나타내는 실력이어야 한다는 점과 도서관에서 불 밝히는 학생들이 나라다운 나라를 만들 것이라는 점을 거듭 강조했습니다.

그런데 그때의 정치권력 지향적인 386세대가 지금 권력 핵심부에 포진하게 된 것입니다. 이런 386세대는 학생시절에 별로 공부하지 않고 데모에만 전력하는 것을 보아왔습니다. 별로 아는 것도 없고 경험도 없는 그들이 국가의 큰 권력을 장악하게 되고 국가는 구한말기보다 더 어려운 국난을 맞게 되니 이 땅은 혼란을 거듭하게 되는 것입니다. 다 무지와 만용, 권력욕의 소산입니다. 또한, 그 당시 일부 지도급 간부 학생들이 자기들의 목적달성을 위해 학생들과 교수들 사이에서 수단과 방법을 가리지 않고 농간을 부리며 행동하는 것도 보았고 체험했습니다. 제발 그런 부류의 사람들이 지금의 여당과 정부 정책 수립의 핵심에 있지 않기를 바랍니다. 그때 그들은 군부 독재와 맞서기 위한 이념으로 좌익 서적, 특히 일본 등지에서 밀반입된 맑스-레닌 서적의 우리말 번역에 심취한 것이 주종인 것으로 들었습니다. 저는 군사정권의 유신체제에 반대하는 면에서 지금의 386세대와 고락을 같이하며 그들을 교육하며 도움을 주고 보호한 사람입니다. 그렇기에 그들의 장점과 단점을 누구보다도 잘 안다고 생각합니다. 1980년대는 참으로 암담한 시기였습니다. 그들이 군사정권과 미국이 결탁되어 있다고 생각했기에 또 그것이 사실이었기에 군사정권을 반대하는 이념으로 좌익서적에 탐닉한 것은 이해할 만했습니다. 그것은 반미 정서의 뿌리이기도 했습니다. 그렇지만 1980년대 세계 지성계의 흐름에서 볼 때, 우리 젊은이들은 적어도 10년 내지 20년쯤 떨어진 형편이었습니다. 사실 1960년대 중반에서 1970년대에 세계 선진 대학가를 휩쓸었던 학생들의 좌경 현상이 1980년에 이르러 한국 대학가를 강타했습니다. 1980년대 중·하반기에는 프랑스나 독일 등에서 1960년대 1970년대의 좌경학생 운동 리더 중 적지 않은 이들이 우경해 대학교수, 사업가, 언론인 등으로 변신했습니다. 물론 좌익 그대로 남은 사람들도 있었으나 별로 많지 않은 편이었습니다. 저는 이 시기에 서강대학교 철학과 교수 겸 명동성당 주임신부로 있으면서 이런 흐름에 대해 프랑스, 독일, 일본 등지의 좌경학생들이 왜 우경하였는지 또 좌파 그대로 남아있는 사람들은 왜 그대로인지를 국내 학자들과 대학생들과 같이 세계 학술회의를 열어 명동성당에서 한국 청년들을 위한 백서를 내려고 한 적이 있었습니다.

한편, 저는 대학 강단에서 공산주의는 종말에 가까워왔다는 것을 쉴 새 없이 직·간접으로 학생들에게 알렸습니다. 그때 대학생들은 맑스-레닌 사상을 구세주처럼 생각하는 시기였는데 저는 그런 것은 시체를 메고 세상 구원자라고 행진하는 것과 같은 것이라고 했습니다.

그 이유는 소련과 동구 사회에서 공산주의, 사회주의 정권은 2천 년이 오기 전 1990년 중반기에 쓰러질 것을 예감하고 있었기 때문이었습니다. 물론 그 당시, 그런 저의 생각을 받아들이는 사람은 아무도 없었습니다. 그런 저의 사상은 맑스-레닌 사상에 심취한 학생들에게는 미움의 대상이었고 언론과 지식인들에게는 성급한 소리로 들렸던 것입니다. 그러나 제가 공산주의 사상에도 조예가 깊은 것으로 알려져 있었고 신부이기에 헛소리로는 취급받지 않았습니다. 사실 1980년대 중반만 해도 공산주의는 겉으로는 기승을 부리는 터였습니다. 예컨대 이탈리아 전국시장 선거에서 조그마한 도시 한 곳만 빼고는 로마 시장을 비롯하여 모든 이탈리아 시장이 공산당이 되는 처지였습니다. 그렇기에 그때는 세계의 대정치가, 뛰어난 경제인, 군사 전문가, 미래학자, 신학자, 철학자, 사상가 등 대부분이 2천 년대(그것도 2010년이나 2020년쯤이 되어야)에는 공산정권이 무너질 징조를 보이지 않겠나 생각하던 때였습니다.

그런데 놀랍게도 1989년 10월부터 1990년 5월 사이에 기적같은 일이 일어났으니 그것이 바로 소련을 위시하여 동구 전역에서 공산정권이 삽시간에 도미노 현상을 일으키며 쓰러져 간 것이었습니다. 저는 이런 사태가 오는 것을 예감하고 한국 일간 신문기자들에게 1990년 중반에 공산주의가 물거품처럼 사라지리라는 말을 1980년대에 입버릇처럼 했습니다. 그렇기에 공산주의 정권의 붕괴 도미노 현상 후, 〈조선일보〉에 연 3일간 전면 기사를 투고하게 되었습니다. 그것은 아마도 저의 스승 C. 파브로 교수의 영향이었던 것 같습니다.

파브로 교수는 저의 학위논문 지도교수였고 당대에 혜성처럼 떠오른 세계의 대철학자였습니다. 그분은 1950년대 중반에 이탈리아 공산당 전당대회에 주제 강연자로 초청되었다고 했습니다. 그 이유는 이탈리아 공산당이 크렘린 다음으로 세계에서 최대당이었고 막강한 힘을 갖고 있었는데 파브로 교수 신부의 예리한 논리 앞에 학문적으로 속수무책이 되어가고 있었기 때문이었습니다. 공산당 전당대회에서 그의 연설을 듣고 세계 공산당의 쟁쟁한 논객들은 집중공격을 퍼부어 그분을 매장시키려 했습니다. 그러나 장장 3시간에 걸친 깊은 통찰의 강연에 반론을 제기할 공산 이론가는 아무도 없었습니다. 파브로 교수의 맑스-레닌주의의 가장 취약한 부분에 대한 지적은 변증법적 유물사관인데 맑스주의의 헤겔의 변증법 채용은 근본적 허구성을 내포한다는 것이었습니다. 핵심적 이유는 헤겔의 변증법이 100% 정신적인 것인데 맑스주의의 변증법은 그런 정신적인 것을 100% 물질적 세계에 적용해 돌이킬 수 없는 모순을 범했다는 것이었습니다. 따라서 조만간 맑스주의는 쓰러질 수밖에 없다는 것이었습니다. 파브로 교수는 이렇게 맑스주의의 사상적 토대를 무너트렸습니다.

그 후 맑스주의 사상계에 변증법에 대한 새로운 연구와 서적이 세계를 휩쓸었지만, 파브로 교수에 의해 그 근본이 와해된 것을 만회할 길은 없었습니다. 맑스주의는 학문적으로 속으로부터 무너져 내리기 시작했습니다. 정치, 경제, 사회적 입장에서 강력한 군경, 비밀경찰, 강력한 조직의 절대적 엄호를 받는 맑스주의의 정체적(政體的) 형태와 힘은 외형적으로는 오랜 시간 버틸 수 있었습니다. 그러나 수십 년 후, 1989-1990년에 민중봉기로 지상에서 맘모스 같은 공산 정체는 사라져갔습니다.

제가 마지막 하직인사를 갔을 때, 파브로 교수는 한반도의 공산정권에 대해서도 언급하셨습니다. 즉, 그때로부터 약 10년 후에 한반도도 큰 변화를 맞을 터이어서 네 나라가 너를 필요로 할지도 모른다며 맑스 사상에 대한 연구를 하는 것이 좋겠다고 했습니다. 저는 1961년 귀국 즉시, 당시로서는 정부의 강력한 반공 정책으로 엄두도 낼 수 없었던 맑스-레닌 전집을 외국 선교사 편을 통해 구입하여, 혜화동 가톨릭대학교 도서관에 소장한 일이 있었습니다. 사실 10년 후인 1972년에 남북 공동 선언문을 보며 파브로 교수의 놀라운 미래 투시적 혜안에 놀랐습니다. 그렇기에 저는 동구의 공산정권 종말을 예감할 수 있었습니다.

그런데 우리의 지금 문제는 그 당시, 즉 1980년대에 만연했던 자생적 좌경 운동권 학생들이, 편협한 사회주의 사상에 물들었던 그런 세대, 특히 정치권력 지향적인 386세대가, 유럽에서 공산정권이 쓰러져 간 후에 자유분방하게 발전한 사상을 깊이 있게 연구하지 못한 채 지금 정권과 여당의 핵심에 포진하게 된 데에 그 근원이 있다고 생각합니다. 저는 그들이 공산주의자나 편협한 의미의 사회주의자라고 보지는 않지만, 역시 자유에 입각한 민주주의와 시장경제보다는 통제적 사회주의의 논리, 특히 그런 경제 논리에 근접해 있었기에 우리 경제가 이렇게 추락하는 것이라고 생각합니다.

단적인 예가 이 정부 초기와 지금까지도 정책의 기저는 '분배 우선 정책'입니다. 거듭되는 실책으로 요즈음은 조금 수그러진 것 같기는 하지만, 그들의 기본은 역시 분배 우선 정책으로 보입니다. 즉, 사회주의는 인민의 착취 계급인 자본가와 피 착취자들인 무산층으로 갈라 착취 계급은 악이니 그 재물을 다 몰수하여, 피 착취자인 무산층에 나눠주어야 한다는 것입니다. 나누어 주는 동안에는 무산층, 서민층이 좋아하는 사회가 될 수 있으나 그러는 동안 인간성을 상실하거나 파괴되고 맙니다. 즉, 무상분배에 익숙한 서민들은 창의성과 근면성을 상실하여, 몰수하여 분배할 것이 없게 되면 그런 체제 하의 모든 인민이 빈곤으로 곤두박질 할 수밖에 없게 되며 결국 그런 주의 사상과 체제

자체가 파탄 나는 것입니다. 이런 현실, 즉 공산주의와 사회주의가 어떻게 몰락해 갔는지를 우리는 눈으로 보아왔습니다. 당시의 정치적 환경 때문에 이런 사상에, 즉 사회주의 사상에 직·간접으로 물든 사람들이 사상적으로 한 발짝도 더 나아가지 못한 채, 정책의 핵심에 자리 잡게 되어 분배 우선으로 치닫는다면 그런 정책은 경제를 파탄으로 몰고 가는 후진성을 띠게 됩니다.

생산이 앞서야 분배가 가능합니다. 더욱이 지금은 품질 좋은 것을 생산해야 하는 때입니다. 그런데 이런 생산성은 인간의 창의성과 자발성, 경쟁 속에서 이루어집니다. 이런 흐름은 이윤 추구에서 촉발되는 것이 그 정석입니다. 우리 경제 정책은 이런 기본적인 것에조차 무지한 사람들에 의해 역사의 뒤안길로 사라진 사회주의적 수준에서 진행되고 있지 않나 걱정됩니다. 이런 처지에서 나라의 경제는 악화일로인데도 권력 핵심부인 386세대의 두뇌가 진짜 사회주의도 아니고 완전한 자유민주주의의 시장경제도 아닌 상태입니다. 이러한 가운데 경제가 추락하는 것 같아 앞날이 몹시 걱정됩니다. 자유에 입각한 시장경제 사회에서는 경쟁이 치열한 시대인데 우리는 지도자의 머리조차 정돈되지 못한 상태인 듯합니다.

지금 국론은 산산조각입니다. 지금은 국론을 하나로 묶어 난국 타개에 총력전을 펴야 할 때입니다. 그동안 쌓아 놓은 국력, 인재, 첨단 기술, 재력, 국제적 인맥 등을 하나로 모아야 합니다. 시간이 많은 것 같으나 많지 않습니다. 노 대통령이 러시아, 베트남 등 순방길에서 한 '기업이 나라다'라는 발언은 국민에게 희망을 갖게 했습니다. 그런데 한편, 북핵 문제에서 한반도 주변 국가들과의 공감대를 말하면서 미국을 제외한 듯한 발언을 한 것 같아 냉혹한 세계에서 우리가 설 자리가 어디인지 걱정스럽습니다. 특히 노 대통령은 주어지는 환경에 너무 쉽게 빠져들어 환경 여하에 따라 무게나 일관성이 없는 발언을 자주 하지 않나 우려됩니다. 대통령 취임 후, 미국에서는 저자세의 친미적 발언이었다고 후회했고 일본에서는 하필이면 현충일에 일왕과 만찬 건배했으며 한국에게는 일본이 제일 가깝고 중국은 두 번째이고 미국은 세 번째라는 등의 발언으로 물의를 빚었습니다. 일본인들이 한국에 대해 과연 제일 가깝게 생각하느냐 등 뒷말이 무성했고 중국에서는 북핵 문제에서 중국에 끌려 다녔다는 후문이었습니다. 이런 대통령의 일관성 없는 태도는 국민을 불안게 하며 신임을 감소시킵니다.

며칠 전 헌재(憲裁)의 중대 발표가 있었습니다. 그것은 정부의 '수도 이전 계획'이 위헌이라는 판결이었습니다. 그동안 노무현 대통령은 정부의 운명을 걸고 이 계획을 실현시키겠다는 단호한 태도였습니다. 그런 것이 위헌이라는 것입니다. 국민 2/3가량의 민심도 수도 이전 계획에 반대였습니다.

국민 여론의 63%는 헌재 결정이 '잘했다'이고 28%는 '잘못했다'입니다. 법학자들도 대부분이 헌재 판정이 정당하다는 입장입니다. 이 땅에서 개혁, 특히 정치적 개혁은 자유민주주의에 근거하고 민의에 순응할 때만 성공하는데 노 정권이 개혁 기간으로 생각했던 '수도 이전 계획'은 위헌으로 판가름 났고 2/3정도의 민심 이반으로 실패했습니다. 그렇다면, 지금 국회에 열린우리당이 제출한 4대 개혁안, 즉 국보법 폐지, 과거사 규명법, 신문법 등 언론관계법, 사립학교법은 성공할 것입니까. 그 또한 자유 민주주의 정신과 민심의 향배로 보아, 즉 민심의 큰 부분이 외면하니 실패할 것이 거의 확실시되어 큰 혼란만을 일으키고 큰 손해만을 국민에게 안겨주고 끝날 공산이 큽니다.

그런 개혁안을 대 개혁안이라고 하지만 사회주의 국가라면 모를까 자유민주주의에서는 그 기본이 무엇인지조차 모르는 행태입니다.

그런 개혁안은 위헌의 소지도 안고 있습니다. 국가보안법 폐지는 60% 이상이 반대입니다. 그렇기에 노무현 대통령의 정책은 일대 전환을 강요받고 있습니다. 민심은 천심이기에 무서운 것입니다. 그런데도 이번 헌재 판결에 대해 처음에 청·당·정·은 관습 헌법을 이유로 승복을 유보하고 헌재를 맹비난했습니다. '노사모'는 다시 집결하여 헌재 규탄의 대 시위 준비 중이라는 인터넷 게재물을 냈습니다. 이번에는 먼저 '헌재'를 손보아야 한다고 합니다. 이 무슨 암흑천지의 행태입니까. 노 대통령이 '헌재 위헌' 판정을 승복하지 못하면서도 받아들인 것은 매우 잘 한 일입니다. 젊은이들은 촛불시위 등으로 한 데 모이는 데는 힘이 있어도 국정의 올바른 운영이나 난국을 푸는 데는 함량 미달입니다. 그들은 지금 커가는 도상에 있습니다. 그것은 386세대도 마찬가지입니다. 역시 기성세대의 깊은 지식과 오랜 세월에 걸쳐 쌓은 경륜과 숙련을 거듭한 능력이라야 난국을 풀고 국내외적인 번영으로 나라를 이끌어 갈 수 있습니다. 이번 기회에 청소년층과 386세대는 큰 자성을 요청받고 있는 것입니다. 386세대도 분명 그 존재와 생명을 전 세대로부터 받았습니다. 그 세대가 커오며 공부하고 자유를 누리며 오늘에 이른 것은 전 세대가 이룬 이 땅의 부와 국제적 역량(力量)의 토대 위에서입니다. 그런데도 자기네들과 같지 않은 것은 깡그리 무시하는 행태입니다. 이것은 본래적 인간성의 상실이며 일그러진 인간성의 상태입니다. 이런 인간성의 발로가 오늘날 이 땅에서 계속 일어나는 갈등과 분란과 혼란의 원천입니다. 이런 세대는 그 다음 세대인 사이버 세대에 큰 영향을 미쳤습니다. 이런 사태는 먼저 기성세대에도 깊은 반성을 촉구하고 있습니다.

한나라당의 차떼기 부정행위는 천인공노할 사건이었고 노 정권이기에 이를 밝힐 수 있었습니다. 지난 총선을 그런대로 깨끗하게 치른 것은 노 정권의 공으로 인정할 만하나 열린우리당에 선거 사범이 유례 없이 많다니 두고 보아야 할 일입니다. 어떤 면을 인정할 수 있다고 거듭되는 이 정권의 헌재 위헌 판정과 계속되는 실정, 큰 민심 이반, 최근 노 대통령의 인기가 24% 정도인 것 등을 외면할 수는 없습니다. 야당인 한나라당도 국민이 '바로 이것이다' 할 수 있는 대안을 내놓지 못하는 초라한 꼴입니다. 노무현 대통령은 위기에서 승부수로 능한 분이니 이제까지의 말을 바꿔 타고 국정과 민심을 일신시켜야 합니다.

사실 이 정부 들어 그 짧은 시간에 어찌 이리도 헌재소(憲裁訴)가 많습니까. 노무현 대통령은 그동안의 헌재 경고와 패소, 앞으로 계속될 헌재소, 민심 이반 등을 감안하여, 정책 결정에 일대 결단을 내릴 시점에 와 있습니다. 따라서 노무현 대통령은 지금까지 타고 오던 길을 잘 못 드는 필마(匹馬)를 준수하고 숙련된 준마(駿馬)로 바꾸어 타야 합니다. 말들이 많습니다. 가파른 산길을 달려 산을 잘 넘을 수 있는 말, 산 넘어 물 깊은 강을 잘 건널 수 있는 말, 강 넘어 넓은 초원을 머리 깃 휘날리며 내달을 수 있는 준마가 많습니다. 지금은 세계 흐름과 국민의 의식에서 볼 때, 또 그동안의 막대한 국력의 손실에서 볼 때, 노 대통령은 넓은 평야를 질주하는 준마를 타야 합니다. 더 이상 시간도 기회도 없습니다. 벌써 집권 중반기입니다. 어물어물하는 동안 1년이 지나고, 한 해가 지나갈 무렵부터는 걷잡을 수 없는 정권 말기 누수 현상이 나타날 것입니다. 경제가 더 추락하면 안 됩니다. 민심이 더 이상 이탈되어도 안 됩니다. 여야를 막론하고 닦고 쌓아온 두뇌와 기술, 국제적인 인맥 등을 총동원하여 민심을 아울러 한국을 다시 아시아의 비상하는 새로운 용으로 탈바꿈해야 합니다. 그러기 위해 노 대통령은 그야말로 심기일전하여 자신의 마음가짐부터 전적으로 바꾸어야 합니다. 즉 전 국민의 대통령이란 의식 하에 자신부터 일대혁신을 하고 측근 등을 바꾸는 내부의 대개혁부터 새롭게 시작해야 합니다. 여야를 초월한 거국 내각을 실현해야 합니다.

대나무는 폭풍우에 휠 줄 알기에 대나무이고 큰 정치인은 지면서 이길 줄 알기에 큰 정치인입니다. 사실 정치에서 이기고 짐이란 부질없는 일입니다. 국민이 잘 살고 좋다고 하면 잘 된 정치이고 그렇지 못하면 나쁜 정치입니다. 386세대가 지금까지 정치의 핵심이었다면 그들에게는 벌써 그 영광된 자리와 파격적인 권리 행사 등으로 충분히 포상된 것이겠습니다. 그래도 그들에게는 전체 안에서 그들의 자리가 있는 것입니다. 거듭 강조하거니와 노무현 대통령은 위기에서 승부수에 능한 분이니 능히 이런 일을 해낼 수 있을 것입니다. 이렇게 함으로써 역사에서 그는 이채로운 대통령으로 기록될 것입니다.

사실 현재까지의 386세대 중심으로는 그 능력의 한계가 완전히 드러난 것이니 나아질 가망이 거의 없고 더 우심한 실정(失政)만이 계속되지 않을까 우려됩니다. 그것은 근일 총리의 대언론 폭언과 국회에서의 발언 등, 즉 '조선, 동아는 까불지 마라', '조선, 동아는 내 손 안에 있다' 라든가 '한나라당은 나쁜 당' 이라는 등 총리로서의 위치를 전혀 모르는 데서, 장소와 때를 가리지 않고 막말을 마구 쏟아내는 데서도 드러나는 바와 같이 인간성의 극심한 결여와 부분만을 볼 뿐 전체를 아우를 수 있는 안목과 능력과 인품이 없기 때문입니다. 이로 인해 야당의 큰 반발로 국회는 공전을 계속하고 있습니다.

총리는 야당이 요구하는 사과는 못한답니다. 야당이 여당을 좌파로 보니 그것부터 사과하란답니다. 유치합니다. 야당은 정당으로서 널리 퍼져있는 인심, 즉 386세대 중심의 정부가 좌파라고 말했다고 해서 여당과 야당을 다 같이 아울러야 할 정부의 수반으로서 어떻게 그럴 수 있겠습니까. 이해찬 씨는 자신을 총리가 아니라 여당의 대변인으로 착각하는 듯합니다. 좌파 정부라는 말을 듣지 않도록 정치를 하면 될 것입니다. 이런 총리의 행태는 현 정부의 모습 그대로를 적나라하게 드러내는 것이며 한마디로 막 가는 사람들이 나라를 틀어쥐고 마구 뒤흔드는 꼴입니다. 노 대통령과 여당은 그런 총리에게 박수를 보낸다는 것입니다. 그렇기에 민심의 이반을 거듭, 10 · 31 지방선거에서도 여당은 1/5이라는 참패를 당한 것입니다.

이 정부 들어서 세대 간 큰 분열이 생겼습니다. 가장 염려스러운 것은 무엇보다도 인간성 상실입니다. 먼저 우리에게 놀라운 것은 세대 간 단절이며 윤리의 파괴 현상입니다. 전 세대가 이룬 모든 것의 부정이 잇달아 일어나고 있습니다. 인간성의 단절 현상입니다. 인간의 인간다움은 생명과 인간성, 인간문화의 연속선상에 있는 것이 그 근본입니다. 그러기에 이런 단절은 인간성의 단절이며 인간이기를 포기하는 것입니다. 이런 것은 자유민주주의 선진 세계에는 있을 수 없고 사회주의에는 필연적으로 나타나는 현상입니다. 이런 경향은 이메일 등 사이버 기술을 통해 그 다음 세대로 확산되어 대선과 총선에 지대한 영향을 미쳤습니다. 여기에 이르러서 우리는 기술과 인간, 특히 기술과 청소년이라는 심각한 문제에 봉착하게 됐습니다.

약 4-5년 전 일로 생각합니다만, 가치관과 사이버 기술의 문제에 대해 깊은 인간성의 통찰과 멀리 앞을 보는 혜안을 가진 세계적 기술 전문가의 말에 감탄한 한 토막을 여기에 소개하고 싶습니다. 그것은 서강대학교와 독일, 특히 바이언 주에 있는 실업인회와의 상호 교류계획으로 이루어진 워크숍에서 일어난 일이었습니다.

양측 발표가 있었습니다. 한번은 독일 지멘스 회사 기술 총책임자의 발표가 있었습니다. 지멘스 회사는 세계에 잘 알려진 최고의 기술을 자랑하는 회사입니다. 그 회사 기술 책임자의 말이 우주공간을 매개로 하는 사이버 기술 발전의 속도는 상상을 초월하는 바가 있는데 가장 중요한 것은 각 개인(어린이까지를 포함)의 가치 확립 문제라고 했습니다. 자기가 예상하는 대로라면, 법규나 제도는 물론이고 윤리로도 어찌할 수 없는 사이버와 인간 문제가 제기될 것이라고 했습니다. 특히 청소년, 그보다도 더 어린 어린아이에 이르기까지 키보드만 누르면 세계와 우리 안에서 일어나는 사건과 손쉽게 접촉되는 시대가 도래하는데 이 때 중요한 것은 어린이까지 포함한 인간 개개인의 가치관 확립과 자기 컨트롤 능력 계발이라고 했습니다. 이런 관점에서 종교, 특히 가톨릭교회의 어린이까지 합쳐 종교적 인간교육은 절대적으로 기술에 선행되어야 한다는 것이었습니다. 종교교육은 개개 인간의 양심이 하느님과의 만남에서 가치 형성과 자기 제어 능력을 가장 효과적으로 기를 수 있기 때문이라고 했습니다. 그렇습니다. 사이버 기술, 혹은 그보다 더한 포스트 사이버 혹은 슈퍼 사이버 기술 시대에 접어들 때에도 인간에게는 어떻게 개개인(어린이 포함)이 올바른 가치를 인지하고 실천하느냐의 인간존재의 근본적이며 절대적 요청이 요구됩니다. 그렇기에 그 회사의 기술 전담 부서들은 무작정적인 기술 발전을 삼가고 있다고 합니다.

우리 사이버 세대는 이 점에 크나큰 맹점을 갖고 있어 나름대로 자기 세대에 맞는 가치 판단과 그런 판단에 근거한 삶을 영위하는 능력을 갖지 못하고 무엇에나 흥미 위주, 감성 만족 위주, 군중 심리적 충동, 이윤 위주 등으로 흐르고 있습니다. 이런 면은 우리 청소년에게 가히 위험 수준이라 할 수 있습니다. 다수의 힘이 모든 것인 양 우리 젊은이들이 흥분하고 전 국민이 무조건 호응한 것이 상암동 경기장에서의 2002년 월드컵이었으며 그 대표적 형태가 전국을 휩쓴 붉은 악마 응원이었습니다. 물론 대한의 국민으로서 월드컵에서 그렇게 훌륭한 성적을 올렸다는 것은 놀라운 일이며 자랑이 아닐 수 없습니다. 그러나 외국의 권위 있는 신문들이 평했듯이 그렇게 젊은 사람들 수백만이 획일적으로 나타나니 국수주의에로의 복귀라느니, 마취되었다느니 또는 21세기 젊은이들이 어떻게 저렇게 획일적인가라는 등, 자기 없는 군중심리 현상이라는 평도 있었습니다.

그 당시 국내 한 유력지의 자문을 받았을 때, 저는 앞으로 이런 흐름은 큰 문제로 등장할 수 있다고 했습니다. 그 해결책을 묻기에 월드컵이 지난 후, 다방면의 세계의 축구 전문 학자들과 특히 가치 전문가, 축구 청소년 심리전문가, 기술전문가, 국내의 사계 전문가와 우리 청소년도 같이 세미나를 열어 가치 판단과 앞으로의 방향 설정을 하는 것이 좋을 것이라고 한 적이 있었습니다.

무엇을 하든 인간이 하고 인간을 위해 하기에 인간이 하는 모든 것은 인간다워야 합니다. 특히 젊은이들은 아직 신체적으로, 특히 정신적으로 성장하는 시기이기에 세상만사를 자기들 중심으로 끌고 가려 하면 안 되고 자기들의 분수를 판단하는 식별 능력, 즉 가치 판단과 실천에 훈련되어야 합니다. 전 세대는 청소년들을 이렇게 성장시켜 가도록 노력해야 합니다. 이와는 달리 청소년들을 이용물로, 예컨대 정치적 이용물로 선동하는 등의 수법은 여야를 막론하고 절대 금물이며 이런 점은 젊은이들 스스로 배격해야 합니다.

젊은이들이여! 당신들은 절대로 이용물이 되어서는 안 됩니다. 당신들은 존귀한 인격체이며 목적 자체입니다. 순수하게 자라나야 합니다. 이용물이 돼서는 안 됩니다. 주변의 모든 것은 당신들을 위한 것이어야 합니다.

저는 이런 점에서 지난 여름 배낭여행으로 유럽의 젊은이들 움직임의 놀라운 면을 보았습니다. 국제 학술회의나 기타 국제 종교 모임

등에서는 보이지 않는 면, 즉 유럽 젊은이들의 새롭고 강력한 움직임을 보았습니다. 1950년 후반기와 1960년대에 제가 유럽에서 공부할 때, 더 후로는 1970년 초반기 교수로서 유럽에서 안식년을 지낼 때까지만 해도 전혀 볼 수 없었던 젊은 학생들의 새로운 움직임이었습니다. 3천 년대 들어 그런 정신적 흐름이 형성된 것이겠으나, EU의 출범은 그런 움직임을 가속화시키는 듯했습니다. 일반 관광지나 유흥지에서는 별로 나타나지 않는 새로운 흐름인데 이탈리아 라벤나와 같은 유럽 문화·예술·종교의 고색창연한 유적지에서 접촉한 것입니다.

유럽의 젊은이들이 이제 하나가 되어가는 것을 깊이 느끼게 됐습니다. 이탈리아, 프랑스, 영국, 미국, 스페인, 독일 등지의 젊은이들, 고 2·3에서 대학 1·2학년 정도로 생각되는 학생들이 떼 지어 자기들 문화의 원천 유적지에 모여들어 하나가 되고 있었습니다. 이런 일은 전에는 상상도 못했던 것입니다. 그들은 하나가 되어 앞으로 자기네 세대가 짊어져야 할 30-40년 후의 유럽을 준비하고 있는 것입니다. 이런 세계 젊은이들의 현상은 우리 젊은이들이 자칫 반미 촛불시위니, 민족 공조니 하면서 걸핏하면 정치적 시위에나 뛰어들어 세계의 흐름에서 단절되어 20-30년 뒤로 물러가는 것과는 전혀 다른 현상이었습니다. 물론 이러한 우리 현상이 젊은이들 자신의 탓이라기보다는 앞서 간 세대의 탓이 큽니다. 멀리는 군사 독재정권의 후유증입니다. 그 후유증의 대표적 세대가 정치 지향적 386세대, 현 집권층의 핵심입니다. 그러나 그런 세대가 이제 남의 탓만 할 수는 없고 권력층이 되었으니 앞으로 인류사상의 흐름, 즉 자유민주주의와 올바른 시장경제적 흐름에 정통해 국정을 운영해야 할 것인데 이런 흐름에는 접근조차 못하고 있습니다. 20-30년 전의 사상에 얽매여 말로는 미래지향적이라면서도 행동, 즉 정책 실현은 사회주의적 냄새를 풍기고, 독재적 형태를 느끼게 합니다. 어찌 표현하면 눈은 머리 뒤에 있고 입과 손발은 앞을 향해 있는 것 같아 이 정권의 앞날에 계속될 혼란상이 몹시 걱정됩니다. 그렇기에 이 정권이 하는 일에는 몇 번이고 헌재소(憲裁訴)가 발생하는 것이라 생각됩니다. 그렇기에 노 대통령의 일대결단이 시급히 촉구됩니다.

4) 가톨릭 지성인의 현재와 미래의 사명

세계 사상의 흐름에 대해 몇 말씀 더 드리겠습니다.

지금은 국지적 사건이라도 세계의 흐름 속에서 보아야 합니다. 저는 1980년대 이후, 국제학술회의 때마다 홍콩 반환 후 전개될 아시아와 태평양 중심의 세계 정치, 경제, 군사의 재편을 역설했습니다. 이의 사상적 기반은 동·서 문화의 만남과 새롭게 창출될 인류 공통문화입니다. 저는 문화의 상호이해와 교류의 새로운 차원으로 승화되지 못한다면, 결국 충동과 경쟁, 전쟁, 유혈, 파괴만이 되풀이될 것이라는 점을 거듭 주장해 왔습니다. 3천 년대 들어서는 더욱 그랬습니다. 이런 논조는 적중하였습니다. 무슬림계의 9·11 미국 테러 사건, 아프카니스탄과 이라크에서의 전쟁 등이 이를 뒷받침해 줍니다. 세계 도처에서 밑도 끝도 없이 벌어지고 있는 테러 등은 폭력이나 무력으로 진압될 수 없고 피의 악순환만을 반복할 것입니다. 여기에는 얼마 전 인류의 양심을 경악시킨 코소보의 인종 박멸과 동티모르의 학살 사건 등도 포함됩니다.

온 인류가 축제와 흥분, 큰 희망 속에 출발한 3천 년은 그 출발에서부터 인류가 큰 비극을 당하며 불안과 불확실에 휩싸여 가고 있습니다. 그러나 위기는 기회입니다. 새로운 인류의 위기는 인류의 삶을 새로운 차원으로 열어가는 크나큰 기회이기도 합니다. 따라서 저는 그동안 적지 않게 국제 학술회의나 종교 회의 등에서 동·서 문화의 융합과 새로운 인류 공통문화 창출을 제창하여 폭넓고 새로운 이념 제공으로 환영을 받고 있습니다. 그 핵심은 모든 사람에게 절대적으로 인정되어야 할 생명권과 인권, 특히 행복권이었습니다. 그것은 동양의 도교, 유교, 불교 등의 근본 사상이기도 하고 서구 문화, 즉 그리스도교 문화, 더 정확히는 가톨릭 문화의 근본 사상이며 동·서 문화가 서로 잘 상통하고 융합할 수 있는 사상입니다. 그것을 저는 공존(共存), 공생(共生), 공영(共榮)사상으로 표현하여 큰 호응을 얻었습니다. 근래에 새롭게 움직이는 세계 사상에는 이런 기저가 깔리기 시작했으며 그것을 세분화, 구체화 하기 시작한 것으로 생각됩니다. 이런 사상 전개를 저는 저의 사제서품 50주년 기념 문집, 『현재와 과거, 미래, 영원을 넘나드는 삶3』(가톨릭출판사, 2003)에 수록했습니다.

이제 위에서 제시한 국내와 국외 현실을 전제로 한 강연 제목인 '21세기에 있어서의 가톨릭 지성인의 사명'에 대해 결론을 짓고자 합니다. 위에서 전개한 현실 상황에서의 신자들의 사명은 같이 사는 이 사회 모든 선의(善意)의 사람들과의 공동 노력으로 꼬이는 난국을 해결하는 것입니다. 신자들은 세례를 받음으로써 그리스도의 사제직에 참여했습니다. 그리스도의 사제직은 그리스도께서 천주성부께 받고 육신을 취해 지상에 나타나 어려운 지상생활을 하시고 십자가에서 세상의 모든 죄를 속죄하고 이 세상을 봉헌하기 위해 피를 다 쏟고 돌아가시고 3일 만에 부활하심으로써 이행된 것입니다. 그리스도는 이런 사제직 이행으로 세상의 모든 죄를 사해 주어 인간을 영원한 생명으로 이끄는 역할을 하셨습니다. 이런 고귀한 지위로 신자들은 불리웠으며 실제로 그리스도의 삶과 같은 삶을 살아야 합니다.

그뿐만 아니라 신자들은 세례를 받음으로써 그리스도의 예언직에 참여하는 삶을 사는 것입니다. 이 예언직은 지상에 성부의 나라를 선포하신 위대한 예언자이신 그리스도께서 당신의 영광을 완전히 나타내실 종말 시기까지 성직자뿐만 아니라 평신도를 통해서도 수행하시는 것입니다. 평신도들은 이 예언직을 그리스도의 복음 정신으로 현세 삶을 살아감으로써 실현하는 것입니다. 다시 말해 신자들은 큰 희망 중에 영원으로 가는 순례자로서 약속의 아들들로 현세 삶을 살아감으로써 수행합니다. 이런 아름다운 삶을 이웃도 살아가게 함으로써 신도들은 그 예언직을 수행하는 것입니다.

또한, 신자들은 세례를 받음으로써 그리스도 왕직에 참여합니다. 성부의 뜻에 죽기까지 순명하신 그리스도께서는 성부께 높임을 받으시어 천상천하의 모든 것을 당신께 굴복시키는 왕으로서 당신 나라에 들어가셨습니다. 이런 그리스도의 왕직에 평신도가 참여하는 것입니다. 평신도의 왕직 수행은 먼저 자신 안에서 시작합니다. 그것은 자기 안에서 죄를 이기고 거룩한 생활로 그리스도의 왕적 자유를 누리는 데서 성립됩니다. 신자들은 먼저 죄의 사슬에서 벗어나 양심의 자유, 마음의 자유와 평화를 누려야 합니다. 그리스도의 나라는 진리와 생명의 나라이며 거룩함과 은총의 나라이고 사랑과 평화의 나라입니다. 평신도는 그리스도의 복음을 삶을 통해 자신 안에 이루고 이웃에 전파하여 그리스도의 왕국을 이 세상 삶에서 건설해야 합니다.

따라서 평신도들은 그리스도의 사제직과 예언직과 왕직의 삶을 먼저 자신 안에서 살아야 합니다. 개인 기도와 희생과 사랑 실천의 삶을 살며, 영원한 삶을 향해가는 순례자로서 큰 희망 중에 살아가며, 계속 죄를 극복하며, 하느님의 사랑과 희망이 깃들이는 삶을 살아야 합니다.

먼저 하느님의 나라가 자신 안에 오게 하는 삶을 살아야 합니다. 개인으로만 그런 삶을 사는 것이 아니라 가정에서 아내와 자녀와 같이 그런 삶을 살아야 합니다. 하느님으로부터 받은 가장 귀한 선물인 자녀에게 현세 삶에 필요한 모든 것을 마련하여 주는 것 못지않게 생명의 근원이시고 온갖 좋은 것의 근원이시며 이승 삶의 종착점인 하느님께로의 삶을 깊이 인식시키고 실천하는 삶을 가르쳐 주어야 합니다. 더나아가 평신도는 사회 구성의 일원으로 때로는 사회의 중요한 요인, 혹은 지도자로서, 다시 말해 자기가 처한 위치에서 그가 향유하는 사제직과 예언직과 왕직으로 이 세상을 순화하고 하느님과 사람들 앞에서 올바르고 평화롭고, 모든 사람이 다 같이 행복하게 살 수 있는 사회가 되도록 직·간접으로 노력해야 합니다. 신도는 세상 삶에서 악을 거부하며 소멸시키고 선(善)을 고양시키는 삶을 삶으로써 왕직을 수행합니다. 이런 삶과 행동을 교회는 '평신도 사도직'이라고 합니다. 모든 신자는 세례를 받음으로써 그리스도 신비체의 일원, 즉 그리스도 몸의 한 지체가 되어 이런 그리스도 사명을 실천해야 합니다. 즉, 평신도 사도직을 수행해야 합니다.

위에서 말한 바와 같이 하느님 백성에 근거한 평신도의 내적이고 신학 존재론적인 고찰을 전제로 평신도 사도직에 대해 요약합니다. 그리스도께서 교회를 창립하신 목적은 아버지이신 하느님의 영광을 위해 그리스도의 왕국을 온 땅에 확장하여 모든 사람을 구원하고 그 사람들을 통하여 온 세계를 그리스도와의 연관 하에 건설하기 위함입니다. 이 목적을 달성키 위한 그리스도 신비체의 활동을 모두 '사도직'이라 합니다. 그러므로 그리스도 신자로 부르심을 받은 것은 본질적으로 사도직에 불림, 즉 하느님께로부터 소명(召命)을 받은 것입니다.

그러므로 평신도 사도직은 사제가 자의로 신도에게 베푸는 어떤 특전이거나 사제가 어떤 사정 하에서 신도에게 청하는 부탁이 아닙니다. 더욱이 평신도 사도직은 신도가 사제를 개인적 호의에서 돕는 어떤 동정적 협력 같은 것이 아닙니다. 기실 평신도 사도직은 신도가 성세와 견진으로 말미암아 하느님께 직접 받는 것입니다. 그러므로 평신도 사도직은 신도가 하느님의 백성, 그리스도 신비체의 지체가 된 그 내적 본질에서 요청됩니다.

따라서 위에서 제시된 바와 같은 우리 사회의 현실에서 신자들은 사도직을 행사하여 올바른 사회와 국가가 되도록 온갖 노력을 할 의무가 있습니다. 우리나라에서는 정치계, 사법계, 경제계, 학계, 예술계, 문화계, 군계 등 사회 전반에 신자들이 많습니다. 이런 분들은 자기가 처한 처지에서 하느님의 창조경륜에 걸맞는 사회가 되도록 노력해야 합니다. 그렇게 함으로써 나라가 직면한 난관을 넘어 창조주 하느님께서 당신이 창조한 것을 보시며 하신 말씀인 '좋다'가 세상 삶, 즉 개인, 가정, 국가, 국제사회의 삶 안에서 이루어지도록 해야 합니다. 특히 혼란을 거듭하는 현금의 우리 사회가 하느님이 보시기에 '참 좋다'고 할 수 있는 사회로 변해가야 합니다. 이런 사회를 이루어야 하는 것은 가톨릭 신자의 몫입니다. 가톨릭 정치인들은 더욱 그렇습니다.

앞으로 인류 역사의 중심은 아태 지역이 될 것입니다. 인류가 가장 많고 지역적으로 가장 넓고 가장 큰 해양인 태평양이 중심인 아시아 지역은 인류의 가장 오래되고 고귀한 모든 종교와 사상의 발상지입니다. 또한, 무한한 자원의 보고입니다. 인적·물적 자원의 근원지입니다. 특히 아시아, 태평양 지역은 정신적·영적·종교적 깊은 영성의 원천지입니다. 그리스도교, 즉 가톨릭교의 원천 또한 아시아입니다. 이런 아시아에서 새로운 인류의 기운, 즉 동·서 문화의 융합과 새로운 인류 공통문화가 창출될 것입니다.

아시아에서 출생하여 그 구원의 메시지를 전한 그리스도의 가르침은 한국에서 큰 빛을 발해야 할 것입니다. 교황청은 지금 아시아에 지대한 관심을 갖고 있습니다. 아시아에서 가톨릭의 중심은 한국교회, 특히 서울대교구입니다. 아시아에서 필리핀은 가톨릭 국가이지만 스페인의 오랜 식민지와 미국의 식민지였기에 사고와 생활양식이 전적으로 스페인식 아니면 미국식이기에 동양 국가라 할 수 없습니다. 일본은 신자수가 너무 적고 신자들이 노쇠한 편이며 교회는 경제력도 빈약합니다. 그런대로 대만 가톨릭은 우핀 추기경의 활약으로 한 때, 특히 가톨릭의 명문 보인 대학을 중심으로 동양에서 가톨릭의 중요 지점으로 여겨졌습니다. 그러나 현금 중국이 대만에서 국제회의가 이루어지는 것을 금기시 하는 데 더해 교세의 하락으로 인적 자원의 고갈 상태를 면키 어려운 실정입니다. 중국 본토는 공산 지대이고 태국은 불교국이고 인도네시아, 말레이시아 등은 이슬람 국가이니 교세, 인적 자원, 재정 등 모든 조건에서 한국이 단연 아시아 가톨릭의 중심인 시대적 소명을 갖게 되고 지게 되었습니다. 이것은 진리를 찾아 외국으로 나섰던 우리 선조 구도(求道) 정신의 새로운 발로이며 한국교회의 영광입니다. 가장 중요한 것은 신도들, 특히 지성인의 열성이며 그런 열성은 사회생활 전반을 하느님의 창조경륜에 걸맞게 이루어지게 하는 것입니다. 이것이 한국 신자들, 특히 지성인 신도들의 21세기, 더 나아가서는 3천 년대 초반 수세기에 걸쳐 수행해야 할 사명입니다.

그뿐만 아니라 한국교회는 이런 흐름을 아시아 전체에 미쳐야 할 사명을 진 것이며 더 넓게는 세계교회에 대한 한국교회의 사명입니다. 먼저 각자는 기도로 전능, 전지, 전선하신 하느님과 깊은 통교를 갖고 마음의 평화를 누리며 하느님의 힘, 즉 영성으로 무장하고 하느님께 받은 세상, 삶에 필요한 모든 것, 즉 건강과 재능과 지위와 재력과 환경 등을 활용하여 세상에 하느님 나라가 오게 하는 데 조금도 소홀함이 있어서는 안되겠습니다. 가톨릭교회의 영성적 힘, 더 구체적으로는 가톨릭 신자들 영성의 힘의 원천은 그리스도께서 십자가에서 사람들의 잘못 전체는 물론이고 당신을 십자가에 못 박아 죽이는 사람들의 잘못도 용서하신 데 있습니다. "아버지, 저들을 용서해 주십시오. 저들은 자기들이 무슨 일을 하는지 모릅니다"(루카 23,34). 그리스도의 사제직에 참여한 우리도 그렇게 다른 사람들을 무조건 용서해야 합니다. 또한, 당신의 사제직을 제자들에게 나누어 주는 만찬석상에서 예수께서 말씀하십니다. "내가 너희에게 새 계명을 준다. 서로 사랑하여라. 내가 너희를 사랑한 것처럼 너희도 서로 사랑하여라. 너희가 서로 사랑하면, 모든 사람이 그것을 보고 너희가 내 제자라는 것을 알게 될 것이다"(요한 13,34-35). 따라서 우리도 주님과 같이 사람을 조건 없이 생명을 다 바쳐 사랑해야 합니다.

예수께서는 이 세상 삶에서 우리에게 말씀하십니다.

"너희는 먼저 하느님의 나라와 그분의 의로움을 찾아라. 그러면 이 모든 것도 곁들여 받게 될 것이다"(마태 6,33). 따라서 우리는 세상에 대해 도피적인 삶이 아니라 적극적인 삶을 지향하되 하느님의 의로움과 정의로움에 근거한 세상 나라를 건설해야 합니다. 그러면 다른 필요한 모든 것이 다 충족되는 복지국가가 실현될 것입니다. 이런 삶으로 신도들은 세상의 어둠을 비추는 빛이 되고 세상의 부패를 막고 맛을 내는 소금이 되고 하느님의 좋으심으로 세상만사를 몇 배로 부풀어 오르게 하는 누룩의 역할을 해야 합니다. 정치계의 말할 수 없는 혼탁으로 암흑천지가 되어가는 이 시기에 신자들은 성경에서 말씀하시는 빛이 되어 밝은 세상, 보람찬 세상, 희망찬 세상 건설에의 적극 참여와 노력을 해야겠습니다. 그러므로 주님께서는 말씀하십니다.

"너희는 세상의 소금이다. 그러나 소금이 제 맛을 잃으면 무엇으로 다시 짜게 할 수 있겠느냐? 아무 쓸모가 없으니 밖에 버려져 사람들에게 짓밟힐 따름이다"(마태 5,13). 또 말씀하십니다. "하늘 나라는 누룩과 같다. 어떤 여자가 그것을 가져다가 밀가루 서 말 속에 집어넣었더니, 마침내 온통 부풀어 올랐다"(마태 13,33). 또 말씀하십니다. "너희는 세상의 빛이다. 〔…〕 너희의 빛이 사람들 앞을 비추어, 그들이 너희의 착한 행실을 보고 하늘에 계신 너희 아버지를 찬양하게 하여라"(마태 5,14-16). 가서 주님의 능력으로 그대로 실천합시다.

이 강연을 끝마치며 현대 세계질서 개편에 가장 큰 영향을 미친 제2차 바티칸 공의회의 위대한 문헌, 즉 「현대 세계의 사목헌장」의 한 부분(n.78)을 여기에 소개합니다. 이 강연 허두에서 말한 바와 같이 「현대 세계의 사목헌장」은 일백여 년간 맹위를 떨친 철저한 무신 사상, 유물 사상에 근거한 강력한 맑스-레닌 사상과 공산정권을 무너트리고 무자비한 착취를 감행하던 자본체제에 인간 우선, 인권 우선의 방향을 제시하여 큰 전환을 일으킨 헌장입니다.

"정확히 말해서 평화는 정의의 실현인 것이다. 인간 사회의 창설자이신 하느님께서 인간 사회에 부여하신 질서, 또, 항상 더욱 완전한 정의를 갈망하는 인간이 실현해야 할 그 질서의 현실화가 바로 평화다. 인류의 공동선은 본질적으로 영원한 법칙에 지배되지만, 그것이 구체적으로 요구하는 내용은 시대의 흐름에 따라 끊임없이 변하므로 평화는 한 번도 영구히 얻어지는 것이 아니고 언제나 꾸준히 건설되어 나아가야 한다. 〔…〕 개인의 복지가 안전하게 확보되고 사람들이 정신과 재능의 자원을 서로 신뢰로 나누지 않고서는 지상에 평화를 가져올 수 없다. 타인과 타국민, 그들의 품위를 존경하려는 확고한 의지와 형제

애의 성실한 실천이 평화 건설을 위해 절대로 필요하다. 이렇게 평화는 정의의 내용을 초월하는 사랑의 결실이다. 현세의 평화는 이웃에 대한 사랑의 결과이며 하느님 아버지께로부터 오는 그리스도의 평화의 모습이며 결실이다. 강생하신 성자는 평화의 임금으로서 당신 십자가를 통하여 모든 사람을 하느님과 화해시키시고, 한 백성, 한 몸 안에서 모든 사람의 일치를 재건하시고 당신 육신 안에서 미움을 죽이고 부활로 현양되시어 사랑의 성령을 모든 사람의 마음속에 부어 주셨다. 그러므로 모든 그리스도 신자는 사랑 속에서 진리를 실천하며 참으로 평화를 사랑하는 사람들과 일치하여 평화를 찾아 건설하기를 간절히 바란다." 이 말씀은 신자들이 세상 삶의 질서, 평화의 질서를 그리스도의 강생과 십자가의 죽음과 부활에 근거한 평화를 사랑으로 건설할 것을 의미합니다.

참조: 〈조선일보〉 2004년 11월 10일 1면 큰 기사로 요약 보도.
〈동아일보〉 등 도하(都下) 신문들 보도.

2. 여당은 역주행당(黨) … 야당은 좌초당[9]

질문 1_ 며칠 전 제1 야당의 대표이자 유력한 차기 대권 주자인 박근혜 대표가 정치유세 도중 테러를 당하는 사태가 발생했는데요. 이 문제에 대해서 어떤 생각을 가지고 계십니까?

질문 2_ 박 대표 테러 사건의 경우 일부 언론에선 정치 테러라고 하고 일부 언론에선 사회부적응자의 단순한 테러라고 하면서 같은 사건을 두고 다른 입장의 보도를 하고 있는데 몬시뇰 님의 견해가 있으십니까?

〈질문지의 1+2 문제를 압축 답변〉

박근혜 한나라당(야당) 대표는 선거유세 도중 자객(刺客)의 칼을 맞고 생명의 위협을 당했습니다. 0.5cm만 더 밑으로 맞았으면 회복불능이었다고 하니 굉장히 계산된 자객으로 생각됩니다.

---

9 〈평화라디오〉 전화 인터뷰 준비 원고, 생방송, 2006년 5월 24일 8시 15분-8시 30분. 〈동아일보〉 등 일간지에서 일제히 보도.

이 테러를 접하면서 자유당 시대의 장면 야당(민주당) 대표의 유세 도중 저격을 연상하게 됐습니다. 그때의 저격 테러는 천우신조로 장면 씨의 손에 가벼운 찰과상으로 끝났지만 일반적으로 정치 테러는 선거에서 여당이 굉장히 불리할 때, 일어나는 것이 특징입니다. 물론 이번 테러가 반드시 그렇다는 것은 아니지만 생명을 노리는 특히 야당 당수의 생명을 노리는 정치 테러도 굉장히 야비하고 야만스럽고 민주주의 파괴의 극악범죄인 것만은 틀림없습니다. 이런 정치 테러는 미개국에서 상습적으로 일어나는 형태입니다. 여당과 정부는 즉각적으로 자기네와는 전혀 무관하다는 성명 발표를 하였습니다. 그렇지만 많은 경우, 후일 정부 여당이 그 배후였음이 드러나는 것이 상례입니다. 그렇기에 이런 정치 테러가 일어나면 즉시 국민에게는 "그 배후는?" 하는 의문이 제기되며 정부와 여당이 아무리 부인해도 일반적으로는 의혹이 커질 수 있습니다.

해결책_ 피해자 측, 정치 테러를 당한 야당의 요구에 따라 수사팀을 구성하여 사실대로 사건의 진상을 밝혀야 할 것입니다. 특히 지금과 같이 테러범이 그 동기에 대해 횡설수설, 의심투성이의 발언을 하는 생활 태도일 때는 더욱 그렇습니다. 그러면 정부와 여당은 민심을 얻을 수 있으나 피해자 측의 요구를 무시하고 일방적으로 해결하려 한다면 민심을 점점 더 잃을 것입니다.

질문 3_ 최근 들어 정부에선 소위 "버블 세븐"이라는 신조어를 통해 부동산 거품 붕괴를 강도 높게 주장하고 있는 반면, 일부에선 그런 정부의 발언이 부적절하다는 여론도 많습니다. 이 문제에 대해선 어떤 생각을 가지고 계십니까?

지금 상황에서 정부까지 나서서 '버블'로 위협하는 것 같은 인상을 주니 참 안됐습니다. 현재 집값과 땅값의 '버블' 현상은 이 정부가 양극화 현상을 없앤다면서 무리한 경제 정책과 행정 중심 도시계획 발표, 고세징수 정책 등으로 집값과 전국의 땅 값을 천정부지로 올려놓은 데 기인한 것입니다. 그런데 이제 와서 정부가 연일 고성방가하는 식의 버블 질타는 한마디로 그동안의 실책을 호도, 미화하려는 것 같아 참으로 보거나 듣기에도 민망합니다. 어찌 보면 자기들이 잔뜩 부풀려 놓은 '버블' 현상을 마치 남들 탓인 것처럼 들리는 말들을 경제 각료들이 마구 쏟아 내니 말입니다. 또 실제가 그렇게 된 것이라면, 정부는 차분히 연구하며 그런 일을 연착륙하도록 백방으로 노력하여 국민에게 불안감을 갖지 않도록 해야 하는데, 오히려 그런 단어로 자기들 경제 정책의 정당성을 주장하는 셈이니 이게 또 무슨 낮도깨비 세상인가 싶습니다.

　더 나아가 최근 최고위층은 자기들의 경제 정책 실패가 '버블' 때문이었다는 식의 발언을 하는 것 같은데 이 또한 납득키 어려웠습니다. '버블'은 요즘 와서 국내외에서 클로즈업된 단어인데 전부터 이런 염려였다는 것은 말장난처럼 들리고 일관성 없는 임시방편의 재담같이 들리기 일쑤입니다. 문제는 실제로 버블이 올지라도 정부는 국민을 자극하지 말고 연구를 거듭하여 국민을 불안하게 하거나 자극하면 안 된다는 것입니다. 이런 것은 비정부 연구소의 객관적인 연구를 통해 해야 할 것입니다.

질문 4_ 평택 미군기지 이전 문제를 두고 지금까지 군 경찰과 주민 간에 격렬한 대치가 있어 왔고 지금도 계속되고 있는데요. 이 문제를 바라보시는 심정이 어떠신지요?

그것은 평택 미군기지 문제와 폭력 시위대와 군경의 무력적 충돌 문제입니다. 무력적 시위 자체는 어떤 경우에도 타기해야 할 것입니다. 시위 자체가 의사 표시인데 의사 표시가 충분하면 됐지 왜 시위대가 죽봉(竹棒) 등으로 치고받아야 합니까? 이제 그런 식의 폭력 시위는 국제사회에서 미개한 시위라는 비난을 면키 어렵습니다. 그렇지 않아도 철도 파업 시위, 외국 원정 폭력 시위 등은 선진국에서 볼 때, 아주 때 늦은 것, 미개한 것 등으로 인식된 마당에 민감한 미군기지 반대 폭력 시위, 즉 국가 간 장기간에 걸쳐 합의된 국가 운명이 걸린 미군기지 반대 폭력 시위, 군이 시위대의 죽봉에 맞아 도망가야 하는 폭력 시위 등 선진세계의 눈살을 찌푸리게 하는 시위가 판을 쳐 국가 안위가 내외적으로 위기를 맞고 있습니다. 그런데 국군 통수권자이며 국가의 헌법을 수호하고 국민의 생명과 재산을 신명(身命)을 바쳐 지켜야 할 대통령은 말이 없고 국무총리는 동네 아줌마들의 싸움이나 조종하는 식으로 문제를 해결하려는 성명이나 발표하니 국민이 '이 나라 공권력은 궤멸된 것이나 다름없다'는 좌절에 빠진다 해도 이 정권은 할 말이 없을 것입니다.

거기 더해 일부 시민단체들은 FTA 반대를 위해 미국까지 원정 시위를 한다니 참으로 민망하게 생각합니다. 이는 미국 정부 이전에 우리 정부와 국회의 문제입니다. 정부와 국회가 오랜 검토 끝에 승인하고 통과시키는 과정에서 저지했어야지 국내의 적법 절차를 거쳐 체결된 것을 왜 상대국에 가서 반대 시위를 하는지 미국에선 인정하기 어려울 것입니다. 소신이 있어 원정 시위를 한다니 그건 그렇다 쳐도, 제발 국내에서 무법천지가 되는 식의 폭력 시위나 불법 시위는 일어나지 않기를 바랄 뿐입니다.

소견 한 가지를 덧붙인다면, 지금 정부 시책 평택 미군기지와 한 ·

미 FTA 협정 등을 반대, 폭력 시위하는 단체들은 노무현 정권 출범 시, 적극적으로 찬동했던 단체 같습니다. 일이 이렇게 되어가니 이 정권은 자중지란에 빠져 허우적거리는 모양새입니다.

결국 이런 현상은 '진보'라는 이름으로 강력하게 작용한 좌파 정권, 다시 말해 벌써 실패를 거듭해 역사의 뒤안길로 사라져간 공산주의 내지 좌파 사회주의 이념에 근거한 현 정권과 여당이 맞이해야 할 운명이었던 것입니다. 그렇기에 지금의 정부는 한마디로 러시아워에 고속도로 상에서의 역주행 정부 같고 여당은 역주행당 같아 보입니다. 그러니 실망한 국민의 지지도가 이제 20% 아래로 뚝 떨어진 여당이 된 셈입니다. 그러니 역주행당에 실망한 국민이 할 수 없이 야당을 밀어주는 셈입니다. 그런 처지인데도 야당은 국민이 바라는 정책 개발은 전무하고 표의 응집만을 바라는 셈입니다. 지금의 한나라당은 그동안의 부패, 부정, 무정견 등으로 거센 풍랑에 휘말린 좌초당, 표류당의 모양새이니 참으로 안됐습니다. 우리에게는 왜 이다지도 지도자 빈곤의 연속일까 하는 한탄이 절로 나옵니다. 그 국민에 그 지도자라니 무엇보다도 국민이 정신 차려야겠습니다.

질문 5_ 얼마 전 김수환 추기경님이 제3추기경에 대한 언급도 있으셨는데, 우리나라에 제3추기경이 탄생할 수 있을까요? 있다면 언제쯤이 될까요?

한국에 제3추기경 말씀인데 사실 나는 2002년 10월경 당시(그때 한국의 새 추기경 추천이 강력히 추진될 때였습니다) 모란디니 교황대사를 만났습니다. 그것은 한국의 새 추기경이 나되 우선 서울대교구장 겸 평양교구장 서리인 정진석 대주교님이 추기경이 되고 또 한 명의 추기경이 더 나 두 명의 추기경이 나야 한다는 것을 건의했습니다. 2003년 9월에 여러 명의 새 추기경이 임명됐었으나 한국 추기경은 임명되지 않았습니다. 일본은 신자가 40여만 명인데도 또 한 명의 새 추기경 추가로 2명, 베트남은 공산 국가이어서 교세가 위축되어 있는데도 하노이 추기경 외에 호치민시(전 사이공시)에 또 한 명의 추기경 추가 임명이 있었습니다.

그때 한국에 새 추기경 임명이 있을 것이나 그것은 지방 교구에서 날 것이라는 설이 항간에 파다하기에 나는 모란디니 교황대사에게 항의했습니다. 수도 서울대주교이며 평양 교구장서리인 정진석 대주교님을 추기경으로 추대해야 한다는 당위성과 그 당시 유력시되는 지방 주교님도 추기경으로 추대, 2명의 현직 추기경을 내야 한다는 주장을 폈습니다. 그것은 신자가 5백만 명이면 2명의 현직 추기경을 줄 수 있다는 교황청 고위 분들의 말을 인용하여 주장했던 것입니다.

같은 주장을 2005년 5월 새 교황 베네딕토 16세 출현과 더불어 새 추기경 명단이 준비되고 있을 때, 김수환 추기경에게도 현직 2명의 새 추기경이 나와야 한다는 것을 강력히 권유한 바 있었습니다. 앞으로 동양 가톨릭의 허브는 한국일 수밖에 없습니다. 그렇기에 한국교회가 동양에서 가톨릭 문화의 중심지가 되도록 한국교회의 내실 있는 준비가 이루어져 지금까지 일본과 대만 등지에서 하던 역할을 한국교회가 해야 하면 3명의 추기경 배출도 이루어질 것으로 생각합니다. 이번 서울대교구장이 10개월 은퇴 임기를 남겨 놓고 추기경이 된 것도 이런 맥락이었습니다. 그런데 이런 역할을 해내지 못하고 핵심이 다 빠진 사목, 쉽게 말해 오늘과 내일의 가톨릭 문화 행태의 핵심은 모르고 지엽적인 것만 건드리는 사목으로서는 제3의 추기경 출현은 난망일 것입니다. 한국교회가 사목을 미래지향적이고 실천적으로 하며 인프라 구축을 한다면 다음 추기경 임명 때라도 제3의 추기경 출현이 가능할 것입니다. 한국은 현재 약 5백만 명의 신자를 갖고 있기 때문입니다. 그렇지 않으면 제3추기경 출현은 부지하세월일 뿐 아니라, 기존의 추기경들께 대해서도 교황청을 위시하여 아시아 교회, 더 나아가서는 한국사회가 유감스럽게 생각할 것입니다.

　추기경이나 주교 임명에 가장 중요한 역할은 교황 대사의 추천입니다. 따라서 이번 정진석 추기경 탄생에서도 저는 제일 먼저 현 교황대사의 "I agree with you"를 먼저 받아냈고 그 다음으로는 현 교황님의 40여 년 지기이며 교황님 자신의 초청으로 교황님을 알현한 분을 통해 교황님께 새 추기경님이 나올 때 한국에는 이런 분이 나서야 한다는 것을 간곡히 품신케 하였습니다. 그랬던 것이 그 얼마 후, 교황님 친서로 정진석 대주교를 추기경으로 임명할 것이라는 소식을 말씀드린 그분께 전해 주었다는 것을 들었습니다. 이런 3~4년의 노력의 결실로 정진석 추기경이 탄생했습니다. 이제 제3추기경 탄생은 한국교회가 하기에 달린 것이라고 생각합니다. 여건은 충분히 성숙되어 있다고 생각합니다.

3. 노 대통령 정치 스타일은 그릇된 지식[10]

질문 1_ 지난 23일에는 노무현 대통령의 대국민 신년 연설이, 25일에는 신년 내외신 기자회견이 있었습니다. 이 두 연설에 나타난 노 대통령의 발언과 의중을 어떻게 지켜보셨습니까?

서민의 한 사람으로서 느낀 것은 노 대통령은 국민과 전혀 다른 느낌과 인식과 관심과 실천을 갖고 있어 대통령 따로, 국민 따로 라는 것입니다. 다시 말해 노무현 대통령은 더 이상 자유민주주의 대한민국의 대통령이 아니지 않나 싶습니다. 민주국가의 대통령은 국민이 있는 그대로의 화신(化身)이어야 하는데 노무현 대통령은 국민과는 전혀 다른 느낌과 사고와 행동을 하고 있기 때문입니다. 대통령 자신도 이것을 절실히 느꼈기에 시무식에서 "국민의 평가를 완전히 포기, 올해는 신경 안 쓰는 것이 좋겠다고 생각한다"고 한 것으로 보입니다. 그러기에

---

10 〈평화방송〉 전화 인터뷰 질문 및 답변, 2007년 1월 29일 오전 8시 12분경부터 약 20분간 통화. 〈조선일보〉, 〈동아일보〉 2007년 1월 30일, 〈문화일보〉 2007년 1월 20일 등 인용 보도.

이제 국민 따로, 대통령 따로 제 갈 길을 가는 것인가라는 생각이 들어 이 땅의 60년 정치사에서도 괴이한 한 해가 되겠구나 하는 생각이 들었습니다. 대통령 신년 연설과 기자회견의 전체적 흐름에서 확인한 셈입니다. 아래에서 분명해지겠지만, 노무현 대통령의 정치 스타일은 잘못된 인식에 근거하는 것으로 보입니다.

우선 그 단적인 예 하나가 이번 25일 신년 기자회견에서도 힘주어 말한 사회복지 문제입니다. 요즘은 정권 차원에서도 겉으로는 좀 후퇴한 것으로 보이는 사회복지를 하고 있습니다. 즉 있는 자들의 것을 거두어 못 가진 자들을 돕는다는 것인데, 그 원리 원칙이 변한 것은 아니라고 생각합니다. 그것은 있는 자들의 것을 많이 거두어 없는 자들에게 나누어 준다는 공산 내지 사회주의적 좌파 사고와 실행입니다. 공산·사회주의는 이런 정책을 극단적으로 밀고 나가 인간성을 송두리째 망가트려 실패를 거듭, 역사의 뒤안길로 사라졌습니다. 그 아류로 자유세계의 혜택을 누리며 노선의 변화를 통해 살아남은, 후진국의 모델로 추앙을 받았던 스웨덴마저도 분배 우선에서 성장 우선의 자유주의와 시장경제로 전환했습니다. 성장 우선 속에서의 자연스러운 복지로 인류 사회와 제도는 바뀐 지 오래인데 노 정권은 지금에서야 남이 다 실패로 내던진 것을 무슨 구세주인 양 대통령까지 나서 신년 회견에서 강조하고 있으니, 노 정권은 가진 자나 못가진 자 모두에게 고통만을 가중시키고 사라질 것입니다. 지금 노 정권은 못 가진 자는 더욱 못 가진 자로 전락하여 양극화 현상을 밑도 끝도 없이 심화 시키고 있습니다. 그렇기에 그런 지식은 그릇된 지식입니다.

질문 2_ 이런 흐름 속에 있는 우리 현실을 이번 노 대통령의 신년 연설과 회견에 비추어 좀 더 부연 말씀해 주십시오.

국민이 중압에 짓눌리고 불안에 떠는 문제들 중 몇 가지는 다음과 같습니다. 국민 대다수가 노무현 대통령이 정치를 잘못해 경제적으로 아주 어려운 생활에 이르렀다고 생각합니다. 그 단적인 예 하나가 실직 문제로 인한 한국 젊은이들의 자살률입니다. 현재 한국 젊은이들의 자살률은 OECD 국가 중 최고이며, 빈부의 격차는 이제 걷잡을 수 없이 벌어졌습니다. 노 대통령은 지난 4년 동안 모든 것이 다 잘 됐으며, 잘못된 것은 전 정권 특히 야당과 언론의 잘못된 보도에 놀아난 국민 탓이라는 투이니, 모든 잘못은 다 남의 탓이고 자기는 다 잘한 것뿐일까 싶어 놀라웠습니다. 국민 대부분이 지난 4년 동안 무서운 실직과 눈덩이처럼 불어난 가계 빚과 자손 대에까지 물려주어야 할 국채, 고세(高稅)로 허덕이는데 저런 딴 세상사람 같은 분의 대국민 신년 연설이 왜 있는 것일까 싶었습니다.

25일 신년 기자회견은 더 이상했습니다. 지금 대통령이 해야 할 일은 발등에 떨어진 불인 민생 문제와 온 국민의 머리 위에 이어진 북핵 문제입니다. 이는 국민이 공포에 쌓인 문제이고 세계가 경악하는 문제입니다. 그런데 두 문제 모두 대통령에겐 남의 문제 같으며, 국민과 함께하는 절박감은 어디에도 없다는 느낌이었습니다. 지금 북측의 핵 개발로 국민은 불안에 떨고 세계는 경악하는데 난데없이 자주가 어떠니 지역적 특수성이 어떠니 등 어린애 같은 궤변으로 국민을 극도로 불안케 합니다. 지금과 같은 인류문화의 흐름 속에서 자주경제를 운위한다면, 얼마나 웃음거리가 되겠습니까. 더욱이 자주국방 운운하는 것은 얼마나 시대착오적 발상입니까. 미국이라고 지금 자주경제니 자주국방이니 할 수 있겠습니까. 그런데도 한국 대통령이라는 분이 마지막 신년 연설과 기자회견에서 그러고 있으니 세계의 웃음거리가 아닐 수 없습니다.

한국의 다음 정권이 이 정권이 끊어 놓은 자유세계와의 경제적·군사적 강력한 유대를 다시 이어간다면 한반도의 평화는 물론, 동양의 평화와 세계평화에 크게 이바지하게 될 것입니다. 북한에서 전쟁으로 위협만하면 알아 모시겠습니다로 일관하는 노 정권의 평화는 패배주의적 평화의 전형입니다. 어느 시대, 어느 지역이든 이런 식으로 이루어진 진정한 평화는 존재하지 않습니다. 우리가 살고 있는 이 시대의 속세(俗世)적 평화는 힘의 우위와 정의감으로 이루어지며 국지적인 분란이나 전쟁도 국제적 개입으로만 해결될 수 있습니다. 그런데 노 대통령의 한반도 평화관은 한국의 특성을 들먹이며 자유진영의 국제적 큰 힘과 결속하여 유지된 평화, 시기적으로 멀리 앞지른 한반도의 평화 형태를 부수며 역주행하고 있습니다. 또한, 감당할 수 없는 천문학적 군사비로 후대까지 가난의 질곡으로 몰아가고 있습니다. 선대의 피땀과 지혜와 용기와 근면으로 이루어 놓은 튼튼한 국제적 국방과 그 속에서 일구어 놓은 것, 세계가 놀라며 모범으로 삼고자 하는 한국의 발전과 번영을 위협하는 것입니다. 다음 정권은 인류의 문화 흐름에서도 앞질러 실현된 한국의 평화와 번영을 되찾아 와야 할 것입니다. 북핵 문제는 여러 우여곡절을 거치면서 장기간에 걸쳐 논의할 성질의 것입니다. 북한에 양보를 거듭하는 노 정권이 조바심할 문제는 아닙니다. 한국은 한반도 사활의 문제를 핵심에서 벗어나 언저리만을 돌고 있는 처지입니다.

북측은 핵 문제에 관해 한국이 안중에도 없습니다. 미국과 중국이 그 상대인 것은 벌써 만천하에 천명됐습니다. 미국은 한국을 핵 문제 해결의 걸림돌로 보며 일본은 미국과 한통속이니 우리의 처지는 국제적 왕따를 자청하고 있는 셈입니다. 중국은 혈맹인 북한편에 설 것이 분명한데 한국의 대통령과 관련 장관은 다른 국제 고위 인사들의 핵심

논의가 끝난 후 무슨 귀동냥이라도 하려는 듯 북경 나들이에 바쁜 모양입니다. 구한말도 아닌 이때에 북경은 핵문제로 또 다시 그 옛날 속국의 조공 받는 모양새가 된 것입니다. 참으로 보기에 민망하며 국가의 앞날이 매우 걱정스럽습니다. 난항을 거듭하는 국제적 문제는 결국 막후에서 강대국의 이권 분배로 끝나는 것이 상례입니다. 그러기에 스스로 국제관계에서 왕따를 자초한 북핵 문제에서의 한국의 운명이 몹시 염려스럽습니다. 그러나 그 문제는 장기간에 걸칠 문제이고 어차피 곧 다른 형태의 다음 정권의 시대가 열릴 것이니 하늘의 축복인가 합니다.

한층 더 우스운 것은 지금 정부가 하지 않으면 다음 정부들은 못할 것이니 그런 것들을 지금 해놓아야 한다는 것이었습니다. 참으로 어이없는 회견이었습니다. 지난 4년의 평가인데 엉뚱하게 초점은 과거 정부들이 못한 것을 자기가 다 해냈다는 자화자찬이었습니다. 그리고 현재 노무현 정권의 초점은 다음 정부들이 못할 것, 예컨대 개헌이나 정부의 새로운 조직, 법 정비 등을 노무현 대통령이 해놓아야 한다는 것입니다. 현안의 문제 해결, 특히 부동산 문제는 강력한 법 제재 조치로 모든 것이 해결된다는 논리인데 이러다가 노무현 정권은 4년 내리 반복하던 교각살우(矯角殺牛)의 실패를 거듭하여, 이번에는 나라 경제가 헤어날 수 없는 늪에 빠지지 않을까 적지 않게 걱정되었습니다. 그 이유인즉, 경제는 거대한 생명체인데 무조건 강력한 권력과 그 이상 더 갈 수 없는 강압 법으로 경제 문제를 바로 잡겠다고 하기 때문입니다. 한 예로, 민영의 아파트 건설이 부진할 것을 전제로 정부가 공공임대 주택을 마구 건설한다는 것입니다. 그동안의 경제 성장이나 그 규모와 수요자의 세련된 취향을 보아 그런 식의 정책이 선전용으로는 그럴 듯하나 끝까지 먹혀들 것이겠습니까. 더욱이 그로 말미암은 젊은 층의 위화감은 어떻게 하겠습니까.

한마디로 현재 선진적으로 흐르는 정부 형태는 가능한 한 작은 형태이고 거의 모든 국영 기업이나 사업은 민영화로 변해가는데 노무현 정권은 중앙 정부의 방대한 조직과 고세로 거둔 예산으로 민영은 죽이고 모든 것을 정부의 강력한 권력으로 장악하고 지배하는 공산 · 사회주의적 좌경 방식으로의 맹(猛) 역주행을 감행할 태세인가 싶습니다.

주택 정책에서 내용은 다르지만 어떤 면에 있어 비슷한 경우가 노태우 대통령 초기의 2백만 호 건설이었습니다. 그때 갑작스러우면서도 강력한 정부의 밀어붙이기로 추진된 주택 정책은 절대 자재 부족, 예컨대 콘크리트 작업에 모래 부족으로 바다모래 사용이라든가, 미장이 등 각 부서의 인력 부족으로 공사의 부실화, 그에 따른 물가 전반과 인건비의 수배, 수십 배 급등 등 말할 수 없는 부작용을 일으켰습니다. 그래도 이런 후유증을 큰 혼란 없이 극복하고 번영을 지속할 수 있었던 것은 민간 기업체를 통해 추진되었으며 건설 업체를 위시하여 그와 연결된 가지가지의 민간 업체가 성장했기 때문이었습니다. 헌데 이번에는 민간 건설업체들이 이윤 부재로 일손을 놓는 경우, 정부의 기업으로 주택 건설을 해낸다니 또 얼마나 세금이 낭비될 것이며 민간 기업은 얼마나 위축되겠습니까. 오늘날과 같이 모든 기업 형태가 민영인 시대에 국민이 또 다시 큰 후유증에 시달리게 되지 않을까 걱정이 앞섭니다.

물론 4년 동안 내리 실정(失政)하여 이런 불가피한 시대 역행을 감행하게 된 책임이 전적으로 노무현 좌경 정책에 있는데도 이런 역주행적 시책을 기자회견에서 자랑스럽게 생각하는 데 더 큰 문제가 있다고 생각합니다.

그런 것을 대표적으로 풍기는 노무현 정권의 면모는 중앙정권의 비대화, 무지하고 무능한 관료들의 대폭 증원, 고세 정책과 분배 우선 정책입니다. 공산 체제나 사회주의 체제에서 고위에서 말단에 이르는 관료나 권력이 있는 자리들은 무차별적으로 당원 내지 동지들의 몫이 됩니다. 그렇게 하여 급기야는 무지와 안일 나태로 인간성을 망가트려 생산성 저하와 자유경쟁, 생산경쟁으로 전진하는 경제 세계에서 낙후하고 탈락하여 역사의 뒤안길로 사라져 간 것입니다. 이와 비슷한 형태를, 실패를 거듭한 그 동안의 노 정권의 경제 정책과 강력한 법 제정 및 사업체의 옥죔에서 느끼게 됩니다. 더욱이 이번의 더 강력한 부동산 정책은 뜻하지 못한 더 큰 파탄도 불러올 수 있습니다. 임시로 반짝 효과가 있다고 해서 큰 성공이나 한 듯이 자신만만한 것은 절대 금물이겠습니다. 가장 바람직한 것은 규제 완화로 자유시장 원리에 근거한 인간의 자연적 요구와 자유경쟁에 의한 자연적 조절로 수급의 균형을 이루어 가는 것입니다. 노무현 대통령이 경제계 학자들을 우습게 아는 듯한 발언을 한 것으로 기억하는데, 사계 전문가들이 볼 때는 굉장히 무식하고 뒤떨어진 경제관과 지난 역사 속으로 사라진 경제관을 귀에 걸고 코에 걸고 우쭐대는 것으로 보였을 것입니다.

질문 3_ 노무현 대통령에 대한 다수 국민의 실망에도 불구하고 노 대통령의 지지자들, 예를 들면 노사모니 청와대 참모, 일부 여당 내 당 사수파들은 여전히 역사가 노 대통령을 올바로 평가할 것이란 확신을 갖고 있는 것 같습니다. '야당에서는 노비어천가를 부르고 있다' 이렇게 비판하기도 하는데요. 몬시뇰께서는 노 대통령의 측근이나 참모들이 과연 노 대통령의 국정 운영을 올바로 보필하고 있다고 보십니까?

그런 참모들이기에 오늘날 국민 절대 다수가 노무현 대통령에게 등을 돌리는 것이 아니겠습니까. 그런 참모들에 그런 수장인 것이지요. 저는 기회 있을 때마다 노무현 대통령은 정치꾼 386세대의 그물에서 벗어나야 한다고 했습니다. 특히 탄핵 소송 이후에 더욱 그랬습니다. 국회에서 탄핵 소송이 가결된 날 오후 2시경 모 일간 유력지로부터 전화 인터뷰를 받았는데 헌재에서 탄핵 소송을 어떻게 처리하면 좋겠느냐는 것이었습니다. 저는 오늘의 실정을 미리 예견했기에 좋아하지 않았지만, 이왕 대통령이 된 것이니 잘해 주기를 바랐습니다. 그때까지만 해도 노무현 대통령은 필요할 때 승부수를 쓰는 사람으로 알고 있었기 때문입니다. 그렇기에 저는 큰 후환을 남길 것이니 탄핵은 말고 헌법과 사사건건 충돌하는 데 대한 강력한 경고와 더불어 대통령직을 정상화시켜야 한다는 의견을 개진한 바 있습니다. 그리고 국회는 국회대로 자기 일을 한 것이니 매도하지 말고 그것 나름으로 존중하며 앞으로의 발전에 힘을 모으자는 요지로 인터뷰에 응한 일이 있었습니다. 그 후 저는 계속 노무현 대통령은 즉시 정치 386의 좌경 독거미줄에 싸이지 말고 그들을 주변에서 멀리하고 그동안 축적된 인재를 십분 활용하여 국민의 대통령이 되어 달라고 했습니다. 그러나 노무현 대통령은 그들의 덫을 벗어나지 못해 오늘날 참담한 실패의 대통령이 되었습니다. 이런 실상이 이른바 386 정치꾼들이나 그에 버금가는 한줌의 지지자들이 노비어천가를 부르든 그 이상의 찬가를 절규하든 노 대통령에게 등돌린 80% 이상 근 90%의 국민에게는 웃음거리와 치욕거리밖에 되지 않습니다. 이 또한 민주주의 사회에서 노 대통령 정권 기형(奇形)의 한 단면이어서 시중의 가십거리가 안성맞춤입니다.

질문 4_ 잘 아시다시피 지금 집권 여당인 열린우리당이라는 거함이 서서히 분열하고 있습니다. 당 사수파와 신당파가 서로 비난하면서 신당 작업을 둘러

싸고 급속히 분열되고 있습니다. 몬시뇰께서는 집권 여당의 이러한 분열상과 신당 창당 움직임을 어떻게 지켜보고 계십니까?

어차피 올 것이 온 것으로 생각합니다. 잡은 권력의 단맛에 취하고 그런 권력을 유지하기 위해 급조된 정당이니, 권력을 잃을 위기에 처할 때 와해의 길을 걷는 것은 지극히 당연한 일입니다. 이번 열린우리당의 경우, 창당 핵심 인물들이 앞장서서 당을 떠나려고 합니다. 권력의 중심인물인 대통령은 한사코 당 사수를 주장하나 대통령의 측근이라고 생각했던 사람들이 대통령과의 결별을 선언하는 것입니다. 민심이 대통령과 당을 완전히 떠나니 당의 창당 멤버들이 타이타닉 침몰이라며 먼저 뛰어 내리는 꼴이 되었습니다. 이제 와보니 그 당은 어떤 이념이나 지조도 없이 권력에 탐닉된 사람들의 오합지졸의 꼴입니다. 참으로 보기에도 민망스럽습니다. 한편 당 사수파의 중심인 대통령은 한사코 당 이탈 인사들을 만류, 동반 자살을 강요하는 꼴이 되었습니다. 저는 해방 후, 즉 이승만 초대 대통령 때부터 권력을 중심으로 이합집산(離合集散)을 수없이 보아 왔는데 이번 것과 같은 꼴은 처음 보았으며 상상조차 할 수 없었습니다. 이승만 정권 시절 자유당도, 박정희 정권 시절 공화당도, 심지어 군사 독재 정권 연장선상(線上)의 전두환, 노태우 대통령 시절의 민정당도 창당 멤버들이 너도나도 당을 떠나며 집권 여당의 중심격인 대통령을 버리는 것을 본 일이 없습니다. 근현대 민주주의 정당 정치사에서 들은 적도 없습니다. 일이 이렇게 된 근본 원인은 대통령과 여당이 민심을 완전히 상실해 정권 재창출은 고사하고 국회의원 자리조차 지킬 수 없게 되어 전멸의 위기를 맞기 때문일 것입니다. 저는 현 노무현 정권과 여당인 열린우리당의 와해 과정을 보며 역사는 어느 정도 돌고 또 도는 면이 있으며 더욱이 역사의 전의 것은 후에 올 사건을 예시하고 있다는 생각이 들었습니다. 이승만 정권의 독재화, 즉 민의의 총체적 이반이 밀어 닥칠 때, 당시 야당 민주당이 선거 구호 "못 살겠다 갈아보자"를 국민에 호소하며 민심을 한 몸에 모았습니다. 그때 만신창이가 된 자유당은 지금의 열린우리당처럼 그야말로 궤멸 상태로 치달았으며 1년이라는 잔여기간이 남았었습니다. 다시 말해 자유당 정권이 강력한 민의의 반격을 받아 붕괴되어 선거에서 완전 궤멸했던 것입니다. 하지만 그들은 지금의 열린우리당처럼 "나 살아야겠다. 나는 간다", "아니다 동반 자살하자" 하는 꼴은 아니었습니다. 그러니 얼마나 잘못했으면 국민이 총체적으로 부정하는 정당과 대통령이 되었다는 말입니까. 또 다시 말해 그들의 잘못된 정치로 국민이 얼마나 큰 손해와 큰 타격을 입었다는 말입니까. 두말할 것 없이 이런 대통령과 정당으로 인해 국민은 큰 상처를 입었으며 승승장구하던 국운은 가로막혀 10여 년을 역주행한 꼴이 된 것입니다. 이는 앞에서 말한 대로 잘못된 인식을 갖고 이른바 그릇된 지식으로 국민을 잘못 이끌었기 때문입니다.

질문 5_ 지금 노무현 대통령은, 야당의 강한 반대에도 불구하고 대통령 4년 임기제 개헌안을 발의하겠다는 뜻을 굽히지 않고 있습니다. 국회에서 부결될 것이 뻔한 상황으로 보입니다. 또한, 여론조사에 의하면 많은 국민이 반대하고 있는 상황임에도 개헌안 발의를 강행하겠다는 노 대통령의 의지를 어떻게 보고 계십니까? 여기에 더해 요즘은 "노무현 디스카운트"라는 신조어가 생겨나 유행하고 있습니다. 노무현 대통령이 하는 일은 무조건 반대한다는 것인데요, 여기에 대해서는 어떻게 생각하십니까?

참으로 답답한 일입니다. 국회의원 다수와 국민 다수가 현 대통령에

의한 개헌을 반대하는데도 자신의 고집을 강행하겠다는 것은 국민의 뜻 따위는 상관없다는 의사를 노골적으로 드러내는 것입니다. 그분의 강행 이유는 대통령 선거와 국회의원 선거를 같이 하게 하는데 이번이 적시이거나 20년 후에나 가능하니 이번 기회에 노 대통령은 개헌을 강행해야 한다는 것입니다. 헌데 이 두 가지 점을 하나하나 짚어보면 그 이론 또한 허구에 찬 것을 알 수 있습니다.

첫째, 국민과의 공약이니 실천해야 한다는 것입니다. 국민이 자신을 뽑았으니 자신의 공약 전부를 국민이 수긍한 것이라는 데는 커다란 맹점이 숨어 있습니다. 공약이란 것도 유만부동(類萬不同)한 것이어서 당선 후보가 한 모든 공약을 무엇이든 국민이 다 수긍하는 것이 아닙니다. 그 중 어느 것은 수긍하고 어느 것은 반대이지만 전체적으로 보아 상대 경쟁 후보의 공약보다 나으니 뽑은 것입니다. 그렇기에 대통령의 직무 수행 과정에서 공약 자체가 주어진 여건 하에서 쉴 새 없이 국민으로부터 검증 받아야 합니다. 선거 당시에는 유효하던 공약이라도 3-4년이 흐르는 동안 환경 변화로 더 이상 필요 없는 공약이 되는 수도 있습니다. 더 우심하게는 필요한 공약이긴 하나 다른 여러 가지 실천을 거치는 동안 그 대통령으로는 안 되겠다고 국민의 뜻이 바뀔 수도 있습니다. 이번 경우가 그런 경우입니다. 공약의 핵심은 국민의 뜻을 따른다는 대전제 하에 유효한 것입니다. 국민이 원치 않는 것을 대통령이 강행한다면 주객이 전도되는 것입니다. 본디 민주주의는 국민이 주인이고 대통령은 국민의 일꾼인데 국민이 원치 않는 것을 대통령이 강행하려 할 때, 대통령이 주인이 되고 국민이 대통령의 일꾼이 되는 것입니다. 그런 정도가 심해지면 대통령은 물러나야 합니다.

또한, 정치적 효율성 문제로 대선과 총선이 같이 치러져야 한다는 것도 간단한 문제가 아닙니다. 대선과 총선을 같이 치르는 경우, 여당이 우세하기 쉽게 됩니다. 이런 경우, 정치가 잘못 가도 효과적으로 국민의 의사를 표현하거나 제동을 걸 수 있는 방도가 없게 됩니다. 그뿐만 아니라 과거 정치사에서 우리는 한 번 연임제가 결국 3선, 4선 등 독재화의 길로 치닫는 것을 뼈저리게 경험했습니다. 물론 지금은 사정이 많이 바뀌었다 하더라도 그런 면을 면밀하고 신중하게 충분한 시간을 갖고 검토해야 합니다. 대개 2년 내각 책임제가 아닌 이상 4년 임기 대통령제에서는 2년 정도의 시차로 중간 평가의 성격을 띤 국회의원 선거가 바람직한 면도 있을 것입니다. 하지만 이런 저런 면을 다 신중히 고려하고 충분히 연구하여 다음 정권에서 개헌을 해야 할 것입니다. 비정(秕政)이나 실정에 대한 시정을 여러 가지 이유로 제대로 할 수 없는 경우, 왕조나 독재시대 때는 익살스런 탈춤이나 유언비어 등이 나타나 민심이 흉흉해지기도 했습니다. 유언비어(流言蜚語)의 본래 의미는 아무 근거 없는 것을 널리 퍼뜨리는 말이지만 실은 그 속에 진실이 담겨있다는 뜻으로 널리 통합니다. "노무현 디스카운트"도 일종의 이런 식의 세련된 유언비어 형태인듯 합니다. 이런 경우, 언중유골(言中有骨), 즉 예사로운 말 속에 뼈대 있는 말이어서 유언실상(流言實相)인 셈입니다. 다시 말해 돌아다니는 말, 즉 "노무현 디스카운트"는 민심의 실상을 전하는 것입니다. 저는 한 2년 전부터 이야기 중 심심치 않게 골치 아프게 생각할 것 없이 노무현 정권이 하는 정책과는 반대로 생각하고 행동하면 맞는 것이라고 했는데 근래 들어 "노무현 디스카운트"란 신조어를 들으며 역시 세상에는 머리 좋고 세련된 사람들이 많다고 생각하게 되었습니다.

따라서 지금 "지금 노무현 디스카운트" 같은 신조어가 사회 전반에 깔린다는 것은 사회 전반이 노무현 대통령의 정책과는 무조건 반대로 가야 한다는 의미이고 민심이 그만큼 노무현 대통령의 정치를 외면한다는 국민의 의사 표시입니다.

질문 6_ 대선이 가까워지다 보니 야당 역시 대선 후보들 간에 대권을 향한 경쟁이 뜨거워지고 있습니다. 특히 한나라당에선 후보 주자 간의 단순한 신경전을 넘어 감정 싸움에 가까운 검증 논란이 더욱 뜨겁게 불 붙고 있습니다. 검증을 주장하는 측이나 검증의 문제점을 주장하는 측이나 각자 논리는 있습니다. 몬시뇰께서는 한나라당 내 대선 후보들 간에 벌어지고 있는 검증 공방을 어떻게 보고 계십니까?

저는 검증의 문제가 왜 치열한 쟁점이 되는지 이해할 수 없습니다. 저는 그 후보들 중 그 누구와도 친분이 없어 객관적으로 말씀드릴 수 있습니다. 후보 경선에 뛰어들었다는 것 자체가 대통령직에 적합한지에 장점과 단점에 대한 검증에 또 검증을 받겠다는 의미가 아니겠습니까. 그렇기에 당마다 대통령 후보자 선출에서 당원뿐만 아니라 상당히 높은 비율의 일반 시민 투표권도 인정하는 것이 아니겠습니까. 이런 절차는 그저 민심을 떠 본다는 정도가 아니라 경선자의 자질을 폭 넓고 깊이 있게 검증해 보자는 뜻이 아니겠습니까. 경선 자체가 후보자들의 대통령직에 대한 자질 여부를 여러 각도에서 있는 그대로 드러내 보자는 것, 즉 검증하여 투표자가 적합한 후보자를 선출하자는 것이 아니겠습니까. 당 경선에서 철저한 검증을 거치지 않고 적당히 넘어가다가는 대선 주자로서 대선 경쟁 와중에 더 철저한 검증을 거칠 수밖에 없습니다. 국민의 의식은 발전했는데 다음 대권에 큰 희망으로 떠오른 공당이 철저한 검증을 외면한다면, 지난 번 대선 때 한나라당 후보와 같이 전혀 예기치 못했던(사실적이건 조작적이건) 큰 봉변을 당할 수 있음을 염두에 두어야 합니다. 구체적으로 말씀드린다면, 당에서 대선 주자 자식들의 병역 문제를 철저히 검증하고 넘어갔다면, 조작 병풍 사건에 의한 대선 참패의 쓰라림은 없었을 것입니다. 그렇지 못했던 것이 큰 낭패의 원인이었던 것입니다. 경선자들의 이런 검증은 아직 경험 부족이니 인신공격 등 국민이 눈살 찌푸리는 일들이 있어서는 안 된다는 점을 명심하여 아주 객관적인 선에서 한나라당이 검증의 모범을 보여 국민의 마음을 사로잡아야 할 것입니다. 한나라당은 구태의연한 정책이나 반사이익적인 정책으로 일관할 것이 아니라 좀 더 국민의 생활고와 북핵 등으로 불안에 휩싸인 마음 등, 각박한 마음에 실질적인 희망을 주는 정책을 국민에게 제시해야 할 것입니다. 국민의 입장에서 볼 때, 현 정권의 잘못으로 한나라당은 국민이 깊이 공감하는 정책을 쉽게 개발할 여건이 충분히 조성되어 있는데도 이렇다 할 정책은 개발하지 못하는 형편입니다. 국민과 언론도 그런 면에서 강력한 요구를 해야 할 것입니다.

질문 7_ 임기 1년을 남겨 놓은 노무현 대통령에게 끝으로 당부하고 싶은 말씀이 있으시면 해 주십시오.

남은 임기 1년 동안, 지난 4년간의 잘못된 이념과 정책으로 국민 절대 다수가 등 돌린 통치에서 180도 전환하여 국민이 박수갈채를 보내는 대통령으로 변신할 것을 건의하는 바입니다. 저는 아직도 노무현 대통령의 승부수 기질에 일말의 희망을 겁니다. 그러기 위해서는 비서진과 주변 인물, 특히 정치 386세대를 완전 교체하여 자유민주주의와 시장경제에 적합하게 모든 규제적 법률을 개정하여 정부 조직과 구조를 과감하게 재구성해야 할 것입니다.

우선적으로 방대하고 무식, 무능 심지어는 앞에서 말한 바와 같은 잘못된 인식을 하는 인사들을 모든 정부 조직과 국영업체에서 일소(一掃), 정부 조직을 축소함과 동시에 가능한 모든 정부 부서와 국영기업체를 민영화해야 할 것입니다. 지금 선진국들에서 이런 것은 ABC에 속하는 기본 상식입니다. 그 비근한 예가 전 영국 수상 마가리트 대처의 정부 조직 축소와 국영기업체의 민영화였습니다. 근년 들어서는 고이즈미 일본 총리가 일본 정부의 방대한 조직인 체신부의 민영화와 작은 정부를 실현했습니다. 현재로서는 독일의 안겔라 메르켈 총리를 들 수 있습니다. 더 구체적으로 노 정권은 파업을 일삼는 노동운동에 단호했던 전 영국 수상 마가리트 대처 입장을 본받아야 합니다. 나라의 앞날을 총 파탄으로 몰고 가는 전교조에 자유경쟁 원리를 과감히 도입하여 자질 높은 교사들이 살아남아 후대를 교육하고, 나라의 앞날을 준비해야 겠습니다. 노 대통령은 그 승부수 기질로 급류를 타고 있는 인류 문화와 국제 정세의 세계화에 중점을 두는 외교를 펼쳐야 합니다. 한·미동맹의 복원과 북핵 완전 폐기에 전력하는 정책을 강력히 추진하고 원조는 호혜적 입장을 견지하는 등의 정책을 펴나가 사멸된 공산·사회주의적 좌경으로의 맹(猛) 역주행에서 자유·시장경제에로 전진(前進)하고 질주하면 국민의 신임을 어느 정도 회복할 수 있을 것입니다. 그렇지 못하면 침몰의 운명만이 있을 것입니다.

4. 한·미 자유무역협정[11]과 조승희 사건

1) 한·미 자유무역협정

노무현 대통령의 근본적 자세 변화로 보이는 담화문 발표는 국민적 낭보였습니다. 저는 노무현 대통령 정부 출범 후에 못마땅했지만 기왕 노무현 씨가 대통령이 되었으니 정말 국민에게 선정(善政)을 베푸는 대통령이 되기를 바랐습니다. 그러나 이북 공산주의자 식의 민족 공조니 반미 성향을 보이며 더 나아가서는 가진 자와 못 가진 자의 양분법을 사용해 북의 공산정권이 가진 자를 착취계급으로, 반동으로, 숙청의 대상으로 몰아치는 것을 연상시키는 행태, 또한 자신과 길을 같이 하지 않는 사람들이나 유식하고 유능한 사람들, 전 세대와 가진 자들을 싸잡아 꼴통, 수구, 반개혁으로 몰아치는 듯한 행태, 철모르는 젊은이들의 밤낮 없는 친노, 더 나아가 반미 친북 성향의 데모를 즐기는 듯한

---

11 2007년 4월 2일, 한·미 자유무역협정(FTA) 합의 직후, 노무현 대통령의 발표 담화에 근거한 필자의 소견이다.

극좌경 정치, 386에 쌓인 것 아니냐는 국민적 우려 속에서 노무현 대통령 정치에 대한 환멸과 국가 장래에 암운(暗雲)을 느끼며 걱정스러웠습니다. 그래도 그의 승부수에 한 가닥 희망을 걸고 대통령의 국회 탄핵안이 가결된 당일에도 저는 모 유력지와의 전화 인터뷰에서 국민에게 냉정을 호소하며 헌법재판소의 올바른 판결을 기다리자고 호소했습니다. 그 이유는 탄핵이 되는 경우, 국정의 혼란과 민심의 분열, 좌파적 성분의 난동 등 이루 말할 수 없으며 치유할 수 없는 국론 분열과 혼란의 내홍(內訌)을 염려했기 때문입니다. 더 나아가서 노무현 대통령은 그래도 젊은 층의 지지를 받으니 그에게 청렴과 패기 있는 정치를 기대했기 때문입니다. 또한, 대통령이 그런 탄핵이라는 헌정 사상 초유의 혼쭐을 당하면 정말 국민을 위한 대통령으로 거듭날 것을 기대했기 때문이었습니다.

그런데 기대와는 정 반대로 이른바 죽을 고비를 넘긴 독사가 더 독해진다는 식으로 노무현 대통령의 통치 스타일이 탄핵을 면한 후에 점점 더 자유 대한민국 국민이 바라는 바와는 전혀 다르게 전개되어 가고 있는 듯합니다. 학생 때부터 별로 공부는 하지 않고 북한의 주체사상 정신으로 무장되어 데모와 투쟁으로 일관한 극좌경 386의 포로가 되다시피 하는 것을 보며 어느 때부터인가 노무현 대통령의 실정을 심하게 말한다면 386 중심의 학정이라고도 할 수 있습니다. 노 대통령의 정치 스타일이 노골화 되는 것을 보며, 저는 과감히 그 비정(秕政)을 공개적으로 비난하고 비판하게 되었습니다. 그 이유는 오로지 한 가지, 세상 질서, 특히 사람의 삶 전반에 걸쳐 가장 심대한 영향을 미치는 정치와 경제 질서를 국민이 맡겨준 막강한 권력으로 무지와 무능, 전횡(專橫)으로 대다수 국민을 짓밟으며 민생을 나날이 더 깊은 도탄으로 몰아넣어 가고 있기 때문입니다. 본 책 내용에서 그 실상의 핵심을 말했기에 여기에서는 그 단적인 예 하나를 제시하여 노 정권 실정의 병원(病源)을 지적하고자 합니다.

　노 정권은 공산주의적 사회주의에 물든 386 세대의 주동 하에 현금 세계 어디에도 없는 중앙정부 비대화와 그에 따른 공무원 대대적 확충, 즉 전 정권에서도 상상조차 할 수 없었던 6만여 명 공무원 증원을 감행하는 것입니다. 그것도 끼리끼리 정부의 양태입니다. 전문성은 물론 없고 일의 성의나 의욕이 없는 우두머리와 그 졸개들이 지휘하는 정부이다 보니 규제만이 능사이고 국고는 홍수처럼 새어 나갑니다. 경제는 비상(飛翔)에서 추락에로 방향을 급선회하여 노 정권이 금과옥조로 코에 걸고 으스대던 양극화 해소는 오히려 중산층까지 빈민층으로 전락시키는 공산·사회주의 사회 멸망의 망령 횡행을 연상케 했습니다. 이와는 정 반대로 소련은 옐친의 민주화 성공에 뒤이어 푸틴 대통령의 30개 정부 부처를 18개로 축소하고, 공무원을 30% 감소했습니다. 1990년대 초반 미제 '말보로' 담배 몇 갑이면 안 되는 것이 없던 가난에서 지금은 연 5-7%의 경제성장을 지속하여 한국을 제치고 세계 10대 경제국에 돌입한다고 합니다. 벌써 수십 년 전에 망조가 들고 1989년 가을에서 1990년 봄에 이르러 완전 소멸된 공산·사회주의 정치이념의 이 땅에서의 잔영(殘影) 실현으로 세계 선두를 향해 날아오르던 한국 경제의 날개를 꺾어 놓은 셈입니다. 이렇게 안일 무사하고 비효율적인 권력형 비리로, 국고 낭비의 극치를 이루는 중앙 정부 부서 축소와 공무원 감원, 민영화 촉진, 감세, 고용 증대와 생산성 제고 등이 오늘날 자유 시장경제의 기본이건만 이것마저 모르는 무식과 시대착오적인 역주행을 반복합니다.

　더 나아가 외교, 안보, 교육의 위기 등 국정 전반에 걸친 노 정권 저간의 행보는 분명히 하느님의 창조경륜에 위배되는 것입니다. 그러기에 저는 올바른 사상과 세상질서 확립으로 국민에게 더 나은 생활, 더 좋은 생활을 이루게 해줘야 한다는 생각으로 그 잘못 감을 계속 공개적으로 나무랐던 것입니다. 저는 나날이 더 심해져 가는 노 대통령의 정치가 대한 국민을 위한 것일 수는 없다고 봅니다. 소수 386 배경의 사람들을 위한 것이라고 확신합니다. 이제 진정으로 국민 대다수가 바라는 자유 대한민국 대통령으로서의 회생은 불가능하다고 생각합니다. 제발 더 이상 국민에게 치명적 손상을 끼치는 일만은 없기를 간절히 소망합니다. 그래서 기도할 때, 한 · 미 자유무역협정(FTA) 타결 소식과 노무현 대통령의 담화를 들으며 담화가 끝날 때 처음으로 노 대통령에게 박수갈채를 보냈습니다. 그 이유는 다음과 같습니다.

우리는 희한한 정치 선상에 살고 있습니다. 21세기 여명 민주국가에서 살고 있다고는 생각조차 할 수 없는 괴이한 정치 상황에서 살고 있습니다. 이번 4 · 25 선거는 대선으로의 중요한 길목 선거인데도 여당 없는 선거를 치렀습니다. 얼마 전까지만 해도 여당이었고 지금은 해체를 앞둔 친여 정당인 열린우리당은 국회의원 1명과 기초의원 출마 16명 중 1명만을 건졌다는 보도입니다. 얼마 전만 해도 열린우리당은 당당한 제1당 여당으로서 한국 천지에 군림하였는데 국회의원들의 대거 이탈로 제2당으로 전락, 여당의 위치도 상실하여 여당 없는 선거가 되었습니다. 그런 참담한 처지인데도 한나라당의 참패만을 즐기며 미소 짓는다니 정신 상태가 의심스럽습니다. 앞으로 여당은 연기처럼 사라지고 그 핵심 분자들이 헤쳐 모여를 반복하여 혼란을 거듭하는 참으로 희한한 정치 형태가 이 땅에서 벌어질 것입니다. 그래 가지고 대선 승리를 꿈꾸는 모양이니 우리네 정치판은 낮도깨비 광란의 장인가 싶습니다. 제1당인 한나라당은 무정책 당, 부패당의 각인만을 새롭게 했고 열린우리당과 군소 정당은 권력만을 향해 헤쳐 모여 이전투구(泥田鬪狗),

진흙탕 개싸움이 될 것이니 가관의 풍경이 국민과 세계 앞에 전개될 징조입니다. 그러므로 저는 〈조선일보〉와의 인터뷰(2007년 1월 30일자 기사)에서 이런 사태와 연속의 혼란까지 예견하며 "금년은 상당히 힘든, 이상한 한 해가 되겠구나 생각한다"고 했습니다. 창당 회원들의 탈출 러시는 이 땅 정치사에 그 유례가 없는 일로 책임은 안 지고 또 다른 권력 장악을 위한 돌진 작태이니 금년은 우리 정치사에서 "전례 없는(괴이한) 1년이 될 것"이라는 말을 한 적이 있습니다. 그런 사태가 지금 막후에서 진행되고 있는 듯합니다. 사태가 이러하니 국민은 정신을 바짝 차리고 이 난국을 지혜롭게 헤쳐 나가야겠습니다.

물론 FTA 문제에서 각 계층과 분야별 이해관계와 손익계산 등으로 첨예한 대립과 찬반의 뜨거운 논란이 있는 것은 지극히 당연한 것입니다. 또 그런 논란은 국회 비준에 앞서 반드시 있어야 하고 협정의 모든 것이 정확하게 드러나야 합니다. 그런 연후, 사후 대책 또한 피해를 최대한 줄이고 국익은 최대한으로 증진시켜 가야 할 것입니다. 이런 구체적인 문제는 전문가와 여론의 광범위한 여과를 거치며 국민적 합의에 의해 전체적인 합의가 도출되어야 합니다. 현재 국민의 대략적 견해는 3분의 2는 찬성이고 3분의 1은 반대인 입장이라니 어차피 한·미 FTA는 국회에서 통과시킬 수밖에 없겠습니다.

이제 발전된 한국, 10대 교역국을 넘보는 한국은 세계 경쟁 격랑 속에서 모든 면에서 근본적인 구조조정을 받아야 하는 처지입니다. 더 값싸면서도 질 좋은 제품이 국내외적으로 요구되는 인류문화 차원에 도달했으니 한국만 예외일 수는 없고 모든 국가가 선진국 문턱에서, 다시 말해 세계시장에서 겪고 넘어가야 했던 진통을 정부의 보호막 속에서 언제까지 회피할 수는 없을 것입니다. 어느 분야는 승승장구이고 어느 분야는 도태의 운명을 맞을 수밖에 없을 것입니다. 그러니 어떻게 큰 손실이 오는 분야의 손실을 최소화 하며 도태될 수밖에 없는 분야까지도 그 손실과 아픔을 민족 공동체 안에서 최소화할 것이냐에 민족적 지혜를 모아야 합니다. 이런 현상은 작건 크건 사회구조가 근본적 변화를 일으킬 때, 예외 없이 발생하는 사회 현상입니다.

제가 FTA 협정을 보는 차원은 좀 더 미래지향적이며 지금까지 갖지 못했던 절체절명의 국가적, 더 구체적으로는 후대에 이르는 또 다른 세계 속에서의 도약과 민족의 정기와 우수성을 세계만방에 떨치는 호기(好氣)라는 관점입니다. 좀 더 풀어 말해, 그 협정은 미국 시장과 한국 시장의 담 없는 상호 교류의 시작이며 우리 국민의 우수성과 저력이 미국과 세계시장을 석권할 것을 확신한다는 것입니다. 이는 서구세계가 200-300년에 걸쳐 이루어낸 정치적 · 경제적 · 과학적 · 문화적 성과를 단 30-40년 만에 이루어낸 민족적 저력이 실증이 되어 세계가 인정하게 된다는 것입니다. 우리 민족은 각 개인의 자유를 인정하면 투쟁의 대상이 있는 한, 무서운 저력과 우수성을 발휘하며 공동체성을 발휘한다는 것을 지난 40-50년의 역사에서 뚜렷하게 드러났습니다. 그리고 지금 세계를 자유롭게 활보하는 젊은 층에서 유감없이 드러나고 있습니다.

우리의 이런 우수성은 뒤집어 말하면, 세계의 감탄과 더 나아가 은연 중 공포의 대상이 되고 있습니다. 다만 한 가지 조건이 있습니다. 뒤로밖에 못 보는 무지와 무능, 무모의 정치권력이 사람들을 묶어놓지 말아야 한다는 것입니다. 인간학적인 개인의 소지와 능력, 잠재적 가능성을 전혀 모르는 무식한 정권과 그 아부 분자 집단이, 앞으로 세계를 향해 분출하며 폭발할 민족적 저력, 특히 커오는 젊은이들의 각 방면에서의 저력과 수월성에 지장을 주지 말아야 한다는 것입니다. 그것은 이번 FTA 협상에서도 충분히 드러났습니다. 우리의 젊은 층이라 할 수 있는 협상 팀이 미국과 같은 절대 우위의 전문가를 상대로 때로 그들이 쩔쩔매는 식의 협상을 이끈 것이 바로 그 '증좌'(證左)입니다. 그 다음 젊은 세대가 세계 큰물에서 뛰놀며 교육받고 마음껏 발전할 수 있으면 세계를 휘어잡고 좌지우지(左之右之)할 날도 그리 멀지 않습니다. 일본과 중국이 미국과의 FTA 문제에서 우리에게 허를 찔려 동양에서의 주도권을 뺏긴 결과가 되어 허둥대는 모습은 보기에도 민망할 정도가 아닙니까. 이 기세를 몰아 EU와도 중국과 일본과도 FTA를 맺는다면 단연 동양에서는 FTA 전문국이자 자문국의 위치에 설 것입니다. 이른바 동양의 허브는 물론 모든 면에서 미래지향적으로 우리가 훨씬 앞서 세계가 우리 다음 세대의 놀이터가 되지 않겠습니까.

또 다른 한편, 노무현 대통령에게 무엇보다도 이번 일의 큰 소득은 그동안 대통령에게서 이탈했던 민심을 휘어잡는 데 절대 계기가 되었습니다.

역시 FTA의 가장 큰 효과는 그동안 국가 안보에 불안했던 국민에게 안도를 주는 것입니다. 사실 그동안 노무현 대통령의 무지와 오기로 한·미 군사동맹을 근본에서 뒤흔든 전시작전 통수권 환원 문제로 야기된 국가안보에 대한 큰 불안과 그로 말미암아 야기될 일선 지대의 전력 공백, 1천 수백 억조 원을 넘나든다는 미군 대체 한국군 군비 또한 국민의 혈세로 충당해야 하기에 국민 모두의 마음은 무거웠습니다. 이는 노 대통령의 공연한 오기와 무지로 자손대대까지 이루 말할 수 없는 경제적 부담을 넘겨주어야 한다는 것입니다. 이 점은 한·미 FTA 협정으로 한·미 시장이 하나로 뒤섞이고 실천되어 몇 년이 지나면, 한국은 과거의 무역 경험과 우수 두뇌의 가동, FTA 선진국으로서 동양이나 여타국에의 파급효과까지 감안할 때 막대한 흑자를 기록할 것임을 시사합니다. 그래서 전비 따위는 그리 문제가 되지 않을 뿐만 아니라 가장 폐쇄적인 행태에서 가장 열린 나라로 세계에서 추앙될 것입니다. 다시 말해 한·미 FTA 협정은 한국에게 안전을 다짐하는 한편, 미래와 세계를 여는 큰 계기가 될 것입니다. 그것은 놀라운 아주 새로운 차원으로 이 나라를 올려놓는 역사적 계기가 될 것입니다.

그 다음에 일어날 이런 저런 일들은 북한을 소리 없이 휘몰아가며 안아들이는 새로운 역사의 전개입니다. 북한의 군과 핵은 시간을 두고 스스로 해체되거나 자유 남한에 흡수될 수밖에 없는 운명을 맞이하게 될 것입니다. 그런 운명을 맞을 핵 개발과 강군(強軍) 건설을 위해 생겨난 수많은 인민의 아사와 질병, 끝없이 이어지는 탈북자 행렬은 이 나라의 아픈 역사 상흔으로 남을 것입니다. 무엇보다도 중요한 것은 젊은이들의 세계 속에서의 양양한 신천지의 전개입니다.

지금 한국의 지도자 중에는 FTA 결사 항쟁의 표시로 단식과 농성, 극렬 데모가 자행되고 있지만, 인류사(人類史)는 그런 시각과는 달리 흘러가고 있습니다. 물론 이런 반대 입장이 FTA 협상에서 한국의 협상력이나 사후 대책에 큰 도움을 줄 것이 사실이나 그 자체를 반대하는 것이 옳다고 생각한다면 역사를 역주행했다는 웃음거리가 될 것입니다. 인류사의 발전은 역사의 뒤안길로 사라져간 공산·사회주의적 극좌 형태로 통제(統制)에 의해 발전하는 것이 아니라 하느님의 창조경륜에 따라 각 개인의 인격과 지혜, 자유, 행복 성취를 위해 최선을 다함으로써 이루어지는 것입니다. 그것은 하느님 삼위일체 신비 안에서의 생명의 일체성과 사랑의 교류로 이루어지기에 FTA를 잘만 활용하면 우리 민족이 같이 가야 할 인류사(人類史) 흐름에 유익한 단계가 될 수 있습니다. 그렇지만 인류가 걸어가는 그 걸음마다 발이 부르트는 아픔을 감내하며 꾸준히 걸어가야 하는 인내와 노력이 수반되어야 합니다. 세계인의 경쟁 속에서 젊은이들의 자유분방하면서도 피땀 어린 지속적 노력이 필연적으로 요구되는 것입니다.

FTA 같은 제도는 약육강식(弱肉强食)의 위험이 큰 것이 사실이지만, 한국의 잠재력은 그런 약점을 극복하고도 남습니다. 더 나아가 그 진취력은 모든 면, 특히 기술면에서의 습득과 새로운 경지 개척에서 이른바 선진국의 상징인 미국을 능가하는 분야가 속출할 것입니다. 제가 여기서 노무현 대통령에게 찬사를 보내는 것은 이상과 같은 앞날을 조감하기 때문입니다. 또한 제가 줄곧 그에게 무식의 덩어리라 할 수 있는 좌파 극렬 데모 정치 지향 386의 그물에서 벗어나 진정한 자유 대한민국의 대통령이 되어 달라던 요구가 이번 FTA 협정에서 성취될 수 있기 때문입니다. 또한, 저는 근자에 새는 죽을 때 그 소리가 슬프고 사람은 죽을 때 본심으로 돌아온다는 격언까지 사용하며 노 대통령의 대한민국 대통령 본령(本領)으로의 회귀를 글로써 부탁한 바 있었는데 그것이 그대로 이루어진 것 같아 찬사를 보냅니다. 그분의 말씀 한 구절이 저로 하여금 박수를 치게 했습니다.

"저 개인으로선 아무런 정치적 이익도 없습니다. 오로지 소신과 양심을 가지고 내린 결단입니다. 정치적 손해를 무릅쓰고 내린 결단입니다. FTA는 정치적 문제도, 이념적 문제도 아닙니다. 먹고 사는 문제입니다. 국가경쟁력의 문제입니다."

이는 한국의 세계 속에서의 웅비(雄飛)의 단초를 여는 것입니다. 또한, 개헌안 발의도 취소했고 노 대통령 자신이 전에는 당신이 좌익이란 면을 감추지 않더니 근자에는 전에 읽었던 서적들이 좌익적이었지만 자신은 좌익이 아니라는 점을 분명히 하는 것으로 알고 있습니다. 노무현 대통령은 이제 참으로 대한민국의 대통령상을 제대로 되찾는 것 같습니다. 그러면서 FTA 협상에서 교육과 의료 분야가 빠지게 된 것을 서운해 하기에 이제 교육관도 제대로 잡히나 했습니다. 그런데 또 다시 교육의 3불(不) 정책을 고집하는 것과 근일 개각의 정실 인사를 보면 아직도 노 대통령의 한계가 그대로인 것 같아 마음이 놓이지 않습니다. 그뿐만 아니라 언제 또 옛 모습이 그대로 튀어나오지 않을까 걱정이 앞서기도 합니다. 만일 그런 경우라면, 이번 FTA는 우발적이거나 모순된 처사여서 스스로 쌓아올린 것을 깡그리 무너뜨려 국민의 신임이 다시 추락하여 역사적으로 존재하지 말아야 했을 대통령으로 기억되지 않을까 걱정됩니다.

또한, 본인도 느끼지 못하는 듯한 근본적 좌경 정책으로 중앙정부 전대미문의 비대화와 막대한 국고 지출(현금 부강한 선진국은 정부 조직과 인원 축소, 그에 따른 정부 지출 최소화, 가능한 모든 기구는 민영화로 효율과 고용 극대화인데) 등으로 눈덩이처럼 불어나는 적자 예산이 지금까지 역대 정권의 국채(國債)보다 더 많아졌다고 합니다. 즉, 5년간 국가의 빚과, 국민의 소득은 계속 감소하는데도 무자비하다 할만큼 부과되는 중과세와 더 우심하게는 이 정권의 고관과 친 여당 국회의원들의 평양행 러시, 평양 정권이 적화통일의 철칙 하에 핵 무장한 선군(先軍)과 강군(强軍) 정책을 강력히 밀고 나가고 있다는 것입니다. 남북 경협위에서는 핵문제에 대해 이쪽에서 한마디 말만 꺼내도 북측 대표가 회담장을 박차고 퇴장해 버리는데도, 공동성명에서 그런 말 한마디도 넣지 못하는 형편이라고 합니다. 그런데도 밑도 끝도 없이 제공하는 막대한 원조 등은, 현 정권이 다 지나간 극 좌경의 성격 그대로임을 입증하고도 남습니다.

그런 한편 미국과는 협상을 마쳤고 EU 등과도 선진적이며 세계와 미래로 열린 FTA 협상 계획이라니 이 정권은 머리가 정리 안 된 채 손발이 제 멋대로 광란(狂亂)하는 인체 같아 국민은 혼란스럽습니다.

이런 처지에서 국가는 정치, 경제, 사회, 외교, 국방, 교육, 대북 등 모든 분야에 걸쳐 미구(未久)에 예기치 못한 큰 혼란에 직면할 것입니다. 그래도 다행인 것은 이제 이 정권의 임기가 얼마 남지 않았다는 것입니다. 노무현 대통령은 FTA 협정을 계기로 명실 공히 자유 대한의 대통령으로서 대통령의 본령(本領)으로 돌아와 혼란과 분열의 연속이었던 지난 5년을 깨끗이 마무리하여 훌륭한 대통령으로 역사에 남기를 바라는 마음입니다. 노무현 대통령은 모든 것을 사회주의적 규제 일변도가 아닌, 세계적 차원에서 자유경쟁으로 전진하는 인류문화 선상에서 국민이 끝에서라도 좀 잘살게 됐다고 칭송하는 대통령으로서의 유종의 미를 거두기 바랍니다.

그렇다고 현재 제1당인 한나라당은 제대로이냐 하면 그것도 아닙니다. 벌써 5년 전 피를 토해도 시원치 않을 차떼기 부패로 국민의 역사적 비난의 대상이 되었던 것을 까마득히 잊은 듯 자치 단체 선거에서 돈거래 부패가 기승을 부리니 이런 군상의 집단이 무슨 집권이냐는 국민과 여론의 질타는 너무나도 당연합니다. 제1당이란 당이 정책 하나 제대로 내놓지 못하며 눈치나 힐끗거리며 상대의 잘못에서 반사 이익이나 얻으려니 차라리 정당 무용론이 나올 지경입니다. 그 좋은 기회가 수없이 주어졌건만 국민이 바로 이것이다 하고 따라갈 정책 하나 제대로 제시하지 못하더니 요즘은 대한의사협회의 한나라당 중진 의원들에게 부당 돈 제공 혐의에 휘말립니다. 참으로 당의 체면이 말이 아니게 되었습니다. 그렇기에 저는 한나라당을 두고 풍랑에 휩쓸린 좌초당이라고 공개적으로 표현한 적이 있습니다. 좌초된 거함은 계속 오염 물질을 방출하여 바다를 죽이니 그런 좌초 거함은 빨리 제거하여 해체시켜야 합니다. 오죽하면 현직 한나라당 정책의장이 이런 한나라당은 집권하지 말아야 한다고까지 했겠습니까. 그 부패 냄새가 진동하는 와중에서도 이런 청렴인사가 청정한 정신과 마음으로 부패를 거듭하는 당을 갈고 닦느라고 애쓰는 모양이니 그래도 일말의 희망은 남아 있습니다. 그분이 마침 가톨릭 신자라고 합니다. 적지 않은 가톨릭 신자들이 부패에 한술 더 뜨는 수가 있는데 참으로 다행입니다. 말을 하려면 어찌 이런 지면에서 다 할 수 있겠습니까. 한나라당이 썩은 얼굴을 씻고 악취를 불식하여 국민이 아끼는 당으로 거듭 나려면, 대선주자들의 재산 형성과 당 내부로부터의 한 점 의혹 없는 철저한 검증 과정을 거쳐야 합니다.

4·25 재·보궐 선거에서 국민은 한나라당에 참담한 패배를 안겨주었습니다. 한나라당은 3곳 국회의원 선거 중 한 곳만 승리했고 6곳 기초단체장 중에서도 1곳만 승리했습니다. 한나라당은 그 텃밭에서마저 국민한테 완전히 외면당한 것입니다. 살아남으려면 그야말로 환골탈태(換骨奪胎)의 과정을 거쳐야 합니다. 아니면 국민의 돌팔매를 맞고 쓰러지는 운명을 맞을 수도 있을 것입니다. 한나라당은 전에도 지금도 부패의 소굴같이 국민의 뇌리에 인각된 정당으로서는 정권을 잡으려고 해서도 안 되고 잡아서도 안 됩니다. 그것은 이번 4·25 선거의 결과에도 나타나기 시작했으며 그동안 보선 때마다 한나라당에 국민이 준 절대적 호의와는 다른 한나라당에 대한 엄중한 경고의 표지입니다. 만일 이런 식의 정당이 정권을 잡는다면, 다시 부패의 독버섯은 이 나라를 망국으로 몰아갈 것입니다. 이제 그런 부패 정치로 통할 시대는 역사 속으로 사라진 지 오래입니다.

저는 현재 드러난 대선주자들과 아무런 친분관계나 이해관계가 없을 뿐더러 성직자로서 정권과의 결탁 같은 것은 극구 타기(唾棄)하는 사람입니다. 오로지 교회의 사회교리에 근거하여 국민의 선익(善益)을 위해 바른 것을 때의 좋고 나쁨을 가리지 않고 말해야 하는 것입니다. 이것이 제2차 바티칸 공의회의 정신이며 바오로 사도의 정신입니다.

저는 지금이야말로 한나라당이 당 대선주자들의 당내 철저 검증으로 부패 이미지를 완전히 벗을 수 있는 유일한 기회라고 생각하며 언론도 여론도 다 같이 그것을 당의 내분으로 몰아갈 것이 아니라 당이 살고 국익에 공헌하는 길이라고 권장하고 주문해야 한다고 생각합니다. 어차피 이런 점에서 승리의 쾌재를 불렀던 현 정권과 친여 정당들이 그 막강한 수사력을 동원하여 기회만 있으면 한나라당 대선주자들의 재산 형성 과정과 부정부패 관련 여부를 철저하게 폭로할 것이 아니겠습니까. 이런 문제에서 좋은 예가 바로 독일 통일의 국부라고 불릴 위치였던 기민당의 콜 총리가 금품 부정 수수에 휘말렸을 때 입니다. 당시 그가 키웠다고 할 현 독일 안젤라 수상의 윤리관이 콜 총리를 책임지고 물러나게 함으로써 당을 살렸습니다. 또한, 통독으로 유럽의 경제적 중환자가 된 독일도 살려 내게 되었습니다. 지금 한나라당에 무엇보다도 시급한 것은 말로만 하는 것이 아니라 안젤라 수상과 같은 의지의 실천입니다. 한나라당은 깨끗한 이미지를 회복하고 철저한 국민에 대한 봉사 정신으로 임해야 하겠습니다.

2) 조승희 사건

세계의 인간 양식(良識)을 경악케 한 일대 사건이 발생했습니다. 그것은 다름 아닌 미국 버지니아 공대(工大)에서 4월 16일(현지시간) 미 영주권자 한국인(동교 영문과 4학년생) 조승희(23세) 씨의 무차별 난사로 32명의 사망자와 17명의 부상자가 발생한 사건입니다. 그는 첫 번 2명 사살 후, 약 2시간 만에 2차 대학살극을 벌였고 그 두 시간 사이에는 자기 행동의 동영상과 육성 디스켓 등을 작성하여 인근 우체국에서 미국 유수의 방송국에 보내는 등 치밀한 계획을 했습니다. 그리고 2차

대학살극을 벌이고 자신도 자살했다는 것입니다. 세계는 놀랐고 한국은 더욱 놀랐습니다. 이런 전대미문의 악마적 죄악상 앞에 인간은 망연자실 전율할 수밖에 없었습니다. 이제 한국계 이민은 미국에서 200만 명대라며 유학생 수도 10만 명대로서 각국에서 미국에 온 유학생 중 한국 유학생이 가장 많다고 합니다. 조 씨 사건은 너무나 놀라운 비극적 사건이었기에 한국 교포 사회는 전전긍긍이라고 합니다. 미국 유수의 전문가들 사이에는 가능한 모든 수사력과 분석이 잇달았습니다. 이에 따라 조 씨의 초등학교 저학년 때의 이민, 미국에서의 중학교, 고등학교, 대학에 이르기까지의 성격 형성, 환경에 대한 반응 등의 다각적인 분석, 더 나아가 대학시절의 정신과 치료, 그에 대한 전문가의 치유 권유와 치유 과정, 미흡점 등도 지적됐으며 시기를 놓친 데 대한 후회도 보도됐습니다.

조 씨는 계속 외톨이로서 빈부격차의 사회와 강자와 약자의 사회에 대한 불만과 울분을 키워왔으며 스스로 약자의 해방자·구원자라는 망상에 사로 잡혀 그런 끔찍한 미국 최대의 학내 살인 사건을 저질렀다는 것이었습니다. 이런 와중에 방송사의 동영상 방송이 비난의 대상이 되기도 했습니다. 그의 가족의 죄책감과 사과, 더 나아가 노무현 대통령의 연거푼 애도와 유족과 미국 국민에 대한 위로, 우리 국민, 특히 미국 교민들의 사죄와 죄책감과 속죄 행사도 연이어 보도되었습니다. 또 한편, 미국 현지에서 이번 사건은 순 개인적 병적 사건으로 양국 간의 국가적 차원의 문제가 아니라는 미국 국민과 언론의 견해가 지배적입니다. 이 문제로 가까스로 이루어진 한·미 FTA 협정과 한·미 우호 관계에 큰 걸림돌이 되지 않을까 하는 국민의 불안은 종식되었습니다. 귀결은 공동체와는 상관없는 순 개인의 심각한 정신질환적 소행으로 가닥이 잡혀 큰 다행입니다.

그런데 제 생각으로는 이런 사건이 일회적이 아니라고 봅니다. 지난 2001년에는 9·11 아랍계 비행기 폭파 사건으로 세계 금융계의 뉴욕 본부가 송두리째 폭파되어 수천의 사망자를 냈으며, 그 밖에도 총기 난동 등으로 무고한 시민이, 어찌 말하면 시도 때도 없이, 희생되어 가고 있습니다. 앞으로는 그런 일이 없으리라는 보장이 없을 뿐만 아니라 과학기술의 놀랍고 정교한 발달에 따라 어쩌면 더 우심한 비극이 일어날 수 있습니다. 놀라운 기술 조작 능력과 항상 불만과 스트레스에 휩싸이며 자기를 주체할 수 없는 젊은 층에 의해, 또는 불만층에 의해 이런 사건은 언제든지 기상천외의 방식으로 다양하게 나타날 수 있음을 전제로 더 근본적인 차원에서 문제 해결을 시도해야 할 것입니다. 현대 사계 학문 지식을 총동원하여 이런 참극에 대한 미연의 방지와 사건 해결에 노력하는 것은 매우 중요하고 필요합니다. 효과도 클 것입니다. 그러나 이런 현상적 치료만으로는 무엇인가 근본적인 것을 놓치고 있다는 아쉬움을 금할 길 없습니다. 제 생각에 이런 반인륜적이며 반천륜적인 인간성 파괴는 과학문명과 정신문화 및 생명문화의 충돌에 기인(起因)하는 가치전도의 고뇌와 진통을 인간 영(靈)과 정신이 감당하지 못해 발생하는 파탄이자 총체적 파괴 현상입니다. 이런 관점에서 보면 이번 참사는 영과 물질의 가치 전도에서 주조된 현대 물질문명의 귀착 단면이라 해도 과히 빗나간 진단이 아닐 것입니다.

이런 관점에서 볼 때, 이런 참극이 물질문명의 천국이라 할 수 있는 미국에서 연거푸 발생하는 것 또한 어떤 면에서 이해가 됩니다. 미국은 그동안 개척의 땅, 기회의 땅, 희망의 신천지였습니다. 특히 한국인들에게, 그중에서도 한국 젊은이들에게 그렇습니다. 그들은 거기에 물질의 풍요와 발전된 과학기술로 안락한 삶이 약속되는 새롭게 도래하는 세계 건설의 꿈이 있다고 생각하는 것입니다. 그러나 거기에는 영과 물질의 심각한 가치 전도의 마수(魔手)가 도처에 뻗치고 있어 자유로우면서도 처절한 경쟁에 시달리는 인간, 특히 젊은이가 자칫 감당할 수 없는 좌절감과 그것을 먹고 자란 증오와 과학문명의 이기(利器)를 어렵지 않게 손에 넣을 수 있어 모든 것의 파괴라는 유혹에 쉽게 빠져들 수 있습니다. 이번 참사의 범죄자인 조 씨도 어떤 의미에서는 이런 문명의 희생물입니다. 이런 극단적 행동에 이르지는 않을지라도 이런 심정을 하루에도 몇 번이고 되씹는 젊은이들이 그 얼마나 많겠습니까. 그렇기에 조 씨의 잔학한 행동을 비난하면서도 가치 전도의 세계를 우상화 하는 우리 모두가 공범자일지도 모른다는 일종의 자책감을 가져야 합니다. 다시 말해, 어떤 의미에서 우리 모두는 공동 가해자이며 공동 피해자이기도 합니다. 만일 조 씨가 한국에서 그냥 살고 있었다면 저렇게까지 되지는 않았거나 적어도 그 해악이 미국보다는 작았을 것입니다. 한마디로 타고난 성정과 주어진 모든 여건과 처지를 바꾸어 놓고 생각해 본다면 어느 누구도 나는 그렇지 않았을 거라고 장담하기 어려울 것입니다. 이런 현대 문명과 인간성의 취약성을 전제로 이번 문제의 근원적 해결과 올바른 인간 삶의 함양을 설계하며 실천을 노력해야 합니다. 무엇보다도 영(靈)과 육(肉), 혹은 정신과 물질로 구성된 인간성에 근거하여 영과 정신의 우위 가치관을 어릴 때부터 성인이 되기까지 철저히 교육하는 이른바 올바른 인성교육이 과학문명이 발달할수록 인간에게 더욱 요청됩니다. 지금과 같은 인성교육으로는 제2, 제3의 조 씨 사건은 연속될 수밖에 없습니다. 여기에는 또한 종교의 중차대한 의무와 책임이 있습니다. 이런 현대 문명 앞에서 종교는 할 바를 못다했다는 자괴심(自愧心)을 깊이 느껴야 합니다. 미국을 비롯하여 서구사회가 앞서간 과학문명 속에서도 대과(大過) 없이 버티어내는 것과 이런 기회에 오히려 인간성을 한 단계 높이 끌어 올릴 수 있는 것은 오랜 그리스도교의 깊은 뿌리를 갖고 있기 때문입니다.

지금 한국사회는 산업 발전과 이민(移民), 국제결혼 급증으로 단일민족의 테두리를 벗어나 다민족 사회로 이동 중인데 그 당사자와 자녀의 급증으로 야기될 사회적 혼란이 염려됩니다. 이번 조 씨 사건은 순개인적 문제이고 공동체와는 관계가 없다는 일부 견해도 있는 성 싶은데 그것은 그리 정확한 표현이 아닙니다. 물론 폐쇄적 공동체관은 배격해야겠지만 개방적 공동체관은 더욱 적극적으로 함양해야 할 것입니다. 조 씨가 그런 행동으로 성장해온 것은 본인의 성정(性情)과 성장과정에서의 이질적인 미국문화 풍토였습니다. 그의 성정과 더불어 시작된 그의 발전의 터전, 즉 사회 환경은 그를 계속 비뚤어진 방향으로 키워가고 있었던 것입니다. 다시 말해 그런 사회생활, 즉 미국의 초등학교, 중학교, 고등학교, 대학 생활과 그런 유의 공동체 생활은 그의 그런 성격을 더욱 굳혀 갔으며 결국 그렇게 폭발시켰던 것입니다.

공동체 생활의 근본은 천부적 사랑입니다. 인간 생명은 부모님 사랑의 소산이며 그런 생명은 부모님과 주변인의 사랑을 먹고 자라며 또 사랑을 주며 더욱 풍요로운 생명으로 성장해 가는 것입니다. 그렇기에 공동체 생활에서 사람의 부족한 점은 어느 것이든 사랑으로 보호와 감쌈과 보충을 받아야 하는데 이런 점에 크고 작은 결함이 있다면 그 정도와 본인의 성정 여하에 따라 미약하게 혹은 강렬하게 반응하는 것입니다. 이번 조 씨 사건도 이런 관점에서 존재론적·현상적 고찰을 해야 하고 그 근본 대비책을 강구해야 할 것입니다. 공동체 삶에서는 어느 누구든 소외됨이 없이 정당한 인간적 대우를 받는다는 것과 그에 상응한 의무가 있다는 것을 느끼며 살아가야 합니다. 그러기 위해서는 여러 가지 사계 학문의 도움을 받는 것이 매우 유익하나 그것만으로는 인간의 비뚤어진 성정을 올바르게 이끌기에 부족합니다. 근본적으로는 각 개인의 마음의 문제, 사랑의 문제입니다. 사랑은 증오나 억울함, 복수 등의 마음을 눈 녹이듯 해소시키는 신비스러운 능력이 있습니다. 이런 사랑은 타인을 사랑하게 하는 강력한 동력을 제공하기에 이기심과 증오를 넘어 타인을 존중하며 사랑하게 하는 원동력이 됩니다. 이런 사랑의 동력으로 비뚤어진 성격도 바로 잡으며 타인을 위한 인내와 희생심을 함양시킬 수 있습니다. 이런 것에 상응한 올바른 가치관 함양은 필수적 선행 조건입니다.

그렇기에 우리는 예수님께서 주신 "너희는 서로 사랑하라. 원수까지 사랑하라"는 사랑의 계명이 만고의 진리임을 다시 느끼게 됩니다. 더욱이 예수님께서 만민의 죄를 도맡아 지고 십자가에서 죽음의 고비를 넘으시며 당신을 십자가에 못 박아 죽이는 사람들을 위해 "아버지, 저들을 용서해 주십시오. 저들은 자기들이 무슨 일을 하고 있는지 모릅니다"(루카 23,34) 하신 기도가 조 씨의 살해 현장에서 같은 또래 학생들 사이에 메아리치니 하느님의 창조와 구속 경륜 실현, 즉 인류 양심 문화 발전의 새로운 전개인가 합니다. 조 씨의 난동 현장에서 그런 환경에서 도움을 받지 못하고 그렇게밖에 행동할 수밖에 없던 조 씨에게 연민의 정을 쏟는 젊은이들이 있는가 하면 그 잘못을 용서한다는 눈물 섞인 목멘 소리도 듣게 되는 것입니다. 그렇기에 살인 가해자인 조 씨의 추모비도 살해된 32명의 추모비와 같이 세워졌다(어느 누구인가에 의해 치워지긴 했다지만)는 보도가 있었습니다. "우리는 너를 용서한다. 너는 틀림없이 무슨 짓을 하는지 몰랐을 거야"라는 카드가 그의 추모비 자리에 놓여 있었다는 것입니다. 십자가에서의 예수님 말씀 그대로가 아닙니까. 아마도 착한 신자 젊은이의 마음에서 울려나오는 말씀이 아니겠습니까. 학교 당국의 추도식에서는 조 씨까지 합친 33번의 종이 울렸고 33개의 풍선이 날려졌고 33개의 조기가 드리워졌다는 것이 아니겠습니까. 더 나아가 "만약 기회가 있었다면 그를 반드시 친구로 만들었을 것"이라며 "결국 그는 친구가 필요했다"라는 말도 있었다고 합니다. 게다가 꽃과 야구공과 초도 놓여있었다고 일간지들(《조선일보》 4월 25일; 〈동아일보〉 4월 23일 참조)은 전합니다. 여기에 이르러 인류는 인간 양심문화와 생명문화의 새로운 차원에로 진입하는 것이며 감히 상상도 못했던 증오를 토양으로 피어나는 사랑의 문화의 만개(滿開)를 체험하는 것입니다. 이렇게 2천 년 전 그리스도께서 십자가에서 갈파(喝破) 실천한 구속 경륜의 신비는 3천 년대 여명에 인류 문명의 핵으로 떠오른 것입니다. 물질문명과 과학기술 문명으로 자신의 안락과 성취만을 바라는 현대인의 마음속에 예수님의 사랑의 용서의 기도는 새로운 힘과 기쁨, 생명의 충만으로 다가옵니다. 이러 차원 높은 사랑의 향기는 증오로 일그러지기 쉬운 인간 마음에 신선함과 충만으로 다가옵니다. 더 근본적으로는 무한 사랑, 무조건적 사랑에서 이루어진 하느님의 창조와 구속경륜의 실현으로 이런 비극 중에서도 인간 마음은 증오를 사랑으로 변화시키는 차원으로 승화해 가기에 인류의 앞날은 희망찬 것입니다. 우리 시대 사랑의 사도 마더 데레사의 "하느님께서는 제게 (세속적) 성공의 임무를 주신 것이 아니라 사랑의 임무를 주셨습니다"라는 말씀은 버지니아 공대 참사 현장의 젊은이들 마음에서도 메아리칠 만큼 긴 여운으로 남습니다.

5. 평화매체 출범 제19주년 특집 방송[12]

질문 1_ 정의채 몬시뇰 님 안녕하십니까? 오늘 평화 매체 출범 제19주년 특집 기념 방송 초대에 응해 주신 것을 감사하게 생각합니다. 정 몬시뇰 님께서는〈평화방송〉의 모체인 〈평화신문〉이 출범하는 데 결정적 역할을 하신 것으로 알고 있는데 그때의 상황과 경위를 간략히 말씀해 주시겠습니까?

정 몬시뇰_ 예, 그때를 생각하면 아득히 꿈만 같습니다. 지금 제 기억으로는 1988년 2월 혜화동 신학교에서 전체 사제 피정 중 사제 총회에서 신부님들의 만장일치 의견으로 서울대교구의 종교 신문 발행이 강력히 제안되었습니다. 김수환 추기경께서 고민하시기에 저는 사제평의원회 후의 단독 대좌에서 교구 신문 발행을 간곡히 제안했던 것입니다. 대구에서 가톨릭 신문 사장을 지냈던 그분은 가톨릭 신문이 두 개가 되면 둘 다 운영난에 걸리지 않겠나 하는 걱정을 표했기에 (당시는

---

12 〈평화방송〉 라디오 생방송 2007년 5월 14일 8시 25-55분: "열린 세상, 오늘! 이석우입니다" 여기에 제시된 문제와 답이 본래의 것이다. 방송 중, 대담자의 사정으로 제목을 다르게 한 적이 있으나 같은 내용이다. 시간 관계상, 많은 내용이 빠져 여기에 부연한다.

〈평화신문〉이라는 이름도 없는 때였지만) 저는 경제적으로 밑져도 해야 한다고 했습니다. 그때 김 추기경님은 밑지는데 왜 해야 하느냐는 어두운 표정이었습니다. 저는 그 이유로 추기경님은 반대 의사임에도 신부님들이 하자고 해서 하는데 실패한다면, 신부님들이 앞으로 추기경님의 의사를 존중할 수밖에 없게 될 것이니 추기경님은 앉아서 상수(上手)가 된다고 말했습니다. 이 말씀에 어느 정도 수긍이 가시는 얼굴이었습니다. 저는 더 나아가 그러나 절대 실패하지 않을 것이라는 점을 강조했습니다. 그 이유인즉, 서울대교구 안에는 3백여 본당이 있고 교구 신부만도 근 3백 명이 있는데 평균 한 본당에서 2천 부씩만 구독케 해도 6만 부인데 종교 신문이야 5만 부 정도라도 수지는 맞출 수 있다는 것이었습니다. 그래서 신부님들의 건의를 그대로 받아 신문을 시작하는 것이 좋겠다고 건의했습니다. 만일 여의치 않아 경제적으로 손실을 보는 경우, 추기경님은 별로 하고 싶지 않았으나 신부님들의 요구로 된 것이니 신부님들이 책임지고 문제를 해결해야겠다고 하면 신부님들이 팔 걷고 나서서 해결할 것이라고 했습니다. 그러자 추기경님의 얼굴이 확 펴지며 웃음이 도는 것을 보았습니다. 그리고 얼마 안 가 신문을 한다는 공문이 나왔습니다. 그리고 약 2년 후인 1990년 4월 15일에는 〈평화라디오〉가 개국했고 드디어 1995년 3월 1일에 〈평화방송〉케이블 TV가 개국하게 되어 개국 당일 저녁 개국 기념 특별 방송 한시간 강연을 (당시 전무였던) 홍문택 신부님의 부탁으로 한 바가 있어 감회가 새롭습니다. 근자에 이르러서는 〈평화라디오〉가 어지러운 사회 안에서 국민에게 올바른 길을 제시하여 소금과 누룩, 빛이 되어 이 민족에게 큰 희망을 주니 참으로 교회가 세상에 대해 해야 할 예언직의 사명을 다하고 있는 것으로 생각합니다.

질문 2_ 요즘 정치권이 많이 어지럽습니다. 사분오열된 양상을 보이면서 특히 열린우리당은 친노 진영과 정동영, 김근태 두 전직 당의장을 대대적으로 비판하기도 하는데요. 국정운영에 책임져야 할 당사자들이 서로 네 탓이라며 목소리를 높이는 모습, 어떻게 생각하십니까?

정 몬시뇰_ 근일에는 노무현 대통령과 두 전직 의장 간에 신랄한 설전이 오갑니다. 참으로 보기에 민망합니다. 문제는 국민이 노무현 정권을 완전히 외면하는 데서 생긴 것입니다. 노무현 대통령과 열린우리당 그리고 두 전 당의장은 국민이 볼 때 다 같이 국민에게 크게 잘못한 것입니다. 그렇기에 이 세 부류의 인사들은 다 같이 국민에게 무릎을 꿇고 석고대죄를 해야 할 터인데 어찌된 사람들인지 잘못은 다 상대방이 한 것이지 본인들은 전혀 잘못한 것이 없다는 태도입니다. 오히려 자기들은 앞으로 나라의 책임을 맡아, 다시 말해 그 단맛에 취했던 권력을 다시 잡아야겠다는 투이니 참으로 안쓰럽기 짝이 없을 뿐더러 국민으로부터 멸시의 대상이 되기에 알맞게 되었습니다. 더욱 가관인 것은 노무현 대통령과 청와대 측은 지금 말기 누수현상이 없다는 것입니다. 저는 지난 근 60년 내리 투표를 해오면서 이렇게 당 따로, 창당 멤버 따로, 탈당 대통령 따로 각각 갈라서서 비난을 거듭하는 기상천외 누수 현상은 상상조차 할 수 없었습니다. 이게 무슨 인간의 집단인가 생각이 들 때가 한두 번이 아닙니다. 그저 몇 달이 빨리 흘러 노무현 대통령과 길을 같이 했던 사람들이 시야에서 사라지는 것만이 국민을 위하는 것이며 그들 자신에게도 좋다고 생각됩니다. 노무현 대통령은 열린우리당에서 출당됐는지 정말 자진 탈당했는지 모르겠지만 국민 앞에서 정식으로 탈당을 선언했으면 그 지체 높으신 체면을 생각해서라도 당에는 아예 관계하지 않는 위치에 서야 할 터입니다. 그런데도 열린우리당 사수의 입장이니 그렇다면 국민을 우롱하는 것이 아니냐는 비난과 질책을 면할 길이 없게 되는 것입니다. 말기에 참으로 안됐습니다. 더욱이 소련의 공산·사회주의의 끝물인 북한식 386의 물다간 좌경의 탯줄은 이제 지난 5월 6일, 프랑스의 좌파 세골렌 루아얄의 우파 니콜라이 사르코지에 의한 패배로 더욱 시체나 다름없이 되었습니다. 이제 그들은 두뇌의 공백 상태, 다시 말해 뇌 없는 인간, 무뇌(無腦) 괴물 인간이 된 셈입니다. 지난해 서방에서 사회주의 이상처럼 숭앙받던 사회주의 국가 스웨덴이 사회주의를 포기하고 자유주의 시장경제를 표방한 미국식 자유민주주의를 선택함으로써 전통 맑스-레닌 스탈린적 사회주의로부터 수정주의로 맹비난을 받아야 할 사회주의가 운명을 고했습니다. 프랑스에서조차 "더 벌려면 더 일하라"는 우파 사르코지 선언으로 그나마 이어가던 명목상의 사회주의가 지구를 떠나는 마당에 이북적 좌경 386의 운명도 끝장난 지 이미 오래되었습니다. 그렇기에 더는 명목상으로라도 존재할 이유가 없고 빨리 무대에서 사라져야 합니다.

질문 3_ 요즘 한나라당이 연일 높은 지지율을 구가하고 있습니다. 하지만 당내 유력 대선주자들 간의 검증 공방은 계속 치열하게 이어지고 있습니다. 이 점을 어떻게 보고 계십니까?

정 몬시뇰_ 이 점에 언급하기 전에 먼저 온 국민의 시선이 집중된 한나라당 대선 후보자 경선 문제에 대해 몇 말씀 드리고 검증 문제로 넘어가야 할 것 같습니다. 한나라당으로서는 사활의 문제라고 생각합니다. 저는 한나라당의 박근혜 전 대표와는 일면식(一面識)도 없고 이명박 전 시장과는 명동 성역 개발 문제로 한 번 만난 적이 있으나 개인적으로 두 분과의 친소(親疎) 관계는 더욱 없습니다. 그렇기에 객관적 입장에서 제기되는 문제의 성격에 따라 말하는 것뿐입니다.

한나라당은 지금 경선 룰 문제를 놓고 이전투구의 추태를 벌여 국민을 실망시키고 있습니다. 지금 한나라당이 경각을 다투는 문제는 대선 주자들의 욕심으로 당이 위기를 맞는다는 것입니다. 아직 시간적 여유가 있어 그 정도를 가지고 위기라고 하기에는 조급한 판단인 것 같지만, 많은 사람이 그렇게 생각하는 것이 사실입니다. 대다수 국민의 절대적 신뢰를 저버리지 않도록 경선자 두 분과 한나라당은 최선의 노력을 해야 할 것입니다. 타협안이 통하지 않으면 두 분이 얼굴을 맞대고 합리적인 방안을 모색해야 합니다. 그것도 아니면 시쳇말로 '형님 먼저 아우 먼저'라도 한다든가 두세 안을 놓고 합법적 민주 절차에 의한 투표로 결정을 내리고 양자가 결과에 승복하는 미덕을 발휘해야 하는 등의 가부간 결정을 내려야 합니다. 제2차 세계대전 후, 패전국 독일의 지리멸렬(支離滅裂) 상을 수습한 독일의 아데나워 수상, 워터게이트 사건으로 하야한 닉슨 대통령, 지리멸렬한 공화당을 수습하여 다시 공화당의 대통령이 된 레이건 같은 큰 인물이 한나라당에는 왜 없는지 답답합니다. 현금 세계 선진 정치계에서는 벌써 오래 전에 당에서 무서운 검증을 거쳐 부정부패의 하자가 전혀 없으며 통치 능력이 있는 인사라야 한다는 것이 대선이나 총선 등 출사의 첫 번째 조건이 된 지 이미 오래입니다. 이는 특히 젊은 유권자들의 요구인데도 한나라당은 무식과 오만과 부패와 부정, 독선에 빠져 오리무중 한밤 길을 헤매다가 몇 차례 대선에서 난파를 거듭했습니다. 사실 한나라당은 국민으로부터 부패 정당의 낙인이 찍혔습니다. 더 구체적으로는 병풍 사건이 국민에게 먹혀든 것이며 거기 더해 한나라당은 어마어마한 현찰 차떼기 부정 사건으로 국민을 기절초풍케 했습니다. 그 후 현 정권의 거듭되는 실정으로 민심이 할 수없이 한나라당으로 기울었을 때도 선거 때마다 선거 수뢰 등 한나라당의 부정 사건은 꼬리를 물었습니다. 심지어는 근자의 4·25 선거에서도 후보자 추천 등에 금품 수수설이 한나라당 중진들에게 끊이지 않습니다. 지금은 무슨 룰인가의 문제로 야단법석이니 그 문제가 물 밑에 있지만 반드시 대선에서는 상대 여하에 따라 부정부패 문제가 또다시 한나라당으로서는 피할 수도 없고 감당할 수 없는 치명타가 될 수도 있습니다. 그것은 상대방이 이 문제를 극한적으로 이슈화할 것이고 문제의 진위(眞僞)를 떠나 한나라당은 그럴 수 있을 뿐만 아니라 으레 그런 정당으로 낙인 찍혀 있기 때문입니다. 그런 처지에서는 지난번에 톡톡히 경험하고 대가를 치른 바와 같이 해명할 시간적 여유가 없기에 그대로 당하게 되기 일쑤입니다. 한국의 유권자, 특히 젊은 층의 유권자들은 이런 문제에서 세계에서 두 번째 가라면 서러워 할 정도로 선진적이어서 한나라당은 무조건 검증 문제를 당내 경선 과정에서 철저히 해야 합니다. 이른바 선진국들에서는 이런 과정을 뼈저리게 겪으며 오늘에 이른 것을 염두에 두어야 합니다. 근자의 예로는 독일 통일의 국부라 자타가 공인하던 헬무트 콜 수상의 수뢰 사건으로 인한 몰락입니다. 우리가 볼 때 그 액수는 별것도 아닌데도 한 푼의 에누리 없는 깨끗한 정치 요구는 그를 불명예스러운 역사의 인물로 몰아갔습니다. 그 선봉에 섰던 사람은 콜 수상이 키운 동독 출신의 현 독일 안젤라 메르켈 수상이었습니다. 메르켈 수상은 시대의 정치사 흐름을 읽는 데 뛰어난 인물로서 사회주의적 정책의 전면 포기와 생산위주 경제정책을 도입하여 통독 후 유럽 경제의 중환자, 골치 덩어리 독일을 경제 대국으로서 오늘의 유럽 중심 국가에 올려놓았습니다. 그의 정책의 핵은 콜 수상 몰락을 주도할 만큼 정치사상 흐름이 요구하는 정의의 정치 구현입니다.

벌써 삼십 년은 족히 되었을 미국의 예이지만, 미국의 닉슨 대통령의 현직 대통령 하야 건도 그 당시 우리 정치 상식으로 볼 때 그 정도를 가지고라고도 할 수 있는 워터게이트 민주당 회의의 도청 테이프 사건의 탄로였습니다. 그 부도덕성이 일파만파 파장으로 퍼져 급기야는 대통령 하야로 이어졌습니다. 그 후 미 국민은 정치력은 별 볼일 없었으나 윤리적으로는 깨끗했던 민주당 후보를 대통령으로 뽑아 국가 중책을 맡는 사람은 도덕적으로 하자가 없어야 한다는 점을 분명히 하여 대통령의 청렴성을 강력하게 요구했습니다. 따라서 클린턴 대통령이 성추행 사건에 말려들었을 때, 미국 조야는 그를 호되게 몰아 붙였던 것입니다. 약 20년 전으로 기억되는데 이웃 나라 일본 자민당의 다나카(田中) 전 총리의 수감(收監)의 예도 많은 것을 우리에게, 특히 한나라당에게 시사해 줍니다. 사실 다나카 씨는 전후 일본 경제 부흥의 대부와 같이 일본인의 숭앙을 받았지만, 록히드사 수뢰 사건에 연루되어 수감, 그 화려했던 정치 생명을 마감했습니다. 그 밖에도 영국, 이탈리아 등의 나라가 면모를 조금씩 달리하면서 부정부패 척결과 정풍 운동을 일으키며 오늘의 선진 형태를 실현해 냈습니다.

이번 기회가 한나라당에게는 당내 철저 검증을 통한 국민이 바라고 반드시 실현해야 할 자기 변신의 최후의 기회일 것입니다. 이 문제는 지금 국민을 어리둥절케 하는 경선 룰과는 비교도 안 되는 당 운명의 문제입니다.

질문 4_ 지금 이 민족이 아주 새로운 지평으로 접어드는 중대한 문제와 만나는 것으로 생각합니다. 그것은 한국이 동양에서는 처음으로, 규모로서는 최대 규모인 한·미 자유무역협정(FTA)을 맺은 것입니다. 물론 아직 국회 비준이 남아 있습니다. 또한, 이번 한·미 FTA 말고도 10여건의 FTA가 있다고 합니다.

그런데 이번 한·미 FTA 협상은 반미 감정과 분야별 첨예한 이해관계 등이 얽혀 복잡한 교섭이었는데 회담 중 반대 극렬 데모는 서울시를 연달아 마비시켰고 앞으로도 순탄치 못할 것 같습니다. 거시적 안목에서 앞날을 예언적으로 보는 형안을 가지신 몬시뇰 님의 고견을 들려주십시오.

정 몬시뇰_ 근시안적으로 또 FTA를 그 내용 자체만으로 현재적으로만 보면 아주 어둡게 보일 수밖에 없는 소지가 다분합니다. 이 문제는 현재로는 아주 복잡한 양상을 띠고 있으나 미래적으로 또 세계적 안목으로 보면 지나가는 일회적 사건이 아니고 민족의 번영이냐 쇠퇴냐의 문제이니 아주 신중하게 전문가에 의해 다루어져야 합니다. 그렇지만, 전체적인 입장과 인류 역사 진행 과정에서 볼 때, 세계는 하나의 지구촌을 형성해 가는 문턱에 서 있으니 우리는 공간적으로는 세계에, 시간적으로는 미래에 스스로 열고 뛰어들 수밖에 없습니다. 지금은 모든 세상 질서가 경제에 의해 좌우되고 세계 경제의 중심은 어쩔 수 없이 미국임을 자타가 공인할 수밖에 없습니다. 그러니 우리나라가 미국과 자유무역협정을 맺는다는 것은 아시아에서 국력적으로 선두주자의 위치를 확보한 것이라 여겨집니다. 그것도 이번 한·미 FTA 협정은 가장 큰 규모의 것이라니 놀라운 일입니다. 그렇기에 일본은 허를 찔려 당황하고 중국은 우리와의 FTA를 서두른다는 소식입니다. 저는 이 협정이 세계를 향하고 미래를 여는 우리 민족의 기상이랄까 진취성의 발로로 보고 있습니다. 이 협정 체결로 그동안 대다수 국민이 불안해했고 몹시 우려했던 문제, 즉 한·미 동맹의 약화와 전시 작전 통수권 전환 문제로 인한 국방력 약화와 경제적으로 감당하기 어려운 군사적 부담, 외교적 고립, 경제적 후퇴, 북핵 문제의 중압과 국민적 불안 등이 서서히 풀려 놀라운 발전과 번영의 길을 걸을 것을 확신합니다. 그 이유인즉, 이제 미국 시장은 우리 시장이고 우리 시장은 미국 시장이 되는 한 울타리로 변해가는 과정에 들어서는 것이니 어느 누구도 한국을 얕잡아 보거나 위험지대로 취급하지 못할 것이기 때문입니다. 그렇지만 한국 시장이 완전히 미국 시장의 종속물이 되는 것이 아니겠느냐는 우려가 큰 것 또한 사실입니다. 그렇기에 가톨릭교회는 신자유주의 경제 체제에 대해 신식민주의적 요인을 경계하는 것이 사실입니다. 그렇지만 한국은 이 점에 대해 그리 걱정할 것이 없다고 생각합니다. 그것은 이번 협상에서 우리 측 협상 팀이 그 단적인 표본을 보여 주었다고 생각합니다. 지금도 앞으로도 정치, 경제, 외교, 군사, 과학기술 등 모든 면에서 세계를 지배할 미국을 상대로 우리 팀이 벌린 능숙함은 미국을 놀라게 했고 세계를 놀라게 했습니다. 이런 문제에서 세계를 마음대로 주무른다고 자타가 인정하는 미국 팀이 쩔쩔매는 것을 본 적이 한두 번이 아니었습니다. 그렇기에 그들은 이번 협상이 매우 힘들었다고 실토한 것이 아니겠습니까.

어찌 되었건 우리는 해방 때, 특히 6·25 전란 후 세계 최빈국에서 40-50년 사이에 인류사에 그 유례가 없는 성장을 이루어 세계 경제 10대국을 넘보는 나라를 이룬 저력을 지닌 민족입니다. 그렇기에 저는 1970년 대 초반부터 서구 세계가 수세기에 걸쳐 이룬 것을 한국은 30-40년에 이룬다는 것을 처음 발설하기 시작했습니다. 그것도 가장 빈약한 후진 농업국가에서 자동차, 조선 등 중공업과 과학 첨단기술을 요하는 전자제품과 사이버 계에서 세계 선두를 달리니 말씀입니다. 우리의 통치자들이 자유 분방하게 펼치는 민족의 기상에 발목만 잡지 않는다면, 미국 시장의 적지 않은 부분을 우리가 석권할 것입니다. 또한, 한·미 FTA 협정을 실천하는 과정에서 우수한 우리 젊은이들은 많은 선진 기술을 전수 습득하고 급기야는 미국을 앞질러 갈 것입니다. 그렇기에 한·미 FTA 협정은 우리의 다음 세대가 마음껏 뛰어놀 세계무대와 미래의 무대를 마련하는 것입니다. 물론 우리만 모든 분야에서 이익을 볼 수는 없고 어떤 분야는 노쇠나 지리적 조건 등 천혜의 부적(不適)으로 도태되는 분야도 생겨날 것입니다. 정부나 당국자, 더 나아가 국민은 지혜를 모아 불이익을 최대한 줄여가도록 합심하고 협력해야 합니다.

어찌 말하면 이제 북핵 문제도 경제적 토네이도 앞에서는 무용지물로 전락할 날도 그리 멀지 않을 것입니다. 물론 북핵은 전면적으로 폐기되어야 합니다. 그 보유와 유지 자체가 오히려 북한과 같이 낙후된 경제로서는 자충(自充)적 역할로 돌아설 수도 있을 것입니다. 그뿐만 아니라, 만에 하나 북한이 핵을 남한은 물론 세계 어디에선가 폭발시켜 인명의 대량 살상을 초래한다면, 세계인의 양식(良識)은 일제히 북한은 지구상에서 떠나라는 물리적·정신적 강력한 압박을 가할 것입니다. 그렇기에 핵탄은 1945년 8월 초 일본 히로시마와 나가사키에 투하·폭발한 후, 미소(美蘇)의 냉전이 극에 달한 일촉즉발(一觸卽發)의 그 많은 위기에서도 오늘까지 다시는 폭발하지 못하는 것입니다. 더 나아가 지금 막 시작한 EU와의 FTA 협정도 곧 마무리될 것입니다. 일본과 중국과의 FTA 협정이 이루어지면, 자연 동남아 제국과도 이루어져 한국은 명실공히 노하우에서나 실리 차원에서 FTA 선도(先導)국이 될 것입니다. 또 기타 여러 면에서 지난 40~50년에 쌓아 올린 세계적 차원의 경험과 능력으로 보아 북한은 그 체제상 도저히 따라올 수 없는 처지에 이를 것입니다. 무엇보다도 북한은 공산·사회주의적 체제의 경직성은 물론이고 공산 체제 사회에서 있을 수 없는 세습체제까지 겹친 후진성으로 자유로운 개인적 능력 계발과 창의성 부족으로 야기된 개인의 구매력 전무(全無)로 FTA, 이른바 세계에 열린 자유무역협정은 엄두도 못 낼 것입니다. 그 낙후성과 격차는 시간이 갈수록 천양지차(天壤之差)로 커질 것입니다. 북한이 아무리 철옹성을 쌓고 인민들을 주체사상으로 가두려 해도 공기와 물이 하늘과 땅에서 국경 없이 온 지구를 두루 돌고 돌아 지구의 온갖 생명을 숨 쉬며 살게 하듯이 인간의 삶과 의식을 언제까지나 가두어 놓을 수는 없게 되어 비참한 최후를 맞을 것입니다. 더욱이 항상 새로운 것을 세계의 인류 사상 흐름 속에서 얻으려는 젊은이들의 욕구는 그 어느 누구도, 비록 전제적 최고 권력자라 할지라도 막을 수 없습니다. 그래서 그들의 젊은 자녀의 인간적 욕구 내지 정신적 욕구를 끝까지 억압할 수는 없습니다. 더 나아가 중국도 서서히긴 하겠지만 올림픽을 치르고 세계대국으로서 국민 전체가 전진하는 인류문화와 쉴 새 없이 교류하게 될 때, 마치 인권 탄압의 철옹성 지대 소련이 하루아침에 소리 없이 무너져 역사의 뒤안길로 사라졌듯이 북한의 공산·사회주의 체제, 세습 체제는 우리가 지금 일반적으로 생각하는 바와는 전혀 다른 형태로 사라져 갈 것입니다. 그 후 북한에 나타날 일대 혼란과 비극 극복의 짐은 남한의 쌓아 올린 국력과 새로운 차원의 정신적 내지 영적(靈的) 문화의 몫이 될 것입니다. 이것의 극복은 수십 년의 시간을 요하는 힘든 민족적 과제가 될 것입니다. 이 모든 것의, 즉 비극의 씨앗은 인권탄압이었고 이런 인간 비극의 극복과 복원 또한 인권 회복이 그 근본입니다. 그렇기에 북한 인민의 인권 문제를 간과하는 현 남한 정권의 강군(强軍)과 핵폭탄 개발 위주의 북한 정권에 퍼주기 식의 경협은 아주 잘못된 것입니다. 그리고 정치 386세대의 무지와 망동(妄動)으로 빚어내는 민족적 비극과 물질적, 정신적, 양심적 죄과와 짐은 그 후손에게 그대로 넘겨질 것입니다. 권력은 무상(無常)하고 요사한 것이어서 연기와 같이 사라진 후에 그들의 자손에까지 짙고 긴 여운으로 남는 것은 창피와 치욕과 부끄러움뿐입니다.

질문 5_ 요즘 대기업 총수의 보복 폭행 사건이 사회적으로 큰 물의를 일으키고 있습니다. 대기업 총수의 개인적인 일이라는 평가로부터 노블리스 오블리제를 위반한 도덕, 윤리적 문제라는 평가까지 다양한데요. 어떻게 보고 계십니까?

정 몬시뇰_ 보도에 의하면 회사의 조직을 움직여 폭력배까지 동원했으니 할 말을 잊게 합니다. 사회적 높은 대우를 받는 지도자적 위치에 있는 분이니 이런 일련의 가혹 폭력행위를 개인 사생활적 차원으로 볼 수는 없습니다. 본인이 일반적으로 말하는 폭력을 썼을 뿐만 아니라 전기 고문까지를 직접 가했다는 피해자들의 증언이니 '어떻게 그런 일이' 하는 탄식밖에 없습니다. 그것도 약자인 주점 종업원들을 먼 곳 청계산까지 끌고가 가공할 쇠파이프 구타와 전기고문까지 가했다니 '어떻게 이런 일이' 라는 외마디 비명밖에 무슨 말이 있을 수 있겠습니까. 자기 자식만 자식인가요. 맞는 약자는 그 누구의 아들이 아니던가요. 그러나 그런 비인간적 행동은 노블리스 오블리제 문제 이전의 것입니다. 이번 김 회장의 폭행 사건은 새삼스럽게 이 땅 지도층의 인성교육과 인격 도야가 얼마나 절실히 요구되는지에 관한 표본의 공표(公表)인 셈입니다. 그뿐만 아니라, 자식사랑의 동물적 표현이 아닌 진정한 사랑, 올바른 사랑의 교육이 대 기업인들의 전반에게 필요한 것이 우리의 기업풍토가 아닌지 다시 생각게 하는 시점입니다. 지금 우리는 심심치 않게 기업 총수들의 불법·탈법적인 재산 증여 및 상속 문제로 사회적이나 국가적인 진통을 겪고 있습니다. 재산 형성의 배경인 국민의 세금이나 저축, 국가적·정부적 후원, 국가적 우수 두뇌와 노동자의 노력 등을 통해 축적된 것입니다. 이를 마치 전부가 개인의 재산인 양 자식들에게 불법·탈법으로 넘겨주는 행위가 있다면 이에 대해 국민적 의식과 제도, 실천하는 인간학적 소양, 사회 정의적 실천을 바탕으로 차단해야 합니다. 지금은 빌 게이츠나 워렌 버핏과 같이 재산의 사회성을 깊이 자각하여 막대한 부분을 사회에 환원시키는 자본가들이 적지 않게 나타나고 있습니다. 이러한 문화 선상에 인류는 도달한 것이고 이런 문화의 흐름은 지금 세계 선진국에서 작게 혹은 크게 일반화되고 있으며 앞으로 더욱 가속화될 것입니다. 이것은 또한, 하느님의 인간 창조경륜의 실현입니다.

질문 6_ 얼마 전 세계는 물론 우리에게도 큰 충격이 되는 사건이 하나 있었지요? 미국 버지니아 공대에서 일어난 조승희 씨의 총기 난사 사건인데요. 많은 언론이 이 사건을 다양한 각도에서 다루었지만 뭔가 미진한 느낌이 있습니다. 전대미문의 이 사건에서 우리가 놓친 것이 있다면 뭐라고 생각하십니까?

정 몬시뇰_ 참으로 놀라운 일이었습니다. 온 세계가 경악한 한 젊은이가 저지른 전대미문의 대학살 사건이었습니다. 그것은 또한 젊은이들의 심령(心靈) 깊은 데서 솟아나온 인류문화의 새로운 기운 분출의 계기가 되었습니다. 조 씨는 총기 무차별 난사로 앞날이 창창한 무고한 학생 32명을 학살했고 자신도 자살했습니다. 세상의 여론은 집중 조망했습니다. 그가 한국인이었기에 재미 한국 교포사회는 곧 닥칠 보복에 전전긍긍이었습니다. 국내에서는 힘겹게 성사시킨 한·미 FTA 협상이 파장나지 않을까 걱정이 태산이었습니다. 노무현 대통령은 수삼차 유족과 미 국민에게 심심한 애도와 유감의 뜻을 표명했습니다.

조 씨의 그런 행동에는 사계 많은 전문가의 분석이 잇따랐습니다. 좋은 의견도 많이 제시되었습니다. 조 씨가 그런 행동으로 성장해온 것은 그 씨앗이 본인의 비뚤어진 성정(性情)이고 그것이 자라온 터전은 맨 먼저 그의 가정과 어린 시절 이질적인 미국 문화 풍토였습니다. 그의 성정과 더불어 시작된 그의 발전의 터전, 즉 첨단 과학기술이 조성해내는 미국 사회 환경은 계속 그를 비뚤어진 방향으로 키워가고 있었던 것입니다. 다시 말해 그런 사회생활, 즉 미국의 초등학교, 중학교, 고등학교, 대학교 공동체 생활은 그의 그런 성격을 더욱 굳혀 갔으며 결국 그를 폭발시켰던 것입니다. 사실 입장을 바꾸어놓고 본다면, 나 자신이 그런 성정을 타고 났고 그런 환경에서 자라났다면 나도 그렇게 되지 않았으리라는 보장이 없습니다. 안일과 편안과 즐거움을 주는 과학기술 문명을 우상시 하며 살아가며 그런 환경을 만들어가는 우리 모두는 누구를 탓하기 전에 공동 가해자이며 공동 피해자임을 인정해야 할 것입니다.

선하신 아버지 하느님,
시대정신 충돌의 희생자인 버지니아 공대의 가해자와 희생자 모두의 영혼에게 영원한 안식을 주소서! 아멘

극악무도(極惡無道)한 죄악에서 더 큰 선(善)을 이끌어 내시는 하느님은 찬미 받으소서! 아멘.

십자가상 죽음에서 원수의 잘못을 성령의 사랑으로 용서하시며 아버지의 창조경륜을 완성하신 예수 그리스도님의 구속경륜은 찬미 받으소서! 아멘.

이렇게 젊은이들의 심령에서 촉발되어 사람들의 심금을 울리며 보복은 끝나고 새로운 차원의 문화, 즉 이제는 용서와 사랑, 협력의 시대라고 선언한 버지니아 공대의 사건은 위대한 인류의 삶, 즉 인류의 새로운 문화의 서곡이라 할 수 있습니다.

질문 8_ 요즘 이곳저곳에서 남북 정상회담이 무르익었다는 이야기가 많이 나오고 있습니다. 열린우리당 위원들의 방북도 부쩍 잦은 것 같군요. 하지만 한나라당은 연말 대선을 앞두고 남북 정상회담을 정략적으로 이용하지 말라며 비판하고 있습니다. 남북 정상회담이 한반도 평화체제에 어떤 영향을 미칠 거라고 보십니까?

정 몬시놀_ 약 10년 전 김대중 대통령이 햇볕 정책으로 막대한 금품을 제공하며 평양을 방문, 김정일 위원장과 회동한 후, 줄곧 막대한 금품과 물자를 제공했지만 김 위원장의 약속된 답방은 이루어지지 않았습니다. 또한, 이쪽에서 많은 물자 제공과 현금 제공으로 애걸하다시피 정상회담을 구걸하는 인상인데 참으로 듣고 보기에도 안 됐습니다. 답답한 쪽은 저쪽인데 이쪽에서 비굴을 다해 안달하는 모양새여서 "뭐 저런 사람들이…" 하는 탄식이 절로 나옵니다. 그런 사람들이 정부 사람들이고 여당은 아니라면서 여당 하청인 노릇을 하는 친여 사람들이니 어쩌다 남한이 이렇게 되었나 싶어 씁쓸하기 짝이 없습니다. 열린우리당 사람들은 이제 노 대통령이 탈당했으니 아무런 관련도 없는 입장인데도 북에 가 온갖 아양을 다 떨며 줄지어 정상회담을 구걸하는 모양새니 참으로 한심스럽습니다. 기껏 얼굴 마담격인 김영남 상임위원장을 만나고 무슨 천하의 무공이나 세운 듯 떠들어대니 이 땅은 저 능아의 군도인가 싶습니다. 북의 입장에서 볼 때, 쌀 내놔라 하면 쌀 내놓고 비료 내놔라 하면 비료 내놓고 현금 내놔라 하면 현금 내놓는 판입니다. 가만 앉아있어도 온갖 것 다 갖고 와서 설설 기며 하명을 기다리는 꼴입니다. 그쪽에서 무엇무엇을 반대한다 그러니 무엇을 어떻게 하라 눈치만 보이면 이쪽에서 알아서 기는 형편입니다. 물론 한번 만나준다는 눈치라도 보이거나 금송아지가 몇 트럭으로 들어온다면 이쪽 정상을 평양이나 북한 어디엔가 불러들일 수 있을 것입니다만, 무엇보다도 지금 북한은 남한이 그동안 퍼부어준 돈으로 핵무기까지 개발해 중국도 저리가라이고 미국을 직접 상대하며 미국도 마음대로 좌지우지하는 형편인데 남한의 지도자가 얼마나 우습게 보이겠느냐는 것입니다. 그것도 이제 몇 날 남지도 않고 국민이 완전히 외면하는 정상이란 분, 말씀입니다. 더욱이 그쪽이 가소롭게 여길 것은 북핵 해체 어쩌구 할 터이니 하위급 회담에서도 북핵 말만 나와도 회담장을 박차고 나오는 판이고 그런 수모를 주어도 말 한마디 못하고 구겨 박혀 회담을 이리저리 끌리며 하는 처지이니 '뭐 그런 애들과 정상회담을 한다고?' 하는 것이 저쪽의 심사가 아니겠습니까? 그러니까 한국을 통째로 먹을 일이 있거나 일대 혼란을 일으켜 다음 정권까지 좌지우지(左之右之)할 것이 분명하다면 모를까 정당한 예우는 기대하기 어렵습니다. 정당한 예우는 당사자가 하기에 따라 받는 것이지 상대가 되지 않는 것을 하자고 애걸한다고 되는 것이 아니라는 것도 모르는가 싶습니다. 이는 한참 모자라는, 좌경이라도 백면서생(白面書生)도 못되는 사람들이 조른다고 될 일도 아닐 것입니다. 한 가지 가능성이 있다면 막대한 금품 제공과 북핵 문제는 일절 거론하지 않거나 건성으로만 한다는 조건으로 애걸하는 경우일 것입니다. 저는 이런 논조를 벌써 수년 전부터 펴왔고 그대로 이루어진 것으로 알고 있습니다. 사정이 그러하니 정상회담이 정략적이란 말 자체가 우습게 되고 한반도 평화체제에 영향이 어쩌고 하는 것도 백일몽이 아니겠습니까? 북한은 평화체제로의 전환을 원할 것입니다. 그들의 숙원이고 최후 목표인 한반도 적화통일에 한 발 더 가까워진다는 전제 하에서 말입니다. 물론 한국은 휴전 협정 당사자가 아니니 완전히 빠지거나 거세된 형태로 현재와 미래 통일 시에 천문학적 비용을 충당하기 위해 허울만의 명의로 있을 뿐일 것입니다. 북한이 말하는 한반도 평화와 한국이나 미국이 말하는 평화 개념에는 단어는 같아도 그 내용에서 천양지차(天壤之差), 즉 하늘과 땅 사이와 같은 엄청난 차이가 있습니다.

　이제 간과 쓸개를 다 빼주는 천신만고 끝에 경의선과 동해선 철도가 5월 17일 56년간 끊겼던 20여km를 일회에 한해 시험 개통한답니다. 분명 역사의 큰 획임에 틀림없습니다. 저는 남북관계가 극한으로 냉각됐던 1989년 모 종교 월간지에 공기만이라도 싣고 서울에서 신의주까지, 신의주에서 서울까지 빈 기차라도 달리자고 제안한 일이 있기에 그나마 감회가 새롭습니다. 그러나 그로부터 15년도 훨씬 지난 오늘, 정말 타야 할 고향 귀성객이나 부모 묘소 참배객이 아닌 정부의 고위직이나 명사들의 승차라니 정말 북을 철마로 달려야 할 사람들의 아픈 상처만 깊어갈 뿐입니다. 그것도 고향길과는 머나먼 기차, 짧고도 짧은 20여km의 개통이랍니다. 그래도 한 술 밥에 배부르려는 심정으로 고향 갈 내일에 희망을 걸며 기다립니다. 이런 어처구니없는 남북교류에도 우리가 희망을 거는 것은 어차피 아주 제한된 인적·물적 교류로라도 잦아지며 그 폭을 조금씩이라도 넓혀 가면 그리 머지않은 앞날에 인권 욕구에 의한 대폭발을 북한 땅에 예감하기 때문입니다.

질문 9_ 대선이나 총선 때마다 볼 수 있는 장면이 바로 정치인들의 종교단체 방문입니다. 하지만 분명한 자신의 종교가 있는데도 성당, 교회, 사찰 구별할 것 없이 찾아다니는 것에 곱지 않은 시선도 많은데요. 종교를 혹은 신앙을 정치적으로 이용하는 듯한 정치인들의 행보를 어떻게 보십니까?

정 몬시뇰_ 가다가는 신앙을 무슨 표사기 정도로 느끼게 하는 수가 있지요. 또 어찌 보면 이 나라에서 종교는 정치인들의 표밭 노릇을 하거나 각 종교의 정체성을 잃은 종교 퓨전 지대가 되는 것 같은 느낌이 들기도 합니다. 우리가 순교로 지켜온 종교가 그 후손의 시대에는 고작 정치의 부속물로 전락한 것 같은 느낌을 주는 때도 있거든요. 이것 또한 한국에서의 기이한 현상일 것입니다. 각 종교가 다 인간의 선익(善益)을 위한 것이니 서로 존중하며 사회사업 등 좋은 일을 같이 하는 것은 참 좋은 일이라고 생각합니다. 그러나 종교의 교리나 정체성을 마구 뒤섞어 예불, 예배, 미사, 샤머니즘 예식 등 무엇이든 선거의 표를 얻는 한 방편으로 이용하는 것은 정치인에게도 그렇고 종교에게도 그렇고 좋은 일이 아닙니다. 상대방 종교의 정체성과 예배 행위는 그대로 존중하며 혼합을 피하여 서로 협력하는 것이 매우 중요합니다. 물론 때에 따라 공동기도회 같은 것이 필요합니다. 그렇기에 교황 요한 바오로 2세는 몇 번이고 평화의 상징처인 아시시에서 '세계 종교 지도자 평화 기도회'를 했습니다. 우리나라의 삼소회도 좋은 종교 화합의 본보기입니다. 그러나 이런 모임은 종교의 순수성에 기인하는 것이지 정치의 이용물이 아니기에 좋은 것입니다. 선거 때만 되면 혼합 종교식으로 정치인들이 종교를 표밭으로 이용하는 것은 극히 경계해야 할 것입니다. 따라서 제2차 바티칸공의회 후, 가톨릭교회는 각 종교의 자유와 권익을 인정하여 솔선, 가톨릭을 국교로 하는 특권을 포기하고 가톨릭 국가들에서 모든 종교의 자유를 인정하는 선언문을 냄과 동시에 교의헌장에서는 가톨릭의 정체성을 분명히 하고 있습니다. 사실

민주주의 시대에서 각 종교는 스스로 그 정체성을 지키고 타종교의 정체성을 존중하며 조화와 협력을 해가는 것이 종교의 본 모습이겠습니다. 특히 종교가 정치의 이용물이 되거나 선거나 여타 기회에 정치를 자기 종파에 유익하도록 술수를 쓰는 것도 피해야 할 것입니다. 국민에게 잘 봉사하는 정치인들이 선출되도록 종교인들은 노력하되 정치와 종교가 뒤섞이는 것을 서로 경계해야 합니다. 종교를 무슨 표밭으로 여겨 정치인들이 종교를 퓨전화 하는 것 같은 느낌을 주는 일을 자제해야 합니다. 종교의 순수성을 지키도록 종교도 정치인도 다 같이 노력하여 선거철에 정치인의 종교 정체성과 순수성 훼손에 대한 국민의 의혹의 눈길이 가지 않도록 종교 당국도 정치인 자신들도 다 같이 노력해야 합니다. 지금 한국에서는 선거의 타락과 부정부패를 막기 위해 금품 수수, 향응, 온갖 부정의 소지가 있는 행사 등을 법으로 일체 금지하는 형편이니 다른 때는 하지 않다가 꼭 선거 때만 하는 정치인의 선심성 방문이나 여타 기부 행위(있다면) 등을 하지도 말고 받지도 마는 풍토가 조성되었으면 싶습니다. 종교와 신자 정치인은 정체성 지키기와 깨끗한 정치 구현에서 국민의 모범이 되었으면 합니다.

6. 우리의 사회 현실과 가톨릭의 정치 · 사회교리

금년이 대선의 해이고 이번 대선은 민족적으로 굉장히 중요한 의미가 있습니다. 그렇기에 신자들은 정치에 대한 가톨릭적 입장에 대해 근본적이고 핵심적인 것을 알고 적극적으로 동참해야 합니다. 또한, 이번에는 신자들의 문의도 많아 의견을 나누는 것이 좋을 것 같습니다. 제가 이런 용기를 낸 것은 적극적 의미, 혹은 부정적 의미로 정치 1번지라고 할 수 있는 압구정 1동 성당에서의 "가톨릭의 정치 · 사회교리"라는 제목의 강론이 선거에 대해 가톨릭의 입장을 잘 몰라 우왕좌왕하던 신자들이 이해하는 데 도움이 됐다는 후문에서였습니다. 그리고 〈평화방송〉 5월 14일 오전 8시경에 한, "우리의 사회현실"이란 생방송이 우왕좌왕하던 이명박 씨가 같은 날 저녁 7시에 양보 발표를 하는 데에 심리적으로 적지 않은 영향을 주었을 것이라는 심증도 있습니다. 줄곧 자기는 양보만 거듭하다가 이번에도 양보한 것이었다고 주장하던 박근혜 씨가 그날부터 검증을 새삼 강력히 들고 나오게 된 데도 〈평화방송〉 생방송이 영향을 주었을 것이라는 관측이 있기 때문입니다. 이런 거물급 정치인들은 순간순간 제기되는 정치면 기사나 방송에 아주 예민합니다. 근자에 이르러 〈평화방송〉 아침 시간대 라디오 생방송은 사회의 관심이 크기에 더욱 그렇습니다. 그것이 사실이든 사실이 아니든 저에게는 상관이 없습니다. 다만, 가톨릭의 사회교리가 제대로 반영되면 그것으로 족합니다.

사실 저의 〈평화방송〉 생방송이 방영된 후 유력지 〈조선일보〉는 저의 방송에 대한 기사를 써 놓았다가 이명박 씨가 저녁에 갑자기 자기 주장 철회를 발표하는 바람에 기사 전체가 큰 소용돌이에 휘말렸다고 합니다. 그래서 저의 방송 내용이 다음날 아침 기사로 나가지 못했지만, 그 후 시간을 두고 생각해 보니 아침 8시 대의 저의 생방송과 저녁 7시 이명박 씨 주장 철회 발표 사이에는 미묘한 상관관계가 감지되었다는 것입니다. 사실 이명박 씨는 그 전날까지도 양보할 것이냐는 질문에 그런 어리석은 사람이 있느냐는 강경한 입장이었기에 언론계와 지성인 사이에 그런 돌변은 분명히 저의 〈평화방송〉 생방송에 영향을 받았을 것이라고 상식적인 추론을 합니다. 그렇기에 국내 최대 유력지 〈조선일보〉는 이번에 얼김에 그냥 넘어 갔지만 다음 적당한 기회에 제가 한 말을 다시 내보자는 말까지 전해왔습니다. 이렇게 우리의(가톨릭의) 소리를 기다리는 사회 환경을 하느님의 섭리로 생각해야 할 것입니다. 또 다른 유력지 〈동아일보〉는 그 방송 원고를 입수하지 못했다기에 전문(全文)을 보내드린 일이 있습니다. 후문입니다만, 〈동아일보〉 중견 기자 한 분은 이명박 씨의 그런 돌변 현상이 오전 8시 〈평화방송〉 생방송의 영향이 분명하다는 기자들의 말이었다며 혹시 제가 이명박 씨에게 전화라도 한 일이 있느냐고 물었습니다. 저는 그분께 그런 일로 전화한 적이 없으며, 할 말이 있으면 공개적으로 언론매체를 통해 공표하면 그런 내용의 가치를 당사자들이 잘 알아서 매체를 통해 안 국민의 동향도 감안하여 스스로 행동하는 것이 저의 소신이란 점을 말했습니다. 그 〈동아일보〉 기자 분은 생방송 내용과 저한테 받은 문건의 내용을 숙독하겠다고 말했습니다. 한마디로 5월 14일 〈평화방송〉 생방송은 이명박 씨의 양보를 이끌어내 크게 요동칠 뻔한 정국을 안정시키는 공헌을 했다는 것입니다. 사실이 그런 모양이니 아무런 미련도 없고 무욕(無慾)인 저에게는 그런 결과가 보람이라는 생각뿐입니다. 저의 입장은 간단합니다. 바른 것을 예시(豫示)적으로 말해 사람들에게 도움이 되고 국리민복(國利民福)을 이루면 그것으로 족합니다. 저의 논지는 정치적인 어느 당파의 입장이 아닙니다. 그 강론이나 방송에서의 제 의도는 어느 것이 하느님의 창조경륜과 예수 그리스도의 구속경륜에 더 합당한 세상 질서 확립, 즉 행복한 인간 완성에 더 가까운지를 제시해 보는 것뿐입니다.

지금 우리는 현실을 좀 더 냉철하게 돌아볼 필요가 있습니다. 지난해 서방에서 사회주의의 이상처럼 숭앙받던 사회주의 국가 스웨덴이 사회주의를 포기하고 자유주의 시장경제를 표방한 미국식 자유민주주의를 선택함으로써 전통 맑스–레닌–스탈린적 공산 · 사회주의를 수정하여 서구의 현금 사회주의가 운명을 고했습니다. 이번에는 프랑스에서조차 "더 벌려면 더 일하라"는 우파 사르코지의 선언으로 그나마 이어가던 명목상의 사회주의가 지구를 떠나는 마당입니다. 노무현 대통령이 타고 있는 정통 맑스–레닌–스탈린식의 맥(脈)을 잇는 북쪽에 경도된 좌경 386의 운명도 사상적으로 끝장난 지 이미 오래입니다. 더 이상 명목상으로라도 존재할 이유가 없고 빨리 깨끗이 마무리 짓고 무대에서 사라져야 합니다. 그런데도 북쪽만 바라보며 아직도 연명을 꿈꾼다면, 그것이야말로 백일몽이겠습니다. 여기에 한 가지 덧붙일 중요한 사건이 있습니다. 그것은 시라크 프랑스 대통령의 이임사입니다. '국가는 가정이다'라는 명언입니다. 이 말은 버지니아 공대의 대학살 사건에서도 나타나는 바와 같이 세계는 한 가정의 형태로 미움과 복수는 사라지고 전 인류가 새로운 공동체의 요체인 사랑과 용서, 협력으로 이루어져야 할 하느님 창조경륜의 실현을 무의식 중에 지시하는 것입니다. 물론 시라크 대통령은 프랑스의 대통령이었기에 프랑스를 가정의 원형에서 통치한 위대한 인물입니다. 그것은 더 멀리 가야 할 인류문화의 한 단계입니다. 또한, 하느님이 삼위일체의 반영으로 창조하신 첫 가정 상에 근거한 세계인의 공동체를 이루어가는 단계이기에 시라크의 명언은 앞으로 하느님의 창조경륜에 따라 전개되어야 할 가정에 준하는 인류 공동체, 즉 인류문화사의 한 단면이었습니다. 이 점에 우리는 유의할 필요가 있습니다. 이번 프랑스 선거에 중요한 또 하나의 요인이 있습니다. 그것은 프랑스 주교단이 선거에 앞서 국민에게 호소한 '가톨릭 사회교리를 실천하라'는 성명이었습니다. 이 성명은 한 종파의 이념이기보다는 인간 삶의 중요한 한 형태인 정치를 하느님의 창조경륜에 부합하게 경영할 인물을 뽑으라는 것이었습니다. 저는 이 성명이 '더 벌려면 더 일하라'라는 우파의 캐치프레이즈와 맞아 떨어져 프랑스 우파의 큰 승리로 끝났다고 생각합니다. 이런 노력은 현금, 혼란을 거듭하는 우리의 현실에서 한국 천주교가 이루어내야 한다고 생각합니다.

또 한 가지는 몇 년 전부터 제가 마음에 품고 있으며 시기상조라고 생각하여 발설하지 않은 것이었는데 이제 때가 되었다고 생각하여 제언합니다. 그것은 명동 개발에서 북 카페와 사이버 카페를 개설하여 간단한 음료나 과자류를 들며 개인적 독서삼매경이나 건전한 사이버 청취 삼매경에 심취하거나 삼삼오오 독후감이나 시청각 후감 나눔의 장을 마련하는 것입니다. 더 나아가 작은 세미나실 등을 운영하여, 국내외적 인사를 초청, 시대의 고민과 문제점 강의와 토론의 장을 마련하면 가톨릭의 세계성과 종말론적 미래지향성을 배경으로 이 땅 독서계와 사이버계 및 젊은 층에 새로운 기운(氣運)을 조성해 낼 수 있습니다. 이런 북 카페와 사이버 카페는 어떤 서점의 독점 운영이기보다는 격에 맞는 여러 서점이 각기 특색을 갖고 공동 카페를 운영하는 것이 더욱 효과적이라고 생각합니다. 물론 명동의 경우, 교구 소속 서점이나 기구가 주도적인 역할을 해야 할 것은 두말할 여지가 없습니다. 지금 서울 시내 유명 장소 곳곳에서 이른바 푸드 코트(food court)가 대 성황을 이루는 것도 같은 이치입니다. 그렇게 공동 카페를 운영하여 고객의 시대적 다양성과 요구를 충족시키며 현대적 선진 사목의 일면을 사람들, 특히 젊은이들 세계에서 실천하게 될 것입니다. 지금 가톨릭의 젊은이들이 거의 전멸하다시피 성당을 이탈하는 것은 성당은 진부한 곳이라고 느끼는 것이 그 주요 원인입니다. 이런 새로운 풍조가 일어나기 시작하면 삽시간에 젊은 층을 풍미하는 것이 현대 젊은이들의 또 다른 장점입니다. 차차 독서를 중요시 하는 방향을 젊은이들이 취하는 추세이니 이 면에서 명동 개발이 선수를 치면 사회에도 많은 영향을 미칠 것입니다. 특히 정진석 추기경님은 저술을 많이 하시니 이런 사목을 펼치는 데 그 누구보다도 자타가 공인하는 적임 사목자입니다. '물실호기'(勿失好機)라는 옛 지혜의 문구가 절실하게 떠오릅니다. 주어지는 이 천재일우(千載一遇)의 회기를 놓치지 마시기 바랍니다.

우리는 근일에 사회의 큰 물의로 제기된 정부의 "브리핑 기자실 축소 통폐합" 안에도 유의해야 할 것입니다. 이 문제는 하느님이 인간을 영육으로 창조하실 때, 기본적으로 부여한 인권을 유린할 소지가 크기에 오늘의 문화 선상에서 도저히 용납될 수 없습니다. 따라서 이 법은 여야를 불문하고 사계학계와 시민단체도 다 같이 한 목소리로 반대해야 하는 정치적 이용의 소지로 가득 찬 악법입니다.

가톨릭은 조국의 운명이 풍전등화의 위기를 맞은 1906년에 〈경향신문〉을 창간했습니다. 〈경향신문〉은 당시 권위지로서 그때 이미 한글전용지로 민중계몽에 앞장섰고 한일 합방으로 국운이 다할 때 폐간의 운명을 맞았습니다. 그리고 조국 광복과 더불어 소생하여 이승만 독재에 항거하다가 1957년 이승만 정권에 의해 폐간되는 운명을 겪었습니다. 1960년 4·19 의거로 복간되었으나 지금은 교회의 손을 떠난 상태입니다. 광주민중항쟁 등을 일으킨 신 군부의 철권통치 하에서 〈경향신문〉의 자매지로 출발한 〈경향잡지〉[13]는 1980년 신군부가 제정한 언론 말살 정책인 "언론통폐합법"에 대한 강력한 항의 표시로 〈경향잡지〉의 상당 부분을 백지로 발행하여, 당시 군부통치에 의해 곤경을 치르기도 했습니다. 이와 같이 교회는 하느님이 부여하신 인간의 기본이 무너져 내릴 때, 분연히 일어서 민중과 고통을 같이 하며 그 권익을 지켜주는 훌륭한 사회사목을 실천해 왔습니다. 그렇기에 사회와 교회는 사회사목의 자긍심을 갖는 것이며 교회는 오늘의 사목을 반성해야 할 것입니다. 어쩌면 오늘의 한국 사회사목이 1906년 〈경향신문〉 창간 당시의 교회 사회사목만도 못한 것이 아닌가도 한번 진지하게 짚어 봄이 좋을 듯싶습니다.

　참으로 요사한 것이 정치권력인가 봅니다. 그 단맛에 취하면 아편과 같아 정신의 마비는 물론, 무소불위(無所不爲) 못하는 짓이 없이 되는가 봅니다. 적어도 군부통치 시 신군부는 언론 탄압으로 명동성당을 원천으로 얼마나 많은 죽기살기 식의 데모를 유발, 전국을 소용돌이로 몰아넣었습니까. 그러던 사람들이 정권을 잡고 나니 한 술 더 떠, 언론과의 싸움과 언론 자유 통제를 4년 여간 내리 하다가 이제 6개월이라는

---

13 출발 당시는 보감 『寶鑑』.

말기에 더 우심한 언론 통제를 군부 통치 철권(鐵拳) 식으로 강행하려 하니, 이런 경우를 들어 옛 지혜는 단말마(斷末魔)적이라고 하는가 합니다.

　성직자의 정치권력과의 결탁은 우리 현실에서 금물이라고 생각합니다. 그 이유는 본당 신자들 중에는 여, 야, 중도도 있기 때문입니다. 다만, 사목자는 어느 것이 하느님의 창조경륜에 더 가까운지를 자유롭게 판단하여 행동하도록 가톨릭 사회교리를 가르쳐 도와주면 됩니다. 보는 견해에 따라 그것이 여가 될 수 있고 야가 될 수 있고 중도가 될 수도 있습니다. 이 점을 무시하고 사목자가 신자들을 한 쪽으로 몰고 가려 한다면, 양심의 선택의 자유를 침범하게 되는 수도 있습니다. 또한, 신자들의 명시적이거나 무언의 반항에 부딪칠 수도 있습니다. 여기서 한 가지 부연할 것은 보내드리는 이 문건이 그 대상이 달랐기에 중복되는 내용이 있다는 점입니다. 이 글을 읽으시는 많은 분이 신학교에서 또는 다른 기회에 저와 강의실에서 특별한 인연을 맺은 분들이기에 지난날의 마음에서 깊은 정을 담아 보내드립니다. 기도 중에 기억합니다.

2007년 5월 성모성월에
정의채 몬시뇰 드림

1. 이명박 대선 후보 당선을 지켜보며[14]

질문 1_ 안녕하십니까? 지난 17대 대통령 이명박 후보 당선에 대한 소감을 말씀해 주십시오.

정 몬시뇰_ 참으로 좋은 결과였습니다. 먼저 당선자에게 만강의 축의 (祝意)를 표하는 바입니다. 저는 온 천하가 다 아는 바와 같이 다음 정권은 자유민주주의 국헌을 존중하는 새로운 정권이어야 한다는 것을 지난 5년간 공개적으로 주장해 온 사람이기에 그 감회가 남다릅니다. 그렇기에 저는 외유 중 일주일 정도 더 머물러야 했으나 지난해 12월 18일 급히 귀국하여, 19일 선거를 했습니다. 그런 소신이었기에 저는

---

14 〈평화라디오〉, 일시: 2008년 1월 11일 11시 녹화, 12일 오전 8-8시 40분 방송용, 장소: 〈평화라디오〉 스튜디오, 대담자: 이성욱 국장. 〈조선일보〉, 일시: 2008년 1월 11일 오후 5-7시, 장소: 〈조선일보〉 사 미술관 편집실 인터뷰 실, 대담자: 문화부 김한수 기자. 저자 주: 〈조선일보〉 문화부 김한수 기 자와의 인터뷰에서 참고하였음. 〈평화라디오〉에서는 내용의 1/3 정도 방송 됐음. 〈조선일보〉 인 터뷰에서는 여러 가지 내용이 더 첨가되었음. (2008년 1월 11일- 3월 3일- 4월 26일-5월 5일 작성)

이번 선거에서 자유민주주의에 충실할 후보에게 압승을 안겨 지난 10년간, 특히 5년간 심하게 이탈한 국정의 본궤도를 바로잡게 해야 한다는 주장을 강력히 펴왔습니다. 이번 선거는 가히 '묻지마 투표'였다고 생각합니다. 우리 국민은 현명하며 위기 대처 능력에 뛰어난지라 이 땅의 대선 사상 최대 표차로 이 후보를 당선시킨 것입니다. 이번 이 당선자의 압승은 달리 선택의 여지가 없었기 때문이었습니다. 이 당선자나 그 측근들의 자만은 절대 금물입니다.

질문 2_ 그렇다면 현 시점에서 이명박 정권이 국정을 이끌어 가야 할 시정 방향에 대해 말씀해 주십시오.

정 몬시뇰_ 지난날 일을 회상하며 이에 대해 말씀드리겠습니다. 사실 대선 경쟁이 한치 앞이 안 보일 만큼 혼탁해 갈 때, 모 일간 유력지로부터 국민이 갈 길을 지시해 달라는 고마운 청탁을 받은 일이 있었습니다. 그러나 그때 저는 막 긴 해외여행을 떠나려는 참이었기에 돌아온 뒤 선거 후 전개될 상황이 더 중요할 것이라고 했습니다. 이제 인수위 활동도 거의 가닥이 잡혔고 아직 첫 단추가 완전히 끼워진 것도 아니니 지금이 말할 적시라고 생각됩니다. 국민이 지난 10년간, 극심하게는 지난 5년간 추락을 거듭한 국가와 개인 운명에 대해 불안을 거듭한 보상 심리에서 이 당선자에게 몰표를 몰아 준 것입니다. 그러니 그 기대가 어느 대통령보다 이 당선자에게 큰 것은 더 말할 여지가 없습니다. 선거 며칠 후, 지하철에서 사람들이 희망에 들떠 이제 새 대통령이 났으니 무슨 걱정이 있겠느냐며 희희낙락하더라는 것입니다. 그동안의 실망감, 절망감 더 나아가 분노에서 터져 나오는 반대급부의 기대를 그 누구인들 충분히 감당할 수 있겠습니까. 당선자는 기뻐만 할 것이 아니라 국민의 기대의 무게에 잠 못 이루어야 할 것입니다. 아마도 이런 처지이기에 이 당선자는 "국민을 섬기겠다"는 당선 소감 일성(一聲)이었던 것 같습니다. 그리고 당선자는 "국민통합을 이루겠다"고 했습니다. 참 좋은 말들입니다. 이런 경우, 우리의 역대 대통령치고 그런 말을 하지 않은 대통령은 없었습니다. 그러나 우리 대통령 사(史)처럼 총성과 피와 눈물과 추방과 감옥과 실패로 점철된 역사도 드물 것입니다. 이런 경우에 표본이 될 세기에 빛나는 위대한 대통령들의 한결 같은 명언과 실천의지가 있습니다. 그것이 바로 저 유명한 존 F. 케네디 대통령입니다. 그는 미 대통령 사(史)상 가장 어린 40대 대통령으로서, 소련과의 냉전 극한 중에서, 미 역사상 처음인 가톨릭 신자 대통령으로서, 또한 미국 국민의 절대 기대의 중압 가운데 "사랑하는 미국 국민이여, 당신은 국가가 당신을 위해 무엇을 할 것인가를 묻지 말고 당신이 국가를 위해 무엇을 할 것인가를 물으시라"라는 일성을 갈파했습니다. 그는 국민에게 고통에의 동참을 강력히 요구하는 지혜와 용기에 찬 대통령이었습니다. 그렇기에 그 일성으로 전 미국 국민을 휘어잡았고 희망과 용기를 주는 혜성 같은 세기의 대통령으로 떠올랐습니다. 결국 암살로 요절한 대통령인데도 미국 국민은 그의 무덤에 꺼지지 않고 타오르는 불길을 만들어 화답했습니다.

어디 그뿐이겠습니까. 1958년도 프랑스의 심장과도 같았던 식민지 알제리가 독립 운동으로 치달을 당시, 강력한 알제리 주둔 프랑스군 사령관들이 반란을 일으켜 본국으로 진입해 올 때, 당시 드골 장군은 "프랑스의 선남선녀여! 나를 도와 달라"는 TV에서의 한마디 연설로 온 국민의 단호한 결의를 이끌어냈습니다. 최근에는 프랑스의 사르코지 후보가 우세하던 좌익계 여성 후보와 상대하여, "더 많이 일하고 더 많이 벌자"는 한마디 구호로 일은 하지 않고 더 받기만을 능사로 삼는 풍토로 유럽의 두통거리로 전락한 프랑스의 민심을 일신하여 고통을 요구하는 승리의 대통령으로 떠올랐습니다. 강력한 리더십으로 사사건건 파업을 일삼는 노동계와 사회 각 분야를 더 많이 일하는 분위기로 이끌어 가고 있습니다. 다른 한편, 프랑스는 가톨릭 국가이기에 정당들과는 상관없이 프랑스 주교단이 낸, "하느님의 모습으로 창조된 인간을 위한 투표를!"이란 성명 또한, 큰 효과를 발휘한 것을 간과할 수 없습니다. 이 성명은 두말할 것 없이, 사람은 땀 흘려 일하라는 하느님의 명령을 지시하는 것입니다. 유럽의 노쇠한 환자, 노동자 파업으로 IMF까지 불러들인 영국이었지만, 광산 노조를 부수고 국민의 고통을 요구하여 영국을 재건한 철권 대처 마가렛 수상도 우리 시대에 돋보이는 정치 지도자입니다. 사회보장에 안주하여 유럽의 중환자로 전락한 독일을 사회보장 비용을 과감히 정리, 국민의 고통과 근면을 강력히 요구하여 다시 유럽의 리더 국가로 올려놓은 안겔라 메르켈 독일 수상도 돋보이는 정치 지도자입니다.

우리나라에도 이런 지도자가 있었습니다. 그는 이승만 대통령이었습니다. 그는 1953년 한반도 휴전 당시 "북진 통일"을 고집하여 끝내 미국 정부와 의회의 동의를 이끌어 내어 한국이 외침을 당할 경우, 미군 즉각 개입이라는 '한·미 군사동맹'을 성사시켰습니다. 그래서 한국은 지난 50년간 세계사에 그 유례가 없는 경제 발전, 지구상 온 국가가 경탄을 마지않는 세계 경제대국 10위권을 넘보는 기적을 이룰 수 있었습니다. 다시 말해, 국민소득 60불에서 2만 불을 상회하는 국가로, 또 민주주의를 이룬 국가로 발전한 것입니다.

여기에 덧붙여 말해야 할 한 분은 박정희 대통령입니다. 그는 이른바 초근목피(草根木皮)로 기아선상을 허덕이던 보릿고개 국민에게 "잘 살아보세!"와 "하면 된다"의 구호로 자극을 주었습니다. 또한, 당시 미국의 최첨단 지식 경제학도였던 '서강경제학파'를 기용하여 그들의 지식을 그의 강인한 지도력으로 무조건 수용하고 실천하여 최빈(最貧) 농업국에서 세계를 이끄는 공업국으로 탈바꿈할 기초를 놓았습니다. 물론 시대와 사회 환경은 완전히 다르지만, 우리는 지금 국민에게 무엇이든 다해 줄 양으로 나타나는 대통령보다는 내일의 번영을 위해 강력히 국민의 고통을 요구하는 케네디와 같은 대통령이 아쉬운 것입니다. 지금 인수위는 그 방향 설정에서 잘 가고 있는 면, 돋보이는 면이 있지만, 중요한 것에서 허둥대는 면도 적지 않습니다. 예컨대 민주주의의 기본인 언론자유 회복, 대학 교육 자율화, 기업 자유화, 공기업 민영화, 정부 조직 축소, 대북정책, 특히 단호한 북핵 폐기, 경협 조건 제시(아직 굉장히 미숙하지만), 대미 외교 복원, 군 총사령관으로서의 국가 안보 의식 등에서 전 노무현 정권과는 정반대의 민주주의적인 방향이었습니다. 그러나 인수위의 행태와 발상은 때로 미숙하기 짝이 없고 때로는 의욕과 공명심에 사로잡혀 분에 넘치거나 분수를 모르는 행태이거나 국가 기밀조차 분간하지 못하는 미숙하기 짝이 없는 사람들도 있습니다. 그래서 이명박 정권의 앞날에 어두운 그림자가 드리우는 것도 사실입니다. 더 나아가 미적미적 좌고우면(左顧右眄) 앞뒤를 재고 망설이는 것 같고 기초적 논리도 없는 것 같아 아쉬움도 큽니다. 그 한 예가 정부 조직은 줄이되 공무원 수는 그냥 둔다는 것입니다. 이런 말은 요즘 초등학교 어린이라도 하지 않을 것입니다. 노무현 정권의 가장 큰 실책이 공무원을 적게는 6만 수천 명, 많게는 근 10만 명을 코드 인사로 늘려 매년 수조씩의 혈세를 낭비한 것인데, 그것을 그냥 둔다니 출발부터 국민에게 의구심을 갖게 합니다. 코드 인사들이 어떤 사람들인지는 이 당선자가 누구보다도 잘 알 터인데 말입니다. 또 일본에 대해 과거사의 잘못을 묻지 않겠다는 발언을 해 물의를 빚고 있습니다.

  또 한 가지 차제에 짚고 넘어가야 할 점은 국민통합 혹은 사회통합의 문제입니다. 말이야 좋지만 실제 이해관계 문제에 부딪칠 때, 사회통합이 되는 일을 본 적이 없습니다. 그렇기에 당선자가 으레 요식행위처럼 하는 이 말이 성공한 일이 없습니다. 이 말이 성공을 거두려면, 실사구시(實事求是)에 근거하되 인류문화를 따라 계속 움직여가는 실사구시에 근거해야 합니다. 여기에 서로의 희생과 협조를 전제로 하는 데서만 사회통합을 이끌어 낼 수 있을 것입니다. 의례상으로 원로들과의 만남이 어쩌니 등은 이제 국민, 특히 젊은 층에게는 식상한 지 오래입니다. 물론 원로들의 축적된 지식과 경륜이 매우 중요하지만, 당사자 등의 이해관계가 첨예하게 대립하는 데서는 자기희생이라는 고통을 감내하지 않는다면 모두 헛수고이거나 빈말입니다. 더 나아가 한나라당이 현 상황에서 차기 총선 출마자들을 놓고 벌써 세력다툼으로 당내 갈등이 노골화되는 마당에 국민화합이니 사회통합이니 등을 운위하는 것 자체가 웃음거리에 지나지 않는가 하는 위구심을 자아냅니다. 과거의 치적을 내세우며 이 당선자 뒤에서 꼼수를 부리는 인사들은 가차 없이 몰아내고 인재를 널리 조야에서 구해야 할 것입니다. 이 당선자는 이 점을 명심하여 위대한 선임 정치가들처럼 국민에게 위대한 비전을 제시, 희생과 고통을 요구하면서도 국민을 이끌어갈 능력을 갖추어야 할 것입니다.

질문 3_ 이 당선자에 대한 국민의 가장 큰 기대는 경제번영인데 이 점에 대한 소견을 말씀해 주십시오.

정 몬시뇰_ 이 점에 대해서는 박정희 대통령 이후 역대 어느 대통령보다도 이 당선자는 우위에 서 있을 것입니다. 경제 문제는 밑바닥에서 정상까지 다 밝은 분이고 지난 10년 동안 우리 정권이 박물관행을 하고도 한참 지난 좌편향 이념으로 날아오르는 경제를 어떤 나락으로 추락시켰는지는 청년 실업률 세계 1위, 경제난으로 청년 자살률 세계 1위라는 웃지 못 할 실적이 모든 것을 웅변해 주는 것임을 이 당선자는 잘 알고 있을 것입니다. 국민은 경제 문제에서 누구보다도 이 당선자를 믿습니다. 그러나 한편, 지금 세계적으로 벌어지는 고유가, 고임금, 후진국의 급속한 부상, 자연자원 고갈, 기후 이상, 우주 경쟁 심화, 자연 복원 요구, 치열한 국제경쟁 속에서의 적자생존, 강대국, 이른바 선진국의 압력, 과학 첨단기술발전의 가속화 등 어느 것 하나 우리에게 녹녹한 것이 없습니다. 그런데 연 7% 성장, 멀지 않아 연 국민 소득 4만 달러 달성, 세계 경제 7위권 진입 등이 이루어진다면, 얼마나 좋을까 기대해 봅니다. 이런 목표를 달성하려면, 전 국민의 피땀 어린 합심과 노력이 필요합니다. 어쨌든 그런 목표를 달성하려는 노력과 꿈과 희망을 국민에게, 특히 젊은이들에게 불러일으키는 것은 좋은 일이라고 생각합니다. 그러나 젊은 층의 관심은 한 세기 전 인기였던 대운하 토목 공사 건설보다는 미래 첨단산업에 더 쏠릴 것입니다.

단적으로 말해 이 당선자의 경제적 트레이드마크는 대운하 건설입니다. 저는 굳이 그 경제성에 대해 왈가왈부할 입장에 있지는 않지만, 한 가지는 깊이 생각해야 하지 않을까 싶습니다. 대운하 토목 공사가 인류의 환상적 사업으로 떠오른 것은 19세기 후반에서 20세기 초반에 걸친 수에즈 운하와 파나마 운하 건설입니다. 이는 아프리카나 남아메리카의 먼 길을 돌지 않고도 대서양과 태평양이 단거리로 이어지는 시기였습니다. 또한, 제2차 세계대전 후 1950년대와 60년대에 걸친 독일 경제부흥의 젖줄이었던 라인강의 기적이 있으나 그것은 운하의 문제가 아니고 자연 라인강을 이용한 것뿐입니다. 박정희 대통령 시기의 한강의 기적도 이와 유사한 것인데 형태는 완전히 다릅니다. 1950년대와 60년대 초반만 해도 여름 홍수 때면 용산과 마포 일대가 완전히 물에 잠겨 보트 타고 물 구경 다니던 기억이 아직도 새롭습니다. 이런 홍수에서 주거지역을 지키는 것이 그 제1차 목표였던 한강 개발은 운하 문제와는 관련없는 또 다른 형태의 기적이었습니다. 그런데 이 당선자의 대운하 토목 공사는 자연환경 보호자들의 거센 반발에 부딪친 것이 확실합니다. 지금은 본래의 자연을 되찾으려는 것이 인류문화의 흐름입니다. 이런 흐름에 역주행 발상이라는 비난도 받지 않을까 염려됩니다. 물론 청계천 수로 개발이 잘된 것이 사실이지만, 그래도 이조(李朝) 500년과 광복 후 60년간의 영욕을 간직한 청계천이기에 역사 문화적 아쉬움은 없는지 하는 생각입니다. 역사 유적 보존의 귀재인 로마인이라면, 청계천 같은 곳을 어떻게 했을까 하는 부질없는 생각도 듭니다. 파리 센 강가 저녁의 문화적 운치가 연상되기도 합니다. 조명도 그렇습니다. 조명이 눈에 번쩍이는 데 황홀해 하는 시기는 지났는데 좀 더 문화적 미적 정서가 어린 것은 없을까 하는 아쉬움입니다. 이 당선자의 서울 시장 시절에 2020 서울 개조 계획을 수립할 시, 로마의 분수 이야기도 한 바 있습니다. 그런데 시청 앞 분수를 보면 좋기는 한데 지난 날 그렇게도 나를 편안하게 해 주고 즐겁게 해 주던 예술과 물과 사람이 어우러지는 로마의 트레비 분수나 예술과 분수가 어우러지는 나보나 광장이 연상되어 씁쓸한 감이 드는 때도 있습니다. 저는 대운하 토목 공사를 경제적 입장에서 운위할 생각은 추호도 없고 그런 토목 공사는 시대에 뒤떨어진 사고방식이라고 생각합니다. 무엇보다도 중요한 것은 국민적·역사적 사건은 충분한 토의와 여론 수렴을 거쳐 결정해야 하는 데에 이론의 여지가 없습니다. (이 점에 대해서는 이 당선자가

이 원고 작성이 끝난 후, 대운하 공사가 모든 절차를 거쳐 결정한다고 했기에 조금은 다행입니다.) 당선자는 국민을 섬긴다고 말하면서 배후 실권 세력으로 알려진 분은 미쳤다는 말을 들어도 감행하겠다는 식입니다. 또한, 그분이 든 예는 기껏 19세기 초 미국 토머스 제퍼슨 대통령 시의 허드슨 강 댐 이야기니 참으로 듣기에 민망합니다. 그것은 어느 고사(古事) 같은 이야기고 환경 문제란 전혀 없던 때의 이야기입니다. 이런 분의 사고와 발언은 이 당선자의 앞날에 결코 도움이 되지 않을 것입니다.

지금 인류 문명은 천부적으로 주어진 자연 살리기에 초점이 맞추어져 있기에 대운하 공사도 이 점을 신중히 고려함이 좋을 것입니다. 자연의 인공적 훼손은 아주 불가피한 경우를 제외하고는 극구 피하며 훼손된 자연을 원상으로 복구해야 하는 것이 오늘과 앞으로의 인류의 삶, 즉 인류문화의 핵심이고 지상과제입니다. 그렇기에 그런 막대한 자금과 인력, 시간을 첨단기술, 지식산업, 기후공학, 환경공학, 수질공학, 인체공학, 우주공학 등 인류의 미래가 꿈꾸는 것에 대한 연구와 기술 개발 및 문화 창달에 투자함과 동시에 앞으로 크게 번창할 관광 사업, 특히 천혜의 자연을 잘 보존한 청정관광 사업을 개발하는 것이 중요한 경제발전 사업입니다. 이제 여수에서 국제 박람회도 열리니 이런 기회를 십분 활용, 수려하기 그지없고 세계에서도 그 유례를 찾기 어려운 부산에서 남해의 아름다운 섬들을 묶고 제주도를 연결하는 관광 개발, 더 나아가 경주의 고도와 인천을 거치는 서울 문화관광, 그뿐만 아니라 남해 일대 관광과 중국의 청도, 북경, 상하이, 홍콩 등을 비롯한 내륙 문화 발상지를 묶는 크루즈 관광, 일본의 명승지와 문화, 동남아 일대 명승지와 다양한 문화를 묶는 관광의 개발 전제하에 천혜의 금수강산은 자연 그대로 놓아두는 것이 경제적·문화적으로도 또 후손을 위해서도 훨씬 더 보람찬 일입니다. 한국이 동양의 관광 허브로 먼저 발전하는 것은 선구자적이며 미래지향적 개척이며 경제 강국, 문화 선진국으로의 지름길입니다. 한반도는 땅은 좁은데 삼면이 바다이니 오히려 수려한 내부을 파헤치기보다는 자연관광 자원으로 활용하며 해상(海上), 해중(海中), 해로(海路)도 운송로 겸 관광자원으로 개발함이 매력적이며 더 큰 수입원일 것입니다. 이탈리아, 프랑스, 그리스 등의 관광 수입은 밑천 안 드는 가장 큰 수입원임이 널리 알려진 사실입니다. 근일 알게 된 일이지만 유럽의 소국 룩셈부르크는 국민 소득 미화 10만 불이 넘는 세계 최고의 국민소득국이라고 합니다. 3-4년 전 저는 룩셈부르크를 찾은 일이 있는데 이 소국 수입의 절대적인 부분이 잘 보존된 자연과 유적지의 관광자원이라는 말을 들었습니다.

　머지않아 15억 인구 중국은 해외 관광이 본격화될 것이라고 합니다. 또한, 동남아 각국 주민들에게도 관광 붐이 일 것이고 세계인들의 아시아에의 관심도 색다른 아시아의 관장을 자극할 것입니다. 지금 관광 허브 한국 건설은 이명박 정부의 앞을 보는 시급한 과제 중 하나입니다. 또한, 이 당선자는 우리의 젊은 세대가 세계를 향해 날아오르기 위해 하루 속히 한·미 FTA 비준을 양국 의회로부터 이끌어내야 합니다.

질문 4_ 이 민족의 지상 과제인 북핵 문제에 대해 말씀해 주십시오.

정 몬시뇰_ 북핵 문제는 그것만 떼내어 말할 수 있는 것이 아닙니다. 여타 문제와 연결해야만 가능합니다. 그래서 저는 여기서 한두 가지 문제에 대해 먼저 언급하고자 합니다. 북한은 1989년 10월에서 1990년 5월까지 소련과 동구의 공산·사회주의 국가들이 도미노 현상을 일으키며 지상에서 소멸되어 간 후, 김일성 주석 왕조 체제와 공산사회를 유지하기 위해 "우리식 사회주의"를 제창했습니다. 또한, 교류 사회주의 국가들의 전면 붕괴로 경제 저변 파탄, 아사자 속출과 탈북자 급증이 이어질 때, "우리 민족끼리"라는 구호를 창출하고 외침으로써 남한의 좌파를 휘몰아 갔습니다. 때마침 남한에는 좌파 정권이 성립돼 무조건 퍼주기를 시작했습니다. 급기야 지난 5년간에는 무식과 오만의 좌파 노무현 정권이 출현하여 퍼주기를 가속화했습니다. 좌파 정권들은 8조 내지 10조로 추산되는 천문학적 액수의 퍼주기를 하는가 하면 "우리 민족끼리"에 호응하여 그동안 좌파 정권이 사사건건 표출하던 반미 성향을 극적으로 노출했습니다. 그래서 스스로 한국 경제 발전의 절대적 보호막이었던 한 · 미 동맹의 핵심 전시 작전권 환수를 선언, 국민을 극도의 불안으로 몰아갔습니다. 그리고 일선 주둔 미군의 전면 후방 재배치 결정을 선도(先導)하는 듯한 인상과 그 공백 충당에 1,200조의 경제적 부담을 국민에게 떠안겼습니다. 이에 정부와 여당 열린우리당으로부터의 민심 이탈은 극에 달했습니다. 그동안 노무현 정권이 진 국채는 지난 60년간의 것의 2배에 달하는 등 국민을 밑도 끝도 없는 고통과 불안으로 몰아갔습니다. 그렇기에 나는 여기서 "우리 민족끼리"라는 구호의 결과를 짚어보고자 합니다. 그것은 분명 남측에게는 "친북반미"(親北反美)의 기치가 되었기에 "변종 신판 쇄국주의"가 된 것이고 북측의 교묘한 외교 수법으로는 "봉남통미"(封南通美)의 역할을 하게 한 것입니다. 이렇게 북측은 남한이 반미로 치닫게 하는 한편, 북측 스스로 테러국 명단 해제, 북미 국교 정상화를 꾀하는 것입니다. 남측은 이런 수법에 완전히 놀아날 뿐만 아니라 이런 수법의 하수인격이 아닌가 하는 의혹을 불러일으켰습니다. 어찌 되었건 남북 인사 교류는 계속하며 북한 자원 개발에 신경써야 할 것입니다. 특별히 북한 젊은이들과의 인적 교류와 그들의 남한에서의 교육 지원 문제에 많은 투자를 해야 할 것입니다.

나는 북쪽 출신이기에 누구보다도 열성적인 통일론자였지만 지금은 다릅니다. 독일 통일은 많은 것을 생각하게 했습니다. 상당 기간을 고향 방문 등 자유 왕래 기간으로 지내고 북한 젊은이들이 남한 자유주의와 시장경제에 친숙해져야 합니다. 반대급부로 남한 젊은이들도 북한 체제의 실상을 투시해야 합니다. 또한, 생활수준이 어느 정도 근사치에 도달할 때 통일을 자연스럽게 이루어야 합니다. 그렇지 못하고 억지로 통일을 서두른다면 감당할 수 없는 부담과 더불어 극한적으로는 피의 참극도 각오해야 합니다. 어느 쪽이든 사람 사는 곳이니 자유 왕래, 특히 이산가족의 고향 방문을 끈질기게 요구하고 관철시켜야 합니다. 이것은 인권의 기초이며 국군 포로 귀환과 더불어 어떤 것보다도 우선해야 할 인간적 과제입니다. 인권을 뺀 어떠한 교류나 경협, 북핵 문제 교섭 등은 의미가 없습니다.

이런 현실 하에서 북핵 문제를 생각해 보는 것이 순리입니다. 우선 문제가 되는 것은 남측의 퍼주기 입니다. 그 전에 북측은 극심한 경제난으로 기름 부족, 전력 부족으로 군의 전차 기동 훈련, 항공대 훈련, 함정 훈련 등 일체가 중단 상태였습니다. 밤에는 전 북한이 암흑천지였습니다. 그런데 퍼주기가 시작된 후, 우선 선군(先軍) 정책이 활기를 띠었습니다. 막대한 비용을 요하는 핵 개발은 가속화가 붙어 드디어 핵탄(核彈) 제조 성공에도 이르렀습니다. 이렇게 김대중 정권과 노무현 정권은 북핵 개발 성공에 본의와 상관없이 큰 기여를 하게 되었습니다. 저간의 경유야 어찌됐건, 이제 북핵은 직접적으로 남한 국민의 죽음과 삶에 직결되는 문제입니다. 지금 북핵은 미국이나 일본, 중국, 러시아의 사활의 문제가 아니고 바로 남한 국민의 사활의 문제입니다. 그리고 이 문제의 경제적 부담도 큰 부분은 결국 남한 국민의 몫입니다.

사정이 그렇기에 북핵 문제는 남한으로는 어떤 수단을 써서라도 폐기시켜야 할 지상명령입니다. 특히 차기 정부의 지상 과제입니다. 따라서 북핵 문제를 남에게 맡길 것이 아니라 우방, 특히 미국의 강력한 지지를 받으며 대한민국이 주도적인 역할을 해야 합니다. 물론 전략상 초강대국인 미국이 표면상 주도국이 될 수 있습니다. 그러나 실질적으로는 한국이 주도국이 되어야 합니다. 생사가 걸린 당사국인 한국이 빠진 막후 접촉, 비밀 접촉 등은 절대 있을 수 없습니다. 미국이나 중국이 북한과 직접 교섭을 하고 남한은 미국이나 중국에서 제공하는 것을 정보라고 귀동냥 식으로 얻어 듣는 참여가 돼서는 절대 안 됩니다. 국제 사회란 결국 막다른 골목에서는 피도 눈물도 없이 자국의 이익에 의해 무슨 일이든지 하는 것이 지금까지의 통례이기 때문입니다. 지금처럼 이른바 남북 정상회담을 한다면서 남한 5천만 국민의 생사가 달린 핵 문제에 대해서는 입도 뻥끗 못하는 그런 비굴하기 짝이 없는 구걸 굴종 회담이 다시 있어서는 안 될 것입니다. 금강산 관광도 개성공단도, 또 무슨 경협 등의 현찰화하는 모든 경제 제공은 우선적으로 북측의 선군과 더 강력한 핵 개발에 쓰인다는 전제 하에 일을 처리해 가야 합니다. 그렇기에 이명박 당선자가 한 인도적 지원 외의 모든 경협은 핵 폐기와 연결시키겠다는 입장 표명은 옳고 지당한 말씀입니다. 북핵 문제 해결은 분명히 차기 이명박 정권의 최우선 과제입니다. 이런 일을 해달라고 국민은 이 당선자에게 표를 몰아 준 것입니다. 기실 핵 개발 저지가 인류의 지상 명령인 것은 핵무기는 인권의 가장 기본인 생명의 대량 파괴력을 가지고 있기 때문입니다. 서로 왕래하되 상호 대등하게, 혹은 남한이 주는 측이니 주도권을 갖고 해야 하며 더더욱 핵 문제에는 조금도 양보할 수 없습니다.

그렇다면 북측이 핵을 전면적으로 폐기할 것이냐에 문제가 압축될 것입니다. 아주 특이한 상황이 벌어지지 않는 한, 북측은 핵무기는 폐기하지 않을 것입니다. 노회(老獪)한 붕어가 낚시는 물지 않고 미끼만 따먹어 살찌는 것처럼 제공하는 당근은 다 받아먹고 더 많은 것을 요구만 할 것입니다. 이런 점에서 이 당선자가 북한이 핵 폐기하는 경우를 대비하여 400억 달러인가 구제 기금을 조성한다는 등의 발언은 너무 성급한 것이었습니다. 북측은 지금쯤 이 막대한 금액을 어떻게 따먹을까 연구를 고심하고 있을 것입니다. 필요한 것이 있으면, 그 핵 주머니를 들고 나와 협상하자고 하면 미국을 위시하여 세계가 환장하는 것을. 그리고 폐기할 듯, 할 듯만 하면 당근은 저절로 굴러오는 것을. 당근을 받고 딴소리하면 그만인 것을.

북한은 1953년 6·25 전쟁 휴전 후, 악조건 속에서도 근 50년간 미국을 애먹인 노하우를 쌓아 갔습니다. 지난 번 갈루치 대사가 제네바 협정을 맺어 영변 핵시설을 봉인하고 올브라이트 미 국무장관이 희희낙락 평양까지 방문했는데도 자기들의 주문이 받아들여지지 않는다고 생각하더니 그 봉인을 다시 풀고 급기야는 핵무기 개발을 성공시켰습니다. 갈루치 대사나 미 국무성 장관은 속았다며 유감의 뜻을 표명했을 뿐, 그 이상 아무것도 아니니 북한은 눈 하나 깜짝하지 않는 버릇이 생긴 것입니다. 이번에는 사정이 더욱 다른 것으로 생각됩니다. 그것은 핵 개발 성공 발표 직후, 북한의 외무 실력자라는 강석주 고위층이 폐기하려고 핵 개발을 했겠느냐고 하는 것을 어느 뉴스에서 본 일이 있기 때문입니다. 아주 예외적인 일, 기적 같은 일이 일어나지 않는 한, 북측은 핵을 폐기하지 않을 것입니다. 나는 여러 해 전, 온 세계가 북한이 회담으로 핵 폐기를 할 것이라는 희망에 들떠 있을 때도 부정적인 글을 쓴 일이 있습니다. 즉, 남한이 통째로 입안에 굴러들어 오는 것 같은 일이 없는 한, 핵무기 폐기는 하지 않을 것입니다.

질문 5_ 다른 문제로서 온 국민의 큰 관심사이며 현재 인수위의 큰 부분이기도 한 교육, 특히 대학교육에 대해 말씀해 주십시오.

정 몬시뇰_ 극히 중요한 문제입니다. 이 문제는 역대 정권을 괴롭힌 문제이며 별별 해결책이 다 제시됐지만 어느 정권도 풀지 못한 문제입니다. 현재 인수위와 교육 인적자원부 사이에 진행되는 것을 보더라도, 그 결과에 대한 여론을 보더라도 이견만 분분한 편입니다. 이 문제는 여타 모든 문제 해결의 핵이 되기에 신중을 기해야 하겠습니다. 무엇보다도 요구되는 것은 이기심을 버리고 교육 당사자 각자가 고통을 나눈다는 마음가짐으로 객관적 기준에서 해결해야 합니다. 그것은 다름 아닌 원칙에서 문제를 풀어야 한다는 것입니다. 지금까지는 문제를 권위로 풀려는 것이 그 핵이었습니다. 무엇보다도 잘못된 것을 부작용에서 문제를 풀려고 한 것이었습니다. 한 부작용 해결에서 다른 부작용 해결을, 그리고 또 다른 부작용 풀이를 하는 식의 해법이었습니다. 그런 선상에서 이제 더는 갈 수 없게 되어 왕창 송두리째 쓰러질 위기에 도달한 것입니다. 그것이 바로 교육의 평준화 정책이었습니다. 노무현 정권 시, 이런 경향은 교육계만이 아니라 경제계, 사회복지계, 노사 문제 등 사회 전반에 걸쳐 일어난 현상입니다. 저는 여기에서 시간과 분량의 제한으로 문제의 핵이 되는 교육의 평준화에서 이 문제 해결에 접근하고자 합니다.

인간과 사회의 모든 병폐를 교육에서 풀어야 하는데 교육 자체가 골병들어 빈사 상태이니 앞으로 어떤 희망도 보이지 않는 형국이 되었습니다. 이 병폐의 핵이 바로 교육의 평준화입니다. 평준화로 저간 교육의 큰 병폐를 잡으려고 했는데 오히려 그 병폐가 더 심화되어 교육은 총파탄에 직면하게 된 것입니다. 그 단적인 예가 과외로 인한 사교육비의 엄청난 증가였으며 교육의 극심한 질 저하였습니다. 근년 들어 해외로 전대미문의 교육 엑서더스가 이루어지고 있습니다. 그 병폐의 핵은 평준화였습니다. 인간 삶의 전반에 걸쳐 평등, 평준화는 존재하지 않습니다. 있기는 한데 그것은 인간은 짐승 대접을 받으면 안 되고 인간 대접을 받아야 한다는 인간의 기본권 문제입니다. 그러나 실생활의 모든 면에서 인간은 모든 것이 꼭 같은 평등, 혹은 평준화로 교육되거나 삶을 이어 갈 수 있는 존재가 아닙니다. 각 사람은 능력, 성향, 수요, 공헌 등 모든 면에서 평등하고 균등하지 않고 천차만별입니다. 그렇기에 인간을 평등 혹은 평준화로 교육할 수 없고 각자 타고난 천차만별한 능력과 재능, 성향에 따라 교육해야 합니다. 교육은 '보조성의 원리'에 의한 것이어야 합니다. 즉, 각 사람이 타고난 능력과 성향이 잘 발전하도록 도와주는 것입니다. 그 타고난 능력이란 그리스도교적 관점에서 볼 때, 각 사람에게 하느님의 존재와 지혜와 착하심과 능력, 즉 하느님의 전지(全知), 전능(全能), 전선(全善)이 다양하게 나누어 주어진 것입니다. 그러기에 그 각양각색의 것을 받은 대로 계발하고 조화시킬 때, 교육은 올바로 이루어지게 됩니다. 이렇게 다양하게 나누어진 것들이 잘 피어나도록 하는 것, 즉 도와주는 것이 '보조성의 원리' 입니다. 오늘날 교육은 이런 보조성의 원리에 의해 이루어져야 한다는 것이 점점 더 명백해지고 있습니다. 우리의 권력을 중심으로 하는 교육계에서는 이를 알지도 못하는 것 같습니다. 이런 교육은 권력자들의 교육 목표 설정이나 경험에서 부작용의 병폐 처방만으로 이루어질 수 없습니다. 따라서 근본적인 인간 존재 완성인 교육은 모든 것을 보조성의 원리에서 재편성 하고 재조정해야 할 처지에 놓였습니다. 이런 관점에서 새 정부의 교육 정책이 교육자율화로 가닥을 잡아가니 참으로 다행한 일입니다. 그러나 교육부 자체를 없애고 교육부를 다른 부서에 통합하는 것은 신중을 기해야 합니다. 인류의 오랜 경험과 지혜에서 교육은 '백년지대계'라 했습니다. 진정한 인간 교육만이 인간의 모든 병폐를 치유할 수 있으니 인간교육은 모든 가치의 기초 가치여야 합니다. 교육부 폐지가 임시적 실용 가치의 관점에서 이루어진다면, 후일 걷잡을 수 없는 혼란과 후대를 인류 낙오자로 만들지 않을까 걱정되는 바가 있습니다. 대교협은 대학 교육을 도와주는 곳이지 지배하는 곳은 아니기에 부작용이 좀 크더라도 각 대학의 설립 이념에 따른 자율성을 살리는 데 최대한의 노력을 기울여야 합니다. 교육은 인간이 갖는 수월성을 최대한 발휘하여 인류가 골고루 혜택을 받게 해야 합니다. 예컨대 몇몇 우수한 과학도들의 피땀 어린 노력에 의한 브라운관과 인터넷의 출현은 온 인류의 문화생활 향상에 결정적 역할을 한 것입니다. 지능이나 능력이 미치지 못하는 사람들에게는 그 나름대로 자기 소질과 정도에 맞는 교육을 받도록 정부와 사회 전체가 자발적으로 협력·기여하며 도움을 주어야 합니다. 또한, 이런 자율성 교육에서 수준에 못 미치거나 미비한 기관이 도태되는 것은 어쩔 수 없는 인간의 한계입니다. 물론 인간은 공동체성 안에서 삶을 영위하기에 기본적인 공통성 교육이 필요한 것은 두말할 필요가 없습니다.

이런 보조성의 원리는 오늘 사회 구조 전반에 걸치는 것입니다. 새 정부의 지상 목표인 경제 문제도 바로 이런 형태의 표현이어야 합니다. 기업은 나름대로의 생리에 따라 자율적으로 필사의 노력을 하되 정부는 전 시대 정부들과는 달리 그런 노력을 도와주는 입장이어야 합니다. 사실 우리 시대의 위대한 정신적 리더였던 교황 요한 바오로 2세의 명언과 희대의 지도력도 전 세계에 이 원리를 앞서 말하고 실천했습니다. 그렇기에 그의 장례식에는 종파와 이념을 초월한 400만 명의 역사상 공전(空前)의 대 조문객이 몰려든 것이며 그 대부분이 젊은이였음을 우리의 각계 지도자는 유념해야 합니다.

질문 6_ 이제 끝낼 시간입니다. 마감 말씀을 부탁드립니다.

정 몬시뇰_ 지금 수많은 중대사가 이 땅에서 벌어지기에 국내 사정과 놀랍게 변해가는 세계 문화 선상에서 할 말이 무진(無盡)하지만, 어찌 다 말할 수 있겠습니까. 우리 현실에서 강력한 희망 사항 몇 가지만을 요약하겠습니다.

이 당선자는 자신은 물론 이 땅의 그 누구도 예상치 못했던 국민의 절대적 여망을 업고 당선되었습니다. 그만큼 이 당선자에 대한 국민의 기대가 크고 이 당선자의 책임도 무거울 수밖에 없습니다. 또한, 그 동안 본인의 입을 통해 또는 인수위를 통해 많은 이상과 포부를 표명했습니다. 그리고 국민이 기다리던 많은 것을 말했습니다. 문제는 실천입니다. 지금 국민이 기다리는 것은 당선자의 실천입니다. 국민의 공전의 지지와 기대에 실천으로 보답하는 것입니다. 이 당선자를 밀었던 침묵의 절대 다수가 이 당선자의 일거수일투족을 말없이 예의 주시하고 있다는 점을 뼈에 사무치게 명심해야 합니다. 첫째도 둘째도 실천입니다. 먼저 당신이 말씀하신 "살 집을 제외하고는 다 바치겠다"던 공언부터 가능한 한 빨리 실천해야 합니다. 지금 국민에게는 BBK 사건이나 위장 전입 사건, 고가의 가옥, 건물, 땅 문제 등이 별 관심사가 아닐지라도 이 당선자가 그로 말미암아 입은 윤리적 타격은 클 수밖에 없고 두고두고 후환이 될 것입니다. 대통령으로서 또한, 독실한 종교인으로서 깊이 명심하여 실천으로 보상받아야 합니다. 뼈를 깎는 한 가지의 실천은 전 국민의 마음을 휘어잡을 것입니다. 존 F. 케네디 대통령과 같이 고통 분담을 국민에게 요구하는 한마디로 국민의 마음을 사로잡아야 합니다. 또한, 쿠바에 설치되는 소련의 핵미사일 탄두 철수를 단호히 요구하고 실현시킨 것과 같은 실천력이 필요합니다.

물론 이 당선자는 현 시점에서 경제부흥에 전력을 다 해야 할 것은 자타가 공인하고도 남습니다. 그러나 너무 '경제, 경제'란 말들이니 마치 이 땅은 옛날, 못 먹고 못 살 때에 우리가 식충(食蟲)이, 쌀벌레들이 사는 곳이라 한 것처럼 지금은 돈벌레(錢蟲)만이 사는 나라 같아 씁쓸합니다. 인간은 영(靈)과 육(肉)으로 된 존재이기에 역시 영의 표현인 문화가 상위 개념이어야 합니다. 이 점은 이 당선자가 서울 시장 시절, 청계천 개발을 구상할 때도 말씀드렸습니다. 이 당선자는 특히 젊은이들에게 희망을 주어야 합니다. 우리 젊은이들은 지금 땅을 기는 것이 아니라 어느 나라 젊은이들보다 앞서 하늘을 날고 있습니다. 또한, 우리 젊은이들은 세계 젊은이들의 정신 깊은 곳에 움터 흐르는 새로운 문화에 역동하고 있습니다.

근자에 우리는 젊은이들의 새로운 정신적 세계로의 놀라운 진입을 목도했습니다. 십수 년 전 어느 유력 일간지의 르포가 보도한 바와 같이, 인도의 성녀 마더 데레사가 경영하는 수많은 빈자와 병자 시설에 세계 도처에서 수많은 젊은 자원 봉사자가 모여든 것입니다. 르포 보도 당시만 해도 대기 명단에 7,000명이 상회한다는 것이었습니다. 이런 무료 자원 봉사자 중에는 한국 젊은이들도 10여명 끼어 있었다고 합니다. 이들은 자비로 오가고 숙박비도 자비로 지불했습니다. 봉사 현장에서는 오후 쉼 참에 커피 한 잔과 과자 한두 쪽 제공받는 것이 고작이었습니다. 물론 그들로서는 막대한 비용을 아르바이트나 절약으로 마련했을 것입니다. 또 한 가지는 지난해 일어난 미국 버지니아 공대에서 한국계 학생 조승희 씨의 총기 난사 때의 일입니다. 참혹한 살인 사건이었는데도 그의 무덤에도 다른 희생자의 무덤과 같이 조촐

하지만, 젊은 학생들이 비석에 조화를 놓고, "너를 용서한다. 너는 그럴 수밖에 없었을 것이다. 난 너의 친구가 되고 싶다" 등의 카드가 놓여 있었다는 보도는 전 세계인의 양심을 울렸습니다. 이는 그 당시 두려워하던 현지에서 피의 보복의 악순환을 끊는 계기가 되었습니다.

지난해부터 세계의 젊은이들 사이에 크게 번지고 있는 또 하나의 흐름은 커피 원산지의 노동 값이 하루에 몇 백 원인데 소비하는 현지에서는 한 잔에 수백, 수천 원이니 선진국 젊은이들은 커피 값을 더 지불하여 생산 원주민들을 돕자며 "공정무역 상품" 구매에 동참하는 큰 물결을 일으키고 있는 것입니다. 이런 젊은이들의 정신적 변화와 실천은 어느 날인가 현대 세계의 냉혹한 산업구조에 근본적 변화까지 예측케 합니다. 결국 인간이 하는 모든 것은 문화적일 수밖에 없으며 지금 세계 젊은이들의 정신 깊은 곳에 움터 흐르는 새로운 문화 물결에 우리 젊은이들은 무의식중에 민감하며, 동참하고 역동하고 있습니다. 우리 젊은이들이 이런 문화를 자각하는 경우, 세계를 멀리 앞지르는 기상을 발휘할 것입니다. 젊은이들이 생동하는 미래 문화가 없는 사회는 무덤의 사회입니다. 이 당선자는 당장 시급한 경제 회생에만 매달리지 말고 젊은이들에게 희망을 주는 대통령이 되어야겠습니다.

이번 기름 유출로 폐허가 되어 가는 태안 방제 작업에도 모든 국민의 자원 봉사 활동, 그 중에서도 젊은이들의 헌신적 봉사 활동은 특이한 것이었습니다. 무엇보다도 이 당선자는 한·미 FTA 협정을 조속히 마무리 지어 젊은이들이, 문화적 뒷받침을 하는 선진국의 거대한 시장에서 마음껏 뛰놀게 하여 앞날에 전개될 세계의 문화적 경제 시장을 주름잡으며 선도(先導)하도록 해야 합니다.

5년 후 임기가 끝나는 날, 이명박 대통령은 "국민 여러분, 참으로 고맙습니다. 여러분의 아낌없는 성원과 고통 분담 노력의 덕분으로 무사히 임무를 끝마치고 옛집으로 돌아갑니다" 하고, 국민은 "참으로 지난 5년은 위대했습니다. 이명박 대통령님, 수고 많으셨습니다. 헌신적이었습니다. 덕분에 국민은 이만큼 잘 살게 되었습니다"라는 환송을 받으며 갑자기 솟아 오른 고대광실도 아니고 더더욱 어색히 짝이 없는 무슨 타운도 아닌, 조촐한 옛집으로 돌아가는 것을 보고 싶은 것입니다.

(이상의 내용은 〈평화라디오〉 대담에서 시간 관계로 3분의 1 정도만 발표된 셈이다. 이상의 원고에 더해 〈조선일보〉 문화부 김한수 기자와의 인터뷰에서는 대충 다음과 같은 질의와 답이 더 오갔다.)

질문 7_ 노무현 정권의 실패의 근본 원인은?

정 몬시뇰_ 노무현 정권도 나름대로 선의로 열심히 일했다고 생각합니다. 그러나 그들은 시대의 흐름에 대한 지식이 너무 빈약했습니다. 다시 말해 노 정권의 사고는 인류 역사와 문화의 흐름에 대해 무지했습니다. 한참 지나간 공산·사회주의적 사고방식의 잔영(殘影)이였기에 역주행의 연속이었습니다. 그것도 자유민주주의와 자본 시장적인 세계에서 그런 사상과 뒤섞이니 혼란의 연속이었습니다. 그것은 공부는 않고 데모로 학창 시기를 보낸 386세대가 정치권력을 잡은 결과였습니다. 무지와 권력의 야합은 무서운 결과를 가져옵니다.

질문 8_ 그동안 비판을 계속했는데 노무현 정권이 잘한 면이 있다면?

정 몬시뇰_ 비판만 한 것은 아닙니다. 탄핵 소추를 당했을 때는 오히려 헌재가 탄핵 결정을 하지 말 것과 노무현 정권은 그런 기회를 뼈아픈 계기로 삼아 진정한 민주국가의 대통령으로 거듭나 좋은 대통령이 되기를 기대했습니다. 이는 국회에서 탄핵 소추가 가결된 날, 〈조선일보〉와의 전화 인터뷰로 밝힌 바입니다. 그뿐만 아니라, 대통령 임기를 얼마 남기지 않고 자진 사퇴의 말이 분분했을 때에도 저는 대통령은 임기를 채워야 한다는 입장이었습니다. 다만, 임기 말기를 자유민주주의 국가 대통령으로서 그나마 최소한의 유종의 미를 거둘 것을 기대했습니다. 그러나 모든 것은 무위로 돌아갔습니다. 노 정권이 행정 지침으로 내세운 4대 개혁안은 그 기본이 공산·사회주의적 사고의 잔영이라고 생각됐기에, 대한민국 국민으로서 받아들일 수 없었습니다. 이는 국민에게 고통만을 가중시킬 것이었기에 강력히 비판하고 반대했습니다. 어찌되었건 그들이 선의로 열심히 일한 것이기에 수고 많았습니다. 다만 무지로 그 수고를 전면적으로 퇴색시킨 것이 아쉽습니다.

질문 9_ 잘한 점을 좀 더 말한다면?

정 몬시뇰_ 전부터 연속되는 것이긴 했지만, 노 정권 하에서 치른 여러 선거, 특히 대선이 깨끗했습니다. 그리고 많은 부작용과 혼란과 국민에게 고통도 주었기에 많은 부분을 고쳐야 하겠지만 세제의 골격을 확립한 것은 노 정권의 공이라고 봅니다. 서민과 빈민층을 위한 의료 등 사회보장 제도 발전도 세제와 같은 맥락에서 긍정적인 평가를 할 수 있습니다.

또한, 대북 관계에서도 대한민국 국민 정서나 현실에서는 말할 수 없이 어긋났지만, 긍정적인 면이 전혀 없는 것이 아닙니다. 북한에 퍼주기에 여념이 없으면서도 굴종적인 데 대해 국민이 분노한 것은 이번 선거의 결과가 웅변으로 말해 줍니다. 어찌 되었건, 북한과의 교류는 지속해야 하는 방향으로 일을 전개시킨 것은 가치가 있습니다.

또 한 가지 긍정적인 면이라면, 역대 대통령 시절에 영부인들의 사건으로 청와대 주변이 매우 시끄러웠는데 이번에는 비교적 조용했다는 인상입니다.

질문 10_ 오늘날 투명성에 대해서는?[15]

정 몬시뇰_ 이 문제는 대단히 중요한, 어쩌면 모든 문제의 핵을 찌르는 점입니다. 오늘날 선진국의 척도는 국민소득도 중요하지만 무엇보다도 '공적인 분야의 투명성' 이 그 척도입니다. 이런 면에서 우리나라는 중진국에도 못 미치는 감이 듭니다. 그 단적인 예가 국내에서는 물론이고 국제 사회에서도 단연 두각을 나타내는 대기업이 전대미문의 뇌물 부정과 상속 부정으로 국회의 특검 결의까지 거치는 형편이니 이 대명천지에서 이 나라가 돈 좀 번다고 무슨 선진을 운운할 수 있겠습니까. 투명지수를 말한다면 우리 정부를 위시하여 각 사회단체는 몇 점이며 세계적으로 몇 등이나 될까 하고 생각하면 부끄러움에 정신이 아찔해집니다. 다행히도 아직 그런 지수 계량은 세계 어디에도 없는 것 같습니다. 그러나 나 같은 사람도 생각하는 것이니, 곧 그런 기구가 발생할 것입니다. 그런 연유로 본인은 약 30년 전부터 사회 모든 분야의 투명성 제고를 주장해왔습니다. 그런 저런 영향으로 천주교가 경리 투명을 근자에 발표한 것이 전국의 화제가 되었습니다. 사람들이

---

15 이 질문에 대해 다른 문제로 화제가 옮겨가는 탓에 미처 소견을 말하지 못해 여기에 보충한다.

투명을 많이 기다린다는 표시입니다. 투명의 문제는 먼저 종교계에서 단초가 열려야 한다고 생각합니다. 그 이유인 즉, 가톨릭 교리 밑바탕에는 이런 투명성이 자리 잡고 있기 때문입니다. 하느님은 이 지구와 우주에 나타나는 모든 피조물, 특히 모든 사람이 같이 향유하는 것으로 천지를 창조하였습니다. 이에 소수만이 자기와 가족만을 위해 독점하는 것은 하느님의 창조 의지를 거역하는 것입니다. 투명성 제고는 하느님의 창조경륜을 실천하는 첩경입니다. 하느님의 창조 의지에 반역하는 범죄를 막는 선행 조건입니다. 그렇다고 공산주의와 같이 막강한 중앙권력이 지배하고 통제하는 공산, 즉 같이 생산하고 평등분배하자는 식이 아니고 인간의 기본인 자유에 근거하여 각자가 받은 능력과 소질과 수요와 공헌도에 따라 각자의 자유로운 노력에 상응하여 정신적·물질적 행복을 산출하며 누리는 것입니다. 이런 것이 정당하게 이루어지려면, 지성을 최대 선물로 받은 인간에게 먼저 투명성을 요구하게 됩니다. 사실대로 알아야 하기 때문입니다. 이런 투명성이 법적 강제에 의한 것은 이제 후진의 성격이니 오늘날 선진성을 말하려면 자발성에 의한 것으로 실천되어야 합니다. 이런 면에서 우리 정부와 사회 각 분야는 한밤중입니다. 강제에 강제를 거듭해야 그 추악한 면이 조금씩 드러나는 형국이니 말입니다. 이런 투명성은 인간 삶 전반에 걸쳐, 즉 결혼할 남녀는 그들대로, 부부는 부부대로, 우정은 우정대로 각각의 처지대로 드러나야 합니다. 이런 것이 제대로 이루어지려면, 끊임없는 진솔한 자기반성, 즉 자성(自省)이 요구됩니다. 우리 사회는 이런 면에서 가장 뒤떨어졌으며 이에 대한 기본 감각조차 없습니다. 이런 투명성이 가장 잘 이루어져야 할 곳이 종교계라는 것은 자타가 공인하는 바입니다. 그러나 우리 종교계가 사회를 정신적으로 영성적으로 이끌어 갈만큼 자성적이며 투명한지는 몹시 의심스럽습니다.

가다가는 역으로 이런 면에 큰 스캔들을 드러내지 않을지 진지하게 반성할 일입니다. 사회는 힘의 균형에 의해 혼탁해지고 후향적(後向的)인 면을 정화하며 전진할 수 있는 여지가 있는데 이런 선진성을 계도해 가야 할 종교문화가 오히려 뒤쳐져 있지나 않는지 각 종교는 깊이 자성해 보아야 합니다. 물론 각 종교는 나름대로 부분 부분에서 지도자들이 이런 저런 면에서 선도(先導)적 역할을 훌륭하게 하고 있는 것도 사실입니다.

질문 11_ 이 땅에서의 종교문화 문제[16]

정 몬시뇰_ 천주교는 지난날 명동 중심으로 민주화에 지대한 공헌을 했으나 직간접으로 노무현 정권 실세 386의 산출처가 되었기에 응분의 책임도 느껴야 한다고 말해 왔습니다. 그 이유는 '독재 타도 민주화'라는 정치사회적인 성과는 이루었지만, 젊은이들이 좌경으로 치닫는 것을 복음 정신 내지 사회교리로 훈육하는 데는 완전히 실패했기 때문입니다. 그 결과는 좌경 정권을 탄생시켜 국민에게 말할 수 없는 불안과 고통을 초래케 했습니다. 여기에 대해 천주교는 일단의 책임을 느껴야 할 것입니다.

개신교 측은 아프가니스탄 선교 문제로 20명의 피랍 사건이 발생, 2명 피살, 18명 장기 억류로 국민에게 막심한 부담을 주었습니다. 특히 2007년은 종교문화의 일대 반성을 촉구 받는 해였습니다. 그러나 개신교 1만 7천 명 젊은이들의 해외 선교 활동은 놀라운 성과입니다. 불

---

16 다음은 인터뷰 전후에 오간 문제들이다.

교는 동국대 신정아 교수 사건으로 진통을 겪으면서 가장 뿌리 깊은 토착종교로서 시대의 흐름, 종교 문화의 흐름 속에서의 반성을 촉구받아 범 종교 차원에서의 반성이 있었던 것으로 알고 있습니다. 자체 정화와 더 깊은 수도의 계기가 된 것으로 들리기에 매우 다행스러운 일로 생각합니다. 불교는 가장 오래된 토착종교로서 모두가 존중해야 할 종교이기 때문입니다.

질문 12_ 종교와 사회 문제

정 몬시뇰_ 그리스도교, 특히 가톨릭은 구약의 예도 있고 그리스도의 예언직에 따라 세상의 빛과 소금과 누룩의 역할을 다해야 합니다. 따라서 가톨릭은 그리스도 명에 따라 사회 정화와 하느님의 창조경륜에 따라, 또 그리스도의 십자가 구속경륜에 따라 세상 질서를 올바로 잡아갈 권한과 책임이 있습니다. 그런 실천을 근대에 들어 역대 교황들이 뚜렷이 하였습니다. 단, 성직자들에게 어떤 권력이나 금권과의 결탁은 금물입니다. 구약에서는 국왕의 부도덕과 학정에 대한 예언자들의 충언과 질책으로 나타났습니다. 초대교회 시기에는 교황들의 침략자들과의 면담 등으로 나타났습니다. 아우구스티누스는 그의 저서 『신국론』에서 로마의 멸망은 왕족, 귀족의 윤리적 타락에 근거함을 질타했습니다. 근세에 들어 교황들은 수많은 사회 회칙으로 하느님의 창조경륜에 따른 세상 질서의 올바른 확립을 계속 촉구했습니다. 특히 이런 업적에서 교황 요한 바오로 2세의 활동과 치적은 뛰어났습니다. 저의 정치 사회 문제 발언도 이런 맥락과 국민의 바람에서 비롯합니다. 교황 요한 바오로 2세가 세계 평화와 올바른 질서 확립을 위해 놀라운 활동과 위대한 업적을 쌓으시는 것처럼, 제가 한국에서 그런 역할을 하는 것이라는 격려의 말씀을 세계적인 명성이 있는 분이 보내주셨기에 쑥스러웠습니다. 저는 결단코 어떤 정치권력이나 금권과 결탁된 일이 없으며 오로지 하느님의 진리와 정의, 선(善)에 근거하여 이 땅의 국민의 행복을 위해 모든 노력과 발언을 했기에 떳떳합니다.

질문 13_ 사회적 반응

정 몬시뇰_ "이명박 대선 후보 당선을 지켜보며"의 〈평화라디오〉[17]와 〈조선일보〉[18]기사 인터뷰의 본 원고를 참고로 보내드립니다. 이 두 기관에서 이루어진 제 발표가 그렇게 큰 반향을 불러일으킬 줄을 전혀 예상치 못했습니다. 12일 〈평화라디오〉 아침 방송 후, 그날 오후부터 조선닷컴, 동아닷컴, 중앙닷컴(JOINS), 여러 일간지, 연합뉴스, 뷰스앤뉴스 등이 앞 다투어 보도에 열을 올렸으며 큰 화젯거리였다고 합니다. 특히 〈조선일보〉 인터뷰 기사의 반응은 상상 외로 컸습니다. 〈조선일보〉 기사는 대학 등 지성 층에서뿐만이 아니라 일반 국민에게도 전국에 걸쳐 큰 긍정적 화젯거리였다는 제보였습니다. 이는 여러 경로로 사실 확인을 할 수 있었습니다. 저는 지하철에서 그런 기사나 발표를 반기며 접근하는 사람들을 피하기 위해 쑥스러워 도중하차하는 경우도 있습니다. 가다가는 승객들로부터, 택시 기사들 사이에서도 저에 대한 기사가 좋은 화제가 되더라는 말씀도 전해 듣게 됩니다. 그러나 발표된 것은 두 기관 다 해도 준비된 것의 1/2 정도에 못 미치기에

---

17 2008년 1월 12일 8시-8시40분.
18 2008년 1월 14일.

준비 원고 전문을 실었습니다. 〈조선일보〉사 편집국장단의 유능한 한 분은 풍부한 내용을 다 못 신게 되어 아쉽다며 저의 원고를 두고두고 읽겠다는 말씀을 전해 왔습니다. 고마운 말씀입니다. 물론 기사는 인터뷰였기에 원고에 없는 말도 있게 되었습니다. 기도 중에 기억합니다. 모두 은혜로 생각합니다.

지난 (2008년 1월) 12일 이른 아침부터 〈평화라디오〉 방송에 제 의견이 나갔습니다. 오후에는 인터넷 매체들이 방송 내용을 신속히 국내와 전 세계에 보도했습니다. 드디어 14일 이른 아침에는 〈조선일보〉가 인터뷰를 큰 기사로 전 국민에게 전달하여 그 내용이 인수위와 당선자를 통해 다음 정권 정책에 반영되기 시작했다는 밖으로부터의 전언이 있었습니다. 그러나 저는 그동안 당선자 측의 행태를 보아 다음 정권의 일관성이나 확고한 신념과 실천을 믿기 어렵게 된 편입니다. 국민이 표로 절대적이라 할 만큼의 힘을 실어 주었는데도 당선자 측은 좌고우면(左顧右眄) 이리저리 눈치 보기에 정신이 팔려, 오늘 이런 말을 들으면 이렇게, 내일 저런 말을 들으면 저렇게 발언하기에 이 변혁기를 제대로 수습할 수 있다고 보지 않기 때문입니다. 우리는 이 난국에 원고 본문에서 말한 바와 같이, 미국의 케네디 대통령, 프랑스의 드골 장군, 영국의 대처 마가렛 수상, 독일의 안겔라 메르켈 수상과 같이 민의를 업거나 소신으로 민의를 이끌며 난국을 헤쳐 갈 지도자상을 이명박 당선자와 그 측근들, 더 나아가 인수위원들에게서 전혀 볼 수 없기 때문입니다. 벌써 이 당선자는 별 경험과 지식도 없는 분야나 국가의 중대사에 너무 쉽게 단정적으로 말해 물의를 빚는 수가 한두 번이 아닙니다. 정부기구 축소만 해도 공무원 수 감원이 그런 작업의 절대 요체인데도 미적거리니, 그럴 바에는 지금의 정부 조직 그대로 두는 것이 국민에게도 익숙하고 혼란을 덜 일으키는 것이라는 체념적인 생각을 차츰 갖게 할 것입니다. 대운하 토목 공사만 하더라도 할 것을 기정사실화 하고 명분 쌓기에 치중한다는 인상을 주지 말고 솔직 담백하게 다수의 국민의 뜻과 인류문화사의 흐름에 따를 것이라는 비범한 인격적 결단을 내려야 합니다. 지금 식의 정부와 지도자라면 일 년을 넘기전에 그렇게도 믿고 희망을 건 국민의 허탈감의 대상이 되어 반대급부인 거대 야당이 체질 개선을 제대로만 한다면 국민이 그쪽에 시선을 돌릴 수도 있습니다. 문제는 다음 총선에서도 이번 대선에서처럼 그런 정부와 여당에 절대적 지지로 제1당을 만들어 주어야 하느냐에 귀결될 것입니다. 지금의 행태로 보아서는 국민이 매우 당혹해 할 듯싶습니다. 그러나 곧 야당이 될 지금의 통합 민주 신당은 이것도 아니고 저것도 아닌 괴이한 모습이고 국민 대다수가 부정적인 대북 정책과 외교 정책의 모호성으로 경제 정책의 불신을 사서 호기를 잡을 수 있는 처지는 못 되지만 말입니다. 그래도 이명박 정권은 지난 10년간의 좌편향 정권보다 낫지 않겠느냐는 체념이 국민 다수의 정서를 지배할 것으로 생각되나 방심은 절대 금물입니다. 이명박 정권이 국민의 전대미문의 기대에 못 미칠 뿐만 아니라 국민이 그게 아니라는 허탈감과 실망감을 갖게 되면 언제 어떤 계기로도 민의는 이탈할 것입니다. 이명박 당선자는 압도적 민의로 당선된 것이니 그 민의를 등에 업고 저간의 민의의 요구에 따라 이쪽저쪽의 눈치 살피기에 전념하지 말고 지혜와 용기로 꼼수를 부리는 공신이라고 자처하는 모든 측근을 완전히 배제하고 널리 인재를 등용하여 국민이 바라고 인류문화사가 향해 가는 정치를 펴야 할 것입니다. 첫 단추부터 바로 끼워야 합니다. 이번 승리는 한나라당 간부들이나 측근들이 잘해서 얻어진 것이 아니고 어쩔 수 없는 국민의 선택에 의한 것입니다. 때문에 소수집단에 얽매이거나 패거리 정치는 절대 금물입니다. 저는 이명박 당선자가

통이 큰 분으로 느꼈기에 이런 희망사항이 충분히 수용될 수 있으리라 생각합니다.

2008년 1월 16일

2. 대통령 취임 전[19]

　대운하 문제에 대해 이명박 당선자는 "두바이는 사막에도 운하 파는데"라며 "관광객 유치를 위해 어마어마한 계획을 세우더라"고 부연했습니다.[20] 저는 이 말씀을 들으며 이 당선자의 의식, 다시 말해 철학의 대 전환이 없는 한, 인류문화사의 흐름과는 또 다른, 즉 노무현 정권 때와는 다른 역주행을 할 것이라는 예감이 들었습니다. 그것은 두바이는 중동 사막지대여서 어떻게 하면 천혜의 자연을 모방할까에 온 관심과 국력을 쏟고 있는 것이며 그런 자연을 사막 속에서 이루어 보려는 것입니다. 말하자면 모방 계획인데 천혜의 자연, 금수강산을 하늘에서 받고 조상이 잘 지켜준 한 폭의 그림 같은 조국의 자연을, 많은 국민과 전문 학자들의 강력한 반론에도 불구하고 그런 대운하 토목공사를 전국에 걸쳐 강행하여 파손한다면 스스로 묘혈을 파는 결과가 되지 않을까 몹시 염려됩니다. 한 번 대운하로 조국 전토를 파헤쳐

---

19 2008년 12월 13일.
20 〈조선일보〉 2008년 2월 5일 화요일 A5쪽.

반자연 혹은 역자연(逆自然), 다시 말해 역천(逆天)이 된다면 걷잡을 수 없는 낭패가 되어 역사에 지울 수 없는 반민족적, 반인륜적, 반천륜적 결과를 후손에게 물려주게 될 것입니다. 물론 그분의 선의와 열성은 알고도 남음이 있지만, 신중을 기하고 연구를 거듭하여 모든 것을 순리로 풀어야 할 것입니다. 저는 솔직히 대운하 건설의 반대자도 찬성자도 아닙니다. 문제는 그런 전국에 걸치는 대운하 토목공사는 천혜의 아름다운 자연을 복구불능으로 훼손하는 것이 아니냐는 것이고 인류 문화가 지향하는 데에 역행하지 않느냐는 것입니다. 두바이의 예는 들지 않는 것이 좋겠습니다. 그 이유인 즉, 걸작의 원본 그림이 모방 작품을 흉내 내겠다는 꼴이 되기 쉽기 때문입니다. 시쳇말로 오리지널이 짝퉁을 본받겠다는 것입니다.

또한, 대운하 건설의 당위성을 경제일변도로 말하는 것 같은데 아주 위험한 발상인 듯 싶습니다. 그 드는 예가 관광객의 대량 유치에 두는 모양인데 여기에도 큰 맹점이 있지 않나 싶습니다. 왜냐하면 사막지대에 자연 산하를 모방하여 만든 것은 어디까지나 인간 한계 안에서의 조작 기능에 대한 호기심이니 일시적일 수밖에 없습니다. 혹은 천혜의 대자연을 접하지 못하는 사람들의 대리 만족입니다. 역시 인간의 대자연에로의 회귀본능은 일시적 호기심과 대리 만족을 넘어 본연의 자연으로 돌아올 것이기 때문입니다. 또한, 경제적 측면에서 보더라도 지금 새로운 경제 모델, 이 당선자가 금과옥조로 삼는 관광객 유치로 경제 부흥과 경제대국을 이루겠다는 것만 하더라도 최근에는 그런 경제 일변도의 성향이 많이 바뀌고 있는 것으로 알고 있습니다.

이 글의 본론에서 말한 바와 같이 우리가 지금은 못 먹고 못 살던 때의 밥벌레(食蟲)나 돈만 아는 돈 벌레(錢蟲)여도 안 됩니다. 인간은 지금 그 본연의 모습, 즉 자연에서 태어나 자연 품속에서 자라나 자연으로 돌아가는 귀소본능이 강력히 작동하고 있는 것을 우리는 보고 있습니다. 상당한 편리와 기상천외의 이익을 주는 기술세계에도 자연보호와 자연에로의 복귀 운동이 선진국 등에서 강력히 대두되고 있는 것을 잘 알고 있습니다. 그런 움직임은 인간 삶 곳곳에서 일어나고 있습니다. 예컨대 세제(洗劑) 개선, 의식주(衣食住)의 자연화, 의약품의 자연화, 석유대체 태양열이나 풍력 이용의 확대, 가능한 한 자동차 대신 도보나 자전거 이용 등 이루 말할 수 없는 운동이 생활주변에서 벌어지고 있습니다. 또한, 천혜의 자연을 큰 은혜로 소중히 여기는 풍토는 생명 가치와 더불어 이제 인류의 보편 가치로 자리 잡아가고 있습니다. 이 당선자는 경제적 큰 이익을 위해 불모의 사막 자연 조건 하에서 한참 뒤떨어진 두바이를 모델로 천혜의 아름다운 자연 조국 산하를 온통 벌집처럼 쑤셔놓을 것 같은데 좀 더 신중히 생각해야 할 것입니다. 자칫 대운하를 밀어 붙이다가는 수십 년 전 사우디나 국내에서 건설 현장 소장 시절 잠재해 있던 이상(理想)과 기질이 되살아난다는 어이없는 구설수 대상이 될 수도 있습니다.

이 당선자는 서울 시장 시절 600년 문화재 국보 1호를 경비 무방비, 왕래 완전 개방 정책으로 이번에 완전 소각 잿더미로 만드는 천추의 한을 민족에게 불러들였습니다. 지금 이 당선자가 국민과 특히 전문가들과의 충분한 토의나 합의 없이 패거리끼리의 합의로 대운하 공사를 밀어붙이다가는 앞으로 그보다도 더한 재앙을, 이 천혜의 아름다운 강산을 회복 불능한 폐허로 만들어 불러들일 수도 있을 것입니다. 이 당선자는 오래 전 우리가 못 먹고 못살던 때 건설현장 소장답게 눈에 번쩍 띄는 건설에는 능숙하지만, 문화적 소양은 제대로 갖추지 못한 것으로 보입니다. 쉽게 주변 소인배들이나 정실 관계에 휘둘리지 않나 싶습니다. 2007년 1월, 제가 명동성역 개발 관계로 이명박 당시 서울

시장을 만났을 때, 그분은 아직 시작하지 않은 청계천 개조 계획을 청사진으로 설명했습니다. 그때에도 현장 건설에만 치중하기에, 저는 청계천은 이조(李朝) 500년의 영욕을 담고 흐르는 개천이니 역사 문화적 가치를 충분히 살린 공사여야 한다는 것을 설명했습니다. 문화가 무엇이냐기에 그분은 독실한 기독교 신자이며 더 나아가 장로이니 인간에 비기면 육신에 생명을 주는 영혼과 같은 것이라고 하며 영혼이 빠진 육체는 더 이상 산 것이 아니고 죽은 사체라고 한 적이 있습니다. 그렇기에 문화가 빠진 현장 건설 공사는 결국 영혼이 빠져나간 시체와 같아 얼마 안가 또 뜯고 다시 해야 한다고 말한 일이 있습니다. 그런 일에 로마인들은 천부적 재능을 가진 사람들이라는 말도 했습니다. 이런 경우 로마인들이나 파리인들이라면 그렇게 하지 않고 고귀한 유적 문화적으로 오랜 시간에 걸쳐 고증하고 복원할 것이라고 했습니다. 이 당선자는 그때 알아들은 것 같았고 그 후는 서울 대개조에 문화라는 말을 많이 쓰기에 그러면 다행이라고 생각했습니다. 그런데 이번 인수위도, 청와대 요직 인선도, 숭례문 대참사를 살펴보아도 이 당선자의 머리에 문화는 온데간데없는 물질 건설 만능으로 되돌아간 셈입니다. 말하자면 기대에 훨씬 못 미치는 수준 이하가 된 셈입니다. 이번 숭례문 화재 초토화의 근원은 이 당선자 자신이라는 비난을 면치 못하게 되었으니 앞으로 국정 운영에서, 특히 대운하 건설에서 신중을 기해야 할 것입니다. 그것은 이명박 당선자가 서울 시장 시절, 아무런 경비나 예방 대책도 없이 숭례문 자유통행을 허용했기 때문입니다. 그뿐만 아니라, 이 당선자 측이 참으로 얼굴이 두껍다는 것을 느끼게 합니다. 이 당선자는 숭례문 현장에서 그런 민족적·역사적 참사의 원인이 자기에게 거슬러 올라가는데도 마치 자신과는 무관한 것처럼, 국민의 슬픔을 위로하는 것 같은 태도를 취했습니다. 인수위에 참가한 자리에서는 국민에게서 재건을 위한 모금설이 나오니 국민 모금에 의지할 생각이라며 취임 후 국민적 모금을 전개하자는 말을 공식으로 거론했습니다. 참으로 분수를 몰라도 한참 모르는 사람들이구나 하는 심정입니다. 노련한 진짜 선장은 일상 시에는 있는 듯 없는 듯하다가도 일단 위기를 만나면 선원들은 가능한 한 안전지대 뒤로 보내고, 생명을 걸고 격랑과 맞서 진두지휘하는 것으로 알고 있습니다. 우리는 민족적 참사 앞에서 지휘관 격인 인물들이 뒷방에서 책임 전가와 공명심 다툼에 한참이 아닌가 싶습니다. 지체가 높을수록 더한가 싶습니다. 지금 우리 사태에는 민의의 통곡과 비통이 있을 뿐, 지체 높은 분들이나 그 주변 인물들 인수위까지 합쳐 이런 민족적 비극 앞에서 아픔은 느끼지 않고 원형이 어떠니 모금이 어떠니 등 복구 이야기에만 열중입니다. 아마도 책임 회피와 이런 와중에서도 공명심 다툼 발로인가 합니다. 청와대에서는 소위 대통령이라는 분(노무현 대통령)이 비정과 실정에 대한 사과한마디 없고 대변인이 국민을 위로한다느니 등 남의 말하듯 하니 어쩌다 국민한테서 대권을 위임 받았다는 사람들이 인간으로서의 기본도 못 갖춘 사람들인가 싶어 서글프기조차 합니다. 그래도 너무 늦었지만, 오세훈 서울 시장이 숭례문 대참사에 책임을 느끼며 사과한 것은 작은 체면치레나마 되었을까 하는 것입니다. 그렇지만 이 당선자에게 한 가지 기대할 것이 있다면 그분은 남의 말을 수용할 수 있는 큰 그릇이라는 점을 대화 중에 느꼈던 것입니다.

또 한 가지 여기서 짚고 넘어가야 할 것은 새 정권 이념구현의 기초이며 바탕인 정부 축소 개편 문제입니다. 통합민주당 혹은 앞으로의 민주당이 이명박 정권의 정부 축소 안에 사사건건 제동을 걸며 자기들의 직계 전신(前身) 열린우리당이—그래서 통합신당을 도로열린우리당이라고까지 했는데도—만들어 놓은 국가경제 후퇴의 원흉인 방대한 정부 조직을 그대로 유지하려 하니 이런 당은 이 땅에서의 존재 이유부터 문제되지 않을까 염려스럽습니다. 우선은 국민의 엄청난 지지로 나타난 정권이니 통합민주당은 그들의 정부 조직을 받아들여야 합니다. 그리고 이명박 정권이 그로 말미암아 차질을 빚을 때, 즉 실정을 하거나 민심이 이반될 때, 자기들의 주장을 당당히 펴야 할 것입니다. 국민에게 말할 수 없는 손해와 부담을 끼치고 국민에게 배척을 받은 사람들의 모임이 주류인 정당(통합신당—후에 통합민주당)이 시작부터 새 정부, 국민의 절대 지지를 받고 나타난 정권의 기초부터 부정하고 나선다면, 국민은 이런 집단의 존재를 다시 한번 총선을 통해 부정할 수밖에 없습니다. 이렇게 된 근원은 이명박 당선자의 그동안의 미숙과 특히 인수위의 난맥상, 청와대 요직 인선과 숭례문 대참사 등의 저간의 수준미달이 빚어낸 자승자박인 면이 있는 것도 사실입니다. 그래서 저는 이 발표 본문 허두에서 이 당선자는 자기의 부족을 고백하며 국민의 희생 동참을 강력히 호소하되 자기의 선거 공약인 자기 재산 사회 환원을 먼저 감행할 것을 강력히 촉구했습니다. 이제 그런 공약은 없는 것 같고 실천한다 해도 때가 늦어 요청되는 효과는 내기 어려울 것입니다. 어찌 되었건 해야 할 말들은 다 하되 새 정부에 전 국민이 협조해야 할 시기입니다. 이 당선자 측의 경솔과 미숙과 수준 미달은 어쩌면 적지 않은 동지들을 떠나게 할 것입니다. 가장 바람직스럽지 않은 것은 대선 참패로 숨죽였던 종북(從北) 좌경화 세력이 활기를 되찾고 다시 꿈틀거릴 여지를 만들어 주는 것입니다.[21]

이 당선자는 모든 것을 경제 발전에 두는 듯한데 진정 경제 발전을 하려면 오늘과 앞날에는 문화의 뒷받침을 받지 않고서는 불가능합니다.

---

21 이 부분은 2월 10일 숭례문 대화재 후 2월 13일에 삽입한 것이다.

그렇기에 이번 인수위만 하더라도 문화 전문인은 한사람도 없었다니 이 나라의 앞으로의 5년도 별 볼 없이 돈벌레(錢蟲)처럼 사람들, 특히 젊은 층을 이끌어 인간을 또 다른 불행에로 몰아갈 위험이 큽니다.

경제적 면에서만 보더라도 국민 소득이 세계에서 가장 높다는 소국, 일인당 소득이 미화 10만 달러를 넘는다는 룩셈부르크는 무슨 놀라운 공업국가도 아닌 소박하고 근면한 사람들이 사는 곳이었습니다. 하느님으로부터 받은 천혜의 자연과 조상이 남겨준 유적을 소중히 간직하는 것이 오늘날 무수한 관광객을 전 세계로부터 끌어 모으는 자원이라는 것을 이 당선자는 염두에 두고 말씀 하시는 것이 좋을 듯싶습니다. 그 뒤를 잇는다는 연간 국민 소득 8만 불 이상이라는 오스트리아는 인스부르크 지대 등 천혜의 자연과 비엔나, 잘츠부르크 등 음악과 예술, 다시 말해 문화의 향기와 예술이 같이 살아 숨 쉬는 고장이기에 국민 소득 면에서도 세계 정상을 가고 있습니다. 이 두 나라는 다 같이 가톨릭의 소박하고 신앙심 깊은 국민이기에 그런 문화를 형성해 내는 데 남다른 저력을 갖고 있습니다. 돈 벌려고 자연 파괴를 일삼는 시대는 지났고 지금은 창조하신 하느님의 흔적인 자연을 존중하는 문화 시기이기에 그렇습니다. 이명박 당선자는 물론이고 그 주변에는 그런 문화에 대한 감각을 가진 인물은 전혀 없는 것 같습니다. 그들은 입으로 수 없이 선진을 외치지만 그런 선진은 지금 세계 어디에도 존재하지 않습니다. 오히려 후진이거나 문화의 역행입니다. 그것은 지난 노무현 정권 시 이념적 역행보다도 더 질 나쁜 역행일 수도 있습니다. 그 이유는 이념적 역행의 경우, 수년 내에 회복 가능하지만 이명박 당선자가 외치는 대운하는 자칫 복구 불가능한 천부의 대 자연파괴를 몰고 와 후대에까지 후회 막급한 손실을 유산으로 남길 수 있기 때문입니다. 그럴 권리는 아무에게도 없습니다. 만일 국민적 합의 없이 권력으로 대운하 건설을 감행한다면, 무지와 후안무치의 오만, 천추의 한을 후대에 남기는 잘못을 저지르는 결과가 될 수도 있습니다. 자연을 파괴하지 않는 잘못은 그 어느 것이든 개인적 차원이나 제한된 범위의 사람들과 제한된 시간 안에 머물지만 – 죄악이란 그 어떤 것이든 타기(唾棄)해야 할 것은 두말 할 여지가 없지만– 자연을 파괴하면 아름다운 자연과 나라를 그대로 되찾을 수 없기 때문입니다. 그런데도 요식행위만을 겉치레로 거치고 –지금 이명박 정부 요인들이 거침없이 흘리는 것처럼– 온 국토를 파헤치는 대운하 건설을 권력 위주로 강행한다면 만일의 경우, 다시는 복원할 수 없는 우를 자연과 후대에, 더 나아가 창조의지에 역행을 범하는 것이기에 무서운 국민적 저항에 부딪칠 것입니다. 결국 그런 정권은 국민을 배신하는 정권으로 역사에 남고 인류문화사에 각인될 것입니다. 그렇기에 이명박 정권은 대운하 건설만은 허심탄회(虛心坦懷)하게 전문가와 국민과의 합의를 거쳐 결정할 것을 권유(勸誘)하는 바입니다. 들리는 바로는 자연 공중 촬영을 하다 심취한 어떤 프랑스인 작가는 아름다운 한국 산하(山河) 공중 촬영에 황홀경에 빠져, 세계 그 어디서도 볼 수 없는 절경이라는 찬탄을 금치 못하면서도 한국 사람들의 자연 사랑과 보존은 그저 그렇다는 말을 아꼈다고 합니다. 앞에서도 언급했듯이 이제 동양, 특히 15억 인구의 중국에 관광 붐이 일 것이고 30억을 넘는 아태 지역은 물론이고 전 세계 관광 붐이 아시아, 특히 태평양 연안과 동북아로 휘몰아 칠 것입니다. 한국의 세계적 절경 지대인 남해안 도서 지대와 제주도를 연결하는 문화적 관광 코스 개발, 더 나아가 필연적으로 도래할 크루즈 코스 관광도 미국 등 큰 회사들과 연계하여, 한국의 관광 선진 개발을 위해 아름다운 자연을 더욱 아름답게 꾸며 세계인에게 드러내 보이는 것이 훨씬 유리할 것입니다. 그러면서 한국인, 특히 젊은 세대 특유의 한류 기질을 발휘하여 세계 관광계를 주름잡는 관광 한국의 이미지를 심으며 준비하는 것이 우리 시대와 후대를 위해서도 문화적으로 훨씬 더 보람있는 일일 것입니다.

현재까지의 이명박 정부의 경제살리기 정책은 문화면에서 볼 때 완전히 수십 년 전으로의 과거지향형입니다. 좀 더 미래지향적이며 차원 높은 것이어야 합니다. 인류가 고민하며 해결해야 할 문제들과의 연계선상에서 생각하고 고민하며 실천해야 할 것입니다. 최소한 '고부가 가치적'이란 용어라도 써야 할 것입니다. 젊은층이 관심을 갖는 새로운 차원의 구상이어야 합니다. 지금 이명박 정권이 외치는 개발은 50-70년은 뒤떨어진 사고방식입니다. 지금 인류가 고민하며 어쩔 수 없이 만나야 하는 공해와 자연, 기상학, 소비와 자원고갈, 청정산업, 첨단 기술을 위시하여 인류 삶의 모든 것이 위성과의 관계에서 이루어지며 공학적 성격을 지닐 것이니 우주공학, 신체공학, 사회공학 등에 눈을 돌려야 합니다. 또한, 새로운 차원의 자연법과 국제법도 시급한 문제로 급부상하고 있으니 곧 닥칠 변화하는 인간 삶 전반에 걸친 학문적 인프라 문제와 실천화 문제에 주목해야 합니다. 이런 미래산업적인 것들에는 무진장의 새로운 아이디어와 공학적 실천이 긴급히 요구되고 있습니다. 또한, 이런 면의 새로운 아이디어와 공학적 실천은 지금으로서는 상상조차 할 수 없는 부(富)의 보고입니다. 전 세대의 땅을 기는 두더지식 사고는 하늘을 날며 미래를 주름잡고 세계를 날아다니는, 아이디어가 번뜩이는 젊은이들에게 노무현 시대와는 또 다른 전 세대에 대한 기피와 단절을 초래할 것입니다.

저는 카리브해의 바하마 군도로 여행할 기회가 있었습니다. 그 군도들은 창조된 아름다운 모습 그대로 자연을 유지하고 있기에 전 세계에서 관광객이 몰려온다고 합니다. 거기에서 저는 천혜의 자연 속에서 행복을 누리며 사는 소박한 인간상을 보았습니다. 이 당선자는 자타가 다 잘 아는 그리스도교 인이며 장로이시니(이 점, 즉 신앙을 당당하게 고백하는 점을 저는 높이 삽니다. 저는 표를 의식하여 신앙을 저버리는 이중적 성격의 인물을 좋아 하지 않습니다. 그 이유인즉, 하느님을 공개적으로 부정하는, 말하자면 천륜을 거역하는 사람이 국민에게 나를 믿고 따르라는 인륜을 강조하는 것은 용인될 수 없기 때문입니다. 사실 가톨릭의 장렬한 순교사, 세계에서 그 유례를 찾아볼 수 없는 천주교 한국 순교사는 "나는 천주교 신자가 아니오"라는 말 한마디를 못했기에 모진 고문과 가문의 몰락과 죽음을 감수한 것이었습니다. 저는 국민을 이끌어 갈 지도자를 뽑는 데 어느 종파이어야 한다는 식의 종파 소인배는 아닙니다. 그저 그럴 인품과 능력이 있는 분이면 된다고 생각합니다.) 하느님의 창조경륜으로 이루어지고 또 그런 창조경륜에 의해 지금도 생성이 진행되는 자연, 특히 아름다운 아침의 나라, 천혜의 아름다운 이 나라의 자연 경관을 더욱 가꾸어 세계인이 모여드는 나라로 후대에 물려주었으면 합니다. 그러기 위해 이 당선자는 대운하 건설을 전제로 명분 쌓기의 겉치레 절차만을 거쳐 강행하려는 측근은 다 물리치고 냉정하게 또 공정하게 깊이 사리를 살펴 일을 해간다면 국민의 환심을 한 몸에 모을 것입니다. 그렇지 못해 소인 기질을 발휘하여 강행한다면 민심은 알게 모르게 삽시간에 이 당선자를 떠나게 될 것입니다. 특히 총선을 앞두고 국론 분열의 불씨만을 지피는지 모를 일입니다. 벌써 그 주변은 자기들의 잘난 탓에 천하를 다 얻었다는 자만에 빠져 안하무인이 되지 않았는지 의심스럽습니다. 밀어부치지 말기 바랍니다. 국민은 "달리 선택의 여지가 없어 묻지마" 투표로 엄청난 표차로 이 당선자를 선출한 것입니다. 저는 이렇게 일이 되는데 힘 닿는 데까지 노력한 한 사람으로서 또 이 당선자는 그런 의견을 충분히 받아들일 큰 그릇임을 대화 중에 느낀 사람으로서 이런 제안을 하는 것입니다.

특히 수고는 많이 했지만, 인수위는 제 설 자리조차 알지 못하는 사람들의 모임이 아닌가 싶습니다. 세계의 어떤 대통령이나 국가 수반의 인수위도 그렇게 자기들의 위치나 범위나 한계를 모르고 날뛴 인수위는 없을 것입니다. 수하들은 그들 상전의 얼굴이니 앞날이 불안합니다. 이제 이 당선자는 노무현 정권의 386이 아니더라도 국민은 이제 또 다른 대타를 얼마든지 구할 수 있게 됐다는 점을 명심해야 합니다. 우리 국민은 참으로 많은 것을 겪어 지혜를 얻고 용맹하게 된 국민이라는 점을 명심해야 합니다. 미국 타임지 선정 인물이 어떻고 상·하원 결의가 어떻고 등도 다 물거품입니다. 국민이 그렇게도 바라던 노벨 평화상이 이 땅 인사에게 주어졌지만, 현실과 달랐기에 오히려 국민의 냉소의 표적이 되어 본인에게 큰 부(負)가 된 일도 있었습니다. 국민의 크나큰 바람으로 모처럼 이루어진 정권 교체를 국민의 실망으로 끝내지 말고 유종의 미를 거두시기 바라는 마음 간절합니다.

2008년 2월 13일

3. 대통령 취임 후[22]

　이명박 제17대 대통령 취임사를 보며 느낀 몇 가지를 여기에 적습니다. 혈기와 열정이 넘치는 연설이었습니다. 경제살리기에 역점을 둔 것은 국민의 여망 제1목록이었기에 좋았습니다. 그동안 노무현 정권의 다 지나간 좌경화로 약화됐던 한·미동맹 강화와 대북 관계의 근본조건으로 비핵화에 역점을 둔 것, 남북 관계를 호혜적 교류로 표명한 것 등은 지난 10년간 국민의 불안감을 불식시키기에 충분했습니다. 그리고 현재 한국사회가 안고 있는 난제들을 일일이 나열하며 그 해결책을 제시했습니다. 그렇게만 된다면 마치 우리는 맑스주의가 약속한 지상 천국을 연상케 하는 좋은 나라에서 살 것 같은 착각이라도 들 것 같았습니다.

　너무 긴 취임사였습니다. 후진국의 혹은 극좌 사회주의 국가들의 수반 취임사는 예외 없이 긴 것으로 알고 있습니다. 자유민주주의 대통령답게 간결명료하면서도 한두 가지 문제점에 역점을 두어 국민의 마음에

22　2008년 3월 3일.

깊이 와 닿는 취임사였으면 하는 아쉬움이 남습니다.

또 한 가지 짚고 넘어가야 할 점은 '실용'(實用)과 '선진'(先進)이라는 용어의 난발입니다. 먼저 실용이란 말인데 이 대통령 측에서는 이 용어를 실용주의와 동의어로 쓰는 셈입니다. 본래 동양 한자 세계에서는 체(體)와 용(用)이란 낱말이 있습니다. 체는 몸 체자이고 용은 쓸 용자입니다. 그렇기에 일반적으로 말해, 용은 체를 전제로 하게 됩니다. 그렇기에 한자에는 체용(體用)이란 낱말이 있어 사물의 본체(本體)와 그 작용을 의미하며 원리(原理)와 그 응용(應用)을 의미하기에 체(體)를 원리 혹은 이념 혹은 아이디어란 말로 표현할 수 있습니다. 그것과는 대조되는 말로서는 용(用)이란 낱말을 씁니다. 여기에서 실용(實用), 즉 실제로 쓴다는 말이 성립되는 것입니다. 따라서 체(體)가 없이 용(用)이 성립되지 못합니다. 그런데 이명박 대통령의 정치 표어라고 할 수 있는 실용은 그 실체(實體)가 무엇인지를 좀 더 분명히 하는 것이 좋을 것입니다. 또한, 듣기에 따라서는 더 좋은 전통적 표현은 놓아두고 실용이라는 말을 만사형통으로 쓰는 것이 아니냐는 평도 들을 수 있습니다. 그 한 예가 실용 외교인데 본래 외교에는 실리 외교라는 말이 널리 사용되어 왔습니다. 때와 경우에 따라서는 실효(實效)라든가 실익(實益)이라는 용어도 좋을 것입니다. 물론 우리가 지나온 사회 현실에서 볼 때, 공산주의적 이념에 반대되는 용어로 지난 10년간 좌편향 이념에서 벗어나 실제 효과적인 면에서 이 용어를 선호한다는 것을 이해하지 못하는 바는 아니지만 그렇다고 학문적 뒷받침 없이 일국의 대통령이 그런 용어를 모든 정책의 근본 원리로 쓴다는 데는 좀 더 생각할 여지가 있습니다. 특히 그 용어를 미국의 실용주의 사상과 동의어(同義語)로 뒤섞는 경우를 봅니다. 그런 경우는 이명박 대통령이 개신교 장로이기에 더욱 어색합니다. 우리나라에서 일반적으로 실용주의는 미국의 대표적 철학자 존 듀이에 기원하는 것으로 알려져 있습니다. 그런데 단적으로 말해 존 듀이에게 하느님의 개념은 그 유효성에 가치가 있는 것이지 그 실존성(實存性), 즉 실용성을 떠난 하느님의 존재는 전혀 가치가 없는 용어입니다. 따라서 그리스도교인의 삶의 근간인 십계명도 경험적 삶에서 실효성이 없다면 아무런 가치도 없습니다. 오히려 역효과가 나는 경우에는 진리가 아님은 물론 나쁜 것이 됩니다. 듀이 설에는 불변의 진위(眞僞), 선악(善惡)의 규준이나 원리는 있을 수 없고 오로지 경험적 삶에서의 실효성이 유일한 규준이며 원리입니다. 그렇기에 가톨릭계 철학, 특히 그리스도 철학계 일반은 존 듀이의 이런 실용주의적 철학관 내지 존재론에(비록 그의 설의 경험 세계에서의 어떤 면의 가치를 인정할지라도) 매우 비판적입니다. 그런 용어를 무비판적으로 동양 사상의 전통 국가인 한국에서, 그것도 그리스도 신앙이 강하고 교세가 큰 나라의 장로인 국가 원수가 자기 통치 철학의 근본 원리로서 무비판적으로 전면에 내걸고 있음은 그의 철학과 문화의 빈약성을 여실히 드러내는 단적인 증좌(證左)라는 인상을 줄 것입니다. 따라서 그의 통치의 일관성이나 진지성 내지 효율성에도 큰 허점을 잉태하고 있는 것입니다.

사실 듀이의 실용주의는 공헌한 바도 크지만 근본적인 면에서 말할 수 없이 큰 혼란과 오류를 범한 것도 사실이기 때문입니다. 존 듀이의 실용주의는 1950-1960년대에 세계를 풍미했습니다. 그러나 그 철학적 취약점과 정치 사회 교육, 특히 윤리와 종교적 약점이 여지없이 드러나 한물간 사상으로 전락한 지 오래입니다. 저도 1961년에 로마에서 학위 논문을 존 듀이에 대해 쓰고 Summa Cum Laude (최우등 졸업을 지칭)라는 최고 평점으로 학위를 받아 대학에서 교수직 청탁도 받았습니다. 그 논문은 유럽에서 실용주의의 근본적 허구성을 지적하며 일면적 가치를 인정한 바 있습니다. 그로부터 근 50년이 지난 지금에 이르러 그 용어가 우리 나라 통치의 핵심용어가 되는 데는 감회가 새롭기에 앞서 큰 후진성을 느낍니다.

　그뿐만 아니라, 일본 패전과 해방 후 이 땅에서 미국세의 절대 우세로 존 듀이의 실용주의가 혜성처럼 군림한 적도 있습니다. 그러나 곧 전통사상과의 충돌, 특히 전통윤리와 관습, 동양사상 원리와의 충돌을 일으켜 실용주의와 그 사상은 많은 수정이 불가피하게 되어 퇴조했습니다. 요약한다면, 체(體), 다시 말해 아이디어, 즉 이념이나 원리가 없는 용(用), 즉 작용만은 존재할 수 없습니다. 그런데도 체(體), 즉 아이디어 혹은 이념이나 원리에 대한 분명한 해명 없이 용(用), 즉 실용만을 강조한다면, 학문적 뿌리가 없어 혼란으로 이어질 것입니다. 아이디어까지 포함시켜 실용을 강조한다면, 이 또한 논리의 앞뒤가 맞지 않는 사고라는 평을 면하기 어려울 것입니다. 더욱이 지금 우리 젊은 이들은 아이디어 산업시대에 살고 있으며 기발한 아이디어 창출이야말로 미래지향적인 것이고 경제성 또한 상상을 초월합니다. 그렇기에 이명박 대통령 이하 정부 관료들은 이 대통령의 얄팍한 용어 구사에 부화뇌동(附和雷同)만 하지 말고 체(體)와 용(用)의 본말(本末)과 선후(先後)를 분명히 하며 남발하지 말고 제대로 사용해야 합니다. 그것은 실용이라는 용어가 대통령이 자신의 트레이드마크처럼 아무 데나 마구 쓰고 그 용어가 무슨 마력(魔力)이라도 지닌 듯 수하들도 그런 풍조여서 이 무슨 독재 권위 시대의 재연인가 싶어 씁쓸하기도 합니다. 물론 살아 숨 쉬며 역동하는 우리 학회 일각에서는 이런 흐름에 거부감을 나타내고 있는 것을 느낄 수 있습니다.

　사실 실용을 정치 핵심 용어로 제창하기 시작한 것은 벌써 몇 년 전에 열린우리당의 정동영 대표였습니다. 저는 그에게 저의 논문의 우리말 번역본 한 권을 주었습니다. 그것은 그 용어를 쓰되 올바로 쓰라는 뜻이었습니다.

또 다른 한 가지 용어는 '선진국' 이란 것인데 선진(先進)이 무엇에 기준하여 정해지는지 막연합니다. 우리의 경우, 일반적으로는 높은 국민 소득이 그 기준인 것 같습니다. 이명박 정부도 그런 것 같습니다. 이런 기준에서 본다면, 오일 머니로 단연 선두를 달리는 중동 국가들이 선진국입니다. 그러나 많은 지식인은 그렇게 생각하지 않습니다. 오히려 문화 수준이 높은 나라들을 선진국으로 치는 것입니다.

문화가 무엇이냐고 한다면, 매우 복잡한 학설과 관점이 있습니다. 일반적으로 말하면, 문화란 영(靈)과 육(肉), 혹은 정신과 육체로 합성된 인간이 그 존재에 걸맞게 삶을 영위하며 그런 삶을 향상시켜 가는 것입니다. 그것을 그리스도교적 관점에서 요약한다면, 하느님의 모습으로 창조된 인간이 그런 존재에 걸맞게 사는 것입니다. 이런 삶은 정신과 물질생활의 조화 있는 삶이며 또 그런 삶을 더 풍요롭게 해 가는 삶입니다. 이런 삶을 쉽게 한마디로 '문화적 삶' 이라 할 수 있습니다. 그렇기에 저는 이명박 정부에게 경제적 발전에 문화 우위를 권유하는 것입니다.

그리고 이명박 정권의 내각 임명 과정을 짚어 보며 앞을 내다봄이 좋을 듯싶습니다. 작은 정부 지향은 참으로 좋은 발상입니다. 18부를 13부로 축소안을 낸 것은 획기적이라고 할 수 있습니다. 13부 이하로 줄였으면 더 좋았을 것입니다. 이 점은 앞으로 잘만 설명하면 국민에게 상당한 호소력을 갖는 것입니다. 그런데 문제는 이번 내각 임명 과정에서 적나라하게 노출된 바이지만, 역시 이명박 정부는 옛 한나라당의 모습, 즉 부정부패로 얼룩졌던 모습 혹은 부정부패의 꺼져가는 불꽃을 되살렸다는 짙은 인상과 패거리 정치라는 인식을 국민에게 각인시킨 것입니다. 어떻게 했기에 그 많은 각료가 한결같이 부동산 투기, 세금 포탈, 부패 연루, 경력 위조, 논문 표절, 가족이나 자녀의 미국적 취득 내지는 한국 국적 포기 등으로 얼룩진, 지도자로서는 있을 수 없는 인사들을 망라했는지 국민을 실망케 해 민심을 한나라당으로부터 떠나게 하는 것인지 참으로 안타까운 일입니다. 유유상종(類類相從)이란 우리의 뜻 깊은 표현이 이런 경우를 위해 있는 것인가 싶습니다. 그런 수장(首長)에 그런 수하(手下)라는 말씀입니다. 그렇기에 그 중 3명은 청문회에도 서보지 못한 채 낙마했고 이명박 대통령은 미처 그 자리의 후보자도 낼 수 없어 일단 11명의 각료 임명이라는 수순이었습니다. 국무회의 정족수가 15명이어야 한다니 정치의 궤를 전혀 달리하는 전 노무현 정권의 각료 몇 사람에게 부탁해야 하는 창피스러운 새 정권의 출범입니다. 이렇게 이명박 정권의 도덕성은 근본에서부터 무너져 출발에서부터 말씀이 아닌 상태이니 그 앞날이 순탄치 못할 것은 불을 보듯 뻔한 것입니다. 이런 약점들은 기회 있을 때마다 야당과 언론의 재탕 삼탕의 표적이 될 수밖에 없습니다.

이 대통령 또한 당선자로서 이 나라 헌정 사상 초유의 부정 축재와 범법으로 특검의 수사 대상이었습니다. 아무리 특검이 무혐의 처리를 했다 해도 국민 여론은 그런 판단을 수긍하지 않기에 윤리적 부담에서 자유로운 처지가 아닌데다 이것저것 스스로 만들어 놓은 악재가 겹쳐 참으로 보기에도 민망합니다. 또한, 중요 인선, 즉 각료 인선과 청와대 비서관, 사법부 요직 등을 특정 지역과 학연, 연고 지역 심지어는 교회까지 특별 고려했다는 풍자 "고소영"(고려대, 소망교회, 영남), "강부자"(강남 부동산 부자 내각), "오사영"(다섯 사법권좌 영남 점유)라는 신조어(新造語)가 한국 방방곡곡을 뒤덮으니 참으로 안됐습니다. 이명박 정부에게 가해진 타격 중 큰 타격은 그런 엉망의 정치 능력이 불러온 것입니다. 총선 후 투표의 치명타로 빈사 상태에 빠졌던 이른바 정치 386을 뿌리로 하는 통합민주당이 되살아났을 뿐만 아니라 칼자루를 쥐게 한 것입니다. 그렇기에 저는 이런 일을 예견, 이 당선자 시절 모 유력 일간지에 대선 유세 중 공언한 "살 집만 내놓고는 전 재산을 사회에 환원하겠다"는 약속을 당장 실행하라고 촉구했던 것입니다. 그것을 과감히 실천했다면, 또 그만한 정치적 그릇과 용단이 있었다면, 국민의 강력한 지지를 배경으로 얼마든지 소신껏 작은 정부와 각료 임명을 할 수 있었을 것입니다. 결국 이런저런 연고에 사로잡힌 소인배 정치 능력으로 헤어나기 어려운 구렁으로 스스로 빠져 들어가는 형국이 되었습니다. 그런데도 그 막중한 책임을 전혀 느끼지 못하는 듯, 그런 사태에 대해 이명박 대통령은 일말(一抹)의 책임을 느낀다고 합니다. 이렇듯 그 책임이 아주 가볍다는 표현을 쓰니 과연 일말이라는 용어나 제대로 알고 있는지 의심스럽습니다. 이렇게 책임감이 없거나 용어 하나 제대로 이해하지 못하는 상식 이하의 지식이라면, 그런 국가 지도자를 갖은 국민의 앞날은 불안할 수밖에 없습니다.

사태가 그런데도 이명박 정권의 핵심이라 할 수 있는 대통령 비서실장은 대운하 건설 입안의 핵심 인물이라는 풍문입니다. 기획재정부 장관과 국토해양부 장관은 대운하 건설을 실천한다는 것이 공언이라는 보도입니다. 또한, 신상 문제 부적격자로 사전에 물러설 수밖에 없었던 환경부 장관의 두 번째 내정자는 대운하 건설을 전제로 발언하는 것이니 사전에 그런 억지 인물만 모아들이는가 봅니다. 상당수의 전문가와 국민 여론은 찬성보다는 반대가 훨씬 더 많은데도 그런 식이라니, 이 나라는 어쩌다 묻혔던 독재 망령과 부패 망령이 되살아 춤추며 날뛰는 판국이 된 것이 아닌가 싶습니다. 이 문제는 사계 전문가의 기탄없는 논의를 거치고 관련 단체, 예컨대 환경단체나 진정한 나라사랑

시민단체, 언론 등의 의견도 충분히 수렴하여 국민의 의사에서 가부(可否)를 결정해야 할 것입니다. 벌써 항간에 나도는 말들은 대운하를 적극 미는 모 조직에서 사계 전문가를 초빙하여, 연구 모임을 가졌으나 새로운 지식의 학자들에게는 반대 의사 표명이 절대 불가였기에 다시는 그런 회의에 응하지 않을 것이라는 풍문입니다. 그렇다면 벌써 독재 시대의 아부식 "옳소" 회의가 시작된 모양입니다. 이런 것이 "국민을 섬기겠습니다", "겸손하겠습니다"로 당선 일성을 소리 높인 이명박 정부의 정체라면 국민도 일찌감치 이명박 정권에 대한 희망을 거두고 지난날처럼 종북 뺨맞던 세력이 아니라면, 다른 세력을 생각하게 될 것입니다.

대운하 공사만 하더라도 장관들이 멋대로 꼭 한다느니 등 분수도 모르고 날뛰는 꼴입니다. 권력에 도취하여 대통령의 눈치 하나에 엎드려기는 과거 독재 시대나 좌경 정권과 다름없는 역주행의 추한 모습이 눈에 선합니다. 그런 군상들은 하루 빨리 도태되어야 합니다. 이명박 대통령 또한, 제2의 한강의 기적 운운하며 전 남한을 대개조나 할 듯한 발언이니 그것이 대운하 건설의 무조건 실천이라는 속내 표현이라면 한참 잘못된 것입니다. 그것은 분명히 30여 년 전, 국내 또는 사우디나 중동에서 노동자들에게 "잔말 말고 시키는 대로 해!"라고 노무자들을 억압하던 현장 소장 기질의 발로일 것입니다. 오늘날은 아이디어 산업으로 우주를 주름잡는 시대이니 수십 년 뒤떨어진 그 시절의 이상과 꿈을 실현하려는 몽상이라는 가혹한 평도 나올 것입니다. 이런 국가 중대사는 이명박 대통령이 옛날 현장 소장 식으로 밀어붙여 할 일이 아닙니다. 이 나라는 이명박 대통령 개인이나 그 주변인 부정부패 아부 집단의 나라가 아닙니다. 그렇기에 인류 역사의 흐름을 아는 전문가와 여론, 국민의 자유로운 의사에 의해 중대사가 결정되어야 합니다.

저는 지난 대선에서는 종북(從北) 좌파 정권을 종식시키고 자유 대한 국헌을 지키기 위해 달리 선택의 여지가 없기에 묻지마 투표로 우익 후보에게 몰표를 몰아주어야 한다는 견해를 수년 전부터 줄곧 주장해 왔습니다. 그렇게 하여 당선된 이 대통령 정권 인사들의 그런 모습을 보며 저의 실망은 날로 커져만 갑니다. 대운하 문제는 후손에 이르기까지 국가 운명을 좌우하는 문제이니 그야말로 허심탄회한 입장에서 가부간 일을 국민의 총의에 따라 결정해야 할 것입니다. 어차피 짧은 시간이지만, 이 정권의 정치력이 그밖에 안 된다면 극 좌경을 종식시켰다는 데 만족하고 다가오는 총선에서는 이명박 대통령의 부정부패 권력형 패거리 정치인 말고도 우경 정치 대타들이 많은 편이니 국민의 선택은 앞으로 직·간접으로 지난 대선 때와는 아주 다르게 나타나야 할 것이라고 생각됩니다. 또한, 그리 될 수밖에 없을 것입니다. 전번 대선에서 이명박 후보에게 몰표를 준 것은 이명박 후보가 대통령 감이기 때문이 아니라, 정치 386의 잘못을 바로잡고 우익 후보이기에 어쩔 수 없이 그렇게 한 것이란 점을 이명박 대통령과 한나라당은 명심해야 합니다. 저는 그런 주장을 지난 노 정권 5년 내리 펴왔습니다.

근일에는 또 최첨단 기술발전 시대에 무슨 괴이한 발상입니까. 대통령이 청와대 회의와 국무회의를 아침 8시에 한다니 이렇게 되면 모든 관공서의 분위기가 그렇게 될 것이고 국민 전체가 그렇게 휘말릴 것이니 얼마나 피곤한 일이며 비능률적인 일입니까. 지금과 같이 모든 사람의 창의와 능률 극대화를 위해 집단적인 대직장들이 가정(在宅)이나 가지가지의 소집단 모임으로 장소나 시간에 관계없이 바뀌는 문화 발전 시기에 말입니다. 그러니 머리에 든 것은 없고 발로만 뛰는 대통령이란 풍자나 비아냥을 어떻게 감수할 것이겠습니까. 일부에서는 벌써 북한의 "별보기 운동 같다"는 말들입니다. 지금은 1950년대 60년대,

70년대 못 먹고 못 살던 공사판 시대나 중동 건설 현장 시대가 아님을 이명박 대통령은 명심하여, 발이 아닌 머리로 뛰되, 땅속으로 가는 두더지 뜀 말고, 하늘을 날며 젊은이들을 우주에 섭렵케 하는 대통령이 되시기 바랍니다. 손발에 앞서 머리로, 아이디어로 앞서가는 한국을 이루어 주시기 바랍니다. 그야말로 한국의 앞날은 아이디어 산업 선진국이 되어야 할 것이며 한국의 젊은이들에게 그것은 가능하고도 남음이 있습니다. 오늘과 내일의 한국은 그 길만이 살길이기에 말씀입니다. 한국의 젊은이들은 세계에 퍼뜨린 한류 열풍으로 그런 것을 입증하고도 남습니다. 저는 근년 밀라노에서 세계 디자인의 중심은 밀라노라는 말을 듣고 그게 무슨 뜻이냐고 했더니 근년 들어 세계 유명 디자인 80% 이상이 밀라노에서 이루어진다는 말이었습니다. 최근에는 비행기 군함 전차 등에 이르기까지 그 디자인의 거개가 밀라노에서 이루어져 아이디어 산업의 수입은 상상을 초월한다는 말을 들은 적이 있습니다. 앞으로는 동서 융합의 새로운 디자인 아이디어 시대가 필히 도래할 것이니 이런 점에서 세계에서 욱일승천(旭日昇天)하는 한국 젊은이들의 번뜩이는 아이디어를 능가할 국가는 없을 것입니다. 단 한 가지 조건은 정치가 억압이나 간섭, 파탄만 일으키지 말고 그 기상을 자유롭게 펼 수 있게 해 주면 됩니다. 저는 이명박 대통령은 통 큰 기질로 생각했는데 새 정부 출범 계기에 드러난 그의 인사 스타일과 정치적 역량으로 보아 역시 허상이었던가 싶습니다.

그렇기에 기금 이명박 대통령은 말로만 선진(先進)화, 미래(未來)화이지 실제는 후진(後進)과 과거(過去) 회귀(回歸)입니다. 정치 발상의 일대 변혁과 국내·국제적 인재풀의 풀가동과 각 방면의 각종 최고급 인력 양성 및 인간만사의 기저(基底)는 문화라는 인식 전환을 강력히 촉구받고 있습니다. 지금 이 대통령이 느닷없이 발설하는 문화란 말은 문화가 무엇인지 알고 하는 말씀이 아니고 들은 풍월로 하는 건성 말씀인 듯 싶어 씁쓸한 때가 한두 번이 아닙니다. 그분이 수없이 쏟아내는 말씀들은 일관성도 없을 뿐더러 문화에 젖어든 말이라고 생각하기에는 너무 거리가 멀기 때문입니다.

이렇게 제가 이명박 대통령에게 권유의 말을 아끼지 않는 것은 그분의 일에 대한 열성과 근면성을 보면 거의 불가능할 것으로 보이지만, 말로만이 아닌 소인배적 인사 배경 탈피와 인류문화에 대한 실질적 세계성과 우주성, 미래지향성에로의 일대 의식 전환만 한다면 역사에 남을 대통령이 되리라는 일말의 기대 때문입니다.

4. 제18대 국회의원 선거를 거치면서[23]

이 글 허두에 이번 총선[24] 결과 요약을 제시하는 것이 후일을 위해 좋을 듯싶습니다.

〈18대 총선 정당별 의석수[25]〉

	지역구	비례대표	합계
통합민주당	66	15	81
한나라당	131	22	153
자유선진당	14	4	18
민주노동당	2	3	5
창조한국당	1	2	3
친박연대	6	8	14
무소속	25		25
계	245	54	299

이 글을 4월 9일에 있은 국회의원 선거 결과까지 포함시켜 마무리하

고자 합니다. 단적으로 결론부터 말해 이번 선거는 일찍이 보지 못했던, 또 투표 전에 생각도 못했던 국가 사태에 대한 국민의 정확한 의사표명이었다고 생각합니다. 어떤 의미에서 이 땅에서의 정치 풍토를 뒤바꾸어 놓았다고도 할 수 있겠습니다. 민의의 무서움을 여지없이 보여준 투표였습니다. 이는 한나라당과 민주당 모두에게 지난날에 대한 무서운 질책과 앞을 위한 경고였습니다. 먼저 한나라당에게는 이명박 대통령에게 대한 준엄한 경고를 한 것입니다. 그런데도 이명박 대통령은 TV 화면에서 강재섭 대표와의 만남에서 이번 선거가 한나라당에게 성공적이었다고 말하는 것을 보고 본인은 몹시 의아해 했습니다. 아직 이명박 대통령은 대선 때의 민심이 이탈한 것을 의식하지 못한 것 같았습니다. 국민이 이명박 대통령을 뒤에서 좌지우지하며 민의를 농락한다고 생각되던 이른바 오른팔과 왼팔 인사들을 투표를 통해 비참하다 하리만치 몰락시켰는데도 그런 말씀이니 말입니다. 그런 경고 몇 가지를 더 들 수 있겠는데 그 가장 단적인 예가 '대운하 건설'입니다. 국민의 다수가 반대하고 있는 것을 꼼수로 실현하려고 한 것입니다. 대통령을 위시하여 그 주위를 맴도는 정치인들이 말로만 국민을 섬긴다는 것이지 실제로 국민의 의사 따위는 안중에도 없으니 그들의 하찮은 지식과 계획을 민의의 폭풍을 피해가며 이루고자 하는 의도를 의심하게 된 것입니다. 그 단적인 예가 청와대 요직과 정부 주요 각료들을 그런 계획의 입안자나 실천 의지를 갖는 사람들로 배치한 것입니다. 이런 대운하 실천 의지는 분명히 이명박 대통령의 의지로 보아야 할 것입니다. 이런 꼼수는 더 이상 통하지 않는다는 것을 이명박 대통령

---

23 2008년 4월 12일.
24 2008년 4월 9일.
25 아래 표는 〈조선일보〉 2008년 4월 11일 금요일 1면 기사.

에게 국민은 투표로 그 수족들에게 참담한 패배를 안겨 그 싹을 자름으로써 경고한 것입니다. 또 하나는 근자에 당내에서 노골화된 정권 독식욕의 발로였습니다. 이른바 당의 물갈이라는 명분으로 친박 진영을 퇴출시켰다는 것입니다. 사실이 그렇다면, 이는 분명 이명박 대통령을 등에 업은 소인배 정치인들의 불장난이었습니다. 당의 공신과 중진들을 마구 공천에서 탈락시켰기에 이 대통령과 그 수족들의 터전인 영남은 물론이고 여타 지방에서 유권자들은 친박에게 대승(大勝)을 안겨 준 것입니다. 앞으로 이명박 대통령이 큰 정치인답게 행동하지 않는다면, 정국은 복잡하게 꼬일 듯싶습니다. 그것은 친박이나 무소속들이 당의 잘못으로 당 밖에서 복당을 전제로 당선되었으니 당연히 복당해야 한다는 것입니다. 한나라당으로서는 친박 의원들의 협조가 필요하게 될 것이기 때문입니다. 일이 잘못 되었으면, 문제를 순리로 풀기 위해 결자해지(結者解之)의 원리를 적용할 것입니다.

근인(近因)은 그렇다 치고 이명박 대통령은 대통령 당선 때, 국민의 절대 성원으로 우리 선거 사상 유례가 없는 530만 표의 표차로 압승을 거두었습니다. 그러나 말로는 국민을 섬긴다면서도 본인과 측근들의 실제 행동은 국민의 뜻에는 아랑곳없어 보입니다. 지난 10년간 특히 지난 5년간 노무현 정권의 말할 수 없는 실정으로, 하루라도 빨리 정권을 바꾸어야겠다는 일념으로 또 다른 선택의 여지가 없기에 '묻지마 투표'로 당선시켰는데도 그 압승을 자기들의 전리품처럼 끼리끼리 나누어 즐기고 있으니 말입니다. 그들은 입만 열었다 하면 언필칭 국민을 섬긴다고 하는데 실제 행동은 다른 것으로 국민 눈에 비쳐지기 시작했습니다. 단적으로 인수위 구상과 그들의 행적이 잘 드러냈고 내각 제청 명단은 그런 행태를 더욱 분명하게 했던 것입니다. 내각 구성은 지명 인물들이 거의 예외 없다 하리만치 대한민국의 지도자로서는 애써 찾으려 해도 찾기 어려울 땅 투기자, 학력 위조자, 부자(父子)의 병역 기피자, 부인이나 자녀의 도피성 미국적 보유자, 좌경 정권 아부자, 탈세자 등 입니다. 선진국 같으면 입도 벙끗 못할 인사들만을 골라 국민 앞에 내놓아 국회에서 잘 통과가 안 되니 번번이 시간을 끌어 대통령의 자의 임명 시간을 기다려 임명하는 꼴이 되었습니다. 그뿐만 아니라, 그런 장관이라는 분들은 이명박 대통령의 아집과 독선의 표현인 대운하를 기회만 있으면 밀어붙일 발언을 서슴지 않는 인사들로 국민에게 비쳐진 사람들입니다. 이명박 정권의 겉 다르고 속 다른 것을 국민은 날이 갈수록 느끼게 되는 것입니다. 그러니 위에서 말한 바와 같이 고소영이니 강부자 등의 조소적인 풍자가 전국을 휩쓰는 것입니다. 그런 배후에서 권력에 눈 먼 소인배들이 날뛰고 있다고 국민의 눈에 비친 것입니다. 사정이 그렇기에 당선 당시 이명박 대통령의 80% 이상의 인기는 40% 이하로, 당은 60% 이상에서 40% 대로 추락한 것입니다. 당이 의원 과반수 당선에 턱걸이는 됐다고 하나 그 내부를 들여다 보면, 앞날이 암담함을 부인하기 어렵습니다. 이명박 대통령의 큰 정치가 요청되는 때입니다.

이번 선거를 앞두고 한나라당은 참으로 괴이한 난맥상을 일으켰습니다. 제가 60여 년 동안 보아온 선거 풍토는 선거 때가 임박하면 임박한 만큼 정당은 일치단결 세확장에 진력하는 것이었습니다. 그런데 이번에는 어찌된 일인지 스스로 내분을 일삼는 것이었습니다. 선거에서의 압승은 기정사실인 듯 그 열매 독식에만 정신이 팔린 양상이었습니다. 그렇기에 저는 많은 선거를 해왔지만 이번 선거처럼 맥 빠지고 하기 싫은 선거는 처음이었습니다. 이러지도 저러지도 못할 형편이었습니다. 물론 저는 선거를 하기는 했습니다. 여당인 한나라당은 당내에서 자기들 권력 장악에 지장이 될 세력을 일소하다시피 세대교체니 개혁이니 물갈이니 등의 명목으로 이번 공천자 명단에서 일괄 몰아낸다는 불만이 팽배했습니다. 이렇게 저렇게 당내에 큰 불화의 불씨를 수없이 만들어냈습니다. 참으로 괴이한 권력욕의 난무로 보였습니다. 이런 꼴을 보려고 국민이 이명박 대통령을 이 나라 선거 사상 초유의 절대적 지지로 당선시킨 것이 아니었는데라는 후회마저 들게 하였습니다. 그렇기에 투표율이 사상(史上) 최하인 46%에 그친 것입니다. 이명박 대통령을 위시하여 그 배후에서 이 대통령을 움직이는 몇몇 정치인은 무슨 대운하인가를 구상하여 총선에서는 내놓지도 못하고 총선이 끝나면 그냥 밀어붙일 태세로 보였습니다. 말로는 국민을 섬긴다면서 오히려 대통령의 아집과 그 수하들의 꼼수가 결국 일을 크게 그르칠 것이 아닌가 걱정이 앞섭니다. 대운하에 대해서는 찬성보다 반대가 날이 갈수록 훨씬 더 많아지는 것이 학계와 종교계, 시민단체, 일반 시민들의 동향인데도 말씀입니다.

대운하 하면 저에게는 색다른 감회가 있습니다. 지난(2008년) 1월 12일 아침 〈평화라디오〉 방송과 14일 〈조선일보〉 인터뷰에서 지난 수세기에 인기였던 운하 문제는 우주를 나는 오늘의 인류문화 발전 선상에서 더 이상 국가의 명운을 걸 문제가 아니라는 점을 말했습니다. 그 직전까지만 해도 사회조사에서 찬성이 반대보다 훨씬 많던 것이 정반대가 되더니 시간이 지나면서 학계를 위시하여 종교단체, 시민단체, 일반인 할 것 없이 반대가 나날이 늘어 이제 더 이상 말조차 꺼내기 어려운 단계에 이르렀습니다. 그런데도 무작정 밀어붙인다면, 무식으로 몰리기 십상이겠으며 민심은 이명박 정권을 더욱 더 급속히 떠날 것입니다. 그렇다면 노무현 정권 때와는 또 다른 형태의 인류문화 흐름에서 역주행이 되겠습니다. 왜 이 문제를 정정 당당하게 총선 이슈로,

정책으로 들고 나오지 못한 것이겠습니까. 사실 이명박 대선 후보에게 압승을 안겨 준 것은 노무현 386 중심의 종북(從北) 정권의 자유민주주의에 대한 배신, 선조와 전 세대가 피땀 흘려 쌓아올린 자랑스러운 역사, 세계가 놀라는 물심(物心) 양면의 성취를 송두리째 무너뜨리는 데 대한 배신감과 위기감에서였습니다. 국민은 달리 선택의 여지가 없어 묻지마 투표로 이루어 준 것이 아닙니까. 그런 민의에도 불구하고 측근 몇몇 사람, 어찌 말하면 그를 에워싼 일파들이 찬탈하면 안 될 것입니다. 그렇기에 선량하고 사태를 투시하는 국민은 4·9선거에 당혹하게 된 것입니다. 이런 모든 것에 대한 책임은 일차적으로 이명박 대통령 자신이 져야 합니다. 그렇다고 말로만 개혁한다고 떠드는 무식꾼들, 다 지나가 박물관행이 되었어도 전 세기 중반에 벌써 되었어야 할 386 종북주의자들에게 투표할 수도 없으니 이번 투표를 망설였다는 것이 솔직한 심경입니다. 이런 점이 이번 선거에서 국민 54%가 투표를 포기한 직간접의 원인이라 보는 것이 정곡을 찌르는 견해이겠습니다. 물론 뚜렷한 쟁점이 없었다느니 날씨가 안 좋았다느니 등의 원인을 드는 것을 이해하지 못하는 것이 아니지만 말입니다. 우리 국민은 이제 산전수전 다 겪어 선거에서 육감적으로 옳고 그름을 가려내는 지혜를 지닌 국민이 된 것입니다. 이번 총선은 절묘한 선택이었습니다. 먼저 한나라당에서 이명박 대통령을 등에 업고 잔꾀를 농(弄)하던, 이른바 거물급 정치인들을 가차 없이 낙선시키면서도 한나라당은 여당이고 일을 바로 잡아 다시 경제회생과 자유세계에서 이 나라 젊은 세대가 세계와 우주 속에서 미래를 향해 비상(飛翔)해야 할 것이니 한나라당에 턱걸이의 과반당선은 준 것입니다. 그러나 당에서 몰려났다는 박근혜 씨 세력 친박연대와 무소속을 대거 당선시켜 이번 총선은 박근혜 승리라고 풍자될 만큼 한나라당에 강한 경고를 보낸 것입니다.

다시 말해, 국민은 선거를 통해 한나라당에게 화합으로 정도(正道)의 정당 정치를 요구한 것입니다. 그렇다고 저는 어떤 인물을 개인적으로 두둔할 생각은 추호도 없습니다. 저는 선거에서 표를 의식하여 인간의 가장 근본적 의무인 종교 신념을 공개적으로 내던지는 인간성을 좋아하지 않습니다. 하느님을 그런 식으로 안다면, 그런 사람이 어떻게 국민에게 날 믿고 따라오라고 할 수 있겠습니까. 저는 무슨 일이나 모든 것은 있어야 할 모양으로 있어야 하고 일한 만큼 보상이 돌아가야 한다는 입장일 뿐입니다. 이런 입장에서 보면, 이번 선거에서 국민은 참으로 지혜로웠습니다. 더 이상 있으면 안 될 사람들을 선거로 여야를 불문하고 퇴출시켰습니다. 특히 여에 대해 그랬습니다. 물론 이런 경우, 억울하게 되는 사람도 간혹 있을 수 있으나 대체로 잘 걸러진 셈입니다. 그런 와중에서도 본인이 아직 한나라당에 희망을 거는 것은 여당의 비교적 젊은 층에 건전한 상식과 올바른 식별력을 가진 의원들이 적지 않게 있다는 것이 혼탁과 혼란으로 치닫던 공천 말미에서 드러났기 때문입니다. 그들이 당의 쇄신과 화합을 위해 어떤 조치를 집단적으로 강력히 요구한 것은 안하무인적 권력의 난무 중에서 성공은 못했지만 올바른 소리로, 신선한 소리로 국민의 마음에 와 닿았습니다.

이번 선거에서 국민은 또 다른 면에서 놀라운 지혜를 발휘했습니다. 그것은 다름 아닌 종북(從北) 좌경 386 정치인들을 거의 전멸시킨 것입니다. 이른바 우익 정당들에 도합 200석 이상을 주었다는 것입니다. 그것은 그동안 5년에 걸쳐 철부지 퇴행적 386 정치인들의 막강한 국가권력의 종북 남용으로 어떤 역사의 역행과 손해를 보았는지를 이 국민이 절실히 체험했기 때문입니다. 그러면서도 패싸움으로 여념이 없는 한나라당 일당 독재는 막아야 하니 통합민주당에도 80여석이라는 적지 않은 의석을 넘겨 준 것입니다. 이제는 역사의 뒤안길로 사라진 공산 사회주의 이념으로는 안되는 것이니 자유와 인권에 근거하여 발전을 거듭하는 인류문화 속에서 국가와 인류, 특히 다음 세대에 공헌할 정책을 개발하고 실천하라는 지상의 명령이 통 민주당에 내린 것입니다.

지금 이명박 대통령은 생각하기에 따라서는 일하기 쉬운 처지에 놓인 것입니다. 사실 저는 노무현 정권이 국회 탄핵 소추안 역풍으로 국회의 다수를 장악한 후, 오만 방자로 그들의 정치 기간(基幹)인 4대 개혁안, 즉 국보법폐지, 친일 및 과거사 규명법, 신문 등 언론관계법, 사립학교법 개정을 강력히 추진할 때(그 위세에 눌려 아무도 드러내 놓고 대담한 반대 발언을 못하고 있을 때), 2004년 11월 서울대교구 평신도 협의회의 하상신앙대학 주최의 명동대성당 강연회에서 그 부당성을 조목조목 지적하여 언론과 국민의 노도와 같은 환영을 받았습니다. 그 후 줄곧 그런 지적(指摘) 선상에서 노 정권은 실패를 거듭했고 급속한 국민의 불신과 타기의 대상이 되어 지난 17대 대선에서 비참한 몰락을 가져왔던 것입니다. 제가 그렇게 반대한 이유는 그런 개혁안의 밑을 받치고 있는 정치 386의 극좌 사상 때문이었습니다. 그런 극좌 사상에서 노무현 정권의 모든 정사(政事)가 이루어졌으며 그것은 노무현 정권의 모든 실패와 몰락의 원인이었습니다. 한마디로 전 노무현 정권의 4대 혁신안을 반대하는 정책과 실현을 한다면 이명박 정권 성공의 기본은 될 것입니다. 물론 이때 완급(緩急)을 고려하고 합리적인 것은 살린다는 조건하에서입니다. 이명박 대통령은 자기 욕심이나 주장, 아집에 사로잡히거나 주위의 소수 집단에 좌우되면 안 됩니다. 이명박 대통령의 대운하 대선 공약 때문에 이명박 대통령을 찍은 사람은 많지 않을 것입니다. 그 당시 국민의 주안점은 지난 10년간, 특히 5년 노무현 정권식의 시기는 빨리 끝내야 한다는 일념뿐이었습니다. 그렇기에 이 대통령은 진정으로 국민이 원하는 것을 실천하기만 하면 되는 것입니다. 예컨대 한·미관계 복원, 경제회복, 한·미 FTA 성사, 코드 인사 철저 퇴출, 작은 정부 실현, 공기업 민간화, 그에 따른 많은 일자리 창출, 북핵과 북한 인권 문제(인권 문제는 다른 모든 문제의 기초이기에) 등 이전의 잘못된 것을 바로 잡아 주기만 해도 막대한 경비 절약과 이윤창출을 하게 되어 국민은 환호할 것입니다. 그러면서 다른 한편, 국민의 인내와 고통과 동참을 강력히 요청해야 할 것입니다.

앞으로 수년간 국내외 정세는 상당히 어려워질 것입니다. 경제 번영 등 이명박 대통령의 공약(公約)은 단기적 처방과 인기에 연연하다가는 통째로 공약(空約)이 될 징조들이 나타나기 때문입니다. 또한, 이명박 대통령의 인사나 당 관계 발언이나 공언(公言) 난발 등은 머지않아 국민의 불신의 대상이 되어 국민이 등 돌리는 표적이 될 수 있기 때문입니다. 벌써 이 대통령의 발언과 인사, 행동거지(行動擧止)에는 무의식중에 안하무인격인 독선적 체취(體臭)를 느끼게 합니다. 이제 많은 말이 필요 없습니다. 국민은 열 마디 말보다도 한 가지 실효성 있는 실천을 바라고 있습니다. 시기를 놓쳤지만, 그래도 지금이라도 본인은 국민이 느끼도록 겸허하며 말로만이 아닌 행동으로 드러내며 국민에게 단호하게 고통에의 동참을 요구해야 합니다. 그것은 국민의 여망을 대통령 혼자 다 이룰 수 없기 때문이며 온 국민이 국체(國體) 되찾기와 번영된 조국 건설과 젊은 세대들 세계와 우주 안에서의 뛰놀음과 미래를 향해 날아오를 기틀을 마련해야 하기 때문입니다. 이런 관점에서 볼 때, 지금은 많은 시간과 기회를 놓친 셈입니다. 초기에 이런 것을 이명박 대통령이 강력히 요구하며 자기희생을 몸으로 실천하는 것을 국민에게 보여 주었더라면 국민의 의식은 분명히 지금쯤 일신(一新)되었을 것입니다. 이것은 제가 이 글의 허두, 〈평화라디오〉 방송과 〈조선일보〉 인터뷰에서 강력히 요구했던 것입니다.

물론 하기에 따라서는, 그동안의 민심 이탈로 전과 같지는 않겠지만, 지금도 기회는 남아있습니다. 이명박 대통령이 이런 천재일우(千載一遇)의 기회를 충분히 활용하지 못하고 놓친 것이 참으로 애석합니다. 압승으로 당선시켜 준 인기를 그동안의 실정(失政)으로 크게 잃은 것이 사실이지만, 이제라도 대통령이 마음을 완전히 열고 국민의 바람을 따라 온전히 자신을 바친다면 얼마든지 회복 가능한 것입니다. 이 대통령은 그야말로 소소한 패거리 정치에 연연치 말고 통 큰 정치인의 기질을 발휘하여 이른바 쫓겨났다는 당의 원로 그룹과 개인적 패거리, 이번 선거를 통해 국민이 배척한 측근 패거리 말고 진정으로 당과 고락을 같이 한 동지들을 다 받아들여 당의 상처를 치유해야 할 것입니다. 그런 연후에 국민통합 혹은 사회통합을 이루어 국력 신장을 꾀하면 이 민족의 저력은 십분 발휘될 것입니다. 국가 위기에 이런 것을 우리는 수 없이 경험했습니다. 이명박 대통령은 이제 한 당의 대통령이 아니고 온 국민의 대통령이니 어찌 말하면 모든 정당의 대통령입니다. 야도 끌어안아야 하고 휘몰아 갈 정치적 역량(力量)도 필요합니다. 지금과 같은 우리 정치 풍토에서 이점은 매우 중요할 뿐만 아니라 '성공한 대통령으로서 역사에 남느냐? 아니냐? 또는 실패한 대통령이 되느냐?' 도 결국 이에 달린 것입니다. 그렇기에 이 대통령은 지금 친이(親李)니 친박(親朴)이니의 패거리 정치를 말로만이 아닌 행동으로 부정함으로써 국민이 감탄하는 큰 마음, 큰 그릇의 대통령이 되기 바랍니다.

이 기회에 이른바 선진국에서는 상식화된 정당 공천 문제에 대해서도 몇 마디로 짚고 넘어감이 좋을 듯싶습니다. 당의 공천으로 후보자를 낼 수밖에 없다는 것은 굉장히 후진적입니다. 당이 무엇인데 개인 위에 군림하는 것이겠습니까. 그것은 지역 구민의 몫입니다. 민주주의는 밑 풀뿌리에서 올라오는 것이어야 하는데 우리는 당이라는 절대권력 기구의 횡포로 거의 모든 것이 하향식입니다. 어차피 오늘의 정당형(型)은 선진국이라 할지라도 머지않아 각 개인의 권리 우선으로, 그런 권리를 돕는 형태로 더욱 변할 수밖에 없습니다. 우리는 자나 깨나 민주주의와 선진국을 염원하면서도 강력한 권력으로 하향식 지명(指名) 현실이니 무슨 민주주의고 선진국이냐는 푸념은 절로 나오는 한탄인가 싶습니다.

우리나라는 그리스도 신자가 많으며, 이명박 대통령은 장로니 예수님께서 최후의 만찬 석상에서 하느님 아버지께 "이들도 우리처럼 하나가 되게 해 주십시오"(요한 17,11)라고 하신 기도의 말씀이 오늘날 산지사방 갈기갈기 찢긴 우리의 사회 현실에 시사(示唆)하는 바가 매우 큼을 생각했으면 합니다. 지금 우리에게는 난마처럼 얽히고 설킨 사회 통합이 절실히 요청됩니다. 이렇게 해서 국민이 잃어버린 지난 10년, 특히 지난 5년을 회복할 뿐만 아니라 하느님의 가호로 더 밝고 행복한 내일을 이룰 수 있기를 기대하는 바입니다. 어떤 의견이 어느 편에서 나오든 그것이 국민을 위해 좋은 것이라면 이 대통령은 그 의견을 주저 없이 받아들여 실천하는 큰 마음 큰 정치의 대통령으로서 대선에서 나타난 국민의 바람을 이루어주는 대통령이 되시기 기대하는 바입니다.

2008년 4월 12일

5. 이명박 대통령의 방미[26]와 방일,[27] 그 후를 지켜보며[28]

이명박 대통령은 부시와의 정상회담에서 한·미동맹을 "21세기 전략 동맹" "글로벌 파트너"로 격상하였습니다. 연내 미군 3,500명 감축 취소, 미군 28,000명의 현 수준 유지, 특히 북핵 문제의 6자 회담을 통한 철저 규명과 해체하는 노력을 천명하여 국민의 안보 불안을 해소한 것은 좋은 일입니다. FTA 연내 비준 공동 노력으로 미래 한국경제의 밝은 전망은 이명박 대통령의 큰 성과입니다. 그러나 이번 한국 쇠고기 시장 거의 무조건 개방은 축산 농가의 총 붕괴 위기 조성으로 이어져 대책 마련의 시급성 등 문제가 제기됐습니다. 그 구제책은 지난날 수백조를 쏟아 붓고도 별다른 효과가 없었던 것과는 달리 실효성 있는 정책이어야 할 것입니다. FTA 쇠고기 문제는 현 국제적 관행에 따르면 됩니다. 여야 정치인들의 정쟁(政爭)보다는 국가 이익을 위한 큰

---

26 2008년 4월 15-19일.
27 2008년 4월 20-21일.
28 2008년 4월 26일.

틀에서 상호 협력의 공동노력이 시급합니다. 특히, 북한에 대한 햇볕 정책으로 퍼주기와 인권 기피의 종북(從北) 내지 속북(屬北) 정책에서 대한민국 자유민주주의 국헌 기초에서의 정책 변화와 북한의 인권 중시 등은 국민을 안심시키며 공감을 불러일으키기에 충분합니다. 또한, 근일 국방부는 막대한 자금 투입으로 최신 무기를 도입하여 국군 현대화를 이룬다니 국민 대다수가 기쁜 소식으로 받아들일 것입니다. 일본에서 이뤄진 한일 정상회담에서 정상 셔틀 방문 회담 회복과 한일 FTA 회담 재개, 연간 300억 불에 이르는 무역 역조 현상 개선 방안 모색도 잘한 것으로 생각합니다. 그리고 젊은이들의 상호교환 교육 문제도 바람직합니다. 특히 독도 등 양국이 첨예하게 대립할 문제는 정치적으로 해결될 문제가 아니니 결국 학자들 특히 양국 학자들의 학문적 진실 규명 토대에서 문제를 해결해야 할 것입니다. 앞으로의 과제는 애써 번 돈을 일본에 모두 갖다 주는 식의 역조를 어떤 식으로든 해결해야 한다는 것입니다. 일본의 노회한 수법에 걸리지 않는 실력 배양이 우리에게 절대로 요청됩니다.

이러저러한 것은 그렇다 치고 지금 국내적으로 큰 문제는 날이 갈수록 이명박 정권의 윤리적 취약성이 그대로 국민 앞에 노출되는 것입니다. 그것은 4월 24일 발표된 청와대 고위급 인사들과 정부 장·차관급 인사들의 재산 공개에서도 여실히 드러났습니다. 그 막대한 재산과 형성 과정이 이 땅의 대부분의 국민으로서는 납득할 수 없는 부동산 투기와 탈법, 편법, 급기야는 허위 문서 제출 등으로 얼룩졌다니 어찌 이 대명천지에 그것도 국민 앞에 윤리적 권위가 있어야 할 청와대 핵심부에서 그랬다니 이제는 분노에 앞서 참으로 가련한 인간 집단이라는 연민마저 듭니다. 하기야 이명박 정부는 출범 초기부터 부동산 투기자, 부자(父子) 병역 기피자, 도피성 이민자, 탈세, 논문표절 등 의혹투성이

윤리적 만신창이더니 이제 그 실체를 하나하나 노출하기 시작하는 느낌입니다. 많은 국민은 이런 인사들에게 정권을 맡기는 것은 고양이에게 생선가게를 맡기는 것과 무엇이 다르겠는가 하는 생각일 것입니다. 이명박 대통령 자신도 대선 후보 시기부터 BBK 사건 등 부정에 휘말렸습니다. 아무리 법적으로 해결이 났다지만, 윤리적 상처를 피할 길은 없을 것입니다. 그런데 그가 임명한 주요인사들 거개가 국민의 불신의 대상들이니 그분의 주위에는 그런 사람밖에 없다는 말입니까. 그렇기에 이명박 정권은 국민 앞에 윤리적 큰 부(負)를 안고 허덕이는 것입니다. 그것도 다름 아닌 청와대 비서실 수뇌들이 그렇다니 할 말을 잃게 됩니다. 그렇기에 야당은 청와대 비서실을 "강부자", 즉 강남 부자 모임이나 부정 축재자 대표집단 같은 인식을 서민들이 갖도록 몰아세웁니다. 듣고 보기에도 민망합니다. 거기에 더해 청와대 대변인이 그런 인사들을 합리화 하려 공개적인 변명을 하는 꼴이니 사태는 점입가경입니다. 이 정권의 지상 목표이며 대선 공약인 선진국 진입도, 공공연하게 윤리적 흠투성인 청와대와 정부 고위층이 지휘하는 나라에 말 자체가 어울리겠습니까. 이른바 선진국이라는 유럽 국가나 미국의 고위층이 한국과 같다면 애당초 여론과 국민의 윤리적 저항에 부딪쳐 정부 구성이나 제대로 할 수 있었겠습니까. 진짜 선진국에서는 선진국이란 말없이 품위에 걸맞는 지도자들이 이끕니다. 빈 달구지는 소리만 요란하다지요. 하도 여론에 몰려 문제의 대통령 사회정책 수석 비서관 박미석 씨가 사표를 냈고 사표가 수리될 것이라니 그나마 천만 요행인가 합니다.

요즘은 곡물가와 유가 급등으로 야기되는 국내 물가를 잡는다는 어린애 같은 이명박 정권 정책이 오히려 그런 품목가 상승으로 이어진다고 하니 이 정권은 출발에서부터 그 위신이 말이 아니게 됐습니다.

부동산 편법 탈법 축재에는 능할지 몰라도 서민 생활고에 대해 그런 인사들에게 기대를 거는 것 자체가 정신 나간 일이 아니겠느냐는 비아냥도 나올만 합니다. 그들에게 기대를 건다면, 그들을 위한 투기성 부동산 정책 정도가 아닐까라는 회자가 전국을 휩쓸 것도 먼 날의 일이 아닐 것 같습니다. 사정이 그런데도 중견 정치인이 이제 집권 2개월이니 협력해야 한다는 투의 공개 발언을 하니 참으로 보고 듣기에도 딱합니다. 암은 초기 진단과 근본 제거가 살고 죽음의 관건이라고 합니다. 이명박 대통령은 자타가 공인하는 독실한 그리스도교 신자이며 장로이니 윤리적으로 하자 없는 인사들로 청와대와 정부 고위직을 구성해 주길 바랍니다. 그리고 인사 기용에서 많은 사람이 의심하고 있는 바와 같이 종교나 지역, 학연에 관계없이 전국적 차원에서 적재적소 인재를 등용하였으면 합니다. 우리 민족은 청백리(淸白吏) 사상의 깊은 뿌리를 갖고 있습니다. 본인은 이명박 대통령이 개신교 장로이기에 이번 만큼은 하는 심정으로 부패한 지난날의 우리 정치 풍토에 깨끗한 새 바람을 기대했습니다. 그러나 그동안 인사 일들은 그런 기대도 말짱 헛것인가 싶게 합니다. 현실은 정반대로 패거리 부패 정치의 형태로 나타나 그분 주위에 그런 인물들만이 뒤끓지 않느냐는 세평도 무시할 수 없게 되었습니다.

그래도 본인이 이명박 정권에 희망을 거는 것은 한나라당 젊은 층에서 새로운 바람을 일으키려는 강력한 움직임이 있기 때문입니다. 그렇지만, 지난날의 부패 패거리 정치로 그것도 그리 쉽지 않은 것 같습니다. 이명박 대통령의 화려한 대선 공약인 747도 세계 경제의 흐름과 국내 현실은 벌써 물 건너간 것으로 치부케 합니다. 그의 대선 공약의 큰 기둥 중 하나인 대운하 공약은 더욱 인류 사상발전 흐름에 역주행적 발상이었음이 명백해지고 있습니다. 그런 구상은 30-40년 전 아랍 건설 현장 소장들에게나 있었을 꿈같은 환상이었음이 날이 갈수록 드러납니다. 총선 공약에는 내놓지도 못하고 뒤 꼼수로 처리하려다 또다시 우물쭈물하는 소인배 기질만 드러내는 성 싶습니다. 이명박 대통령은 그런 발상을 떠받치는 수하(手下)들이 그리도 대견스러운가 싶어 입맛이 씁쓸합니다. 그러니 이 정권도 머지않아 빨리 끝나야 한다는 국민적 여망에 시달리게 될 것입니다. 이명박 대통령은 청와대에 들어오면 안 될 사람들이 들어 왔다고 은연중에 호통을 친 모양이니 다행한 일입니다. 그런 사람들, 예컨대 농지에 위장 전입 하는 등의 인사들에게는 경운기를 한 대씩 주어 빠른 시일 내 새벽 4시 경에(이 대통령 자신이 조조(早朝) 회의를 좋아하고 지금은 농사일로 농군들이 일찍 움직이는 시기라는 점을 감안하여), 그들을 농촌으로 보내는 것이 좋을 듯합니다. 너무나 뻔한 위장 위법들을 스스럼없이 공개적으로 거짓으로 일관하는 고위직들은 촌각을 다투어 물러나게 해야 합니다. 그렇지 않고서는 땅에 떨어질 대로 떨어지는 이명박 정권의 도덕적 파탄을 구제할 길이 없을 것입니다.

지난 총선 결과를 놓고 이 대통령과 강제섭 당대표는 과반수를 얻었다고 대 성공이라고 자화자찬을 주고받는 것을 보며 어쩌면 저렇게 대선 때의 민심이 썰물처럼 빠져 나간 것이 안 보일까 싶어 한심하기조차 했습니다. 지금이라도 늦지 않으니 이명박 대통령은 당내 젊은 층의 주장과 뒤끓는 여론을 받아들이길 바랍니다. 또한, 대선 공약이었던 집과 얼마간의 재산을 제외한 전 재산의 사회 헌납을 단행하여 민심을 일신하고 전국의 참신한 인물들로 국정을 쇄신하여 역사에 남는 대통령이 되시기 바랍니다.

6. 한·미 FTA 협정과 정치권 및 국민 일부의 소란을 보며

　　근일 이 땅을 혼란의 도가니로 몰고 가는 사건은 한마디로 한심한 작태로 보입니다. 그야말로 여야를 막론하고 유치하기 짝 없는 작태이며 많은 국민에게는 실망 그 자체일 수밖에 없습니다. 이런 것을 두고 현명한 선인(先人)들은 "빈대 미워 집에 불 놓는다"는 격언을 남겨주었는가 봅니다. 야당은 일치단결하여 여당을 때려잡는 데 온 힘을 기울이는 인상입니다. 여당은 무능함을 여실히 드러내고 국제사회에서 동네의 밥이 될 일을 골라 저지른 꼴이 되었습니다. 그래도 이명박 정부가 처음으로 하는 큰일이니 내용이 그리 엉망일 것이라고는 생각하지 못했던 것입니다.

　　여하튼 한·미 FTA는 경제회복과 번영을 위해서는 절대 필요하니 그 협정을 대전제로 여야가 합심하여 살리되 먼저 어떻게 하면 수입 쇠고기 광우병의 진상을 규명할 것인가에 초점을 맞추어야 합니다. 그 진상을 밝힐 수 있는 것은 과학적 규명밖에 달리 도리가 없으니 사계 전문가들의 연구 결과에 근거해야 할 것입니다. 그런 면에 과학적 지식이 전무(全無)한 정치인들이 온통 난리입니다. 그것도 근래 MBC PD수첩이 "한국인 94%가 인간 광우병에 걸릴 수 있는 유전자를 갖고 있어 영·미인보다 감염 위험성이 두세 배 높다"[29]는 괴담에서 촉발됐다니 참으로 창피하기 그지없는 일입니다. 그런데도 국회 전체가 야단이고 일부 국민과 어린 학생들까지 촛불 집회니 하며 내일이라도 한국인이 미국 쇠고기만 먹으면 다 죽을 것처럼 법석입니다. 참으로 창피스러운 일이 아닐 수 없습니다. 국민도 냉정하게 사태를 지켜보아야 할 것입니다. 사실이 그렇게 죽고 사는 중대 사건이라면 대다수 국민의 눈에 국회는 당리당략적으로밖에 보이지 않습니다. 국회는 스스로 흥분하기에 앞서 국민의 흥분을 가라앉히면서 과학적인 진실 규명에 전력을 쏟아야 할 것입니다. 이 문제에서 이른바 알파요 오메가는 과학적인 진실 규명입니다. 여당과 정부 측에 가관인 것은 미국과 FTA 협정을 추진하는 일본이나 대만의 협정 결과를 보아가며, 재협상이 사실상 불가능하지만 우리 입장을 대처해 가겠다니 참으로 웃기는 논리입니다. 후에 오는 일이 선례를 따른다는 것이 상식인데 먼저 간 것이 뒤에 오는 것을 따라 한다니 이 사람들이 제 정신인가 하는 생각마저 드는 것입니다. 보통의 지능도 안 되는 사람들이 국민을 향해 칼춤을 마구 추며 전권을 휘두르는 셈이 되었습니다. 한편으로는 이 문제가 우리의 문제만이 아닌 세계적인 문제이니 국제적 대처 범위에서 움직일 수밖에 없을 것입니다.

여는 정부와 한통속이 되어 무능과 오만, 전리품 나누기에 정신이 팔려 당내 불화를 일삼기에 몰두, 국민의 대선에서의 기대를 완전히 배신하는 몰골이 되었습니다. 이번 사태는 전적으로 이명박 대통령의

29 〈조선일보〉 사설, 2008년 5월 5일 월요일 나 A27쪽 참조.

무능과 구태의연한 부정부패, 위장, 부도덕하고 무능한 인물들로 구성된 패거리 인사에서 기인하며 그런 인사(人事)의 단적인 노출 현상입니다. 국회 청문회와 언론에서 잘 드러났듯이 어느 한구석이라도 제대로 된 곳이 없다 할 만큼 이명박 대통령 인사는 비윤리적인 정부의 모습을 여지없이 드러낸 것입니다. 첫 발부터 이명박 정권은 "고소영"이니 "강부자"니 등 한국 온천지의 웃음거리가 되었습니다. 날이 갈수록 그런 진상이 백일하에 드러나는데도 이명박 대통령은 박미석 수석비서의 사표를 마지못해 수리하면서 더 이상 사표 수리는 없다는 결의를 표명하니 앞으로의 국정은 암담할 따름입니다. 그렇기에 저는 지난 1월 취임식 전에 이명박 당선자의 인수위 구성과 일 추진 과정 및 남대문 화재(사실 남대문을 무방비로 개방한 것은 이명박 대통령의 서울 시장 시기로 알고 있기에) 현장에 대한 한마디 사과도 없는 것을 보며 나라의 앞으로의 5년은 또 암울하겠구나 싶었습니다.

아니나 다를까 이명박 대통령은 말은 많은데 자신이 한 그 많은 말들을 다 알고 하는지, 아니면 30–40년 전 부족한 현장소장 식으로 발로 이리 뛰고 저리 뛰며 말을 쏟아내는 것이 아닌지 걱정이 앞섭니다. 지금 한국은 교육 수준으로 보나 민족의 우수성, 특히 세계 속에서 젊은 세대들의 욱일승천(旭日昇天)하는 기상으로 보나 하늘과 땅을 주름잡는 아이디어로 승부를 보아야 합니다. 그런데 난데없이 땅파기 대운하 아이디어를 냈습니다. 그리고 여론과 사계 전문가들의 반론에 밀려 총선에서는 정책으로 입도 뻥긋 못하다가 총선이 지나니 하수인밖에 안 되는 사람을 시켜 이를 표면화 하여 나라를 온통 아수라장으로 만들 참입니다. 그렇지 않아도 세계 경제가 어려워져 747 공약도 허공에 뜬 지 오래입니다. 더욱이 그가 말한 것은 아무것도 이루어지지 못하고 온통 빈 말로 시종하는데 대운하는 반드시 하고야 말 태세입니다.

또 무슨 그 옛날 장돌뱅이 같은 인상을 주는 것이겠습니까. 제발 윗사람으로서의 초보 지식인 우리 동양의 명구, "수신제가치국평천하"(修身齊家治國平天下)의 수신제가(修身齊家) 정도라도 몸에 익혔으면 합니다.

저는 386의 속북(屬北)에 절대로 동조할 수 없어서 선택의 여지가 없기에 "묻지마! 투표"로 이명박 대통령의 출현에 일조한 사람입니다. 그런데 날이 갈수록 실망이 커갑니다. 그렇게 국민이 사상 유례없는 표를 몰아주었는데도 패거리 정치로 시종하니 실망이 이만 저만이 아닙니다. 저는 국민의 그 여망과 위력을 배경으로 대선공약인 살 집만 내놓고 전 재산을 즉각 사회에 환원하는 자기희생과 더불어 미국의 용기 있는 케네디 대통령과 같이 국민에게 희생을 요구하고 나설 것을 강력히 요청했습니다. 그런데 이 대통령은 설교에서나 얻어들었을 국민을 섬긴다느니 겸손하게 국민의 뜻을 받들겠다는 등 알량한 미려구사(美麗句辭)로 일관하다 벌써 국민의 마음은 떠나는 지경이 된 셈입니다.

국민의 가장 큰 여망은 정치 386과 종북 좌경 세력의 퇴장이었으며 사실 국민은 투표로 그것을 심판했는데도 이명박 대통령은 그 실정(失政)으로 그들을 거의 되살려 놓고 있습니다. 심지어 이번 FTA 파문으로 아이러니컬하게도 이명박 대통령의 치적 1호로 치는 청계천에서 이명박 대통령 탄핵과 반미 촛불시위 등, 6년 전 미선이·효순이 사건을 방불케 하는 일들이 벌어지고 있습니다. 물론 저는 이조 5백 년 영욕의 역사를 고스란히 간직한 청계천을 어린이들이 여름에 물장구 치고 초로들이 발 담그는 식의 개발의 가치를 전혀 무시하지는 않지만, 그런 것이 아닌데 하는 아쉬움을 간직하고 있는 사람입니다.

이명박 대통령이 치정(治政)에 근본적인 변화를 가져오지 못한다면, 아마 일 년도 못 가 이 시기가 빨리 끝나 주었으면 하는 정치 풍토로 변할 것이기에 또 하나의 실패한 대통령이 출현하지 않을까 염려됩니다. 저는 민족 부흥의 큰 계기 중에도 당리당략에서 벗어나지 못하는 정치인들을 보는 것이 참으로 안타까웠습니다. 이제 여야를 막론하고 다 물러가고 참신한 세대가 등장해야겠구나 하는 확신입니다. 무엇보다도 의지할 곳은 지난번 대선에서와 같은, 실정(失政)에 대한 국민의 준엄한 심판으로 모든 것이 새롭게 되야겠구나 하는 슬픈 기대입니다. 그래도 이번 만큼은 널리 전국과 국내외적으로 인재를 등용하여 성공한 대통령이 되시기 바라는 마음이 간절합니다.

7. 이명박 대통령의 실정을 보며[30]

　우익 정권의 출현을 누구보다도 바라며 노력하던 저는 이명박 정부의 출현을 매우 환영했습니다. 그런데 인수위부터 실망하기 시작, 청와대 인사와 첫 조각에 완전히 실망하여 드디어 좌경에 농락된 허상, 더 나아가 괴담에 놀아난 쇠고기 파동 촛불시위로 만신창이가 된 대통령, 더 한심하게는 서울시가 무법천지화 되는 와중에서 철벽 경찰 버스 뒤에 꽁꽁 숨어버리는 대통령의 모습은 더 이상 이 나라 국민의 생명과 질서와 안녕의 유지자가 아님을 만천하에 천명하는 듯했습니다. 촛불시위로 전면적 청와대 개편이 발표되는 바로 그 순간, 저는 또 형편없는 실책이라고 언명하며 이명박 대통령은 시기와 눈치만 보다 정부 개편은 소폭에 그치리라는 것을 예언했는데 그대로 되는 것을 보았습니다. 그런 일련의 위기 사건 대처 능력은 또 다시 이명박 대통령의 무식과 무능, 무소신, 무정견(無定見)과 아집이 대통령의 트레이드마크

---

30 2008년 7월 7-16일 작성. "8) 이명박 대통령의 위기에 대한 예언 적중과 그 후 사태 진전- 17) 이명박 대통령과 불교간 갈등" (349-358쪽) 에서 광범위한 내용을 다루었다. 그중 정부 주도의 "대한민국 건국 60주년 기념사업위원회 고문위촉 "은 정진석 추기경님이 내게 위촉한 것이다.

임을 국민의 뇌리에 깊이 각인시켰습니다. 급기야는 천인이 공노할 금강산 관광객의 북한군에 의한 사살 사건의 보고를 받고서도 국민의 생명 지킴이가 첫째 임무임을 망각한 이 대통령은 북한 당국에 저자세의 손을 내미는 국회 연설이나 한 셈입니다. 이런 사람이 무슨 대통령이냐는 국민적 의식과 저항심이 일어나는 것은 지극히 당연하고 올바르고 정당한 것입니다. 어쩌면 참모라는 분들이 그 정도의 식견과 판단력밖에 안 되는 사람들일까 한심하기조차 합니다. 여기에 이르러 대통령의 판단 미숙과 위기 대처 능력의 결여 등이 그대로 국민과 온 세계에 드러났습니다. 무엇보다도 이명박 대통령은 그의 정치적 행보로 국제적으로 그가 공헌하고 지향한 것이 하나같이 허언·허상이 되고 주변 국가들에게는 국제적 밥이 되었습니다. 북한에게는 관광객 사살로 이명박 대통령에게 종북(從北) 정도가 아닌, 속북(屬北)을 강요하는 계기를 제공한 셈입니다. 이런 현실에 직면하여 그의 당선에 결정적 기여를 한 절대 다수의 우익 국민이 배신감을 느끼고 이명박 대통령에게 등을 돌리게 된 것입니다.

이번 북한군 총격 사건뿐만 아니라 몇 차례에 걸친 일본과의 정상회담에서도 어떻게 얕보였기에 그동안 잠잠하던 독도 문제를 이제 일본 영토라고 일본 교과과정이 정식으로 들고 나왔습니다. 2012년부터 하려던 독도 영유권 교육을 내년(2009년)부터 앞당겨 한다는 일본 당국자들의 언명만이겠습니까. 국정을 어떻게 이끌어 가기에 북한의 통미봉남(通美封南) 정책이 미국에 먹혀 들어가겠습니까. 중국은 이명박 대통령이 어떤 외교를 했기에 겉으로는 어자어자 하면서 한국의 기술이나 빼먹고 한국을 자기들 발전의 발판으로 보는 지경에 이른 것이겠습니까. 더욱이 이명박 대통령이 중국 국빈 방문 중에 중국 정부가 한·미의 친근 외교를 "구시대의 유물"로 공식 발언까지 하는데 이 대통령은 그것이 무슨 뜻인지조차 모르는 듯했습니다. 국가 체면이 말이 아니었습니다.

지금 당장은 좌경 종북 386 정치가 싫어서 하는 수 없이 이명박 대통령을 참아주지만, 이런 상태가 얼마나 오래 가겠습니까. 결국 머지않아 이명박 대통령으로는 안 되겠다는 말들이 국민 입에서 스스럼없이 나올 것이 아니겠습니까. 지금도 항간에는 그런 소문이 자자하니 말입니다. 물론 저는 한 번의 큰 실수로 대통령이 물러나야 할 것은 아니라고 했지만 말입니다. 그러나 지금처럼 이 대통령이 하는 일마다 그 모양이라면 일은 참 난감하게 될 것입니다. 헌법의 5년 보장이니 등도 대통령이 제대로 하는 한에서이지 민심이 다 떠난 후에 그런 논거는 사후약방문이 될 공산이 큽니다. 국민의 큰 지지로 당선되었으니 5년을 참아야 한다는 것입니다. 물론 맞는 말씀입니다. 그러나 바로 그 민심이 다 떠났다는 데 문제의 심각성이 있습니다. 헌법 어디에도 민심 절대 다수가 요구하는 것을 침묵시킬 수 있는 조항은 없을 것입니다. 헌법 자체가 민의 결정체이기에 헌법은 존중되어야 합니다.

이런 것과 유사한 일들을 지난날에 예견했으며 이는 그대로 실현되었습니다. 또 그러저러한 일들이 예견되기에 이변이 없는 한 사태는 그렇게 진전될 것입니다. 일이 그렇게 벌어지기에 저는 아끼는 마음에서 이 대통령에게 아주 새로운 발상을 고대하지만, 별로 희망을 걸 수 없어 앞날이 어둡게 보입니다. 그것은 이명박 대통령이 자라온 배경과 지나온 시기, 형성된 성격으로 인해 인류 사상 흐름에 대한 무지(無知), 무모(無謀), 무소신(無所信)의 한계를 벗어날 수 없음을 비록 짧은 기간이지만 극명하게 보여주고 있기 때문입니다. 그에게는 뛰어난 현장적 실천 감각이 있습니다. 더욱이 7월 21일(후일 추가) 정부가 발표한 지역 발전 정책은 노무현 정권이 구상하고 실천하던 것을 그대로 답습한 것이라는 소식입니다. 그렇게도 말로 세상을 시끄럽게 하던 이명박 대통령에게 새로운 발상이란 전혀 찾아 볼 수 없습니다. 사실 이명박 대통령은 노 정권의 국토개발 계획을 신랄히 반대했습니다. 그러니 그는 이리 치면 이리 밀리고 저리 치면 저리 밀리는 무정견, 무소신의 대통령이라는 평과 민심의 이탈을 면키 어렵게 됐습니다. 그래도 늦기는 했지만 지금이라도 그분이 국민, 특히 젊은이들이 바로 이것이다 할 수 있는 새로운 발상을 제시한다면, 민심을 되돌릴 여지가 전혀 없는 것은 아닙니다. 최소한 한승수 총리는 지인들과 국민 사이에 평이 좋은 편이고 깊은 지식과 풍부한 국제적 경험, 더 나아가 인격적 수양도 높은 분입니다. 그분의 능력을 충분히 활용하고 그분 주변의 인적 자원을 동원한다면, 새로운 발상의 창출도 무망(無望)한 것은 아니겠습니다. 아래에서 문제를 좀 더 집약해 보겠습니다.

① 지난 6월 21일, 6월 23일부 〈조선일보〉와의 인터뷰 기사는 반응(조선닷컴 인터넷을 포함)이 의외로 좋아 사측에서도 전에 없던 일이라고 놀라워했습니다. 직·간접으로 다 좋은 일이라 생각합니다. 여기 저의 원고들은 저간의 방송이나 신문들과의 인터뷰 준비물입니다. 그 원고들에는 중요한 내용이 담겨있지만, 시간과 지면 관계로 다 발표되지 못해 아쉬움이 남습니다. 그러나 그런 사항들이 시간의 경과 중에 하나하나 현실화되는 것을 보면서 저 스스로 놀라는 때가 있습니다. 앞으로 더욱 그러하리라고 생각합니다.

사실 저는 2003년 1월 14일 서울 시청에서 당시 이명박 서울 시장으로부터 세종로 통로의 폭을 많이 넓히고 청계천 개발과 시청 앞 광장도 잘 정비할 계획이라는 말을 들었습니다. 그때 저는 그러면 그곳을 산책하고 행진할 사람들은 젊은이들이며, 그들은 불만에 차면 시청 앞

광장에서 인간 홍수가 되어 시장실로 쳐들어갈 것이라 했습니다. 그런데 현금 시청 앞 광장에서 젊은이들의 쇠고기 시위가 노도와 같이 청와대로 향하려는 것을 보며 어쩌면 그때 그 말 그대로 일이 진행되는 것일까 생각하게 됩니다. 이명박 정권은 출발부터 어찌 말하면 태생적 불치병에 걸려, 민심을 급속히 떠나게 한 것으로 보입니다. 사장(死藏)된 좌경에로 급선회하는 무식한 386 정치꾼들이 싫어 "선택의 여지가 없으니 묻지마! 투표라고" 이명박 후보를 위해 주변을 격려한 저는 허탈하기 그지없습니다. 노무현 정권 때는 국민과의 직접 대화를 열성적으로 많이 했지만 결국 대실패로 끝났습니다. 문제는 국민 특히 젊은 층이 요구하는 것과 앞으로의 세계가 지향하는 새로운 발상입니다. 그런데 2007년 7월 7일 저녁 뉴스에서 국민의 여망인 전면적 개각을 외면한 채, 소폭에 그쳤습니다. 그것도 사태의 반전(反轉)에 따라 단기간에도 실패만 거듭한 경제 수장을 유임시키고 차관에게만 책임을 물어 교체한 것이라니 어이가 없습니다. 더 나아가 무슨 일이 있어도 대운하 건설을 한다고 기세당당했던 국토해양부 장관을, 대통령 공약 제1호인 듯 보이던 대운하 건설을 대통령 스스로 백지화시킨 마당에 유임시킨다는 것(혹시 기회만 되면 대운하 계획을 다시 추진하려는 속셈이 아닌가 의심이 갈 만큼) 등은 애당초 정치적 도의나 체면 따위는 일고의 가치도 없다는 이야기인 것 같습니다. 이명박 대통령은 이제 머지않아 노무현 대통령과는 다른 역주행으로 그 한계의 정점을 치지 않겠나 하는 걱정이 앞섭니다.

지금 정국(政局)에 요구되는 것은 이명박 대통령의 새로운 발상이지 실패를 거듭한 인사들의 명줄 늘리기, 즉 연명(延命)이 아닙니다. 그럴수록 민심은 더 멀리 떨어져갈 위험이 큽니다. 알게 모르게 새로운 세계 질서를 향하는 젊은이들은 이명박 대통령 발상의 근본적 변화를 촉구하고 있기에 아무런 새로운 비전 제시도 없는 구태의연한 행정으로는 출발에서의 치명적 실정(失政), 즉 정치 원죄가 너무 컸기에 민심을 되돌려오기는 매우 어려울 것입니다. 헌법에 의해 선출된 이명박 대통령은, 그것도 우리 헌정 사상 초유로 530여만 표차로 당선된 대통령이기에 존중되어야 합니다. 그러나 그렇게 몰표를 몰아준 바로 그 민심이 무능과 상상키 어려운 실정(失政)의 연속, 패거리 정치에 진저리를 내 60-80%대를 구가하던 인기가 10%대로 떨어졌는데도 정권 퇴진 운운을 무슨 위헌이나 되는 듯한 일변도로 단언하기는 어려울 것입니다. 그런 퇴진 주장이 이 시점에서 국민 다수의 동의를 얻느냐 못 얻느냐는 별개의 문제입니다. 두말 할 것 없이 집단 이기주의 내지 좌경 단체 생떼 조작의 허위 민의는 일체 배격해야 합니다. 물론 본인은 이 글에서 분명히 하는 바와 같이 초기의 큰 실정(失政)으로 정권 퇴진을 요구할 것은 아니지만, 당사자인 대통령은 그것에 상응한 결의 표명과 실천을 보임으로 민심을 되찾아올 수 있을 것입니다.

② 여기에서 저는 이명박 정권을 파탄 위기로 몰고 간 한·미 쇠고기에 대한 소견(所見)을 말씀 드립니다. 노무현 대통령도 광우병 위험이 없다고 공인했다는 쇠고기 문제가 왜 그렇게 이명박 정부를 위기로 몰고 갔습니까. 한마디로 저간에 거듭된 실정으로 이명박 대통령한테서 민심이 완전히 떠났고, 대선 참패로 숨죽였던 좌경 세력이 되살아 활기차게 활동하게 되었기 때문입니다. 재협상도 초기에는 아주 간단히 처리될 수 있는 문제였습니다.

야권과 반대 세력이 요구하는 쇠고기 재협상을 받아들여 여야가 공동으로 하되 그런 경우, 한·미 FTA를 근본적으로 재협상하게 된다는 점을 제시하면 되었을 것입니다. 사실 이대로 한·미 FTA를 재협상하게 되는 경우, 우리 시장을 미국에 완전히 개방하거나 우리의 생명줄인 수출에 치명적인 상처를 입습니다. 그래서 우리 경제는 지난 5년보다 훨씬 더 나쁜 지경에 빠져들어 실업률, 특히 젊은이들의 실업률과 자살률이 최악의 상태로 치달을 수 있습니다. 또한, 미국 쇠고기를 3억 미국인과 근 100개 교역국민도 매일 먹는데 한 사람도 죽은 사례가 없다는 점입니다. 그리고 오늘날 과학적으로 쇠고기 광우병 위험이 거의 없다는 점을 국민에게 소상히 밝히면, 그런 재협상 주장은 국민의 강력한 반대에 부딪쳐 야권과 반대 세력을 재기 불능의 처지로 몰아 갈 수 있었을 것입니다. 물론 그래도 국민이 모두 재협상을 하자면 하는 것입니다. 그럴 경우 이 대통령은 져도 이기고 이겨도 이기는 승자가 되었을 것입니다. 그런데도 오늘 쇠고기 문제가 이렇게 꼬인 것은 이명박 대통령이 아이디어 부족과 독선과 오만에 갇혀 있기 때문이겠습니다.

③ 여기에 첨부하는 연해주(沿海洲) 방문은 약 40년 전, 제가 제안했던 아이디어를 회상하게 하여 감개가 컸습니다. 저는 경부고속도로 건설을 1966년 가을경, 박정희 대통령에게 제시하여 큰 성과를 거두는 것을 보았습니다. 아래 글에서 설명하는 바와 같이 1970년 대 초반에 한국은 당시 소련 정부와 교섭, 지금의 연해주 정도가 아닌 시베리아 일대의 산림(벌목)과 천연가스와 유전 등을 개발하여 자원의 자급자족을 해야 할 것이니 동해안에 현대식 수송항이 필요하다는 것을 제안했습니다. 그런데 당시 당국자들은 전혀 이런 안을 이해하지 못했으나 동해항은 그 후 서서히 오늘과 같이 개발된 것으로 알고 있습니다. 근년에 들어서도 저는 계속 이런 안을 지인들 사이에, 또 인터뷰 준비 원고에서 보는 바와 같이 널리 또 끈질기게 주장해 왔습니다. 그런데

이명박 대통령이 일본 도야코 G8 회담 중에 러시아 대통령에게 시베리아 개발안을 제시할 것이라는 보도이니 한참 늦었지만, 그나마 다행으로 생각합니다.

④ 또 한 가지는 지금 시급히 요청되는 것입니다. 우리 정부가 특히 젊은 층을 위해 아이디어 산업 육성으로 승부를 걸어야 한다는 점입니다. 이런 것을 저는 지난 10여 년간 계속 주장해 왔는데 정부나 민간 차원이 잘 이해하는 것 같지 않아 호기를 아깝게 놓치는구나 하는 아쉬움이 큽니다. 이런 점에서는 박정희 대통령이 공업 입국의 새 아이디어로 나라의 큰 기틀을 놓아준 것처럼 정부의 새로운 발상과 추진이 필요합니다. 그런데 이명박 대통령은 시종 드러내는 그의 인사 정책 등을 보아 접근조차 할 수 없는 차원으로 생각되어 아쉽기 그지없습니다.

⑤ 여기에 한 가지를 덧붙이고자 합니다. 2008년 5월 10일 〈조선일보〉 A2면에 실린 내용입니다.(이 대목은 10일 추가) 미국의 〈자유아시아방송(RFA)〉은 9일 "북한이 세계적 패스트푸드 업체인 맥도널드를 도입하려 했지만, 맥도널드 측이 사업성이 없다는 이유로 거절한 사실이 밝혀졌다"고 보도했다는 것입니다.

저는 1989년 10월에서 1990년 5월에 걸쳐 공산주의의 원조 소련을 위시하여 동구의 공산국가들이 앞 다투어 도미노 현상을 일으키며 붕괴된 직후인 1990년 여름, 문교부의 연구 시찰 계획이었던 교수단 파견의 일원으로 동구와 소련을 방문했습니다. 그런데 소련 모스크바에서 아주 충격적인 사건과 마주쳤습니다. 그것은 시작도 끝도 안 보이는 젊은이들의 긴 행렬이었습니다. 마냥 기다리는 끝없이 긴 줄서기였습니다. 안내자에게 그것이 무슨 줄서기냐 했더니 맥도널드에 들어가 패스트푸드를 한번 먹기 위해 그렇게 서 있다는 것이었습니다. 얼마나 긴 줄이냐고 했더니 4킬로미터는 족히 되리라는 것이었습니다. 그 다음해 모스크바를 방문했을 때는 맥도널드 점포가 시내에 4개가 생겨 줄이 많이 짧아진 편이었습니다.

세계 젊은이들은 그 시대상에서 공통적이기에 당시 어디를 가도 햄버거와 콜라, 진 바지, 양담배(미국 시가레트) 등은 젊은이들의 환상적 기호품이었습니다. 또한 그런 것들은 자유물결 침투의 루트였습니다. 저는 젊은이들의 이런 경향을 주시, 북한 젊은이들을 생각하며 귀국 후에 계속 북한에 패스트푸드와 콜라 제공을 주장해 왔습니다. 북한의 젊은이들은 구매력이 없을 터이니 남한에서의 막대한 북한 식량 보조비의 일부로 패스트푸드와 콜라를 현지에서 패스트푸드 점포들을 통해 북한 전역의 젊은이들에게 아주 싼값에 공급하면 통일에 큰 효과를 낼 것이라고 계속 주장했습니다. 심지어는 지기인 정동영 통일부 장관에게도 직접 강력히 건의한 바가 있었지만 그런 일을 할 만한 위치의 사람들은 전혀 이해하지 못하는 형편이었습니다. 실질적 효과는 저리 가라이고 정치적·선전적 효과만을 노리는 것이 우리나라 지도층의 생리인가 싶었습니다. 그동안 자유세계, 특히 한국이 북한에 퍼부은 막대한 원조, 그런 와중에 북한은 군력(軍力)의 재정비와 막강한 강화, 핵폭(核爆) 제조 성공의 과정을 걸었습니다. 그 막대한 비용의 적은 일부라도 젊은이들의 환상인 그러저러한 요구를 위해 썼더라면, 이제 그 시간도 어언 20년을 헤아리게 되니, 지금쯤 그 결과는 전혀 예상 밖일 수도 있었을 것입니다.

지금은 이명박 대통령에게 기대할 것이란 별로 없으니 많은 기도가 필요한 때입니다. 주님과 성모님의 풍성한 은혜 중에 하시는 일에 큰 성과 거두시고 심신의 평안을 누리시기 기도합니다.

8. 이명박 대통령의 위기에 대한 예언 적중과 그 후 사태 진전[31]

　　지난 2003년 1월 14일 제가 이명박 대통령의 서울시장 기간 동안, 데모대가 이명박 시장의 집무실로 쳐들어갈 것이라고 말한 바 그대로, 오늘 쇠고기 시위대는 청와대를 향하고 있습니다. 저는 이명박 대통령의 취임 전 인수위와 그분의 일련의 언행을 보며 금년 1월 12일 〈평화방송〉과의 대담, 1월 14일 〈조선일보〉와의 인터뷰에서 국가의 번영과 이명박 대통령을 아끼고 염려하는 마음에 한 고언들이 그대로 이루어지고 앞이 보이는 바도 있어 이러한 사항을 요약하여 적습니다. 사정을 통찰하는 지성인 중, 상당수가 이명박 대통령이 지난 1월에 제가 한 쓴 말들을 귀담아 듣고 실천했더라면 지금의 파국을 당하지 않았을 것이라고 말씀하십니다. 난국을 푸는 방도가 저에게는 보이지만, 판단 미숙으로 보이는 이명박 대통령과 여야 정치인들은 더 경험해야 한다고 생각합니다. 물론 이 기회에 지도자를 잘못 만난 국민도 쓰라린

---

31 2008년 6월 15일 작성, 2008년 6월 21일 추가.

경험을 통해, 또 앞으로 비싼 값을 치르며 판단과 실천하는 가운데 세계 속에서 더 성숙해지고 선진적이 되어야 할 것입니다. 또한, 이 글은 6월 19일 이명박 대통령의 대국민 담화가 발표되기 전에 마친 것입니다(그 발표에서 이 글 전반과 그 속에 담긴 예측과 별로 다를 것이 없기에 사전에 만든 글을 그대로 사용합니다. 한두 군데 예측이 대통령의 발표로 이루어졌기에 그런 부분을 조금 손보았을 뿐입니다.).

이명박 대통령은 정책의 대단한 방향 전환을 강조하고 있으나 실은 그동안의 아주 잘못되었던 것을 조금 본 궤도에 올려놓겠다는 정도이지 획기적이고 새로운 비전은 더욱 없습니다. 또 그 발상이 종전대로 과거 지향적이기에 어느 시기에 이르면 더 큰 혼란을 일으키지 않을까 우려됩니다. 이 대통령은 국민의 눈높이에서 정치 전반을 펴겠다고 하는데 통치자에게 절대적으로 요구되는 리더십이 무력화되지 않을까 우려됩니다. 또한, 이번 정부가 전력투구하는 쇠고기 재교섭을 너무 서두르다 이 대통령의 방미에 앞서 일사천리로 마무리 지은 쇠고기 협상이 이명박 정권의 총체적 부실을 노출시킨 전례에 비추어 너무 서둘러 뜻하지 않은 또 다른 큰 후유증이 없기를 바라는 마음입니다. 의외의 함정에 빠지는 일이 없어야 할 것입니다.

담화 발표 후 기자들과의 일문일답에서 외신 기자의 물음은 한국의 사태 해결 방식은 시위 데모에 의한 것이니 과학적 근거에 의하지 않고 미국 의회를 움직일 수 있겠느냐는 내용이었습니다. 이에 대한 대통령의 대답은 국가적 어려움이 있을 때마다 국민이 표출한 군중의 힘으로 해결했다는 한국의 문화를 예를 들어 대답하는 식이었습니다. 이런 식의 대답은 우선 문제를 제대로 이해하지 못했다는 타박과 국제적 차원에서 문제 해결이 되지 못한다는 질문에 대한 답이 되지 못합니다. 그런 난문은 국제성과 민족문화 혹은 민족 정서를 조화시켜 얼마든지 대답할 수 있습니다. 그런데 이 대통령은 통치 이념에서 국제적으로 짧은 한계를 드러낸 것입니다. 그런 차원에서 문제 해결을 소리 높이고 지나치게 감성에 호소했기에 본인은 이번 대통령의 담화에 별로 의미를 두지 않습니다. (이 글은 본래 〈평화라디오〉, 6월 21일 오전 8-9시 방송을 위한 것이었으나 시국의 급변속에서 라디오 측의 긴급 요청으로 일부를 사용했습니다.)

이런 저런 점에서 국민은 이제 많은 것을 다시 생각해 보아야 할 인류문화적 시점에 와 있다고 생각됩니다. 제가 지금 여기서 말하는 대목에서 중요한 것은 당시 이명박 시장이 건설한 청계천과 시청 앞 광장에 물밀 듯이 운집할 군중, 특히 젊은이들의 인간 역류는 물의 역류보다도 더 무서운 것으로 어느 날 당시 이명박 시장을 반대하는 급류로 시장실을 덮칠 것이라는 예언적 대목입니다. 그 말 그대로 오늘 이명박 대통령을 향해 그의 총체적 실정을 규탄하며 이 시장이 건설한 청계천과 시청 앞 광장에서 젊은이들이 청와대로 노도와 같이 밀려가고 있다는 현실입니다. 이렇게 제가 5년여 전에 이명박 당시 서울 시장에게 했던 말이 오늘 그대로 이명박 대통령에게 적중하고 있습니다. 참으로 놀라운 것은 이렇게 취임 100여 일에 이 땅에서 전례를 찾아볼 수 없는 대통령 권위의 추락입니다. 그런 노도가 일기 시작한 와중에서 여당의 한 중진 국회의원은 이제 대통령이 취임한 지 두 달밖에 안 됐는데 왜들 반대냐고 호통 치는 것을 보았습니다. 그분은 그 후, 더 막강한 자리를 차지하시더군요. 이렇게 권력에 눈이 어두워 곧 눈앞에 노도와 같이 몰려와 모든 것을 집어삼킬 큰 물결을 짐작도 못하더군요. 그런데도 이명박 대통령은 떠나간 민심이 다시 돌아올 것이라는 발언으로 망상에 사로잡힌 듯, 엄중한 현실을 제대로 보지 못하는 판단 미숙에 걸려 있는 것이 사실입니다. 방미에 기분이 떠 그것에 맞추어 이명박 쇠고기 협상은 불이 나게 급속히 미국이 하자는 대로 백보 천보 양보해 마무리 됐지요. 이것이 이명박 정부의 실용 통치와 실용 외교의 실체입니다. 제발 실용 정치, 실용 외교는 걷어치우고 외교의 본질인 실리 외교 정도의 초보 지식이라도 있었으면 좋겠습니다. 거기더해 천하의 정치 이념은 하나도 실현되지 않는 것을 새로운 아이디어라고 쏟아냈으니 어찌 국민이 식상하지 않을 수 있겠습니까.

더 나아가 호시탐탐 울분을 삭이며 5년 실정(失政)으로 참패한 좌파 정치 386과 그 연루자들은 기회만을 노리고 있었으니 이보다 더 좋은 실지(失地) 회복의 호기가 있겠습니까. 지금 야당은 일제히 국회의원 신분을 버리다시피 한 18대 선출 의원들이 국회 등원을 거부하고 젊은 이들 등에 엎여 국정은 외면한 채, 당리당략에만 열을 올리는 후진적이고 퇴폐적인 모습입니다. 적어도 첫 번 국회를 열어 대통령 유고시 계승자인 국회의장 선출을 비롯하여 상임위원장 등 국회 체제를 갖추어야 하지 않겠습니까. 기본적인 국회의원의 기초 상식조차 저버렸으니 이제 야당은 국회의원 자격을 포기한 것이나 다름없게 되었습니다. 국회에서 국사를 다루라고 국민이 뽑았으니 우선 야당의원들은 국회에서 문제를 다룰 터이니 국민, 특히 어린 학생들과 젊은이들, 가정을 돌보아야 할 이들은 제자리로 돌아가라고 해야 할 것입니다. 그런데 일이 거꾸로 되어 첫 번째 국회조차 열지 않고 데모에 편승하여 정부를 쓰러뜨리려는 듯한 인상을 줍니다. 지금 고유가, 고곡물가(高穀物價) 행진으로 서민생활이 말이 아니기에 잘됐건 잘못됐건 정부가 막대한 예산 대책을 내 놓아야 합니다. 민생 법안이 산적해 있는 데도 야당의원들은 그런 것들에는 오불관언(吾不關焉)한 채, 데모대와 같이 길거리에서 구호 외치기에만 열을 올립니다. 저는 처음부터 국회의원이 그들의 자리인 국회는 개회조차 하지 않고 장외로 뛰어 나와 데모대와 같이 소리 지르며 주먹을 휘두르는 데는 무슨 이유에도 반대였습니다. 그런 행동으로 일관한다면, 그들은 국회의원이 아니라는 비난을 면키 어렵게 될 것입니다. 본 위치에 충실한 연유에도 도무지 안 되는 경우, 장외로 뛰쳐나와도 늦지 않을 것입니다. 물론 이 모든 소요의 원천은 이명박 대통령과 여당의 거듭되는 실정에 있는 것을 대통령 본인과 여당은 통감해야 할 것입니다. 이제는 국가의 장래를 우려하는 국민이 궐기하여, 이 일을 해내야 합니다. 특히 그동안 피땀으로 이 땅 번영의 밑거름이 된 이들과 원로들이 대통령께 도움을 주고, 심정과 열성은 좋으나 아직 경험 부족과 나라를 이끌어 갈 처지에 있지 못한 후대를 위해 정도(正道)를 지시해 주어야 할 것입니다. 전 세대는 이런 때에 새싹들이 갖고 있는 세계 문화의 새 바람을 충분히 살리며 우리의 아들 딸, 손자, 손녀 세대와 같이 고민하며 노력해야 할 것입니다.

드디어 한 달여 끌어오던 쇠고기 한 · 미 협정을 반대하던 촛불 정부 반대 시위는 6 · 10 기념일에(광주 민중항쟁을 방불케 하는) 주최 측은 70만, 경찰 측은 8만의 함성으로 나타났습니다. 이참에 쇠고기 문제가 정치화 · 폭력화되는 것을 극력 피해야 할 것입니다. 정국이 이대로 간다면, 이제 얼마 안 가 국민의 입장은 단호할 수밖에 없을 것 같습니다. 지난 대선에서 당시 여당(현 통합민주당-도로열린우리당)을 참패시킨 입장은 견지하되, 현재 여당(한나라당)은 권력에만 눈이 멀어 정권 창출 초기부터 파당 싸움과 분열, 오만과 불손, 위선으로 시종하니 여당도 야당도 완전히 소외시켜 무소속을 주축으로 하는 국회와 지방 단체장과 의원을 선출하여, 새 정당을 구성하여 대통령을 견제하고 이끌어 갈 수밖에 없을 듯하여 몹시 우려됩니다. 그런 징조는 벌써 나타났습니다. 여당은 지난 지방 선거에서 참패했습니다. 야당(민주당) 또한 별 볼일 없이 되었고 무소속이 약진했습니다. 현재 제1 야당은 도로열린

우리당의 기질 그대로임을 인정해야 할 것입니다. 새로운 무소속, 즉 아주 새로운 신인 의원들로 새로운 당과 국회, 지방단체장과 의원을 만들어 제대로 된 국회와 지방자치를 운영하게 해야 한다는 소리도 나올 듯싶습니다.

　이 땅에서 대통령에게 떠난 민심이 다시 돌아온 예를 건국 60년사에서 본 일이 없습니다. 이제는 그렇게도 급진 좌경이 싫어 선택의 여지 없이 묻지마 투표로 사상(史上) 유례없는 표차(530만 표 격차)로 탄생시킨 이명박 대통령이 오만과 무능과 부도덕으로 국민 마음속에서부터 무너진 셈입니다. 다시 급격한 좌경 역주행이거나 헌정에 대혼란을 야기할 것을 염려하여, 앞으로 할 수 없이 참아 준다는 식의 민심이 고작이 아닐까 걱정이 앞섭니다. 이명박 대통령은 30~40년 전 사우디나 중동 지역에서 갖고 있던 틀에 갇힌 셈이니 발전하는 새로운 시대에 적응하거나 새로운 발상으로 지도력을 발휘하기가 어려운 듯합니다. 또한, 이명박 대통령을 CEO식 대통령이라고 하는 것도 이제는 빈말로 들립니다. 무슨 CEO가 그렇게 고객들에게 신용을 잃어 회사를 파탄에 빠뜨릴 수 있겠습니까. 사실 민심이 성난 이 시각에도 이 대통령은 말로만 민의를 존중한다는 것이지 실제로는 대통령 권위에 사로잡혀 현실과 동떨어진 말을 쏟아냄으로 계속 민심의 화를 돋우고 있는 격입니다. 라틴어에 "본성은 변하지 못한다"(natura non mutatur)라는 격언이 있습니다. 이명박 대통령은 청계천 공사를 그분 성공의 극치로 여기는 듯한데 항간에서는 그렇게 국민의 세금을 물 쓰듯 집어주고 그런 식의 성공을 못할 사람이 어디 있겠느냐는 풍문도 돌았습니다. 50여 년 전 장마철 진흙탕 투성이 청계천을 건너던 저는 그 복개가 얼마동안은 잘하는 것으로 보았습니다. 그렇지만 지금은 그것을 (아마도 그당시 현장 소장 정도의 사람들의 지시에 의해) 전체적으로 뜯어내고 전면적

재공사를 할 수밖에 없게 되었으니 참으로 허망한 느낌입니다. 이 시장 자신이 벌린 성공작이라는 것도 이 시장이 살아있는, 그리 머지않은 앞날에 역사 문화적으로 잘못됐다며 지금의 공사를 전면 뜯어고치는 재공사를 하게 될지 누가 알겠느냐며 청계천 공사에 신중을 촉구했던 것입니다. 역사와 문화, 예술 보존의 귀재라는 로마인이나 파리인이라면, 청계천과 같은 유서 깊은 계천을 그렇게 후닥닥 시멘트를 이겨 바르는 식으로 공사할 것이냐는 충언도 곁들였습니다. 그런 모든 것은 그야말로 우이독경(牛耳讀經), 소귀에 경 읽기였습니다. 저는 그 자리에서 전혀 진의는 알아듣지 못하고 달리 해석하여, 딴 일을 하겠구나 하는 느낌이었습니다. 물론 그분은 문화적 소양이 없어서 그렇지 잘해 보려는 심지(心志)는 누구보다도 앞선다는 것을 느낄 수 있었습니다.

사실 그동안의 "고소영", "강부자"로 그 정체를 드러낸 대통령 인사에 한마디를 더 붙인다면 청와대나 정부각료를 비롯한 고위직에 부도덕의 전형인 인사들이 대부분이었습니다. 그렇기에 국민의 실망이 골수에 사무쳤는데도 그런 면에는 의식조차 없는 모양입니다. 그래서 국민의 눈과 마음에 대통령의 마음은 위선이거나 잘 보아 준대도 이제는 판단 미숙으로 여길 수밖에 없는 처지입니다. 요즘에는 고위직 인사가 국민이 그렇게도 싫어한 노무현 정권의 코드 인사를 빰치게 친이(親李)계 일변도이니 이명박 대통령이 국가 전체를 사유물로 생각하는 것으로 국민에게 비쳐지는 것은 당연한 것입니다.

그러니 출범 100일을 맞은 첫 단체장 선거에서 국민은 한나라당에게 이 나라 헌정상 유례가 없는 참패를 안겨 준 것입니다. 그리고 100일밖에 안 되는 이명박 정부에, 즉 3개월 조금 지난 정부에 한 달이 넘는 촛불 반정부 시위가 서울 시내를 온통 뒤덮고 있습니다. 그런 국가적 위기를 맞고 있는데도 청와대나 정부의 고위직 몇 자리만을 바꾼다면, 이명박 대통령은 새로운 위장술 내지 모양새를 달리하는 패거리 정치로 국민에게 비쳐질 수밖에 없을 것입니다. 국민의 뜻에 따라 이명박 대통령은 그 통치 스타일을 근본적으로 바꾸어야 할 것입니다. 이 난국 수습이 제게는 비교적 간단히 될 수 있는 것으로 생각되지만, 지금으로서는 그런 수습책을 한마디도 입 밖에 내고 싶지 않은 심정입니다. 절대 위기는, 보는 눈이 있는 사람에게는 항상 절대 호기를 내포합니다.

저는 그런 사례를 여러 차례 경험했지만 여기서는 그 단적인 예를 하나 들겠습니다. 군사독재 연속으로 민중 봉기, 특히 젊은이들의 데모가 극에 달했을 때, 그것도 전국에 그 여파가 파급돼 걷잡을 수 없이 되었을 때였습니다. 그 진원지이며 총 지휘처격이었던 명동성당에서 젊은이들의 데모는 한치 앞을 내다볼 수 없는 극한을 달리고 있었습니다. 국민 대다수와 이 땅의 지성들이 극 좌경화를 심히 우려했지만 실제로 속수무책일 때의 일입니다. 명동성당은 고의적인 돌발적 대규모 극렬 데모로 결혼미사나 장례미사 등이 느닷없이 취소되는 등 급기야는 대성당이 성당의 구실을 할 수 없는 지경이 되었습니다. 또 다른 한편, 당시 교구장이었던 김수환 추기경이 아침에 사목 방문차 시내 성당에 나가시면, 데모로 명동성당이 경찰의 진압 가스, 젊은이들의 화염병과 투석과 함성이 뒤범벅이 되어 오후에는 아무도 드나들 수 없는 지경이 되었습니다. 김수환 추기경조차도 출타 당일 오후에 교구청으로 돌아올 수 없게 되었고 보좌주교인 김옥균 주교도 마찬가지였습니다. 이런 일을 처리하여 명동성당을 본연의 성소(聖所)로 되돌려놓고 나라의 극 좌경화를 막기 위해 제가 명동 주임신부로 임명되었습니다. 겉으로는 명예스럽지만, 별로 내키지 않는 자리이기에 사양했는데 친구인 김옥균 주교가 사정이 어쩔 수 없이 정의채 신부가 아니고는 수습할 수 없으니 수락해 달라는 간곡한 부탁으로 명동성당 주임신부로 부임했습니다. 그 충천하던 데모와 좌익사상의 극단적 표현이었던 서울대생 조성만 군의 명동성당 역내에서의 투신자살까지 감수하며 극좌로 흐르는 20년의 데모 진원지에서 좌경 데모를 근절하고 올바른 데모는 조장하여 명동성당이 민주 정권 탄생에 이바지하게 했던 것입니다. 그 요체는 지도자의 사태 본질 파악과 앞을 보는 예언자적 투시력, 이른바 사심 없는 멸사봉공의 실천과 국민의 마음을 사로잡는 지혜와 용기였습니다. 그런데 지금 위기에서 이명박 대통령에게 그런 것을 기대한다는 것은 연목구어(緣木求魚)라 생각됩니다. 이명박 대통령에 대한 국민의 기대가 컸기에 그만큼 그의 실정에 대한 실망도 큰 것입니다. 이명박 대통령의 가장 큰 실책은, 무지 무능하고 사상적으로 좌경 역주행 하던 정치 386들을 그들과 버금가는 인류문화 흐름에 대한 무지와, 부도덕으로 고스란히 되살려 놓고 있는 것입니다. 지금이 근본적 쇄신의 절대 호기인데도 이명박 대통령은 그 통치 스타일을 근본적으로 바꿀 수 있는 분이 못되는 것으로 보입니다. 앞으로 남은 긴 기한에 어떻게 더 큰 실정(失政)을 하지 않고 마칠 수 있을까 국민은 걱정하며 공동노력으로 그를 이끌어가야 할 것입니다. 근일 각계 원로와의 대화를 시작했으니 지난 날 이럴 때마다 있은 요식행위처럼 되는 일회성 행사가 아니라 진정으로 나라의 큰 난국을 푸는 뚜렷한 지혜와 용기가 제시되는 대화가 되었으면 하는 마음 간절합니다. 인간사가 어찌 되든 저는 지난날 칠흑같이 어두웠던 시기에도 계속 큰 희망을 말했던 것과 같이 이 땅의 앞날에 또 다시 큰 희망을 보며 번영된 조국을 확신하고 있습니다. 이 땅은 선남선녀(善男 善女), 민초(民草)들의 땅이며 신앙에 불탄 선조의 순교의 땅이며 하느님께 바쳐진 땅이기 때문입니다. 착한 사람들의 기도가 쉴 새 없이 올려지는 땅이기 때문입니다. 저는 이런 것을 자유 대한 조국의 위기 때마다 남달리 체험했기에 드리는 말씀입니다.

8-1. 한·미 쇠고기 협정 촛불시위에 대한 유감

① 장기간에 걸친 각계각층의 놀라운 인원의 자진 참가와 시종일관 비폭력 평화 촛불시위는 이 나라 시위 사상 그 유례를 찾기 어려워 그 양상에서 국내·국제적으로도 높이 평가되어야 합니다. 특히 시위 도중 폭력이 촉발되기도 했으나 시위 군중에 의해 자체 순화 비폭력화한 것은 이 나라 젊은이들의 앞날에 대한 세계 문화 속에서의 큰 희망입니다. 그러나 시위가 차차 본래의 순수성을 잃고 정치색 일변도로 변해 국민 대다수가 이탈하게 된 것은 사실에 근거하지 않은 것이 이제는 설 자리가 없다는 실증입니다. 그렇기에 이는 데모의 새로운 차원을 연 것이며 우리의 귀중한 교훈입니다. 무엇보다도 이번 디지털로 동원된 대 촛불 데모는 이명박 정부의 폐부를 찔러 청와대 수석 전원 교체를 이루고 머지않아 개각을 이룰 것이니 큰일을 한 셈입니다. 또한 대운하 공사의 종지부를 찍게 했습니다. 그러나 다음과 같이 상당히 위험스러운 면도 있습니다.

② 이번 시위의 놀라운 군중 동원은 현장의 실 상황 전달, 즉 디지털의 새로운 시대의 서막을 알려 주었습니다. 디지털 미디어는 시위나 기타 사건들의 실상을 현장에서 개개인이 순간순간 전달하여 수많은 군중을 동원하는 위력을 이번 촛불시위에서 여실히 보여주었습니다. 그 결과, 국가 사회가 요동치는 놀라운 결과를 이루어 냈습니다. 특히

한·미 쇠고기 협정에서 이명박 정권의 무식과 무능과 허구성이 여실히 드러나는 계기를 제공했습니다. 사건 현장에서는 개개인의 현장 전달 능력으로 인류문화의 새로운 장의 단초를 우리 젊은이들이 열었습니다.

그런데 이런 능력은 그것이 아무리 현장의 사실이라 할지라도 그런 사건의 발단이 왜곡 되거나 허위 사실 유포, 조작에 근거했다면 파멸적 결과로 귀결될 수 있음에 유의해야 할 것입니다. 이번 촛불시위의 단초가 됐다는 미디어의 쇠고기 괴담이 그 좋은 예입니다. 물론 이번 쇠고기 한·미협정은(앞에서도 누누이 지적한 바와 같이) 이명박 대통령 방미의 조공(朝貢)식 협정과 인수위 때부터 시작되었습니다. 그 후 이어진 청와대와 내각 인사의 학연, 지연, 종교연 등으로 인한 전리품 나누어 먹기식 난맥상, 연일 공약(空約)만 쏟아낸 채, 고유가, 고곡물가 등으로 민생 파탄이 눈앞에 다가 왔는데도 이 정권은 거짓과 잔꾀로 일관했습니다. 수렁에 빠져 허우적거리면서도 그런 줄도 모르는 여당은 말할 것도 없고 어떻게 하면 이 난리통에 정권이나 되찾아 볼까 꼼수만을 일삼는 소위 야당이라는 정상배, 이런 난국에도 18대 국회는 개원도 하지 않고 막대한 월급만 챙기는 도둑심보의 야당 정상배들을 국민, 특히 서민들은 단호히 심판해야 할 것입니다.

게다가 국민 대다수가 반대하는 대운하 공사를 비롯하여 정치력, 행정력, 도덕성 등 파탄나지 않은 곳이 하나도 없는데도 거짓말로 일관하면서 비밀리에 추진하다 들통이 나는 등 이 정권은 태생적 부적격성을 지니고 있습니다. 그런데도 계파 간 세력 다툼에 혈안인 것이 그 전부입니다. 이런 모든 것에 책임을 지고 국민 앞에 석고대죄 해야 하는데도 그런 의식조차 없는 것이 이 대통령과 그 일파(一派)임을 모를 국민은 없을 것입니다. 대운하에 대해서는 좀 더 상세히 언급하겠습니다.

현 난국에 대해 이 대통령은 전적으로 책임을 져야 합니다. 쇠고기 문제는 여러 가지 측면에서 전문가들의 연구를 거쳐 국가의 실리를 전제로 해결해야 할 문제입니다. 그렇기에 찬반 어느 쪽도 시위나 데모 일변도로 해결할 문제가 아닙니다. 사건의 실상과 여러 갈래의 관련성 및 국내, 국제성 등을 총체적으로 연구 검토한 가치 판단에 근거하여 행동해야 할 것입니다. 그런 과정이 없는 시위는 상대방에게 심적 동정은 살 수 있어도 실질적 효과를 기대하기는 어렵겠습니다. 우리 측에서는 그것이 생명에 관한 것이기에 충분한 이유가 있지만, 국제사회에서는 사실적이며 이론적 뒷받침 없이는 그렇지 못함을 전제해야 합니다.

어찌됐건 이번 거대한 촛불시위가 앞으로 디지털 전달 수단에 많은 문제점을 드러낸 것을 부인하기 어렵습니다. 그런 움직임을 주도한, 이른바 "국민 대책회의"의 핵심에서 반미, 좌경 인사가 주도적 역할을 했다는 보도는 국민을 경악케 합니다. 그렇기에 쇠고기 촛불시위는 즉시 정치성 시위로 변질, 정권 퇴진 시위로 이어진 것으로 보입니다. 지난 12월 우리 헌정 사상 초유로 530만 표 이상의 차이로 국민이 출현시킨 정권을 한 가지 정책 실수로 성급하게 퇴진 운운하는 것은 대한민국의 자유민주주의를 거부하는 북한의 사주나 받는 좌편향 정치 패거리의 술수에 놀아난다는 비난을 면키 어려울 것입니다. 그런 좌파적 책동이 사실이라면, 앞으로 국민 심성에 뿌리 깊은 자유민주주의 수호의 심성이, 이른바 보수의 강력한 저항으로 촉발될 때, 좌익적 술책은 노무현 정권 말기보다도 비참한 운명을 맞을 것이 불을 보듯 뻔합니다. 시위 군중도 촛불시위의 본래적 순수성에 머무르는 것이 의미 있는 것이 되겠지만, 달리 문제를 일으키면 불순한 동기에 이용된다는 국민의 비난과 더불어 국민은 전체적으로 그런 움직임에서 떠날 것입니다. 그나마도 북한의 조정을 받는다고 여겨지는 좌익은 이 땅에서 발붙일 여지가 없게 될 것입니다. 그것은 이번 효선, 미선 양 추모제에서도 나타나기 시작했습니다. 추모제는 좋은데 그와는 달리 정권 퇴진이나 반미로 움직이면 국민에게 완전히 외면당해 노무현 정권 말기와 같이 설 땅이 없게 될 것입니다. 좌익 세력들은 권력을 놓친 것이 뼈에 사무치는 천추의 한이어서 권토중래(捲土重來)의 피나는 노력을 하겠지만, 이제 그런 역주행의 시기는 완전히 끝난 것입니다. 그렇기에 자신의 자녀 시대를 생각해서라도 인류문화 흐름에 순응하는 것이 인간의 도리입니다. 국민의 의식은 높아져 그런 술수에 놀아날 사람은 이제 이 땅에 그리 많지 않기 때문입니다.

특히 이번 시위 사건을 계기로 우습게 된 것은 이른바 제일 야당이라는 통합 민주당입니다. 그것은 제일 야당이라는 그들이 자기들의 본일터인 18대 국회를 개원도 하지 않고 국회를 내버린 채, 젊은이들의 등에 업혀 촛불시위에 참가하고 격려하며 정치적 이득을 보려는 꼼수로 일관했기 때문입니다. 민주당은 촛불시위의 세가 커진다 싶으니 텐트까지 치고 젊은이들 등에 업히다가 여론의 화살이 빗발치고 여당이 민생법안을 내놓고 국회를 압박하니 서민들의 동향이 무서워 슬그머니 국회 언저리에 들어와 있으니, 속 보이는 얌체들이 아니냐는 국민의 빈축을 면키 어렵게 됐습니다. 제대로 된 정치인들이라면 야당이라도 먼저 우리가 국회에서 알아서 해 볼 터이니 젊은이들은 인내를 갖고 직장이나 학교, 가정에 충실해 달라고 했어야 하지 않겠습니까. 18대 국회 개원조차 하지 못하게 만드는 지금 민주당 식의 정치꾼들은 선거 때 국민이 투표로 완전히 도태시켜야 할 것입니다. 지금 우리의 현실은 의회 민주주의를 국회의원 자신들이 사장시키는 셈입니다. 그러나 의회 민주주의는 있어야 하니 자연히 앞으로 국민의 눈길이 무소속에 쏠릴 수밖에 없습니다.

이제 우리 사회 전체는 새 인류문화 창출과 전달의 최전선에 서 있는 젊은이들의 올바른 가치관 형성에 전력투구해야 할 중대한 시점에 서 있습니다. 그런데 젊은이 일변도의 국가 중대사 해결은 많은 문제점을 내포하고 있습니다. 그들은 지금 성장 과정에 있기 때문입니다. 그들이 일선에 나서서 시위로 문제를 해결할 수밖에 없게 됐다면, 그것은 분명 전 세대의 큰 과오였음을 기성세대는 인정해야 합니다. 그렇지만 젊은 세대는 6 · 25 전화(戰禍)의 참상과 최극빈의 삶에서 피땀으로 이루어 놓은 오늘의 번영된 조국에서 풍요와 자유를 만끽하고 있다는 점을 인정해야 할 것입니다. 이번에 새로운 차원의 실현 단초가 열린 디지털 문화가 선(善)을 지향할 수도 있으나 자칫 개인적 사회적 큰 손실과 악(惡) 산출의 원동력이 될 수 있습니다. 즉 인류문화를 아주 좋은 방향이나 잘못된 방향으로 이끌어 갈 수도 있습니다. 그래서 국가의 중대 문제는 사안에 따라 사계 전문성에 의거해야 한다는 의식을 깊이 해가야 합니다. 다시 말해 중대사에서 개인, 특히 젊은이 개개인의 사실에 근거한 뿌리 차원의 올바른 가치 판단에 근거한 실천이 절대적으로 요구됩니다. 모든 것은 즉시 세계성과 연결되니 군중 시위에서가 아니라 합리적 판단에 의해 처리해야 합니다.

③ 이런 점에서 가톨릭교회는 하느님의 창조경륜과 복음적 사명에 의해 지식과 실천면에서 선구적 역할을 해야 하나 현실은 가장 뒤떨어진 형편이어서 매우 곤혹스럽습니다. 어찌 말하면 한국 가톨릭교회 전반은 무지(無知)로 인해 만사형통 인식으로 자만자족하는 실정이 아닌가 싶습니다. 이런 점에서 본인은 지난 근 10년 간 내리 명동 성역에

젊은이들의 종교, 문화, 예술의 광장을 조성, 젊은이들의 사이버, 즉 디지털의 올바른 가치관과 선진 교육 실시를 계속 주장했습니다. 그렇지만 일반적으로 교회의 앞날을 투시하는 혜안 부족과 실천력 미흡 등으로 사목적으로 이루어진 것이 아무것도 없었습니다. 그런데 근래에 이르러 다시 명동의 교구의 호텔 대여 주차장 자리에 젊은이 센터 건축과 그들의 앞날을 위한 사이버, 즉 모든 분야에 걸친 복음적 빛 속에서의 디지털 측면, 다시 말해 모든 분야에서의 공학(工學)적 측면[32]을 강조한 것이 주효한 듯, 명동성역 대여 주차장에 젊은이 센터 건축이 추진되는 것은 크게 다행한 일이며 희망적인 측면입니다. 지금 이 사회에서는 우리 젊은이들을 주축으로 사이버, 즉 디지털에 의거한 인류의 세기적 혁명 사건이 발생하는 시기이기에(한류 바람이 우리 젊은이들에 의해 세계를 휩쓰는 시기와 동시적이기에) 때늦은 감이 있지만, 그런 교회의 움직임은 천만다행입니다. 제가 그동안 계속 주장한 대로 명동성역을 젊은이들의 문화 광장으로 개발하여 복음의 빛으로 사이버 교육을 실시했다면 장기화되는 촛불시위에서 가톨릭의 큰 소리가 위력을 발휘했을 것입니다. 그동안 그렇게 교육받은 수많은 가톨릭 젊은이들이 자기의 소신 대로, 즉 복음의 빛으로 촛불시위에서 디지털을 사용했을 것이기 때문입니다.

---

32 앞으로는 인간 삶의 전 영역이 디지털화 될 것이다. 예컨대 생명공학, 개인생활 공학, 가정공학, 사회공학, 의공학, 정치공학, 경제공학, 교육공학, 심리공학, 종교공학 등 인간 삶의 전 분야가 사이버화, 좀 더 구체적으로는 인간의 삶과 자연, 우주까지 포함하여 디지털화 되어 유비쿼터스화 될 것이다. 이 용어는 하느님의 무소부재(無所不在), 즉 아니 계신 곳이 없음이라는 하느님의 속성을 모방하는 시대를 의미한다. 하느님의 창조경륜에 따라 하느님의 모습인 인간이 실현할 것이고 그 주역은 젊은이들이니 교회는 이들 삶, 특히 젊은이들의 삶, 전 분야를 복음의 가치로 조명하여 인류 문화의 선도적 역할을 하게 해야 할 것이다. 이런 무소부재성을 잘 설명한 것은 가톨릭교회다. 그렇기에 가톨릭교회는 누구보다도 앞서 유비쿼터스를 이루는 디지털을 좌지우지하는 젊은이들을 복음의 빛으로의 육성할 사목적 책무가 크다.

④ 이번 젊은 층의 시위는 미국 사회가 광우병 쇠고기에 대한 검사의 새로운 인식을 불러일으키게 한 소득이 있었습니다. 동시에 다른 편 문제의 핵심은 과학적 검증입니다. 그런 지식의 문제 해결은 제외한 채, 수준미달의 인상을 풍기는 시위로 일관한다는 외국 유력지의 지적도 있었으니 자칫 우리의 시위 방식이 후진국 형인 우격다짐으로 세계에 비쳐질 위험이 있습니다. 오늘의 문제 해결은 국제적 규준에 맞아야 하니 선진국과 같이 치밀한 연구와 폭넓은 지식, 외교적 경륜과 국력의 뒷받침이 필요합니다. 그런데 우리가 그런 면에서 미치지 못했거나 미흡한 점이 없는지 진지하게 반성해야 할 것입니다. 가장 중요한 것은 실력입니다. 미국과 선진국들은 이번 기회에 자국에 이익이 된다면 얼렁뚱땅 협정을 해버리는 식의 구태를 탈피해야 할 것입니다. 물론 문제는 우리 스스로 제 밥을 제가 챙겨야 하는 것입니다.

이번 쇠고기 파동에서 드러나는 바와 같이 이명박 대통령은 헌정의 혼란을 피하기 위해 그 능력을 최대한 발휘할 기회와 시간을 주어야 할 것입니다. 결국 문제는 재협상이라는 막다른 골목으로 몰려갈 수 있습니다. 그런 경우, 우리가 아주 불리한 입장에 서게 될 것이니 그동안의 판단 부족과 헛발질로 일만 더 악화시킨 꼴이 됩니다. 여야 모두 당략에 얽히고 젊은 세대는 혈기 넘쳐 시위에만 열을 올려 "빈대 죽이려 초가삼간 다 태우는 어리석음"을 범하는 형국이 되지 않기를 바랍니다. 그러니 여야는 물론 국민 전체가 사태의 전후좌우(前後左右)를 큰 눈으로 바라보아 국가에 막심한 손해를 끼치는 결과도 일단 상정하고 일에 임해야 할 것입니다. 쇠고기 파동을 말만 토해놓고 미국 측과 민의에 맞도록 해결하지 못하는 경우, 또는 협상이 이루어진 과정이 투명하게 국민에게 알려지지 않는 경우, 사태는 수습할 수 없는 국면에 접어들 수 있습니다. 모든 것은 이명박 대통령 리더십의 큰 결함에 기인하기에 결국 시간과 기회, 내용을 다 놓치고 이명박 대통령은 그 통치 능력의 절대 한계를 드러내 스스로 하야(下野)라는 함정에 빠질 수 있습니다. 이런 사태는 절대 다수의 지지에 대한 이명박 대통령의 배신으로 나타나 비참한 종말로 이어질 수도 있습니다. 쇠고기 문제가 민의 대로 해결되지 않는 경우, 청와대나 정부의 전면 개각을 한다는 방침입니다. 이 또한, 뒷북을 치는 웃음거리에 지나지 않을 것입니다. 왜냐하면 그것은 이명박 대통령이 쇠고기 파동을 계기로 그동안 100일밖에 안 되는 짧은 기간에 벌써 다른 대통령들의 여러 해에 걸친 실정(失政)을 훨씬 넘는 실정, 아니 그보다도 더 근본적인 실정을 범하였기에 국민의 분노는 그의 실정의 근본을 물으며 여타의 줄줄이 엮어진 실정 하나하나를 들고 나올 것이기 때문입니다. 그러나 이런 관점에는 생각도 미치지 못한 채, 그동안 이명박 대통령은 종교계를 위시하여 원로 분들과 회식하고 대화하는 등 물은 엎질러 놓고 사후 약방문격인 지난날의 요식 행위를 거쳐 좋은 말들을 듣기는 했습니다. 그러나 이 역시 젊은 세대들에게는 몇 세대 지나간 옛날 고사 정도의 독경이었음을 인식해야 할 것입니다. 물론 본인은 이런 말들의 참 뜻을 이명박 대통령이 이해할 수 없음을 인정한채, 말할 수밖에 없습니다.

그렇다고 무능한 이명박 대통령을 무작정 하야시켜 또 다시 국민이 그렇게도 혐오한 386 정치 세대를 복귀시킬 수도 없는 현실입니다. 그렇기에 국민은 호미난방(虎尾難放), 즉 호랑이 꼬리를 잡고 놓을 수도 잡고 있을 수도 없는 난처한 처지에 빠진 셈입니다. 그렇다면 이런 처지에서 자유민주주의 수호와 번영 지향 하에서의 해결책이란 없는 것일까요. 물론 우리 국민, 특히 민초들의 끈질긴 근성으로 해결할 길은 있지만, 이명박 대통령이 쓰러지기 직전까지 쓴 맛을 체험하고 완전히 다른 사람, 다른 정신, 다른 마음으로 태어난 연후에서야 그런 안이

유효하게 될 것입니다. 그것은 지금 그분의 말과 행동은(이명박 대통령 자신이 의식하건 의식하지 못하건 간에) 어디까지나 본심이 감추어진 일시적 변신 형태에 지나지 않는다는 인식이 국민 사이에 퍼져 있기 때문입니다. 지금으로서는 이명박 대통령이 민심을 추스르는 첫 걸음으로 청와대 비서실장과 수석비서관 전원, 정부의 총리를 제외한 내각 전원을 유능하고 청렴한 인재로 전국에서 등용해 가히 거국 내각이라고 할 정도로 교체해야 합니다. 그렇지 않고 어떤 모양으로든 부분 개각으로 비치거나 사(私)를 두면, 결국 어쩔 수 없이 잘못되거나 꼬이는 일이라도 국민과 야당은 계속 대통령의 잘못이나 약점으로 치부할 것이기에 스스로 묘혈을 파는 결과가 될 수 있습니다.

지금 또 한 번의 기회가 왔으니 본인이 이명박 대통령 취임 전에 오늘의 혼란을 내다보며 지난 1월 12일 〈평화방송〉과 14일 〈조선일보〉 인터뷰에서 강력히 요구한 것, 즉 이 대통령이 공약으로 제시한 살 집을 빼고 모든 재산을 사회에 환원하겠다는 약속을 과감히 당장 실천하면서 국민의 고통과 동참을 호소한다면 국민은 지금이라도, 그동안의 용서받을 수 없는 이명박 대통령의 실정(失政)을 물로 흘려 보내고 따를 공산(취임 당시만은 못해도)이 작지 않을 것입니다. 그러나 이 대통령이 실질적이며 과감한 자기희생 없이 권력이나 휘두르는 인사 쇄신과 말에 그친다면 국민은 또 다시 그를 외면할 것입니다. 그러나 이 대통령이 위와 같은 과감한 자기희생과 더불어, 본인이 그때 미국 국민의 마음을 한마디로 휘어잡은 "미국 국민이여, 국가가 당신을 위해 무엇을 해 줄까를 묻지 말고 당신이 국가를 위해 무엇을 할까를 물으십시오"라는 케네디 대통령의 절세 명구를 따르라고 한 요청 대로 이제라도 호소한다면, 국민은 동정심 반, 협력심 반으로라도 따라올 것입니다. 이 대통령이 말 이외에 실제로 구태의연하면, 국민의 마음을 또 다시 등지게 해 이명박 대통령에게 다시는 기회가 없을 것입니다. 이 대통령은 절호의 기회에 과감한 자기희생을 감행하며 국민에게 고통 분담의 용기를 격동시켜야 할 것입니다.

⑤ 이번과 같은 시위가 본 의도와는 달리 한·미 FTA 협정이 우리에게 매우 불리하거나 무효화 되는 결과가 되어서는 안될 것입니다. 그런 사태는 가뜩이나 어려운 우리 경제를 다시 일어서게 할 호기를 실기(失機)하게 합니다. 지난 5년 간 수많은 기업체가 파탄났고 수많은 젊은이가 실직에 허덕였던 이상으로 더 큰 어려운 처지로 우리 젊은이들을 몰아갈 수도 있을 것입니다. 협상에는 상대가 있고 현 상대는 우리 뜻대로만 되는 것이 아닙니다. 우리가 요구하면 상대방에서 우리의 생사가 달린 자동차, 사이버 단말기 수출, 금융, 서비스 등에 큰 반대 급부의 양보를 강력히 주장하여 우리 경제는 말할 수 없이 후퇴할 수 있을 것이라는 점도 염두에 두어야 합니다. 이번 쇠고기 파동은 이명박 정부의 졸속한 조공(朝貢)식 처사였기에 모든 책임은 이명박 대통령이 져야 한다는 점을 아무리 강조해도 지나칠 수 없습니다. 그런데도 아직도 눈치 보는 행태이니 청와대와 정부 인사가 진정 패거리를 떠난 인사일지에는 많은 국민이 의혹의 눈총을 뗄 수 없는 형편입니다. 물론 이번 대통령 담화는 쇠고기 협상이 마무리 되는 경우, 어느 정도 국민의 관심을 끌 것이나 역시 또 무슨 뒷 약속과 양보가 있었느냐에 국민의 시선이 모아져 굉장히 유보적이 될 공산이 큽니다. 만일 개각이 부분에 그친다면, 큰 잘못에 책임을 지지 않는 대통령과 내각이 될 것입니다.

이명박 대통령은, 지금 국민이 무언중에 만사형통(萬事兄通)에 민감하다는 점에 유의해야 할 것입니다. 만일 만사형통(萬事兄通)이 직·

간접으로 사실이라면 언론과 민심은 또 다시 크게 반발할 것입니다. 이번 사태를 놓고 이명박 대통령과 그 형님, 한나라당 지도층이 취한 태도는 참으로 가관이었습니다. 그런 것은 최고 권력의 위압과 노(老) 국회의원의 노탐의 변명 혹은 가족과 가신들의 족벌(族閥) 정치 형태로 오해되기 쉽습니다. 권력을 배경으로 하는 오만으로 젊은 세대에 비춰지기 쉽기 때문입니다. 사실의 곡절여부는 불문하고 동양 예의에 제대로 수신(修身)된 지도자들이라면 먼저 자신들의 불민(不敏)부터 자성해야 하는데 무슨 개선장군인 양 자기들에게는 아무 잘못이 없는데 젊은 사람들이 나서서 분란을 일으키니 없애 버리겠다는 식으로 오해될 수 있습니다. 약자에 대한 오만과 독선에 넘치는 듯이 보일 수 있는 언사나 행동보다는 좀 더 젊은 층을 이해하고 품어 안는 아량이 필요합니다. 본인은 문제 발언의 정 모 의원과는 일면식도 없는 사이지만, 벌어지는 사태가 참으로 보기에 민망합니다. 젊은이들의 발언이 비록 사실과 다르다 할지라도 대통령의 이번 관련 처사와 발언은 자기 형과 관련된 것이니 오히려 젊은 층의 새바람에 적응하려는 자세가 필요한 시점임을 전혀 감지하지 못해, 뒤떨어져 진부하다는 감을 줄 수 있습니다. 그런 상태라면 한나라당은 수뇌부까지 가세했으니 앞으로 국민이 바라는 정치로 발전할 희망을 접은 정당으로 국민에게 비치게 됐습니다. 새싹을 선도하며 키우기보다는 기존의 한물간 세력들이 대통령의 막강한 권력을 등에 업고 당의 지도부까지 동원돼 대통령 형을 옹호하며 새싹을 싹쓸이 밟아 버린다는 인상을 주기 쉽게 됐습니다. 한나라당으로서는 국민의 뇌리에 깊이 박힌 과거의 이미지를 불식하기 위해서라도 옛 세력을 옹호하기보다는 새싹을 키운다는 강한 메시지를 국민에게 주어야 할 것입니다. 젊은 의원들은 이번 기회에 구태를 벗고 정도(正道)를 걷는 모습을 보여주어야 할 것입니다.

더 나아가 이명박 대통령은 이번 인사에서 그동안 불만의 표현이었던 "고소영"만 하더라도 고(고려대)와 영(영남)을 뺀다고 하니 소(소망교회)에 대해서도 이왕이면 몇 말씀 있었으면 좋았을 것으로 생각됩니다. 종교적 배경인사 설은 사실 여부를 떠나 가장 민감한 의혹을 불러올 수 있기 때문입니다. 제가 명동성당 주임 시절, 명동대성당 신자 중에서 새 대통령이 나와 인사차 왔다면, 축하의 차 한 잔 대접하고 임기마친 후에 다시 만나자고 했을 것입니다. 그동안 본인은 선출된 새 대통령과의 친소(親疎)에, 즉 친하거나 소원에 관계없이 복음의 입장에서 할 말을 다하며 새 대통령은 선정(善政)에 힘쓰라고 하며 대통령을 위해 기도할 것이라고 했습니다. 사실 내각 책임제의 장면 총리 시절에 김 모 신부가 장면 총리가 독실한 가톨릭 신자임을 기화로 막강한 권력을 휘두른다는 소문으로 장 총리는 큰 손해를 보았음을 본인은 알고 있습니다. 모든 것은 정도이어야 합니다. 본인은 이 대통령이 자기 신앙에 충실한 신자임을 높이 평가하나 종교세(勢)를 배경으로 하는 정치 풍문은 종교나 권력자 모두에게 좋을 것이 아무것도 없다는 확신입니다. 만일 항간의 풍문처럼 그런 일이 있다면 더더욱 그러합니다. 본인은 지난 정권을 끝으로 역주행적 좌파는 사라지고 종교와는 상관없이 오늘의 민주정권이 탄생하는 데 심혈을 기울였기에 현 정권의 계속되는 중대 실정에는 분노의 감도 크지만 자유민주주의 현 정권이 잘되기를 바라는 마음, 간절합니다.

앞으로 심각한 국론 분열과 일단 일을 저지르면 다시는 복구할 수 없는 천혜의 자연 문제인 대운하 공사[33]에 대한 저의 발언 후, 대통령

---

33 사실 대운하 공사 계획이 기정 사실화 됐던 것을 본인이 2008년 1월 12일 〈평화방송〉과 1월 14일 〈조선일보〉 인터뷰에서 그 부당성을 강력히 지적한 후 전국 각 분야에서 반대의견이 봇물처럼 터져 나왔다.

의 발언은 일단 그 공사를 중단하는 것 같은, 기회만 있으면 다시 시작할 것 같은 뉘앙스를 풍김으로써 국민의 신뢰를 회복하는 데에 스스로 선을 긋는 셈이었습니다. 대운하 발상의 이 대통령의 변(辯)은 참으로 듣기에도 민망한 것이었습니다. 두바이가 그러하니 우리도 그렇게 해야 한다는 식이었습니다. 두바이는 천애(天涯)의 사막 지대이기에 자연이 그리워 짝퉁을 만드는데 우리는 천혜의 금수강산(사계의 세계적 전문가들도 한국의 자연과 같이 아름다운 산천은 세계 어디에도 없다고 혀를 차는데)을 두고 대통령이라는 분이 오리지널인 한국을 허물어 그런 짝퉁을 이미테이션 하겠다니, 그것도 그동안 꼼수를 써가며 하고야 말 심보였으니 참으로 가소롭게 생각되었습니다. 또한, 두바이는 대 산유국으로 무제한의 자본국인데 우리 한국도 그런 자본국이던가요. 인류문화는 지금 천혜의 자연을 지키려고 온갖 노력을 기울이는데 그분은 당초 그런 소양이란 전무(全無) 상태이어서 더 할 말을 잃게 됩니다. 그런 면에서 이명박 대통령과 그가 임명한 고위 인사들은 하나 같이 민의를 존중한다는 말은 입에 달고 다니지만, 실은 그런 미명하에 자기들의 이상(理想) 실현을 고집하고 있습니다. 혹시 그들의 지금까지의 출세나 재산 축재 과정을 보아 대운하 언저리 어디엔가 요지 금싸라기 지대에 땅을 갖고 있거나 이권에 관련되지 않았나 하는 쓸데없는 오해를 불러 일으킬 수도 있습니다.

우리 젊은 세대에게는 땅굴 파기 대운하 공사보다는 아이디어 산업이 더 격에 맞습니다. 앞으로 다가오는 시대에는 부가가치가 한없이 높은 아이디어 산업이어야 합니다. 편리와 미와 하늘과 땅을 주름잡을 아이디어 산업은 우리 젊은이들에게 무한한 가능성을 열어줄 것입니다. 그들은 이런 아이디어 산업으로 희망찬 조국을 이루어 놓을 것입니다. 그렇기에 정부와 국민은 이런 산업의 인프라를 만들고 투자해야 할 것입니다. 19일 이명박 대통령이 꼼수로 위장하던 대운하 계획은 그야말로 민의에 몰려 취소됐지만, 다행한 일입니다. 기실 그 실상을 아는 한, 대운하 공사에 홀려 이명박 씨를 찍은 유권자가 얼마나 될지는 문제도 되지 않을 정도로 미미할 것입니다. 그것이 설령 제1 공약이라 해도 국민 대다수가 반대하면 그만두어 민의를 따라야 합니다. 본인이 누누이 주장하는 대로 이명박 대통령을 역사상 유례없는 표차로 당선시킨 것은 국민 대다수가 좌경 노무현 대통령이 싫었기 때문에, 선택의 여지가 없어 '묻지마 투표'로 당선시킨 것뿐이라는 점을 이명박 대통령과 그 주변 인물, 한나라당은 명심해야 합니다. 구태의연(舊態依然)하게 말로만 국민을 섬기고 내심과 행동은 권력에 도취된 오만과 패거리 정치로 일관한다면, 민의의 완전 이탈은 물론 무서운 국민의 응징을 받게 될 것입니다. 특히 이번 쇠고기 사절의 교섭이 국민의 요구에 미달할 경우, 이명박 정부는 빠져나오기 힘든 함정에 갇혀버릴 위험이 크다는 것을 명심해야 합니다. 그럴 경우, 그동안의 인수위에서 시작되고 고위직 인사행정의 난맥상과 부도덕성 및 그 결과로 나타난 정책의 대실패 등이 전체적이고 동시 다발적으로 급부상하여 이명박 대통령을 역사상 가장 실패한 불명예스러운 대통령으로 몰아넣을 수 있기 때문입니다. 노무현 대통령이 좌경 이념적 역주행을 달렸다면 이명박 대통령은 우익 자본주의의 부도덕한 시기에로 그 형태를 달리하며 역주행을 질주한 것으로 치부될 것입니다. 거기 더해 이명박 대통령은 국민 사이에 말이 많아 이 대통령 자신이 극력 반대하던 노무현 대통령의 국토 개발 정책을 그대로 답습하는 꼴이 되어 괴이한 역주행을 하는 꼴이 됩니다. 그런데도 이명박 대통령은 실용주의 정치를 한다니 한심하고 무식한 정치 형태라는 평을 면키 어렵게 됐습니다. 방미 때 그것을 노골화시킨 것입니다. 무슨 실용 정치가 그런 것이었을까요. 조금만 대우하는 척하면 쓸개까지 다 내줄 양인데 그런 것을 통째로 집어 삼키지 않을 미국이겠습니까. 그런 식의 쇠고기 협정은 어떻습니까. 이제와 보니 미-일, 미-대(대만) FTA 협정에서 우리는 손해를 볼대로 다 보고 일본, 대만에게 실리를 챙길 본보기를 만들어준 어리석은 꼴이 되었으며 세계의 웃음거리가 되었는가 싶습니다. 또한, 근일 미국 도축장 실사단으로 보낸 사람들이 도축장 내부 검사에는 얼씬도 못하고 귀국 후, 쇠고기 도축장에는 전혀 문제가 없다는 거짓 보고서를 국민에게 냈답니다. 더욱이 한심한 것은 이명박 대통령이 부시 대통령과의 회담에서 쇠고기 문제에서 묻지마 식의 무조건적 양보를 한 것으로 드러나 앞으로 언제든지 더 민심 이반을 촉진시킬 소지를 만들어 놓은 것입니다.

근일에는 운송노조 파업으로 부산항 등 전국의 수출입 항구들이 마비 상태에 이르렀습니다. 전 산업 시설이 기성 제품 반출과 자재 공급 중단으로 작업 중단 상태라니 이명박 정권에게는 사전 준비란 전혀 없어 속수무책입니다. 곧 이어 현대자동차 노조, 건설 노조, 철도 노조 등의 파업이 줄이을 것이라는데 이명박 무능 정권은 점점 아무것도 할 수 없는 처지로 몰려가고 있습니다. 그러나 이런 경제적·정치적 난국 속에서의 그런 파업들은 노조 자체 내에서도 그렇고 국민적 공감을 얻기도 힘들 것이니 국민의 힘에 의해 해결날 것입니다. 이런 위기 때마다 국민의 저력이 발휘되어 문제를 해결하고 국민은 이런 기회를 전화위복의 차원으로 바꾸어 놓았습니다. 지금 온 나라가 큰 혼란을 겪는 것만은 사실입니다. 이것이 이명박 대통령이 내세운 실용 정치요, 실용 외교입니다. 그렇기에 학문적으로 실용주의란 그런 것이 아니라는 면과 우리의 전통적 용어로서는 '실리외교'라는 좋은 말이 있다는 것까지 본인은 지난(2008년) 1월 12일 〈평화방송〉과 14일 〈조선일보〉

인터뷰에서 곁들였습니다. 사실 우리 국민 정치 정서는 이복(利福: 國利民福), 즉 실리를 얻어 국민을 행복하게 하는 것입니다. 이명박 대통령에게 이런 말 자체가 생소할 것입니다. 그렇기에 본인은 미국의 존 듀이를 정점으로 하는 실용주의 사상이 종교인 이명박 장로께 어울리지 않는다는 점을 말한 적이 있습니다. 하느님의 존재와 십계명이라 할지라도 경험적 삶에서 실효성이 있는 한에 인정되고 실효성이 없거나 손해를 끼치는 경우에는 부정되어야 할 것이기 때문입니다.

한 가지 더 부연하고 싶은 말씀이 있습니다. 일제(日帝)의 무단(武斷) 통치 식민지 시대에도 해방 후, 좌우충돌의 대혼란 시기에도 공산 침략 6·25 동란으로 전 국토 폐허화와 1천만 이산가족과 수백만 민족 상잔 비극 시기에 전국토가 공산주의자 수중에 들어가고 부산 일대만이 간신히 남았던 와중에서도 가히 등사판이라 할 수 있는 타블로이드 판을 찍어내면서 자유민주주의를 지켜낸 민족 정론지인 〈조선일보〉·〈동아일보〉(이하 조·동), 군사독재 하에서 인권수호 전선(前線)에 섰던 조·동 유력지들, 지난 정권의 좌익 역주행에 온갖 불이익을 감수하면서도 국가 민족을 올바른 궤도로 이끌어 온 조·중·동 민족 유력지들은 시류나 좌경 역주행에 영합하여 몰아치는 어떤 공세 중에서도 조금도 흔들림 없이 정론을 펴주기 바랍니다. 마치 세계 유력지, 예컨대 〈뉴욕 타임스〉, 〈워싱턴 포스트〉, 〈런던 타임스〉, 〈르 몽드〉, 가까이는 일본의 〈아사히〉 등 수많은 인류 정론(正論)지가 온갖 고난을 감수하면서 정도를 걷는 것처럼 말입니다. 그렇기에 지금은 디지털 유비쿼터스 시점으로 세계 공간은 한 안방이 되어 있고 시간 또한 지나감과 미래가 거의 동시성을 갖는 시점(時點)이 되었으니 일의 옳고 그름은 결과로 곧 판명되기 때문입니다. 우중(愚衆) 공세에 엎이려는 정객들은 국민이 선거로 도태시켜야 할 것입니다.

우리 젊은 세대들, 젊은 네티즌들은 지금 다른 나라들과 달리 발랄한 정기를 뿜어내고 있습니다. 이명박 대통령의 100일과 6·10의 계기에 디지털로 이루어낸 거대한 촛불시위가 그런 것입니다. 그런데 현금 이른바 선진국의 젊은 네티즌은 사회 현상에 대한 견식(見識)과 가치판단의 형성 과정에서 큰 힘을 발휘하지 않습니다. 반해, 우리 젊은 세대, 특히 젊은 네티즌은 한류를 세계에 펼친 것처럼 사건과 사태에 대한 식견과 본질적 판단, 가치판단, 인격 성숙 면에서는 IT 선진국 네티즌에게 배울 필요가 있습니다. 그렇지 못하면 얼마 안가 우중(愚衆)시위로 전락하여 국내에서도 설 발판을 잃을 위험이 크기 때문입니다. 특히 집단적 인격 모독 표현이나 공격은 삼가는 것이 좋을 것입니다.

　나는 1961년 대학 강단에 선 이래 오늘까지 근 50년 간 젊은이 교육에 몸 바친 사람으로서 또 가정도 꾸미지 않고 열정을 다해 젊은이 양성에 몸을 바친 한 성직자로서 그동안 온갖 역경과 싸우며 젊은 세대에 내일의 희망을 건 사람으로서 진정 젊은이를 사랑했습니다. 오로지 그들만이 우리의 희망이기에 그들을 소중히 여겼습니다. 지금은 우리 젊은이들이 국내외에서 특히 세계 속에서 인문학적으로, 과학적으로, 예체능적으로, 산업적으로 발군의 기량을 나타내는 데 말할 수 없는 보람을 느낍니다. 분명 지금 우리 젊은이들은 민족정기를 세계 속에서 그들의 실력으로 마음껏 뿜어내는 시기로 생각합니다. 그렇기에 그들의 진취성을 먼저 가는 세대는 적극 밀어주고 따라가야 합니다. 그렇지만 그들의 순수성이 자칫 역주행적 불순 세력에 이용되지 않도록 경계심을 가져야 합니다. 그들은 분명히 세계 속에서 우리의 자랑이고 희망이며 인류의 자랑이고 희망입니다.

2008년 6월 15일

앞으로의 사태는 더 미묘하게 전개될 것으로 예상됩니다.

이제 난장판이 된 여러 가지 정치 현안의 계기가 된 쇠고기 한·미 협정의 해결책을 짚어 봅니다. 이 시점에서는 정부가 무슨 노력을 해도 야당과 국민 정서가 갖고 있는 불만과 불신을 해소시키기는 불가능할 것입니다. 상대인 미국이 겉으로는 그러는 척하면서도 실제로는 이쪽의 구미에 맞도록 움직일 리가 만무합니다. 벌써 미국이 그렇게 움직이게 한 것은 이명박 대통령이 방미 부시 대통령과의 회담에 앞서 그저 좀 대접하는 척만 하면, 간도 쓸개도 다 빼주는 유치한 정치인 상을 있는 그대로 본 것이기 때문입니다. 그러면 우리 정부와 여당이 할 일은 무엇입니까. 먼저 정부와 여당은 전제 조건 없이 전면 재협상을 요구하는 야당과 마주 앉는 것입니다. 그리고 미국의 불응으로 불가능하겠지만, 재협상 시 우리의 이점과 손실을 여과 없이 허심탄회하게 논하는 것입니다. 예컨대 30개월 이상 쇠고기 전면 중단의 경우, 미국 측이 우리의 자동차, 컴퓨터, 금융, 서비스업 등 공산품 수출 일체를 제약하거나 자국의 자동차를 위시하여 모든 제품의 완전 수입 개방을 요구하게 될 것입니다. 그런 경우, 우리 영세 산업에 미치는 국내외적 영향, 더 나아가 국내 산업에 큰 타격이 오는 경우, 지난 5년간 좌경 정권에 의해 OECD 국가 중 최악을 맞은 우리 젊은 세대의 실직과 그로 말미암은 '자살률 최고'라는 어두운 면의 가속화를 비롯하여 야기될 여러 가지 사회적, 개인적, 가정적, 국가적, 국제적, 물질적, 정신적 손실을 보상하고 이익을 줄 수 있는 한, 과학적 연구에 근거한 자료로 제시하여 협의하고 국민에게 공개하여 여론과 국민 일반의 판단을 수렴하면 될 것입니다. 이렇게 사실적 결과를 놓고 민의와 같이 하는 해결책은 무조건 재협상만을 장외에서 고집하는 야당에게 더 불리할 것입니다. 이런 경우, 대통령은 스스로 저지른 큰 실책으로 국회를 전적으로 마비시키고 국가를 온통 큰 혼란에 몰아넣었으니 모든 책임을 지고 한 번 더 일이 잘못되는 경우, '스스로 하야(下野)'라는 결의를 표명하는 강수를 던져야 할 것입니다. 물론 이런 여야의 만남과 국민과의 만남은 그 결과가 재협상으로 나는 경우, 여당이 끝까지 거부할 명분도, 그럴 필요도 없습니다. 대통령과 여(與)는 지금 모든 것을 '허울 좋은 민의'라는 구호로 끌고 가려할 명분이 완전히 사라질 것입니다. 지금의 형태는 그것이 잘되건 잘못되건 '구태의연' 바로 그 자체입니다. 국민이 모든 것을 알 만큼 다 알게 한 다음에 민의에 따르면 되는 것입니다. 국민이 대통령을 국민의 복지를 위해 뽑은 것이지 대통령의 뜻을 따르기 위해 뽑은 것이 아니기 때문입니다. 이런 경우, 수준 높은 우리 국민과 여론은 "쥐잡기 위해 장독 깨는 우(愚)", 즉 민주 헌정 질서를 일대 혼란에 빠뜨리는 것을 절대 용인하지 않을 것입니다. 일이 이렇게 되면 대통령과 여(與)는 져도 이기는 결과가 될 것입니다. 현재의 국정의 난맥상과 앞으로 몰려오는 경제의 먹구름은 대통령은 먼저 죽고, 여(與)도 야(野)도 다 같이 죽을 것을 명령합니다. 그런 구태의연한 정치 행태로는 국리민복(國利民福) 정치를 할 수 없습니다. 따라서 그런 지도자가 있는 국민도 같이 죽는 진통을 겪을 수밖에 없습니다. 다 같이 죽고 국민도 대통령도 여도 야도 다 같이 살아나는 새날이 이 땅에 절실히 요청되는 오늘입니다. 쇠고기 협상이 아주 잘됐다고 정부가 자화자찬하지만, 국민은 점점 더 이 정부에 대해 회의적이거나 불신으로 몰려갈 것입니다. 이명박 대통령이 민의를 다시 돌려오는 방도는 과감한 자기희생인 공약, 즉 살 집만 내놓고 재산을 다 사회에 환원하겠다는 공약을 당장 실천하여 국민의 고통 분담을 요청하고 이번 수습책이 잘 안되면 하야하겠다는 비장한 결의를 표명하는 것입니다.

2008년 6월 21일

9. 국민원로위원 연해주 탐방과 젊은이들의 비전

    여기서 저는 앞의 글 후에 일어난 시국 면에 대해 더 말하며 앞으로 이 나라 젊은 층이 나아갈 길과 정부가 당장 해야 할 일 중 몇 가지를 짚어 보겠습니다. 그것은 제가 국민원로위원으로서 연해주(沿海洲)를 다녀온 것과도 관련되고 더 나아가 새 천 년 들어 인류문화가 완전히 새 차원을 열어가고 있는 것과도 깊이 관련되기 때문입니다. 또한, 그런 면에서 저 나름으로 3천 년 벽두에 국제회의 등에서 테이프를 끊는 역할을 했습니다. 이에 그 배경을 요약하고 간명히 제시하며 우리 젊은이들이 현금 놀라운 민족정기의 폭발력을 직시합니다. 이는 곧 닥쳐오는, 이 민족의(더 나아가 저에게는 선견(先見)적으로 보이는 바가 있기에) 젊은 이들의 미래상을 제시하는 것입니다. 물론 이런 것은 30년 전 아랍 광야 현장에서 대운하를 이상으로 삼으며 오늘에 이른 현 이명박 대통령에게는 이해할 수 없는 우화 같은 이야기가 될 것입니다. 그런 정도이기에 오늘날 역사적으로 폭발하는 기운을 감당하지 못해 요동치는 젊은이들을 이해할 수도 없습니다. 또한, 밝은 미래, 희망찬 미래상을 제시하고 이끌어갈 수도 없기에 그분과 현 청와대 및 내각은 아예 없는 것으로 도외시 하고 말하는 것입니다. 저는 사상적 역주행 386을 더 이상 좌시할 수 없어 "선택의 여지가 없어 묻지마 투표"로 몰고 가 이 명박 대통령 탄생에 적극적 역할을 한 사람으로서 위와 같은 실상 토로는 말할 수 없는 허탈감과 비애를 안겨 줍니다. 그러나 더 나은 내일을 위해, 또 우리 젊은이들의 앞날을 창창하게 하기 위해 아래의 글을 여기에 덧붙이오니 강호제현(江湖諸賢)들의 양해를 바라는 바입니다.

저는 2008년 5월 6일부로 국민원로회의 위원으로 추대되었습니다. 아마도 그동안 제가 국가의 이념적 위기나, 정치적 혼란, 실정(失政), 문화적·윤리적 특히 이념적 역주행에 대해 거침없이 잘못감을 지적하여 이 민족이 나아갈 길을 제시했기 때문인 듯합니다. 또한, 지성계와 항간에서는 제가 미래지향적이며 예언자적 발언과 행동을 서슴지 않았다며 국가 어른이라는 말들이 돌더니 그렇게 된 것 같습니다. 특히 근자에 저는 국운을 진보라는 이름으로 극좌경화 하는 급류를 과감히 인류 사상의 역주행으로 규정하여 전진하는 민족과 인류문화의 정체성에로 회귀시키는 데 역할을 한 것에 큰 보람을 느낍니다.

이번에 제가 국가최고 원로회의 위원에 추대된 직접적 계기는 박홍 이사장 신부님이 국민원로들의 연해주 방문에 저를 추천한 것이 그 계기가 된 것 같습니다. 또한, 저를 좋게 보아주신 많은 분이 저와 접촉하며 처음에는 전혀 이해가 가지 않던 저의 말들이 20−30년을 두고 하나 둘씩 그대로 이루어지는 선견(先見)과 이념, 국정의 혼란을 거듭할 때 정확한 국가의 진로를 제시하는 데 놀랐다며 그 비결이 무엇이냐는 분도 있었습니다. 특히 언론계에서 그랬습니다. 비결이야 무슨 비결이 있겠습니까. 그저 사심 없고 다른 분들의 선익(善益)을 위해 기도하며 발언한 것 외에 달리 드릴 말씀이 없습니다.

역사를 좋아해서일까 3천 년대 들어 몇 세기 인류문화의 흐름과 민족 앞날의 감(感)이 잡히기도 합니다. 그러나 저는 그런 것이 저에게 특별한 것이라고는 생각하지 않습니다. 그저 학문적 연유에서 만사의 본질 파악에 애써왔기에 인간(人間)과 자연(自然)의 본질적 면이 투시되어 그 진행과 운행 과정이 비쳐지는 것일 뿐입니다. 그런 와중에서 끊임없이 벌어지는 우리 국정과 사회 혼란, 앞으로 변해 도래할 발전된 우리 사회의 양상이 직관되기도 합니다만, 그것이 대단한 것이겠습니까. 한마디로 저는 국민원로회의 위원이라는 대접을 받을 사람이 아니고 그런 명예는 다른 분들이 받으셔야 합니다. 저는 사심 없이 한 성직자로서 또한 지성인으로서 이 나라 백성을 위해 그렇게 하는 것뿐입니다. 모든 것이 다 하느님의 은혜이고 주변의 좋으신 분들의 덕분입니다. 감사할 따름입니다. 앞으로도 계속 저를 아끼시는 분들의 배전(倍前)의 성원과 도우심을 부탁드립니다.

이번 광복 60주년을 기념하여 국민원로회의가 연해주(沿海洲) 애국 답방 계획을 세운 것은 매우 의미있는 일이라고 생각합니다. 연해주(沿海洲)에는 많은 고려인이 망국의 한을 품고 조국 광복을 기도한 곳이기에 그렇습니다. 안중근 의사(安重根 義士)와 만국회의(萬國會議)의 밀사 이상설(李相卨) 선생의 애국정신 함양과 결단의 유적지가 있는 곳이기에 더욱 그렇습니다. 또한, 소련 공산 제국(帝國)의 개인 재산 몰수와 남진의 희생물인 고려인 17만 5천 명의 중동아시아 사지(死地)에로의 강제 추방 수난을 겪은 곳이기에 그렇습니다. 그래도 근래에 다행한 것은 이유종(李有鍾) 국민원로위원님이 5억 평(제주도 크기)의 농장을 러시아 정부로부터 임차(賃借), 현대식 농장으로 개간하여 쌀, 보리, 콩 등을 비롯한 수많은 가축을 사육하고 있다니 참으로 시사(示唆)하는 바가 큽니다. 저는 이 소식에 접하며 한 가지 우리나라 앞날을 위해 큰 공헌을 할 수도 있을 것으로 생각합니다. 그래서 다음과 같은 안을 2008년 5월 31일(토요일) 오후 국민원로회의 사무처장 황재천(黃載天)님이 인사차 내방하실 때, 제시하여 큰 호응을 받았습니다.

그 안은 국가적 차원에서 좀 더 넓은 시베리아에 약 100억 평 정도를 약 100년간 임차 (賃借) 내지 구매하면 지금 고가 행진을 계속할 수 있다는 것입니다. 또한, 앞으로 전략무기화 할 수도 있는 농산물과 축산물 일체, 약 40년 전 제가 생각했던 시베리아 지대에서의 천연 가스 개발과 벌목 등을 추진하여 우리나라가 차제에 해외에서 자급자족할 기반을 만드는 일대 결단을 내리면 좋지 않을까 생각합니다. 그리하여 지금 우즈베키스탄, 카자흐스탄, 키르키스탄 등지로 지난날 연해주에서 강제 이주된 고려인 후예들이 모여 농장을 경영하면 국가는 애국지사들의 후예이거나 그들에 준하는 이들의 후예를 돌보아주는 것이 됩니다. 또한, 그들은 조국 덕분에 생활의 안정과 조국에 이바지하는 긍지와 더불어 조상의 위업을 계승하는 보람도 느낄 것입니다. 연해주에 도착하여 라주토리네 역을 방문했을 때, 이 역에서 스탈린의 공산 강권 정책으로 고려인 17만 5천 명이 중앙아시아로 추방되었으며 도중 화물칸에서 4천여 명이 죽었다는 슬픈 사연을 회고하며 민족적 슬픔을 가눌 수 없었습니다. 또한, 이상설 선생의 기념비를 참배하며 느낀 망국의 한을 가슴 저리게 느꼈습니다. 선생은 헤이그 만국회의 밀사로서 국권 회복에 실패한 후, 연해주에 정착해 오다 죽음에 앞서 나라 없는 사람이 무덤이 있을 수 없다며 화장하여 강에 뿌려달라는 유언만을 남겼습니다. 그래서 무덤은 없고 유적비만 남아 있었습니다.

저는 위에서 열거한 중동 아시아 지대에서 소 연방(聯邦) 붕괴 후, 고려인 후손 중 잘 된 이들도 있지만, 적지 않은 이들이 고달픈 삶을 살고 있음을 그 현지에서 16년 간 사목한 제자 신부로부터 들었습니다.

그렇기에 저는 안중근 의사(安重根 義士)의 외손자일을 김 신부님께 다시 확인했습니다. 안 의사(安義士)님의 거사로 일가친척이 더 이상 한국 땅에서 살수 없게 되어 김 신부님 자신도 아주 어릴 적에 연해주에서 살았다는 등의 말씀을 확인하며 위와 같은 저의 아이디어를 말했더니 김 신부님은 쌍수를 들어 환영했습니다. 그뿐만 아니라 김 신부님의 외할아버지 안명근(安明根, 安義士님과 4촌 형제간)씨는 이른바 105인 사건으로 일경에 의해 체포돼 15년 형을 살았다고 합니다. 저의 집안 어른 정희순(鄭希淳) 숙부님도 105인 사건으로 서울에 압송, 29세 건장한 청년이 모진 고문으로 얼마 후 치사(致死)했습니다. 그 시체를 인수하신 저의 아버지 말씀은 머리 정수리에서 발톱 끝까지 고문의 참혹한 상처가 나지 않은 곳이 한 곳도 없었다고 했습니다. 이런 안 의사님과 김 신부의 관계를 확인하다가 집안 어른들의 기막힌 애국 동지의 연(緣)도 확인하게 되었습니다. 이번 방문에 동행하는 전 국무총리 이수성 님께도 위와 같은 말씀드렸더니 동감임을 표명했습니다. 박관용 전 국회의장께도 이런 안을 말씀드렸습니다. 이 분은 전 총리이며 현재 고려대학교 재단 이사장으로 훌륭한 일을 하고 계십니다. 또한, 지난 날 가까이 지내던 현승종 건국 60주년 기념사업 위원장께도 시베리아 농장과 식량 문제, 천연가스 개발 문제까지 곁들여 말씀드렸습니다. 현 전 총리는 대 환영하시며 대통령과 정부 관련 부처에도 말씀드려야겠다고 하셨습니다. 박홍 서강대 이사장 신부께도 말씀드렸습니다. 또한, 천주교 서울대교구장 정진석 추기경과 고위층에도 말씀드렸더니 대환영하시며 감탄해 마지않았습니다. 그뿐만 아니라, 천주교 성직자 일반과 지도급 평신도들도 쌍수를 들어 환영하며 성원을 보냈습니다. 이런 중대한 안이 국가적 차원에서 꼭 성사되면 좋겠다는 간곡한 소망이었습니다. 물론 쉬운 일은 아니지만, 국가의 희망찬 대사업이니 정부로서도 전력투구해 볼만한 일로 생각합니다. 일본은 벌써 1970년 중후반에 브라질을 위시하여 남미 여러 나라에 본국 영토보다 더 큰 토지를 사들였고 일단 유사시 그 땅을 이용하거나 이주까지 생각한다는 소식이었습니다.

이런 안을 내는 저에게는 남다른 감회가 있습니다. 그것은 박정희 대통령이 재임을 마음에 품고 있던 어느 해 겨울이었습니다. 박 대통령이 군에서부터 부관으로 있으며 혁명에서도 운명을 같이 했던 김성구[34] 비서가 입교를 위해 저에게 교리 수업을 받고 있었습니다. 한 번은 그가 국민을 위해 무슨 좋은 아이디어가 없겠느냐고 물었습니다. 저는 왜 없겠느냐며 경제 부흥이 초미의 관심사인데 이를 위해 가장 시급한 것은 인프라 구축이고, 서울과 부산 간 고속도로 건설이 절대적으로 필요하다는 것을 말해 주었습니다. 그 후 여러 가지 질문이 (아마도 박 대통령의 질문인 듯) 제기됐는데 그것에 대해 단적인 예 한두 가지로 답했습니다. 드디어 저의 안이 받아들여져 당시 민족 경제부흥의 대동맥인 경부 고속도로의 착공과 완성을 보게 된 것입니다.

이런 이야기에 앞서 한 가지를 말씀드린다면, 이 경부 고속도로 건설안은 후일 정원식 총리 시절, 저에게 새로운 아이디어 제공의 계기가 되었습니다. 정 총리님은 깊은 학식과 트인 마음의 소유자인데 한 번은 저에게 무슨 좋은 아이디어가 없겠느냐고 물었습니다. 저는 경부 고속도로 전말의 예를 들며, 이제는 속도전이니 서울과 부산을 두 시간 내에 주파해야 할 것이라는 말씀을 드렸습니다. 정 총리는 일에 과단성까지 겸비한 분이라 프랑스의 TGV와 계약을 성사시켜 오늘의 KTX의 대업을 이루었습니다. 앞에서 말한 예란, 서독은 패전국이며

---

34 김성구는 자기 말대로 무직함(無職銜)이지만 막강한 영향력을 갖고 있었다. 후일 미국 주재 한국 대사관 이사관을 지냈다.

자원도 별로 없는 나라인데도 히틀러가 군사용으로 전국에 사통팔달 엮어놓은 이른바 아우토반, 즉 고속도로가 산업도로로 전용되어 앞서가는 경제 대국이 됐다는 것을 말했습니다. 또한, 일본은 신칸센으로 경제대국의 기세를 올렸다는 것과 당시 유럽 국가 경제 부흥의 척도는 인적 교류와 물류 소통 수단인 도로 발달 여하에 달렸다는 것을 말했습니다. 그 실천 과정에서 아주 곤란한 문제도 야기됐지만, 그것을 오히려 전화위복으로 만드는 조언도 했습니다. 그 후 일본은 좌익의 강세와 반미 감정의 격앙 등으로 미일 관계가 순조롭지 못할 것이라는 것을 말했습니다. 또한, 일본은 물가고로 신음할 때이니 한국은 미국의 중국행 중간 기지로서 절호의 기회를 맞게 될 것이라는 점도 말했습니다. 그 후 미국 자본들의 한국 진출이 큰 물결을 타기 시작하여 1969년에서 1970년 대 초에 미국의 대기업들은 한국의 적지(適地)를 미국 대사관을 통해 물색하는 처지에 이르렀습니다. 이런 때, 마침 저의 오산 보통학교(지금의 초등학교) 동기 박해경이 주한 미국 대사관 상무 계통에서 오랫 동안 근무하여 미 자본가들을 안내하여 구미 공단 근대화에 결정적 역할을 할 수 있는 위치에 있었습니다. 또한, 큰 일이 있을 때마다 박 씨는 제 의견을 물어왔기에 그 공단 일에 몇 가지 의견을 준 적이 있었습니다. 그때(지금으로부터 약 40년 전) 섬광과 같이 떠오른 것이, 그렇다면 우리 자본과 기술도 어느 정도 축적되었으니 긴 안목으로 보아 우리 기업이 시베리아(캄차카 반도를 포함)에 진출하여 벌목과 천연가스, 유전 개발을 하면 국가의 앞날에 큰 도움이 되겠다는 생각이었습니다. 그런데 북한을 통해서는 할 수 없으니 우리 동해안에 적절한 항구를 개발하고 발전시켜야 할 것이라는 생각이 비쳤던 것입니다. 그리고 앞으로 미국과 한국이 중국 본토를 향한 무역의 시기에 대비하여 서해안 간만의 차(인천은 간만의 차가 너무 크고 규모에도 한계가 있기에)가 그리 크지 않은 곳 중 남부 해안선의 중국 항구와 연결될 새로운 현대식 항구 건설이 필요하다는 것도 제시했습니다. 그런 말을 당시 요로(要路) 분들에게 말했지만 미래적인 것을 전혀 이해하지 못하는 듯, 별다른 반응이 없었습니다. 그러나 그 후 동해항과 서해안 개발을 서서히 하게 된 것을 보게 되었습니다. 물론 이런 구상에 앞서 당시의 부산항만으로는 앞으로 국내·국제적으로 급증할 물동량을 감당할 수 없으니 그 인근이나 다른 곳에 항구들을 신설하거나 개축할 것을 제안하기도 했습니다. 이제 30년도 훨씬 지난 이 시점에서 그것도 제가 국민원로회의 위원으로 광복 60주년 기념 현지 답방을 계기로 그 때와는 조금 다른 면, 즉 시베리아 더 넓은 지대에 식량과 축산을 중심으로 천연가스와 유전 문제를 위시하여 벌목 문제까지 한 데 묶어 생각하며 연해주(沿海洲) 답방을 하게 되니 좀 아이러니한 느낌입니다.

10. 대한민국 건국 60주년 기념사업위원회 고문 위촉과 전망

저의 대한민국 건국 60주년 기념사업위원회 고문직은 본래 천주교 서울대교구장 정진석 추기경님의 몫이었으나 저의 유럽 여행 중에 그분이 저에게 위촉하여 대통령 명의로 위촉된 것입니다.

저는 2008년 7월 11일 12시에 처음으로 국무총리 공관에서 열린 회의에 참가했습니다. 지난 5월 22일 청와대에서 열린 대통령 위촉식에는 유럽 여행 중이었음으로 참석하지 못했습니다. 이 회의에서 여러 가지 의견이 제시되었습니다. 그렇지만 기념행사 위원회 정도의 것이었습니다. 이번 60년을 계기에 다른 여러 기구에서 쏟아져 나오는 좋은 의견도 많았습니다. 특히 여타의 기념 학회에서는 지난날의 회고를 넘어 오늘날 대한민국이 당면한 여러 문제에 대해 중견과 소장 학자들이 좋은 견해를 많이 내놓았다고 생각합니다. 그렇지만, 곧 이 나라를 짊어질 젊은이 문제를 심각하게 논한 것이 별로 없는 것 같아 중요한 것이 빠진 것 같은 느낌입니다. 그렇기에 저는 이런 계기에 방향을 잃고, 어찌 말하면 마구 뛰노는 우리 젊은이들, 지금 세계 젊은이들의 선망의 대상이 되고 있는 우리 젊은이들이 세기적으로 세계를 향해 폭발하는 정기를 받아들일 시설을 준비하는 것이 이런 기념사업의 역사적 사명임을 요약하여 국무총리 공관에서 말했습니다. 그 실상을 여기에 부연하면, 오늘날 세계 젊은이들의 새로운 흐름과 새로운 세기의 문화적 흐름은 손발을 작동시켜 국운을 열어가는 식의 시기가 아니고 머리로, 즉 아이디어로 세계와 승부를 거는 세기적 시기에 도달했다는 점입니다. 예를 들면, 저는 매년 세계를 여행하며 젊은이들과 많은 대담을 나누는데 새 천 년대에 들어 젊은이들의 세계에 놀라운 변화가 일어났다는 것입니다. 그것은 바로 세계 젊은이들이 급속히 하나가 되어가는 놀라운 변화입니다. 미국 흑인 유력 대선 주자 오바마도 73% 백인 세계에서 젊은이들의 인기에 힘입어 선두 주자를 달리고 있습니다. 그중에서도 괄목할 것은 한국 젊은이들의 활동, 이른바 한류의 선풍이 대단한 것을 세계 도처에서 보고 느꼈습니다. 그것은 몇 년 전까지만 해도 동남아 정도인 줄 알았는데 지난 몇 년 사이에 전 세계 젊은이들 사이에 퍼져간 것을 실감했습니다. 그 하나의 예가 서구 여러 나라 젊은이들이 한국의 젊은이들을 선망하기에 그들이 한국에 대해 무엇을 아느냐고 물었더니 예외 없이 드라마 "주몽"을 꼽았고 그 다음은 "대장금"을 꼽았습니다. 지금 한국 젊은이들이 예체능계에서 한류의 붐을 세계 도처에서 일으킬 뿐만 아니라 미국 유수 대학들에서 단연 두각을 나타내 세계를 놀라게 하고 있습니다. 그러나 한편, 국내에서는 좌경화 하며 디지털을 바람직하지 않은 방향으로 최대한 동원하여 세계적 물의를 일으키고 있는 것도 사실입니다. 이런 시점에서 전 세대는 건국 60년을 계기로 젊은이들이 번뜩이는 아이디어의 날개를 마음껏 펼 수 있는 장을 열어 주면 좋을 것입니다. 한동안은 일본 젊은층, 특히 여성층에 전세기를 타고 한국을 찾을 만큼, 드라마 "겨울연가"가 선풍적인 인기를 끌더니 어느 사이엔가 우리 젊은이들의 다른 모습의 아이디어의 번뜩임이 세계 젊은이들을 사로잡고 있습니다.

이런 젊은이들의 정기 발로는 저간의 예를 보아, 예컨대 해방 직후 약 20-30년간은 일본 젊은이들이 아시아를, 그 다음은 홍콩의 젊은이들이 약 20년 간 동양을 비롯하여 세계를 휩쓸었습니다. 그런데 지금은 우리 젊은이들이 그들의 활동을 멀리 능가하는 차원에서, 즉 아이디어 차원에서 그 정기를 세계 젊은이들 사이에 폭발시키고 있습니다. 그들의 정기를 마음껏 쏟아낼 수 있는 아이디어 산업단지 등을 조성하여 우리의 우수한 젊은이들을 모아들였으면 합니다. 특히 건축물, 도로, 항만 건설은 물론, 자연 살리기, 일상생활 및 비행기, 전함, 잠수함, 전차, 소총에 이르기까지 그 운명을 디자인이 좌우하는 시기이니 이런 면에 뛰어난 우리 젊은이들의 가능성은 가히 무한대라는 점에 유의하면 큰 의미가 있을 것입니다. 이런 일의 모델은 근년 밀라노에서 세기적으로 번창하는 아이디어 산업이 한 예가 되겠습니다. 우리나라와 이탈리아는 자연적, 지리적 여건도 비슷할 뿐만 아니라, 사람들의 기질도 비슷하고 우수한 예술적 재능 등 유사성이 많아 한국은 젊은이들의 재능 함양으로 동양의 아이디어 메카가 되기에 충분하다고 생각합니다. 한국과 밀라노 아이디어 산업 공동 단지 조성도 생각해 볼 수 있습니다. 물론 이런 세기적 인류 사명, 즉 동·서를 융합하는 아이디어 산업 성공은 현금 한국 젊은이들만이 할 수 있다고 생각합니다. 그 이유는 유럽-미국의 문명과 중·남미 문화의 배합, 아프리카 토인 문화와의 배합은 이제 바닥이 난 상태이기 때문입니다. 또한, 3천 년대 새 인류문화 창조의 큰 흐름은 동양적 사고와 느낌과 구미(歐美: 유럽과 미국)문화의 만남, 즉 새로운 인류 공통문화 창출입니다. 이런 면에서 특히 생활적 아이디어, 다시 말해 동·서를 아우르는 아이디어 창출에서는 일본도 아니고 – 일본은 모방에는 뛰어나고 단결에는 강하지만 창의성에서는 우리 젊은이들을 따를 수 없음 – 중국도 아니기에 – 중국은 대국이라 자국의 유구한 전통에 근거하고 더 나아가 자국에 타국으로부터 자의나 타의에 의해 들어오는 문물과 문화를 동화하는 데는 전 세계에서 유례를 찾을 수 없지만 – 동·서를 아우르며 새것을 창조하는 데는 우리 젊은이들이 앞서 있다는 것이 저의 확신입니다. 그러나 그런 기운이 폭발하는 것은 어떤 주기적 현상이기에 지금 이 시기에 그 뒷받침을 먼저 가는 세대가 해 주면, 아주 의미 있는 일이 될 것이라고 생각합니다.

젊은이들의 앞날에 대한 저의 요지의 말에 위원장 현승종 전 총리는 60주년 기념사업위원회 고문들이 처음 듣는 이야기라 많은 것을 생각했을 것이라 했습니다. 김남조 위원장도 새로운 좋은 아이디어였다고 찬의(贊意)를 표했습니다. 또 바로 제 옆에 계시던 서청원 고문도 그런 새로운 아이디에 동의의 박수를 보냈기에 보람을 느꼈습니다. 그때 옆에 계시던 김진현 기획 위원장은 세계 속에서 젊은이들의 윤리관을 말씀하셨는데 저는 전적으로 찬동하며, 더 폭넓게 젊은이들의 세계적 차원과 미래적 차원에서의 새로운 가치관 형성이 필요하다는 것을 말했습니다.

우리 젊은이들에게는 지금 새로운 인류문화에 대한 가치관 형성이 전혀 안 돼 있기에 종북(從北)의 이념적 가치관에 휩쓸려 큰 문제를 일으키고 있는 것입니다. 그러므로 그런 경향을 탓할 것만이 아니라 새 세기를 맞아 도래하고 있는 것, 그것이 무엇인지를 모르면서도 정신과 몸으로 느끼면서 안에서 분출돼 나오는 새로운 기운을 주체하지 못해 잘못 발산하는 우리 젊은이들이기에 새롭게 다가오고 있는 것들에 대한 진로만 바로 터주면, 그렇게 어렵지 않게 바로잡아 줄 수 있을 것입니다. 전(前) 세대가 젊은 날에 피 끓는 자기희생과 헌신 등을 소중히 여겨 역사에 유물로 남기는 것도 좋은 일이지만, 그것과 더불어 젊은 이들의 앞날을 더 넓게, 더 높게 열어 주는 것은 60주년에 더 의미있는 일이고 값진 일이 되겠습니다. 그런데 이런 아주 중대한 일에 대해서 이번 기념사업위원회 계획은 전혀 생각이 미치지 못하고 관심이 없는 실정입니다. 그러니 젊은이들이 관심 밖이 될 것이고 역사 유물의 작품 정도로 취급될 것입니다. 박물관 안에 상당한 비중을 두는 모양인데 물론 좋은 일입니다. 그런 안은 역대 대통령들도 역점을 두었고 국력을 기울이다시피 하여 적지 않은 성과도 거두었지만, 어느 사이엔가 시간 속에서 빛이 바래가는 것을 느낄 수 있습니다. 물론 그 의미가 있지만, 국가의 가장 중대한 역군들, 지금은 좌경화로 국기를 흔드는 젊은이들을 제쳐두고 여타의 고사(故事)에만 치중한다는 인식을 젊은이들에게 주게 되면 일은 낭패일 수 있습니다.

　사실 이 나라 운명의 고비를 넘기며 오늘의 번영을 일으킨 것은 젊은이들의 피 흘림과 땀의 결정(結晶)입니다. 우리가 체험한 비근한 예도 그렇습니다. 일제(日帝) 시, 3·1 운동의 전신인 일본 유학생들의 독립운동과 그들이 당한 고초와 죽음도 젊은이들의 몫이었습니다. 광주학생운동도 망명 정부의 손발도, 국외에서 기약 없이 당당하게 펼친 광복군 운동도 당시의 피 끓는 젊은이들의 몫이었습니다. 반탁(反託) 운동이 그랬고 북한 공산주의자들의 조국 적화 남침을 맨손으로 막아낸 백만 젊은이의 순국이 없었다면, 오늘 자유 민주 대한민국은 존재하지 못했을 것입니다. 그러면서 다른 한편으로는 독재 타도의 4·19가 그랬고 군사 독재 타도의 광주민중항쟁도 젊은이들의 피 흘림이었습니다. 진정한 민간 정부의 기폭제가 된 6·29도 전국을 휘몰아친 젊은이들의 함성과 피의 대가였습니다. 이렇게 젊은이들은 오늘의 민주 한국을 이루었습니다. 어찌 그뿐이겠습니까. 경제적으로 세계의 최빈국에서 오늘날 대한민국이 세계 10위권 경제 대국을 넘보게 한 것도 그 밑바탕은 젊은이들의 피땀이 이루어 낸 것입니다. 월남전에서 흘린 젊은 피와 상의용사들의 희생은 오늘날 한국 경제의 밑거름이 됐습니다. 파독 광부들과 간호사들의 외환 벌이, 찌는 듯한 아랍 열사(熱砂)에서의 젊은이들의 헌신이 바로 오늘날 한국의 부를 축적하는 진원이 아니었습니까. 이런 젊은이들의 해외에서의 분골쇄신의 노력에 맞추어 국내외에서 우수한 젊은이들의 면학과 실천이 오늘의 한국을 일구어 낸 것입니다. 그런 젊은이들의 뒤를 이은 다음 세대는 지금 디지털로 세계 최강을 자랑하며 시간과 공간, 하늘과 땅을 누비는 지경에 도달한 것입니다. 또 한 가지 근일 놀라운 것은 우리 젊은이들이 지난날 계속된 정치적 혼란과 경제적 악조건 속에서도 베이징 올림픽에서 아무도 상상하지 못했던 금메달 13개로 세계 7위의 성적을 올린 것입니다. 이 또한 이 시기에 세계 속에 충천하는 한국 젊은이들의 기상 발로입니다.

이명박 대통령은 그들을 뒷바라지하기는커녕, 혼란만을 거듭하고도 그 성과를 마치 자기의 치적인 양 이용하려 든다면 큰 오산입니다. 그저 미안해해야 그나마 인간으로서의 체면치레가 될 것입니다. 전 세대는 이런 젊은이들을 이해하지 못할 뿐만 아니라 시대는 이제 디지털 유비쿼터스에 접어들었기에 전세대가 뭐라 하든 아랑곳없이, 또 거침없이 이른바 "고잉 마이 웨이"(going my way)를 질주합니다. 한편, 또 다른 젊은 세대는 386 정치 세대와 더불어 전 세대를 싸잡아 역주행적인 그들의 길을 가라는 것을 서슴없이 표현합니다. 그들이 그럴 수밖에 없는 것은 소통조차 할 수 없는 전 세대라고 알게 모르게 생각하도록 전 세대가 사고하고 행동하기 때문입니다.

그 단적인 예가 이번 청와대 주도의 건국 60주년 기념사업 위원회일 것입니다. 그 계획안에서 젊은이들은 그 중심에 있는 것이 아니라 일회성 행사의 들러리 꼴인 셈입니다. 늦기는 하지만, 지금이라도 젊은이들에도 초점을 맞추고 일은 서서히 추진해 가도 좋을 것입니다. 그렇기에 저는 지난 8월 4일 대통령 주최의 회의와 만찬회 발언을 위해 준비했던 원고를 (본래 대통령에게 전달할 목적은 아니었지만,) 이명박 대통령에게 직접 전달했습니다. 물론 그 내용은 여기에 적은 것의 축소판이었습니다. 그런 중차대한 면이 반영되면 좋으나 독재 시대를 방불케 하는 수법으로 지나간 고사에만 연연하는 식의 지금까지 실패를 거듭한 전철이나 밟는다면, 국민적인, 특히 젊은이들의 저항에 부딪칠 것이라는 메시지도 담았습니다. 그때 말이 부드러웠으니 그런 뜻까지는 대통령이 느끼지 못했을 것입니다. 그때 이명박 대통령은 그 원고를 받아 주머니에 넣으며 꼭 다 읽겠다고 하며 저의 다른 글들도 다 읽고 있다고 했습니다.

각설(却說)하고 저는 전혀 발언 기회는 주지 않고 청와대 안 그대로를 원로들을 모아 들러리로 세우고 밀어붙이는 옛 독재 수법과 그런 것에 아부성 발언이나 하는 것에 식상했습니다. 건국 60주년 기념사업위원회가 그렇게 독재 망령식으로 일을 해 가려면 애당초 솔직히 보고뿐이라는 공문을 보냈으면 솔직한 면이라도 인정했을 것입니다. 어쩌면 젊은이들의 무서운 촛불시위에 부딪쳐 혼비백산하여 전면 개편했다는 청와대 진영의 수뇌라는 분들이 그 정도밖에 안되나 서글펐습니다. 또 일을 그렇게 생각할 수밖에 없는 이명박 대통령은 앞으로 더 희망을 걸 것이 없는 한계를 드러낸 것으로 보였습니다. 이번 기회는 이명박 대통령이 획기적인 발상을 제시하여 국민의 마음을 되돌릴 계기입니다. 그러나 지금 청와대가 내놓고 자기들도 의식하지 못하는 고물단지 발상을 밀어 붙이는 것이기에 기대할 것이 없다는 생각입니다. 그런 것이야 벌써 거듭되는 인사 스타일에서 수 없이 드러났으니 사실 바랄 것이 없는 것이야 입증되고도 남았습니다. 그래도 저는 그 동안 건 희망과 노력이 아까워 일말의 미련을 갖습니다. 이명박 대통령이 그 발상을 일신하여 진정 젊은이들의 오늘과 내일의 실상을 인식하여 그들의 앞길을 열어 준다면 젊은이들은 이명박 대통령의 발상과 노력을 아끼지 않는 전 세대를 소중히 여길 것입니다.

그뿐만 아니라, 젊은이들의 좌경도 그리 걱정할 것이 없게 될 것입니다. 그 이유는 이런 아이디어 산업 단지로 우수한 젊은이들을 집결시켜 세계를 뛰게 하고 그런 유의 세계 젊은이들과 우리 젊은이들을 교류시키기 시작하면, 거기에 못 미치는 젊은이들은 촛불이나 들고 청계천이나 시청 광장에서 소란을 피우는 행동 자체가 우스운 꼴이 될 것이기 때문입니다. 그런 젊은이들의 움직임은 머지않아 스스로 자취를 감추게 될 것입니다. 그뿐만 아니라, 세계적인 아이디어 산업은 연결되는 많은 산업을 유발하여 그 핵심에 못 미치는 젊은이들을 많이 끌어들이는 효과를 유발할 것입니다. 더 나아가 이런 아이디어 산업은 필연적으로 종합 아이디어 전문대학원 등의 연구 기구들을 수없이 요구하게 될 것입니다. 이 또한, 세계에 그 유례가 없는 일이라 아이디어 산업면에서 한국은 단연 세계의 중심이 될 것입니다.

물론 그날 금강산에서 한국 관광객 한 명이 북한군에 의해 피살된 사건이 일어났고 회의를 주재하던 국무총리는 그런 소식을 긴급 입수한 듯, 국회 참석 시간이라며 황급히 자리를 뜨는 바람에 제 말도 간략히 끝맺게 되었습니다. 또한, 회의 내용은 청와대에서 벌써 골격이 다 짜여진 것의 겉치레인 듯 보여, 결국 꼭두각시 구실이라는 인상을 받았습니다. 이런 식의 회의라면 그날 총리 공관 회의는 그냥 브리핑 모임이라고 하고 일체 의견 청취는 없을 것이라고 했으면 솔직해서 좋았을 것입니다.

위에서 말한 청와대 회의에 대해서 몇 마디 더 첨가하겠습니다. 지난(2008년) 8월 4일 청와대에서 원로들, 즉 고문들을 모시고 제2차 회의를 대통령 임석 하에 한다기에 그래도 대통령 주최이니 좀 더 자유롭게 의견 개진이 있을 것을 기대했습니다. 그런데 여기서는 한술 더 떠 거기에서 지정하는 원로 몇 분이 의례적으로 듣기 좋은 말을 몇 마디씩 했습니다. 자의로 한다는 분들은 이런 기회에 의례히 한마디 해야 하는 분들의 말씀인 셈이었습니다. 물론 이 분들 중에는 뼈대 있는 말씀을 하시는 분이 있는 수도 있는데 그날 청와대 회의는 전혀 그렇지 못해 아쉬웠습니다. 특히 건국이라는 발언 때문에 설왕설래가 있었습니다. 그런데 (행정 최고 책임자로서의 무마식 발언으로 생각할 수 있지만) 이명박 대통령의 광복도 정부 수립도 다 건국 개념이 아니겠느냐는 식의 말씀이었습니다. 그러나 '건국'이란 역사적으로 중차대한 개념은 그렇게 어물쩍 넘길 개념이 아니니 차라리 지금이라도 늦지 않으니 적당한 말로 고쳐 쓰되, 건국 개념은 후일 사계 전문가의 연구 결제로 미루자고 했으면 오히려 돋보였을 걸 하는 아쉬움이 남았습니다. 물론 저는 8·15 행사가 눈앞에 닥쳤으니 그동안 청와대 측에서는 오랫 동안 준비한 행사라서 중요하고 핵심적인 새로운 아이디어를 받아들이기에 어려운 면이 있다며 다른 기회에 진지하게 검토해 보자는 설명이라도 있었으면 했습니다. 물론 청와대는 믿을 만한 우수한 두뇌 집단이라 할 수 있었을 텐데 그들은 어디서 독재시대의 퇴물 같은 인물 집단으로 보여 촛불시위에 몰린 청와대 전면 개편 뉴스가 전해지던 바로 그 자리에서 '또 잘못된 인사로군' 한 것이 정확했음을 확인한 셈입니다.

그렇기에 저는 청와대 회의와 만찬 식에서 젊은이들에 대한 아이디어 원고를 이명박 대통령에게 드리면서, 이 대통령이 일을 바로 하시면 돕겠다고 하자 그 자리에서 이 대통령이 도와달라고 했습니다. 물론 잘못되는 것을 지적하며 올바른 방향을 제시하는 것도 다 돕는 일입니다. 대통령이 잘못 나가는데도 함구하는 것보다는 직설적으로 그 잘못을 사심 없이 지적하는 것이 진짜로 돕는 것입니다. 이런 면을 흔쾌히 받아들이면, 그분은 위대한 대통령이 될 것입니다. 그러나 위에서 누누이 말한 바와 같이 그분은 그럴 만한 도량이나 자질을 타고 나지 못한 분이라는 것은 그동안의 행적에서 잘 드러나고 있습니다. 사실 저는 어느 편도 아니고 이권이나 권력을 바라는 것도 아니고 오로지 국민의 행복만을 추구하기에 저에게 보이고 예시(豫示)되는 바를 그대로 말하는 것뿐입니다.

여기에 덧붙여 오늘 미국 고급 두뇌 사회에서도 큰 주목과 관심거리이자 문제이기도 한 지금의 한국 젊은이 문제도 언급함이 좋을 듯합니다. 지금 미국의 유수 대학들에서는 한국 학생들이 두드러지게 앞서 장학금을 독식한다는 말까지 나옵니다. 그런 한국 젊은이들의 우수성은 미국과 다른 나라들의 경이이고 문젯거리도 되는가 싶습니다. 들리는 바로는 사정이 이대로 가면 장학금 제도도 좀 더 골고루 돌아가도록 제도를 고쳐야 하지 않겠느냐는 의견도 있다고 합니다. 이런 저런 말을 들으며 저는 1980년대 중반부터 미국 인사들에게 제안한 것이 이루어지는 것 같아 마음이 흐뭇했습니다. 그것은 다름 아닌, 미국의 외국 유학생 장학금 지급 문제였습니다. 외국인 장학생의 경우, 미국에 이민 간 분들의 2세, 3세보다는 외국 현지의, 예를 들어 한국 현지의 우수한 학생들에게 주어야 장학제도의 본뜻을 살린다는 내용이었습니다. 그 이유는 미국이 어떤 모양으로든 외국인에게 주는 장학금은 일차적으로는 미국의 이익을 생각하고 또 멀리, 또 넓게는 인간의 능력을 개발하여 인류의 공동발전을 위한 것입니다. 이런 목적을 달성하려면, 외국 현지인을 육성해야 한다는 것이 저의 논지였습니다. 현지인이라야 자기 말과 문화를 제대로 이해하고 각 분야에서 현실적으로 활동하는 인사들과 지도층 인사, 동창이나 여러 가지 연유로 지인 관계를 갖고 있어 정치, 경제, 사회 모든 분야에서 교류를 원활히 할 뿐만 아니라 효과적으로 하여 당사국의 이익 증진과 발전, 문화 발전에 더 기여할 수 있다는 것이었습니다. 여러 해 동안 여러 계층에, 또 여러 각도에서 펼친 저의 이론이 상당히 설득력 있은 듯, 1990년대 후반에서 2000년 초반에 걸쳐 그런 정책이 서서히 시행된다는 소문도 들렸습니다. 그런데 근년에 들어서는 한국 유학생들이 거의 모든 유수 대학에서 선두를 달린다는 후문입니다. 워낙 한국 사람들이 영리해서일까 얼마 전부터는 교육을 위해, 즉 미국의 좋은 대학에 가기 위해 역이민도 있다는 풍문을 들은 적이 있습니다.

일의 본말은 어찌 되었건, 한국 젊은이들이 세계를 누비며 어느 나라 젊은이들보다 앞서가는 현실을 그대로 인정하고 먼저 가는 세대는 무슨 힘을 써서라도 그들의 앞길을 순탄케 하여, 더 비약적으로 이끌어 주는 것이 전 세대의 임무라고 생각합니다. 그런 중에서도 이번 건국 60주년 기념사업위원회가 그 일부로 이런 일을 시작한다면, 역사에 남을 일이 될 것입니다. 그렇지 않고 행사에만 주력한다면, 행사는 역시 일회성이기에 지난날의 그 많은 화려한 행사들이 언제 그런 일이 있었느냐는 듯이 잊힌 것처럼 얼마 안가 사람들의 뇌리에서 사라질 것입니다. 특히 지금은 국민이 경제적으로 상당히 어렵고 젊은이들의 앞날이 몹시 불안한 시기이기에 더욱 그렇습니다. 이 문제를 간단하게 예를 들어 말하면 많이 기울어가는 어떤 종문에 역사적 큰 계기가 있을 때, 조상 묘 단장에 큰돈을 쓰기보다는 가문을 다시 일으킬 젊은 후대 양성을 위한 장학 기금 적립이 더 가치 있는 일과 같습니다. 또한, 그런 것이 조상이 원하는 바이기도 합니다. 우리의 젊은이들이 청계천 촛불시위에서 보여준 바와 같이 저렇게 속에서 분출되어 나오는 정기를 잘못 발산할 수 있는 이 시점에서 올바른 역사관 교육이 필요하고 적극적으로 해야 할 일입니다. 그러나 그들에게 더 효과적인 방법은 그들이 세계 속에서 미래지향적으로 날아오를 생생한 계기를 먼저 생각하고, 그런 계획을 세우고 과거사 정리와 교육과 더불어 그런 계획을 실천해 가면 아주 효과적이지 않을까 생각합니다. 지금과 같이 60주년 기념사업의 중심점이 과거 지향적인 것에 있고 젊은이들에게 일회성 행사라는 감을 주게 되면 젊은이들을 어느 정도 행사에 동원할 수 있겠지만, 지금과 같이 정권에서 떠난 그들의 마음을 돌이키기는 어려울 것입니다. 어쩌면 그들은 이 정권에서 점점 더 멀어져 가 다시는 돌이킬 수 없는 파국으로 치달을 수도 있습니다. 과거에 흔히 있었던 것처럼 젊은이들의 관심을 끌 수 없는 정부 주도 행사 위주라면, 자칫 실정을 거듭하는 이명박 정부의 정치 선전 내지는 민심회복 술수라는 비난도 받을 수 있습니다. 그렇지만 젊은이들을 위한 새로운 창안(創案)과 실천 의지를 잘 이용한다면 이명박 정부는, 지금 추락하던 프랑스의 사르코지가 앞서가는 새로운 정책 개발과 실천 능력으로 프랑스 국민을 다시 휘어잡는 것 이상이 될 수 있습니다. 또한, 앞서가는 사상과 정책으로 오바마가 미국 젊은이들의 인기를 한 몸에 지닐 뿐만 아니라 세계 젊은이들의 상징으로 모여든 독일 젊은이들을 열광시킨 것 이상의 효과도 낼 수 있을 것입니다. 그것은 이명박 대통령은 어찌됐건 이 나라 헌정 사상 초유의 절대 다수표로 당선됐기 때문입니다. 사실 언제나, 세계 어디서나 젊은이들 뒤에는 부모 형제와 국민이 따라가야 하는 것이 하느님의 창조 의지입니다. 이런 일에서 반대를 일삼는 듯 보이는 야당을 너무 의식할 필요나 꼼수의 이론들을 의식할 필요가 없을 것입니다. 지도자가 모든 면에서 정정당당하고 앞을 보는 혜안과 자기희생이 있으면 국민은 그런 지도자를 밀어 줄 수밖에 없습니다.

저는 2008년 8월 4일 급하게 소집된 제2차 60주년 기념사업위원회에서 사업 보고를 들었습니다. 행사로서는 모양새를 갖춘 편이지만 큰 문제로 떠오른 것이 명칭부터 내외에서 문제가 되니 참 안 됐습니다. 정부의 60주년 기념사업은 국내외에 걸친 큰 행사인데 건국이란 개념을 정부 수립, 헌법 제정, 광복, 임정 등 어디에 맞추어야 하는지, 다시 말해 이런 일련의 대사건의 위치 설정과의 관련 하에서 건국 기념일을 정하는 것이 좋을 성 싶습니다. 이런 일의 기본 개념조차 명백히 하지 않은 채, 건국 명칭을 확정하여 사용하니 혹시 후일 일이 난감하게 되지 않을까 염려됩니다. 또, 이런 경우 북은 북 나름으로 자기들의 정부 수립일을 건국일로 강변할 것이니 이런 문제도 일단 고려하고 심사숙고하는 학계의 연구가 필요하다고 생각합니다. 따라서 지금 정부가 공식 사용하는 이 명칭은 해당 학회나 학자들의 연구와 제2의 광복이라 할 수 있는 통일이 이루어질 때, 2,500만 북한 동포의 견해와 심리적 문제도 고려하여 양쪽이 흔쾌히 받아들일 안도 사계 권위자들에 의해 정해지면 좋을 듯합니다. 그 위원회의 한 사람으로서 이렇게라도 적어 두어야 할 것 같습니다. 회의 중 시간의 제약을 너무 받아, 그런 기회만 되면 발언하는 분들의 발언만이 중첩되어 좋은 새로운 아이디어들이 반영되지 못하는 관료적 회의 분위기가 탈피되거나 맡은 분들이 더 이상 이의가 없도록 철저한 연구와 준비를 했어야 했을 것입니다. 내용면에서 할 말이 많았던 것 같았는데 역시 일반적으로 의아해 하는 것은 건국을 정부 수립에 맞춘다면 초대 이승만 대통령이 건국 연보에 부각되어야 하는 것인데 그 점이 아주 미흡했으니 두고두고 구설수에 오를 성 싶습니다. 역사에 남을 것을 염두에 두고 준비한 회의치고는 담당 실무자 측에서 너무 안일했다는 평과 혹이나 공명심에 사로잡혔다는 지적을 면키 어려울 것 같습니다. 특히 제대로 의견을 개진할 시간적 여유가 없는 것은 청와대와 일부 정부 관료들의 독주와 청와대와 정부 선전 과시용이라는 비난을 받을 수도 있습니다. 더 나아가 그때 내놓은 안들이 일회성 행사 위주고 미래지향적이란 말들이 몇 곳에서 나오기는 했지만 미흡했다는 것이 생각 있는 사람들의 후문이었습니다. 행사로만 본다면 괜찮은 편입니다. 미래지향적 하면 그 주축이 젊은이들이고 이 문제는 이 나라의 가장 중대한 문제입니다. 그런데 젊은이들을 위한 것은 일회적 행사나 올바른 역사적 교육 정도이니 이는 항시 듣던 말이고 그 내용은 과거지향적인 것이어서 젊은이들에게 앞으로 요청되는 것은 몽땅 빠진 것이나 다름없어 보였습니다. 그렇기에 미래지향적이란 말은 내용이 전혀 없거나 회의 주관자들 대부분이 진의조차 이해하지 못한 것 같았습니다. 이런 식으로는 이명박 정부에서 이탈한 젊은이들의 마음을 돌려오기란 매우 어려울 것입니다.

물론 이런 다기다양(多岐多樣)한 아이디어 산업 육성은 세계에 아직 유례가 없고 그 자체가 새로운 미래지향적 창안(創案)이기에 수많은 어려움에 봉착할 수 있을 것입니다. 그렇기에 용기 있고 미래투시 형안이 있는 국가 지도자라면, 한번 감행할 만한 일이겠습니다. 한국의 우수 지능, 특히 젊은 우수 지능의 총 집결체로서만, 때로는 세계 우수 지능까지 가담시켜야 이런 일은 성공할 수 있을 것입니다. 앞으로의 세계는 아이디어 전쟁 시기입니다. 그렇기에 한 · 미 FTA는 무슨 일이 있어도 성사시켜야 할 것입니다. 그런 경우, 우리 젊은이들은 번뜩이는 아이디어로 미국의 방대한 시장의 적지 않은 부분을 석권할 것이니 늦었지만 지금부터라도 젊은이들을 위한 아이디어 산업 인프라를 과감하게 깔아주었으면 합니다. 마치 박정희 대통령 시절에 다들 망상이라고 하던 경제 자립과 선진화를 서강 경제학파를 중심으로 박 대통령의 강인한 의지가 이루어낸 것처럼 오늘의 드높은 차원에서 이 정권이 이루어야 할 일입니다. 저에게는 누구는 잘 되어야 하고 누구는 안 되고 따위의 소아적 입장은 설 자리가 없고 국민 모두에게 복이 되면 되는 것이고 더 넓게는 인류에 도움이 되면 더 좋을 뿐입니다. 그것은 본인이 하느님의 사람이기에 하느님 창조의지의 실현자이어야 하기 때문입니다.

11. 쇠고기 촛불시위와 교회

1) 사제단

  여기에서 사회에 많은 물의를 빚고 있는 촛불시위와 관련한 사제단의 서울광장 시국 미사와 거리 행진에 대한 견해를 말하고자 합니다.

  오늘날 전진하는 인류사에서 자아성찰의 자세가 없는 개인이나 기구는 발붙일 자리가 없습니다. 종교는 더욱 그렇습니다. 교회의 정식 입장이 아닌 사제단의 입장일지라도 그것이 적지 않은 수의 교회의 부분인 한, 또 그것이 큰 사회적 물의로 떠오른 한, 그들의 행동이 교회의 무관심사일 수 없습니다. 저는 교회와 더불어 사회적 · 정치적 국민의 고통스러운 면을 이승만 독재 이후, (백색 독재이건 적색 독재이건,) 하느님 창조경륜 실현과 하느님 모습으로서의 인간의 인권 지킴이의 입장에서 공개적으로 비판하며 갈 길을 제시해야 할 이 땅의 한 지성이며 성직자이기에 나름의 견해를 말합니다. 물론 첫째, 이 문제에 대한 책임은 교도권(敎導權)을 갖고 있는 주교단의 문제입니다. 주교단은 상위 기구이니 여러모로 사태를 검토하여 신중을 기할 것으로 생각합니다. 교황청은 세계 어디에서든 교도권의 일이 발생할 때, 시대 상황에 적절한 교도권 행사, 다시 말해 하느님의 창조 의지, 좀 더 명백하게는 복음 정신에 의해 세계의 질서 문제에 대해서도 사목적 교도권을 행사하여 올바른 방향을 지시하는 것이 상례입니다. 제가 보기에 이번 사제들의 움직임은 두 가지 측면이 있습니다. 먼저 사제들의 시국 미사는 폭력의 극을 달리던 시위를 평화로 정착시킨 것입니다. 그런 시위 사태와 다른 모든 혼란의 단초를 제공한 것은 이명박 대통령의 미숙하기 짝이 없는 한·미 쇠고기 협정과 국내외적으로 그가 한 일들이 예외 없이 실패한 것입니다. 저간과 지금도 계속되는 병근(病根)의 근원적 치유 없이 사태만을 적당히 얼버무리려는 처사로는 해결은커녕 사태가 더 꼬이지 않을까 우려됩니다. 잘못의 근원은 묻지도 않고 잘못의 병원(病源)을 명백히 하지도 않은 채, 지금처럼 계속 기정사실화하고 얼버무려서는 사태는 더 나쁜 악순환을 계속시킬 것입니다. 또한, 계기 계기에 혼란이 되풀이되어 젊은층의 불만 분출을 잠재울 수 없을 것입니다. 이런 데 능수능란하게 편승하여 요동치는 것이 좌익입니다. 이번에 촛불시위에서 보는 바와 같이 이명박 대통령의 하는 일마다의 실책은 국민의 힘으로 지난번 대선으로 완전히 숨죽였던 좌파 세력을 전면적으로 소생시켜 활기에 넘치게 했습니다. 제가 누누이 지적한 바와 같이 이명박 대통령이 그동안 국내외로 저지른 일들, 그 병원(病源)이며 고질병인 편협 편중 인사 등은 언제든, 어떤 모습이든 국민, 특히 젊은이들의 불만을 폭발시킬 소지를 그대로 남겨 두는 것입니다. 이런 점에서 어차피 이명박 대통령한테서는 전혀 기대할 것이 없으니 이른바 기성세대 혹은 원로들은 젊은이들을 납득할 새로운 발상을 제시해야 할 것입니다. 그렇지 않고 과거지향적으로 과거 무용담 정도로 건국 60주년을 지낸다면, 또 대통령은 헌법이 보장했으니

5년을 참으라는 식의 논리로는 젊은 세대를 납득시킬 수 없습니다. 오히려 원로들이 무엇이라 하든 젊은 세대들은 저희들의 길을 갈 것입니다. 그리하여 그들은 더욱 더 좌경화할 위험이 큽니다. 이런 경우, 젊은이들이 좌경화되는 것이 아니라 전 세대가 그들을 좌경으로 몰아가는 것이 됩니다. 물론 이번 건국 60주년을 맞아 청·장년 측에서 사회의 구체적 면에서 좋은 의견들이 많이 나왔습니다. 그렇지만, 근본적 병폐인 이명박 대통령의 판단력 퇴행성과 무능(無能), 무정견(無定見), 무소신(無所信)에 대해서는 정곡을 찌른 논리가 별로 없는 듯해, 정부 수립 60년 계기가 앞으로 젊은이들 세계에서 이 나라 운명을 내·외적으로 더욱 어둡게 하는 것이 아닐까 걱정됩니다.

지금 우리의 처지는 국내외적으로 새로운 대통령의 발상을 요구합니다. 그런데 그의 대선 공약의 가장 큰 부분이었던 대운하 공사에서 보는 바와 같이, 인류문화 발전과는 수십 년 거꾸로 가고 있습니다. 그래서 고만고만한 사람들이 모여 고집불통으로 추진하다가 발밑에서부터 근본이 무너져 내리는 경각에서야 어쩔 수 없이 꺾이고 마는 형편없는 판단 미숙과 무지의 옹고집, 항간에 널리 퍼져 있는 바와 같이 '교회'를 중심으로 하는 인사 등은 사실 여부를 떠나 이명박 대통령의 위신을 더 이상 회복하기 어려운 곳으로 몰고 가고 있습니다. 또 이는 민심이 삽시간에 등을 돌리게 하는 중요 요인입니다.

현금의 이명박 대통령의 발상과 실천의 변화 없이, 하늘을 날며 세계를 주름잡으려는 우리 젊은 세대를 대통령의 임기 5년은 헌법이 보장한 것이니 무조건 참으라고 묶어 놓을 수는 없을 것입니다. 물론 저도 이 글들 중 어딘가에 이명박 대통령의 초기 한 번의 대 실정(失政)으로 정권 퇴진을 요구하는 것은 임기 5년을 헌법이 보장한 것이니 잘못이라는 점을 지적한 바도 있습니다. 그러나 그 후 연속되는 국내외에 걸친 실정은 항간에 여러 사람에게 이명박 대통령 갖고는 안 되겠다는 확신에 이르게 한 것입니다. 저는 이런 말을 서민층으로부터 또 앞날이 창창한 젊은 엘리트들로부터 많이 듣고 있습니다. 이런 관점에서 무조건 젊은 사제들의 행동을 교회나 사회가 몰아치는 데는 곤란한 점이 있습니다.

모든 것에 앞서 가장 중요한 것은 이명박 대통령의 지금과는 전혀 다른 새로운 발상입니다. 모든 혼란이 발생하는 원천인 그의 암적인 심지와 정치 스타일은 그대로 두고 5년 임기 보장만을 공염불로 외친들 얼마 안 가 모든 것을 넘겨주고 넘겨받을 젊은 세대가 수긍할 것이냐 하는 것입니다. 이런 관점에서 젊은 층과 더불어 젊은 사제들의 고민도 생각해야 할 것입니다. 다만 한 가지 극히 염려할 것은 이명박 대통령의 정치가 근본적인 새 발상으로 전환할 수가 없어 실패를 거듭하는 한, 젊은이들의 좌경화는 날로 더해 갈 것이라는 점입니다. 사제단의 시국 미사 등은 이런 젊은이들의 잘못된 좌경화를 막는 데 기여해야 합니다. 그렇지 않고 그들의 마지막 목표인 한반도 공산화에 힘을 실어준다면 크게 잘못 가는 것입니다.

다른 한편, 사제들은 그 누구를 불문하고 근본적으로 우선 사목자, 그리스도의 양을 치는 목자라는 본질에 유의해야 합니다. 그렇기에 일선 사목, 즉 본당 사목을 담당하는 사목자는 자기가 맡은 신자들의 영적 생활에 지장을 주어서는 안 되며 이 점에서 특수 사목자, 예컨대 노동 사목, 학생 사목, 경제인 사목, 국회나 정치인을 사목하는 사목자와는 현실적 문제 대응에서 원칙은 같지만, 상황 대응 방법이 다를 수밖에 없습니다. 다시 말해, 세상 질서에서 국민 대다수가 거부하는 것을, 좀 더 범위를 좁혀 본당 사제가 소속 신자 대다수가 반대하는 것을 강론이나 기타 교리 강좌에서 역설하거나 마치 사회 개혁자인 양 강조하여, (항간에서 들리는 말로는) 본당 신자 약 3분의 1이상이 다른 성당으로 주일 미사를 가거나 냉담한다면, 그 사제는 더 이상 그 본당의 사목자일 수 없게 되는 것입니다. 2천 년의 정치와 민족간 더 나아가 이념적 분쟁을 체험한 교황청은 이런 면에서 아주 현명합니다. 하느님이 부여한 인권을 다 옹호하되, 방법과 시기에서는 사회 현실, 특히 사목 형태에 따라 융통성 있고 다양하게 전개하라는 취지인 것입니다. 그 핵심은 사목자 일반은 사회 혁명가나 운동가가 아니고 영혼의 구원자라는 것입니다. 그렇기에 본당 사목자는 신자 대다수가 반대하는 것과 반대 방향을 취해 많은 신자의 반감을 사거나 많은 신자를 냉담시키게 되면 더 이상 그 본당의 사목자가 아니게 됩니다.

사회 문제 참여는 가톨릭교회의 중요한 교리입니다. 그러나 교리 설명에서, 또 생활과 행동에서 사제들의 정권, 혹은 권력과의 야합으로 비춰지는 언동은 금물이며 대다수 신자의 동향과 다르게 가 많은 신자를 냉담시키는 것은 더욱 금물입니다. 사제는 언제 어디서나 교리적 입장, 즉 하느님의 창조경륜과 그리스도 구속경륜의 실천자입니다. 세상 질서 유지와 집행은 신자 고유의 직분이기에 일선 사목자는 자기가 맡은 신자 대다수에 역점을 두는 사목자가 되어야 합니다. 신자를 많이 잃어버리는 사목자라면 더 이상 그런 사목지의 사목자가 될 수 없습니다. 그렇기에 사제들의 시국 미사와 거리 행진에 무게를 갖는 평신도 단체들이 공개적으로 일간 유력지들에 "사제들은 광장이나 길거리를 떠나 자신의 본 장소인 성당으로 돌아가라"는 식의 대대적인 광고를 내게 한 것은 중세 말기와 근대에 창궐한 반-성직주의(anticlericalism)를 성직자 스스로 불러들인 결과가 되었습니다. 이 점은 가톨릭 교계(敎界)와 성직자, 신자 모두가 몹시 염려해야 할 점입니다. 근간에 사제들의 촛불 집회 참가 사건으로 큰 물의가 빚어질 때, 저는 신학생 양성에 일생을 바친 노 사제로서 마음이 많이 아팠습니다. 그들의 순정과 열정을 이해하면서도 저렇게는 아닌데 하는 마음이 저를 억눌렀기 때문입니다. 물론 제가 신학교 교육을 떠난 지가 1991년이니 이제 17년도 지나 젊은 사제들과의 인연은 거의 없는 편입니다. 그러나 그것만으로 마음의 아픔이 사라지지 않습니다. 그런 와중에도 큰 위안이 되는 것은 폭력화의 극을 달리던 젊은 시위 군상의 허를 찔러 폭력을 잠재우고 시위를 평화로 이끈 것입니다. 그들이 아니었으면 또 얼마나 포악한 행태가 일어났을까 하는 데 생각이 미치면 정신이 아찔할 정도입니다. 그렇지만 그 젊은 패기의 사제들을 보며 한 가지 간절한 바람이 있다면, 그런 열성으로 저 광활한 만주 벌판과 수만리 중국 땅에서 목숨을 건 탈북자들과 칠흑 같은 북한 인권 개선에 현장적으로 뛰어든다면, 얼마나 사제다운 일이며 동족의 가슴을 울리며 인류 양심에 호소하는 바가 클까 하는 점입니다. 사실 정의구현사제단의 출범은 당시 백색 독재에 짓밟히는 인권 옹호가 주제였기에 국민의 절대 지지를 받았습니다. 그렇지만 한편, 지금 이 땅 만병의 근원인 이명박 대통령의 암적인 정치 심지, 특히 끼리끼리식 인사와 앞은 한 치도 못 보며 하는 말들은 식언이 되기 일쑤인데, 덮어놓고 젊은층 지도자인 젊은 사제들만 탓하기는 어려운 것이 제 심정입니다.

이런 사제단의 움직임에는 지난날 민주화 운동에 큰 역할을 했던 천주교 정의구현사제단을 생각하지 않을 수 없습니다. 지금 시국 미사와 시위를 한 젊은 사제단에게는 지난날 민주화 운동 때에는 사회적·여론적인 절대 환영과 격려와 찬사를 받았는데 하는, 야속함도 있을 수 있겠습니다. 그렇지만 그 당시의 상황도 안으로는 그리 순탄한 것이 아니었습니다. 결론부터 말하자면, 1980년 초반부터 명동성당은 민주화 운동을 넘어 좌경의 흐름을 감지케 했고 후반에 들어서는 좌경

일변도의 흐름을 깊이 느끼게 했습니다. 그 결과, 사회 일반과 지성계는 민주화 명목으로 좌경화 하는 날로 격렬해지는 시위를 크게 염려하게 되었습니다. 그런 흐름으로 치닫는 것을 서울대교구 수뇌부는 어찌할 길이 없었고 바티칸의 염려도 몇 차례 전달된 바도 있어 그 뒤처리를 위해 제가 명동 주임신부로 부임하게 되었습니다. 한마디로 명동성당 사목은 데모라는 명분하에 거의 완전 마비 상태가 되었고 좌경만이 판치는 곳이 되었습니다. 당시 서울대교구장님을 비롯해 보좌 주교님이 본당 사목 방문 후, 데모로 당일 귀가가 불가능한 상태였습니다. 복음적 사회교리 전수는 전혀 이루어지지 않았고 교회 지도자도 어떤 의미로 사회적 변혁에만 쏠리는 감이 없지 않았습니다. 이런 뒤처리를 위해 제가 주임신부로 부임했고 명동성당에서의 폭력 좌경 시위를 잠재우며 비록 짧은 기간이지만, 저는 교회를 정상화시키며 말할 수 없는 고통을 겪었습니다. 그러나 근 20년에 걸쳐 사회 변혁에만 힘쓰고 좌경화를 키워낸 명동성당 중심의 민주화 운동은 드디어 친북 좌경 노무현 정권의 출범까지 이어진 셈입니다.

그런 종북(從北) 정권의 종식을 위해, 저는 이론적으로 역사의 역주행을 밝히며 진정한 자유 민주주의 정권 출현을 복음 정신으로 설파하여 오늘의 이명박 정권 출현에 이바지했습니다. 그런데 이명박 정권은 결국 사이비 봉사 정권처럼 되어 국민의 실망은 날이 갈수록 더해가고 있습니다. 그렇기에 이명박 대통령을 대통령으로 치부하지 않는 민심이 매일 같이 더해가며 이런 여론과 민심 추세를 이명박 대통령이 되돌리기란 특단의 새로운 발상과 실천을 하지 않는 한, 매우 어려울 것입니다. 무엇보다도 안타까운 것은 이명박 대통령의 무능과 실정은 젊은이들에게 좌경화의 온상이 되고 있는 것입니다. 그래도 저는 그동안의 노력이 아까워 이명박 대통령이 잘 해 주기를 바라는 희망을 포기하지 못하고 있습니다.

2) 디지털 시대와 청소년 사목

이 문제에 대해 교회는 시대적 사명의 큰 반성을 촉구 받고 있습니다. 이번에 청계천과 서울광장 쇠고기 촛불시위의 위력은 세계를 놀라게 하고 사이버 강국 한국 젊은이들의 위력은 세계를 경악케 했습니다. 앞으로 세계 사이버계뿐만 아니라 언론계 일반과 정치계, 경제계, 교육계, 심리계, 각종 사회계 특히 윤리계, 한마디로 가치 문제에 사활의 충격을 가한 것이며 경풍을 일으키도록 놀라게 하여 전 세계에 큰 연구 과제를 던져 놓은 것입니다. 그 이유는 다음과 같습니다. 직접적으로는 언론 매체의 왕자로 자타가 공인하던 TV와 유력지를 순식간에 무력화시켰기 때문입니다. 디지털 시대를 맞아 청소년들은 사건 현장에서 동영상을 통해 사건을 실황 그대로 직접 시청자에게 전달하여 수십만 군중을 동원하는 위력을 보였습니다. 그런 위력을 바로 우리의 청소년들이 청계천과 서울 시청 앞 광장 쇠고기 촛불 집회에서 일으킨 것입니다. 이런 위력에 굴복하여 이명박 정부는 청와대 전면 개편과 대운하 계획 전면 취소라는 참담한 비극을 맞은 것입니다. 더 큰 불행은 젊은 세대들을 좌경으로 몰아넣은 것이며 이는 속수무책입니다. 그런 속수무책은 오늘도 더욱 기승하여 갑니다.

이런 와중에서 저는 교회인으로 참담한 심경이었습니다. 그것은 본인이 젊은이들로 말미암아 일어날 이런 사태를 예견하여 근 10년 전부터 명동성당 성역(聖域)에 젊은이들의 종교, 문화, 예술의 광장을 조성하여 젊은이들의 사이버 교육을 실시, 앞으로 전개될 시대, 즉 디지털 시대의 사목 사명을 준비하자고 여러 안을 제시했습니다. 결국 미루다가 중대한 복음적 역할로 민족에게 크게 공헌할 계기를 놓쳐 민족의 큰 상처를 막을 절대 호기를 놓친 것입니다. 만일 명동 개발 계획이 진전되었더라면, 그동안 사이버, 특히 디지털 기초 교육으로 수천에 달하는 젊은이들을 복음 정신으로 양성했을 것입니다. 그런 젊은이들이 촛불시위에 투입되었을 것이니 촛불시위는 그 양상을 달리했을 것입니다. 천주교가 명동 개발을 제대로 하여 젊은이들에게 복음 정신에 입각한 디지털 교육을 지난 5~6년간 실시했다면, 이번 촛불시위에는 좌경 일변도의 동영상 전달이 아닌, 시위대와 경찰 쌍방의 실제 동태 전달과 쇠고기 괴담에 대한 교회의 입장도 정확하게 전달하게 되어 사태가 엉뚱한 방향으로 흐르지 않을 수 있는 여지가 많았기 때문입니다. 이런 실정을 저는 정진석 추기경님께 6월 12일 뵙고 직언으로 말씀드렸더니 정 추기경님도 크게 아쉬워하는 모습이었습니다. 교회로서는 도래하는 인류문화 사목의 세기적이며 세계적인 사목의 계기를 완전히 놓친 결과가 되었습니다.

지금의 사회와 교회 지도자들에게 요구되는 것은 전진해가는 인류문화, 특히 젊은이 문화에 대한 통찰의 예언자적 형안이며 실천입니다. 만일 서울대교구가 이런 일을 해냈다면, 이번 촛불 집회에서 청년들의 디지털 활용이 세계적 경의인 것처럼 서울대교구 청년 사목은 교황청을 위시하여 세계 교회의 놀라움의 대상이 되었을 것입니다. 90% 이상 교회를 떠나고 있다는 청년 교우들에게는 더없는 교회의 세상의 빛과 소금과 누룩 역할의 위력을 실감케 하여 교회로의 회귀 현상을 가속화 시켰을 것입니다.

12. 금강산 관광지에서 관광객 피살

　큰 문제가 터졌습니다. 그것은 다름 아닌 금강산 광관지에서 여자 관광객 한 명(박왕자 씨)이 북한군에 의해 사살된 것입니다. 먼저 가신 분의 안식을 빌며 유가족에게 심심한 애도를 표하는 바입니다.

　이명박 대통령의 국회에서의 첫 국정 연설 중 큰 대목 하나가 북한에 대한 유화 정책 발표라는 점을 모든 보도기관이 앞 다투어 보도했습니다. 이명박 대통령은 자국민의 북한군에 의한 사살 보도를 9시간 후에서야 보고 받는 등 엉망 통치였습니다. 또한, 국회 연설 50분 전에 사실을 보고 받고서도 그런 일은 전혀 없는 것으로 치고 북한 유화 정책을 발표했습니다. 이는 대통령이 국민의 생명을 보호할 첫 번째 의무를 완전히 포기한 것이나 다름없게 국민에게 비쳐진 것입니다. 한마디로 그 순간부터 법적으로는 어떻든 간에 실제로는, 또 국민 정서로는 그런 분이 우리 대통령일 수 있나 의심케 한 것입니다. 선진국이라면 도저히 있을 수 없는 일입니다. 일본만 하더라도 몇 십 년 전에 일어난 자국 여자 납치 사건에 대해 북핵 폐기라는 중대 국제회의에서 끝까지 집요하게 반환을 요구하며 지원금 거부로 일관하고 있습니다.

국민 생명보호란 이렇게 막중한 것이고 첫째가는 대통령의 의무인데도 그런 의무에 대한 인식과 판단에 큰 문제를 노출시킨 것이 이명박 대통령의 실제 모습입니다. 이런 판단 미숙의 대통령이라면 국가의 앞날이 어두울 수밖에 없습니다. 거기 더해 청와대 측이 사태 오판을 백배 사죄한다고 해도 국민이 납득할 수 없는데 대통령의 대북 유화 정책 발표와 국민 사살 문제는 별개라는 변명이라니 도대체 그런 사람들이 제 정신인가 싶습니다. 대통령은 청와대를 아주 좋은 인재들로 전면 개편했다고 했는데 참모진이 어찌 그 정도밖에 안 되는가 한심할 뿐입니다. 그렇기에 저는 지난번 청와대 중요 임원 전면 개편 시에 즉시 잘못됐다는 의견을 이 글 중 어디엔가 적어 놓았습니다. 그 이유는 개편의 핵심 개념이 국민과의 소통이 잘 안 돼 전대미문의 촛불 소동이 일어난 것이라는, 참으로 어이없는 실책에 대한 판단이었다는 대통령의 변(辯)이었기 때문입니다. 국민이 청와대가 하는 일을 몰라서 그런 것이 아니고 "고소영", "강부자"라는 정확한 실정(失政)의 별명을 붙일 만큼, 그 실체를 너무나도 잘 알기 때문인데 느닷없이 소통 문제를 들고 나온 것이니 이 점은 이명박 대통령의 완전한 한계입니다. 어찌 보면 겉 다르고 속 다르다는 비난을 면하기 어렵고 더나가서는 판단 미숙이라는 평도 들을 수 있습니다.

그런 이명박 대통령의 실체를 누구보다도 꿰뚫어 보고 있는 북한 정권이기에 좀 더 밟으면 종북(從北)이 아니라 속북(屬北)까지 내다 볼 수 있다고 생각할 것입니다. 그렇기에 북한측은 남측의 진상 공동조사 요청을 묵살, 사람을 사살한 처지에서 오히려 남한에게 사과하라고 큰소리 치는 것입니다. 그렇기에 우리는 북한 당국에 대해 철저한 진상 규명을 요구하며 불응할 경우, 상응한 강수로 그들을 교육해야 할 것입니다. 그런데도 이명박 대통령이 어떤 형태이든, 급기야는 사과나 사건을 유야무야로 처리한다면 민심은 걷잡을 수 없이 떠날 것입니다. 지금은 적반하장 격으로 북한측이 남한의 공동 조사를 비웃을 뿐만 아니라 이명박 대통령의 국회 첫 번째 연설의 중요 부분인 대북 유화 정책을 잠꼬대 같은 일로 여기는 것입니다. 아예 이명박 대통령을 웃음거리로 만들고 있는 것입니다. 이명박 대통령은 이번 관광객 피살 사건에 대해 당당하게 북한 당국에 책임을 물어 과거와 같이 종북(從北)이 아닌 종남(從南)으로 제대로 된 남북 관계를 정립해야 합니다. 저쪽에서 속북(屬北)을 시도한다면, 오히려 이쪽은 속남(屬南)으로 제대로 된 정책을 펴야 합니다. 그 이유는 남한 국민이 피땀 흘려 쌓아올린 부(富)와 세계적 지식, 선진 기술 등으로 북한을 도울 수 있기 때문입니다. 저는 이런 문제에서 남측은 너그러운 마음으로 호혜(互惠)적 입장이 좋다고 생각합니다. 만일 이명박 대통령이 대북 정책에서 시끄러운 좌익분자들에게 몰려 종전과 같은 종북 정책을 쓴다면 자신을 밀어준 수많은 투표자들을 배신하는 결과가 되어 침묵의 절대 다수인 그들은 서슴없이 이 대통령을 떠날 것입니다. 아니 벌써 민심은 이 대통령을 떠났다는 것을 명심해야 합니다. 그런 와중에서 이명박 정권이 강력한 여론에 몰려 금강산 관광을 중단시킨 것은 다행한 일입니다. 아쉬운 곳은 북한이고 시간이 흐를수록 북한은 경제적 손실이 막대해질 것입니다. 어느 정도 시간이 지나면, 적당한 구실을 대, 전 상태로 이 정부를 이끌어 들이려 할 것입니다. 아니나 다를까 북측은 박 씨 피살은 전적으로 남측에 있으니 금강산 아산 직원들을 퇴거시킴과 동시에 여차한 경우, 군사적 대응을 감수하라는 위협적인 발표를 2008년 8월 3일에 했습니다. 이런 일은 그들의 필요에 따라 언제든지 일어날 것임을 저는 누누이 말해왔습니다. 그렇다고 이 정권이 호락호락 끌려 다니면 더 큰 낭패를 볼 것이니 이참에 남북 관계에서 본래 있어야 할 위치를 설정하는 지혜와 용기를 발휘해야 합니다.

아마도 이명박 정권이 지금대로 간다면 어쩔 수 없이 길어야 2년쯤 후에는 "다른 정권을…" 하는 소리가 국민 사이에 강력하게 제기될 것으로 보입니다. 헌법 운운도 이명박 대통령을 선출해 준 민의가 완전히 떠나면, 그 기반을 송두리째 상실하게 되는 것입니다. 그런 예를 우리는 이승만 대통령 시절에 체험했습니다. 그렇다고 현 정권을 반드시 바꾼다는 것은 아니지만, 모든 선거에서 참패하게 될 것입니다. 그러니 참신한 새 정책을 펴지 않고는 이명박 대통령은 민심을 되돌려오기 어려울 것입니다. 지금 이명박 대통령의 거듭된 실정(失政)으로 기지개를 펴고 있는 좌경 세력은 이대로라면 머지않아 용트림을 하며 혼란을 거듭하여 일으킬 것입니다. 그러나 국민 대다수는 점점 더 역사의 퇴물이 되어 가는 종북 좌경 정권을 허용하지 않을 것이고 2년 쯤 후면 국민이 선택할 수 있는 적절한 대통령감이 나타날 것으로 기대됩니다. 그뿐만 아니라, 지금 벌써 5년 대통령제인 현 헌법의 개헌 논의가 힘을 얻고 있습니다. 지난 10년간 대통령 5년 임기에 묶여 대한민국은 막대한 손실을 보았습니다. 미국과 후진국을 제외한 선진국 거개가 내각제이어서 약 2년 후면 한국도 저간의 정치 책임 소재를 다시 진지하게 점검할 시기에 놓일 것입니다. 따라서 내각 책임제가 다음 개헌에서는 심각하게 논의될 수 있습니다. 국민이 고대하는 그런 인물은 지금 우리 정치 현실에서는 한나라당도 아니고 도로열린우리당, 이른바 오늘의 좌경 민주당도 아닌 무소속에서 나타날 가능성이 큽니다. 그렇기에 이명박 대통령과 한나라당은 그야말로 환골탈태(換骨奪胎)의 참모습을 보여주어야 합니다. 지금처럼 한나라당은 당에서 장관 자리나 몇 개 얻으면 희희낙락하며 지난날 차떼기당의 부정부패에로의 저급하고 유치한 생태로의 환원으로는 살아남을 수 없습니다. 한나라당은 그런 태생적 부패에서 완전히 벗어나 아주 새로운 정당 상(像)을 정립해야 하고 이명박 대통령은 그 발상에서 근본적으로 변화되지 않고서는 살아남을 수 없을 것입니다. 특히 북한 정권은 이명박 대통령이 이것도 저것도 아닐 뿐더러 좌익계가 움직인다는 촛불시위에도 풍전등화(風前燈火) 신세이니 전과 같은 정도가 아니라 속북(屬北)을 요구할 것으로 예상됩니다. 더 나아가 북한 정권은 통미봉남(通美封南)에 자신감을 얻고 배짱만 늘었으니 압력을 더 가해 허약하고 무지 무능한 이명박 대통령이 북한의 요구에 전적으로 혹은 최소한의 체면치레로 응하게 할 공산이 커 보여 걱정입니다. 이런 유치 극한 정치 형태가 실천된다면, 스스로 묘혈을 파는 자살 행위가 될 것입니다. 이런 위기를 돌파하고 국민을 안심시키며 번영에로 이끌어갈 지혜와 발상과 용기는 현 청와대에도 정부에도 없는 것 같고 당에는 물론 없습니다. 그것은 근일 새로 선출됐다는 당 대표가 금강산 관광지에서 무고한 우리 관광객이 북한군에 사살되고 국민이 격분하고 있는데도 그런 문제를 풀기 위해 특사를, 저쪽이 남한 정부를 어느 집 개가 짖느냐는 식인데도 먼저 보내자는 제안이라니 이 사람들의 정신이 제대로냐 하는 국민의 원성이 하늘을 찌르는 것입니다.

또 한 가지 여기서 짚고 넘어 가야 할 것은 미국의 쇠고기를 먹으면 곧 내일로 다 죽을 것 같은 괴담으로 흥분하여, 전국을 2개월간 열풍의 도가니로 몰아넣었던 촛불시위는 북한군 총살에 의해 무고한 우리 관광객이 사살되었으니 그 진상 규명을 위해 강도가 몇 배 더한 촛불시위가 있어야 할 텐데 도대체 언제 그런 시위가 있었냐는 식입니다. 그러니 그런 쇠고기 시위는 북한을 위한 것이었다는 타박을 받아도 할 말이 없게 되었습니다. 이런 점에서 이제 국민은 높은 경각심을 가져야 할 시점에 도달한 것입니다. 이런 일련의 사태는 이명박 정부에게 침묵하는 대다수 국민의 마음을 되돌려와 재기할 절체절명의 호기일 수 있습니다. 이런 기회는 쇠진해 쓰러져가는 노쇠 대영제국을 그 무서운 역풍에서도 소신 일관으로 회생시킨 여걸 마가렛 대처 수상을 탄생시켰습니다. 또한, 유럽의 경제 중환자 독일을 온갖 어려움을 무릅쓰고 소신으로 회생시킨 안겔라 메르켈 수상을 출현시킨 것을 떠올리게 합니다. 이 두 정치 위인은 민심을 등에 업고 스스로 고통에 먼저 뛰어들어 국민에게 고통 분담을 호소하여 국가를 빈사 상태에서 구해낸 것입니다.

13. 촛불시위와 대학생 및 총학생회장

　좌경 역주행 정권 종식을 애써온 저로서는 저간의 사정 한두 가지를 여기에 적어 놓고 싶습니다. 그 하나는 최근 있은 쇠고기 촛불시위가 극성을 부릴 때, 대학생들까지 마구 움직이려 하기에 저는 대학 강의실과 학생들과의 대담에서 그런 움직임의 배후가 의심스럽다고 했습니다. 세계 어디에 쇠고기 문제로 그런 죽기 살기의 움직임이 있느냐며 그런 문제는 근본적으로 과학의 문제이며 실제의 문제인데 미국 어디에서 광우병으로 사람이 죽었다는 실증이 있느냐, 또 실제로 광우병으로 160여 명이 죽었다는 영국과 유럽 국가에서도 이렇지는 않다고 했습니다. 더욱이 미국 국민 3억 명과 미국에 거주하는 한국인 100만 명, 매일 수없이 미국을 드나드는 한국인과 그 수많은 방문객이 미국 쇠고기를 먹을 뿐만 아니라 미국과 쇠고기 교역을 하는 나라가 100여 개국이라는데 무슨 뚱딴지같은 소리냐며 나중에 이 나라는 세계의 웃음거리가 될 것이라고 했습니다. 그 문제는 근본적으로 과학에 맡기고 원산지와 부위 표시를 정확히 하여 소비자의 자유에 맡길 일이라고 하여 학생들의 격한 움직임에 쐐기를 박은 일이 있었습니다. 거기 더해 이런 쇠고기 파동으로 현재 미국 현지에서 한국에 유익하다는 소리가 높은 한·미 FTA 협상이 부결되거나 한국에 불리하게 재협상되면 앞으로 한국 경제는 재기할 기회를 놓쳐 지난 5년간 청년 실업률과 자살률이 OECD 국가 중 한국이 최고이며 그보다 더 심한 경제 파탄은 고스란히 청년들의 몫인데 그래도 좋으냐고 직설적으로 말했습니다. 이후, 대학생들이 촛불시위 가담을 주춤거리게 했던 것이 기억에 새롭습니다. 지금 젊은 학생들은 옛날과 달라 설득이 되고 납득이 가면, 즉시 디지털로 각 대학 친구들에게 전달돼 효과를 발휘합니다. 이번 촛불시위에서 이런 면에 작으나마 공헌할 수 있었던 것은 저에게 보람으로 남습니다.

저는 이 기회에 지난날에 있었던 보람된 일 한 가지가 떠오릅니다. 그것은 노무현 정권이 좌파 이념으로 4대 개혁안을 작성하여 국회를 통과시키려 하여 사회단체들과 국민이 큰 불안에 휩싸였을 때의 일입니다. 마침 그때, 즉 2004년 11월 서울대교구 평신도 협의회가 명동대성당에서 주최한 신앙대학 대강좌에서 저는 2시간에 걸쳐 좌경 4대 개혁안의 부당성을 가톨릭 이념과 전진하는 인류 사조에 비추어 일일이 반박하여 4대 개헌안의 허를 찔러 좌경 정권을 주춤거리게 했습니다. 그런데 본래 목표 외에 전혀 생각지 않았던 결과가 발생했다고 합니다. 어느 명문대학의 명망 높은 교수 분 말씀이 그 강연으로 대학가에서의 극좌익 사상 계열, 즉 한총련 계열의 총학생회장 선출은 끝났다는 것이었습니다. 저는 전혀 생각하지 못했던 일이기에 설마 했는데 그 후 그런 부류의 총학생회장 출현은 자취를 감추었을 뿐만 아니라 입후보조차 할 수 없게 되었다는 것이었습니다. 대학생은 전진하는 인류문화에 적극적입니다. 저의 지론의 핵심이 전진하는 인류 사상이란, 하느님 창조의지의 실현인데 공산·사회주의적 극좌 사상은 전진하는 인류 사조에 역주행한다는 점을 강조한 데 있는 듯합니다. 물론 저는 이런 현상에는 다른 요인도 작용했을 것으로 생각합니다.

14. 독도 문제[35]

일본 중학교 교과서 해설서에 독도가 일본 땅으로 명기된 사실이 전해져 이명박 대통령은 일본 후쿠다 수상과의 회담에서 한·일 간 "셔틀 외교"니 "신(新) 시대를 연다"는 등이 너무 졸속이었다는 비판을 면치 못하게 되었습니다. 우리는 이참에 옛날 일본 식민지 시대 한국인을 센진(鮮人)이라며 멸시하던 일인(日人)의 못된 근성을 대할 때, 깊이 염두에 두어야 할 것입니다. 일본 태생이라는 선입견조차 작용할 수 있는 이명박 대통령이기에 과거는 흘려 보내고 미래를 향해 가자는 그의 이른바 "신시대를 연다"는 언명은 일인들에게 어린이의 치언처럼 들렸는지 이명박 시대에 전에 없이 독도 잠식의 강도를 높이고 있습니다. 참으로 안 됐습니다. 그러나 어쩌겠습니까. 모든 것이 이명박 대통령의 자승자박이었습니다. 전 좌경 정권에서도 보지 못했던 일본의 압박 수위와 자국익(自國益) 극대화가 이명박의 이른바 실용 외교의 결실이 되었습니다.

---

35 2008년 7월 11-16일 작성.

일본을 다루는 데에서는 이승만 대통령 정도는 되어야 일본인이 절절 매게 됩니다. 당시 이승만 대통령은 일명 '이승만 라인'이라고도 하던 평화 라인을 해상에 그어 놓고 일본 어선을 끌어 오는 수가 빈번했기에 일본이 쩔쩔매던 일이 여러 번이었습니다. 저는 이런 일에 정치와는 다른 면에서 깊이 관련되어 있었기에 오늘에 교훈 삼아, 또 흥미로운 고사(古事)로 이야기합니다.

지금 기억으로는 가장 많이 일인들이 억류된 것은 약 700명이었는데 그 대부분이 나가사키 지역 섬 어부였습니다. 그들은 당시 부산 시내에서 외진 괴정동 천막에 억류되어 있었습니다. 나가사키는 일본에서 유서 깊은 천주교 지대였기에 그들은 대부분 천주교 신자들이었습니다. 저는 그 당시 부산 서대신동 성당 보좌 신부였고 괴정동은 그 성당의 소속이었기에 일주일에 한 번씩 가서 고백 성사도 주고 미사도 드리고 강론과 교리 지도도 했습니다. 가다가는 참 눈물 나는 사정도 있었습니다. 물고기잡이로만 생계를 유지하는 3부자가 같이 장기간 한국에 억류되는 바람에 가정 사정이 말이 아닐 것이라고 눈물 쏟는 그들의 탄식과 하소연도 들었습니다. 물론 일본 정부는 그 당시 그런 평화 라인을 인정하지 않았지만, 이승만 대통령은 우리나라 전체를 40년 간 도둑질한 일본이 어쩌니 저쩌니 하는 것이 괘씸한 듯 아예 한마디 대답의 가치조차 없는 것으로 치부하는 듯했습니다. 그러면 할 수 없이 도쿄가 머리를 숙이고 무슨 타협을 청하곤 하는 모양이었습니다. 그 때 어떤 정치인에게 그런 사정을 물었더니 정치는 그렇게 하는 것이라고 했습니다. 그럴 때마다 중재할 입장인 미국도 곤혹스러워 했지만, 이승만 정권 때처럼 한·미 관계가 돈독했던 때도 없었고 한국의 이익을 극대화한 때도 없었을 것입니다. 그러니 일인들이 독도를 자기네 땅이라고 하는 것은 엄두도 못내는 것이었습니다. 또 한 번은 이승만 대통령이 미국 방문 귀국 길에 도쿄 맥아더 사령부에 머물게 되었습니다. 일본 요시다(吉田) 총리의 주선으로 천황 궁전에서 만찬을 하기로 되었다고 합니다. 이 대통령을 모시기 위해 총리 이하 전 각료가 이른바 궁성(宮城) 안 뜰에 도열하여 이승만 대통령의 도착을 맞이하려 했답니다. 그런데 모시러 온 사람더러 이 대통령은 "아, 그런 일이 있었던가. 그거 참 안 됐군. 나는 벌써 맥아더 장군이랑 식사를 했는데"라며 일본 천황과 총리 이하 모두를 기절초풍케 했다는 이야기가 국민을 열광케 한 것이 기억에 새롭습니다. 물론 그런 행위를 오늘 전면적으로 다 받아들이기는 어렵겠지만, 일본을 다루는 데 적어도 그런 인품과 기개는 있어야 일본 정치인들에게 마구 놀아나지 않을 것입니다. 이명박 대통령이 일본 천황 헤이세이(平成)와 악수할 때 저자세였다는 구설수도 있는 모양입니다. 그것이 사실이라면 일본 정치인들이 좋게 말해 얼마나 영리한데 그런 기회를 놓치겠습니까. 결국 얼마 안 가 전에 유례없이 심각한 독도 문제 제기로 나타나지 않았나 심히 우려됩니다. 어디서 얻어들은 '실용'이란 말 한마디가 무지와 무정견 대통령의 외교 정책 성공의 비결일 수는 없습니다. '실용주의'라는 용어를 남용하고 난발할 때, 저는 이 용어를 그렇게 무지하게 사용할 수 없다고 공개적으로 경고한 바 있습니다. 독도는 우리 땅이니 지레 질겁한 모습으로 온 국민이 냄비 끓듯 감정적 소동을 버릴 것이 아니라(물론 그런 것도 의미가 작은 것은 아니지만) 어느 옆집 개가 짖느냐는 식으로 의연하게 대처하지 않으면 오히려 억지를 펴는 일본이 우리의 행태를 즐기며 차근차근 학문적으로 또 국제기구에 침투해 있는 그들의 막강한 인력을 동원하여, 국력을 배경으로 국제 사회적으로 조용한 외교를 통해 날이 갈수록 우리에게 불리한 결과를 쌓아갈 위험이 있지 않을까 걱정됩니다. 그렇기에 해묵은 독도 문제가 일본의 불장난으로 불거질 때마다 감정적 대응보다는 독도는 우리 것이고 우리가 정당하게 차지하고 있는 것이니 좀 더 차분하게 고증할 깊은 연구와 당당한 이론, 광범위한 국제기구와의 밀접한 관계를 유지하며 강력한 외교력 뒷받침으로 해결해야 할 것입니다.

이것은 미 의회의 해당 부서에서 "독도"를 "리앙쿠르 암"(Liancourt Rocks)으로 고치려는 움직임이 캐나다 토론토 대학 동아시아 도서관 한국학 책임자 김하나 씨에 의해 저지된 것에서도 명백한 것입니다. 이번에 독도 명칭이 그런 식으로 변경되었더라면 일본해의 한 섬으로 전락하여 우리 영토 방위에 큰 난관이 될 수도 있었을 것이라는 소식입니다. 그런데 이게 또 웬 날벼락입니까. 미국의 지명 지정위원회라는 곳에서 독도를 분쟁 지역으로 취급하여 독도라는 이름을 삭제했다는 소식입니다. 또한, 싱가폴에서 외무장관 성명에 금강산 한국 관광객의 북한군 총살 사건이, 정부가 그렇게도 호언장담을 임했는데도 그 성명에서 빠졌다고 합니다. 그것은 북한측이 10 · 4 남북 공동성명 삭제에 대한 항의에서 그렇게 되었다고 하니 참으로 안 됐습니다. 우리 당국자들이 그만한 방해가 있을 것에 대한 예견과 대비책이 없었다는 증거이니 어찌 그 정도의 사람들이 이 험난한 시기, 더욱이 이명박 정부가 사경을 헤매고 있는 이 시기에 나라의 중차대한 국제 문제를 다룬다는 말입니까. 또, 야당의 공세도 한심하기는 그보다 더하면 더했지 못하지 않습니다. 무고한 관광객 자국민이 북한군의 총탄에 쓰러졌는데도 북한과 과거처럼, 다시 말해 종속적 관계 유지에나 온 신경을 쓰는 모습입니다. 왜 제대로 국민의 야당답게 북한에 대해 먼저 사과하며 공동 조사에 임하라는 강경한 모습을 보이지 못하는 것입니까. 다시 이 대목에서 독도 문제로 돌아옵니다. 와와 소리만 지르고 좀 잠잠해지면 언제 그런 일이 있었느냐는 식으로 국내와 국제 사회에서도 비춰지니 결국 우리는 불리한 입장에 몰릴 수밖에 없습니다. 놀라운 것은 빈약하지만, 그래도 그런 일의 중요한 기구였던 "동북아 역사 문제 대책팀"을 3월에 해체했다는 것입니다. 일본이 자기네 편의대로 독도 영유권 문제를 건드리면 한국은 정치권만이 아니라 온 국민이 흥분의 극을 달리는데 그런 것을 비웃기나 하듯 일본 정부는 언제 그런 일이 있었느냐는 식으로 총리 이하 정부고위 관료들이 여유 작작 휴가를 떠난다는 것입니다. 일본 정부는 고작해야 교육 관련 장관 등 2명 정도의 고위 관리가 움직이는데 한국은 대통령을 위시하여 국회, 시민단체 등 온 국민이 가지가지의 흥분 사태를 벌이니 혹시라도 일본인들의 잔꾀에 놀아날 위험이 없는지도 한 번 새겨보아야 할 것 같습니다. 이런 문제는 궁극적으로는 차분하고 지속적인 깊이 있는 연구와 국내외 자타가 인정하는 국력 향상을 통해서만 해결할 수 있습니다. 과거 사건에 비추어 한국이 정파적 극한 대립이나 극렬 시위 등의 난동에 휘말리면 득보는 곳은 일본뿐인가 싶어 씁쓸한 마음입니다.

15. 독도 문제 후속 편³⁶

독도 문제에 대해 몇 줄 더 적는 것이 좋을 듯합니다. 그동안 일본의 끈질긴 국제 활동으로 독도가 한국령이 아닌 공해상의 '분쟁 지역' (Undesignated Sovereignty)으로 미 지명위원회가 7일 전에 발표하여 한국의 격분을 불러 일으켰습니다. 2008년 7월 31일(한국시간)에 드디어 미 부시 대통령의 지시로 원상 복구되었다는 것입니다. 그나마 다행한 일입니다. 그동안 이명박 정부 들어 하나도 제대로 된 일이 없었기에 말입니다. 그렇다고 이 일을 그냥 잘됐다고 넘어갈 일만은 아닙니다. 자초지종을 잘 짚어 보고 앞날을 대비해야 하기 때문입니다. 먼저 독도가 분명히 한국 땅이고 미국 표기에도 수십 년간 한국 영토로 표기되어 있던 것이 왜 이명박 정부 시기에, 그것도 민심이 떠날 대로 떠난 이 시기에 한국령이 아닌 분쟁 지역으로 발표되었는가의 문제입니다.

위에서 언급한 바와 같이 일본은 그 해묵은 문제를 뒤에서 꾸며 놓고 한국의 대소동을 장관급에서 별 것 아닌 양 치부했습니다. 즉

---

36 2008년 8월 5일.

그동안 이명박 정부의 외교와 내치를 형편없는 것으로 보았기에 그렇게 처신하다가, 당황한 한국이 전(全) 방위 노력을 펼칠 때에도 별 것 아닌 듯 모르는 척했습니다. 그러던 중, 한승수 총리가 2008년 7월 29일에 독도를 방문하고 독도 방위 훈련이 펼쳐질 때, 다시 말해 한 총리가 독도 방문이라는 강수를 둘 때, 일본 정부로서도 일의 심각성을 느낀 듯 일본 정부의 공식 입장 발표 기구인 관방장관이 논평을 내게 되었습니다. 아마도 그들도 한 총리의 실력을 중요시 하는 것 같았습니다. 사실 그 보고를 받고 이명박 대통령이 격노했다는 소식에도 그들은 무반응이었습니다. 아마도 일이 지지부진한 것을 직감하여 풍부한 국제적 경험과 과단성을 겸비한 한 총리를 의식한 듯한 반응이었습니다. 그렇지만 부시 대통령의 발언 전날까지만 해도 미국 정부 자체가 우리 요청에 별로 반응이 없었으며 일본 측에 기우는 듯했습니다. 그러다 한 총리가 대담한 행동을 보이자 미 의회도서관은 독도 명칭 변경을 보류한다는 발표를 했습니다. 물론 이런 결과가 있기까지 이 대통령을 수장으로 청와대 및 정부 외무부의 적극적 활동과 국민의 총체적 궐기 등이 그런 결과로 나타났을 것입니다. 어찌되었건 천만다행한 일입니다.

그런데 문제는 그동안 이명박 대통령의 미국, 일본 순방 외교 등이 그렇게 요란했고 모든 것이 새로워지는 듯, 그야말로 야단법석이었는데 도대체 무엇을 어떻게 했기에 독도 문제가 한국 영토에서 빠질 만큼 일이 실속으로는 엉망이 되었느냐의 문제입니다. 이런 근본적인 문제는 덮어두고 지금 여당이 날뛰는 것처럼, 그러니까 이제 민심이 돌아온 양 개혁이 어쩌고 공약 정책을 밀고 나간다는 등 모자라는 사람들처럼 우쭐대니 보기에 참으로 가관입니다. 무엇보다도 이런 문제는 종전에 되풀이 되던 식으로 사건이 터진 다음에 정부와 국회, 온 국민이

경기를 일으키는 양태로, 다시 말해 아주 유치하게, 오늘날 선진국이
라면 상상도 할 수 없는 경기를 부리는 식으로 악을 써 가며 후진국 형
태로 처리를 해서는 안 될 것입니다. 이런 일을 이 정부 아래서도 계속
한다면, 이명박 정부는 그야말로 사상누각일 것입니다. 그래서 "빨리
제대로 된 정부를" 하는 소리가 국민 사이에 (벌써 지성 층에는 그런 생각
이 퍼져 있지만) 일어날 것은 불 보듯 뻔합니다. 이런 식으로 계속 문제
해결 시도를 한다면 후진국이라는 오명을 국제 사회에서 벗을 수 없을
것입니다. 그렇지 않아도 이번 부시 대통령의 담화를 일본에서는 방한
(訪韓)용 정치적 발언으로 취급하며 사실 내용이 변한 게 없다는 식이
어서 냄비 끓듯 하는 한국이 조용해지면 또 끈질기게 그 축적한 국제
적 실력과 노하우로 한국식 해결을 우롱하며 일을 계속할 속셈이니 우
리측은 더욱 더 소리 없이 그 방면의 넓고 깊은 연구와 이론 축적으로
국제사회에서의 설득력과 호소력을 길러야 할 것입니다. 제발 앞으로
는 국제적 문제가 우리에게 불리하게 터질 때, 정부, 국회, 온 나라가
경기 부리는 식이 아닌, 선진국답게 연구 축적과 이론적 뒷받침으로
국제 사회에서 존중되는 나라가 됐으면 합니다.

여기에 한마디 더 덧붙이고 싶습니다. 그것은 2008년 8월 4일 청와
대 회의와 만찬이 끝난 다음날 5일 아침 한승수 총리님이 저에게 전화
를 걸어 독도에 가보니 그동안 관리가 허술했기에 이제부터 관리를 잘
하고 국제적으로도 지속적으로 역량(力量)을 키워가겠다는 것이었습니
다. 그것은 제가 그분께 드린 상기한 두 편의 독도 견해에 대한 답변인
듯싶었습니다. 저는 농담조로 말했습니다. 물론 그렇게 하시되 독도
를 잘 보존하고 독도는 어느 모로 보나 한국 땅이니 쓸데없는 억지를
부리지 말고 이제 잘 준비해 놓았으니 일인들은 관광이나 즐기고(돈이
나 쓰고) 가라고 하면 된다고 했더니 마구 웃었습니다. 적어도 우리는

그만한 여유를 갖고 작은 섬나라 근성인 일인들을 다루어야 한다는 것이 저의 오랜 경험과 지식에서 우러나온 확신입니다. 이런 일을 한승수 총리는 하고도 남을 지식과 국제적 경륜과 인격을 갖추고 있는 것을 일인들도 잘 알고 있기에 앞으로도 조심하면서도 끈질긴 꼼수 방해를 할 것입니다. 그러니 한 총리는 사실대로, 또 국민이 바라는 대로 일을 이끌어가야 할 것입니다. 하느님의 도움으로 일이 잘 마무리되기를 기도합니다.

16. 한 · 미 정상회담을 보며[37]

2008년 8월 6일 한 · 미 정상 공동 기자회견을 보며 감회가 새로웠습니다. 첫째, 지난 10년간 소원해졌던 한 · 미 관계의 돈독함을 회복한 것입니다. 다음은 북미 관계의 핵심 문제는 핵 문제인데 그 문제는 미국이 결국 인권 문제로 귀착시켜 강경한 입장을 취할 때만 세계인의 양심의 발로, 다시 말해 하느님의 창조경륜에서 부여받은 인류의 양심 표현인 강력한 인권문제 제기로 나타날 것이라는 저의 저간의 지론이 현실화된 것입니다.

한편, 북한이 연변 원자로 냉각기를 폭파했다고 하지만 전문가들은 비핵의 철저한 검증이 필요합니다. 저는 북한이 녹록하게 그런 요구에, 적화 통일이 궁극 목표이니 남한을 통째로 먹거나 체제 붕괴가 눈 앞에 다가섰음을 확인할 처지에 몰리지 않는 이상, 응할 리가 없다는 점을 강조했습니다. 지난 10년간 남한 정부가 북한 정부의 "우리끼리" 구호에 놀아나 종북으로 치달을 때도, 더욱이 클린턴 정부 때, 올브라

---

37 2008년 8월 7일.

이트 미 국무장관이 평양을 방문하는 중에도 북한 공산 사회주의 정권은 속으로 바뀐 것은 아무것도 없고 오히려 위장 전술로 한국이나 미국으로부터 큰 원조를 얻어 더 강화된다는 점을 누누이 강조했습니다. 북한은 그러면서 뒤에서 핵 개발에 박차를 가해 핵폭 실험에 성공하여 현실적으로 핵 보유국이 되었습니다. 그런데 가관인 것은 남한의 지난 두 정권의 종북 정책은 퍼주기 정책이었고 대북 정책에서 도로열린우리당 신세인 이른바 민주당인 것입니다. 그런 일련의 사건이 북한에는 책임이 없고 남한 정부가 북한 정부와 소통을 하지 않아 그렇다는 식입니다. 그들대로라면 앞으로 5년간은 속북(屬北)이나 하다 급기야는 북쪽 적화통일에 흡수되면 될 것입니다. 이런 삼척동자라도 다 알 일을 무슨 꼼수 이론이나 잔꾀로 청계천 좌편향 젊은이들의 뒤꽁무니나 따라 다니며 하는 셈이니 이런 부분은 선거 때 이미 도태시켰어야 했을 것입니다. 이론적으로 1950년대에 맑스주의는 이미 망했고 1989년 10월에서 1990년 5월까지에는 정체(政體), 즉 정치 체제로도 완전히 붕괴했습니다. 그런데 그런 주의 사상의 끝물인 북한 체제에 연연하는, 이른바 도로열린우리당이라는 민주당은 그 정체를 분명히 하는 것이 조금이라도 인간다운 것이겠습니다. 일언이폐지하고 저는 현실은 살아있는 양심의 표현인 강력한 인권 문제로 미국 정책이 돌아갈 것이라는 것을 지난 10년간, 특히 종북 노무현 정권 시에 더욱 주장했습니다. 지금은 미국 조야도 그렇고 이번 한·미 정상회담에서는 이 점을 분명히 하며 강조했기에 역사 진행에 우회는 있을망정, 결국 하느님의 창조 의지대로 가는 것을 실감했습니다.

또 한 가지는 이번 정상회담에서 한·미 FTA 협정의 양국 의회통과 문제가 강조된 점입니다. 이 문제는 현실적으로 매우 중요한 문제입니다. 한국 측에서 볼 때, 젊은이들의 번뜩이는 아이디어 육성에 전력한다면, 우리 젊은이들은 미국 시장의 적지 않은 부분을 아이디어로 지배하여 놀라운 국력 신장과 국부(國富)에 기여할 것이라는 점입니다. 지금 우리나라 젊은이들은 손발로 뛰는 시대를 지나 아이디어 싸움으로 세계를 제패할 단계에 진입했습니다. 이 점은 한·미 FTA를 다룬 부분에서 자세히 말했습니다. 이 FTA 협약 추진으로 노무현 대통령은 많은 잘못을 커버할 수 있게 됐다고까지 했습니다. 이명박 대통령과 여당이 쇠고기 재협상을 요구하는 야당과 좌파인의 의견을 그대로 받아들일 용의를 표명하고, 그런 경우 FTA 재협상에로 불똥이 튀어 우리 경제에 미치는 놀라운 부정적 결과, 예컨대 미국 자동차 수입 전면 자유화, 폭넓은 수입 자유화로 우리 컴퓨터나 사이버 제품계의 손실, 서비스, 금융계의 자유화, 국내 자본 이탈, 젊은이들의 실업률 증가 등의 손실을 낱낱이 조사하여, 그 결과를 전 국민에게 알리면 책임은 오히려 민주당과 좌파들이 몽땅 뒤집어쓰는 결과가 될 수 있었을 것입니다. 그러나 이명박 대통령과 여당은 속이 좁고 안목은 없으며 무식 무능하며 끼리끼리의 인사와 권력 나누어먹기 식이고 아집과 오만에 사로잡혀 그동안 악순환만을 계속한 것입니다.

이번 회담의 또 다른 성과는 미국이 한국 대학생에게 1년 반 동안 미국에 체류하고 일하며 영어 공부하는 이른바 WEST 프로그램을 제공한 것입니다. 이 프로그램은 앞으로 한·미 긴밀 관계 증진에 크게 기여할 수 있을 것입니다.

이번 정상회담이 불행 중 다행인 것은 구체적 결실은 별로 없었지만, 큰 흐름이 국민 절대 다수가 바라는 방향이었기에 성공적이라 보아도 무방하겠습니다.

17. 이명박 대통령과 불교 간 갈등[38]

질문 1_ 국민적 큰 관심사로 떠오른 이명박 대통령과 불교 간의 종교 편파 시비에 대해 어떻게 생각하십니까?

정 몬시뇰_ 이명박 대통령과 불교 종단 간의 장기간에 걸친 종교 편향에 대한 갈등은 아주 심상치 않은 국면으로 접어들고 있습니다. 이른바 경제 10대 강국을 넘본다느니, 세계 선진국 대열도 이제 눈앞이라느니, 기적의 건국 60주년을 맞이한다는 등 온갖 현란한 언사와 행사는 다하면서도 정작 정신적으로 가장 기본이 되는 종교와의 갈등, 그것도 수천 년에 걸쳐 이 민족의 혼을 형성한 불교와의 심각한 갈등을 장기간에 걸쳐 이 대명 천지에, 이른바 선진국 운운하는 대한민국의 핵심부에서 일으키고 있으니 창피스러운 일입니다. 그렇기에 저는 나름대로의 문제의 본질과 오늘날 인류문화가 지향하고 발전해가는

---

38 〈평화라디오〉 방송용(2008년 8월 10일 8-8시 30분).

선상에서 문제의 실상과 해결을 짚어 보고자 합니다. 그렇지 않고 문제가 시끄러우니 언론 무마용 미봉으로 덮어 버린다면, 선진국은 커녕 이명박 장로 대통령은 전 정권과는 또 다른, 있을 수 없는 종교사(宗敎史)의 역주행을 감행하는 것이 됩니다.

질문 2_ 이 문제에 대해 좀 더 구체적으로 말씀해 주시기 바랍니다.

정 몬시뇰_ 그동안 문제가 문제이니만큼, 이 문제에 대한 사계 학자들과 종교 고위층 인사들의 정성어린 노력을 볼 수 있었던 것은 큰 다행이었습니다. 문제가 워낙 대집단 종교와 국가 최고 권력과의 문제이기에 그런 것 같았는데 역시 할 말을 하면서도 좀 언저리를 도는 것이 아닌가 하는 감이었습니다. 한편으로는 한 가지 코믹한 사건이 계속 연출되는 것입니다. 그것은 다름 아닌 문제의 핵심인 장로 이명박 대통령의 불교의 종교 편향 문제입니다. 사과와 사죄 재발 방지 등 머리 숙여 속죄하는 인사들은 공교롭게도 독실한 가톨릭 신자들이라는 희(戱)촌극이 벌어지는 것입니다. 물론 직책상 그렇기는 해도 말씀입니다. 말하자면 장로 이명박 대통령을 겨냥한 종교 편향에 대한 사과성 해명과 재발 방지 철석같은 약속은 독실한 가톨릭 신자인 한승수 국무총리와 유인촌 문화체육관광부 장관의 몫이었습니다. 근일에는 정당까지 가세하여 한나라당 문화체육관광 방송통신위 고흥길 위원장까지 불교계 총무원장을 예방(禮防), 머리를 조아리는 형국이 벌어졌습니다. 고흥길 위원장도 독실한 가톨릭 신자로 알고 있습니다. 나는 이런 일을 가톨릭 신자 정치인들이 하게 된 것을 좋게 생각합니다. 그 이유는 오랜 토착종교와 개신교 장로 사이에 심각한 갈등 해소를 가톨릭 신자들이 중재하려는 가톨릭, 즉 어디에도 치우치지 않는 보편성을 실천하는 것이기 때문입니다. 사실 종교와 정치 최고 권력자 간에 팽팽한 긴장이 있을 때, 2천 년 풍상(風霜)의 정치 경제 사회의 영욕을 다 체험한 가톨릭교회가 그 해법의 정도(正道)를 제시하는 것은 너무나 당연한 일이겠습니다. 이런 관점에서 본인은 이 땅에서 일어난 온갖 사회 현상을 몸으로 체험한 한 노학자로서 더 나아가 교회의 한 노 성직자로서 어느 한 쪽에 치우칠 마음은 추호도 없습니다. 다만 전진하는 인류 문화사 속에서 오늘의 종교 정치 권력자들이 취해야 할 길과 그런 관점에서의 종교의 정위(正位)도 짚어 보고 싶습니다. 이런 문제를 일반 보도로 전하는 경우, 심오한 학문적 이론보다는 실제 경험에서 풀이하는 것이 훨씬 효과적이겠습니다.

질문 3_ 그런 견지에서 이 중대 사항에 대한 견해를 좀 더 심층적으로 짚어 주십시오.

정 몬시뇰_ 먼저 이 땅에서 일어난 종교와 정치권력과의 관계를 별견(瞥見)하는 것이 좋겠습니다. 대한민국 초대 이승만 대통령과 불교계의 갈등은 심각한 것이었습니다. 당시 이승만 대통령은 독실한 개신교 신자로 개신교 신자를 중용하는 경향이 짙었습니다. 물론, 이런 경향은 당시 개신교 측에 미국 등 해외 유학파 인재들이 많았던 것이 사실이었습니다. 그러나 불교 측에서 볼 때 종교 편파 정책이라는 인상을 깊게 받을 수 있는 정치 형태였음을 부인하기 어려웠습니다. 결국 이승만 대통령이 불교 유화 정책을 쓰기도 했지만, 불교계의 인심을 되돌려오기는 어려웠습니다. 이런 와중에 알게 모르게 1948년 장면 대사에 의한 대한민국 UN 승인은 민족 갈등의 큰 완충 작용을 했습니다. 아직까지 외부에서는 그 승인의 배후에 파리대교구장 추기경의 절대적인 영향력이 있었다는 것이 알려지지 않았습니다. 그러나 이 사실을 잊어서는 안 될 것입니다. 그 사유인즉, 장면 씨가 UN의 승인을 얻으려 당시 UN 총회가 열린 파리에 갔을 때였습니다. 장면 씨는 미국에서 대학을 나왔기에 영어에는 능통했지만 정치계에는 전혀 문외한이었습니다. 그 당시 해외에서는 일본 식민지를 갓 벗어난 한국을 아는 인사는 눈을 씻고 보아도 한 사람도 찾을 수 없는 국제 정세였습니다. 난감에 잠겨 있을 때, 뜻밖에 큰 원군이 나타났는데 그분이 바로 파리 대교구장 추기경이었습니다. 그 추기경을 예방했을 때, 그분은 장면 대사가 한국 대사이며 그분이 바로 프랑스 선교사들이 순교하며 전해 준 신앙의 열매라는 것을 알고 그렇게도 반가워하며 당신이 무슨 도움을 줄 수 있느냐고 했습니다. 장면 대사는 UN 승인을 받아야 하는데 UN 대사 중 아무도 아는 사람이 없어 속수무책이라 했습니다. 그러자 그 일이라면 너무 걱정하지 않아도 된다며 마침 당신(추기경)이 수많은 가톨릭 UN 대사들을 위한 초청 만찬이 곧 있을 것이니 그때 장면 대사도 참석하라고 했습니다. 초청 만찬에서 파리대교구 추기경은 대사들에게 장면 대사를 소개하고 한국에서 프랑스 선교사들의 선교와 순교담을 말하고 UN 승인을 적극적으로 도와달라는 부탁을 했다는 것입니다. 물론 다른 요인들도 작용했지만, 이것이 결정적인 계기가 되어 UN 승인이 아주 순조롭게 진행됐다고 합니다. 나는 장면 씨가 정치에 실패한 후, 그분의 지도 신부였으며 그 이야기를 직접 들었기에 그 사실을 여기에 적습니다. 이런 UN 승인이 있었기에 6·25 동란 시 UN군의 대거 개입으로 한국의 적화(赤化)를 막을 수 있었습니다. 이런 일련의 국사(國事) 대사건들로 불교의 종교 편파 정책에 대한 갈등이 많이 가라앉기도 했습니다. 그렇지만 이승만 대통령의 종교관에는 별다른 변화가 없어 불교계의 종교 편향 논란은 계속되었고 이승만 대통령에서의 민심 이반은 가속화 됐습니다. 종교적으로 떠난 민심을 되돌려오기란 매우 어려운 것입니다. 거기 더해 이승만 대통령은 장기 독재 정치를 비판하는 천주교가 경영하는 〈경향신문〉을 폐간으로 몰아가 천주교 민심도 잃고 드디어는 젊은이들의 피흘림에까지 이르러 몰락의 길을 걸었습니다. 이명박 대통령은 현금 불교와의 갈등으로 가장 기본적인 민심 이반을 자초하고 있는 셈입니다.

질문 4_ 오늘 인류문화 선상에서 종교와 정치권력과의 상관관계는 어떤 양상입니까? 또 우리의 현실은 어떻습니까?

정 몬시뇰_ 위와 같은 사연을 전제로 선진국에서는 현실적으로 종교와 정치권력과의 상관관계가 어떻게 진행되며 오늘날 인류문화사 진행과정에서 어떤 양상인지 별견할 필요가 있습니다. 그동안 일반적으로 알려진 것은 정교(政敎) 분리 정책입니다. 정치와 종교는 분리되어야할 것이지 중세 시기처럼 혼합되어 상호 세속권을 놓고 힘겨루기를 하면 안 된다는 것이 그 배경입니다. 그것이 좋은 원칙이지만, 그것은 어디까지나 외부적 요인에 의한 것이기에 설득력이 그렇게 강하지 못했습니다. 이 점을 가일층 심화시켜 그 내부적 요인에서 설명하여 그럴 수밖에 없는 이치를 설명한 것이 제2차 바티칸 공의회의 "종교 자유 선언"입니다. 이 선언으로 가톨릭교회는 국가에 대한 막강한 영향력, 즉 국교의 위치를 스스로 포기했습니다. 뼈아픈 자기희생을 감내하며 인간의 가장 기본적인 불가침의 종교 선택 권리를 확고하게 인정한 것입니다. 그렇기에 이 선언의 본 제목은 "Declaratio de Libertate Religiosa Dignitatis Humanae", 즉 "인간 품위의 종교적 자유선언"입니다. 다시 말해 종교의 자유는 인간 품위에 관한 것이기에 종교 선택은 거기에 근거해야 하는 인간의 기본적 자유권이라는 것입니다. 따라서 어떤 외부적 압력이나 불이익, 혹은 이익 제공 등으로 종교에 편파성을 조성하면 안 됩니다. 그렇다고 종교단체, 특히 그리스도교의 경우, '세상 만민에게 복음을 선포'(마태 28,19-20 참조)하는 것을 부정하는 것이 아니라 권력이나 공공 조직을 통해 개별적 선교의 도구로 삼지 말라는 것입니다. 따라서 부모의 자녀에 대한 종교교육 의무 등이 해소되는 것은 아닙니다. 어떤 모양이던 공권력의 영향으로 종교 선택의 영향을 주거나 편파성을 조성하면 안 됩니다. 특히 정부의 공권력은 모든 국민에게 현세적 이익을 공정하게 누리게 하는 것에 국한되어야지, 그런 권력이나 지위를 이용하여 공권을 선교장화 하거나 종교의 편파성을 조성한다면 크게 잘못된 것입니다. 오늘날 그런 일이 일어난다면, 후진 중 후진이며 그런 대통령이나 공무원은 그런 자리에 있을 자격을 상실하는 것입니다.

이런 점에서 40여 년 전, 1965년 바티칸 제2차 공의회가 가톨릭교회의 막강한 특전인 국교의 지위를 많은 나라에서 스스로 포기하는 자기희생을 감내하며 "종교의 자유선언"을 공표하고 전진하는 인류문화에 미래지향적 금자탑을 수립한 것은 교회의 예언자적 직무 수행이었습니다. 오늘날 우리 정부의 고급 관리 중, 이명박 대통령의 잘못된 종교 신심관(信心觀), 예컨대 서울시장 시절, 서울시를 하느님께 봉헌한다는 발언으로 빈축을 샀을 뿐만 아니라 시민의 강력한 저항에 부딪혔습니다. 오늘도 그런 신심가(信心家)들이 주변과 고위직에 임명되어 있다면 일을 크게 그르치는 것입니다. 지금은 종교 문제에서 중세의 "군주의 종교는 그 백성의 종교"라는 시기가 지난 지 오래입니다. 따라서 불교계가 오늘날 큰 문제로 삼고 있는 종교 편향성으로 인한 대통령의 규탄은 설득력을 얻는 것입니다. 사실 나는 이명박 대통령의 인사 정책을 믿지 않는 편입니다. 언제인가 그분의 인사 정책이 "고소영"이란 딱지가 붙어 홍역을 치를 때, 할 수 없이 "고"와 "영"을 배제한다면서도 "소"에 대해서는 일절 언급하지 않는 것을 보며 주변에 또 큰 홍역을 치를 것이라고 했었습니다. 그것이 몇 달도 되지 않은 지금, 이명박 대통령에게 불교의 종교 편파 시비는 이 대통령께 치유할 수 없는 상처로 남았습니다. 그뿐만 아니라 지난번 촛불시위로 청와대 고위직을 전면 개편하고 얼마 후 개각하겠다고 할 때에도 결국 조금 사태가 조용해지기만 하면, 아주 소폭에 그칠 것이라고 지인들에게 말했습니다. 아니나 다를까 직접 쇠고기와 관련된 부처와 말썽 많던 교육부 등 한두 곳만을 바꾸었을 뿐, 대운하 공약을 전면 취소하면서도 그것을 생명으로 알고 있는 국토 해양부 장관을 유임시키는 것을 보며, 또 임시 미봉책 내지 눈가림 정책이니 어느 날 대운하 정책을 다시 들고 나올 것이라고 했습니다. 그게 엊그제 일인데 벌써 대운하 어쩌고 장관이란 분의 발설이니 이런 식의 이 대통령의 인사와 식언 내지 얕은 잔꾀를 믿어줄 사람이 이 땅에 얼마나 있을까요. 이번 불교에 대한 이유 있는 편파성에 대한 대통령의 사과가 있다고 가정할지라도 그런 것이 무마용 제스처인 한, 그런 것을 근본적 변화라고 인정할 사람이 얼마나 될까 걱정이 앞섭니다. 무엇보다도 중요한 것은 대통령의 위와 같은 종교 선택의 인권 중 기본 인권인 '종교의 자유권'에 대한 철저한 인식 변화가 있어야 합니다. 불교계 또한 이번 기회에 이해득실이나 체면 세우기 등 외부적 요인을 완전히 떠나 대자비심으로 모든 것을 품어주되 종교의 기본권에 근거한 종교의 자유권 설정에 발본색원으로 크게 기여해 주었으면 합니다. 한편, 불교는 가장 오래되고 가장 큰 종교로서 거기에 상응하게 사회 각 분야에 걸친 탁월한 인재를 많이 키워주었으면 하는 바람입니다. 사실 우리나라는 불교가 나라의 뿌리를 이룬 민족의 토착종교로서 폭넓은 자비심으로 모든 외래 종교들이 뿌리를 내리는 데 아무런 지장을 주지 않는 넓은 폭을 보여 세계에서 가장 잘 조화를 이루는 다종교 국가가 되었습니다. 그렇기에 가톨릭까지 합쳐 그리스도교 전반은 불교를 존중해야 할 것입니다.

질문 5_ 풍문에 몬시뇰께서는 이미 1960년도 후반에 국내 종파들, 천주교, 개신교 불교뿐만 아니라 미국교회와 더불어 이 땅에서 합동기도회를 열었다고 합니다. 이것이 1980년대 이후, 교황 요한 바오로 2세가 아시시에서 세계 종교 지도자들을 다 모아 바친 평화의 기도의 선구자 역할을 했다고 합니다.

정 몬시뇰_ 사실 저는 그렇게 거창하게는 아니고요. 이런 다종교가 상호 존중 화합하는 실천을 이 땅에서 그것도 국제적으로 맨 먼저 실천한 사람이라는 데 보람을 느낍니다. 그것에 더해 이명박 대통령이 이번 문제에 대해 참으로 놀라운 면모를 보여주었으면 합니다.

그것은 1969년과 1970년에 있은 5월 1일 법의 날 행사를 천주교, 개신교, 불교가 합동으로 했는데 첫 번은 명동성당에서 모범적으로 치렀습니다. 법의 날 행사는 법의 밑바탕이 종교라는 신념에서 이루어집니다. 미국 천주교회는 Red Mass라는 행사를 하여 행정부의 대통령을 위시하여 입법부와 사법부 수장들이 다 참석하여, 국민을 위한 공정한 법을 다짐합니다. 그 중, 하느님께 바치는 장엄한 미사가 그 핵심입니다. 미8군 사령부 법무팀장의 독실한 신자 대령이 이 행사를 내게 제안하여 한·미 합동으로 치렀습니다. 즉 이는 김수환 추기경과 미8군 사령관 명의로 이루어진 것이었습니다. 그때가 제2차 바티칸 공의회에서 "종교 자유 선언"이 공포된 후라 개신교는 물론이고 불교까지 연합으로 그 행사가 이루어졌습니다. 첫 번 행사는 명동성당에서 미사로 이루어졌는데 천주교측만 아니라 개신교와 불교도 성당에서 설교를 했습니다. 스님도 성당 강론대에서 설법한 것입니다. 물론 그 당시 참석한 주요 인사는 미8군 총사령관(당시는 UN사령관 겸임) 육군 대장과 미국 주한 대사를 비롯한, (당시 외국 주한 대사들이 많은 편이 아니었기에 프랑스, 영국을 비롯하여) 10개국 대사들이 참석하여 성황을 이루었습니다. 이렇게 합동으로 '법의 날' 종교 행사는 이 땅에서는 물론 세계적으로도 처음이었습니다. 그런데 그 다음 행사 준비로 미8군 사령관 식당에서 3개 종파와 미8군 사령관과 법무팀이 회의를 하게 되었습니다. 가톨릭 측에서는 김수환 추기경과 나, 개신교 측에서는 한경직 목사, 불교 측에서는 청담 스님과 시종 스님이 참석했습니다. 이때 재미있는 일 한 가지가 벌어졌는데 그것은 미8군 사령관 식당에서 스님들이 육식을 안 한다는 것을 몰라 진수성찬의 스테이크 식사가 제공되었습니다. 그렇기에 스님들은 구경꾼처럼 되니 그때 미8군 측의 당황은 이루 말할 수 없었습니다. 당장은 몰랐지만, 탓은 전적으로 내게 있었습니다. 사전 협의 때 그런 사실을 미8군 측에 미리 알려 주었어야 했었습니다. 임시응변으로 사태를 수습하고 회의 결론은 다음해, 즉 1970년 법의 날 행사는 개신교 측 영락교회로 정해졌습니다. 그런데 시간이 얼마나 지났을까 기억이 잘 나지 않는데 한경직 목사로부터 긴급 소식이 왔습니다. 영락교회에서는 곤란하니 명동성당에서 다시 하자는 제안이었습니다. 그 이유인즉, 영락교회의 가장 힘 있는 부서(노회였던 듯)로부터 천주교는 같은 그리스도교이고 모태 교회이니 상관없지만, 불교는 그들이 우상숭배로 보았기 때문인 듯 성전에서 설법하는 것을 허용할 수 없다는 것이었습니다. 그래서 나는 한경직 목사께 대안을 제시했습니다. 한경직 목사는 참으로 훌륭한 인격자이고 교직자이며 사상과 마음이 트인 분이었습니다. 개신교 측에는 연대, 이대 등 좋은 대학이 있으니 그곳에 좋은 강당을 갖추고 있어 어디든 교통과 주차시설이 잘된 곳이면 될 것이라 했습니다. 그러자 그분의 사색이던 얼굴에 환하게 생기가 도는 것이었습니다. 그분은 법의 날 행사는 반드시 성전에서 해야 하는 것으로 아신 모양이었습니다. 그때 교통과 주차시설과 강당이 새롭게 지어진, 보광동 근처의 대광 고등학교에서 법의 날 행사가 성대하게 치러진 것이 기억에 새롭습니다. 이런 사설을 하는 것은 모처럼 세계에 모범으로 떠오른 다종교 문화국 한국에서 수십 년 후퇴한 이명박 대통령과 불교 간에 심각한 편파성 논란이 국가적 큰 문제로 번지고 있으니 참으로 한심스러운 일이 아닐 수 없기 때문입니다.

사태가 이러하니 이렇고 저렇고 많은 말이 필요 없고 이명박 대통령은 정부 관리들의 잘못을 한 몸에 지고 종교 편향 문제에 대해 솔직하게 모든 것이 자신의 잘못이라고 사죄함이 좋을 것입니다. 그렇게 함으로써 국민의 민심을 되돌릴 수 있을 것입니다. 이런 면에서 세기적 큰 인물로 부상한 것이 요한 바오로 2세 교황입니다. 그분은 생각도 할 수 없는, 또 아무도 지금 와서 기대하지도 않는 대담한 발언, 즉 "교회는 갈릴레오 사건, 종교재판, 마녀사냥, 십자군 시기 일부 사건 등에 잘못을 저질렀다는 것을 인정하며 교회는 잘한 것도 많지만 그런 것은 지금 말하지 않겠습니다" 하고 언명하시어 세계를 놀라게 했습니다. 이번 종교와의 갈등에서 이명박 대통령은 대담한 새로운 발상과 실천으로 임해야 할 것입니다.

18. 신자유주의 몰락과 전망

　신자유주의 종주국이 미국임은 두말할 여지가 없습니다. 그런 종주국의 심장부 월가가 파탄을 일으켜 신자유주의의 종언을 고한다는 것은 인류 역사가 다른 차원으로 넘어가고 있다는 단적인 증거이겠습니다. 현대의 인류문화는 자유가 그 원동력이며 심장의 역할을 합니다. 그런데 그것도 자유의 신천지라고 자타가 공인하던 미국에서 신자유주의가 큰 상처를 입은 셈입니다. 신자유주의는 경제가 그 핵인 것으로 인식되었고 그런 식의 경제는 많은 선의의 사람들과 국민에게 큰 피해를 줄 것을 예감했습니다. 그렇기에 가톨릭교회는 줄곧 신자유주의, 특히 경제적 신자유주의를 반대했으며 1970년대 후반에는 교황 교서를 통해 강력한 경고를 보냈던 것입니다.

　이번 신자유주의의 몰락을 계기로 미국의, 더 나아가서는 세계의 경제 파탄 내지 위기를 별견하고 자유에 대해 약술(略述)함이 이 대담의 성격상 좋을 듯 싶습니다. 물론 보는 견지에 따라 여러 가지 설이 성립될 수 있을 것입니다.

　먼저 짚어 볼 것은 1930년대의 미국의 경제 대공황입니다. 이 공황은 맑스의 자본론의 적중이라고도 할 만큼, 자본가의 노동자 착취의 산물로 보는 견해가 핵심일 것입니다. 자본가들의 무제한 탐욕이 노동자들의 착취로, 그 결과로 빈민층을 양산하여 대중의 구매력 상실로 이어져 미증유의 경제 대공황을 유발한 것입니다. 그것의 수습 과정과 경기 회복과 부흥, 미국을 중심으로 하는 경제적 세계 번영을 제2차 세계대전, 과학기술의 발전, 지구의 일일생활권화 등 여러 각도에서 설명할 수 있을 것입니다.

저는 지금까지 별로 표면화하지 않은 좀 더 깊은 면을 말하고 싶습니다. 그것은 그 공황 수습의 주인공인 당시 F. 루즈벨트 대통령의 새로운 노동법 제정입니다. 루즈벨트 대통령은 이 작업을 천주교 고위 성직자인 당시 시카고 대학 경제학 교수 라이언(Ryan) 몬시뇰에게 위촉했습니다. 라이언 몬시뇰은 당시 처우가 비참했던 노동자들과 아녀자(兒女子)들의 인권보장과 지위 향상, 생활 향상에 중점을 둔 노동법을 만들어 노동자의 권익을 보호하여 미국 산업을 부흥시키는 원동력을 만들었습니다. 그 분의 기본 정신은 교황 레오 13세가 반포한 「새로운 사태」라는 교서입니다. 이 교서는 맑스의 『공산당 선언』과 『자본론』에 대한 반박이었으며 유물론이 아닌 하느님의 모습으로 창조된 인간의 기본권에 근거한 교서였습니다. 이런 노동법에 의해 노동자의 지위는 향상됐고 생활도 윤택하게 되었습니다. 따라서 노동자들의 활기찬 노동력과 지위와 처우 향상에 따른 왕성한 구매력으로 미국 경제는 놀라운 발전을 하게 되었습니다. 또한, 세계 시장을 흡입하여 세계 시장에 활력을 불어 넣었으며 세계 노동자와 기업인들의 선망이 되었습니다. 드디어 미국은 여러 가지 복합적인 발전으로 세계 경제와 정치의 중심이 되었습니다. 이렇게 올바른 인간상과 노동상, 자본상으로 발전했으나 차차 초기 정신은 상실되고 또 다시 '신자유주의'라는 얼굴로 탐욕이 지휘하는 경제체제로 발전해 갔습니다. 드디어 자본의 대표적 표현인 은행이 쓰러지는 지경에 이르러 세계 경제 중심 미국 월가가 파탄을 만나는 형국이 되었습니다. 어찌 보면 1930년대 공황이 자본계의 노동계 직접 착취의 형태였다면 이번 경제 위기는 자본가들끼리 서로 치고 받는 양상을 노골적으로 드러낸 면이라고 할 수 있습니다. 이번 위기의 원인 중 가장 기본적인 것이 은행들 사이에 신뢰가 무너진 것이라고 합니다. 그 원천은 기업주의 탐욕이고 신자유주의라는 미명 하에 방종과 횡포라고밖에 볼 수 없는 무제한적 자유라는 견해가 설득력이 있습니다. 그 결과, 그 해결책으로서 '강력한 국가 권력의 개입'이라는 사회주의적 통제 수단이 등장한 것입니다. 가치 판단이 아주 잘못된 결과인 것입니다.

여기에 이르러 인간 지성은 오늘에 이른 인간의 자유에 대해 재론(再論)하지 않을 수 없게 되었습니다. 그러나 아무리 자유가 남용되어 세계가 큰 위기를 맞는다고 해도 인간의 가장 특징적 속성인 자유는 재조명되고 재조정되어 인간은 또 다른 발전된 세계를 이루게 될 것입니다. 아무런 제약이 없는 무제약(無制約)의 자유가 아니라 제약(制約)된 자유로 세계질서를 재건해야 할 것입니다. 그것은 인간 존재 자체가 시공(時空)적으로, 정신적으로, 물질적으로, 심리적으로, 유전적으로, 능력적으로, 사회적으로, 기능적으로, 문화적으로 등 제약된 존재이기 때문입니다. 물론 지금까지도 이런 제약이 고려되지 않은 것은 아니지만, 느슨하기 짝이 없었고 사회생활에 지장을 주는 주변적 제약에 국한된 감이었습니다. 깊은 차원, 즉 이번에 경제위기를 몰고 온 심층 차원에서는 제약에 대한 의식도 실제 제도도 없었습니다. 이런 제약된 자유는 시대와 생활환경, 심리적·사회적 문화적 요인에 기인하는 수많은 제약들이기에 상당히 유동적일 수밖에 없습니다.

다시 말해 자유에 근거한 가치관의 전도를 본연의 가치관으로 되돌려 놓는 것입니다. 지금의 신자유주의의에 근거한 세계 경제의 심장부인 미국 월가 함몰의 회생을 위한 각국의 필사적 노력은 근원적 뿌리 차원이 아닌 임시변통적인 것이어서 유예적 성격을 가지고 있습니다. 따라서 지금 경제의 파탄을 수습할 길은 어차피 지금까지의 경제가 주(主)가 되고 인간이 종(從)이 되는 전도된 가치관을 본연의 상태로 바로 세워 인간이 주(主)가 되고 경제가 종(從)이 되는 체제로 재정비 되지 않고서는 불가능할 것입니다. 모든 경제 체제를 본연의 가치로 정비하여 새로 수립하는 데서만 가능해질 것입니다. 이런 작업은 학계와 종교계 등의 피나는 노력과 모든 분야에서의 자제력과 자기희생으로서만 가능하며 인간 양식은 그것을 이루어낼 것입니다. 이렇게 하여 인류문화는 3천 년대에 요청되는 새로운 차원에 접어드는 것입니다. 지금 시급한 것은 그동안 과학 발전, 특히 수송과 유통구조의 신속과 효능성을 극대화 하고 커뮤니케이션의 신기(神技), 특히 디지털 기술 발달로 자본가들의 탐욕이 이루어 놓은 실물경제를 떠나 말할 수 없이 부풀려진 종이 거품, 더 나아가 영상 거품 경제는 세계 경제의 총 붕괴를 예고하기에 이르렀기에 더욱 그렇습니다. 하느님의 창조경륜에 따라 하느님의 모습인 인간이 중심이 되는 만사, 특히 지상의 모든 인간을 주인으로 봉사하는 경제만이 현재와 같은 상황의 반복, 혹은 형태를 바꾸어가는 혼란과 파탄을 면할 수 있을 것입니다. 그것은 결국 인간이 이끌어 가는 인류 역사, 특히 문화사는 결국 하느님의 창조 의지를 벗어나면 더는 감당할 수 없는 혼란과 파탄에 직면하고 급기야 창조의지, 다시 말해 경제도 그렇고 인간만사와 자연사 전체가 인간 모두의 행복에 이바지할 때만 올바른 상태인 평화와 행복 증진으로 이어질 것이기 때문입니다. 그것은 결국 하느님의 창조의지를 실현하는

것입니다. 이렇게 인간의 존재 가치에서 경제 문제도 풀고 재건과 증
진을 이루어가야 할 것입니다. 지금 즉 3천 년의 여명은 이러한 차원
에로의 진입 초단계입니다.

19. 한승수 총리께

귀한 세 권의 책, 『멀티플레이어 경제학자, 한승수』, "Republic of Korea. Presidency of the 56th Session of the United Nations General Assembly," (September 12, 2001. -September 10, 2002)》, "Beyond the Shadow of 9/11: A Year at the United Nations General Assembly"를 보내주셔서 대단히 감사합니다. 내용이 풍부한 책 세 권을 다 정독(精讀)하지 못했지만 통독(通覽)했습니다. 앞으로 가능한 한 정독(精讀)을 할까 합니다. 그 바쁜 중에서도 세 권에 다 같이 증정의 말씀을 친필로 써주셔서 한 총리께서 모든 일에 얼마나 성실하시고 정치(精緻)하신가에 놀랐습니다. 더 나아가 필치(筆致)가 달필(達筆)이심에 또 한번 놀랐습니다. 근래에 보기 드문 일입니다. 그 책들이 담고 있는 내용이야 더 칭송의 말을 한다면 췌언(贅言)이 될 것입니다. 모든 것은 각고(刻苦)의 노력의 산물로 생각합니다. 치하의 말씀드립니다. 이런 인재와 다음 세대의 좋은 표본이 있기에 이 민족은 민초(民草)들의 놀라운 저력과 더불어 어떠한 난관에서도 희망찬 내일을 일구어 낼 수가 있다는 확신을 가질 수 있습니다. 이제 몇 가지 말씀드리겠습니다. 이런 말씀은 한 총리님의 넓은 아량과 비범한 인격을 전제로 드리는 말씀입니다.

첫째, 위에서 말한 한승수 총리님의 세 권의 책에 대해 먼저 알았더라면 한국 건국 60주년 기념사업의 일환이었던 한국의 UN 승인 기념사업의 일부, 즉 1부는 장면 박사의 UN 승인 과정을, 2부는 한국의 UN 회원국 가입과 한승수 UN 총회 의장건을 다루었으면 더 좋았을 것을 하는 생각입니다. 그 배경에서 반기문 UN 사무총장 당선까지 다루었으면 제격이었을 것이라는 생각입니다. 첫 번째 UN 승인이 중요함은 말할 것도 없고 그 후 특히 UN 회원국과 총회의장까지 맡았다는 것과 식민지에서 최빈국, 그것도 6 · 25 때 세계대전 이상의 전화를 겪고 전국이 초토화한 국가로서 단 시일 내에 경제 10개 대국 문턱을 바라보는 국가로 성장함과 동시에 UN총회 의장국이 되었다는 것은 하나의 국가로서만이 아니라 세계사적인 경이이기 때문입니다.

둘째, 근일 보내드린 〈시대정신〉(時代精神) 지(誌)와의 세 시간에 걸친 긴 대담은 저를 통해 지성 층에 더 넓게 전파하기 위한(본래 상당히 널리 보급되고 있는 것이지만) 잡지로 이번에는 별책(別冊)까지 만들었기에 총리께도 한 권 보내드렸습니다. 그 대담에서 전에 한 총리께 전해드린 것과 같은 총리님께 대한 저의 견해를 다 말했는데도 싣지 않았습니다. 그 이유는 아마도 전 좌경 정권 시 뉴라이트로 시작하고 지금은 뉴라이트 일부가 너무 친여적이기에 거리를 두는 것으로 대담 중에 느꼈는데 그 연유이거나 내용이 너무 많아서인지 잘 모르겠습니다. 사실 지자체와 중앙정부 문제도 꽤 길게 다루었는데 전혀 언급되지 않은 것을 보면 내용이 너무 많아서였던 것 같습니다.

셋째, 따라서 저는 지난번에 보내드린 압구정 1동 성당의 주님 공현 대축일 미사 강론 원고에 한 총리님께 대해 언급하고 주임신부님께 부탁하여 강론 전에 주보와 같이 강론 원고를 프린트하여 미사에 참여한 신자들에게 배부하고 강론을 했습니다. 그 원고에 적은 대로이지만, 좀 더 소상히 한승수 총리께 대해 언급하여 신자들로부터 좋은 반응을 얻었습니다. 여러 사람이 그 강론 원고를 각 개인이 인쇄하여 돌리겠다고 했습니다. 그 중 한 분이 최병렬 전 한나라당 대표였습니다. 이 점에서 한 총리님 자신은 겸양의 의사일 수 있으나 저는 객관적으로 국익과 하느님의 계획이 잘 이루어져야 한다는 입장입니다.

넷째, 한 총리께서는 이명박 대통령께 쓴 소리를 하는 저에게 사회의 소금이 되어달라는 넓은 도량을 갖고 계시기에 언론 등에서 뉘앙스가 달리 알려진 것에 대한 진의를 알려 드리고자 합니다. 한두 가지 겉으로 드러난 것을 말씀드리겠습니다.

제가 이명박 대통령에게서 민심이 떠나가는 것을 보며 하야의 각오로 노력하여 민심을 돌려오라는 충고의 말씀을 드린 바 있습니다. 대부분은 그렇게 알아들었지만, 속 좁은 사람들은 그것을 무슨 하야를 말하는 것으로 이해하는 듯했습니다.

지난 해 6월 중순 쇠고기 파동이 한창일 때, 이명박 대통령이 청와대 뒷산에 몸을 숨기는 듯한 태도를 취해, 그에 대해 10%대로 민심이 떨어지니 그렇게 하지 말고 정정당당하게 압도적인 국민의 지지를 얻은 대통령답게 떳떳하게 국민 앞에 나타나 위기 극복의 새 아이디어로 승부수를 띄우라는 의미였습니다. 그렇기에 그 당시 진짜 하야를 들고 나오는 극 좌경들을 위해서 저는 하야로 헌정(憲政)을 혼란시키는 것은 안 된다는 것을 방송과 일간지 원고에서 분명히 전하고자 했습니다.

당시 사회와 젊은이들의 분위기가 아주 좋지 않아 하야 쪽에 언론의 무게가 실리는 듯했습니다. 이런 것은 매체와 접촉해본 이라면 누구나 쉽게 이해가 되는 문제일 것입니다.

다섯째, 근자에 정치계에서 일어나는 큰 병폐들은 이명박 대통령에게 큰 부담일 수밖에 없습니다. 국회가 잘못하여 일을 못한다는 식으로 책임전가를 할 수 없을 것입니다. 그 이유는 이렇습니다. 이전 좌경 정권이 싫어 국민은 압도적 다수표로 이명박 대통령을 당선시켜 좌경 세력에게 참패를 안겨 주었습니다. 또한, 곧 이은 총선에서도 여당인 한나라당에 172석이라는, 좌경 야당의 2배를 넘는 가히 절대 다수당을 만들어 주었는데도 지금 국회는 우리 헌정 사상 최악의 폭력과 무식과 무능과 무책임, 철면피가 되어 돈만 많이 쓰는 국회가 되었습니다. 다 죽었다가 이명박 대통령 인수위 때부터 큰 실책으로 민심 이반과 더불어 되살아난 좌경 야당은 여당을 우습게 알게 되었습니다. 또한, 그렇게 만들어 놓은 것이 결국은 이명박 대통령임을 잘 알고 있기에 사사건건 남은 임기 내내 이명박 대통령을 걸고 넘어질 것이 명약관화(明若觀火)합니다. 그에 더해 이명박 대통령은 응당 여당을 지휘할 수 있어야 하는데도 위기를 만나면 뒤로 물러서 책임회피나 하는 감을 국민에게 심어주는 꼴이 되었습니다. 그렇게 막강한 국민 지지를 받은 정권과 여당은 일찍이 없었는데도 말입니다. 그러니 날이 갈수록 일은 일대로 안 될 것입니다. 그렇지 않아도 우리 젊은 층은 좌경하고 있는데 취업난 가중으로 젊은 층은 더욱 야당에 쏠릴 가능성이 큽니다.

이 모든 것의 근원적 뿌리는 이명박 대통령이 인수위원회를 시작으로 청와대 인사 정부 내각 구성에서 걷잡을 수 없이 이탈한 민심 때문임은 두말할 필요가 없습니다. 사실 저는 좌경 정권을 몰아내는 데 그들의 이념적 역주행을 신랄히 비판하여, 국민의 사분오열된 민심을 한데 모아 우경 정권 창출에 공헌을 했습니다. 많은 지성인과 언론인, 일반인, 종교 고위층으로부터 많은 찬사와 감사 및 '국가의 어른' 이라는 어울리지 않는 호칭도 들었습니다. 그래서 이명박 대통령의 실정(失政)에 대한 실망은 그 누구보다도 큽니다. 저는 무슨 일이든 사실대로 알아야 하고 큰일이면 더욱 사실의 바탕에서 미래투시적으로 일을 해결해야 한다고 확신합니다. 따라서 일을 순 비판적으로 끝내는 것은 무의미하고 파괴적이라고 생각합니다. 또한, 한승수 총리님은 이 시기에 하느님이 주신 일꾼으로 생각하기에 진솔한 몇 마디 말씀을 드립니다. 국민이 바라는 정부가 되기 위하여.

① 우선 현재 이명박 대통령의 통치 이념이 문제입니다. 그 이유인즉, 지금 한국은 어떤 면에서 선진국도 앞질러가는 면을 젊은 층이 갖고 있습니다. 헌데 국가 최고 지도자가 30-40년 뒤떨어진 이념으로 지휘한다면 반드시 실패하기 마련입니다. 우리 젊은 층은 처음에 멋모르고 엉거주춤하다가 결국 얼마 안 가 자기들의 세계가 그게 아님을 알게 될 때, 그들은 완전히 길을 달리할 것입니다. 그것은 바로, 지금 이명박 대통령이 금과옥조로 내세우고 가장 우선순위로 꼽는 4대강 정비 사업과 경인 운하 사업입니다. 저는 그 가치를 인정하지만 그런 토목공사(이 토목공사란 말은 제가 제일 먼저 한 말일 것입니다)가 현재 한국의 발전 선상에서 제1의 구호가 될 수는 없습니다. 그것은 오늘과 앞을 지향하는 선진국 치고 삽질하고 땅 파는 일을 경제발전의 제1 사업으로, 국가 경제의 기간으로 삼는 나라는 없기 때문입니다. 이웃 일본만 해도 패전 후 50-60년대는 이른바 일본 경제 입국의 대부로 불리는 다나카 가쿠에이(田中角榮) 수상이 전 국토 개발이란 기치로 일본

경제의 기틀을 잡아주었습니다. 그 성공과 거의 동시에 일본은 첨단기술 산업으로 오늘의 경제대국을 이루었습니다. 우리도 좀 늦었지만 거의 비슷한 때에 박정희 대통령의 선견지명과 강인한 지도력으로, 한편으로는 새마을 운동으로 전 국토 개발에 박차를 가하면서 농업국에서 공업국으로 탈바꿈하고 후기에는 공업국에 박차를 가했던 것입니다. 그 후 계속 수출 산업에 역점을 두어 젊은이들을 육성하여 세계 기능 대회에서 근 10년간 최우수상을 받아 기술면에서 일본을 위시하여 선진국들이 연합 한국 타도를 외친 시기가 있었습니다. 이렇게 이 땅은 두더지 땅파기가 아니라 첨단 기술에 도전하여 수출 전선에서 오늘을 이루었습니다. 거기 더해 1980년대 후반에는 국가가 아닌 민간 기업의 삼성 등이 최첨단 기술에 도전하여 2000년에 들어서 한국은 IT 부분에서 세계를 제패하는 괴력(怪力)을 과시하기에 이르러 전 세계를 놀라게 했습니다. 각 단계마다 국가의 통제를 벗어나 민간인의 저력이 발동하여 이루어낸 것입니다. 이런 성과는 거의가 미국 등 선진국에서 이론과 기술을 각고로 연마한 젊은 엘리트들과 국내 젊은 엘리트들의 합작을 통해 이룬 것입니다. 이런 각도에서 볼 때, 지금 이명박 대통령이 지휘하며 휘두르는 국토개발안은 30~40년이 지난 것입니다. 아이디어로 치면 반세기는 족히 뒤진 것이라 할 수 있습니다. 선진국들은 하늘을 나는 스타워즈에 사활을 거는 시기에 우리는 도랑치는 데 정력을 쏟으며 아귀다툼하는 꼴이 되기 십상팔구가 아니겠습니까. 이런 지도력에 하늘을 나는 우리 젊은이들이 처음에는 멋모르고 침묵하겠지만, 일자리 몇 개 만든다고 조용해지겠습니까. 그들은 그들대로 지금까지 키워온 세계를 누비는 기질이 속에서 요동치고 있는데 말입니다. 길어야 2년 아니면 한 해나 넘길까 할 때 혼란의 소용돌이가 빚어지지 않겠습니까. 그런데도 야당이 가만히 있겠습니까. 이런 때일수록 선진

민주 국가들에서는 대통령의 능력과 지도력이 유감없이 발휘됩니다. 국회가 난장판이고 나라 전체가 갈피를 못 잡는데 대통령이 4대강 유역이 어떠니 경인 운하가 어떠니 하고 있어서야 되겠습니까.

4대강 개발이나 경인 운하 말이 나온 김에 한 가지를 더 집고 넘어가야 할 것 같습니다. 그것은 노동력의 문제입니다. 우리의 일자리를 지키기 위해 값싼 외국인들의 노동력 입국을 제한한다는 것입니다. 물론 과거식 사고로는 일리 있는 말입니다. 그러나 사건의 전모를 본다면, 더 심각한 또 다른 면이 노출될 것입니다. 그것은 단적인 예로 중국인들, 특히 조선족의 노동력 입국을 제한할 경우, 중국이 가만 있겠습니까. 그렇다면 중국이 우리 수출품을 제한하거나 투자한 산업 시설에 대한 강도 높은 제약을 가할 때, 우리가 겪는 고통과 손실은 어떻게 감당하겠습니까. 다른 나라에는 무역 보호주의 철폐를 요구하며 우리는 타국에 보호주의를 주장할 수 있겠습니까. 어차피 민간 자본이 주축이 되어 일한다면 민간 기업체는 지출은 최대한으로 줄이되 수익을 최대한 올리려고 하지 않겠습니까. 다시 말해, 싼 노동력으로 일할 수밖에 없지 않겠습니까. 또 한 가지 큰 문제점은 그런 사업의 노동력은 중노동이어서 젊은이들의 노동력을 요구할 것인데 과연 우리 젊은이들이 그런 노동에 뛰어들 것인가의 문제입니다. 그들이 그런 노동에 뛰어들지 않는다고 그들을 탓해서는 안 될 것입니다. 그들은 더 부가가치가 높은 첨단기술이나 아이디어 세계에 적합하도록 발전했기 때문입니다. 이명박 대통령은 이런 점에 유의해 청년들의 일자리 창출과 이 나라의 진로를 개척해 내야 합니다. 이런 미래지향적 큰일은 역시 한승수 총리의 몫이겠습니다.

사실 경인 운하가 좋기는 한데 벌써 일정 시 조선 총독부에서도 계획한 바 있었으나 경제성 문제로 취소되었습니다. 그 후 박정희 대통령 시절에도 한강 개발의 일환으로 거론되었으나 취소된 것으로 알고 있습니다. 저는 이런 것을 당시 청와대 수석 비서관 유승원(성명 기억 불확실)씨, 당시 나에게 영세한 분에게 들은 바 있습니다. 이런저런 지난날의 일들과는 별도로 저는 이 문제에서 시공하고 약 2년 후나 아니면 더 늦게 아주 중대한 문제로 떠오를 수 있는 중대사, 즉 이명박 대통령의 명운을 가를 수도 있는 어떤 일을 예견하지만 이 자리에서는 발설하고 싶지 않습니다. 그러나 어느 날 공개적으로 말해야 할 것 같습니다.

② 또 한 가지 여기에 별항을 만들어 지적하는 것이 좋겠습니다. 물론 언론에 터지면 매우 흥밋거리일 것입니다. 그만큼 이명박 대통령의 아이디어가 고작 그것이냐는 웃음거리가 될 것이기에 한 총리께 미리 말씀드립니다. 그렇다고 어찌하여 달라는 것은 아닙니다. 다만 총리님은 알고 계시는 것이 좋겠기에 말씀드립니다. 아직 아무도 그런 생각에는 미치지 못하나 대통령의 경제 비상 대책이 기껏 그런 것이냐는 석연치 않음이 식자들 마음에 자리 잡고 있음을 부인키 어렵습니다. 그것은 다름 아닌, 청와대의 벙커 경제 비상 대책회의에 대한 것입니다. 일반적인 인식이 벙커 비상 대책회의는 군과 전시 혹은 혁명시국을 생각하며 극비를 요하는 것으로 생각합니다. 이는 군이나 혁명 동지들의 권력 장악이나 그들의 생명안전을 위해 극비를 다루기에 외부와는 차단되는 곳을 말합니다. 가장 중요한 것은 지금 우리가 당하는 경제위기의 주체가 모든 국민이라는 것입니다. 그 내용은 모든 국민이 다 사실대로 알아야 하는 투명성을 요구하는 것입니다. 이는 중지를 모아 모든 국민이 고통을 같이 감내하며 나누며 적극적으로 협조해야 하는 것입니다. 그런데도 밀실 회의인 벙커 회의를 한다니, 그것도

국민 모두에게 투명해야 할 대통령궁 지하 밀실에서 시도 때도 없이 할 것이라니, 어디 3천 년 여명에 이런 낮도깨비 같은 세상이 있느냐는 의구심과 그 유치한 발상에 놀라지 않을 식자들은 없을 것입니다. 대통령의 비상 대책 발상이 고작 그런 것이니 그 대책회의 또한 그런 카테고리를 벗어나지 못할 것이 뻔하지 않겠느냐는 의구심이 알게 모르게 사람들의 마음에 자리 잡을 것입니다. 그런데서 이끌어내는 시행령에 대해 야당이 국회에서 당당한 명분을 갖고 사사건건 적극 반대할 것이고 여론과 전문가의 질타도 만만치 않을 것입니다. 이런 정도의 아주 초보적인 것도 보지 못하는 분에게 국사의 중차대한 책임과 막강한 권한을 쥐어준다는 것이 과연 옳은 일이냐는 반문이 어느 날 국민의 입에서 자연스럽게 흘러나올 것입니다. 거기에 해당되는 또 다른 "고소영" 등의 해학이 전국을 휩쓸지 않을까 우려됩니다. 하느님의 창조경륜에서 국가의 앞날을 점쳐볼 때, 특히 하느님과 성모님의 은총에 의지하는 한 총리님을 통해 지난날 장면 박사의 행적에 버금가는 큰 축복을 하느님과 성모님께서 이 땅에 내릴 수 있기에 이런 저런 사정을 솔직담백하게 미리 말씀드리는 것입니다.

위에서 충분히 지적한 바와 같이 지금의 우리, 특히 젊은 층에게는 손발로 뛰는 토목공사 노동력의 시대가 오래 전에 지났고 기술 강국의 시대도 지났습니다. 앞으로 선진국 세계는 아이디어 경쟁입니다. 그것은 피나는 혈투입니다. 이 면에서 우리 젊은이들은 지금 세계 어느 나라의 젊은이들보다 발군(拔群)의 능력을 발휘하고 있습니다. 그렇지만 젊다고 그들 스스로 모든 것을 해낼 힘이 있는 것이 아닙니다. 그렇기에 그동안 누누이 말씀드린 바와 같이 그들의 앞날을 위한 인프라를 전 세대, 특히 정부가 깔아주고 교육을 시켜주어야 합니다. 이 점에서 한승수 총리님은 교수이자 문화인, 정치인, 경제인이며 세계 외교 정치의 중책을 한 몸에 지닌 경험과 지식 및 실제적 노하우를 풍부히 갖고 있습니다. 그런데 세상만사는 하느님의 창조경륜대로 발전해가는 것이기에 하느님께서는 깊은 신앙심을 갖는 한 총리님을 통해 우리 젊은이들의 앞길을 열어 줄 것입니다. 그리고 그것은 곧바로 세계 젊은이들 차원으로 전파될 것입니다. 그런 새로운 경지는 그대로 국민과 세계인에게 봉사하는 것입니다. 그렇기에 이제부터 한 총리님은 멀티플레이어(multiplayer)를 더 심화하여 청년들의 절실한 요청에 부응하는 '아이디어 콤플렉스 플레이어'(idea complex player)가 되어 주었으면 합니다. 그것이 국가를 위한, 특히 우리 청년들을 위한 저의 소박한 소원입니다. 물론 지금까지 없는 용어입니다만, 인류의 앞날 특히 한국의 앞날은 그런 인물을 절실히 요구하고 있습니다. 미국 신자유주의의 부도덕한 기초에서 번창하던 미국의 자본주의 심장 월가가 파열음을 내며 함몰한 후, 세계의 정치 경제의 중심은 서서히 동양으로 움직여 올 것이기에 더욱 그렇습니다. 오바마는 하느님의 계획대로 출현하여 백인 중심 세계의 종말이라는 하느님의 메시지를 강력히 전하는 중대한 역할의 성과는 거두었습니다. 그렇지만 결국 우여곡절을 겪으면서 과도기적 성격을 벗어나지 못할 것입니다. 그것은 그가 하느님이 역사 속으로 묻어 버리신 지난날의 미국식 소비인 탐욕과 사치와 향락과 안일과 이기적 안락에 기초한 것입니다. 어쩌면 자연에 대한 무자비한 착취로 점철된 지난날 미국식 소비에의 회기로 함몰한 미국 경제를 되살리려 하지만, 그런 퇴폐적 소비는 자연(自然)이 거부하고 인간의 양식(良識)도 더는 용인할 수 없는 차원에 이르렀습니다. 더 나아가 하느님의 창조 의지에 역행하는 것이기 때문입니다. 거기 덩달아 줏대 없이 갈대처럼 일희일비(一喜一悲) 춤추는 이명박 대통령의 경제 정책은 우리 실정에서 한치 앞을 못 보기 일쑤일 것입니다. 우리는 지금 그런 현실을 매일 경험하고 있습니다. 그렇지만 또 한편, 오바마 측은 그렇게 할 수밖에 달리 도리가 없을 것입니다. 우리도 남의 장단에 춤출 수밖에 없고 그나마 제대로 알아도 못 듣고 허우적거리는 형편입니다. 대통령이 쏟아내는 호언장담이 하나라도 맞을 리 없어 식자나 국민이 볼 때, 대통령이란 분이 또 그러는 것이려니 할 정도입니다. 그런데 그것도 못 알아차리고 자만자족하는 것 같아 안쓰럽기조차 합니다. 그러니 날이 갈수록 일시적으로 그런 말씀에 귀 기울이던 사람들도 실제와 너무 동 떨어지는 것을 번번이 체험하게 되어 본래 지지하던 민심은 돌아올 줄 모르는 것입니다. 그런 누를 그대로 한 총리님께서 받지 않기를 바라며 기도합니다.

사실 압구정 1동 성당 강론에서 지적한, 하느님의 창조의지에 따라 강력히 요구되는 것은 '절제의 덕'입니다. 하느님의 사랑에 근거한 이웃사랑의 뒷받침을 받는 나눔이 이웃 사이에, 또 넓게는 국가 사이에 더 나아가 지역 사이에 실천될 때만 세계 경제는 본래의 의미로 회복될 것입니다. 물론 지금까지의 자본주의, 특히 신자유주의의 눈으로 볼 때 공상 같을지 모르지만, 그것이 하느님의 창조경륜이니 결국은 달리 도리가 없게 될 것입니다. 동양이 다음 세계 경제와 정치의 중심이 될 수밖에 없는 이유는 이런 이동이 인류 역사의 과정이며 교훈이기 때문입니다. 사실 황화 문명, 갠지스 강 문명, 닐(나일)강 문명, 유프라테스 강 문명(바빌로니아 문명), 그리스 문명, 로마 문명, 그리스도교를 거치는 유럽 문명, 미국 중심 문명 등이 다 그랬습니다. 이제 동양은 어느 대륙보다 광활하고 모든 유수 종교의 발상지이고 지구 태반의 인구와 무한대의 수륙 자원, 고도의 정신문화를 갖고 있기에 그렇습니다. 특히 동양의 후진국이 중진국으로 또 중진국이 선진국으로 발돋움

할 때 무서운 소비풍토가 조성될 것입니다. 이런 경로를 한국은 벌써 멀리 앞서 거쳤기에 앞으로 정치 경제 문화의 축이 동양으로 움직일 때, 한국은 단연 그 표본이 될 것입니다. 그렇지 않아도 그동안 서울은 프랑스 파리의 모든 고급 화장품 시험장이 되었고 영국의 위스키와 버버리, 밀라노의 디자인 시험장이 되었다고 하지 않습니까. 그 이유인즉 한국 젊은이들의 기호에 맞으면 세계 어디에서나 통하기 때문입니다. 이렇게 우리 젊은이들은 선진하는 세계에 모델로 등장하며 다가오는 세계는 거의 한국 청년들의 독무대가 될 것입니다. 이명박 정부가 세계에 없는 것을 창시나 하는 듯이 소리 높여 외치는 "녹색성장"도 결국 기술면에서는 일본 등 선진국들이 벌써 수십 년 기술을 연마했으니 기술 경쟁보다는 아이디어에 승부를 걸어야 할 것입니다. 우리 젊은이들은 모든 면에서 아이디어가 뛰어나니 이들의 재능과 소질을 충분히 발휘하도록 터전을 닦아주고 교육의 장을 마련해 주어야 하는 것이 먼저 가는 세대, 그 중에서도 정부의 가장 큰 책무가 아니겠습니까.

이런 관점에서 볼 때 이명박 대통령의 저간의 미래지향적이란 말은 지금 도도히 흐르는 인류 미래상에는 전혀 접근도 못하고 20세기 초반이나 중반기 즉, 50~60년 전 사람들에게나 통할 수 있는 것이 아닐까 싶습니다. 그것은 미래하면 청년이 그 핵인데 이명박 대통령의 미래 개념에는 청년이라는 핵이 완전히 빠진 속빈 강정이기 때문입니다. 만사가 이런 식이니 그분의 통치는 노무현 좌경 정권과는 또 다른 우경이지만, 지나도 벌써 지난 사상적 역주행으로 치닫는 것입니다. 그러니 감각으로 먼저 느끼는 우리의 앞서가는 젊은이들은 현 이명박 통치와는 아주 무관한 사람들이 되어 좌경에 쏠리고 야당은 이런 현실을 십분 이용하는 것입니다. 여기에서 저는 저 유명한 철인(哲人)이자, 동서를 아우른 정치적인 큰 인물인 니콜라스 쿠자누스 추기경의 명구

"유식한 무지"(docta ignorantia)가 떠오릅니다. 물론 이 명구는 깊은 철학적 저서의 제목이지만, 그것을 우리 이명박 대통령의 통치에 맞추어 풀면 너무나 잘 맞기 때문입니다. 이는 본래는 아는 것이 많은데 본질적인 것, 핵심적인 것을 놓치는 지식을 말하는 것입니다. 이명박 대통령을 필두로 정치 전반이 이런 형태입니다. 우리 현실에서 이 명구는 바로 앎을 강력히 요구하는 것이니 인류문화의 흐름 속에서의 앎이 아니면 안다는 것이 결국 "유식한 무지"가 되는 것입니다.

1) 이 나라의 다음 정치 지도자 문제

근자에 일어난 이 나라의 정치 지도자상은 한마디로 국민에게 이명박 대통령을 선두로 국회와 정당이 모두 실망입니다. 그렇지만 우리에게 절망은 없는 것이니 현재 정당에 몸담고 있는 사람들 중에서 다음 대통령이 나오기는 어려울 것입니다. 지금은 정당인이 아닌 분을 다음 지도자로 모셔 들여야 제대로의 민주주의를 실현할 수 있을 것입니다. 다시 말해 지금의 대통령이나 국회의원, 정당인은 다 물러가고 새로운 인물이 나타나야 할 것입니다. 특히 현 대통령과 여당은 말이 아닙니다. 그렇게 사상 초유의 표로 대통령을 뽑아 주고 여당 국회의원을 야당의원보다 2배 이상 많게 선출해 주었는데도 지금 이명박 대통령의 통치는 한마디로 엉망입니다. 여당은 정신장애 내지는 신체장애까지 겸한 중증 장애로 시달리는 격이 되어 참으로 한심하기 이를 데 없이 되었습니다. 이명박 대통령은 국회, 특히 정당을 탓하는 모양인데 그에 앞서 자신의 무능을 고백해야 할 것입니다. 그렇게 대선과 총선에서 국민의 성원을 받았는데도 대통령이 여당 하나 제대로 건사하지 못하는 처지에서 무슨 정당을 탓합니까. 어느 민주국가 대통령이 이런 처지에서 남을 탓하는 사례가 있습니까. 만일 그렇다면 그런 대통령은 그 자신에 큰 문제가 있는 것이 틀림없다는 비난을 면키 어려울 것입니다. 야당이야 대선과 총선에서 국민한테 완전히 버림 받은 것이며 제대로 된 정책 하나 없이 억지 발목잡기인데 그런 야당에 끌려 다니며 정책 하나 제대로 내세우지 못하는 당이 무슨 여당이겠습니까. 국민에게 버림받다시피 됐던 약질 야당 하나 제대로 이끌지 못하는 무능 무책임 몰지각한 여당과 대통령이 국민 앞에 무슨 변명이나 책임전가를 할 수 있단 말입니까. 만일 그런 태도를 취한다면, 정상인도 못되는 것이니 하루 빨리 그 자리에서 물러나야 한다는 것 외에 국민이 취할 도리가 무엇이 있겠습니까. 왜 그리도 자기 잘못을 대통령을 위시한 그 주변 인물, 이른바 선량(善良)이란 분들이 모르쇠로 악업(惡業)으로 일관하는 것이겠습니까. 그러니까 자칫 잘못하면 선량(善良)이 아닌 악업(惡良)이란 말을 들을 것인데 악양(惡良)은 말이 성립될 수 없으니 악당(惡黨)이 되지 않을까 걱정됩니다. 또 이 판국에 그것도 싸우기만 하다 최소한의 일도 못한 국회의원, 그것도 폭력으로 국회를 완전히 마비시켜 한국 전체를 세계의 웃음거리로 만든 야당 국회의원들이 사정이 급하게 되어 임시국회 중인데도 외국 골프 놀이를 부부동반으로 즐긴다니 어찌 국회의원이라고 할 수 있겠습니까. 그들이 바로 국회의사당 점거농성으로 밤과 낮을 지새워 국민 생활, 특히 서민 생활에 막대한 지장을 준 국회의원들입니다. 세상의 정의는 혼자 다하는 것처럼 악을 쓰던 국회의원인데 어쩌면 그리도 이중적일까 눈과 귀를 의심하지 않을 수 없습니다. 이제 길은 하나밖에 없습니다. 이런 국회의원들은 유권자들이 다음 기회에 무조건 낙선시키는 것입니다. 다음 선거는 아마도 정당보다는 인물 위주로 되어야 할 것입니다. 그것은 정당이 밖에서 적격의 인물을 모셔야 할 수순을 밟아야 할 것이기 때문입니다.

국민은 이제 '지나가면 그만'이라는 건망증을 일소하고 자기가 뽑은 대통령과 국회의원 감시에 철저하지 않으면 희망 없는 나라가 되어 자손 대에 부끄럽게 될 것입니다. 각 사람은 자기 양심과 일에 충실하고 기도하며 하느님의 도움을 기다리면, 세상만사는 결국 하느님의 창조 경륜대로 이루어지는 것이니 저는 반드시 이 나라 앞날에 좋은 일이 있을 것을 확신합니다.

이제 요약적인 말씀을 한 총리께 드립니다. 어지러운 우리의 현실 수습과 올바른 질서 확립의 일차적 책임은 대통령에게 있습니다. 그런데 이명박 대통령은 급변하는 인류문화 선상에서 아이디어 미달로 국민과 언론과 국회와 밀월기인 지난 1년을 완전히 탕쳐버리고 앞으로의 놀라운 험로(險路)만을 만들어 국민에게 고통을 가중시키고 있습니다. 이제 이명박 대통령에게 바랄 것이 별로 없으니 한 총리께서는 깊고 넓은 지식과 다양한 국내적·국제적 경륜, 인품을 바탕으로 우리 젊은이들에게 요구되는 아이디어 산업 진흥으로 많은 것을 보충하여 청년에게는 희망을, 국민에게는 용기를 주기를 바랍니다. 지금 우리에게 아쉬운 것은 미래지향적 발상의 보충이며 아이디어 산업의 중대성과 시급성의 인식으로 생각하며 무엇보다도 중요한 것은 실천입니다. 언젠가도 말씀드렸지만, 지금 우리의 현실은 이명박 대통령을 위시하여 위로부터 아래에 이르기까지 "말에 다 걸기"입니다. 또한, "오불관"의 분위기가 팽배해 있는데 이런 면에서 이명박 대통령은 둘째가라면 서운할 지경입니다. 그런데 한 총리님은 "결과에 다 걸기"라는 인상을 받았기에 큰 민족적 혼란의 와중에서 불행 중 다행으로 생각합니다. 지금 이명박 대통령에게 절체절명으로 요구되는 것은 180도 바꿀 수 있는 새로운 발상의 전환입니다. 매일 미사 중에 한 총리님을 위해 기도합니다.

2009년 1월 13일
정의채 몬시뇰 드림

20. 이명박 대통령 당선 1주년을 지내며[39]

이석우_ 안녕하십니까. 2008년 세모(歲暮)와 새해를 앞두고 정 몬시뇰님을 모시고 대담하게 되어 은혜로운 시간이라고 생각합니다. 돌이켜 보면 이번 세모에는 흔히 말하는 다사다난했다는 표현은 무색한 한 해, 우리 헌정사에 찾아

---

39 〈평화방송〉 라디오 대담 2008년 12월 20일 8-9시, 대담자: 이석우 〈평화라디오〉 국장.

저자 주: 아래 원고는 〈평화라디오〉 측과의 사전준비 원고입니다. 그 대담이 장장 한 시간에 걸친 것이었지만 우리가 직면한 전대미문의 세계와 국내의 혼란 속에서 교회가 할 전반적인 말들이었습니다. 그런데 시간 관계상 반 정도만 방송되어 중요한 부분이 많이 빠졌기에 관심 있는 분들이 문제의 전모와 핵심을 볼 수 있게 준비 원고 전모를 여기에 싣습니다. 다행히도 이 라디오 방송이 나간 후 〈조선일보〉 2008년 12월 22일(조간) 기사는 그 내용을 비중 있게 다루었고 같은 날 〈문화일보〉(석간)에서는 기사와 더불어 저의 이름을 거명하여 사설까지 썼습니다. 그뿐만 아니라 KBS TV에서는 같은 날 저녁 뉴스를 위한 인터뷰를 요청해 왔지만 시간이 맞지 않아 사절했습니다. 또한, 포털 사이트에서는 20일 〈평화라디오〉의 저의와 대담 방송을 비중 있게 올리고 있었다는 것입니다. 지성들이 저의 라디오 방송과 기사들을 지혜와 용기로 국가가 필요로 하는 것을 필요한 시기에 적절히 말해주어 참으로 고맙다는 말씀들이었습니다. 주위 분들과 전혀 모르는 분들까지 좋게 보아주시기에 은혜로 생각합니다. 〈동아일보〉에서는 제 말이 넓게 내다보는 말이기에 나중에 〈동아일보〉 지면에 반영하겠다는 소식을 전해 왔습니다. 〈평화라디오〉방송이 있은 후, 이 나라를 직·간법으로 이끄는 지성들의 조찬 모임이나 또 다른 모임에서 강연 초청이 부쩍 늘었으나 이는 제가 할 것이 아니라 생각되어 사양하고 있습니다. 이런 발표를 공식으로 하는 것은 어떤 매명(賣名)이나 이권(利權) 등의 다른 동기는 전혀 없고 온전히 하느님의 창조와 예수 그리스도의 구속경륜이 세상 질서 진행 과정과 그의 표현인 인류문화의 진행 중에 어떻게 이루어져 가는지를 나름대로 알려주기 위한 것입니다. 그 주된 흐름을 공개적으로 말했으면 여타의 일들은 또 다른 분들의 몫이라 생각하기 때문입니다.

보기 어려운 국내 정치적, 경제적, 사회 문화적 혼란과 고통을 겪은 한 해였습니다. 연례적인 희망찬 새해를 축원한다는 새해맞이 또한 암담한 먹구름에 싸인 냉혹한 현실이라는 것을 부정할 수 없습니다. 이런 현실이 세계 미증유의 경제 파탄과 정치사회적 큰 변동과 직결되어 있다는 것은 누구나 다 아는 것입니다. 이런 어두운 세모에 그동안 국가 위기의 고비에서 정확한 실체 진단과 예언자적 투시와 해결 방안을 제시하여 국민에게 국가 어른으로서 존경받고 있는 정 몬시뇰님의 지혜의 말씀을 많은 사람이 고대하고 있습니다. 주변 이야기 식으로 말고 인류문화사적 흐름에서 말씀해 주시면 고맙겠습니다. 또한, 이 암울한 시기에 이명박 정부의 그동안의 시책은 하는 것마다 헛방이어서 국민은 별로 신뢰하지 않고 불안에 휩싸여 있으니 실상을 그대로 짚어, 이 민족이 나아가야 할 향방을 제시해 주시면 국민의 마음에 큰 희망과 용기를 불러일으킬 것입니다. 이제 만민에게 하늘의 평화와 기쁨을 주는 성탄이 임박했으니 더욱 그렇습니다.

정 몬시뇰_ 우리의 현실에서 정곡을 찌르는 말씀입니다. 그런데 오늘 우리가 경제 파탄의 변두리라면서도 어쩌면 가장 심각한 타격을 벌써 받고 있고 더 나아가 앞으로 가장 어려운 타격을 받을 것이 아닌가 걱정됩니다. 그렇기에 현재의 문제들에 대해 많은 분이 좋은 말씀을 많이 해주셨습니다. 물론 같은 현실에 대한 말씀이기에 중복되는 면이 있지만, 저는 좀 다른 각도에서 말씀드리겠습니다. 3천 년대를 맞은 인류사는 인간 삶의 아주 새로운 다른 차원을 지향하며 그런 현실은 우리에게 시시각각 다가오고 있습니다. 지금 인류는 누구도 감지하지 못하는 새로운 문화적 차원을 지향하는데 저는 그것을 하느님의 창조 경륜, 즉 창조계획의 실천으로 확신하고 있습니다. 그렇기에 인간의 능력으로는 예측조차 못했던 삶의 재난이 불시에 밀어닥치는 것과 놀라운 새로운 인류사 차원이 눈앞에 전개되는 것도 보게 됩니다. 사실 저는 10년도 안 되는 지난날 온 인류에게 큰 희망으로 찬란하게 동터온 3천 년 여명이 악몽과 같은 재앙으로, 또 한편으로는 놀라운 변혁의 징조를 보여주는 것이기에 놀라게 됩니다. 절망 속에서도 인류의 앞날에 예측하지 못했던 큰 희망을 갖게 되는 것입니다. 이런 면들에 유의하고 우리의 암담한 현실과 희망찬 앞날을 예시해보고 싶습니다.

여기서 먼저 제시될 것은 우리의 삶의 현장이 바로 그 속에 있을 수밖에 없는 세계사의 흐름입니다. 새로운 천 년대가 시작할 때마다 인간의 상상을 초월하는 아주 새로운 문화(여기서 문화라 함은 인간의 인간다운 삶을 말함)의 기운이 팽배해지며 새로운 삶의 형태가 발생하는 것입니다. 그것은 인간이 원하든 원하지 않든 상관없이 인간사에 개입해오는 것입니다. 3천 년의 기원을 이루는 첫 번째 시작인 그리스도의 탄생은 인류의 삶에 그때까지 없었던 아주 새로운 삶의 차원을 열어준 것을 누구도 부정하기 어려울 것입니다. 물론 여기서 제가 말하는 그리스도로 말미암아 일어난 것이 다른 위대한 종교 지도자들에 의해 발생한 종교 문화적 변화를 배제하는 것이 아닙니다. 그런 문화는 그 나름으로 위대한 공헌이 있었습니다.

두 번째 천 년 시기에는 첫 번째 천 년기 중·후반에 서구 세계에 민족 대이동과 큰 혼란을 거치면서 노예시기를 청산하고 안정된 농경사회 정착과 문화의 정화(精華) 시기, 즉 서구 세계 방방곡곡에 현대 문화의 정수인 대학들이 우후죽순 격으로 속출하여 새로운 2천 년대 인류 문화사를 꽃피웠습니다. 그것은 권력과 재물욕에 노예가 되다시피 하여 인류 양식의 큰 반발에 부딪쳐 프랑스 대혁명, 산업혁명에 이르러 공산혁명까지 유발했습니다. 그런 주의와 사상은 인류의 혜성 같은 길잡이로 추앙되었으나 결국 많은 공헌을 하면서도 말할 수 없는 해악을 끼치고 역사의 뒤안길로 사라져간 것을 우리는 생생히 기억하고 있습니다. 온 인류의 축복과 큰 희망 속에 출발한 3천 년 여명에 아무도 예측하지 못했던 사건들이 폭발했습니다.

그것은 바로 2001년 9월 11일 뉴욕에서 세계 금융의 핵이었던 세계금융센터 건물이 무너진 폭파 사건이었습니다. 이는 지난 10월 연달아 일어난 세계 금융의 심장부 뉴욕의 월가 파탄으로 세계 경제는 마비와 공황 상태에 빠졌습니다. 지금 우리나라도 이런 회오리에 말려 민생고는 한치 앞을 분간하기 어려운 처지에 놓였습니다. 내년 상반기는 아주 캄캄하지만, 하반기부터는 회복이 시작되리라는 가느다란 희망의 줄기가 보입니다. 그러나 지금 쓰러져가는 경제를 현 상태로 복구하는 데에는 상당한 시간이 걸릴 것이라는 전망입니다. 그런 과정을 거쳐 현재와 같은 소비 사회로의 환원을 기도하고 있습니다. 저는 이 점에서 좀 다른 견해가 있습니다. 지금 미국은 국가의 총력을 기울여 정부가 무진장 돈을 쏟아 부어 경제를 소비 중심의 번창한 전 상태로 회복시키려 합니다. 그것은 어느 정도 유예적인 효과는 있겠지만, 인류문화사의 흐름은 이전의 경제 시스템과는 다른 차원에 진입했습니다. 그렇기에 결국은 그런 요법 혹은 치유법, 즉 지난날의 정치·경제 체제를 위시하여 백인 위주의 모든 사회 시스템은 시간 속에서 사라져갈 수밖에 없습니다. 이는 크나큰 후유증을 남기고 다른 형태의 경제 정치 사회 등의 시스템으로 바뀌어 갈 것입니다. 이런 새로운 인류 삶에로의 접근은 그 근본이 정치나 경제, 한마디로 말해 사회, 문화 전반에 새로운 기초를 제공해야 하는 인류 공통문화에의 접근입니다. 그것은 모든 다양성을 포괄하는 인류의 새로운 공통문화 창출입니다. 이런 것의 징조는 벌써 나타난 것인데 그것은 세계인을 놀라게 한 사건입니다. 그것은 인간의 사상을 뒤엎고 73% 백인과 23% 유색인종 국가인 미국에서 지난날 노예 신분 흑인 대통령이 나타난 현실입니다. 물론 말할 수 없는 우여곡절을 겪겠지만, 이제 백인 위주의 시대는 서서히 막을 내리고 새로운 세계, 즉 모든 인간이 인간다운 삶을 영위하는 인간 문화에 인류사가 진입한 것입니다. 이런 큰 소용돌이 속에서 한국의 문제도 해결의 실마리가 잡힐 것입니다. 또한, 우리가 하기에 따라서는, 즉 이런 인류문화의 흐름을 정확히 파악하고 실천에 선수를 침으로써 주도적인 역할도 할 수 있을 것입니다. 이런 영광스러운 일을 성취할 세대는 지금의 젊은 세대이니 현 지도층은 그들을 위한 인프라를 잘 깔아주어야 할 중대한 의무를 지는 것입니다.

3천 년대 여명은 분명한 예시(豫示)적 사인을 보내는 것입니다. 멀리 황화 문화, 이집트 나일 강 문화, 인도 문화, 유프라테스 강(바빌로니아) 문화, 그리스-로마 문화, 최근에는 앵글로색슨-미국 문화를 거쳐 아태(亞太: 아시아-태평양) 문화의 시기를 맞고 있습니다. 이번 미국 월가의 경제적 파탄은 신자유주의 편에서 근본적 병원(病源)을 제시한 것인데 아무리 오바마 정권이 막대한 자본을 투자해도 전과 같은 미국 국민의 소비를 진작시킬 수는 없을 것입니다. 그렇기에 무제한 소비가 미덕인 경제 지상주의 시대는 종언을 고하는 것입니다. 그 근본 원인은 인간 가치 전도에 기인한 것이었습니다. 따라서 다른 올바른 가치 정립으로 경제가 소생해야 할 것입니다. 그것은 인류가 다 같이 잘 살아가는 방향을 취하게 되며 그런 차원에서 동양이 그 중심 지대가 될 것입니다. 이런 경제적 삶의 사회 시스템 구축의 기초가 되는 문화에서도 동·서를 아우르는 문화 형성, 즉 유교, 불교, 도교, 힌두교, 무슬림 등이 서구 문화, 특히 그리스도교 문화와 잘 어울릴 수 있는 것도 고도의 동양 지대입니다. 이렇게 경제를 바탕으로 성립되는 경제

시스템 재구축도 시간을 두고 동양 문화권이 그 주장(主場)이 될 것입니다. 이런 인류문화사 변혁이 일어날 때, 아태(亞太: 아시아와 태평양) 지대는 세계 문화의 중심이 되어 아구(亞歐: 아시아와 유럽), 아미(亞美: 아시아와 북남미), 아아(亞阿: 아시아와 아프리카) 등의 문화권을 형성할 것입니다. 이런 현상은 적어도 3천 년대 전반부 1-3세기 내에 이루어질 것으로 전망됩니다. 이런 문화의 흐름은 지난 수세기 동안 착취로 일관하던 형태입니다. 즉 식민시대의 참혹한 인간 착취, 유산계급의 무산계급 착취, 월가의 파탄을 몰고 온 자본계급 내의 탐욕과 불신도 그런 식민 착취 선상에서 일관되게 흐른 것입니다. 자본가의 탐욕과 인간 안락과 편의 추구는 인간 존재의 모태이며 생명의 젖줄인 자연에 대한 무자비한 착취로 나타났습니다. 드디어 그 한계를 드러냄과 동시에 자연의 놀라운 보복을 불러 '현존하는 인간 시스템의 근본적 개조'라는 요청에 직면했습니다. 이제 더 이상 자연은 인간의 포악한 착취를 허용하지 않으며 무질서하고 한을 모르는 소비와 낭비를 견책하며 절제를 요구하는 것입니다. 이제 자연은 인간에게 자연의 순리에 따라 자연을 사랑하고 존중하며 자연의 품안에서 살 것을 강력히 요구하며 명령합니다. 이를 배반하고 상업 발전의 미명으로 인간의 끝없는 탐욕과 안락과 쾌락으로 자연을 파괴하고 배반한 것이 미국임을 부정할 수 없습니다. 그렇기에 오늘의 모든 위기와 불안은 미국을 출발지로 전 세계에 퍼져가는 것입니다. 우리는 절제의 미덕을 되살려 와야 할 시점에 도달했습니다. 그리스도교 관점에서 볼 때, 이는 하느님 창조경륜의 개입이며 본래 창조계획의 실천입니다. 모든 사람이 주어진 자연 속에서 다 같이 인간답게 살아야 한다는 하느님의 창조의지입니다. 어디보다도 우선하여 동양에서 이런 삶이 이루어질 것입니다. 동양은 이렇게 살아갈 고도의 문화를 갖고 있으며 동·서의 공통문화 창출이 먼저 이루어질 곳입니다. 이런 흐름 속에서 특히 유의할 점은 인간에 대해 과학기술이 아주 좋은 일도 많이 했지만 저간의 착취와 자연파괴 도구로서 중요한 역할을 하기도 했다는 것입니다. 그렇기에 과학기술의 인간 가치에의 종속이 필히 요청됩니다. 앞으로 이런 과정이 진행되는 동안, 즉 인문적 가치와 기술 가치의 재정립이 진행되는 동안, 중요한 것은 아이디어 산업입니다. 우리 시대 부(富)의 창출은 최첨단 기술에 의지했으나 앞으로는 아이디어 산업이 그 주축을 이룰 것입니다. 이런 아이디어 창출에서 한국의 젊은이들은 현금 놀라운 재질을 발휘하고 있습니다. 또한, 인문학적·종교적 사상에서도 한국의 젊은이들은 뛰어나니 이런 후대의 양성 인프라를 이루는 것은 현재를 움직이는 정치인들에게 가장 큰 책임이 있고 모든 지도층에 해당되는 중대 의무입니다.

이석우_ 이런 인류문화의 흐름을 바탕으로 하여 우리 현실의 주요 사항들을 짚어 보는 것은 매우 의미있는 일로 생각합니다. 근자에 미국의 오바마 흑인 대통령이 거의 모든 면에서 표본처럼 부각되고 있습니다. 그렇다면 인사 정책에서 오바마는 말하자면 대통령 후보 민주당 지명전에서 정적이던 힐러리 여사를 국무장관에 앉혔습니다. 심지어 중요한 자리인 국방장관을 공화당 현 정권 인사를 그대로 유임시키고 또 다른 공화당 인사들과 유색 인종들을 대거 요직에 등용했습니다. 이와 비교해 이명박 대통령의 인사 정책을 어떻게 보십니까? 또한, 대운하 사업이 일자리 창출이란 명목으로 다시 살아나는 모양인데 이 일에 대한 정 몬시뇰님의 견해는 어떠신지요?

정 몬시뇰_ 지금 오바마 대통령의 일거수일투족이 우리 이명박 대통령의 표본인가 싶습니다. 최근에는 무슨 뉴딜인가도 오바마가 들고 나오니 이명박 대통령도 뉴딜 정책이 그의 기간 정책인 듯 야단법석인 것만 보아도 그렇습니다. 이런 것이 제게 유치하게 느껴집니다. 오바마는 천 년대에 인류문화에서 큰 변화의 획을 긋는 존재로 나타난 인물입니다. 그는 인류사의 흐름 속에 나타나는 변화의 실체를 어느 정도 읽는 것으로 보이며 이 점에서 미국 국민과 호흡을 같이 하는 것으로 보입니다. 물론 오바마의 링컨 대통령 모방이 성공할 것이냐 또 과거복귀형 경제 정책, 특히 실물경제와 동떨어질 위험이 큰 경제 정책이 끝까지 성공할 것이냐는 별개의 것입니다. 오바마는 사물의 본질을 투시하는 능력을 어느 정도 갖고 있는 것으로 보입니다. 그렇기에 그의 말은 현재로서는 거의 그대로 실천되고 있습니다. 그런 인물이기에 그의 인사정책 또한 어떤 담을 만들고 하는 것이 아니고 진정 미국 국민에게 좋은 것이라면 이란 관점에서 만사를 처리하는 큰 인물로 보입니다. 그런데 이명박 대통령은 인수위 때부터 청와대의 비서진과 정부조각, 공기업 책임자들과 당의 요직에 이르기까지 자파 사람, 자기와 안면이 깊거나 오랜 친분의 사람들만 등용하여 득세하는 식이니 비교하는 것 자체가 쑥스러운 일입니다. 그렇기에 이 대통령이 아무리 색깔을 달리한 것 같아도 결국 그 속내는 "고소영"의 기질을 벗어나지 못하는 것 아니겠습니까? 그런 생태적 기질이 당내에서조차 "친이"와 "친박"의 넘기 어려운 벽을 쌓는 것이 아니겠습니까. 또한, 그런 기질이 권력을 독점하고 제왕적 기질을 발휘하는 것이 아니겠습니까. 무엇보다도 무서운 것은 말로는 어설픈 선진이면서도 실제로는 지난날에로의 전형적인 역주행입니다. 그런 기질이 그분의 한계인데 개각 등의 인사를 새로 한다고 한들 무슨 효과가 있을까 싶어 회의적입니다. 한마디로 그분에게 새로운 발상을 기대하기 어렵다는 것이 저의 솔직한 심정입니다. 그렇지만 어쨌든 나라가 잘 되도록 지금은 힘을 합칠 때라고 생각합니다.

이석우_ 최근 강만수 경제팀에 대한 경질 요구가 높지만 이명박 대통령은 여전히 큰 신뢰를 보내고 있습니다. 하지만 우리 경제는 좀처럼 나아질 기미를 보이지 않고 있는데 경제팀을 비롯해서 개각의 필요성이 있다고 보십니까?

정 몬시뇰_ 글쎄요. 일반적으로 강 장관은 이런 비상시국의 경제장관으로는 적임자가 아니라는 평으로 알고 있습니다. 취임 후, 그분의 경제 정책 특히 부동산 정책은 그야말로 난맥상의 연속이었습니다. 부동산 부양책을 끊임없이 내놓았지만, 그때마다 부동산 경기는 수렁으로 빠지는 길을 걸었습니다. 단적으로 근자에 그분은 한국의 외화 문제가 전혀 문제되지 않는다고 큰소리쳤으나 삽시간에 수백억 달러 낭비라는 역효과를 초래하여 우리나라는 채무국으로 전락했다고 합니다. 어이없는 외환 실책으로 외국 투자자들만 큰 이익을 챙기고 그동안 피땀으로 외환을 축적한 국민만 큰 손실을 입었다는 것입니다. 한국의 외화가 보유 외환이든 스와프에 의한 것이든, 풀릴 때마다 외국 투자자들의 주식 매입으로 주가가 오르나 어느 단계에서 크고 작은 이익이 보장되면, 주저 없이 투매 현상을 일으켜 달러를 집어 삼키고 떠나는 바람에 달러만 축내고 국내 투자자들에게 손실을 안겨 준다는 것입니다. 이런 것이 사실이라면 그런 손실이 없도록 특히 외화를 지키도록 주무장관이 해야 합니다. 이런 것은 백 가지의 이유를 설명하기보다는 국민이 주무장관의 그런 능력을 인정하고 믿어 주어야 합니다. 그런데 일이 그렇지 못할 뿐만 아니라, 정반대라는 지적입니다. 더 나아가 내년 성장률이 4% 선이라고 했다가 2% 선이라 하더니 요즘은 1% 대가 될 수도 있다는 전망도 당국자들에게 나옵니다. 그런데 외국기관에서는 1% 선 내지 어둡게는 마이너스 성장을 점치는 모양입니다. 내년 성장률이 2% 선 대라던 정부 당국자들이 실천 계획에서는 3% 선 대로 잡는다는 발표니 이 정부의 경제 정책을 국민이 믿기 어렵게 만듭니다. 국민이 전혀 믿을 수 없는 경제 수장이 왜 그 자리에 있어야 하느냐의 여론이 비등하는 것은 너무나 당연한 것입니다. 한동안 30만 호 미분양인데도 5백만 호 새 건축 계획을 발표하더니 그것은 어느 사이엔가 없는 것이 된 셈입니다. 한 번 지나가면 그뿐, 책임감도 체면도 없는 경제 정책을 펴는 이명박 정부는 경제 대통령으로 자부했지만, 한치 앞을 못 보는 경제 정책으로 일괄하는 신세가 된 셈입니다. 정치는 결과로 말하는 것이지 "말에 다 걸기"로 인정되는 것이 아닙니다. 그렇기에 현 경제 주무장관을 일 잘한다고 치켜세우며 그분의 견식에 의해 경제 정책을 운영하는 이명박 대통령에게 모든 책임이 돌아가고 결국은 대통령에 대한 국민의 불신만 커지는 결과가 되는 현실입니다.

이석우_ 한국에 10년 진보 정권이 끝나고 보수 세력이 집권했지만 국민의 실망이 큰 것 같습니다. 그래서 보수 진영 일각에서는 한국의 보수 세력은 아직 집권할 채비도 능력도 갖추지 못했다는 자성의 목소리까지 나오고 있습니다. 이에 대해 어떻게 생각하십니까?

정 몬시뇰_ 이명박 대통령을 더 어렵게 만드는 것은 그의 말이 선거 공약에서부터 오늘에 이르기까지 맞거나 이루어지는 것이 거의 없는 빈말, 즉 그야말로 공적인 약속이 순 빈 공약(空約)이 되는 것입니다. 그 이후의 정책, 특히 경제 정책은 혼선을 거듭, 하나도 맞지 않는다는 인식이 국민 사이에 팽배한 것으로 알고 있습니다. 그것을 의식해서인지 아니면 무책임해서인지는 몰라도 큰소리를 연발하고 결과에 대한 책임 의식이란 전혀 없는 분이란 인식만 국민에게 심어주는 것입니다. 그러니 국민의 절대다수 표로 대선 압승을 거두었는데도 그런 지지층 대다수는 떠나고 지금은 끼리끼리의 집단이 된 셈입니다. 한마디로 엉망이 되어 공직을 사조직화 하고 있다는 인식이고 이명박 정권은 이제 공공연히 실패한 정권이란 말이 나오게 되었습니다. 시간이 없었다는 말이란 이제 못난이의 자기변명 이외에 아무것도 아니게 되었습니다. 그러니 이명박 대통령을 지지하던 층이 대거 이탈하여 돌아올 기미는 전혀 없습니다. 내각책임제라면 이제 슬슬 사퇴 압력을 국민과 여당으로부터 받을 처지에 놓인 시기라는 말들이 나오는 것입니다. 심지어 이제는 실천하고도 남았을 선거 공약, 즉 살 집만 내놓고 재산 전부를 사회에 환원하겠다던 공약이라도 벌써 실천했다면, 민심의 동향도 나아졌을 것입니다. 이제는 때를 놓친 감입니다. 자기희생에는 손끝에 물 한방울도 안 묻히면서 국민과 공무원의 희생만을 요구한다는 의식을 국민의 마음속에 박아주니 오바마와 어찌 비교할 수 있겠습니까. 결국 이명박 대통령은 "말에 다 걸기"일 뿐 결과와는 아무 관련이 없는 분으로 보입니다. 수많이 연일 국내외에서 쏟아내는 말들이 빈말이던 허언(虛言)이던 아무런 책임의식이 없는 분으로 보입니다. 그리고 그 인사 정책이나 실천에서의 옹졸함은 이제 알만한 사람은 다 아는 것입니다. 하는 일마다 민심에 믿음을 주지 못하고 있으니 인심이 돌아올 리 없습니다. 그것을 정확히 표현한 것이 "고소영"입니다. 그런 풍자는 오늘날 이명박 인사에 대해 국민 사이에 그대로 유효합니다. 이런 것은 모양새만 조금 바꾸었지 속내는 조금도 변한 것이 없다고 국민 대다수는 생각하는 것입니다. 오히려 근자에는 그의 옛 동지인 이 모씨가 아쉽다는 등 낭설인지 진담인지가 난무하기까지 하기에 이르니 참 형편없는 자질이란 말을 피하기 어렵게 됐습니다. 무엇보다도 안타깝고 통탄할 일은 이명박 정부의 실패로 극좌경 부분, 선거의 대패로 숨죽였던 극좌 세력이 더 기승한 모습으로 되살아난 것입니다. 그러니 국회 예산안 통과까지도 대통령도 여당도 국민을 강력하게 이끌어 야당으로 하여금 그런 좌경으로는 어림도 없다는 아이디어 하나 제대로 내지 못하고 질질 끌려만 다니다 그 옛날 독재 부패정권들이 하던 수법과 다를 바 없는 여당 단독의 예산 통과라는 결과를 가져온 것입니다. 얼마든지 대선과 총선에서 나타난 민의를 등에 업고 새 아이디어와 리더십으로 무난히 예산안을 통과시킬 수 있었는데도 말입니다. 결국 이명박 정권과 여당은 함량미달만을 사사건건 드러내는 셈입니다. 물론 야당의 극좌경화적 행태는 이제 더 이상 논할 여지가 없습니다. 그럴수록 대통령과 여당은 국민의 절대 지지를 업고 아이디어로 승부를 걸었어야 하는데 패거리 권력 나누기라는 인상과 아이디어에는 무 두뇌 집단이란 인상만을 국민의 뇌리에 깊이 박아 주는 꼴이 되었습니다.

저는 더 이상 극좌경 정권이 연장되면 안 되기에 이명박 정권의 출현에 적극적이었습니다. 그러했기에 실망감이 더 큰가 싶습니다. 또한, 그분이 촛불시위에 잔뜩 겁을 먹고 경찰차의 이중 삼중의 방패막이 뒤에 숨을 죽이고 있다가 굴복하듯 청와대 비서진 전면 개편을 하며 대운하 공사를 포기한다는 성명을 냈습니다. 또한, 정부 내의 대운하 건설 준비팀을 해체하면서도 내각 개편은 소폭에 그치며 대운하 건설에 목숨을 걸다시피한 국토해양부 장관을 유임시키는 뉴스를 보며 어느 순간 잠잠해지면 그 문제를 또 들고 나오겠구나 하고 혼잣말로 중얼거렸습니다. 슬슬 대운하 문제를 이명박 대통령 주변 인물들이 직간접으로 계속 흘리는 것을 보니 이 대통령의 속셈을 보는 듯합니다. 또한, 이 대통령의 침묵을 보며 그것이 그런 속셈을 드러내는 것이라면 그분은 말과는 달리 극히 소인 기질이구나 하는 생각을 지울 수가 없습니다. 미국 오바마 당선자가 경제 살리기에 초점을 맞추어 뉴딜 정책을 표명, 막대한 예산을 쏟아 붓는다니 이명박 정권도 덩달아 무슨 한국판 뉴딜 정책을 들고 나오며 막대한 금액을 투자하여 4대강 정비 사업을 들고 나오는 것 같아 씁쓸한 기분입니다. 이명박 대통령이 퇴임 압력에 굴복하여 정식 포기 선언을 한 대운하 사업 추진이 시민단체와 야당의 거센 항의에 부딪치기 시작한 것입니다. 스스로 섶을 지고 불구덩이로 뛰어드는 어리석음, 다시 말해 생명을 단축시키는 어리석음을 자행하고 있는 것 같습니다. 국민은 안중에도 없고 아부근성으로 일관한다는 인식밖에 없는 청와대 대변인이 어떻고 정부 대변인이 어떻고 해봤자 국민의 의혹만 증폭시켜 스스로 민심을 더 떠나게 하는 일만 골라 하는 것 같아 참으로 안 됐습니다. 일언지하에 대운하 사업을 오래전에 포기했다면 왜 이명박 대통령 자신이 떳떳이 말하지 못하는 것이겠습니까? 왜 그렇게 대통령에 대한 국민의 의혹을 스스로 증폭시켜가는 것입니까. 어차피 대통령 자신이 중대 발언을 하지 않고는 안 될 것인데 왜 그렇게 일을 몰고 가는 것이겠습니까. 그렇게 앞을 보는 식견도 민심을 읽는 지혜도 용기도 없이 꼼수라고밖에 볼 수 없는 소인 도량으로 어떻게 나라를 책임지고 나아갈 것인지 앞날이 매우 걱정스럽습니다. 지난날 더욱이 대통령의 하야 소리가 온 장안을 진동하니 어쩔 수 없이 한 빈말이었나 싶어 참으로 뒷맛이 씁쓸할 따름입니다. 일반인들 사이에도 "장부일언중천금"(丈夫一言重千金)이라 했기에 말입니다. 만일 대통령이 대운하 사업을 포기한 것이 아니고 마음에 꽁꽁 숨긴 것이라는 억측이 사실이라면, 이명박 대통령은 극히 비열한 인품이라는 평을 면치 못할 것입니다. 저는 그분이 일국의 대통령이니 당신이 직접 공표한 중대선언을 지킬 것이라고 아직은 믿는 것입니다.

만일 그렇게도 국민 앞에 공언 포기한 대운하 공사를 고집한다면 굉장한 저항에 부딪칠 것입니다. 더 나아가 이 대통령이 천하에 지금까지 없던 일을 혼자 해내는 양, 8·15 건국 60주년 경축사에서 소리 높여 외친 "녹색성장"과 어떻게 대운하의 온 국토 파헤치기와 자연 훼손이 관계되는지를 이명박 대통령은 국민과 사계 지성, 관련 단체와 종교단체들에게 설명하고 납득시켜야 할 것입니다. 그렇지 못하면 청와대와 정부는 그들의 총체적 반란과 봉기를 스스로 만들어내 묘혈을 파는 결과가 될 것이며 아부 내지 무능 분자들의 집합체라는 비난이 쏟아질 것입니다. 과연 대운하 사업이 일자리 창출의 만능약이냐 하는 문제도 짚고 넘어가야 할 문제입니다. 그럼 다른 나라들에서는 대운하를 팔줄 몰라서 일자리 창출용으로 대운하를 파지 않는 것인가 하는 반문에 부딪칠 것입니다. 더 나아가 일시적 일자리 창출 때문에 다시는 회복할 수 없는 세계에 그 유례를 찾을 수 없을 만큼, 절세의 경관이라는 금수강산을 파헤쳐야 하는가의 반문에도 봉착할 것입니다. 더 나아가 과연 우리 젊은 층에게 땅굴 파고 강모래와 조약돌 걷는 일로 얼마나 많은 일자리를 만들 것이겠느냐는 문제도 제기될 것입니다. 지금 우리 젊은이들에게 일자리가 전혀 없어서 그렇게 많은 실직자가 있는가 하면 이것도 심층적으로 연구하고 분석해야 합니다. 왜냐하면 지금도 많은 일자리가 그들에게 기피 직업이기 때문에 오히려 외국 노동력이 수입되는 형편으로 알고 있기 때문입니다. 그렇다고 우리 젊은이들을 타박할 수는 없습니다. 그들은 지금 그런 일의 단계를 지나 더 부가가치가 높은 일, 세계를 주름잡을 아이디어 산업에 더 적합하게 되어 정부와 지도적 전 세대가 그들을 위해 인프라를 잘만 깔아주면 엄청난 부를 모아올 수 있기 때문입니다. 만일 이명박 대통령이 이런 조국의 앞날을 위해 절체절명의 요청을 인식하지 못하거나 젊은 세대들이야 어떻게 되던 막강한 대통령 권력에 포로가 되어 있다면 그야말로 대통령으로서의 자격을 의심 받을 정도가 아니라 자격이 없는 사람이 그 자리에 앉아 끼리끼리의 호사를 누리고 있는 셈입니다. 따라서 그를 밀어준 보수라는 명칭의 사람들 전체가 배신당하는 것입니다. 이런 현실과 실상을 지적하는 것은 이명박 대통령이 진정으로 심기일전 국민이 바라며 발전하는 세계 속에서 이 민족의 앞날이 요구하는 참신한 발상으로 나라를 이끌어 주었으면 하는 바람에서 말씀드리는 것입니다.

이석우_ 얼마 전 노무현 전 대통령의 친형인 노건평 씨가 구속됐습니다. 이를 두고 이명박 대통령의 형인 이상득 의원도 타산지석으로 삼아야 한다는 목소리도 있는데 이에 대해 어떻게 생각하십니까?

정 몬시뇰_ 그동안의 경유를 보아서도 그런 지적이 없을 수 없을 것입니다. 한동안은 그분의 동생 대통령에 대한 영향력으로 "만사형통"(萬事兄通)이라 했지요. 또 한동안은 젊은 층의 쇄신 운동을 가로막는 전형으로도 묘사됐지요. 더욱이 근자에는 국회 예산 통과에서 "형님 예산" 통과라는 회자가 전 국민의 마음에 와 닿았지요. 이런 말들이 회자될 때마다 이명박 대통령은 민심에서 계속 멀어만 가는 것이지요. 시간이 지나가면 잊힐 것이라는 구태의연한 사고방식에 있다면 그 자체로 국민의 지도자 자격을 상실하는 것입니다. 그동안의 형님인 이상득 의원과 이명박 대통령의 행보로 보아 무슨 족벌 정치 같은 냄새를 불식하기로 노력해야 할 것입니다. 시골의 별 볼일 없다던 전 노무현 대통령의 형님 노건평 씨도 어마어마한 잘못의 구렁에서 벗어나기 어렵게 되었으니 현직에서 막강한 권력과 대통령인 동생의 권력까지 좌지우지한다고 항간에 널리 알려진 두 분은 조심해야 할 것입니다. 일단은 과거 역대 대통령의 예를 보아 임기가 끝난 후, 호된 검증을 거쳐야 한다는 각오를 해야 할 것입니다. 권력 유착이 심했으면 그만큼 그 골이 깊다는 각오를 해야 할 것입니다.

이석우_ 북한 김정일 위원장이 2차 뇌졸중을 일으켰다는 보도가 있었고 이미 권력에서 실각했다는 주장까지 나오고 있습니다. 김정일 위원장의 중병설 실각설 등에 대해서는 어떻게 보십니까?

정 몬시뇰_ 이 문제의 심각성이 있는 것은 의심할 여지가 있는 것으로 보입니다. 단적으로 말해 김 위원장이 공식 활동을 한다는 계속된 발표이지만, 전과 같이 그 생생한 전모가 사진이나 영상 등으로 공개되지 않고 있기에 의혹을 증폭시키고 있습니다. 또 한 가지 측면은 김정일 위원장이 건재했을 때와는 달리 6자회담 등에서 북한 측의 태도가 매우 강경해졌다는 것이 사계 전문가들의 거의 일치된 견해입니다. 그것은 김 위원장의 건강이 여의치 않아, 군부 강경파의 영향력이 커지는 쪽으로 사태가 흘러가는 것이 아니냐의 견해가 점점 설득력을 얻어가는 것입니다. 그렇지만 공산, 사회주의 정체(政體)에서는 사상 교육을 최우선으로 하기에 군에도 당의 정치 공작원들이 거미줄처럼 깔려 있을 것입니다. 그렇기에 일단 유사시에도 군의 독주 현상으로 가기는 어려울 것 같습니다. 서방 세계, 특히 한국에서는 북한의 유사시를 대비하여 연구와 실천 방도를 치밀하게 준비해 두어야 할 것입니다.

이석우_ 이명박 대통령이 남북관계를 잘 이끌어나가고 있다고 보시는지 아니면 대북정책의 변화가 필요하다고 보시는지요?

정 몬시뇰_ 지난 10년 동안은 퍼주기와 종북(從北) 일방이었습니다. 정체(政體)의 무덤행은 근 20년 전인데도 이른바 진보라는 이름으로 이 땅에서는 그런 망령 사상이 정치 지도자들에 의해 위세를 떨치고 있습니다. 식민통치에서 벗어난 국가들 중에서 단연 타의 추종을 불허하는 경제 대국과 민주국가를 이룬 이 땅에서 망령 같은 사상과 행태가 꿈틀거리고 있다는 것에 비애를 느낄 뿐만 아니라 신기하기조차 합니다. 이런 처지이기에 무지(無知)에 근거한 전 노무현 좌경 정권을 국민은 전적으로 배척하여 현 이명박 정권을 압도적인 표차로 출발시킨 것입니다. 따라서 이명박 정권이 우익 정권임은 틀림이 없습니다.

이런 점에서 전과는 다른 정권이 되었으니 반미 친북 정권 때와는 다르게 되어 국민의 불안을 어느 정도 해소시키며 염원을 어느 정도 채워주는 것이 사실입니다. 그러나 이명박 정권은 날이 갈수록 정체성도 인식하지 못하는 무능 무식 무책임의 끼리끼리 정치 집단화가 되어 대선과 총선 참패로 숨도 제대로 못 쉬던 극좌당, 역사에 역주행당이 더 기승하여 살아나게 하는 우를 범했습니다. 그래서 우도 아니고 좌도 아닌, 얼간이 끼리끼리 당으로 전락하여 철학은 물론 해당 지식도 없어, 하는 것마다 앞으로 매진하는 인류 사상과는 전혀 반대인 무식 무능 부패 전제 독재시대로의 역주행을 감행했습니다. 그렇기에 국민의 신망을 다 잃어버리고 극히 소수의 끼리끼리 대통령, 정부, 여당이 되었습니다. 이처럼 이명박 정권은 극좌 분자들이 난동만 부리면 이리 밀리고 저리 밀리는 괴의한 정체로 변신해가는 중이니 씁쓸합니다. 그렇기에 저희들끼리의 소수를 남겨놓고 민심은 다 떠난 것입니다. 한마디로 이명박 정부의 대북정책은 친북도 아니고 반북도 아니고 중간도 아닌, 우리가 상상할 수 없었던 괴이한 형태로 퇴보하고 있습니다. 이렇게 이명박 정권의 대북 정책은 사상이나 정체를 모르고 있음은 물론 감도 못 잡는 것이기에 더불어 말할 수 없는 지경으로 알고 있습니다. 아마 국회의 야당이나 좌경 시민 단체들이 조금만 더 밀어붙이면 스스로 아웃될 대북 정책 정권인가 합니다. 대북 문제에서 무엇 하나 제대로 대선을 밀어준 민의를 실천한 것이 없습니다. 만일 내각제였다면 아마도 20% 초반의 민의 지지도인가 싶으니 이제는 슬슬 하야를 준비해야 할 것입니다.

이웃 일본의 근자의 예를 보아도 자명한 이치입니다. 그러니 잘한다는 식의, 더 나아가 아부성 발언 내지는 좋은 것이 좋다는 인사들이나 경청하는 듯하고, 그 정체성을 분명히 하며 앞을 투시하는 고언은 알아도 못 듣고 아예 담을 쌓으며 탓은 남에게 돌리는 데 능한 대통령이란 인상입니다. 민심이 이명박 정권에 대해 절망에 휩싸일 날이 올까 걱정이 앞섭니다. 변화 정도가 아니라 지금은 이명박 정부의 대북정책의 무뇌(無腦)적 집단의식의 대수술이 요청되는 시점인가 합니다. 그동안 퍼부은 9조 여의 값을 북에 요청할 뿐만 아니라 6자회담에서 우리의 사활이 걸린 문제인 핵 문제와 북한 문제는 사활의 문제이니 우리가 주도권을 쥐고 문제를 풀어가야 합니다. 그런데도 미국의 뒤꽁무니만 쳐다보고 있는 처지가 되어 한심하기 짝이 없습니다. 그만큼 북한에 끌려 다녔으면 이제는 제 정신을 차리고 주는 입장답게 북핵 폐기를 당당히 요구하고 이 문제에 관한 한, 미국도 우리의 주권 하에 움직이게 하는 외교적 능력이 절실히 요구되는 것입니다.

지금은 6·25 동란 와중에 거제도 포로수용소의 반공 포로들을 다 석방시키고 호통치던, 미국을 당황케 하여 마구 끌고 다니며 국익을 최대한으로 보장 받은 이승만 대통령과 같은 능력이 이명박 대통령에게 요구되는 시점입니다. 하기야 미국 첫 방문 시, 부시 대통령의 데이빗 농장에 초청되어 정신이 몽롱해진 듯 쇠고기 문제에서 조공(朝貢)식

협정을 하여 촛불시위를 불러와 혼쭐이 나고서도, 시간이 지나면서 이명박 대통령은 그런 어이없는 잘못을 기억조차 못하는 모양입니다.

북한은 나름대로 확고부동한 원칙 하에 움직인다는 것을 주목해야 합니다. 그것은 김일성 주석의 유지이기도 합니다. 한반도 전체의 적화통일입니다. 이 원칙에는 지난 10년이 아니라 몇 배의 시간이 흘러도 북한의 현 체제가 지속하는 한 변하지 않을 것이고, 변한다면 그 목적 달성을 위한 전술일 것입니다. 그렇기에 북핵 문제 해결도 남한을 송두리째 갖다 바치면 6자회담이고 뭐고 할 것 없이 당장 폐기에 동의할 것입니다. 또 한 가지 분명히 짚고 넘어가야 할 것은 북한 정권은 그 불리한 조건 하에서도 판문점 UN 측과의 회담에서 50년간 골탕먹인 미국을 다루는 데 아주 노련한 노하우를 갖고 있습니다. 그때만 해도 미국 정부가 반공사상이 철저했는데 지금 미국은 이빨 빠진 늙은 호랑이쯤으로 알 것이니 북한은 모든 상황을 역이용하여 통미봉남(通美封南)이라는 기상천외 수법을 구사하여 성공하고 있습니다. 그런 고단수인 북한에 대한 철학도 지식도 능력도 없이 이리 치면 이리 밀리고 저리 치면 저리 밀리는 이명박 정권을, 그것도 대선 참패로 완전히 숨죽였던 좌익 부분과 그 동조 정치인들을 더 기승하게 살려놓은 이명박 정권을 북한 정권이 안중에 둘 리 만무합니다. 6자회담 어쩌구 하지만 그것은 오히려 한국을 들러리 세우는 한 토막의 필름 정도가 아닌가 싶습니다. 좌익 정권 때는 그렇다 치고 그런 저런 일로 우익이라 해서 이명박 정권을 열렬히 뽑아 주었건만, 이 정권은 그야말로 대북 정책에서 별 볼일 없이 되어 가고 있습니다. 그런 중에도 UN에서 북한 인권 문제 발의국이 된 것은 고무적인 것입니다. 도대체 북한에 대한 한국의 정정당당한 입장과 노력이 무엇이냐는 분명한 답을 요구한다면, 미국의 눈치나 보며 뒤꽁무니를 따라다니기에 바쁜 상황입니다.

게다가 국빈 방문 중인데도 친미 복원은 역사의 유물이라는 따끔한 중국의 훈계나 듣고 온 이명박 대통이니 북한과 혈맹 관계에 있는 중국의 의중이나 살필 수밖에 달리 도리가 없게 된 것이 아닌가 싶습니다. 가장 중요한 것은 이명박 대통령에게는 전혀 새롭고 획기적인 아이디어를 기대할 수 없는 것입니다. 지금도 그렇고 앞으로는 더욱 더 모든 것은 아이디어로 승부가 결정날 것입니다.

이제 이명박 대통령 통치 하에서는 비서진이나 각료들을 바꾼다고 될 것이 아닙니다. 이 대통령의 지휘봉에 문제가 있습니다. 그러니 금강산에서는 무지하게 돈을 퍼붓고도 관광객 총살이라는 사건을 일으켜 이제 그곳에 투자한 막대한 재산은 고스란히 그쪽 손에 넘어갈 운명이 된 셈입니다. 개성공단 어쩌구 하지만 그것도 시간문제일 뿐 그쪽에 다 넘겨주어야 할 것이 아니겠습니까. 거기가 어디인데 남조선 반동분자들이 와서 북한 노동력을 착취하여 돈을 벌어 가겠다는 것인가 하는 것이 북한의 확고한 신념일 것쯤을 인식도 못한다면, 미국을 다루는 데 노련한 북한의 백전노장들이 볼 때 어린애 같은 숙맥들이 동등하게 놀잔다고 웃긴다 할 것이 아니겠습니까. 이명박 대통령은 대북 문제에서 미국도 몰고 갈 차원 높은 아이디어와 정치력을 구사해야 할 것입니다. 그분의 힘의 원천은 지금은 다 떠나버린 민의의 절대적 지지 회복입니다. 그동안 이명박 대통령의 인수위 때와 청와대 비서진과 조각을 위시하여 연속된 일 처사와 수없이 국내외에서 쏟아놓은 발언과 현실과 결과는 더 이상 민심을 되돌려오기 어렵게 만든 것입니다. 사실 사태를 깊이 보면 대북 관계는 어찌 보면 어렵고 어찌 보면 그 원칙이 단순합니다. 단순하다는 것은 어차피 그리 길지 않은 시간 안에서, 즉 인류사 흐름 속에서 북한은 근본적 변화를 일으킬 것이니 느긋하고 당당하게 사태에 임하는 자세가 필요합니다. 무엇보다 중요한 것은 대선과 총선에서 나타난 절대 다수인 민의 편에서 일을 심도 있고 끈질기게 밀고 나가는 것입니다. 그렇다고 북한과의 관계를 소홀히 하거나 끊으라는 뜻이 아니고 북한의 태도 여하에 따라 상응한 우리의 입장을 분명하게 하고 미국도 그런 테두리 속에서 북한과 교섭을 하도록 이끌어 가는 것입니다.

이석우_ 세계에 대변혁을 예고하는 미국 월가의 경제적 파탄과 향후 세계질서 및 우리의 갈 길에 대해 말씀해 주십시오.

정 몬시뇰_ 이 문제는 앞으로 세계질서의 근본적 변혁으로 나타날 것입니다. 한마디로 3천 년 들어 인류문화는 완전히 새로우며 아직까지 없었던, 그러면서도 지난 역사가 그것을 향해 흘러온 문화 차원으로 나타날 것입니다. 옛날에는 이런 현상이 운송과 커뮤니케이션 수단의 미비로 아주 오랜 시간을 필요로 했지만 지금은 디지털 등의 발달로 삽시간에 우주 공간까지 주름 잡으며 동시적으로 전파되기에 그리 긴 시간을 필요로 하지 않고 곧 그 모습을 드러내어 수십 년 내에 실현되기 시작할 것입니다. 물론 이런 것은 엄청난 천 년대의 변화이기에 많은 우여 곡절을 겪으며 이루어지고 전 인류의 삶과 직결되기에 일반화되기까지 상당한 시간이 걸릴 것입니다.

이런 점에서 지금 우리의 형태, 특히 경제 회복의 모델은 오바마 정책의 새끼 형태를 즉시 느끼게 하는데 저런 얼간이 형태도 있구나 싶기도 합니다. 물론 쓰러졌을망정, 막강한 영향력을 갖는 미국을 주시해야 할 것입니다. 그러나 미국의 모델은 앞으로 인류 의식 속에 도래한 문화와 전혀 다른 형태의 것입니다.

이 문제에 대해 별견하고자 합니다. 그것은 넓은 의미로 벌써 사람들의 뇌리에서 사라지고 그 실상을 피부로 느끼지 못하는 세대가 대종을 이루고 있기에 그 문제, 즉 1930년대 미국 대공황부터 언급하는 것이 좋을 것 같습니다. 그리고 그런 공황을 탈피하게 한 골격을 제시하고 오늘날 월가 파탄의 사상적 지주인 "신자유주의"에 대해 언급하며 앞으로의 인류문화상을 짚어 보고자 합니다. 그것은 병의 근원(病源)을 알아야 치유법과 건강회복을 할 수 있는 것과 같은 이치입니다. 이 문제는 오늘의 미국 경제 파탄과 회복의 배경과 모델이 된다고 생각하는 1930년대 미국 대공황을 조명해 봄으로써 그 실마리를 찾을 수 있을 것입니다.

1930년대 미국 대공황은 단적으로 자본가의 노동자에 대한 무자비한 착취의 결과였습니다. 극심한 착취로 노동자들은 처참한 빈곤에 빠져 넘쳐나는 생산품을 구매할 능력이 없게 되어 미국은 경제 대공황을 맞게 되었습니다. 당시 미국 루즈벨트 대통령은 천주교의 성직자 경제학자인 시카고대학 교수 라이언 몬시뇰에게 의뢰하여 새로운 노동법을 제정하여 근원적으로 해결했습니다. 그 핵심은 다음과 같습니다. 노동자(수많은 아녀자 노동자 포함)의 인권 옹호와 지위 향상, 적정 임금제 등이 그 골자를 이루어 그들의 생활을 향상시킨 것이었습니다. 그 결과, 노동자들의 생활이 윤택하게 되어 생산력과 왕성한 구매력을 촉진, 세계 시장을 흡수하며 미국은 세계 자본가와 노동자의 선망의 대상이 됐습니다. 노동자의 구매력 왕성으로 미국의 시장은 번창의 일로를 걸었습니다. 이렇게 미국 시장으로의 진출이 세계인에게 돈을 버는 첩경이 되었습니다. 이런 라이언 몬시뇰의 새로운 노동법 발상은 19세기 말 레오 13세 교황이 발표한 하느님의 모습으로서 창조된 존엄한 인간의 노동에 관한 「새로운 사태」라는 교서에 근거한 것이었습니다. 이 교서는 당시 인간 이상향(理想鄉)으로 혜성처럼 떠오르던 맑스의

『공산당 선언』과 『자본론』의 오류에 대한 대답이었습니다. 그러나 시간의 흐름 속에서 이런 숭고한 인간 노동의 정신은 사라지고 급기야는 영토 식민시대의 연속인 신자유주의 미명 하에 세계 경제의 착취를 감행하는 형태로 경제 시스템을 변화시켜, 자본가의 탐욕이 모든 것을 지배하는 상태로 경제 시스템이 전락하여 자본가들 사이에 완전히 신뢰가 무너지고 놀라운 사기 수법까지 등장한 것입니다. 자본가들끼리의 치고받음의 연속으로 자본주의의 얼굴인 은행이 줄줄이 도산함으로써 월가는 파탄을 맞게 되었습니다. 그것은 지금 세계 경제의 대혼란으로 이어지고 있습니다. 그런 흐름을 부추긴 것은 급속하게 발전한 과학기술, 즉 상상을 뛰어넘는 신속한 전달 수단인 사이버 기술이 주요한 역할을 한 것을 간과할 수 없게 됐습니다. 이런 요인이 서로 시너지 효과를 내며 급기야는 실물경제와 유리된 종이 거품, 영상 거품을 부풀려 오늘의 파국을 맞이하며 30년대 공황 때와는 달리 전 세계적인 파탄으로 번져갔습니다. 따라서 그 해결책은 지금 각국 정부 수뇌들이 모여 운위하는 것은 미봉책이고 근본적 해결책이 될 수는 없다는 것을 말하는 것입니다. 요약해 인간이 주(主)가 되고 경제와 과학기술은 종(從)이 되는 체제를 위시하여 현 사회구조 전반이 바뀌어야 한다는 것입니다. 더 구체적으로는 무산계급과 유산계급의 투쟁은 벌써 끝났고 자본과 자본의 투쟁도 월가 몰락으로 사실상 끝났습니다. 이제 다른 차원에로의 진입은 세계인들의 이른바, 선진국과 후진국 사람들이 세상의 물질적 부(富)를 고르게 향유하는 인류문화 차원의 새로운 질서로 인류가 진입하는 것입니다. 더 구체적으로는 이른바 선진국의 축적된 기술과 자본, 부(富)는 물이 저수지에서 물이 필요한 모든 지대와 가정에 흘러가듯 흘러가 모든 사람에게 그 혜택과 행복을 고르게 나누게 해야 하는 것과 같은 단계에 접어든 것입니다. 이것은 하느님 창조경륜의 실현이며 인류의 전진하는 문화 형태로 나타나는 것입니다. 이런 과정의 구체적 현상은 후진국들이 선진국에로의 도약 단계에서 후진 국민의 생활 향상과 강렬한 구매력과 소비욕의 단계를 거치며 이루어질 것입니다. 이 과정에서 적지 않은 착취와 불공정 등이 발생할 것이나 이번 월가 파탄을 거울로 인간 양식의 올바른 가치관과 윤리관으로 그런 과정을 슬기롭게 넘어야 할 것입니다.

그렇기에 이제 더 이상 자본과 노동의 계급투쟁은 옛말이 되었고 자본과 자본의 충돌도 지났습니다. 돈을 벌려고 해도 지구상의 모든 사람이 다 잘살게 되는 방향이 아니고는 아무것도 이루어질 수 없는 단계에 이른 것입니다. 이런 관점에서 볼 때, 선진국 국민의 소비를 부추긴 경제 질서 회복이란 다 지나간 주의 사상에로의 역주행이기에 결국은 성공할 수 없습니다. 그것은 무지에 근거한, 아니면 현실에서 짚고 넘어갈 디딤돌 정도의 가치밖에 없습니다. 이런 관점에서 지금 혜성 같이 떠오르는 오바마의 정책, 특히 경제 정책은 얼마 동안은 성공으로 나타나겠지만, 얼마 안 가 그 허점을 드러낼 공산이 큽니다. 물론 이에 앞서 혹은 동시적으로 인간 지성은 이런 면을 간파하여 그 타개책을 초기 단계나마 학문적으로 정립해 갈 것입니다.

여기에 이르러 인류는 인류 공통문화 창출의 필요성을 실생활 면에서 요청할 것입니다. 이 점에서 가장 중요한 지역과 정신적 역사적 유산의 근원지는 위에서 제시한 바와 같이 먼저 아시아 지역입니다. 아시아 지역, 특히 동북아와 동남아 지역이 그 중심이 될 것입니다. 여기에서 이런 문제의 해결사와 촉진 및 새로운 차원의 개척자, 더 나아가 그런 발판에서 세계로 뻗어갈 역군은 지금 한창 자라나는 한국의 젊은 세대입니다. 그것은 일본이 아닙니다. 일본인은 아주 성실하고 질서에서 훌륭하지만 창의성에서는 우리 젊은이들이 훨씬 윗수입니다.

그렇다고 중국도 아닙니다. 중국은 워낙 대국이고 오랜 역사를 지니고 있어 자국 내로 유입되는 문물을 동화하는 데는 어느 누구도 따를 수 없는 능력을 갖고 있지만, 새로운 발상으로 세계를 나는 데는 우리 젊은이들이 멀리 앞섰다고 확신합니다. 그렇기에 지금 우리 한국은 어쩌면 가장 어려운 처지에 직면하면서도 가장 밝은 앞날을 앞두고 있음을 확신합니다. 그것은 지금 우리 한국 젊은이들이 그 우수한 두뇌와 정력으로 민족정기를 세계를 향해 마음껏 뿜어내기 때문입니다.

앞으로의 시대는 기술을 넘어 아이디어의 각축장이 될 것입니다. 이런 각축에서 누가 더 우수하냐의 문제로 모든 것이 귀결될 것입니다. 물론 이런 아이디어는 인간 삶 전체와 우주공간에 걸친 것이겠습니다. 사실 아이디어 창출에서 우리 젊은 층은 예능계에서뿐만 아니라 인문계, 자연과학계, 기술계 등에서 놀라운 기운을 발휘하고 있으며 앞으로는 더욱 그럴 것입니다. 다만 아쉬운 것은 특히 정부와 지도층은 이런 젊은이들이 훌륭히 자라도록 교육과 필요한 터전을 마련해 주는 것입니다. 저는 이런 아이디어 산업에 대해 다른 곳에서 장황히, 또 미래지향적으로 우주공간에 펼쳐질 것까지 염두에 두고, 또 현재 세계적으로 움터 나오는 것까지 말하였기에 여기서는 이 정도로 요약합니다.

이런 저의 소견을 밝히면서도 밝아오는 새해를 두고 "희망찬 새해를!" 하지는 못합니다. 그것은 우리가 맞는 이번의 새해는 제가 난생 두 번째로 맞는 암울한 새해이기 때문입니다. 첫 번째는 6·25 동란 중 첫 번째로 맞은 새해였습니다. 그때는 얼결에 당한 것이라 그리 어려운 줄도 모르고 혹독한 시련을 넘었습니다. 이번에 맞는 새해는 참으로 암울 그 자체인가 합니다. 그러나 우리는 온갖 시련을 이겨내는 민초의 근성이 있습니다. 그리고 어떤 곤궁 중에서도 밟혀도 일어서는 민초의 근성이 있습니다. 우리에게는 6·25 참화(慘禍)를 거뜬히 이겨

오늘의 번영을 이루어낸 저력이 있습니다. 6 · 25 참화 중, 부산 국제
시장에서 꿀꿀이죽을 먹으면서도 버티고 선 아줌마(물론 아저씨들의 뒷
받침을 받으며) 부대들이 있었고 그들의 힘은 드디어 세계 명물 이태원
을 일구어내었습니다. 세계 디자인의 메카 밀라노가 한때 아줌마들이
일구어낸 동대문과 남대문 시장에 디자인과 제품을 위촉하는 저력도
과시했습니다. 우리 민초들의 마음에는 어떤 역경과 절망 중에서도 끝
없이 발산되는 희망이 있습니다. 거기 더해 이제 곧 하늘의 희망과 평
화와 기쁨의 원천인 성탄절이 임박하기에 우리는 용기백배할 수 있습
니다. 인간은 아무리 큰 희망이라도 물질적인 것으로는 다 채우지 못
하는 정신적 · 영성적 희망을 마음속 깊은 심연에서 갈구합니다. 이 희
망은 세상의 어떤 절망과 고통도 더 높은 차원의 희망과 기쁨으로 승
화시키는 힘이 있습니다. 이런 희망은 원천적 희망이며 평화이며 사랑
인 하느님께서 사람에게 주시는 크나큰 축복이며 선물입니다. 그것은
하느님의 아들 예수 아기의 성탄에서 받는 선물입니다. 성탄에는 누구
의 마음에나 하늘의 영원한 희망과 평화와 기쁨으로 넘치는 날입니다.
그렇기에 하늘 중천에서 이 기쁜 소식을 알리는 천사들은 순박한 목동
들에게 "하늘 높은 곳에는 하느님께 영광, 땅에서는 마음이 착한 이들
에게 평화"라고 노래했습니다. 부디 새해에 하늘의 복 많이 받으십시
오. 온 누리 모두에게 인사드리며 축원합니다.

  아래에 붙은 대담은 녹음 현장에서 제기된 것입니다.

이석우_ 19일 이명박 대통령 당선 1주년을 맞았습니다. 현재 그의 리더십에
대해 많은 사람들이 회의적입니다. 몬시뇰께서는 어떻게 보시는지요? 근일
일어나는 국회의 난투극도 심상치 않습니다.

정 몬시뇰_ 지난 1년은 이명박 대통령에게 다른 민주국가 신임 원수의 경우와 마찬가지로 국민과의 밀월 시기이자 앞으로 남은 오랜 시기의 초석을 다지는 은혜로운 시간이었습니다. 그러나 불행하게도 이 대통령에게는 악몽의 시기요, 대통령 감이 아니라는 인상을 많은 국민에게 심어주었습니다. 그의 지지도는 형편없는 밑바닥을 맴돌며 날이 갈수록 더욱더 회복의 기미를 보이지 않는 형편이 되었으며 국민은 앞으로 남은 그 긴 세월을 어떻게 견디어 갈 것인가를 불안해합니다.

이명박 대통령은 그런 분이시기에 그의 리더십과 국회 난맥상은 같이 묶어 생각해야 할 것입니다. 사람들은 리더십이라고 하는데 좋은 표현이라고 생각합니다. 그런데 저는 좀 더 구체적으로 '아이디어 문제'라고 생각합니다. 오늘의 사회적 혼란, 특히 정치적 문제와 결부되는 모든 혼란의 책임은 우선 이명박 대통령에게 있다고 생각합니다. 그 대표적인 예가 근일의 국회의 무법천지화, 세계에 비난과 웃음거리가 되고 있는 날마다의 국회 난투극은 이른바 도로열린우리당이라고 가십거리가 된 야당의 반발에서 일어나고 있습니다. 현 야당은 대선과 총선에서 참패한 후, 숨을 죽이고 있었습니다. 헌데 이명박 대통령의 인사와 정치력과 행정력이 계속 엉망을 부리는 계기에 예전보다 더 기승한 기세로 되살아났습니다. 그것은 이 대통령이 행동과 열의가 없어서가 아니고 차원 높은 아이디어, 어느 누구도 승복할 수밖에 없는 새로운 아이디어, 국민 누구나 바로 이것이다 하고 따를 새로운 아이디어가 없고 구태 정치에로의 역주행 행태를 보이고 있기 때문입니다. 그래서 국민 특히 이명박 대통령을 압승으로 이끈 국민 대다수가 그에게서 등을 돌리고 있습니다. 위대한 정치인은 위기에 국민의 열망을 등에 업고 국민이 바라는 새로운 아이디어로 영웅이 됩니다. 우리는 그런 인물을 체험한 것입니다.

예컨대 프랑스의 심장이라고도 할만 했던 알제리의 계속되는 독립 운동에 대한 드골 정책에 반기를 든 알제리 주둔군 사령관 세 장군이 거사하려 파리에 입성해 올 때, 드골 장군은 TV에서 "프랑스의 선남 선녀들이여 나를 도와 달라!"는 호소 한마디로 국민의 마음을 휘어잡 았습니다. 세 장군은 공항에서 체포되는 운명을 맞았고 드골은 일약 세기적인 명 정치인이 되었습니다. 케네디 대통령도 당선은 되었으나 불리한 입지 중에도 취임사에서 "국가가 여러분을 위해 무엇을 할 것 인지 묻지 말고 여러분이 국가를 위해 무엇을 할 것인지를 물으십시 오"라는 아이디어 하나로 미국 국민의 마음을 사로잡았던 것은 기막 힌 아이디어이자 명언이었습니다. 만일 이명박 대통령에게 이런 아이 디어가 있었다면, 그는 국민과 정치인의 절대 호응을 얻어 여야를 불 문하고 누구도 반발할 수 없는 위치에 서게 되었을 것입니다. 이명박 대통령은 드골이나 케네디보다도 선거에서 압도적인 국민의 지지를 받았기에 국민의 바람에 명 아이디어로 답했다면, 누구보다도 위력 있 는 대통령이었을 것입니다. 불행하게도 이 대통령은 취임 전인 인수위 구성에서부터 그와는 정반대의 길을 간 것이기에 "고소영"이란 딱지 로 국민 사이에 회자되는 신세가 되었습니다. 오늘의 20% 초·중반의 지지도에 시달리며, 여당은 공룡 여당인데도 그 대통령에 그 여당이 되어 국민이 등 돌리는 처지에 시달리는 처지가 되었습니다. 그렇기에 야당은 더욱 악을 쓰게 되어 이 땅에서는 밑도 끝도 없는 정치 혼란 상 태가 연일 벌어지는 것입니다.

저는 이런 사태를 예견했기에 이명박 대통령 당선자에게 취임 전 1 월 중순 그분을 아끼는 뜻에서 공개적으로 고언을 드렸습니다. 그러나 그분은 지상 영광에 도취하여 그런 고언을 뒤로 하고 잘못된 행정을 지속했습니다. 드디어 민심이탈의 가속화를 초래하여 전대미문의 청계천 촛불시위에 휘말려 온 장안이 무법천지화 하기에, 6월 하순 하야를 각오하는 심정으로 새로운 발상을 호소했습니다. 그러나 그 또한 우이독경이 되어 오늘의 전국적인 혼미를 불러 온 것입니다. 이제 민의는 되돌아올 수 없는 강을 건너갈 길을 재촉하는 듯합니다. 이제 이명박 정권이 실패한 정권이란 말은 비밀 아닌 비밀, 즉 공공연한 비밀과 같이 된 셈입니다. 물론 그렇다고 야당에 의해 국회에서 직접적으로 촉발된 물리적 폭력과 난투극 사태는 국민이 완전히 야당에서 등 돌리게 하는 자살 행위의 참혹한 행태임도 여기에 지적해야 할 대목입니다.

이석우_ 박근혜 씨에 대해 말들이 많은데 그분에 대해 몬시뇰님은 어떻게 생각하십니까?

정 몬시뇰_ 저는 그분에 대해 호불호(好不好)의 감정을 가질 아무런 연유가 없습니다. 다만 한 가지 분명한 것은 그분이 간발의 차로 당 대통령 후보 경선에서 이명박 후보에게 패배했을 때, 서슴없이 깨끗이 승복하며 백의종군을 선언할 때 참으로 패자이면서도 아름다운 승자의 모습이구나 하는 깊은 인상을 받았습니다. 역시 박근혜 씨에 대해 말하게 되면 이명박 대통령에 대해 언급하게 되는데 이명박 대통령이 오바마 당선자를 닮으려 한다면 오바마 인사 정책에서의 큰 포용력을 본받는 것이 좋았을 걸 하는 생각입니다. 정치인으로서의 박근혜 씨는 아직 그분의 행정적 실적이나 능력에 대해 아는 바가 전혀 없음으로 왈가왈부(曰可曰否)할 입장이 아니라는 정도의 말씀을 드립니다.

21. 이명박 대통령의 재산 사회기증을 보며

　인터넷을 지나치다 "이명박 대통령의 재산 사회기증"이란 큰 제목이 눈에 확 들어왔다. 근래에 없었던 통쾌한 뉴스였다. 필자는 이명박 대통령 취임 전인 2008년 1월 14일 〈조선일보〉와의 대담에서 대담하게 살 집만 빼고 모든 재산을 사회에 헌납하겠다는 약속을 먼저 지키라고 강력히 요구했다. 그리고 근래에도 다시 요구했다. 그때 벌써 이명박 대통령의 고소영식 인사와 강부자식 사회 정책으로 민심이 걷잡을 수 없이 떠나갈 조짐을 보였다. 또한, 대패한 386 좌경 정치가 되살아나 나라를 다시 큰 수렁으로 몰아넣을 징후가 농후했다. 그래도 살아남는 길은 당시 공약한 재산 환원을 솔선수범하고 국민의 고통 동참을 요구하는 길밖에 없다고 생각했다. 그런 위구는 드디어 쇠고기 파동 60만 젊은이 촛불시위로 치달아 이명박 정권을 초죽음으로 내몰았다. 한번 떠난 민심이 돌아오는 것을 지난 60년간 본 일이 없기에 당시 MB의 정치에 진저리가 났다.

　MB는 재산 헌납으로 앞으로 하기에 따라서 역사에 남는 대통령이 될 것이며 세계에서도 드문 대통령이 될 수 있을 것이다. 우리 역사에서는 더 말할 나위 없이 귀한 위치에 서게 될 것이다. 우리의 역대 대통령은 다는 아니어도 거개가 축재 문제로 큰 상처를 입거나 축재와 권력 남용 매관매직 등의 형태로 대통령직에서 쫓겨났거나 권력 남용과 수천억씩 갈취했다는 이유로 감옥에 갔다. 근자에 이르러서는 600만불 수수 혐의로 권좌 시기는 청렴의 대명사로 통하던 분이 진위(眞僞)도 못 가린 채 투신자살하는 일까지 벌어졌다.

만시지탄이 있지만, MB의 재산 헌납은 앞으로 하기에 따라서는 민심회귀의 아주 중요한 단초가 될 수 있을 것이다. MB는 큰 결단을 내렸으니 정치 행정 전반에 걸쳐 마음을 송두리째 개방하여 끼리끼리의 폐쇄성을 완전히 넘어서야 한다. 한마디로 유능한 인재를 이 민족 전체에서 등용해야 할 것이다. 무엇보다도 이번 기회에 중요한 것은 청와대 고위직과 총리 이하 전 각료가 살신성인 정신으로 큰 희생을 감행한 대통령의 정신을 본받아 실천한다면 민심을 돌아오게 하는 데 더 좋은 특효약은 없을 것이다. 이런 분위기가 조성되면, 무능의 극치 집안 싸움에 목매단 여당 의원들이 그런 선상에서 변하지 않을 수 없게 될 것이다. 야당은 여당 발목잡기에 매달리거나 자신의 일터인 국회를 버리고, 다시 말해 집개가 집을 튀어나가 사나운 들개가 된 꼴의 거리 데모대와 어깨동무하는 모습을 벗지 않을 수 없을 것이다. 대통령과 고관대작의 솔선수범은 이 나라 정치 풍토를 일순간에 바꾸어 놓을 수 있을 것이다. 그렇기에 우리는 예전부터 덕치(德治)를 숭상해 왔고 그런 피는 우리의 혈맥 속에 연면(連綿)히 흐르고 있다. 이것은 우리의 자랑거리이며 앞으로 세계인의 경외의 대상이 될 것이다. 그런 우리 민족이기에 입에 발린 말이나 감언이설, 더 나아가 길거리 행패로 정치에 성공하려거든 자식까지 창피하게 만들 일은 그만 두고 정치 무대에서도 일찌감치 사라지는 것이 좋을 것이다. 이제 국민은 대통령을

410

위시하여 누구의 말도 안 믿을 단계에 도달했다. 국민은 여야 어디에도 마음 부칠 곳이 없기에 정치적 일대 혼란기를 예상케 된다. 여당이 잘못하면 국민의 표가 야당으로 올 것이라고 생각한다면 오산 중 오산일 것이다. 표가 야당으로 가지 않을 것이니 여당으로 올 것이라고 여당인들이 생각한다면, 그들의 머리가 고장 나도 한참 전에 난 것이겠다. 그럴 바에는 무소속이나 찍자 하여 국회 자체가 마비된 것을 만들어 낼 위험도 적지 않을 것이다.

MB는 재산 사회기증으로 모처럼 이 땅 온 천지에 신선한 바람을 불어 넣었으니 그분의 마음과 정신은 일대 전환을 이루어야 할 것이다. MB에게 가장 중요한 것은 그분의 사고가 30-40년 뒤떨어졌는데 그것을 앞선 것으로 착각하고 있는 것이다. 아무리 MB가 재산을 헌납했을지라도 지금까지의 통치 스타일이 근본적 변화를 일으키지 않고 그 사고방식이 30-40년 전의 이상(理想)을 오늘의 이상으로 하여 실현하려 한다면 모든 것은 허사가 된다. 그뿐만 아니라 하기에 따라 사정은 더 나빠질 수도 있다. 그 한 예가 '4대강 살리기'다. 물론 홍수 등 재해를 막기 위해 어느 정도의 공사는 필요하다. 그러나 많은 국민이 아직도 4대강 운하에 대한 의혹을 완전히 풀지 않고 있을 뿐만 아니라 지금이 어떤 때인데 30조 이상이 드는 토목공사냐는 것이다. 지금 우리 젊은이들은 하늘을 날고 세계와 미래를 날며 세계를 놀라게 하는데 그들을 끌어내려 상상을 초월하는 토목공사나 벌이겠다니 날이 갈수록 이게 어디 제 정신이냐는 말을 듣기에 안성맞춤이다.

녹색성장 아이디어는 좋은 것이지만 저 멀리 떨어진 우리로서는 아이디어에 생명을 걸어야 할 터인데 그런 아이디어는 전혀 없다. 물론 자전거 타기가 심신의 건강과 환경에 좋고 경제적으로도 좋다. 〈조선일보〉에서는 벌써 큰 공헌을 했고 지금도 하고 있으니 대통령은 민간

단체의 운동을 적극 후원하고 그런 아이디어 면의 기업인과 인사, 아이디어 창출에 심혈을 기울이는 모습을 보여주어야 할 것이다. 이것은 단적인 하나의 예다. 새로운 기술 발전은 좋은데 아무리 최신 기술이라도 결국 그것은 새로운 최신 아이디어의 산물이다. 우리의 젊은이들은 지금 세계에서 어느 나라도 따라올 수 없는 아이디어 창출, 어찌 말하면 귀재(鬼才)성을 발휘하기에 때를 놓치지 말고 그들이 발전할 인프라를 조속히 깔아 주어야 할 것이다. 그렇지 않으면 MB는 노무현 전 대통령과는 또 다른 시대의 역주행자로 남을 것이다.

마침 이 글을 급하게 쓰던 중에 영종도와 송도 무역 자유지대에 밀라노시가 인천시와 합작하여 대규모의 디자인과 예술, 대학 박물관 등을 구상하고 실천할 것이라고 한다. 이는 그동안 필자가 MB를 위시하여 한승수 국무총리께 밀라노까지 들먹이며 간곡히 부탁했던 우리 젊은이들을 위한 아이디어 산업이 본격화 되는 것으로 보여 앞으로 큰 희망을 품는다. 물론 이런 사업은 우리 국책 아이디어 산업의 일부이어야 한다. 그 자료를 권태신 국무총리실 실장에게 받고 놀랐다. 시간이 없어 면밀히 검토해 보지 못한 것이 아쉽다. 개각이나 정책 변화가 있어도 이런 웅장한 계획에 손실이 있어서는 안 될 것이다.

놀라운 일은 서구가 3백 년에 이룬 오늘의 서구 선진제도와 부(富)를 식민지 해방 당시 가장 가난했던 한반도 남쪽 식민지가 6·25 전쟁과 같은 극악의 전화(戰火)와 전국 초토화를 겪으면서도 2009년에는 세계사에서 그 유례를 찾기 어려운 남을 돕는 나라, 즉 시혜국(施惠國)으로 변하는 조국을 건설했으니 이제 3천 년대가 요구하는 인류공통 번영을 이룰 사상과 실천을 창출해 내면 하는 것이 저자의 바람이다.

제2부 새로운 인류문화와 우리의 진로

1. 세계학회에서 생명문화에 의한 새로운 인류 공통문화 창출 제안

1) 생명문화 창출 제안 동기

여기에 이르러 한 가지 특이한 경험이 떠오른다. 3천 년대를 맞으며 인류는 지나온 날의 모든 것을 승화(昇華)시켜 "다양성 안에서의 하나 혹은 하나 안에서의 다양성"(unitas in diversitate vel diversitas in unitate)을 말하며 3천 년대의 새로운 인류 공통문화 창출을 제안했다. 초석이 된 공통 이념은 "생명문화"다. 부제는 "생명을 사랑하자. 풍요롭게 하자"이다. 이러한 논문을 중국 가톨릭의 명문 보인(輔仁) 대학교 70주년 기념(2000년 11월) 세계 철학자 대회에서 발표하여 큰 호응을 얻었다. 앞으로 세계 문화의 중심은 동양일 수밖에 없는데 그동안 세계에 군림하던 그리스도교를 뿌리로 하는 서구 사상은 동양의 오랜 종교 사상, 예컨대 불교, 유교, 도교, 샤머니즘 등 각양각색의 동양 종교사상과 만나 인류가 같이 살아가는 공통문화를 형성해야 한다는 점을 핵심적으로 제시했다. 그 초석이 될 기초 사상은 "생명 사랑과 그 풍요화"라는 점을 그리스도교와 여타 동양 종교 사상이 내포하는 생명관을 비교하고 종합하여 새로운 인류의 미래를 제시하여 큰 호응을 얻었다. 이런 생명 사상은 삽시간에 세계를 뒤덮는 결과가 되었다. 이런 본인의 생명 존중 사상이 세계학회에서 발표된 후, 세계적인 모든 학술회의는 물론, 세계 차원의 실천적 회의 예컨대 생산, 운송, 판매에 관한 모든 회의와 실천 과정이 명시적으로 생명 안전과 보호, 윤택을 위한 기초 위에 서게 됐다. 예컨대 몇 년 전, 세계 시장가에 큰 파장을 일으켰던 중국의 멜라닌 사건에서 본 바와 같이 소 점포 여인들의 장바구니에 이르기까지 생명 문제가 핵심 과제로 부상하였다.

이런 생명문화 사상을 3천 년대 인류 공통문화 형성의 핵심 사상으로 본인이 창출하고 제창하게 된 것은 서울대교구 주교좌 명동대성당 주임 시기의 비극적 사건(1988)에서 비롯한다. 명동대성당이 한국 민주화 운동의 성지 역할을 할 때, 그 운동의 중심세력이었던 젊은 층 대부분은 대학생이었다. 그들은 자기들도 의식하지·못한 채, 차차 강력한 좌익 사상으로 기울어졌다. 그들은 성당의 미사 집전 시간으로 신자들이 명동대성당 지대에 많이 모이는 토요일이면, 어김없이 데모를 일으켜 혼인미사와 토요 특전미사를 하지 못하게 했다. 좌익의 능수능란한 수법을 통찰하는 지식과 경험이 풍부한 형안을 가진 사람이라면, 누구나 종교적 완전 불가침 성역을 좌경 데모 일색으로 몰고 가 명동 성역을, 심지어는 북한 평양의 남한 선전 지부화 시키려는 경향을 뚜렷하게 감지할 지경에 이르렀다. 그러므로 지성인과 6·25를 체험한 사람들 사이에는 그렇게 좌경화로 치닫는 젊은이들의 명당성역에서의 끊임 없는 데모 함성과 투석과 폭동, 경찰의 최류탄 난사에 대해 국가의 앞날을 우려하는 분위기가 날로 더해갔다. 서울대교구장인 김수환 추기경은 민주화 운동의 기수이며 큰 버팀목이었으니 사태가 이렇게 진행되어 가는 데는 어쩔 도리가 없는 형국으로 치달았다. 특히 교회 당국이 견디기 어려웠던 것은 김수환 추기경과 김옥균 주교가 아침에 사목 방문을 나가시면, 오후에 격렬하게 전개되는 데모로 명동 교구청으로 되돌아올 수 없게 되는 것이었다. 그래서 두 분 모두 밖의 교회 사제관에서 주무시고 이튿날 아침, 데모가 아직 시작하지 않은 시간에 교구청에 돌아오는 처지가 됐다. 일이 이쯤 되니 이제 한국도 베트남 공산화의 전철을 밟는 게 아니냐는 소리가 내부 경험이 있는 사제 층에서 강력하게 제기되었다. 그러므로 교회 당국으로서도 어떤 특단의 조치를 취할 수밖에 없는, 막다른 상황에 처하게 되었다. 그렇기에 보좌 주교였던 김옥균 주교는(교구장인 김수환 추기경과의 상의를 거친 조치였지만) 내가 명동대성당 주임을 맡아 사태를 올바른 방향으로 수습해 달라고 했다. 나는 내키지 않기에 왜 나냐고 물었더니 청년들의 극렬 데모로 명동대성당은 대성당으로서의 기능을 완전히 상실해가는 처지임을 잘 알지 않느냐며 이런 경우, 지혜와 지능과 실천력을 겸비하고 사회에 지명도도 있는 사제가 주임을 맡아 명실상부한 본래의 사목을 되찾아와야겠는데 아무리 서울대교구 사제 명단을 살펴보아도 일그러진 사목 현장을 되찾아올 사제는 정의채 신부밖에 없다는 것이었다. 그것도 군사 독재 정권을 자유민주주의적 시대적 흐름과 조화시키며 본래적 사목을 되찾아와야 한다는 절박한 사정이었다. 내가 보기에 그것은 전국적으로 걷잡을 수없이 극렬 데모에 휩쓸린 국가의 운명에 관한 일이기도 했다. 지금은 많이 잊혔지만, 그 당시 명동의 데모 양상은 곧바로 그대로 전국의 데모로 번져 나갔다. 교회 양상은 하루가 짧게 명동대성당의 사목상과 데모상이 그대로 전국 교회에 전수되는 모양새였다. 한마디로 그만큼 명동대성당과 그 영역에서 일어나는 사회적·교회적 사건과 일거수일투족(一擧手一投足)은 거의 동시 다발적으로 그대로 전국적으로, 또 전 교회로 번져가는 꼴이었다. 그러니 그런 제안은 제안하는 측과 제안을 받는 측에도 신명(身命)을 건다는 각오의 중대사일 수밖에 없었다. 나는 잠시 숙고한 후에 비장한 각오로 다음과 같이 말했다.

2) 불광동성당 대보수 공사

"나는 사제이기에 명령하면 순종할 것이다. 그러나 자진해서 불구덩인 명동대성당 주임으로 갈 마음은 없다. 한 가지 조건만 들어주었으면 한다." 당시 내가 주임신부로 있던 불광동성당이 1984년 8월 말 대홍수 때 큰 부실 공사로 물난리를 겪게 되었는데 그 하자 보수를 시공자측이 계속 미루고 있어, 그것을 해결하고 가겠다는 것이었다.

지금 기억으로는 근 6개월에 걸쳐 시공사의 회장을 만나려 했으나 전화할 때마다 해외 출장 중이라며 핑계로 일관했다. 국내 본사에 있는 것을 뻔히 알고 있는데도 그랬다. 그 동안 현찰로 막대한 금액을 다 챙기고 잔금 조로 남은 돈만 받으려는 것이었다. 그 회사는 당시 이름 있는 큰 건설사 중 하나였기에 그 배후를 알아보았더니 박정희 대통령 시절, 굉장한 세력가가 그 배후라는 것이었다. 나는 분개했다. 그 이유는 성당 건축 비용이 부자의 헌금이 아닌 서민들의 헌금, 때로는 자녀들에게 등 몇 천 원 용돈을 받아 버스비까지 아껴 단돈 몇 백 원씩 헌금한 것 등으로 하느님의 성전을 지은 것인데 그런 큰 건축회사가 그런 돈까지 갈취하는 양상으로 챙길 것은 다 챙기고 부실 공사를 일삼는 데는 주임신부로서 더는 참을 수가 없었다. 시대와 세태는 바뀌었는데도 권력과 결탁한 대회사라는 것이 그 모양이었다. 본당 사목회장이 마침 고등법원 부장판사 출신 변호사였기에 법률 검토를 마친 후에,

신(新) 권력층에 사건 전말을 소상히 설명하고 합법적으로 지명수배령을 내렸다. 그 직전까지도 외국 출장이라던 시공회사 회장이 얼마나 다급했던지 동시에 3-4개 전화라인을 총동원하여 주임신부를 30분 내에 면회하기 위해 급거(急遽) 성당까지 찾아온다고 했다. 그 이유는 얼마간의 시간 안에 주임신부와 타협을 짓지 못하면 그대로 수갑을 채우는 지명수배였기 때문이다. 그렇기에 수갑을 들고 쩔렁거리는 집행인들이 사제관 앞에 대기하는 상황이 벌어졌다. 물론 그 건설사 회장은 얼굴이 사색이 되어 성당 사제관에 득달같이 도착했다. 권력에 기대어 착취를 일삼는 군상이 내 눈에 수없이 어른거렸다. 어찌 되었건 나는 정중히 그분을 맞았다. 그리고 단도직입적으로 우리가 계약한 것만을 요구한다며 그 당시로서 상상하기 어려운 막대한 돈을 현찰로 지불했으니 거기에 상응한 성당 건축을 요구하는 것뿐이라는 점을 명시했다. 그러면서 나는 그해 겨울 2-3개월간 그 시공사를 상회하는 두 건설회사에게 서로 별개로, 즉 서로 모르게 부탁하여(건축계에서는 동업자들이 지켜야 할 의리가 그런 것이라기에) 조사한 바가 거의 같은 결과로 나온 것을 제시했더니 또 한 번 놀라는 것이었다. 밖에 수갑을 든 집행인들이 나와의 타결 여부에 따라 구금할 급박한 사태는 회사 측에서, 특히 회장이 스스로 불러온 것이기에 그분은 몹시 당황하여 성당 측에서 요구하는 대로 다 응하겠다고 했다. 나의 태도는 초지일관이었다. 성당 측이 계약서에서 요구한 대로, 또 돈을 지불한 만큼 성당 건축을 제대로 하라는 요구였다. 상대방이 자승자박이지만 지명 수배라는 곤궁에 빠졌다고 그것을 기화로 조금도 득을 볼 생각이 추호도 없다는 것을 분명히 했다. 그러면 어떻게 하면 좋겠느냐고 하기에 내가 준비한 건축의 실상과 약속한 시간이 지났으니 성당 사정을 고려하여 그해 추석 전까지(추석 전에 또 한 차례 큰 태풍이 올 수 있기에) 공사를 끝마쳐

달라고 했다. 무엇보다도 일의 핵심은 공사를 완전하게 해야 한다는 것이었다. 공사를 어떻게 하면 좋겠냐고 하기에 나는 그때까지 독일에서 발명하고 사용한 지 6개월밖에 안 된, 외국으로서는 인접 국가인 프랑스에 수출되어 2개월간 사용했다는 실리콘을 사용할 것을 요구했다. 오늘에야 누구나 사용하는 것이지만 당시로서는 전문가들도 잘 모르던 것으로 국내에서는 3대 건축회사만이 선전 카탈로그를 갖고 있었는데 그 중 하나를 빌려서 갖고 있었다. 그것을 보여주며 바로 이런 실리콘을 비행기로 60드럼 구입하여 성당 옥상 전면에 부으면 될 것이라는 안(案)까지 제시하니 그쪽에서는 매우 놀라워 했다. 나는 모든 것을 그대로 수용하여 성당의 부실을 막아야 한다고 요구했다.

이런 수리 요구 와중이었기에 갑자기 불광동 주임신부가 바뀌면 일은 일대로 안 되고 신부는 신부대로 희생될 처지였다. 그것도 주임신부가 바뀌면 십상팔구 제자 중 누구인가 올 확률이 높았기에 그런 분이 내 후임으로 쓰러지는 것은 할 일이 못된다고 생각했다. 나는 이런 과정을 겪으면서 두 번 쓰러졌다.

이 과정이 지나고 불광동성당 대 보수 공사가 마무리되는 정확히 1년 후에 교구청 김옥균 주교로부터 명동대성당 주임신부 교섭이 다시 왔다. 나는 똑같은 말을 반복했다. 자진해서 갈 마음은 없고 명령하면 순명한다고 했다. 그렇게 임명되어 나는 명동대성당 주임신부가 되었다. 사회에서도 명동대성당 데모를 많이 우려하던 때라 전무후무(前無後無)한 정의채 신부 명동 주임신부 임명이라는 일간 유력지의 사회면 큰 기사들과 도하(都下) 군소 신문의 기사가 일제히 실렸다. 가장 핵심적인 과제는 좌경에 치닫고 있는 청년들의 날로 극렬화 되고 좌경화 되어가는 데모와 성당의 존재 이유인 미사, 특히 토요일 특전미사를 위시한 혼인미사, 장례미사와 기타 교회 행사의 원활한 수행이었다.

더불어 교회의 기본 교리이며 사회 존립의 기초인 인권 문제에 기반을 둔 민주사회 정착과 증진을 명동성당이 이루어내는 것이었다.

고식적이고 인류문화의 놀라운 발전상에서 멀리 뒤떨어진 인사들이나 사고방식은 마치 교회와 사회와는 별개의 것으로 종교는 마치 이슬이나 먹고 살아가는 것과 같은 유의 사고방식인데 내 생각은 전혀 달랐다. 1980년대 후반, 한국 사회는 오랜 군사 독재 정권에 대한 반작용으로 젊은 층, 특히 학생들이 자기들도 의식하지 못하는 인류문화 흐름에 역주행하는 소련 스탈린식 좌경, 인민의 인권이 완전히 소멸돼 가는 북한의 세습왕조식 공산 좌경에로의 역주행에 대해 명동성당은 고귀한 하느님의 모습인 인권에 기초한 철저한 민본(民本) 사상에 근거한 새로운 천지 도래를 이루어내는 미래지향적 운동의 분출지가 되어야 한다는 것이 확고한 소신이었다. 그렇기에 먼저 격렬한 명동대성당 역내 좌경데모를 근본적으로 바꾸어 놓아야 한다고 생각했다.

명동 데모의 기간(基幹)은 대학생들이었다. 당시를 풍미하던 좌경 사상, 즉 북한의 공산 사상과 맥을 같이하는 사상과 공산 정체(共産政體)는 당시에는 천 년 철옹성(鐵甕城) 같았지만 2천 년이 오기 전에 모래성처럼 사라질 것이라는 것을 나는 대학 강의에서도 줄곧 말해왔다. 소련과 동구에서 공산 사상과 공산 정체(政體)가 무너져 갈 때 〈조선일보〉에서는 3일에 걸쳐 그동안 믿을 수 없었던 공산주의와 공산 정체의 2천 년 도래 전 붕괴 예언에 대한 큰 기사를 실었다. 명동성당 데모를 바로 잡는 데도 먼저 명동 신자 학생들에게 근본적으로 작용하여 그들의 사상적 확신을 뒤흔들고 행동을 와해시킨 것이었다. 이렇게 하여 내가 부임한 지 2개월 안인(1988년 2월 25일에 주임신부로 부임했는데), 4월 중순에는 좌경 데모가 거의 사라지게 되어 나는 교회 안팎에서 '강자'라는 별명 아닌 별명으로 불리게 되었다. 참으로 오랜만에 명동대성당은 모든 성당 행사를 아무 지장 없이 제대로 수행할 수 있었고 새로운 활기를 띠게 되었다. 가장 편안해진 곳은 물론 교구청 김수환 추기경과 김옥균 주교였다. 그리고 그런 분위기는 전국 교구 단위로 번져가기 시작했다. 그러나 그런 좌경 세력이 그리 간단하게 소멸될 리 만무했다. 이런 비상 시기의 비상한 변혁이 순풍에 돛단 식으로 이루어질 수 없기 때문이다. 아마도 나를 희생시키지 않은 것은 그 전에 원주교구장 지학순 주교를 구금하여 군사재판으로 15년 장기형을 선고하고 박정희 정권이 아주 난처한 처지에 놓였기 때문일 것이다. 또다시 명동 주임신부에 위해가 가해지면, 가해자 측이 그 이상으로 난처한 처지에 놓일 것이기에 다른 방도를 취한 것으로 보인다.

3) 지학순 주교의 구금과 석방

박정희 정권은 박정희 군사 정권 횡포에 반대한 지학순 주교를 1973년 7월에 구금했다. 육군 대장은 군사 재판에서 8월 12일 15년 징역과 15년 자격 정지 선고를 내렸고 이로 인해 박정희 정권은 세계적으로 대단히 어려운 처지에 놓이게 되었다. 나는 그 당시 일선 미군 부대에서 미 종군 사제 부족으로 주일미사를 돕고 있었다. 당시에 가톨릭과 아무 상관이 없는 미군 병사들조차 이제 미군이 한국에 머무를 필요가 없고 한국에서 철수해야 한다는 분위기가 만연해 있었다. 그 이유인즉, 지학순 주교의 군사 재판 후 남과 북 어느 쪽이 공산주의 체제인지 구별할 수 없다는 것이었다. 도덕의 상징인 천주교 주교를 총칼의 상징인 육군대장이 군사 재판에서 중형을 지우니 민주 미국 시민으로서는 그 누구도 대한민국 체제를 옹호할 수 없다. 더욱이 군대를 주둔시켜 그런 정권을 보존케 한다는 것은 언어도단이라는 것이었다. 만일 미국 정부가 그런 한국의 군사정권을 보호한다면, 미국 정부 자체를 붕괴시켜야 한다는 것이 한 개의 졸병에게도 철저했을 만큼 한국은 큰 위기를 맞고 있었다. 그렇기에 〈뉴욕 타임스〉, 〈워싱턴 포스트〉 등의 미국의 유력지들은 매일같이 한국의 군사정권을 비난하는 기사로 넘쳐나는 지경이었다. 미국 정부의 압력도 도를 더해 가던 시기였다. 그렇기에 궁지에 몰린 박정희 군사정권은 그 위기에서 벗어나려 필사의 노력을 하던 차에 지학순 주교의 엄청난 뇌관을 직감하게 되었다. 당시 혁명주체 세력 박경원 내무장관 측에서 장관 비서실장이 그해 12월 29일 당시 신학대학 교수였던 나를 찾아와 12월 30일 저녁 식사를 같이하며 지학순 주교 문제에 지혜를 빌려달라고 했다. 나는 일언지하에 거절했다. 그 이유인즉 내무부 장관은 일국의 집안 살림을 책임진 위치인데 나 같은 일개 성직자와 12월 30일에 회식을 한다는 것은 있을 수 없다고 했다. 지금 기억으로는 아마 그날 그 비서실장이 5회쯤 연구실 문을 노크한 것으로 생각된다. 그 바쁜 분들, 지체 높은 분들의 성화같은 요청이기에 받아들이는 것이 인간의 도리라 생각되어 수락하였다. 30일 저녁, 어느 요정 같은 데로 커튼으로 가린 차로 안내하더니 술상 하나가 들어오고 나를 아랫목에, 박 장관은 윗목에 자리잡고 측근들을 다 물리치고 술을 부었다. 나는 대뜸 용건이 무엇이냐고 했다. 예상한 대로 감옥에 가둔 지학순 주교의 문제인데 국제적 압력, 그중에서도 미국으로부터의 압력은 상상을 초월하는 것이라는 것이 줄거리였다. 〈뉴욕 타임스〉의 지 주교에 관한 기사를 큰 사진첩 하나 가득히 스크랩해 온 것을 보고 나는 놀랐다. 당시로서는 이런 문건의 국내 반입이 전면 통제되는 시기인데 짐에 같이 갖고 온 것도 신기한 일이었다. 무슨 좋은 수가 없겠느냐는 것이었다. 박경원 장관의 난처한 입장에 대한 대답은 간단했다. 잡아넣으면 안 될 분을 잡아넣었으면 즉시 놓아주면 끝나는 것이 아니겠느냐는 것이었다. 그분은 한숨을 푹 내쉬며 몹시 반기면서도 군사 재판으로 중형을 선고 받은 것을 무효화시키는 절차는 매우 까다롭고 시간도 오래 걸려 여러 달이 걸린다는 것이었다. 나는 그런 것이 무엇이 그리 문제가 되느냐며 원천적으로 잘못되었으니 군사 독재 정권 대통령의 막강한 권력으로 원천을 무효화시키면 되지 않겠느냐고 했다. 박 장관에게 나는 그런 무모한 일을 왜 저질렀느냐고 했더니 자기는 그런 일이 있는지도 모르게 모 기관에서 저지른 일이지만 국가적 대외관계에서는 자기가 처리할 수밖에 없다고 했다. 그러면서 아주 좋은 해결 아이디어, 자기들은 생각도 못했던 해결 아이디어를 주었으니 다음날, 즉 정월 초하룻날 청와대에서 신년 하례식 때, 각하(박정희 대통령)를 단독에 뵈올 기회에 내 생각을 말씀드려 가능한 빠른 시일 내에 지학순 주교를 무조건 석방하도록 하겠다고 했다. 그 후 지학순 주교는 1975년 2월 17일 구속집행 정지로 석방되어 국가적 큰 위기를 면하게 됐다.

4) 조성만 군 명동성당 역내 투신자살과 인류 생명문화 사상 정립

그렇게 극성이던 명동대성당 영역에서의 좌경 데모는 내가 주임신부로 부임한 지 2개월 미만에 사그라져 갔다. 그 후 대학생들을 중심으로 하는 당시 좌익 사상 전파의 한 반편으로 이용되던 대학생들의 농활(농촌 봉사활동) 준비가 명동성당의 명청련(명동청년연합회) 젊은이들 사이에서도 진행되고 있었다. 조성만 서울대생은 민속반 책임자였다. 그 당시 민속반은 흥을 돋우는 농악의 주도 부서였다. 5월 둘째 주 토요일로 기억한다. 나는 점심을 먹고 성당 경내를 한 바퀴 도는 습관이 있었다. 마침 조성만 군이 성당 벽에 기대어 담배를 피고 있었다. 나는 무심결에 조성만 군이 농활에 중요한 민속반을 맡고 있기에 가까이 가일이 잘 진행되고 있느냐고 말을 건넸더니 담배를 뒤로 돌리며 "예"하는데 몸이 많이 부해 보였고 눈이 많이 충혈되어 있었다. 나는 아마도 며칠 동안 준비에 몰두하여 피곤이 누적되었는가 보다 생각하며 다른 곳으로 옮겨 갔다. 그럭저럭 오후 한 시가 되었기에 잠깐 오수(午睡)를 취하는데 밖에서 갑자기 비명 소리와 고함 소리, 무엇인가가 옥상에서 떨어지는 소리 등이 뒤범벅이 되어서 방에서 뛰어 나왔다. 조성만 군이 교육관 옥상에서 몸에 품었던 칼로 할복 투신자살하는 비극이 벌어졌다. 그가 떨어지면서 "자주통일과 미군 철수"를 외쳤다는 것이었다. 또 그런 비라가 수많이 날았다. 나는 넋을 잃을 수밖에 없었다. 조금 전에 그렇게 친밀하게 말을 건넨 유망한 젊은이가 부하게 보였던 것은 저렇게 자기 배를 가를 칼을 품고 있었기 때문인가. 또 충혈됐던 것은 죽음을 앞둔 한 젊은이의 한 맺힌 표현이었던가. 아니면 무슨 약물이라도 복용했단 말인가. 상념은 꼬리에 꼬리를 물었다. 이념이란 이렇게 비정한 것인가. 제대로 피어도 못 본 채 저렇게 꽃다운 젊음이 희생되어 스러져가야 하는가. 나는 의분(義憤)을 토해낼 수밖에 없었다. 그날이 마침 토요일이었기에 저렇게 젊은 생명을 희생시키는 어떠한 주의 사상도 인륜과 천륜을 거스르는 생명에 대한 대역죄라고 울부짖었다. 그런 울부짖음이 사람들의 마음을 움직였을까. 큰 공감을 산 듯, 도하 모든 대소 매체는 일제히 그런 처사의 부당함을 맹비난하였다. 민심이 그런 생명희생을 배격하는 쪽으로 움직여 갔다. 사실 그 전에도 계속 투신 분실 등 자살 소동이 끊이지 않았으며 조성만 군의 죽음은 15번이었다며 35번까지 순번이 정해져 있다는 뒷말이었다. 어찌 말하면 조성만 군의 죽음은 앞으로 올 20명의 죽음을 막아준 고귀한 희생이었다. 그것도 명동성당에서 막아준 셈이다. 그런 것 저런 것들이 간장을 끊어내는 통분 중에서도 한 가닥의 위안을 느끼며 고귀한 의미를 찾고자 하는 심정이었다.

이런 반 생명에 대한 체험에서 우러나온 확신과 의분의 발로는 서강대학교 부설 생명문화연구소를 출범시켰다. 나는 당시 매일 같이 일어났던 어린이 유괴와 살해 사건에 자극을 받아 연구소를 창설하고 초대 소장직을 수행하여 어린이 유괴 살해 사건을 근절시켜 나갔다. 당시 서강대학교 총장이며 선구자적 식견과 실천력이 뛰어난 박홍 총장 신부의 제안을 받아들여 서강대학교 부설로 당시로서는 매우 생소했던 '생명문화'라는 새로운 개념을 창출하고 "생명을 사랑하자. 풍요롭게 하자"는 구호로 생명문화연구소를 출범시켰다. 이와 같이 새로운 개념으로 한국은 물론 3천 년대에 인류가 반드시 이루어내야 할 인류 공통문화 형성의 기초 개념을 제공하여 인류를 하나의 인간애로 묶어가는 단초를 제공했다. 때마침 전국의 산하 오염에 큰 경종을 울린 것이 낙동강 페놀 오염 사건까지 겹쳐 생명문화연구소는 자연환경 살리기 등의 기수 역할까지 하게 됐다. 나는 이 시기에 "환경보존을 위한 국가 선언문 제정 위원장" 직도 맡게 되었다. 이렇게 생명문화연구소 창출과 초대 소장직을 거치면서 동서고금, 현재와 미래에 공통되는 생명문화의 기본적 개념을 학문적으로 적립하여, 국가와 민족, 종교를 초월하여 인간이면 누구나 공감하고 동참할 수밖에 없는 삶의 근본인 "생명을 사랑하자. 풍요롭게 하자"의 명제로 생명문화를 정립해 갔다. 또한, 세계학회들을 통해 3천 년대 새로운 인류의 공통문화 창출의 기초 개념을 제시하여 인류문화가 새로운 차원으로 진화하게 된 것을 큰 보람으로 생각한다.

5) 생명문화 세계화와 미국 유수 대학 연구소에 방향 제시

이러한 과정에 이르며 나는 국제, 특히 생명문화의 세계화와 미국 유수 대학 연구소, 미국 국무성의 용역 연구비까지 받아 미국 국무성 정책에도 상당한 영향을 미쳤다. 또한, 앞으로 3천 년대 전반기 수세기에 다가올 세계에 대비하는 국제 세미나를 세계 도처의 현지학자들과 여러 차례 개최했다. 지금도 계속되는 연구소와의 관계를 소개하면, 희망적인 인류의 미래를 감지할 것으로 생각된다. 그것은 다음에 소개하는 〈시대정신〉(時代精神) 지(誌)와의 인터뷰 첫 부분에서 그 골격에 대해 언급한다.

2. 동·서 문화의 융합과 생명 사상[40]

– 3천 년대 새로운 인류 공통문화 형성의 초석(礎石) 개념인 생명문화의 세계
 화와 미국 유수 대학 연구 방향 제시

안병직_ 정의채 몬시뇰님께서는 성직자(聖職者)이면서도, 우리 사회 문제에 대하여 깊은 통찰력(洞察力)을 가지고 계셔 많은 국민으로부터 존경을 받고 있습니다. 몬시뇰님은 철학도 전공하셨는데, 몬시뇰님의 철학과 사회에 대한 통찰력 간에 일정한 관계가 있지 않나 싶습니다.

정 몬시뇰_ 우리나라에 절실히 필요한 〈時代精神〉이라는 잡지를 편집하는 안 이사장 님께서 직접 대담을 해 주셔서 감사합니다. 저는 특별한 사람도 아니고, 뛰어난 사람도 아닌 그저 평범한 사람입니다. 그저 사심 없이 주변에서 일어나는 일들을 보아왔습니다. 여러 번의 정변도

---

40 原題: "동·서양 문화의 융합과 우리의 진로", 인터뷰, 정의채 몬시뇰(서강대 석좌교수): 안병직
 (〈時代精神〉 발행인·편집인).

겪었고, 평화적인 타협도 보았으며, 남북이 갈라지는 것도 봤습니다. 저는 우리 국민이 좀 더 평화롭게 살아야겠다는 생각을 하고 사심 없이 관찰한 것을 어떤 때는 직접적으로 말하고 어떤 때는 간접적으로 말하기도 했는데, 주위 분들이 좋게 보아주시는 것 같습니다.

안병직_ 몬시뇰님의 사회 철학은 동·서양 철학의 융합, 물질세계의 융합뿐만 아니라 정신세계의 융합도 이루어져야 한다는 것입니다. 그 융합에서 결과하는 핵심적인 사상은 생명 사상, 생명 사상에서 우러나오는 인간존중, 그러한 것이 몬시뇰님의 사회 사상의 특징으로 보입니다. 몬시뇰 님은 인간 존중 사상을 바탕으로 세계가 나아갈 새로운 방향도 제시하고 신자유주의도 비판하는 것 같습니다.

정 몬시뇰_ 그러한 물음에 답하기 위해 저는 먼저 기원 3천 년 여명기(黎明期)에 들어선 인류문화의 향방에 대해 몇 말씀 드리겠습니다. 3천 년대에 놀라운 과학기술 IT·BT·NT의 발달, 특히 사이버 기술의 발달로 급속히 하나가 되어 가는 인류가 평화와 번영을 누리기 위해서는 세 가지가 요청되는데, 무엇보다도 3천 년대 초반 수세기의 새로운 인류 공통문화를 형성시키고 이에 기초해서 우리의 현실을 점검하고, 미래를 전망해야 합니다.

안병직_ 그러면 우선 인류 공동 문화의 형성에 관하여 들어볼까요.

정 몬시뇰_ 3천 년대를 여는 데 가장 중요한 것은 인류의 새로운 공통 문화의 창출입니다. 그것은 먼저 동·서 문화의 융합으로, 다시 말해 고도로 발달한 동양의 오래되고 다양한 문화와 서구 문화의 뿌리인 그리스도교 문화의 조화로 새로운 인류의 공통문화 창출에 인류의 운명이 걸려 있다는 것입니다. 또한, 이런 일의 기초 작업으로는 생명 존중과 풍요를 기본 테마로 해야 한다는 점입니다. 그런데 그 출발점을 생명으로 해야만 서로 상반되는 사상들이 무리가 없을 뿐만 아니라 적극적인 참가를 유도할 수 있습니다. 그것은 동양, 즉 아시아는 지구상 가장 큰 대륙이고 가장 많은 인구를 내포하며 모든 위대한 종교와 철학과 실천적 삶을 갖고 있기 때문입니다. 그런데 그런 사상과 삶이 가지고 있는 내용은 천차만별이고, 때로는 상충까지 하기에 공통점을 찾기 어려운 면도 있습니다. 생명 사상은 그 어떤 종교나 사상, 실천 생활에도 기본이 되기에 제가 이 점에 초점을 맞추어 그 논지를 끌어간 것이 뜻밖에 세계적인 큰 호응을 얻고 파급 효과를 낸 것 같습니다. 그때까지 없었던 새로운 문화 시각이었기에 소리 없이 놀라운 파급 효과를 나타내어, 그 후 지역적·국제적 모든 학술회의와 실천회의, 즉 이념과 생산과 운수, 일선 점포, 소비자에 이르기까지 생명 보호와 풍요를 위한 사상이 삽시간에 세계 도처에서 모든 것의 기본 사상이 되는 것을 보게 되어 큰 보람을 느낍니다.

안병직_ 몬시뇰님께서 동·서양 철학의 융합을 통한 인류 공통문화의 창출을 제의한 것은 획기적이라고 생각합니다. 그러면 그러한 제의로 새로운 사상이 구체적으로 어떻게 전개되었는지를 말씀해 주십시오.

정 몬시뇰_ 이 문제는 1985년으로 거슬러 올라갑니다. 당시 저는 서강대 철학과 교수로 있으면서 불광동성당 주임신부도 겸하고 있었습니다. 미국 워싱턴 가톨릭대의 '가치와 철학연구소'가 보스턴 대학교와 일본 도쿄 대학교 교수 등과 같이 내한하여 한국의 가톨릭대, 서강대,

서울대, 한국외국어대, 성심여대 교수 등과 '윤리와 가치'라는 제목의 학회를 불광동성당에서 하게 되었습니다. 이 학회는 미국이 앞으로 다가올 태평양 시대를 준비하는 것이었습니다. 그 이유인즉, 미국이 1974년 장기간에 걸친 베트남전에서 수많은 사상자와 막대한 전비를 소모하고 비참한 패전을 한 후, 미국 청년들이 실의에 빠져 정신적·윤리적으로 퇴폐의 길을 걷게 된 데 대한 대비책으로 보였습니다. 그들은 마약에 빠져들기도 하고, 이른바 호모, 더 나아가 샌프란시스코 중심에 게이 촌을 형성하는 등 미국의 앞날을 몹시 걱정스럽게 하는 때였습니다. 그렇기에 위 연구소는 '태평양 시대의 도래'라는 기치를 걸고 미 국무부의 재정 지원으로 태평양 연안 국가들, 즉 멕시코, 아르헨티나, 일본 등지에서 유사한 학회를 마치고 한국에 왔던 것입니다. 말하자면 공산주의와 동양의 윤리 심성을 파고들어 미국이 동양, 다시 말해 태평양 시대에 재기를 노린 것이라고 볼 수 있습니다. 그래도 미국다운 면은 연구가 사실에 근거해야 한다는 것이었습니다. 한국 다음으로는 중국 본토에서 하고 싶었으나, 중국은 아직 죽(竹)의 장막 시기였기에 할 수가 없었습니다. 그래서 대만에서 하고, 다음으로 인도, 그후 태국이나 인도네시아 등에서 할 계획이라고 했습니다.

그때 저는 개회사에서 1997년에 있을 홍콩의 중국 반환 후 일어날 세계 정세의 변화, 새 천 년대에 일어날 인류문화의 놀라운 변화, 특히 동·서 문화의 합류를 불가피하게 할 것이어서 인류문화는 신천지로 접어들 것이라는 점을 제시해 그 연구소의 연구 방향에 영향을 미친 일이 있습니다. 그 후 저는 중국은 1만 년의 역사를 갖고, 시대마다 벌어지는 인류의 애환(哀歡)을 다 겪으며 무슨 문화든 다 동화해낸 나라이기에, 역사의 짧은 한 토막, 1백 년의 홍콩 조차(租借) 시기를 세계 강대국으로부터 힘을 흡수하여 중국을 더 풍요롭게 할 또 다른 계기로 생각한다고 했습니다. 그렇기에 홍콩 100년 점유가 영국, 미국 등 백인들에게는 대단할지 모르지만, 만 년 역사를 지닌 중국인들에게는 또 다른 짧은 계기, 즉 중국인 세계 진출의 더할 수 없이 좋은 계기라는 점을 말해 주었습니다. 그런 관점에 납득을 못하는 것 같아 부연하였습니다. 그것은 다음과 같은 점입니다.

영국이 지중해와 수에즈 운하를 거쳐 중동 전역을 식민지로 석권하고, 싱가포르를 거쳐 동양 제패와 세계 제패의 상징인 홍콩의 99년간 조차(租借), 기상천외(奇想天外)의 항로와 무역항과 미항(美港)을 건설하는 동안, 중국인들은 그 항구와 항로를 통해 수없이 많은 이민을 세계로 송출했습니다. 중국인은 특유의 축재 능력으로 화교 거상(巨商)들을 만들고 홍콩 반환을 계기로 대영 제국의 항로를 그대로 역류하여 중동과 아프리카 등 구영국 식민지를 중국권으로 만들기에 이를 것이라고 했습니다. 이런 각도에서 현실과 중국의 1만 년 문화를 연구하여 앞으로의 새 천 년대에 대처해야지, 그렇지 않으면 영국 제국주의 시대를 이어받아 신자유주의라는 미명하에 새로운 경제적 제국주의 시대를 연 미국은 영국의 몰락 이상의 비극적 결말에 직면할 수도 있음을 귀띔하였던 것입니다. 그런 저의 예상은 의외로 빨리 실현되어, 중국은 오늘의 태평양뿐만 아니라 세계에 포효(咆哮)하는, 깊은 잠에서 깨어난 사자로 나타났습니다.

이런 생명 사상 발상의 직접적 동기는 제가 명동성당 주임신부로 있을 때, 좌익계가 지휘하던 극렬 데모로 1988년 5월 서울대생 조성만 군이 명동성당 교육관 옥상에서 투신자살한 사건이었습니다. 그때 조성만 군이 좌익적 구호를 외치며 투신자살한 것은 15번째이고, 앞으로 35번까지 자살이 예정되어 있다는 것이었습니다. 저는 한 성직자로서, 또한 인간으로서 젊은 생명이 허구적인 이념의 도구로 무참히

희생되는 것에 한없는 비애를 느끼며 그런 비극을 역이용하여 더 이상의 희생을 막았습니다. 즉, 언론 등의 도움을 받으며 강론과 교육, 투고 등을 통해 죄악상을 낱낱이 폭로하며, 더 이상의 무익한 젊은 생명의 희생을 막았던 것입니다. 이런 저의 마음과 정신의 움직임은 1991년 말 서강대의 생명문화연구소 개설로 나타났습니다. 당시 우리 사회는 매일같이 발생하는 어린이 유괴 살인 사건으로 큰 불안에 휩싸였던 때였습니다. 그때 서강대 박홍 총장의 용단으로 전대미문의 '생명문화'라는 새로운 용어와 문화가 '세상의 생명을 위하여'(요한 6,51 참조)와 '생명을 사랑하자, 풍요롭게 하자'의 기치로 어린이 유괴 사건을 종식시켰습니다. 한국 조야(朝野)는 물론이고, 매체들의 대대적인 보도로 생명에 대한 세계적 관심을 불러일으켰고, 실천 기구의 출현을 촉발시켰던 것입니다. 이와 때를 같이하여 발생한 낙동강 페놀 사건과 전국 산하의 심각한 오염상이 노출되었습니다. 이 또한, 생명문화연구소의 과제였습니다. 이런 연유로 저는 '환경 보전을 위한 국가선언문' 제정위원장으로서 이 땅의 자연 지킴이 일역도 하게 됐던 것을 은혜로 생각합니다.

안병직_ 인류 공통문화의 형성에 대한 몬시뇰님의 철학은 국제적으로도 상당한 반향이 있었던 것으로 기억합니다. 세계 철학계에서는 몬시뇰님의 철학에 대해서 어떤 반응을 보였습니까?

정 몬시뇰_ 2000년 3월 파리 UNESCO 본부에서 열린 교황청 문화위원회가 주동이 되고 파리 가톨릭대 철학대학이 주최한 세계 가톨릭 철학대학 창립학회에서였습니다. 이 학회는 프랑스 정부의 문화성과 UNESCO가 후원하는 3천 년대 인류 사상의 서막을 알리는 야심찬 것이었습니다. 그도 그럴 것이 천 년대 등 인류 공통으로 연대를 셈하는 숫자, 즉 2천 년은 그리스도의 탄생에 기원을 두고 있기 때문입니다.

저는 이 학회에서 동양 사상과 서구 사상의 만남에 대해 말했습니다. 오늘날 서구 사상의 원천은 그리스도교이기에 동양에서 그리스도교 사상과 동양 사상 및 토착 문화와의 만남, 그중에서도 한국에서의 유교와 그리스도교 사상의 만남은 큰 의미를 갖는다는 점을 말했습니다. 새 3천 년 여명기에 서구 문명과 아시아권 문화의 만남의 중대한 의미를 세계인에게 깨우치기 시작한 것입니다. 한국의 입장에서는 동양적 인간상을 하느님의 창조에 근거한 서구적 인간상과 비교해 동·서의 공통성과 융합을 제시하여 새로운 길을 모색했습니다. 더 나아가 동양의 인간과 그리스도교의 인격(人格) 사상을 기초로 유교의 삼강오륜(三綱五倫)과 그리스도교 십계명을 비교하였는데, 이러한 연구 발표는 세계 학자들로부터 큰 주목과 호응을 얻었습니다. 이때 동양의 발표자는 저뿐이었습니다. 이런 상상의 흐름은 2000년 11월 중국 베이징(北京)에서 창립된 보인(輔仁)대학교 70주년 기념 세계 철학자 학회에서 본모습을 드러낸 것입니다. 보인대는 가톨릭의 동양 명문 중 하나로, 보인(輔仁)이란 명칭을 유교 경전에서 따올 만큼 동양적 색채를 강하게 느끼게 하는 대학입니다. 이 대학에는 대만 국립대학에도 없는 유학과(儒學科)가 일찍부터 있어, 이 대학은 중국 사상 본류(本流) 연구의 메카가 되었습니다. 이 대학 70주년 기념 세계 철학자 학회에서 저의 사상 경로가 드디어 본모습을 드러낸 셈입니다. 그것은 모든 위대한 사상과 종교 사상에 공통된 것은 '생명 존중'과 '생명 사랑' 및 품격에 맞는 '풍요로운 삶'이니, 생명을 공통 출발점으로 하여 새로운 인류 공통문화를 창출하자고 제안했습니다.

이런 학술적이면서도 실천적 제안은 전혀 예상치 못했던 세계적 큰 반응을 불러일으켰습니다. 제가 보인대 70주년 학술대회에서 제안한 새로운 천 년대 벽두부터 전(全) 인류가 추구하고 실현해야 할 공통과제는 공존(共存), 공생(共生), 공영(共榮)이 그 시작이며 끝, 즉 알파요 오메가란 점이었습니다. 이런 사상과 염원은 세계와 각 지역 인류의 마음에 깊이 각인되어 삽시간에 실천되는 현상을 불러온 것입니다. 이런 생명 사랑과 풍요, 자연 사랑과 존중 사상은 삽시간에, 또 부지불식간에 세계인의 의식 속에 큰 파문을 일으켜, 국제적 모든 학술회의나 실천적 모든 활동, 생산, 무역, 유통, 판촉 활동 등에서 준수의 원칙으로 자리잡게 되었습니다.

또 한 번의 저의 발표는 2002년 8월 일본 치바현 오쿠라(Okura) 아카데미아 센터(Akademia Center)에서 있었던 '우리 시대의 폭력과 정의, 평화'였습니다. 그것은 세계가 경악한 2001년 9월 11일의 미국 뉴욕 세계무역센터의 아랍계 테러로 인한 대폭파 사건이 있었기에 더욱 의미가 깊었고, 세인(世人)의 관심사가 되었습니다. 사실 인류는 희망찬 새 천 년을 맞았지만 인류가 평화롭게, 동·서가 하나가 되어 산다는 것이 얼마나 어려운 일인지를 3천 년대 여명기의 이 비극이 여실히 보여주었습니다. 그렇기에 인류의 새로운 공통문화 창설은 더욱 시급해졌습니다. 이 학회는 당시 제가 회장으로 있던 아시아 가톨릭철학회가 주최하고 앞에서 언급한 '가치와 철학연구소'와 '세계 형이상학회'가 공동으로 하는 학회였습니다. 여기서 저는 동·서 사상, 특히 유교와 그리스도교의 평화관을 비교해 하느님의 창조 계획에 따라 인류는 크고 작은 우여곡절을 겪으면서도 결국 하나의 인류상(人類像)과 공동 번영의 길을 갈 수밖에 없는 것이니, 어떻게 인명 살상을 위시하여 정신적·물질적 손실을 적게 하여 갈 것인지를 모색해 공동 번영을 지향할 것인지를 탐구했습니다. 그 근본은 유교의 인(仁)과 그리스도교의 사랑 사상입니다. 유교의 인(仁)은 자연적 차원에서의 훌륭한 사상이고, 그리스도교의 사랑은 하늘과 땅을 넘나드는 은총의 힘을 원동력으로 하는 것이라는 점을 제시했습니다. 사실 우리 시대의 그리스도교 사랑의 화신은 인도의 마더 데레사 수녀이고, 세계를 지휘한 위인은 교황 요한 바오로 2세입니다. 마더 데레사 수녀의 장례식은 힌두교국인 인도의 국장으로 나타났고, 요한 바오로 2세의 장례식은 세계 도처에서 운집한, 대부분이 젊은이인 4백만 조문객으로 나타났습니다. 이런 인류 공통문화의 창출에 한국이 앞장서야 하는데, 현실은 그러하지 못하니 답답하군요.

안병직_ 몬시뇰님께서 제안하신 인류 공통 문화가 개념에 머물지 않고 우리 생활에서 실천되려면 세계 체제라든지, 사회 구조의 개조에 대한 구상도 있어야 하지 않을까 생각됩니다. 몬시뇰님께서 이 방면에 대하여 생각하고 계시는 바가 있으면 말씀해 주시지요.

정 몬시뇰_ '가치와 철학연구소' 소장이며 현금 세계 가톨릭철학회장인 맥린 교수는 앞에서 말씀드린 바와 같이 미국 국무성의 지원으로 세계 사상의 흐름을 연구하는 분입니다. 저와 같이 앞에 제시한 학회들에서 수차 주제 발표도 하고 의견을 교환한 바 있기에, 또 저의 견해에 따라 그가 운영하는 연구소의 세미나 주제들을 선정해 앞으로 다가오는 인류 사상을 세계적 차원에서 조명하는 분이시기에, 몇 번이고 저의 조언을 청해온 바가 있습니다. 또 이 연구소는 위와 같은 2000년 11월 보인대에서의 저의 3천 년대의 '생명을 출발점으로 새로운 인류 공통문화 형성' 발표에 큰 영향을 받아 그 후 '문화에서 발생하는 철학'(Emerging of philosophy from culture)이라는 제목으로 크고 작은 세계적 학술 세미나를 10여 차례 했습니다. 이같이 제가 제안한 문화 개념은 앞으로 도래하는 세계를 새롭게 조명하여 새 천 년대에 하나인 인류를 이루며 이끌어갈 중심 개념이 된 것입니다. 또 그분은 2006년에 '역사와 문화적 정체성'(History and Cultural Identity)이라는 제목으로 여러 민족과 종교의 문화를 조명하는 세미나를 미국 워싱턴에서 약 3개월간 개최하였습니다. 그것이 끝날 무렵, 저에게 몇 번이고 앞으로 나아가야 하는 인류문화에 대해, 또 자기 연구소가 해야 할 일에 대해 자문한 바 있습니다.

이번에, 즉 2008년 7월 30일부터 8월 5일까지 서울에서 열린 제22차 세계 철학대회의 주제 'Rethinking Philosophy Today'(오늘의 철학을 다시 생각한다)는 더 넓은 의미로는 앞의 저의 제안과 상통하는 면이 있었습니다. 저는 2006년 10월에 '가치와 철학연구소'의 요청에 따라 대담한 제안을 내놓았습니다. 그러한 제안 이후, 저를 미국으로 초청해 중대한 사항에 대해 직접 의논하자는 요청이었으나, 저는 여러 가지 이유로 사절했습니다. 그 제안이란 앞으로의 인류문화사는 적어도 3천 년대 초반 수세기, 즉 약 3-4세기 동안은 새로운 인류 공통문화 형성기가 될 것이라는 점과 그 초기 단계인 지금은 인류, 특히 강대국, 더 구체적으로 미국이 현 정치 체제와 사회 체제를 서서히 해체하여 완전히 새로운 체제를 만들어야 한다는 것이었습니다. 모든 대국은, 앞으로 모든 종족과 소그룹 집단과 개개인이 하느님의 모습으로 창조된 것에 걸맞게 완전한 인간 대우를 받는 사회로 탈바꿈 해 가야 할 것이니, 미국이 먼저 현 정치와 사회 체제를 해체하여 그런 사회로 옮겨가야 한다고 했습니다. 지금의 미국을 정점으로 하는 경제적 제국주의가 끝날 때, 영토 식민주의가 끝나면서 영국이나 프랑스가 치른 무서운 비극(서구인들은 제국주의가 다 끝났다는 의미에서 포스트콜로니얼니즘

(postcolonialism)이라고 하지만, 3백 년 내지 5백 년의 착취와 인간 이하의 대우를 받은 민족에게는 아직 청산 도상에 있다는 의식을 가지고 있다는 점을 간접적으로 상기시키는 것)을 되풀이하지 않기 위해 미국이 선두에 서고, 다음으로 수많은 종족과 종교, 언어로 구성된 중국이 해체되어야 합니다. 또 인도도, 러시아도, 유럽 국가들도 다 같은 모양으로 해체되어 새로운 인격 사회가 출현해야 한다는 것이었습니다. 그렇지 않고 이제 더는 지난날처럼 그들(소수 민족이나 개인)을 무지몽매에 묶어두고 인류 사회가 백인 사회 위주로 나아갈 수 없는 인류문화 시기에 도달한 것이라고 했습니다. 지금은 지구상 어느 산간벽지나 오지에도 과학기술의 발달로 전기가 다 공급되어 TV 등의 매체와 사이버, 특히 디지털의 발달로 인격적 대우를 받아야 한다는 인식이 산간벽지에서 고도(孤島)에 이르기까지 팽배해 있기에 거기에 상응한 모든 면에서 새로운 인간 삶의 질서가 요청되는 차원으로 인간 의식이 변한 것이라고 했습니다. 불행 중 다행인 것은 미국은 다민족(多民族) 사회로, 그런 진전된 사회로의 이동에서 어느 민족보다도 많은 경험과 지식, 노하우를 갖고 있고 역동성도 있기에 이런 흐름에서 선두에 설 것이라고 했습니다. 이런저런 인류문화의 흐름을 저는 그 연구소의 앞날의 과제로 제시했습니다. 사실 놀라운 것은 이런 제안을 한 지 근 3년이고 연구소는 그런 방향으로 수많은 세미나 등 연구 과제와 홍보로 움직였습니다. 그런데 이번 미국 대통령 선거는 흑인 혈통의 버락 오바마 후보에게 유리한 형국이 벌어지고 있습니다. 이번에 그가 당선되고 안되고는 차치하고, 이렇게 미국 사회가 제가 제시한 새로운 사회로 다가서게 된 것에 놀랄 뿐입니다. 만일 오바마 후보가 당선된다면, 인류문화는 확실히 새로운 단계를 여는 것입니다. 이것은 분명히 하느님 창조 계획의 또 하나의 성취입니다. 그것은 하느님의 인간과 우주창조는 이 세계에

생을 받고 오는 모든 사람이 다 같이 피조물의 물질적·정신적 행복을 향유하기 위한 것이지, 어느 부류 사람들의 전유물이 될 수 없기 때문입니다. 혹시 오바마가 당선되지 못한다 할지라도 노예 출신 흑인 혈통이 73%가 백인인 세계에서 백인과 자웅(雌雄)을 겨룰 만큼 백인 젊은 층의 지지를 받았다는 사실은 하느님의 창조경륜 실현이 착착 진행된다는 것을 웅변해주는 것이고 미국의 흑인 대통령의 출현이 그리 머지않았다는 징표(徵表)입니다. 미국에서 이런 이변이 일어난다면 그것은 분명히 인류문화사가 새로운 단계에 실천적으로 들어섰음을 의미하는 것입니다. 지금 우리 젊은이들은 무의식중에 이런 흐름과 맥을 같이하며 꿈틀거리지만 워낙 바탕이 없어 엉뚱한 방향으로 치닫는 수가 다반사입니다. 여기에는 먼저 가는 세대가 좋은 일도 많이 했지만, 인류가 가는 앞을 보는 데는 너무 무지하여 스스로 도태되어 가는 것을 솔직히 인정해야 할 것입니다. 경험과 지식이 부족한 피 끓는 젊은 세대와 이제는 한치 앞을 못 보며 과거 지향적인 전시대와의 갈등 속에서 이 민족은 지금 호미난방(虎尾難放)에 빠져 있는 듯싶습니다. 이런 와중에서 가장 염려스러운 것은 극좌경 386세대의 권토중래(捲土重來)의 야망입니다. 지금 이명박 정부에 시급한 것은 국민, 특히 젊은이들이 한치 앞을 내다볼 수 없는 경제적 불안감을 해소하는 것이며, 그들이 희망을 품게 하는 것입니다. 그런데도 지금 이명박 정권은 노무현 정권 때와는 또 다른 형태의 부정부패, 권력 독식, 패거리 싸움의 구시대로 역주행하는 정권이 된 셈입니다. 지금 이명박 정권의 능력으로서는 위에 제시된 것들은 다 힘에 겹고 알아듣지도 못하는 형편입니다. 거기에 더해 스스로의 실상을 의식도 하지 못하는 자기기만과 오만에 빠진 셈입니다. 아이디어의 절대빈곤으로 중차대한 국가 대사가 실현불가능할 것으로 생각되기에, 지금 우리의 실정은 이 나라 선남선녀

(善男善女)들과 이 나라 모든 역경 극복의 원동력인 민초(民草)에게 불운(不運)인가 합니다.

안병직_ 몬시뇰님께서 말씀하시는 동·서양 문화의 융합에서 결과하는 사상은 결국 생명 사상과 이를 바탕으로 하는 인간 평등사상입니다. 이를 실천하려면 세계 체제나 사회 체제의 개조가 필요하고, 그 개조를 주도할 세력은 청년입니다. 지금의 한국 청년들은 몬시뇰님의 사상을 이해하지 못하는 것은 말할 것도 없고, 현재의 386세대에서 보는 바와 같은 좌편향 역주행을 하고 있습니다. 이러한 청년들을 바른길로 인도하려면, 기존 세대가 이들에게 무엇을 해 주어야 한다고 생각하십니까? 기존 세대의 역할 중에는 정부 정책이 차지하는 중요성이 아주 큰 것 같습니다. 그리고 젊은이들에게 활로를 열어주는 것이 세계의 평화와 번영을 위한 둘째 조건이라고 하셨습니다.

정 몬시뇰_ 오늘 세계 젊은이들의 새로운 흐름과 새로운 세기의 문화적 흐름은 손발을 작동시켜 국운을 열어가는 식의 시기가 아니고 머리로, 즉 아이디어로 세계와 승부를 거는 것입니다. 저는 해마다 세계를 여행하며 젊은이들과 많은 대담을 나누는데, 새 천 년대, 특히 근년에 이르러 젊은이들의 세계에 놀라운 변화가 일어난다는 것입니다. 그것은 바로 세계 젊은이들이 급속히 하나가 되어가는 놀라운 변화란 점입니다. 그러나 우리 청년들에게는 지금 새로운 인류문화에 대한 가치관 형성이 전혀 안 돼 있기에 종북(從北)의 이념적 가치관에 휩쓸려 큰 문제를 일으키고 있습니다. 그러므로 그런 경향을 탓할 것만이 아니라 새 세기를 맞아 도래하고 있는 것, 그것이 무엇인지도 모르면서 정신과 몸으로 느끼면서 안에서 분출돼 나오는 새로운 기운을 주체하지 못하는 우리 청년들에게 새롭게 다가오고 있는 미래에의 진로만 터주면,

그들을 바로잡아 줄 수 있을 것으로 생각합니다. 앞선 세대가 젊은 날에 피 끓는 자기희생과 헌신으로 이룩한 것을 소중한 역사적 유물로 남기는 것은 좋은 일이지만, 그것과 더불어 청년들의 앞날을 더 넓게, 더 높게 열어주는 것은 정부 수립 60주년에 더없이 의미 있는 일이고, 값진 일입니다. 그런데 이런 아주 중대한 일에 대해서는 이번 기념사업위원회의 계획은 전혀 생각이 미치지 못하고, 관심이 없는 것이 실정입니다. 그러니 이번 건국 60주년 기념회 사업은 청년들의 관심에서 밀려나 몇 년 안에 역사의 유물로 취급될 것입니다. 곧 박물관으로 들어갈 일에 상당한 비중을 두는 모양인데, 물론 그러한 일도 대통령이 역점을 두고 국력을 기울이면 적지 않은 성과도 거두겠지만, 어느 사이엔가 시간 속에서 빛이 바래가는 것을 느끼는 수가 많습니다. 지금은 좌경화로 국기를 흔들고 있기는 하지만, 청년들을 제쳐놓고 지나간 일에만 치중한다는 인식을 주게 되면, 일은 곧 낭패를 당할 것입니다.

안병직_ 이제 몬시뇰님께서 말씀하시는 세계의 평화와 번영을 위한 세 번째 조건인 신자유주의에 대한 비판을 들어보기로 할까요.

정 몬시뇰_ 3천 년대 들어 과학기술의 놀라운 발전으로 인류의 삶은 급속도로 하나로 수렴되어 가는데, 그간의 사고와 행동 방식은 전혀 변하지 않아 생활의 불편뿐만 아니라 큰 충돌의 위기마저 내포하게 되었습니다. 저는 이렇게 급변하는 상황에서 새로운 인류 공통문화 창출이 매우 시급한 과제라고 생각합니다. 그것은 서구 문화의 뿌리를 이루는 그리스도교 문명과, 가장 광대한 지역이며 지구 인구의 반 이상과 인류의 위대한 종교, 아주 오랜 인류 사상을 내포하는 아시아, 다시 말해 동양의 문화가 만나 새로운 인류의 공통문화를 창출해야 한다는 생각입니다. 이런 문화선상에서만 인류는 평화와 번영을 이어갈 수 있다고 생각합니다. 그런데 여기서 말하는 종교와 사상은 아주 다양하고, 때로는 상충하기도 하기에 그 출발점으로서의 공통 이념은 생명 사랑과 풍요라고 생각했습니다. 그 이유는 모든 종교와 인류 사상의 근본은 생명 사랑과 풍요라고 보았기 때문입니다. 저는 이런 공통문화를 인류애의 입장에서 봅니다. 공통문화의 입장에서 각기의 정체성을 유지하며, 동·서의 융합을 이루어야 합니다. 동·서의 사상을 아울러 새로운 인류의 공통문화를 창출해야 합니다. 그동안 짧지 않은 기간 유럽 중심으로 철학을 했습니다. 동양 철학은 동양 철학대로 따로 했습니다. 그러니 융합을 하지 못했습니다. 그런데 이렇게 해서는 충돌을 막기 어려울 것으로 생각됩니다. 대표적인 예가 이라크 전쟁입니다. 이라크 전쟁은 일종의 사상 충돌이고, 문화 충돌이며, 종교 충돌입니다. 이라크 전쟁은 중동 전체의 패권을 누가 잡느냐에 달린 것입니다. 저는 과거의 식민지와는 같지 않지만, 식민지 시기가 끝나지 않았다고 생각합니다. 백인 세계의 탈식민주의 사상에는 동의하지 않습니다. 왜냐하면, 정치적 영토적 지배는 끝났지만 경제적으로는 끝나지 않았다고 생각하기 때문입니다. 새로운 식민지는 신자유주의의 간판으로 경제적인 측면에서 지속되고 있다고 생각합니다. 지금까지 백인 중심으로 주조된 이른바 선진국의 시스템은 서서히 막을 내리고 인류 공통의 시스템이 새로 자리 잡아야 할 것입니다. 그것은 새로운 문화 차원이고 인류가 공동 번영을 해야 하는 새로운 차원입니다. 그것은 3천년대 초기 몇 세기에 걸쳐 진행될 것으로 예상됩니다. 이제 세계가 완전히 달라지기 시작했습니다. 그렇다고 무력 충돌이 사라졌다는 말이 아닙니다. 그 과정에 작고 큰, 많은 충돌이 있을 것입니다. 그래서 제가 말하는 해법은 새로운 인류 공통문화 창출입니다. 인류가 같은 문화로, 같은 삶의 차원에 들어서지 않고서는 같이 살 수 없게 된 것입니다.

안병직_ 몬시뇰님의 철학은 한국 사회에만 국한된 것이 아니고 현대 세계라는 넓은 시야를 가지고 있습니다. 몬시뇰님의 말씀에서 중요한 것은 동·서양의 융합인데, 지금 중국과 인도가 급속하게 발전하고 있고, 일본·한국·대만·홍콩·싱가포르 등이 이미 발전되어 있어서, 이제 동양도 서양에 못지않은 근대적인 물질문명을 갖게 되었다, 그렇게 발전하는 배후에는 서양의 영향뿐만이 아니라, 원래 동양이 스스로 가지고 있던 어떤 나눔의 사상, 철학 사상이 바탕이 된 것이 아니냐, 동양도 자체의 기반을 가지고 있지 않았느냐 그런 생각을 하시는 것 같습니다. 동·서양 철학의 가장 밑바탕에는 기본적으로 인간이 있습니다. 몬시뇰님은 인간의 생명의 근본은 결국 인간 존경, 인간 존중이라는 철학을 가지고 계신 것이 아닐까 생각합니다만, 그 부분에 대해서 말씀해 주십시오.

정 몬시뇰_ 아주 깊이 보신 말씀이라고 생각합니다. 저는 철학을 전공했고, 성직자이니 신학을 공부했습니다. 그 두 측면에서 보면서 문화사를 소중히 여깁니다. 철학을 하든, 신학을 하든 모두 인간이 하고 인간을 위해서 하는 것이니까요. 대개는 인류를 동양이다, 서양이다, 또 나라마다 다르다는 식으로 이해합니다. 그러나 저는 이런 식으로 인식하던 시대는 지났다, 인간의 지혜는 벌써 그것을 뛰어넘었다고 생각합니다. 물론 인류를 하나로 묶은 힘은 과학입니다. 과학이 인류를 하나로 묶는 데 굉장히 중요한 역할을 합니다. 교통과 미디어의 발전, 사이버 세계의 발전이 인류에게 굉장한 변화를 불러왔습니다. 과학기술의 발전은 순식간에 지구의 동서남북을 연결하며 인간의 사고와 의식, 사회 구조를 바꿔놓습니다. 우리가 옛날에는 생각도 못했던 세계로 인류가 하나가 되어 간다는 말씀입니다. 여기에서 중요한 매개 작용을 하는 것이 바로 과학기술의 놀라운 발전입니다. 생명 존중, 즉 인간 존중은 앞에서의 새로운 인류 공통문화 창출에 초석으로 내포된 것입니다.

안병직_ 현대 세계를 통합하는 근원적인 수단은 과학의 발전이라고 할 수 있습니다. 그런데 저와 같이 경제학을 하는 사람들은 결국 과학을 토대로 해서 시장경제가 발전하고, 종래에는 시장이 조그만 농촌이라든지 공동체에 국한된 것이 국민경제권으로 확대되었다가, 지역 경제권으로, 세계 경제권으로 확대되어 세계가 점점 더 밀접하게 융합되어 가고 있다고 여깁니다. 그래서 세계를 통합하는 또 다른 수단은 시장 통합이라고 생각합니다. 경제학적으로는 그렇게 생각을 하는데, 몬시뇰님은 경제학적으로는 어떻게 보십니까?

정 몬시뇰_ 이제는 경제도 정신의 문제이고, 마음의 문제라고 생각합니다. 한마디로 가치 인식의 문제라고 생각합니다. 물론 과학기술의 발전이 그런 경제 발전의 밑바탕에 있습니다. 사실 과학기술은 사회 구조를 바꿀 수밖에 없게 합니다. 사회 구조 자체는 자본주의다, 공산주의다 이런 단계가 아닙니다. 그 전 단계에서 과학기술의 발전에 의해서 인간의 사는 양상이 완전히 바뀌게 됩니다. 그리고 과학기술의 발전에 미디어의 발전도 다 들어가는 것입니다.

이런 토대에서 오늘의 세계 시장경제가 발전한 것입니다. 그런데 이런 과정에서 경제가 주(主)가 되고 인간이 경제에 종속되는 사회 구조로 발전한 것입니다. 그것도 인간의 가장 특징적인 자유의 이름으로, 심지어는 신자유주의라는 화려한 미명으로 인간의 한없는 탐욕이 발동했습니다. 그것은 과학기술, 특히 놀라운 사이버 기술의 도움으로 급기야는 자본의 화신인 은행들의 상호 불신 내지는 충돌로 지금까지의 시장경제가 그 심장부인 미국 월가에서 무너져 내린 것입니다. 그 근본 원인은 가치 전도에 기인합니다. 따라서 거기서 연유되는 세계 차원의 경제적 대혼란을 지금 경제적 차원에서, 단적으로 말해 국가적 보증으로 모든 것을 해결하려고 하는데, 그런 처방은 임시적 혹은 유예적 해결책은 되겠지만 근본적 해결책이 될 수는 없습니다. 그래서 더 큰 폭발의 위험성을 내포하게 됩니다. 다시 말해 경제가 주(主)가 되고 인간이 종(從)이 되는 가치 전도 사회에서는 또 다른 더 심각한 혼란이나 파탄이 일어나게 마련입니다. 그렇기에 이번의 세계적 경제 혼란에 있어서는 세계적 사회 구조, 특히 경제 구조가 인간이 주(主)가 되고 경제가 종(從)이 되는 구조로 바뀌어야만 문제의 근본 해결이 이루어질 것입니다. 경제계 인사들은 이런 면에서 속도가 느리더라도 현재의 경제 혼란에 대한 문제 해결의 실마리를 잡아 주었으면 하는 바람입니다. 앞으로의 인간 사회는 오지나 고도의 사람들이라도 현대 과학기술 문명, 단적으로 말해 전기의 혜택으로 TV 등 가전제품과 인터넷의 도움을 받아 긴밀하고 신속한 커뮤니케이션으로 어떠한 오지나 고도의 사람이라도 인간으로서의 권리와 의무를 자각하게 되어, 정의가 이루어지기까지 많은 갈등과 때로는 많은 피 흘림이 연속될 것입니다.

안병직_ 그럼 몬시뇰님께서는 지구가 하나로 융합되는 것은 과학기술 발전이 가장 기본적인 수단인데, 과학기술이 만들어 놓은 매체를 타고 정보라는 것이 아무리 오지에 사는 사람들이라도 세계의 정보에 수시로 접하게 되니, 이제 자신이 무엇인지를 자각하기 시작했다, 단순히 세계가 통합될 뿐만이 아니라 세계가 통합되는 것을 기초로 해서 어떠한 형태의 문화를 가지고 살았든 간에 모든 사람이 인간으로서 자각하기 시작한다, 이것이 세계 변화의 엄청난 큰 변화다 이런 말씀이신가요?

정 몬시뇰_ 그렇습니다. 인류의 3천 년이 그냥 오는 것이 아닙니다. 이런 변화가 3천 년 시기 그것도 초반기에 일어날 것입니다. 2000년 들어와서의 일들입니다. 2001년 9월 11일 미국 뉴욕의 대테러 사건은 그런 어떤 예표(豫表)로 보아 무방할 것입니다. 어떤 면에서는 이런 폭풍이 인류의 마음속에서 부글부글 끓고 있다고도 할 수 있습니다. 최근의 그루지아 사건도 어떻게 볼 것 같으면 일종의 소수민족 반란입니다. 큰 틀에서 보면 얼마 전까지 소련에 종속되어 있다가 독립을 하기는 했는데, 옛날의 지배 종속 관계에서 벗어나지 못하니까 저렇게 들고 일어나는 것입니다. 그러니 거기에 또 미국이 끼어들어 복잡해지고……. 잠깐은 잠잠한데 잠잠해지지 않을 것입니다. 중국도 티베트만이 아니라 수많은 소수민족이 들고 일어날 가능성이 항상 있습니다. 억압되고 종속됐다고 생각하는 주민들이 자기들이 억압되고 착취당했던 것을 다 알고 인간으로서의 권리를 찾으려 할 것이기에 그런 욕구가 채워지기까지는 인류 사회가 평안할 수가 없습니다. 이런 인간의 권리 요구는 누구도 잠재울 수가 없습니다. 그러니까 인류의 지도자들은 이런 비극적 사태가 일어나지 않도록 지혜와 용기 있는 실천을 해가야 합니다. 이런 맺힌 한을 풀어주는 방식으로 문제를 해결해야 할 것입니다.

안병직_ 몬시뇰님께서는 세계가 하나로 되면서 교통과 정보 체계가 바탕이 되어서 아무리 오지에 있는 사람이라도 세계의 움직임을 다 알게 되고, 자기가 모자라는 것을 알게 되었다, 현대사회가 남의 나라를 식민지로 삼는다든지, 정치적으로 억압한다든지 하는 일은 직접적으로 하지 않지만 경제적으로는 아직도 부자가 빈자를 착취하는 제국주의가 살아 있다, 그래서 탈식민주의라는 표현에 동의할 수 없다, 이제는 오지나 변두리에 사는 사람들도 중심이 자기를 착취한다는 사실을 알고 있고 거기에 대해서 반항한다, 그런 사람들의 인간성을 존중해 주지 않은 세계질서는 앞으로 그리 오래가지 못할 것이다, 이런 말씀을 하시는 건가요?

정 몬시뇰_ 네, 그렇습니다. 이런 문제의 해결을 위해서는 새 질서가 성립되어야 하는데, 이는 막연한 새 질서로 되는 것이 아니며, 사람들이 자기 생명의 문제이고 삶의 문제이기에 그냥 막연한 말로는 안 됩니다. 한 가지라도 실천이 되어야 합니다. 그 해결책으로 이른바 오늘의 선진국 해체로 시작해야 한다는 것입니다. 소위 선진국의 현재 시스템을 전면적으로 개조해야 한다는 것입니다. 제 생각으로는 2백–3백 년 정도 걸릴 것 같습니다. 옛날 같으면 문제는 한 5백–6백 년 정도 걸릴 수도 있는데, 지금은 속도가 빨라 한 2백–3백 년 걸릴 것으로 생각됩니다. 새로운 인류 사회, 즉 인류의 새로운 공통문화는 어떤 모양이든 3천 년대 초반에 성취되어야 합니다. 지금 밑에서부터 미처 자각하지 못하고 있던 사람이 잠에서 깨어나 일어서기 시작했으니, 이런 사람들을 합리적으로 납득시켜야 합니다. 그들이 정당하게 원하는 것을 원하는 대로 해 주려고 한다는 것을 납득시키고 실천해 주어야 합니다. 그런데 이런 일이 하루 이틀에 되는 게 아니기에 먼저 그들을 잘 납득시켜야 합니다. 그런 일에 가장 중요한 것은 신뢰입니다. 믿어줘야 합니다. 안 믿고 또 우리를 속이려고 한다는 의식이 계속되면, 인간 비극은 계속될 것입니다. 문제는 마음입니다. 마음으로부터의 화해와 용서,

신뢰가 없다면 모든 것이 비극으로 변할 것입니다.

안병직_ 자유주의의 가장 중요한 바탕이 신뢰입니다.

정 몬시뇰_ 이번에 월가에 가장 큰 치명타가, 또 서구 세계에 가장 큰 치명타가 서로의 불신이었습니다. 그렇기에 상호 신뢰 회복이 문제 해결의 관건입니다. 우리나라도 마찬가지고요. 신뢰를 회복하지 못하면 인간사 모두가 파탄 나는 것입니다. 이번 경제 대혼란의 경우 자본주의의 얼굴인 은행계가 신뢰 상실로 먼저 파탄 나는 것을 우리는 눈으로 보며 피부로 느꼈습니다. 이것은 창조경륜의 실현 과정입니다. 창조주는 사람들이 올바로 생각하고 그것을 제도화 하여 실천하도록 인간과 자연을 창조하셨는데, 인간은 탐욕으로 잘못된 것을 생각하며 잘못된 세상질서와 제도를 만들어 결국은 혼란과 파탄을 자초했습니다. 그런데 지금 시급히 요청되는 신뢰란, 마음에서 우러나오는 것입니다. 신뢰는 물질 차원을 넘는 마음의 세계에서 성립됩니다. 마음이 움직여야 합니다. 믿음을 주어야 합니다. 그런데 그 믿음이 탐욕으로 부서졌습니다. 경제에서 부서진 것입니다. 어찌 말하면 자본가들의 탐욕전(貪慾戰)에서 신뢰는 실종됐고, 월가의 은행계가 함몰했습니다. 탐욕 조장과 신뢰 실종은 물질의 속성이라고도 할 수 있겠습니다. 이제 인간은 새로운 자유관과 물질관, 다시 말해 새로운 가치관의 필요성에 몰리고 있습니다. 이번 세계 경제 파탄에 큰 역할을 한 것은 20세기 중·후반과 21세기 여명기에 놀랍게 발전한 과학기술이란 점도 간과할 수 없습니다. 놀랍게 발전한 과학기술은 놀라운 세계 경제 발전을 이루어 주었습니다. 그러나 우리는 물질계에 국한된 경제와 기술이 몰락을 자초하는 것을 체험하고 있습니다. 그렇기에 생각하는 인간은 새로운 경제제도와 과학기술의 가치 정립에 고심해야 할 때에 이른 것입니다. 그것은 인간이 주(主)가 되고 경제나 기술을 위시하여 인간이 영위하는 모든 것이 종(從)이 되어야 한다는 가치관과 실천이 절실히 요청된다는 것입니다. 다시 말해, 모든 것은 인간이 하고 인간을 위해 하는 것이니, 인간이 올바르게, 또 행복하게 사는 데 초점이 맞추어져야 합니다.

안병직_ 지금까지 몬시뇰님의 현대 세계관에 대하여 들어보았습니다. 이러한 세계관을 가지고 계신 몬시뇰님께서는 한국의 현 상황에 대해 어떻게 생각하시는지요. 최근 몇 년간 국정이 매우 혼란스럽습니다. 노무현 대통령 때나 이명박 대통령 때나 다름없는 것 같습니다. 그 원인은 어디에 있을까요? 우선 시대는 민주주의 시대로 접어들었는데, 대통령의 리더십은 역사적 관성 때문에 여전히 권위주의에 머물러 있는 것이 그 원인의 하나가 아닐까요?

정 몬시뇰_ 이명박 대통령의 말은 선진형이며 민주적인 것 같은데 한 대목 한 대목을 분석해보고 행동을 보면 이북식 좌경 노무현 전 대통령 시기와는 다른 형태, 즉 우경의 역주행입니다. 그런 역주행은 권위주의일 수밖에 달리 길이 없는 것 같습니다. 이 대통령은 주변 비서관이나 선진 인사들과의 대화에서는 선진형이지만, 실제 사고와 행동은 그분의 출생과 자라온 과정과 교육 과정에 의하여 결정될 수밖에 없습니다. 이 대통령의 대학 생활은 주로 데모로 일관한 것 같습니다. 데모에 열중한 사람들은 예외는 있지만, 면학에 소홀하고 좌익에 빠지거나 아니면 사상적 정체 현상에 있게 되기 쉬웠습니다. 그뿐만 아니라 그분은 사회생활에서도 왕회장 같은 분 밑에서 승진을 거듭했기에 전통적 보스 기질 같은 것은 체득했는지 몰라도 유연성 있고 새로운 문화 흐름에서의 리더십에서는 거리가 있다고 생각됩니다. 그런 분이 권좌에 앉게 되면 자기가 자라오고 과거에 몸에 밴 권위주의적 행태가 쉽게 드러나는 것이 일반적 현상입니다. 물론 예외적인 사람들이 있는 것도 사실입니다.

안병직_ 국정 혼란의 원인은 대통령의 리더십이 권위주의라는 데에도 있지만, 이번의 '광우병 파동'에서 보듯이 가장 큰 원인은 보수 세력과 진보 세력 간의 이념적 갈등이 아닌가 합니다. 광우병 자체는 아무런 실체가 없음에도 불구하고, 국민의 저항이 그만큼 거셀 수 있었던 것은 역시 이념적 갈등이 그 배후에 있었기 때문이 아닌가 합니다.

정 몬시뇰_ 옳은 말씀입니다. 이번의 광우병 파동은 이념 전쟁이었다는 평입니다. 실제로 이번의 광우병 파동은 이전 정권 때의 이북에 경도(傾倒)한 좌파들이 궐기한 것이라는 평인데, 그들이 궐기할 수 있게 원인을 제공한 것은 이명박 정권이라 할 것입니다. 좌파에게 빌미가 된 것은 ① 청와대 비서직 임명으로부터 조각에 이르기까지 정실 인사가 많아서 대대적으로 민심이 이탈한 점, ② 미국 방문 때, 촌닭이 관청에서 놀라듯 캠프 데이비드에서의 융숭한 대접에 도취되어 쇠고기 협상을 조공(朝貢)을 바치듯 하여 국익에 큰 손실을 초래한 점, ③ 일본에서 천황을 방문할 때, 식민지 시대를 연상케 하는 저자세를 보여준 점, ④ 중국 국빈 방문 때 중국 정부가 공식적으로 한·미 동맹 강화를 역사적 유물이라고 하는 결례를 범했는데도 속수무책이었던 점 등입니다. 이런 일련의 사건이 이명박 대통령으로부터 민심을 크게 이탈케 하여 결국 좌파의 교묘한 기회 포착 이용으로 실체가 없는 쇠고기 파동까지 이어져 60만이라는 시민이 이명박 정권을 반대하는 격렬한 시위에 참가하게 된 것입니다.

안병직_ 우리나라 보수 세력의 주류는 건국 세력과 산업화 세력입니다. 이들은 명목적으로는 자유민주주의를 그 이념으로 했습니다만, 내용적으로는 권위주의와 반공주의를 추구하여 독재를 자행하기도 했습니다. 권위주의와 반공주의는 자유민주주의를 지키고 산업화를 위하여 불가피했던 점도 있습니다만, 민주주의 실현에 한계를 가져왔던 것도 사실이 아닙니까?

정 몬시뇰_ 저는 인류문화사적 관점에서 살펴보기를 좋아합니다. 이런 문화사의 흐름에서 볼 때 한국의 민주주의는 우여곡절을 겪으면서 진행됐지만, 인류사 특히 제2차 세계대전 이후의 전 세계적 상황에서 보아도 가장 빠르고 정확하게 진행되어 오늘에 이르렀다고 생각합니다. 그렇게 보는 것은 인간사(人間事)는 인간의 구성 요인에 의해서 진행된다는 저의 확신에서입니다. 인간은 영 과 육(肉), 즉 정신과 신체로 구성되었는데 먼저 물질적 여건이 충족되고 차차 정신적 면이 깨기 시작하는 것입니다. 이런 인간사는 사회상 형성에서도 그런 것이기에 국가적 차원에서도 이런 원리에 따라 발전하는 것입니다. 그렇기에 민주주의도 이런 과정을 걷게 됩니다. 다시 말해 경제적인 면, 즉 산업화가 앞서고 그런 경제력을 바탕으로 정신적인 면, 즉 자유를 핵으로 하는 민주주의가 꽃피게 된다고 생각합니다. 그리고 민주주의 체제에 도달한 선진국들도 여러 세기에 걸쳐 많은 고통스러운 단계를 거쳐서 오늘에 이르렀습니다. 이런 관점에서 볼 때, 한국은 그동안의 식민 후진국, 예컨대 아프리카, 남미, 아시아 등 여러 지역의 수많은 후진국 중에서 거의 유일하게 짧은 시간에 고도의 산업화로 진입하여 물질적 풍요를 구가하였습니다. 이 물질적 바탕을 기반으로 민주주의에 급속하게 다가선 것이라 생각합니다. 다시 말해 다른 후진국들은 가난, 즉 경제적 성장을 못해 생활도, 교육도, 의식도, 사회제도도 낙후하여 민주주의는 엄두도 내지 못한 것입니다. 한국은 정치가들의 강력한 지도력에 의해 고도의 산업화를 이루었습니다. 그렇게 할 수 있었던 것은 우리 민족이 본래 고도의 문화와 높은 차원의 정신적 유산을 갖고 있었기 때문입니다. 특히 교육열이 높았기 때문입니다.

한국에서의 민주주의의 만개는 이제부터의 과제라고 생각합니다. 그 과정에서 아시아, 특히 동아시아 대륙의 정신과 종교, 사상, 정치사회적 기류, 특히 중국과 북한과의 접경에서 한국은 많은 기회와 위기, 진통을 겪어야 할 것이나 크게는 낙관합니다. 사실 저는 시간은 우리 편이라고 생각합니다. 그것은 미국 월가 위기로 신자유주의가 그렇게 빠른 한계에 이르리라(물론 저는 언젠가는 파탄날 것을 예견했지만)는 것을 누구도 예기치 못했던 것입니다. 이런 사태는 앞으로 사상계와 경제계에 큰 파장과 수정을 몰아올 것입니다. 그러나 자유에 기반을 두고 전진하는 인류문화는 더 폭넓게 확산될 것입니다. 여기서 우리는 자유의 한계라는 새로운 차원을 맞아야 할 것입니다. 아래에서 이 점을 좀 더 언급하겠습니다.

머지않아 중국은 자유의 터전 위에 발전하는 인류문화의 중심에 서게 되고, 북한은 그 자체 내에서 일대 변혁을 일으킬 수밖에 없을 것입니다. 우리는 미숙한 민주주의를 내용적으로 충실한 것으로 가꾸어가며 느긋하게 대처해야지, 북한 문제에 조급할 필요가 없습니다. 이 점이야말로 인류문화 진행에 순응해야 할 점입니다. 앞으로 보수니, 진보니 하는 개념도 많이 바뀔 수밖에 없을 것입니다. 자유와 평등 개념도 새로운 해석과 양태를 띠게 될 것입니다. 이 두 개념은 현금 한국사회에서 좀 혼란스러운 것 같습니다. 이런 개념을 안병직 이사장께서 프랑스혁명 구호에서 설명하셨는데, 좋은 착안이라고 생각합니다. 그러나 모든 좋은 것에는 좋지 않은 면도 수반되기에 혜성처럼 나타난 이런 구호가 휩쓴 바로 그 땅에서 전국을 피로 물들인 대학살이 동시에 자행된 것입니다. 오늘 저더러 자유와 평등에 대해 모순되게 보이는 면을 설명하라고 한다면, 자유에 대해 더 부연할 필요는 없을 것입니다. 자유를 인간 본질 문제로 치는 것이 지금은 상식이기 때문입니다. 그보다는 오히려 차등과 평등의 문제가 설명을 요합니다. 그것은 단적으로 교육에서 좌익 사람들과의 첨예한 갈등의 문제이기도 합니다. 평등은 인간 기본권의 문제입니다. 인간은 그 기본권, 즉 인권에서 평등한 존재입니다. 그러나 기능적인 면에서는 양태가 각양각색이어서 그 우열과 차이에서 천차만별인 현실을 누구도 부정할 수 없습니다. 또한, 기능적인 다양성은 교육 과정에서부터 사회인으로도 수요와 공급뿐만 아니라 공헌도 여하에 따르는 보수와 대우 등에도 차별과 차등이 있습니다. 그것은 자연의 섭리이고 그리스도교적 신앙에서는 하느님의 창조 의지, 즉 창조 계획에 의한 것입니다. 다만 뒤처지는 사람이라 할지라도 인권적으로는 평등하며 같은 인간 대우를 받아야 합니다. 그뿐만 아니라 그가 갖고 있는 재능은 그 나름 없어서는 안 되는 자리가 있으니, 그런 사람은 이런 면에 대하여 깊은 의식을 갖고 긍지를 느껴야 할 것입니다. 일반인들의 인식도 그렇게 발전해가야 합니다. 지금도 그렇지만, 앞으로도 특히 한국에서 앞선 세대는 뒤에 오는 세대가 우주와 미래를 주름잡을 것이기에 그들의 발전에 필요한 발판, 즉 인프라를 깔아주는 역할을 잘해 주어야 할 것입니다. 지금의 한국 젊은이들은 세계를 놀라게 하는 재기(才氣)와 능력을 발휘하고 있습니다. 우리 세대는 그들이 마음껏 그런 능력을 세계 속에서 발휘할 기반을 만들어 주어야 합니다. 또 한 가지 염두에 둘 것은 모든 것이 변한다

해도 변하지 않고 모든 변화를 이끌어갈 기본 요소가 있습니다. 그것은 인간 본성(human nature)과 자연(physical nature)입니다. 물론 이런 것들을 변화시킬 가능성도 엿볼 수 있을 것입니다. 그러나 인간 지성과 양식(良識)은 그런 일을 허용치 않을 것입니다. 그런 싹은 지금 자연을 원상으로 보존하려는 인류문화에서도 잘 드러나고 있습니다. 이런 미래상은 차치하고 우리는 주어진 현재를 살아가야 하기에 문제 되는 보수와 진보에 대해 진지하게 생각해야 합니다. 아시아에서 민주주의 시대의 도래는 한국을 모델로 할 것입니다. 우리에게 지금 필요한 것은 시간입니다. 시간 속에서 아무도 예측하지 못했던 놀라운 역사적 사건들이 일어나며, 그런 와중에서 한국은 중요한 역할을 하게 될 것입니다. 그것은 하느님의 창조 의지와 창조 계획의 성취로 나타날 것입니다. 물론 민주주의가 인류의 마지막 성취가 아니라는 것도 지성은 염두에 두어야 할 것입니다. 3천 년대 전반 약 5세기 동안에 인간은 우주의 작지 않은 부분을 넘나들며 실사(實査), 전 우주의 실체를 거의 규명하게 될 것이기에 지금과는 분명히 다른 주의와 사상이 인류 사회의 중심 사상으로 등장할 것입니다. 그러나 우리 현 단계에서는 보수와 자유라는 관점에서 민주주의를 논하며 실천하는 것이 지상 과제입니다.

안병직_ 몬시뇰님의 말씀은 한국 정치사에서 권위주의라든지, 독재와 같은 불미스러운 일이 없었던 것은 아니지만, 국가의 강력한 지도에 의한 경제 발전이 있었기에 민주주의가 발전할 수 있었고, 이 민주주의는 세계 어디다 내어놓아도 부끄럽지 않다는 말씀이시군요. 그리고 한국이 이러한 발전을 할 수 있었던 것은 외국으로부터의 영향도 있었지만 한국 전통문화 수준이 높았기에 가능했다는 말씀도 해 주셨습니다. 몬시뇰님의 이러한 말씀은 저의 '캐치

-업 이론'과도 완전히 일치하는 것입니다. 캐치-업 이론이야 어떻든 현재 한국이 이룩한 경제 발전과 민주주의가 선진국과 비교해도 큰 손색이 없다는 점을 확인하는 일은 매우 중요하다고 생각합니다. 몬시뇰님께서는 앞으로 아시아가 민주화한다고 할 때 한국의 민주주의가 그 중심적 역할을 할 것이라고까지 말씀해 주셨습니다. 그런데 몬시뇰님도 아시는 바와 같이 진보 진영은 과거 한국의 성취를 폄하하면서 경제 발전과 민주주의가 달성되었는지는 모르지만, 그것은 형식적인 것에 불과하고 국민의 경제적 생활은 지극히 불평등할 뿐만 아니라 아직도 통일이 이루어지지 않았다고 하면서, 정치적으로는 경제적 민주주의나 참여민주주의를 요구하는 한편, 통일 문제에서는 국가 연합을 주장하고 있지 않습니까. 한국이 현재 국민 사이에 극단적인 이념적 대립을 보이는 것은 보수 진영이 아직도 반공주의나 권위주의에서 벗어나지 못한 측면이 있기 때문이기도 합니다만, 진보 진영이 선진국의 일반적인 정치 체제인 대의민주주의를 부정하거나 김정일과의 국가 연합을 주장하는 등 자유민주주의 체제를 부정하는 것 같은 요구를 하고 있는 데에도 그 원인이 있는 것이 아닌가 생각됩니다. 몬시뇰님께서는 어떻게 생각하십니까?

정 몬시뇰_ 다 아는 일이지만, 보수와 진보는 이번 논지에서 중요한 용어이며, 현금 한국사회에 어떤 면에서 의견이 분분하여 혼란과 갈등을 빚고 있는 용어이기에 여기에 대해 몇 말씀 드리고, 주어진 문제에 대하여 말씀드리겠습니다. 본래 '진보'(progressio)는 라틴어의 'progredi', 즉 앞으로 나아가다, 계속하다, 나이가 많아지다 등의 뜻이 있습니다. 그렇기에 어원 자체가 무엇인가 있는 것, 다시 말해 그것은 어떤 주체이기에 보수의 어떤 것을 의미합니다. 다시 말해 진보는 벌써 주어진 어떤 것, 전래된 어떤 것, 보수적인 어떤 것을 전제하게 됩니다. 또 진보는 나이가 많아지는 것도 의미하니 보수와 연결되는 면도 있다는 해석이 가능할 것입니다. 그리고 다른 편의 '보수'(conservasio)는 라틴어의 'conservare', 즉 지키다, 보존하다, 준수하다, 전래돼 오는 것을 지키다 등의 동사에서 나오는 낱말이니, 무엇이든 지키며 보존하는 의미이기에 고정된 것도 지키고 새로운 것도 지키는, 꼭 옛것만 혹은 지나간 것만 지킨다는 뜻만이 아니고, 새로운 것, 도래하는 것도 지킨다는 해석이 가능합니다. 그렇기에 보수는 수구(守舊)만을 의미한다고 못 박을 필요는 없습니다. 옛것도 새것도 다 지키는 것입니다. 그렇기에 이 두 단어를 우리 사회에서 흔히 사용하는 서로 양립할 수 없는 대립의 단어로 고정시킬 필요는 없습니다. 따라서 국가 민족적으로 말하면 조상으로부터 연면히 이어오는 핏줄과 살아온 문화를 지키는 것이고, 새롭게 형성되는 것도 지키는 것입니다. 지금 인류문화의 흐름은 각 종족, 각 민족이 유구한 역사 속에서 형성, 전승, 보존되어 오는 좋은 것들을 다 모아 새로운 인류 공통문화를 창출하려는 초기 단계에 접어든 것입니다. 이런 자연 경향은 근년 들어 인류문화가 동식물의 종족 보존과 그들의 본성을 지키려는 운동에서도 잘 나타납니다. 더 나아가 이른바 물질의 세계에도 그대로 해당됩니다. 따라서 그런 자연 생물이나 물질을 남획하거나 파괴하면 반자연(反自然), 반천리(反天理)가 되고, 심지어는 실정법의 처벌 대상이 되기도 합니다. 자연에 대해서만이 아니라 인간의 정신적 · 역사적 · 문화적 유산에 대해서는 더욱 그렇습니다. 그렇기에 어떤 급진주의자들이나 광신자 등이 자기들의 취향이나 이념에 맞지 않는다며 문화유산을 손상시키거나 파괴한다면 인류의 지성과 양식은 이를 허용치 않으며, 단죄하는 것입니다. 한편, 보수주의자들이 새로운 사상과 새로운 시대를 거부한다면, 지난 5년간처럼 진보주의자들이 꼴통수구로 몰아붙이던 그 비난을 스스로 자초하게 되는 꼴이 될 것입니다. 인간, 특히 인간 정신은 주어진 것, 전래된 것(보수적인 것)을 발판으로 항상 발전하도록 창조되었습니다. 다시 말해 항상 새롭게, 풍요롭게 되어야 합니다. 그것이 인간의 본성입니다. 이런 본성에 역행하면 반인간적(反人間的)이 됩니다. 그렇기에 두 요인이 인간 본성과 자연 본성에 순(順)이냐 역(逆)이냐의 문제이고 더 근원적으로는 영과 육(肉)으로 되어 있는 인간, 즉 이렇게 주어진 인간이 인간답게 사느냐 않느냐의 문제입니다. 이런 인간학적 입장에서 고찰하면 보수와 진보는 한 인간에게 불가분의 두 요인입니다. 이런 두 요인의 인간을 움직이게 하는 전제조건은 자유의사(自由意思)입니다. 인간의 자유의사란 사고 능력과 자유의지를 말합니다. 위와 같은 진보와 보수 두 요인으로 구성돼 있는 인간을 그런 요인이 상호 대립하거나 갈등하는 것으로 파악한다면, 즉 피상적 인식이나 잘못된 이념 성향에서 상호 절대 불용(不容)의 요인으로 해석한다면, 크게 잘못된 인간 인식이며 이런 잘못된 인식에서 잘못된 사회를 구성하게 됩니다.

또 한 가지 여기서 짚고 넘어가야 할 점은 좌익계 사람들이 보수주의자들은 부자층만을 위하고 서민층, 특히 빈민층을 버리는 것처럼 말합니다. 지난 5년간 좌익 정권은 감당할 수 없으리만큼 급격한 중과세를 가진 자들에게 부과해서 빈민층을 없앤다고 야단법석이었습니다. 그런데, 중산층이 몰락해 빈민층으로 전락, 빈민층을 양산했고 빈민층에서 더 많은 실직자를 산출케 하였습니다. 빈민층을 위한다는 당시 고위층에서는 많은 부유층이 나타났기에 지난 대선과 총선은 그런 부류의 정당에 대패를 안겨주었습니다. 이것은 역사의 아이러니입니다. 통일 문제를 논한다면, 새롭게 각광받는 위와 같은 인간학적 견지에서 고찰해야 합니다. 통일은, 인간이 인간답게 살기 위해 필요한 것이니, 인간다운 방법을 취해야 할 것입니다. 이런 관점에는 이념이나 체제

따위는 우선적 요건이 될 수 없습니다. 남과 북의 사람들의 만남에서 가장 기본인 만남은 혈육을 만나는 것이기에 제일 먼저 혈육 간의 자유 왕래가 이루어져야 합니다. 인간의 기본이 해결 안 되었는데, 국가 연합이니, 대의 민주주의(代議民主義)니, 참여 민주주의(參與民主義)니 해보았자 인간을 이념이나 도구 취급하는 것밖에 안됩니다. 통일 문제는 이런 인간적인 문제에서 먼저 논하고 이념적인 문제와 제도적인 문제를 논해야 합니다. 그렇기에 통일 문제는 새롭게 계발되는 인간학적 관점에서 풀려야 하고, 또 그렇게 풀리게 될 것입니다. 독일 통일의 문제도 그 근본은 그렇게는 인간이 못 살겠다는 데서 이루어진 것입니다. 여타의 제도적 문제도 그 분야에서는 매우 중요한 것이지만, 모든 것은 참 인간상에서 출발해야 합니다. 아니면 한 체제로부터의 해방은 다른 체제의 멍에를 바꾸어 메는 결과가 되는 수가 있습니다. 통일 문제에서 조급성은 금물입니다. 통일은 자유민주주의에 의해 이루어져야 하고 그렇게 될 것입니다. 자유는 인간의 기본권 중의 기본입니다. 자유가 없는 집단이나 사회는 인간의 삶이 아니기 때문입니다. 그렇지만 조급하게 통일을 재촉하다가는 이런 귀중한 자유에 큰 손상을 입혀 양쪽이 다 큰 혼란에 빠질 수 있을 뿐만 아니라 전쟁이 아니라도 젊은이들의 피 흘림이 있을 수 있습니다. 순리적으로 순차적으로 통일을 이루어가야 할 것입니다. 앞에서도 말한 바와 같이 먼저 가족의 자유 왕래 고향 방문이 이루어져야 합니다. 이런 만남은 북한 방방곡곡에서 이루어질 것이기에 많은 돈이 북한 각지로 흘러들어가 어느 정도 북한의 삶에 경제적 생기를 넣어주게 될 것입니다. 만일 돌발적으로 통일이 되는 경우,(이럴 가능성이 농후) 북한 사람들이 급류처럼 남쪽으로 유입되면 민족적 큰 혼란과 파탄을 일으킬 수 있으니, 남한의 자본을 대대적으로 북한으로 유입시켜 북한의 가옥, 상·하수도,

농지 개량, 도로, 통신 등 생활 인프라 건설을 우선으로 하며 철도, 항만, 초보적 생필품 공장 등의 건설로 북한 노동력을 흡수해 차차 광산, 중공업, 관광지 개발 등으로 북한에서 돈을 더 쉽게 벌 수 있는 여건을 조성하는 것이 우선되어야 할 것입니다. 이런 점에서는 통독 때의 경험이 큰 혼란을 피하는 데 많은 도움을 줄 것입니다. 이런 것은 지금부터 민족적 과제로 미리 연구해야 합니다. 통일은 이제 무슨 주의 등의 이념적 색채보다는 실질적으로 자유와 물질적 풍요를 누리며 인간답게 사는 사회로 이루어질 것입니다. 그것은 남·북 양 체제 중 더 나은 체제로 이루어져야 할 것이지, 그 중간쯤인 체제로는 이루어질 수 없습니다. 이것도 아니고, 저것도 아닌 그런 체제는 실제로 존재해본 일이 없습니다. 남북통일에서 국가 연합이란 그런 중도를 연상케 하는데, 만일 그런 것이라면 불가능할 것입니다. 자유만 주어진다면 무엇보다도 먼저 북한 인민이 북한 체제를 총궐기하여 반대할 것입니다. 그렇기에 통일은 남한의 자유민주주의로 될 수밖에 없습니다. 물론 남한 자유 민주 체제도 인간답게 사는 데 지장이 되는 부분들을 점진적으로 수정해가야 한다는 것이 전제되는 것은 두말할 여지가 없습니다.

안병직_ 몬시뇰님의 말씀은 본래 보수와 진보라는 것이 그 어원으로 거슬러 올라가면 서로 대립하는 면뿐만이 아니라 보완하는 면이 있기에 보수와 진보가 극단적으로 대립만 할 것이 아니라는 말씀이시군요. 보수와 진보가 각각 자유와 평등을 추구한다고 할 때도 자유와 평등은 본래 인간의 본성에 근거한 것이고, 그것들이 양립하려면 자유와 평등도 상대적일 수밖에 없지 않으냐는 말씀으로 들립니다. 인간은 누구나 자유로워야 하지만 남의 자유도 존중해야 하며, 인간은 누구나 평등해야 하지만 자기의 능력에 상응하는 대우도 불가피하다는 말씀으로 들립니다. 그런데 종래에는 자유를 추구하는 자유주의

자들과 평등을 추구하는 사회주의자들은 유산 계급과 무산 계급으로 나뉘어 적대적(敵對的) 관계로 대립해 왔습니다만, 후기 산업 사회가 되면서 선진 각 국의 예에서 보듯 정치경제 체제는 민주주의와 시장경제로 수렴되고 정치 이념으로서는 자유민주주의와 사회민주주의가 중심이 되는 것이 아닌가 합니다. 그리고 1990년을 전후로 공산주의 제국이 붕괴한 이후 더구나 세계적으로도 체제 선택의 폭은 매우 좁아졌습니다. 이러한 점에서 볼 때 현재 대한민국은 정치경제 체제로서 자유민주주의 체제를 훌륭히 갖추고 있으므로, 이제 한국의 보수와 진보는 대한민국이라는 공동체 속의 국민으로서 우정에 기초한 관용과 설득을 통하여 나라의 발전을 위해 경쟁하는 것이 올바르지 않은가 생각합니다. 그리고 앞으로의 통일도, 몬시뇰님의 말씀처럼, 인간 본성은 말할 것도 없고 나아가 대한민국을 바탕으로 해야 순조롭게 이루어질 수 있을 것입니다. 앞으로 우리가 선진화와 통일을 달성하려면 더불어 살아갈 공동체인 대한민국에 대한 충성심이 필수적이라고 생각하는데, 몬시뇰님의 생각은 어떠하십니까?

정 몬시뇰_ 결국 극좌적인 공산주의 체제는 완전히 몰락하여 지상에서 사라졌고, 북구의 사회주의 국가들도 자유주의를 바탕으로 수정을 가해 자본주의 체제와 무엇이 다르냐는 데까지 변한 것으로 알고 있습니다. 그렇기에 북유럽의, 이른바 사회주의 국가에서도 차차 서방식의 자본주의 우익 정당으로 정권이 바뀌게 된 것입니다. 어찌 되었든 구미식(歐美式) 자본주의에 대립되는 입장, 즉 반대 입장이라도 결국 구미식 시장경제에서 벗어날 수는 없고, 자유를 기본으로 하는 테두리 속에서 신자유주의적 시장경제의 단점을 보완하는 식일 수밖에 없을 것으로 생각됩니다. 사실 위에서 말한 바와 같이 신자유주의로 월가가 무너졌기에 정부의 일시적 개입이 있기는 하지만 정부의 통제는 일시적일 수밖에 없고, 새로운 경제 질서 창출은 신자유주의 경제가 수정을 거쳐 나타나는 새로운 모습의 자유 시장 경제입니다. 따라서 지난날의 이념 갈등 등도 그 양상을 달리하여 자유의 기초 위에서 협력할 수밖에 없게 달리 도리가 없을 것으로 예상됩니다. 따라서 앞에서 진보와 보수 편에서 말씀드린 바와 같이 진보 진영도 보수 진영과 상호 보완적 입장이 될 것으로 예상됩니다. 어찌 되었든 그 근저에는 자유를 본성으로 하는 인간에 근거한 사회상이 성립될 수밖에 없습니다. 그런데 이런 자유라는 것이 무제약적인 자유가 아니고 상당한 법 위에서 제약성을 수반하는 자유라는 것입니다. 이런 면으로 인해 진보 진영 또는 사회주의적 진영에서도 상당한 역할이 있어야 할 것으로 기대됩니다. 말하자면, 자유가 근간인 인간 공동체 속에서 보수와 진보는 상호 보완하여 번영을 이루는 두 요인으로 그 존재 이유가 설명될 것입니다. 그런데 위에서 설명한 진보와 보수가 상호 보충하며 발전할 수 있는 체제는 대한민국의 자유민주 국체(國體)입니다. 이 체제 위에서 한국은 세계 속에서 유례를 찾을 수 없는 오늘날의 경제적 번영과 민주화를 이루었습니다. 그런 혜택을 누리고 있는 국민은 누구나가 일단 국체를 존중하며 애국심과 충성심을 가져야 할 것입니다. 누누이 말한 바와 같이 자유 민주 체제를 전제로 부족한 점은 계속 개선을 시도해야 할 것입니다.

안병직_ 한국에서는 보수든, 진보든 커다란 병폐(病弊)가 있습니다. 보수는 보수면서 보수라 불리는 것을 꺼리고, 진보는 사회주의면서 사회주의라 불리는 것을 싫어합니다. 이처럼 자기의 정체성(正體性)을 숨기고 어둠 속에서, 자기의 목적을 달성하려는 곳에서 사상은 정립될 수 없습니다. 사상은, 그 자체로서는 도덕이 아니지만, 분명히 어떤 가치를 추구합니다. 굳이 정명사상(正名

思想)을 들먹이지 않더라도, 자기가 추구하는 가치에 걸맞은 이름을 떳떳하게 내거는 일이 긴급한 과제입니다.

정 몬시뇰_ 보수가 보수로 불리는 것을 꺼리고, 진보는 좌익으로 불리는 것을 싫어한다는 문제에 대한 해답도 앞의 보수와 진보에 관한 설명에서 찾을 수 있다고 생각합니다. 인간 문화의 발전선상에서 이 두 가지는 불가분적으로 상호 연결되어 있다는 것을 설명했습니다. 그러나 여기서는 진보에 관해서 좀 더 부연함이 좋을 듯 싶습니다. 이른바 진보가 좌경으로 불리는 것을 싫어한다면, 지난 대선에서도 극명하게 드러난 바와 같이, 북한식 공산주의의 좌익을 싫어하는 것으로 추측되는데, 사실 그러한 사상과 정체(政體)가 지구상에서 사라진 지 벌써 근 20년이나 되니, 우리 지성계에서 당연히 기피하는 용어일 수밖에 없습니다. 사실 우리의 지나온 삶 속에서 6·25의 비극을 비롯하여 민족적 수난이 북한 공산·사회주의 좌익 체제에 기인한다는 뿌리 깊은 국민 의식 때문에 오늘의 사회주의자들은 사실 여부를 떠나 국민으로부터 회의적이기 십상이니 이런 국민 의식을 불식시켜야 하겠습니다. 기실 자유세계에서 큰 역할을 한 북구 제국의 사회주의, 경화(硬化)될 대로 경화된 공산주의를 무너뜨린 독일의 브란트식 사회주의, 유럽 라틴계 국가들에 심심치 않게 나타나는 사회주의, 이번 미국 경제 위기에 큰 역할을 한 영국의 브라운식 사회주의 사상 등은 앞으로 신자유주의의 한계 상황에서 더욱 요청될 것입니다. 우리에게도 이런 사회주의가 요구되니, 먼저 학계에서 정체성을 명백히 하여 대중의 인식을 바꾸어 주었으면 합니다. 그런 주의와 사상은, 특히 손발과 같이 인간에게 좌우(左右)가 다 같이 필요한 것처럼, 상호 보완적입니다. 보수를 우파라 부른다면, 진보는 좌파라 불려도 좋을 듯 싶습니다. 그러나 더 좋은 다른 명칭이 있다면 그것도 매우 좋은 현상이라 생각합니다. 그러한 사상은 지금까지의 경제를 파탄 낸 신자유주의의 병원(病源)을 치유하는 데 큰 역할을 할 수 있을 것입니다. 사실 가톨릭교회는 대담 첫머리에서 말씀드린 대로 신자유주의 경제를 강하게 비판해 왔습니다. 이런 점에서 굳이 신자유주의를 보수로 하고 그와 대립되는 것을 진보로 이름 붙인다면, 가톨릭교회 또한 진보이며 좌파인 셈입니다. 제가 위에서 설명한 대로라면, 굳이 대립각을 세우는 입장에서 보수와 진보로 볼 필요가 없을 것이고, 인간 문화 발전사(發展史)에 필요한 두 축으로 봄이 좋을 것입니다. 이것은 마치 시계추가 좌우로 움직여 시간의 흐름을 정확히 알려주는 것과도 같습니다. 사실 시간의 흐름 속에서 진보는 보수로, 보수는 진보로 바뀌는 경우도 적지 않기에, 또 보수가 잘못인 때가 있는가 하면, 진보가 잘못인 때도 있습니다. 그것은 시대에 따라 인류문화의 선상에서 어떤 면이 더 요청되느냐의 문제이고, 실제로 정밀하게 분석하면 두 요인이 다 필요한데, 시대에 따라 어떤 부분이 더 부각되느냐의 문제입니다.

안병직_ 세계 어느 나라에서나 후기 산업 사회가 되면 정치경제 체제는 기본적으로 민주주의와 시장경제 이외에는 선택의 여지가 없게 됩니다. 정치 이념 원리는 기본적으로 자유를 지향하는 자유민주주의와 평등을 지향하는 사회민주주의가 남게 되지요. 그런데 자유민주주의자와 사회민주주의자는 하나의 공동체, 즉 대한민국이라는 국가 체제 내에서 살 수밖에 없습니다. 대한민국이라는 공동체 속에서 살아가는 다 같은 국민이니, 우정을 기초로 하는 관용과 설득을 통해서 자기가 그 공동체의 더 나은 발전을 위하여 경쟁하는 것이 바람직한 국민상일 것입니다. 이렇게 하려면 대한민국이라는 공동체에 대하여 애국심을 갖는 것이 필수적이라고 생각합니다. 그런데 불행히도 한국은 남북분단으로 대한민국이 유일한 내 조국이다, 내가 그 속에서 살아가야 할 공동체다 하는 인식이 명확하지 않습니다. 특히 좌파를 지향하는 사람 중에는 대한민국이라는 나라는 결함이 많으니 남북을 통일해서 더 좋은 공동체를 만들어야 한다고 합니다. 다 아시는 바와 같이 근대 국민국가가 인위적으로 만들고 싶다고 해서 그림 그리듯이 만들어지는 것은 아닙니다. 대한민국도 과거 60년간의 갈등과 고통 속에서 형성된 것이 아닙니까. 우리 내부의 사상적 대립도 근대 국민국가를 그림 그리듯 쉽게 형성할 수 있다고 생각하는 데에 크게 기인하는 것으로 보입니다. 그렇기에 과거의 우여곡절이야 어찌 되었든 세계에 갖다놓아도 조금도 손색이 없는 오늘날의 대한민국을 우파이든지, 좌파이든지 소중하게 생각해야 된다고 봅니다. 만약 보수와 진보가 이 점에 동의한다면 국민의 이념적 갈등은 크게 완화되리라고 생각합니다.

정 몬시뇰_ 상당히 중요한 문제입니다. 그것이 이번 문제의 총체가 아니겠습니까. 현 단계에서 국가는 굉장히 중요합니다. 저는 국가가 없을 때 살아봤거든요. 국가에 힘이 없으면 인간 대접을 받지 못합니다. 저는 일본 식민지 시대에 살았습니다. 해방은 되었는데, 국제 사회에 나가면 우리가 일본 식민지에서 해방된 것조차도 모르고, 그 당시 외국에서 우리 여권을 보고는 이것은 뭐냐고 묻고…. 우리는 없는 존재나 마찬가지일 때를 살아봤습니다. 그래서 국가가 얼마나 중요하다는 것, 인간 대우를 받으려면 국가가 있어야 한다는 것을 체험했습니다. 지금은 한국이라 하면 어디를 가더라도 대접을 받으면 받았지, 무시당하지는 않습니다. 오히려 대한민국 국민이라는 데 긍지를 느끼게 됩니다. 이렇게 된 것은 부강해진 국가 덕분입니다. 그런 대한민국이기에 부족한 점은 차차 개선하기로 하며 소중히 여겨야 합니다.

안병직_ 국제 사회에 나가도, 미국에 나가도 우리가 제대로 된 사람 대접을 받는 것은 국가가 있기 때문이죠.

정 몬시뇰_ 그렇습니다. 앞에 질문에서도 말씀드린 바입니다. 이제는 한국 사람이라고 어디 가서나 버젓이 얘기할 수 있습니다. 이게 누구지, 이런 사람도 있나? 이런 식의 눈치를 안 받거든요. 당당하게 자신을 내세울 수 있게 된 것입니다. 오히려 우리가 선망의 대상이 되는 수도 많습니다. 우리는 10대국에 들어가는 국력이 있으니까 그만큼 된 것입니다. 그러면 지금 국가에 대한 의식 없이 국제 사회에서 공산주의, 사회주의 해야 한다고 큰소리를 낼 수 있는 이유는 대한민국이 자유민주 체제로 이만큼 컸기 때문입니다. 그래서 국제 사회에서 그들의 말도 들어주는 겁니다. 아프리카의 어느 뒤떨어진 나라 사람이 그런 말을 했다고 해서 우리와 같은 비중을 지니지는 못합니다. 국제회의에서 대한민국 사람의 말은 비중이 상당합니다. 그것은 대한민국에 국력이 생겼기 때문에 가능한 것입니다.

우리는 지금 건국 60주년을 지내고 있습니다. 대한민국은 국민에게 부모와 같은 존재입니다. 대한민국은 이승만 씨를 초대 대통령으로 선택했습니다. 그분은 인권 문제와 민주주의에서는 많은 문제를 안고 있었지만, 이 땅을 공산화에서 구하는 데는 지대한 공헌을 했습니다. 그리고 민주주의 이야기를 할 때 장면 내각 총리를 빼면 안 됩니다. 그분은 아무도 한국의 존재를 모르던 시기에 대한민국을 한반도 유일 정부로 유엔(UN)에서 승인받았습니다. 이 승인 때문에 6 · 25 전쟁 때 유엔군이 참전해 한국을 공산화에서 구출했습니다. 비록 군사 쿠데타 때문에 실패는 했으나, 민주주의 행정수반으로써 참 민주주의를 실천하여 후일의 민주주의를 꽃피우는 토양을 만들었던 것입니다.

안병직_ 대한민국이 발전하면서 근대화 세력과 민주화 세력이 장기간 대립되어 왔습니다. 민주화 세력에 속하는 사람의 숫자가 엄청나게 많은데 그들은 불가피하게 집권층과 대립했기에 대한민국에 살면서도, 대한민국은 어딘가 잘못되었다고 하며 자기가 살아갈 공동체로 받아들이지 못하고 뛰어넘지 않으면 안 될 것처럼 생각하는 데에서 이념적 혼란이 불가피하게 되었다고 생각합니다. 그래서 그들을 대한민국 체제 안으로 끌어들이려면, 당신들의 사상도 대한민국 체제 속에서 실현될 수 있다는 것을 보여주어야 한다고 생각합니다. 그런 의미에서 지금까지 대한민국을 지도해오던 사상인 반공주의라든지, 권위주의는 더는 기본 체제로서 용납되어서는 안 될 것입니다. 한 발짝더 나아가서 대한민국 체제 속에서 이제 사회주의자들도 자기가 사회주의자라는 것을 떳떳하게 밝히면서 살아가는 자유를 부여하는 그러한 정치사회 체제를 만들어야 하지 않겠느냐, 그렇게 해서 누구든 대한민국 안에서 자기가 원하는 사회를 실현할 수 있는 정치 체제를 만들어야 한다, 그것이 기본적으로 중요하다고 생각합니다. 이런 점에 관해서 몬시뇰님께서는 어떻게 생각하십니까?

정 몬시뇰_ 현 대한민국의 헌법이 절대적이냐, 그것은 아닙니다. 왜냐하면 인류문화 발전 도상에서는 항상 부족한 것이 많기 때문입니다. 다수가 진리냐는 물음에 그간 경험이 그것은 아니라는 것을 논할 여지도 없이 입증합니다. 이런 입장에서는 논란의 여지가 큽니다. 그렇지만 인간이 같이 살아야 하는 공동체성은 다수의 동의에 의해 성립되는 민주 체제가 현 인류문화 단계에서는 가장 좋은 체제로 되어 있습니다. 공동체 생활에서 더 좋은 것으로의 발전은 더 좋은 것에 대한 사람들의 경험과 의식 변화로 자유롭게 이루어져야 한다는 것이 인류문화의 현 단계입니다. 그것은 헌법으로 나타납니다. 누누이 말한 바이지만 부족한 것, 바람직한 것들은 다수의 동의에 의해 점진적으로 바꾸어가야 한다는 것이 변화의 요체입니다. 그런 중에서도 초석적 요소는 기본적인 인권은 보장 받아야 한다는 것입니다. 이런 기초 위에서 과학기술의 놀라운 발전에 힘입어 인류의 문화는 사회 구조의 상상을 초월하는 변화와 발전을 이루는 것입니다. 그것은 자유에 근거한 인권 증진에 걸맞은 제도로 인간 삶은 전진하여 갈 것입니다. 그러나 현 단계에서는 현재 우리가 향유하고 있는 자유민주주의 제도가 가장 이상적이고 현실에 맞는 것입니다. 위에서도 말씀드린 바와 같이 현 민주 체제에는 건전한 사회주의도 필요한 것이란 말씀을 드렸습니다. 다시 말해 진보와 보수가 다 필요하며, 상호 보충적 역할을 해야 합니다. 위에서도 말씀드린 바와 같이 6·25 전쟁으로 말미암아 사회민주주의도 이북식 공산사회주의로 인식되는 일반인의 인식을 불식시킬 필요가 있습니다.

안병직_ 마지막으로 한 가지만 여쭙겠습니다. 대한민국 체제에 불만을 느낀 사람들은 더 좋은 조국을 건설하는 과정에서 남북통일도 이루고, 더 좋은 체제를 만들기 위해 남북의 국가 연합을 선호하는 사람들이 있습니다만, 국가 연합이 가능하겠습니까?

정 몬시뇰_ 이 부분에 대해 문제가 되는 것은 국가관입니다. 국가관이 서야 통일 국가라는 게 무엇인지 말할 수 있습니다. 국가의 요체는 사람이 더 인간답게 잘살기 위해 인간 본성에 의거하여 인간이 만든 제도입니다. 그렇기 때문에 통일 국가도 갈라진 사람들이 다시 모여 사람답게 더 잘살기 위해 만드는 것입니다. 그렇게 통일을 위해 우선 연합하면 더 잘살 것이니까, 전쟁을 안 하고 협력하여 더 나은 인간 삶을 이룰 수 있을 것이란 전제 하에서 주장되는 국가관입니다. 그런데 이런 연합의 대표적인 예가 아이러니하게도 미국입니다. 미국에는 온갖 종족이 다 모여 삽니다. 왜 사람들은 그곳을 선호할까요? 그 나라의 핵심은 자유고 자유로 이루어 놓은 풍요입니다. 미국은 자유로운 경쟁과 연합으로 합중국을 이루어 번영을 구가하는 것입니다. 그렇게 사는 것이 더 사람답게 사는 것이기 때문입니다. 우리 한국 사람도 미국에 약 2백만 명이 살고 있다고 합니다. 지금 그 사람들은 더 자유롭고, 더 풍요로우며 더 인간다운 삶을 찾아 사는 것입니다. 사람들은 미국에서는 삶이 더 자유롭고 더 풍요로우며 자식 교육 환경이 더 낫다고 생각합니다. 아이의 장래가 더 밝다고 생각합니다. 따라서 미국 이민을 선호하고 있으며, 실제로 많은 민족이 연합하여 합중국을 만들어 살고 있습니다. 지금 우리나라에도 백만 명의 외국인이 더 나은 삶을 찾아 살고 있다고 합니다. 그런데 남북연합의 경우, 핵심이 어디에 있느냐의 문제입니다. 물론 통일이 되는 것도 좋고 그전 단계의 연합도 좋습니다. 저는 분단 전에 살았던 사람이니까, 신의주에서 부산까지 마음대로 다닐 때 살던 사람이니까 그런 통일의 날을 보고 싶고, 그날이 온 다음에 눈을 감아도 감고 싶습니다. 그런데 현실은 그게 아닙니다. 그런 마음이 간절하지만 그건 아닙니다. 그렇게 해서 인간적으로 더 자유롭게, 더 풍요롭게 잘살 수 있느냐의 문제 때문입니다. 더군다나 자식이 있는 사람들의 입장에서 볼 때 더욱 그럴 것입니다. 지금 우리 주변에 나도는 연합이란 양 체제의 연합을 말하는 것입니다. 이것은 앞에서 말씀드린 대로 진정한 의미의 북한 체제와 남한 체제의 통일을 향한 중립적 연합 체제로는 성립되기 어려울 것입니다. 잘하면 상호 비방 없이 지내며, 지금 개성공단에서 진행되는 것과 같이 서로 닫힌 채로의 협력 정도일 것입니다. 이런 정도의 것이라면 진정한 의미의 연합 체제라고 보기는 어렵습니다. 그런 것은 좌익 사람들이 말하는 연합 체제가 아닐 것입니다. 양 체제가 하나의 통일 국가가 된다면, 그것은 자유민주 체제로 통합되어야 할 것이기에 그런 통일을 북한 현 체제는 용납하지 않을 것입니다. 그렇다고 월등히 우월한 남한의 자유민주체제가 북한의 공산좌경 체제 내지 왕조 체제에 동화될 수도 없는 것이기에 말입니다. 그 연합이란 정체성이 분명하게 드러나지 않으니, 위와 같은 생각이 드는 것입니다. 이쪽의 극좌들이 말하는 연합이라면 분명히 북한에 치우치는 것이라고 봅니다. 만일 그렇다면 남한의 민심이 절대 그런 것을 허용치 않을 것입니다. 결국 연합의 문제도 이념보다는 현실에 근거해 더 못사는 상태로 가야 할 것이냐, 혹은 더 잘사는 상태로 가야 하느냐의 문제로 귀결될 것입니다. 지금 세계인들은 더 나은 삶, 즉 더 잘사는 삶, 더 인간다운 삶을 찾아 거침없이 이주하는 시대입니다. 그럼 북한과 합칠 때는 뭐냐 하는 것인데, 민족이라는 이름은 있지만 그 삶은 후진과 퇴행을 면치 못할 것입니다. 북한은 지금 극빈 상태로 못 먹고, 생명을 걸고 탈출하며, 인신매매의 희생물이 되고 있으며, 인권 동토 지대로 알려져 있기에, 남한 사람 사이에서 그래도 남북한이 합쳐야 하겠느냐는 의문이 나오는 것으로 압니다. 그리고 젊은 사람들은 꼭 합쳐야 한다는 생각도 없다고 합니다. 그냥 자유롭게 오가며 잘살면 되는 것 아니냐는 것입니다. 합쳐서 행복해질 수 있어야 합치는 것입니다. 이념으로 좋은 것이라도 현실이 좋아야 합니다. 소련이 그렇게 강성했다고 하지만 못사니까 무너진 것입니다. 구태여 더 못사는 상태로 가야 할 필요가 없기 때문입니다. 남북한이 합쳐져서 더 잘살게 된다면 좋습니다. 더 좋은 것을 위해서 합치면 좋습니다. 그러나 더 나빠지는데 합쳐지는 것은 국민이 반대할 것입니다. 이제는 통일이라는 이념 하나만 갖고는 설득력이 없습니다. 왜 통일을 하자고 하는가, 그것부터 밝혀야 합니다. 그러기 위해 연합을 하자고 한다면 그러면 더 잘살게 되느냐, 더 못살게 되는 것이냐를 묻고 그래서 더 잘살게 된다, 더 자유롭게 된다, 물질적으로도 정신적으로도 더 풍요롭게 된다, 세계화에 있어 앞서가게 된다 등 이렇게 될 것 같으면 국민은 합쳐야 한다고 생각할 것입니다. 만일 북한 사람들에게 자유선택의 기회가 주어진다면 그들은 현금 북한 지배자들이 주장하는 연합이나 통일을 전적으로 거부할 것입니다. 그렇지 않고 연합이나 통일이 북한 체제에는 아무런 변화가 없고, 남한에만 부담을 지우는 것이라면 남한 주민들이 (그런 연합이나 통일을) 거부할 것입니다. 인간적으로 돕는 것이야 반대하지 않겠지만, 그런 연합이나 통일은 수긍하지 않을 것입니다.

3. 〈時代精神〉誌와의 대담 후[41]

　〈時代精神〉지가 이번 대담을 통해 정치, 경제면에서 좋은 계간지라는 것을 알게 됐다. 대담자 안병직 이사장님은 경제학자로서 열의에 찬 분이다. 분단된 국가의 앞날을 밝히려는 열의에 찬분이라는 깊은 감명을 받았다. 안 이사장님은 나의 발상을 "획기적 사상", "국제적 상당한 반향"이란 표현으로 나와의 대담을 이끌어 갔다. 〈時代精神〉 12월 호에 내가 의도한 바가 대체로 다 반영되었지만 아마도 지면의 관계, 사의 편집 방향, 전공 분야의 차이 등으로 주요 대목 몇 곳이 빠지거나 불분명하게 된 것으로 보이기에 여기에 보충한다. 이를 계기로 사족 몇 가지도 곁들인다. 무엇보다도 안 이사장님의 진지한 대담과 정성어린 편집 태도에 심심한 감사를 드린다. 대담 별책까지 만들어 주셨기에 더욱 그렇다.

　미국 월가의 신자유주의 경제파탄이 좀 산만하기에 여기 그 핵심을 요약 제시한다. 1930년 대 미국 대공황은 단적으로 자본가의 노동자에

41 2008년 11월 28일.

대한 무자비한 착취의 결과였다. 노동자에 대한 극심한 착취로 노동자들은 처참한 빈곤에 빠져 넘쳐나는 생산품을 구매할 능력이 없게 되어 미국은 경제 대공황을 맞게 됐다. 그것을 당시 미국 루즈벨트 대통령은 천주교의 성직자 경제학자 시카고대학 교수 라이언 몬시뇰에 의뢰하여 새로운 노동법 제정으로 근원적으로 해결했다. 그 핵심은 다음과 같다. 노동자들(수많은 아녀자 노동자들 포함)의 인권 옹호와 지위 향상, 적정임금제 등이 골자를 이루어 그들의 생활을 향상시킨 것이었다. 그 결과 노동자들의 생활이 윤택하게 되어 생산력과 왕성한 구매력을 촉진, 세계 시장을 흡수하며 미국은 자본가와 노동자의 선망의 대상이 됐으며 구매력 왕성으로 번창의 일로를 걸었다. 이런 라이언 몬시뇰의 새로운 노동법 발상은 19세기 말 레오 13세 교황이 발표한 하느님의 모습으로서 창조된 존엄한 인간의 노동에 관한 「새로운 사태」라는 교서에 근거한 것이었다. 이 교서는 당시 인간 이상향(理想鄕)으로 혜성처럼 떠오르던 맑스의 『공산당 선언』과 『자본론』의 오류에 대한 대답이었다. 그러나 시간의 흐름 속에서 이런 숭고한 인간 노동의 정신은 사라지고 급기야는 자본가들의 탐욕이 모든 것을 지배하는 상태로 전락, 자본가들 사이에 신뢰가 완전히 무너지고 자본가들끼리의 치고받음의 연속으로 자본의 얼굴인 은행이 줄줄이 도산함으로 월가는 파탄을 만나게 되었다. 그것은 지금 세계 경제의 대혼란으로 이어지고 있다. 그런 흐름을 부추긴 것은 급속하게 발전한 과학기술, 즉 상상을 뛰어넘는 신속한 전달 수단인 사이버 기술이 주요한 역할을 한 것을 간과할 수 없게 됐다. 이런 요인들이 서로 시너지 효과를 내며 급기야는 실물경제와 유리된 종이 거품, 영상 거품을 부풀려 오늘의 파국을 맞이한 것이다. 따라서 그 해결책은 지금 각국 정부 수뇌들이 모여 운위하는 것은 미봉책이고 근본적 해결책이 될 수는 없다는 것임을 말했다.

요약해 인간이 주(主)가 되고 경제와 과학기술은 종(從)이 되는 체제를 위시하여 현 사회구조 전반이 바뀌어야 한다는 것이다. 이것은 하느님 창조경륜의 실현이며 인류의 전진하는 문화 형태로 나타나는 것이다.

또 한 가지는 우리의 시급한 민생 문제다. 지금 민생은 말할 수 없는 도탄으로 빠져드는데 그동안 월가의 파탄 이전부터 우리 정부의 경제 정책, 특히 수없이 내놓은 경제 정책은 계속 금융계와 국민이 외면하는 것, 한치 앞을 못 보는 것이었기에 대통령 따로 민심 따로였다. 이명박 대통령의 대선 때 공약(公約)이 747을 위시하여 하나도 이루어지지 않는 그야말로 공약(空約)이 됐기에 심각하게 고민해야 할 것이다. 정치는 결과로 말해야지 선동적인 말의 문제가 아니기 때문이다. 그렇기에 그의 연거푼 실책으로 떠난 민심은 돌아올 줄 모른다. 이명박 대통령은 우리는 변두리이기에 월가의 타격이 크지 않을 것이라고 했지만 우리는 가장 큰 피해국임이 드러났다. 2008년 11월에 한국은 완전히 채무국으로 전락했다니 이명박 씨를 경제 대통령으로 알았던 국민에게 허탈감은 그 무엇으로도 지울 수 없는 것이다. 그 근본 원인은 외국 자본의 대량 인출 투매 현상에 기인한다고 한다. 돈이 아래까지 흐르지 않는단다. 은행에 또 막대한 돈이 정부로부터 풀릴 전망이라니 이 또한 중소 기업인에게보다는 은행만 살찌우는 것이 아닐까. 은행은 은행대로 자금의 큰 압박을 받고 있다고 한다. 내년의 한국 경제는 매우 암담하다는 것이 국내외 연구 기관들의 일관된 견해인데 이명박 대통령은 국내외에서 큰소리만 연발하는 형편이다. 결과보다는 그때그때의 "말에 다 걸기"인가 싶다. 그러니 대통령이 뭐라고 하던 한은이 대폭 금리를 낮추건, 정부 경제팀이 사상 유례없이 자금을 풀건, 금융계는 미동도 하지 않으면서도 미국 당선자 오바마의 일거수일투족과 미국 금융시장 동향에는 우리 금융계와 국민이 매우 민감하다고 한다.

더 나아가 이명박 대통령과 경제 각료들은 그동안 피땀으로 축적한 달러만 수백 억 불을 소진하여 결국 외국 투자자들만 살찌운 것이 아니냐는 원성과 국가 빚만 키운다는 원성이 학계와 시정에 자자하다. 그렇기에 이명박 대통령 당선에 큰 버팀목이었던 보수 성향 학회나 보수 진영은 이명박 정권의 실패에 당혹하여, 이명박 정권에 등 돌림은 물론, 보수의 진정한 정체성 정립에 열을 쏟고 있다. 일반 지지자들 거개가 등 돌린 것은 인수위와 청와대와 정부 조각(組閣) 때부터였으며 "고소영", "강부자" 가십으로 전국을 회자하면서부터다. 그러나 이명박 대통령은 형태를 바꿔가며 다시 말해, 패거리 무능정치와 우경 역주행 체질을 벗을 수 없기에 심기일전의 변화는 불가능한 분임이 거의 확실한 듯하다. 그래도 그동안 보낸 성원이 아까워 그 발상의 근본적 변화를 위해 편달(鞭撻)을 가해 보지만 나아지기는 불가능한 것으로 보인다. 한마디로 허풍스런 큰소리로 일관, 지나가면 아무런 책임도 느끼거나 지지 않는 전형적 전 부패 우파 정권의 정상 모리배를 연상케 한다. 이제 더 이상 그동안 시간이 짧았다는 구차한 변명이란 하지 말아야 한다. 인간성의 구차함만 드러나기 때문이다. 국가의 앞날을 열어가는 비근한 예들이 주변에 수다하다. 국가의 두통거리 적체에 적체를 거듭하던 사회보장 제도를 취임하자 단숨에 해결한 사르코지, 월가 폭발 시 그 응급치료를 단숨에 제시한 영국의 브라운 총리, 취임도 전에 세계 금융의 심장 월가의 파탄을 단숨에 치유해내는 오바마 당선자를 볼 때(물론 골병든 미 경제가 그렇게 쉽게 회복될 것은 못 되지만) 이명박 대통령의 공언(公言)은 허풍과 무능의 표본임을 누가 부정할 수 있겠는가. 이명박 대통령 정권이 크게 그르치기 전에 그를 뽑은 국민은 그에게 채찍을 가해 더 큰 그르침을 막아야 한다. 여당은 지금 당초의 국민 지지도가 근 반으로 주저앉아 30%대에서 미동도 않는다니 끼리끼리의 집단 신세가 됐고 이명박 대통령은 국민이 대선에서 우리 선거 사상 최대의 표를 몰아주어 한 동안 80%에 육박하는 지지율인가 싶더니 한 때 10%대까지 곤두박질해 존립에 큰 위기까지 맞았다. 지금은 자세히는 모르겠지만, 아마도 20% 중반 정도가 아닌가 싶다. 어찌 되었건 떠난 민심은 전혀 돌아올 기미를 보이지 않는다. 지금은 이런저런 구차한 말들은 다 필요가 없고 이 대통령에게는 국민의 고통 감내 요구에 앞서 자기희생과 고통참여에의 솔선수범이 절실히 요청되는 시점이다. 지금 국민은 못 살겠다고 아우성이며 앞날이 캄캄한데 주가가 추락했으니 사두면 일 년 내 부자가 된다는 대통령의 말에 언론과 국민 여론은 그가 과연 이 나라를 맡은 대통령이냐는 비아냥이 빗발친다. 왜 이렇게도 대통령과 국민생활의 실상은 괴리돼 있는 것일까. 영국 엘리자베스 여왕은 말없이 왕실이 솔선수범해야 한다며 왕실 비용을 대폭 줄여 20-30년 전 복장으로 그 화려했던 행사들을 수수하게 치른다고 한다. 당선만 되면 살 집만 내 놓고는 모든 재산을 사회에 환원하겠다던 공약조차도 차일피일 이런 저런 구실로 미루고 있는 그런 인품에 이 고통의 아우성 속의 국민이 무엇을 그에게 기대할 것인가. 자기 손가락에는 물 한 방울 적시지 않고 국민의 고통 분담만을 강요하는 대통령, 말 다르고 마음 다르고 행동 다르다는 말없는 중론의 저항을 어찌 감당할 것인가 라는 복병에 이명박 대통령은 직면한 것이다. 그 막대한 혈세로 흥청망청인 대통령과 청와대, 정부, 국회 등 고관대작들에게 고통 나누기 솔선수범이란 낌새도 찾아 볼 수 없는 잠꼬대 같은 이야기일 것이다. 그저 국민에게는 국내외에서 허풍에 찬 공언만 쏟아내고 일간지와 TV 매체에 매일 같이 큰 사진과 큰 기사로 보도만 되면 대성공이라는 치기(稚氣) 극한 태도로 비칠 뿐이다. 이명박 정부는 판단미숙을 그대로 드러내는 것이 아닌가 싶어 씁쓸할 때가 한두 번이 아니다. 국외에서 호화 여행으로 활동하는 것도 좋지만 대통령에게 더 시급하고 중요한 것은 국민을 안심시키고 더 나은 생활을 하게 하거나 적어도 어려움을 최소화시켜야 하는 것이다. 지금 국내외 모든 경제 지표는 우리는 가장 큰 어려움에로 (어쩌면 세계에서 가장 좋지 않은 상태로) 줄달음치고 있어 내년에는 아주 나쁜 상태가 될 것이라는 이구동성 보도이니 국민은 몹시 불안해한다. 국민은 깊은 수렁에서 수렁에로 빠져들고 있는데 대통령을 위시하여 고관대작에게야 무슨 고통이 있느냐, 무슨 희생이 있느냐는 세평(世評)인 것을 누가 부정할 수 있겠는가. 이명박 대통령의 정치철학이 무엇이며 그렇게도 절대 다수표로 당선시켜 준 민심에는 무엇이라 할 것이냐의 무언의 항의는 이명박 대통령과 희희낙락하던 추종자들에게는 우이독경(牛耳讀經)인 듯싶다. 그러니 떠난 민심은 좀처럼 돌아올 기미를 보이지 않는다. 그렇다고 희망이 전무한 것만은 아니다.

　나는 이제 이명박 대통령의 장점에 대해 여기에 몇 가지를 적고 싶다. 이명박 대통령은 매우 부지런한 분, 일에 열성적인 분으로 알고 있다. 또한, 근검절약하는 분으로 알고 있다. 그분의 가장 큰 공헌은 한ㆍ미 혈연 동맹의 복원이다. 그것이 첫 번 미 대통령의 데이빗 별장 회동에서 조공(朝貢) 식이었기에 쇠고기 촛불시위 파동으로 이명박 대통령이 혼쭐이 났지만 어쨌든 국민을 안심시킨 것이다. 다음으로는 북한 퍼주기와 더 나아가 종북(從北)을 지나 속북(屬北)으로 치닫던 대북 정책, 공산 세습, 인권 동토 정권 포용 정책에서 자유민주주의 국가의 모습으로 돌아온 것(확고한 철학이 없기에 북의 이명박 길들이기에 말려들어 다시 흐느적거리기 시작했지만), 전 정권의 허위성, 부패상을 파헤치는 것 등은 나름으로 평가해야 할 것이다. 또한, 한ㆍ미 FTA를 조속히 마무리 짓고 EU, 중국 일본 더 나아가 인도, 동남아 제국과의 FTA도 성사시키는, 선두주자가 되어주면 한다. 더욱이 실의에 빠질 젊은이들에게 희망과 생기를 불어넣을 아이디어 산업에 전력해 주기 바라는 마음 간절하다. 단기적 대책이 시급한 것이 사실이지만, 단기는 장기의 뒷받침을 받지 못하면 성공하기 어려우니 장기적 문화적 측면도 고려해 주기 바란다.

한편 야당은 새로운 차원의 안을 전혀 내지 못하고 국민이 투표로 절대 거부된 옛 좌경 정책으로 일관, 여당 발목 잡기에만 급급한 모습이니 이런 정당의 존재 자체가 회의적일 뿐이다. 거기 더해 빈민을 잘 살게 한다던 전 정권의 측근들이 줄줄이 거액 뇌물 수수 등 부정부패로 지난날의 우파 부정 정권 그 어느 것도 뺨칠 정도다. 그들은 역사에서 사라진 좌경으로 일관하니 참으로 안 됐다. 지금이 어떤 때인데 빈부(貧富) 논리로 국회를 파행으로 이끄는가 하는 지성계와 국민적 지탄을 면키 어렵다. 물론 빈부 격차가 없는 사회를 이루어야 할 것이다. 그러나 지금 우리에게는 다 지나간 북한-좌편향 야당식의 논리로 빈부 격차가 없어지는 것이 아니라 그 간격이 더 커진다는 것이 전 정권에서 입증되고도 남는다. 전 노무현 정권 시 지금 야당이 주장하는 바로 그런 정치로 일관하다 중산층의 거개를 빈민층으로 추락시켰고 빈민층은 우리 정권사(史) 어느 시기에도 없었던 극빈으로 전락했다. 일반 중소산업은 위축 일로였으니 일자리는 하늘의 별따기가 됐다. 이런 과정은 지난날 소련식 공산 제국(諸國)이 망해간 과정이고 지금 북한에서 그 종말을 향해 치닫는 경로다. 지금 야당인 민주당이 주장하는 이념과 사고방식은 바로 그런 것을 답습하자는 이야기로 들린다. 지금 시급한 것은 빈부가 공멸(共滅)하는 정치가 아니라 같이 살아(共生) 남고 때가 되면 같이 번영(共榮)할 길을 여야가 머리를 맞대고 숙의를 해야 한다. 미국은 대선의 혈전 와중에서도 국민 경제 침몰 구출에는 한 목소리 한 덩어리가 되어 격외의 예산 심의 등 여야가 혼연 일체가 되고 있다. 서구 선진국도 같은 양태다. 지금의 지상 명령은 빈부 격차 운운보다는 일자리 하나라도 더 만들어 사람들이 벌어먹고 살게 하는 데 지혜를 모으고 뒤처지는 사람들을 위해서는 국가와 종교단체, 민간 단체가 합심하여 도와야 할 것이다.

여당은 또 전대미문의 거대 여당을 국민이 만들어 주었는데도 국회에서 이렇다 할 새로운 차원의 안건 하나 만들지 못하고 좌경 야당에 질질 끌려만 다니니 참 한심한 노릇이다. 지금의 여당의 모습은 국민의 여망을 완전히 저버린 꼴이다. 새로운 아이디어도 없고 자기가 서 있는 발판이 어디인지도 모르는 꼴이기에 벌써 지난번 작은 선거이지만 민심이 완전히 등 돌리다시피 한 결과가 되었다. 다음 주요 선거에서는 현재 민심 10%대의 이른바 제1야당이야 도태되어 그나마 시원치 않은 지역당으로 전락할 것이다. 여당 또한 지금도 민심이 30%대이니 민심의 대거 이반으로 끼리끼리 정당이 될 것이다. 이 기회에 이명박 대통령은 자아도취에 빠지지 말고 국민에게 한 공약을 얼마나 실천하며 국민의 여망에 얼마나 응답하고 있는지를 겸허히 반성해야 한다. 왜 국민이 이 대통령을 외면하고 있는지, 왜 국민은 이 대통령은 말 다르고 속 다르고 실천이 다르다는 중론(衆論)인지를 심각하게 성찰해야 할 것이다. 또 왜 이 대통령은 떠난 민심이 전혀 돌아올 기미를 보이지 않는지를 깊이 살펴 일대 각성과 새로운 발상을 해야 할 것이다. 내치, 특히 경제가 무너져 내리는데 대통령이 밖으로 돌며 아무리 화려한 공언과 행동을 한들, 국민의 관심 밖이라면 다 부질 없는 일이라는 것을 명심해야 한다. 백 마디 말보다도 한 가지 실천으로 국민이 이제 우리 삶이 좀 나아졌다는 확신이어야 하며 이 난국에서 대통령이 국민에게 솔선수범하고 있다는 믿음을 주어야 할 것이다. 지금은 국민의 마음에 이명박 대통령은 말 다르고 행동 다르다는 인상이 깊다.

그렇지만 우리에게는 희망적인 면이 적지 않다. 잘만 하면 아직은 잘될 여지가 이명박 대통령에게 꽤 있다고 생각한다. 본래 그분께는 잘하려는 심지가 있다고 생각한다. 건국 60주년 기념 사업회 청와대 회의 때, 그래도 의견을 널리 듣는 회의인 줄 알고 앞으로 이 나라 운명에 지대한 관심사인 몇 말씀을 준비해 갔지만 의견 개진할 계제가 못 되었다. 회의 후 그 원고를 드렸더니 직접 받아 안주머니에 넣으며 내 글을 다 읽고 있다며 그 원고도 꼭 다 읽겠다는 말씀이었다. 그 후 청와대에 미래위원회가 설치되는 것을 보았다. 그러나 인선에서 그게 아닌데 하는 감을 지울 수가 없었다. 한 가지 여기서 짚고 넘어가고 싶은 것이 있다. 이명박 대통령의 인사는 국민에게 "고소영"이라는 딱지가 깊이 각인되었는데도 극히 예외적인 한 가지 경우를 보고 놀랐다. 나는 애당초 그분의 인수위 때부터 청와대와 정부 조각에 이르기까지 아주 탐탁하게 여기지 않았다. 그것은 그런 중대한 자리들을 무슨 전리품 나누듯 하는 것으로 보았기 때문이었다. 그래서 청계천 촛불시위로 청와대 전면 개각 시, 정부의 전면 개각도 바랐던 것이다. 그런데 건국 60주년 기념 사업위원회 회의로 한승수 총리를 2-3회 공석에서 만나며 생각이 좀 달라졌다. 나는 본래 한 총리와는 일면식도 없는 처지였다. 회의 중 그의 논조는 조리 있고 사리가 분명했으며 매너가 세련되고 겸손과 인품이 격조 높음을 느꼈다. 그분은 한번 나에게 이런 말을 했다. "사심 없는 봉사를 하려니 기도를 부탁드립니다." 그 말씀은 진심에서 우러나오는 말씀이었다. 그런 분이 내각 수장으로 있으니 인사에 무엇인가 잘못 됐나 싶을 정도였다. 공석에서의 몇 번 만남이었지만 한 총리는 "결과에 다 걸기"라는 인상을 깊이 받았다. 따라서 이명박 정부에서 거두었던 희망을 그나마 가지게 되었다. 나는 한 총리와 개별적인 친소 관계가 전혀 없는 사람이다.

　나는 그분의 국제적 위상에 놀랐다. 독도 문제가 일본 문부과학성 사람이 일으킨 바람으로 우리나라에서 몹시 시끄러울 때의 일이다. 이명박 대통령도 국회도, 전국이 떠들썩할 때였다. 그런 것에 일인들은 아랑곳 없이 일본 총리와 문제의 장본인 장관이 휴가를 떠난다고 했는데 한 총리가 독도 방문을 하니 일본 정부 대변인 격인 관방장관이 정식 담화를 내는 것을 보고 나는 한 총리가 누구냐고 주위에 물었다. 그분은 주미 대사도 UN 총회 의장도 지냈다기에 좋은 인재가 발탁됐구나 생각했다. 한 번은 한 총리가 내게 "독도를 좀 더 잘 가꾸어야겠다"고 했다. 나는 말했다. "독도를 좋은 관광지로 개발하여 일본인들에게 독도가 일본 땅은 무슨 일본 땅, 한국이 독도를 좋은 관광지로 개발했으니 와서 관광이나 하고 돈이나 쓰고 돌아가라고 하시라"고 했더니 마구 웃었다. 나는 그분을 식별력과 능력을 갖춘 분으로 보았기에 이명박 대통령에게 드린 원고를 좀 더 구체화 하여 드렸다. 내용은 앞으로의 세계가 아이디어의 세계이고 지금 우리 젊은이들은 아이디어에서 세계를 주름잡는 단계에 들어섰다는 것과 서구 아이디어의 메카 밀라노는 지금 세계 정상급 아이디어 맨들의 집결지가 되어 무진장의 부를 모아들이고 있다는 점이었다. 한 총리는 정부 부서들을 통해 젊은이들의 아이디어를 모집해 보았더니 놀라운 성과가 있었다며 직접 밀라노 시장과 요로 인사들도 만났다는 말씀과 더불어 지금 밀라노는 전 이탈리아를 먹여 살린다는 말씀과 밀라노와의 우리의 젊은이 아이디어 결연도 생각한다는 말까지 곁들였다. 그런 인품과 국제적 감각과 식견, 실천력이었기에 한국인이 UN 사무총장이란 국제적으로 막중한 자리로의 길도 깔았을 것으로 생각된다. 이렇게 그분은 소리 없이 실천에 치중하는 "결과에 다 걸기"의 인사(人士)임을 보여주어 마음이

든든했다. 그렇지만 현실은 냉혹한 것이기에 이명박 대통령의 지휘 여하에 따라 공과도 명암도 같이 해야 할 것이기에 그 책임도 무거울 수밖에 없다. 이명박 대통령의 부족한 점을 한 총리는 많이 보충해 주어야 할 것이다. 그렇기에 들을 큰 귀를 갖고 있어야 할 것이다. 우리의 당면 과제는 좋은 인재가 있으면, 선진국처럼 그 누구를 불문하고 서로 합심하여 키워 국가 발전에 이바지하게 해야 한다. 나는 근자 유럽 여행 중 이탈리아가 총력을 기울였다는 구조물을 보았다. 그런데 앞서 가는 아이디어, 즉 젊은 층과 동양 심성 특히 중국 문화와 정서를 겨냥한 듯한 아이디어와 디자인을 보고 그렇다면 이런 것이 아니어야 하는데 하는 것을 즉시 느낄 수 있었다. 이런 면에서는 〈時代精神〉 지와의 대담에서 분명히 한 바와 같이 지금 동·서를 아우르는 아이디어 창출에서 우리 젊은이들을 따를 사람들은 없으니 우리 정부는 이 점에 유의하여 다른 나라들이 손대기 전에 시급히 젊은이들을 위한 아이디어 산업 인프라를 구축해 주어야 할 것이다. 정부가 그렇게도 자랑삼아 외치는 "녹색성장"도 일본, 독일 등 선진국에서 기술 개발한 지가 벌써 수십 년이고 근년에 곧 그런 기술을 실용에 옮길 것이라니 해놓은 것도 없이 자랑한다든가 국가의 위대한 사업으로 공언부터 하는 자세가 부끄러운 일이다. 그러나 "녹색성장"을 아이디어 면에서 접근하면 우리 젊은이들이 어느 나라도 능가할 수 있을 것이다. 이런 아이디어 산업은 희망찬 것이고 이렇게 경제의 수렁에 빠진 시기에 실의에 차기 쉬운 젊은 층을 준비시키는 것은 정부로서 또 큰 기업으로서(참여한다면) 매우 지혜롭고 희망찬 미래를 설계하는 것으로 생각한다. 그것은 이 민족의 우수한 두뇌, 특히 젊은이들의 놀라운 아이디어 발상을 이끌어 낼 수 있기 때문이다.

또 한 가지 우리 민초들의 놀라운 저력을 여기에 제시하여 이 어두운 시기에 희망찬 조국의 앞날을 준비할 수 있을 것이다. 우리 민초들에게는 뿌리 깊은 근성(根性)이 있다. 이 근성은 밟히고 당당하게 일어서는 끈질긴 우리 민족의 생명력이다. 우리가 수십 년이란 짧은 기간에 세계 최빈국에서 오늘 10대 경제대국을 바라보게 된 것은 민족의 우수한 두뇌와 무엇보다도 이런 민초들의 근성에 근거한 것이다. 그 대표적인 것이 이른바 아줌마(여기서 아줌마는 아저씨들의 뒷받침을 전제로 함) 부대들의 근성이다. 6·25 최악의 시기에 꿀꿀이죽으로 연명하다시피 했던 때에도 아줌마 부대들이 지칠 줄 모르던 활기를 더해 부산 국제 시장과 자갈치 시장, 서울 수복 후에는 세운상가, 청계천, 이태원, 동대문, 남대문 등에서 세계가 주목하는 시장을 창출해 냈다. 드디어 일본이나 이탈리아 등지에서 고급품 디자인과 제작을 의뢰한다는 시장에서의 아줌마 부대의 위력, 그야말로 세계 어디에도 없는 민초들의 근성은 오늘도 우리 여인네 마음에 도도히 흐르고 있다고 확신한다. 사람들은 말한다. 지금 젊은 주부나 여인들이 지갑을 닫기에 상가들이 죽을 상이며 폐업이 속출한다고. 나는 이 민족의 온갖 풍상(風霜)을 다 지켜보며 터득한 한 가지 지혜가 있다. 우리 여인네들은 어떤 정치인이나 경제인들보다도 뛰어난 경제적 감각과 미적 감각을 지니고 있으며 인동초(忍冬草)와 같은 끈기와 엄동설한(嚴冬雪寒)에서 노랑과 연분홍으로 삼천리 온 천하를 흐드러지게 물들일 준비를 하는 개나리와 진달래의 연약한 가지들과 같다. 그들은 지금 우리 위정자들의 말에는 별 관심이 없는 듯한데 마치 밀물과 썰물의 밀어내리는 온갖 시련을 이겨내며 모래 속에 몸 숨기는 가냘픈 작은 조개는 시련 중에서 그 작은 혀로 단단한 껍질을 만들어 대합으로 성장하여 주위의 오염을 정화한다. 지금 지갑을 닫는 그네들은 인고(忍苦)의 엄동설한을 거쳐 지갑을 대합과 같이 활짝 여는 봄날을 준비한다고 기대해도 틀리지 않을 것이다. 우리 할머니 세대가, 또 우리 어머니 세대가 그랬듯이 우리네 아들 딸 세대가 그럴 것이다. 이런 아름다운 근기는 금수강산이 물려준 소중한 민족의 유산이다. 문제는 지금의 위정자들과 그럴 위치에 있는 분들이 지금 민족의 고통에 어떻게 동참하며 인도자의 역할을 다할 것이냐 일뿐이다. 이런 민초들이 이 땅에 너무나 많기에 이 땅의 앞날을 밝고 희망찬 것으로 본다. 오늘의 우리를 이루는 데 무엇보다도 결정적 역할을 한 것은 세계 어디에도 없는 교육열과 근면성이었다. 6·25의 참담한 환경에서도 우골탑(牛骨塔; 당시 생명의 터전이었던 땅 팔고 소 팔아 자식 교육시킨다는 표현)으로 이룬 국내외에서의 우수한 교육과 산업 협동과 근면성이 오늘날 우리 번영의 동력이었다. 그렇기에 오늘의 치열한 세계 경쟁 속에서 산업 발전의 발목을 잡는 일은 그 어떤 것이든 절대 배격해야 한다.

이렇게 말이 진전되다 보니 마무리가 다시 세계 속의 한국으로 이어진다. 지금은 물론이고 앞으로는 더욱 더 우리는 세계 속에 한국이다. 여기에 이르러 나에게는 아득한 기억으로 남아있는 주장 하나가 오늘에 현실화되는 것을 보고 놀랐다. 그것은 나 자신도 꿈이었던가 싶을 정도로 근 40년 전 내 제안이 글자 그대로 지난 9월 29일 한·러 정상회담에서 실현된 것이다.[42]

박정희 대통령이 재선을 마음에 두었을 때 그의 군 생활 때부터의 부관으로 가족과 같이 지내던 김성구 씨(당시 직위가 없는 박정희 대통령의 비서관으로서 실질적인 최고 권력가였으며 나에게 천주교 입교 준비 중이었다. 이후 주미 대사관을 지냈다)가 떠나간 민심을 얻기 위해 무슨 좋은

42 이 점은 "제2부 3. 〈時代精神〉 誌와의 대담 후, 1) 한·러 정상회담과 시베리아 개발안" 494-498쪽에서 상세히 밝힐 것이다.

아이디어가 없겠느냐고 하기에 경부고속도로 안을 냈다. 나는 유럽에서 공부하면서 서독 아데나워 정권의 자국 선전용이지만 유럽에서 특히 로마에서 면학하는 여러 학생들을 인솔하여 서독의 발전상을 견학하는 좋은 기회가 있었다. 그러던 중, 경제적 발전과 국력의 외견상 척도를 갖게 됐다. 서독의 경우, 히틀러가 전쟁 군사용으로 개발하여 발전시킨 전국을 거미줄처럼 엮어 놓은 고속도로망 일명 아우토반이었다. 그 고속도로망이 독일 산업발전의 원동력이었다. 이런 잣대를 유럽 여러 나라에 적용할 때, 독일 다음으로 오스트리아, 영국, 프랑스, 이탈리아 등의 경제력 발전은 도로, 특히 고속도 여하에 달렸다. 또한, 경제력 여하에 따라 국력도 드러나는 것이었다. 동양에서는 일본이었는데 일본은 신칸센(新幹線)이었다. 이런 경제력과 국력 척도를 갖고 있던 나는 1961년 귀국 후, 1962년 여름 방학 7월 중 경상북도 상주 근처 어떤 시골의 동기 신부를 찾았다. 그 마을 청년들은 농번기라 화투놀이나 낮잠 자는 것으로 소일하고 있었다. 나는 그런 젊은이들에게 물었다. 왜 가마니를 짜는 등의 부업을 하여 경제적 여유를 갖지 않느냐고 했다. 그들의 답은 간단했다. 그런 부업을 한들 무슨 소용이 있느냐는 것이었다. 가마니를 팔려면 등짐으로 대구에 가거나 적어도 김천 정도를 가야하는데 그런 등짐 길은 불가능하다는 것이었다. 당시 우리 도로 사정은 그렇게 열악했다. 그때 나는 유럽, 특히 독일의 고속도로를 생각했다. 한국의 경우, 경부고속도로가 생기면 가지가지의 지선 도로와 세로(細路)는 지방민들 스스로 만들 것이기에 중앙 정부의 고속도로는 지방 기구나 마을의 지진 활동에 의해 상승작용을 일으키며 놀라운 발전의 계기가 될 것이라는 확신이 섰다. 김성구 비서관에게 자초지종(自初至終)을 잘 설명했더니 크게 납득하는 편이었고 그런 의견이 박정희 대통령에게 그대로 전달됐다. 박 대통령은 그전 방독(訪獨)

때, 독일의 아우토반이 몹시 부럽기는 했지만 우리 형편에서 선뜻 결정할 처지가 못 되던 터였고 그런 식의 경제 평가와 국가 평가에는 생각이 미치지는 못했던 터라 내 의견을 받아들여 비밀리에 측량 등 기초 예비 작업을 시작했다. 그런데 지방 사람들이 눈치 채고 설상가상으로 조상 대대로 내려오는 전답이나 과수원 등이 반쪽 나고 오도 가도 못하는 고속도로 설이 퍼져 박정희 대통령이 어려운 곤경에 처하게 됐다는 것을 김성구 씨가 전했다. 당시 박정희 대통령이 믿는 것은(아예 서울과 지방 대도시와 중도의 표는 이탈한 것이기에) 농촌 표인데 그마저 잃게 됐다는 비보(悲報)였다. 내 대답은 간단명료했다. 최대의 위기는 자체 내에 절대 호기(好氣)를 내포하는 법인데 바로 고속도로의 위기가 바로 그런 것이라고 했다. 일언이폐지(一言以蔽之)하고 먼저 말할 것은 고속도로로 전답과 과수원이 반분되어 무용지물이 되는 경우가 많을 것이고 그런 경우 당사자가 소유했던 것보다 훨씬 더 좋은 전답이나 과수원을 사 주거나 시가 2-3배의 가격을 현찰로 지불한다면, 농민들은 예외 없이 그 막대한 현금을 요구할 것이어서 박정희 대통령의 인기는 상승하고 그 다음 대선에서 명실공히 승리할 것이라고 했다. 사실 그 당시 농민들은 자녀에게 더 나은 교육을 받게 하고 모든 것을 등짐으로 해결해야 하는 고통스러운 생활을 벗어나고 싶어 하는 시기였다. 그뿐만 아니라 경부고속도로는 개통 즉시 놀라운 경제적, 민간 소통, 도농 소통을 내기 시작하여 한국 경제 도약의 절대적 발판이 되었다.

다른 한편, 미국의 아시아에로의 무역과 정치, 경제, 사회, 군사 등 모든 통로가 일본이었다. 일본의 젊은 층은 태평양 전쟁 석패와 미국 지배 등 모든 면에 큰 불만을 품는 한편 한국의 6 · 25 동란으로 경제 재건에 성공한 후였다. 또 인건비 사승과 적군파 반미 극렬 운동 등으로 미·일 관계가 순탄치 않게 된 시기였기에 미국의 아시아 행 물자가 일본 대신 알라스카에서 한국 부산 등의 항만을 통하게 할 것을 건의했다. 낙후된 부산항만의 대대적인 확충과 여타 항만의 증설, 인천항은 간만의 차가 심하고 물동량에도 한계가 있으니 서해 해안선(海岸線) 적지에 새로운 항구를 건설해야 한다는 안(案)도 제시했다. 그때는 공산주의 체제로 중국이 열리지 않았지만, 어차피 열릴 것을 전제로 미국이 움직이는 때이니 한국으로서는 절호의 기회였다. 그런 저런 이야기 중, 동해에 새로운 항만 개설이 필요하다고 했다. 그 후 동해항이 대대적으로 확충되었고 아산만 등 서해안에 천안항 등 항구의 출현을 보았다.

또 한 가지는 1991년경 정원식 총리 시절 전부터 친분이 있는 처지였기에 인격이 중후하고 학식이 높은 정원식 총리께서 총리 시기는 비교적 단명하니 그 기간 내에 역사에 남을 일 한 가지를 하고 싶다며 좋은 아이디어를 구했다. 나는 서슴없이 그동안 경이로운 발전을 한 한국 경제가 당시 수송 능력으로는 완전히 한계에 도달한 것이고 세계는 속도전 시대에 돌입한 것이니 서울과 부산을 2시간 내에 주파해야 한다는 것을 설명했다. 그 구체적 방도로는 고속철도를 놓되 고속철도는 독일의 ICE, 프랑스의 TGV, 일본의 신칸센(新幹線) 등이 있으나 선정하는 데에는 현실적 필요와 정치적 알파가 있을 듯 하니 잘 선정하여 역사에 남을 유종의 미를 거두기 바란다고 했다. 그런 저런 이유로 지금 한국 KTX는 서울과 부산을 2시간 내 주파하지는 못하지만, 그 목표를 달성할 전망이라고 했다. 그것은 지금으로부터 20년 전 정원식 총리의 결정에 힘입은 것이라는 점도 여기에 밝힌다.

대담에서 명시된 바와 같이 3천 년대는 인류의 새로운 문화 시기를 맞을 것이다. 그것은 우선 동·서 문화가 융합해 창출하는 인류문화가 될 것이다. 인류문화사를 대충 보아도 많은 것을 시사해 준다. 고대 문명인 중국 황화 문화, 인도의 갠지스 강 문명, 이집트의 나일 강 문화, 바빌로니아의 유프라테스-티그리스 강 문화, 그리스 로마 문화를 거쳐 유럽과 북미의 백인 문화 등은 우리가 다 아는 것이다. 큰 희망으로 떠오른 3천 년 여명에 놀라운 징조로 나타난 것이 2001년 9월 11일 미국 뉴욕 세계 무역 센터의 아랍 게릴라에 의해 송두리째 무너져 내린 대 폭파 사건이었다. 이것은 폭력에 의한 신자유주의 미명 하에 백인들에 의해 자행된 세계 경제 식민의 폭파 굉음이었다. 그것은 미국이 주도하는 다국적군의 이란 침공으로 이어졌지만, 결과는 실패였다. 그러는 동안 사태는 난공불락(難攻不落)의 철옹성으로 자타가 공인하던 백인 세계 경제 침략의 심장부 뉴욕 월가의 경제적 파탄과 함몰로 이어졌다. 동시적인 미국의 흑인 대통령 오바마의 출현은 이제 백인 식민시대가 역사의 뒤안길로 서서히 사라져 감을 단적으로 드러낸 것이다. 그렇다고 몇 천 년을 지배해온 백인 착취 문화가 쉽게 사라지지는 않을 것이다. 또 갑자기 사라진다면 인류는 너무나 큰 혼란과 극심한 재앙을 입어야 할 것이다. 지금은 흑인계 오바마가 혜성처럼 떠오르지만 수많은 저항과 시대착오를 저지르게 될 것이며 큰 성공도 거둘 것이다. 어쩌면 이런 문화 이양기에 수반되는 비극도 있을 수 있다. 그렇기에 인류는 지혜와 인고(忍苦)로 이런 시기를 잘 넘겨야 한다. 이런 천 년대의 인류 대 변혁은 성급하면 반드시 큰 재앙을 부를 것이다. 그렇다고 마냥 기다리는 게으름도 금물이다. 우리 동양의 표현을 빌린다면 천리(天理)를 따라야 하는 것이고 그리스도교적 입장에서는 하느님의 창조 계획 실현에 순응해야 하는 것이다. 그렇기에 우리는 지금 누구도 거스를 수 없는 이런 새로운 인류문화 창출의 운명 시기를 맞은 것이다. 그렇다면 그런 인류문화란 어떤 것일까. 구미(歐美; 유럽과 미국)의 백인 문화는 사라져가는 것이니 그것은 논외로 하고 아프리카나 남미 문화를 생각해 볼 수 있다. 그런데 그런 문화들은 거개가 지난 5백 년 백인 식민지 시기, 특히 근세 이후 백인 식민 문화에 거의 흡수되었다고 해도 과언이 아니다. 구미 문화 혹은 백인 식민 문화가 세계를 식민지화 하고도 어쩔 수 없었던 아시아 문화지대, 그 고도의 문화로 인해 아태(亞太; 아시아 태평양) 지역의 문화가 다음 인류 공통문화 형성의 주역(主役)과 주장(主場)이 될 것이다. 그것은 아시아가 지구상 가장 광대한 지역이고 가장 풍부한 지상과 해중 자원과 가장 많은 인구를 내포하며 인류의 가장 위대한 종교와 사상을 발생하고 보존하는 곳이기 때문이다. 그동안 세계를 지배했던 서구 문화의 아시아 문화, 특히 유교문화나 불교문화와의 만남과 새로운 융합(각각의 정체성을 살리면서 다양 속에서의 하나)에 의한 인류의 새로운 공통문화가 요청된다. 이런 문화 형성에 이쪽저쪽에 치우치지 않고 동·서를 아울러 새로운 인류문화 창조도 우리 몫이다. 큰 구도, 전체적 구도 속에서의 대비(對備)가 아니고 앞으로 부분적 활동, 문화에서의 변두리 활동으로는 그 생명이 짧을 뿐만 아니라 즉시 도태될 것이다. 이런 차원에서 종교계, 학계, 교육계 정치 지도자들을 위시하여 사회 각계각층은 무거운 책임을 지게 된다.

이렇게 문화의 뒷받침을 받는 삶의 시대로의 이동 시기에는 반드시 경제체제도 바뀌어 갈 수밖에 없다. 이런 바탕에서, 다시 말해 가치 변동에 따르지 못하는 경제회생은 임시변통적 해결은 되겠지만 결국 더 큰 혼란을 야기할 것이다. 단적으로 말해 우리 시대, 즉 식민시대와 그 후를 잇는다는 경제 시기는 착취가 근본을 이룬 것이었다. 그것은 처음에 식민지 쟁탈전이었고 배후에는 대 자본가들이 진을 치고 있었다. 어찌 말하면 대 자본들의 조종에 의해 식민 전쟁도 좌우됐다. 그것은 드디어 자본가의 노동자에 대한 극심한 착취로 나타났기에 세계는 자본가와 노동자의 계급투쟁으로 치달았다. 그것도 1930년 대 대공황으로 한계에 달할 때, 노동자의 인권과 경제력 향상으로 노동계급의 왕성한 구매력을 진작, 미국 시장 중심으로 세계 경제 융성(隆盛)기를 구가하기에 이르렀다. 이는 자본가들의 탐욕으로 방대한 종(紙)의 거품과 영상 거품 시대를 야기하여 헤어나기 어려운 세계 혼란으로 이어졌다. 이런 세계 혼란을 가능케 했던 것은 과학기술, 특히 세계를 동시 다발적으로 만든 운송과 커뮤니케이션 대혁명이었다. 다른 한편, 그런 과학기술은 지구상 어떤 산간 오지, 고도(孤島)도 최첨단 문명 시대와 연결시켜 인간 의식 개발에 중요한 역할을 했다. 따라서 이제 더 이상 다양하면서도 동등한 인권에 기초하지 않고서 인류는 어느 것도 성공할 수 없는 문화선상에 진입한 것이다. 그렇기에 앞으로의 경제 문화는 차별이 있으면서도 지구상 모든 인간이 공유하는 것이 되었다. 여기서 먼저 문제가 되는 것은 인간 차별이다. 이제 더 이상 인류는 어떠한 색깔에 근거한 논쟁도 혼란도 충돌도 빈부격차도 허용될 수 없는 차원으로, 인간의식이 미처 따르지 못한 사이에 현실이 앞서 다가왔다. 이제 인류는 공생(共生), 공영(共榮)이 아니고는 살아남을 길이 없게 됐다. 이런 것이 인류 전체에 미치기까지 많은 혼란과 비극이 뒤따를 것이다. 또한, 시간도 요구될 것이나 이 시간은 사이버 등 커뮤니케이션 기술의 신기(神技) 같은 발전으로 놀랍게도 짧은 것이겠다. 한 가지 분명한 것은 이런 가치관의 인류문화는 벌써 인간 삶 한가운데 들어와 있다는 것이다. 그렇기에 나는 2000년 가톨릭의 명문 보인대학(輔仁大學)의 70주년 세계 학회에서 이른바 선진국, 더 사실적으로 말해 지난 수백 년 동안 착취로 부와 선진을 이룬 국가와 민족들은 이른바 후진국에 대해 무조건적 물질의 도움과 정신적 투자, 더 구체적으로는 속죄의 정신에서, 더 높은 차원으로는 사랑의 정신에서 진정한 교육을 해 주어야 한다는 것을 제안하여 아직까지 없었던 미래지향적 제안이라는 찬사와 함께 놀라운 반향을 불러 일으켰다. 그런데 우리는 위에서도 본 바와 같이 순 채무국으로 전락하면서 정부는 놀란 토끼처럼 첨단 기술 육성에 전력, 일자리를 수십만 개 만들어낸다는 공언이다. 물론 그것이 성공한다면 좋은 일이다. 또 정부로서는 그럴 수밖에 없을 것이다. 그러나 위에서 말한 바와 같은 인류문화 흐름에서 볼 때 그런 안은 임시방편적일 수는 있지만 문화 부재, 가치 부재의 인간 양산, 또 다른 표현으로는 수십 년 전 일본인들이 세계에서 조롱거리가 됐던 경제 동물이거나 그보다는 기술 동물, 혹은 돈독 동물이란 인간 아닌 인간으로 낙인 찍힐 수 있다. 우리는 예로부터 예의지국(禮儀之國)이기에 앞으로의 세계에서는, 즉 동·서 문화가 아우러지는 세계에서는 지금 우리 젊은 층이 그 중심에 설 수밖에 없다. 아·아(亞·阿; 아시아와 아프리카)에 교역과 문화가 융합될 때도 아·북·중남미(아시아와 북미와 중미 남미)에 교역과 문화가 어울릴 때도 아·구(亞·歐; 아시아와 유럽)에 교역과 문화가 융합될 때도 우리 젊은이들이 중요한 역할을 해야 할 것이니 순 기술만 말고 그런 것에 상응한 문화인, 더 구체적으로는 인간 가치를 터득한 인간의 배출이 시급하게 되었다. 지금은 시간의 선후(先後)도 거의 동시적이니 이런 시대적 요구는 곧 현실로 닥쳐올 것이다. 경제적 측면에서도 동양이 인류문화의 중심이 되어 인류 공통 문화를 창출할 수밖에 없는 이유는 선진국들이 매일 산더미처럼 쏟아내는 생필품과 여타 중공업, 경공업 등의 생산품 소비를 가장 방대하고 신속하게 소비하는 지대도 동양, 특히 무서운 소비를 하는 빈국에서 중진국으로 발전하는 지대와 중진국에서 선진국으로 도약하는 국가들의 밀집 지대인 동북 동남아와 중동지대이기 때문이다. 이런 저력을 풍부히 갖는 동양은 그 오랜 문화 전통과 더불어 사양 길에 들어선 서구문화와 융합하여 하나의 새로운 인류 공통문화를 창조해내는 중심지가 될 것이다.

무엇보다도 이 다사다난했고 어두운 한 해 2008년을 역사 속으로 묻으며 그야말로 희망찬 새해를 준비해야 할 것이다. 물론 우리 마음속에는 그런 지혜와 인내력과 만난(萬難)을 헤쳐 나갈 동력이 깊이 잠재해 있다. 우리에게는 지금 적어도 영국의 브라운이나 프랑스의 사르코지 정도의 문제의 핵심을 보며 실천력에서 뛰어난 지도자가 절실히 요구되며 기술인만이 아닌 참인간 창출의 필요에 몰리고 있다. 이제 곧 하늘의 은총, 성탄의 종소리가 온누리 사람들의 마음속에 울려 퍼지고 찬란한 새해 새아침을 맞을 것이니 하늘의 축복과 평화가 모두의 마음에 가득하시기를 두 손 모아 빈다.

2008년 11월 28일

추신: 대담과 위 보충 말들에서 3천 년 큰 변동기에서 시시각각으로, 인간 누구의 사상이나 예상을 뒤엎으며, 새로운 단계로 접어드는 인류사와 현실, 도래하는 미래를 관조하며 우리의 현실도 나름대로 하나하나 짚어 보았다. 그러나 근일 벌어지는 우리의 실상은 너무 각박하기에 여기에 몇 가지를 간추리며 부언한다.

① 지난 대선 때, 전 386 좌경 정권이 싫어 국민은 이명박 후보에게 사상 최대의 투표차로 압승을 안겨 주었다. 그런데 지금 지지부진하는 정국은 그런 민의와는 완전히 동떨어져 흐느적거리는 양상마저 드러낸다. 그 근본 원인은 이명박 대통령의 인수위, 청와대와 정부 조각에

서부터 싹터왔다. 국가의 막대하고 방대한 조직을 이명박 대통령은 자기 진영의 사조직처럼 임명하고 운영했기에 국민은 적절하게도 "고소영", "강부자"라고 호칭하여 전국에 회자됐다. 국민은 그런 흐름이 나아지는 기미를 전혀 못 느끼기에 지지도는 끼리끼리의 한계를 못 벗고 떠난 민심은 돌아올 기미를 안 보인다는 견해다. 이명박 대통령의 가장 큰 실정, 앞으로 더욱 이 대통령의 발목을 잡을 실정은, 국민이 386 좌경 정권 절대 반대로 대선 참패를 당한 항간의 이른바 "도로열린우리당"인 "민주당"이 이명박 정치 실패로 활기차게 되살아나 사사건건 여권을 압박하고 있는 것이다.

② 국민은 총선에서 선거 사상 거의 유례가 없다시피 한, 170여 명이란 국회의원을 여당에 몰아주었다. 그런데도 민생 안건 심의 하나 제대로 해결하지 못하고 대선과 총선에서 절대 배격된 386 야당에 질질 끌려 다니는 처참한 지경이다. 그렇게 큰 국민의 기대를 업고 나타난 이명박 정권과 여당이 국회에서 보이는 무능은 시간만 소일하며 막대한 국민 혈세만 낭비하고 있는 셈이다. 이제 시간이 짧다느니 등의 구차한 변명은 무능만 더 폭로하는 형태일 뿐이다. 프랑스의 사르코지가 역경 중에서도 짧은 시간에 어떻게 나라를 바로잡아 갔는지, 또 취임도 하기 전에 당선자 오바마는 그 독특한 아이디어로 미국과 세계 경제의 중심 월가의 심장 파열과 파탄에 직면하여 허우적거리는 미국과 세계를 어떻게 휘어잡고 수습해 가는지는 이명박 대통령과 여당의 무능을 그대로 드러내 주며 나아가 구(舊) 무능 부패 우익 정당에로의 역주행을 여실히 보여준다.

③ 언필칭 사람들은 이명박 대통령을 경제 대통령으로 알고 있었다.

그 분은 우리는 월가 파탄의 변두리에 있으니 별 영향이 없을 것이라 했는데도 우리 경제는 유럽이나 일본, 중국 등은 물론 중진이나 후발국 중에서 가장 심한 타격을 입고 있다. 앞으로도 입을 것으로 보이니 국민의 커가는 실망과 고통과 원성을 어찌 다 감당할 것인지 앞날이 몹시 어둡다. 선거 공약을 하나도 이행하지 못하는 이명박 대통령은 계속 허언인 장밋빛 미래만을 말할 것인가. 정치는 결국 결과의 문제인데 말이다.

④ 그런 와중에서 이명박 대통령과 여당은 권력 독식에나 눈이 멀다가 일이 안되니 친박에다 원조를 청한다고 한다. 그런 것은 국민에게 소인배 처신으로 치부될 것이다. 오바마의 예를 또 들게 되는데 적수였던 힐러리를 국무장관에, 더 나아가 자웅(雌雄) 겨루기에 혈전 피투성이가 됐던 공화당 인사까지 서슴없이 품에 안아들이지 않는가. 그런데 이명박 대통령과 이른바 친이(親李)는 철저히 친박(親朴)을 배제하여 당내에서 권력을 독식했다는 것이 아닌가. 깊이 자성해야 할 문제다.

⑤ 야당이 진정 권토중래할 의사가 있다면, 지금의 386식 좌경 정책에서 벗어나야 한다. 대선과 총선에서 철저히 경험하지 않았는가. 북한과의 문제는 재선과 총선에서 드러난 민의를 따라야 한다. 지금 야당이 주장하는 대북 정책을 '종북'(從北)이라 하여 국민 대다수(가히 절대 다수)가 투표로써 거부하지 않았는가. 친북 퍼주기로 일관하는 동안, 북한은 제네바 협정도 깨고 핵폭탄 제조에 성공하지 않았는가. 또한 남한 적화통일(赤化統一)은 그들의 절체절명의 대전제가 아닌가. 그렇다면 이 문제부터 짚고 넘어가며 남북문제를 풀어가야 하지 않겠는가. 지금으로서는 시간은 우리 편이라는 느긋한 입장에서 북한 당국의

태도 여하에 따라 느긋하게 대하는 것이 상책일 것이다. 이 문제 해결에서 가장 중요한 것은 국민 대다수의 의사다. 지난 대선과 총선에서 국민은 386식 좌경 친북을 거부한 것이다. 더욱이 경제가 앞으로 최악의 상태로 치달아 많은 국민이 자살을 하는 판국인데 국회가 민생법안은 외면하고 북한 문제에 목숨을 건다면 그런 국회는 어느 나라 국회냐는 국민의 비난을 면키 어려울 것이다. 문제는 모든 것을 순리에 따라 풀어야 할 것이다. 순리란 민의로 나타나는 것이다. 국회의원들이 멋대로 끌어다 대는 민의가 아니라 선거를 통해 침묵의 다수까지 표현하는 진정한 민의를 말하는 것이다.

⑥ 북한 문제는 결국 지금처럼 가난과 기아에 직면하여 탈북하거나 개 한 마리 값도 못되는 돈에 팔려가는 인권 동토(凍土)지대를 벗어나 최소한 사람의 대접을 받고 사는 데 초점이 맞추어져야 한다. 남북 관계에서 남한은 북한의 인권이 나아지면 그것에 상응한 도움을 주고 인권이 열악해지면 세습 강화나 그런 수단에 쓰일 원조를 거부할 수밖에 없게 될 것이다.

⑦ 앞에서도 말했지만, 결국 우리 국민은 민초들의 저력에 의해 세계적으로 암울한 경제난과 국난을 극복할 것이다. 우리 앞날에 고통스러운 고비고비를 넘기는 해야겠지만.

나는 지금 국민은 암울하기 짝이 없는데 국회는 국회대로, 정부는 정부대로 혼돈을 거듭하여 국민의 불안이 가중되니 제발 국민생활을 안정시키는 데 힘을 모아달라는 뜻에서 고언을 하는 것이다. 한마디로 제발 국민의 대통령, 국민의 정부, 국민의 국회가 되어달라는 뜻 외에 아무런 의도도 바람도 없다.

1) 한 · 러 정상회담과 시베리아 개발안

지금은 물론이고 앞으로는 더욱 더 우리는 "세계 속에 한국"이다. 여기에 이르러 나에게는 아득한 기억이 현실화되는 것을 보고 놀랐다. 그것은 나 자신도 꿈이었던가 싶을 정도로 근 40년 전 내 제안이 글자 그대로 지난 9월 29일 한 · 러 회담에서 실현된 것이다.

근 40년 전에 내가 주장한 것은 우리가 캄차카 반도 사할린까지 포함하는 시베리아의 천연가스와 유전 개발에 치중하되 식량과 원목 기지로도 시베리아 일대를 개발하고 활용해야 한다는 것이었다. 한 · 러 FTA를 하루 빨리 체결하여 이 일을 성사시켜야 한다는 것이 지난여름 연해주 방문 후에 굳어진 소신이었다. 이런 시베리아 개발은 내가 1970년대 초반에 주장하며 북한을 통과할 수 없으니 동해에 항구를 개발하여 선편을 이용하는 것이 좋겠다고 요로에도 말했지만, 그때는 아무도 알아듣지도 못하고 귀담아 듣지 않았다. 그런데 이제 근 40년 이 지난 시점에서 2008년 9월 29일에 내 제안이 그대로 한 · 러 정상회담에서 합의되는 것을 보고 놀랐다.[43] 물론 그동안도 꾸준히 나는 이 안을 공개적으로 제기해 왔다. 그보다 훨씬 앞서 박정희 대통령이 재선을 마음에 두었을 때, 그의 군 생활 때부터의 부관으로 가족과 같이 지내던 김성구 씨[44]가 무슨 좋은 아이디어가 없겠느냐고 했다. 경부고속도로 안을 성공시킨 후였고 인건비 상승과 적군파 반미 극렬 운동 등으로 미 · 일 관계가 순탄치 않게 된 시기였기에 미국의 아시아 행 물자가 일본 대신 알라스카에서 한국 부산 등 항만을 통하게 할 것을 건의했다. 또한, 낙후된 부산항만의 대대적인 확충과 여타 항만 증설,

494

인천항은 간만의 차가 심하고 물동량에도 한계가 있으니 서해안 해안선(海岸線) 적지에 새로운 항구를 건설해야 한다는 안도 제시했다. 그때는 공산주의 체제로 중국이 열리지 않았지만, 어차피 열릴 것을 전제로 미국이 움직이는 때이니 한국으로서는 절호의 기회였다. 이런 저런 이야기 중에 동해에 새로운 항만 개설이 필요하다고 했다. 그 후 동해항이 대대적으로 확충되었고 아산만 등 서해안 항구들이 출현했다.

대담에서 명시된 바와 같이 3천 년대는 분명 인류의 새로운 문화시기를 맞을 것이다. 그것은 우선 동·서 문화가 융합해 창출하는 인류문화가 될 것이다. 인류문화사를 대충 보아도 많을 것을 시사한다. 고대문명인 중국 황화 문화, 인도의 갠지스 강 문명, 이집트의 나일 강 문화, 바빌로니아의 유프라테스 강 문화, 그리스·로마 문화를 거쳐 유럽과 북미의 백인 문화 등은 다 아는 것이다. 큰 희망으로 떠오른 3천 년 여명에 놀라운 징조로 나타난 것은 2001년 9월 11일 미국 뉴욕 세계무역센터가 아랍 게릴라에 의해 송두리째 무너져 내린 대 폭파 사건이었다. 이것은 폭력에 의한 신자유주의 미명하에 백인들에 의해 자행된 세계 경제 식민주의의 첫 폭파 굉음이었다. 그것은 미국이 주도하는 다국적군의 이란 침공으로 이어졌지만 결과는 실패였다. 그러는 동안 사태는 난공불락(難攻不落)의 철옹성으로 자타가 공인하던 백인 세계 경제 침략의 심장부 뉴욕 월가의 경제적 파탄과 함몰로 이어졌다. 동시적인 미국의 흑인 대통령 오바마의 출현은 이제 백인 식민시대의 역사의 뒤안길로 서서히 사라져 감을 단적으로 드러낸 것이다.

43 이 예언적 발언은 『정의채 신부 사제서품 50주년 기념 문집』(한국 그리스도사상연구소, 2003)에서도 말한 바 있다.

44 후에 주미 대사관 이사관, 당시 무직함(無職銜) 박정희 대통령의 비서관이고 나에게 천주교 입교 준비 중이었다.

그렇다고 몇 천 년을 지배해온 백인 착취 문화가 그리 쉽게 사라지지는 않을 것이다. 또 갑자기 사라진다면, 인류는 너무나 큰 혼란과 극심한 재앙을 입어야 할 것이다. 지금은 흑인계 오바마가 혜성처럼 떠오르지만, 수많은 저항과 시대착오를 저지르게 될 것이며 큰 성공도 거둘 것이다.

그렇다면 그런 인류문화란 어떤 것일까. 구미(歐美; 유럽과 미국)의 백인 문화는 사라져가는 것이니 논외로 하고 아프리카나 남미 문화를 생각해 볼 수 있다. 그런데 그런 문화들은 거개가 지난 5백 년 백인 식민지 시기에 특히 근세 이후 백인 식민 문화에 거의 흡수되었다고 해도 과언이 아니다. 구미 문화 혹은 백인 식민 문화가 식민지화 하고도 어쩔 수 없었던 아시아 문화지대, 그 고도의 문화로 인해 아·태(亞太; 아시아 태평양) 지역의 문화가 다음 인류 공통문화 형성의 주역(主役)과 주장(主場)이 될 것이다. 그것은 아시아가 지구상 가장 광대한 지역이고 가장 많은 인구를 내포하며 인류의 가장 위대한 종교와 사상을 발생시킨 곳이기 때문이다. 그동안 세계를 지배했던 서구 문화와 아시아 문화, 특히 유교 문화나 불교 문화와의 만남과 새로운 융합(각각의 정체성을 살리면서 다양 속에서의 하나)에 의한 인류의 새로운 공통문화가 요청되는 것이다. 이런 문화 형성에 이쪽저쪽에 치우치지 않고 동·서를 아울러 새로운 인류문화 창조도, 하기에 따라서는 기술이나 실천적 아이디어의 융합은 물론이고, 우리 몫일 수밖에 없을 것이다. 큰 구도, 전체적 구도 속에서의 대비(對備)가 아니고 앞으로 부분적인, 그것도 문화에서의 변두리 활동으로는 그 생명이 짧을 뿐만 아니라 즉시 도태될 것이다. 이런 차원에서 우리의 종교계, 학계, 교육계, 정치 지도자들을 위시하여 사회 각계각층은 무거운 책임을 지게 된다.

이렇게 문화의 뒷받침을 받는 삶의 시대로의 이동시기에는 반드시 경제 체제도 바뀌어 갈 수밖에 없다. 이런 바탕에서, 다시 말해 가치 변동에 따르지 못하는 경제회생은 임시변통적인 해결은 되겠지만, 더 큰 혼란을 야기할 것이다. 단적으로 말해 우리 시대, 즉 식민시대와 그 후를 잇는다는 경제시기는 착취가 그 근본을 이룬 것이었다. 그것은 처음에 식민지 쟁탈전이었고 그 배후에는 대 자본가들이 진을 치고 있었다. 어찌 말하면 대 자본들의 조종에 의해 식민 전쟁도 좌우됐다. 그것은 드디어 자본가의 노동자에 대한 극심한 착취로 나타났기에 세계는 자본가와 노동자의 계급투쟁으로 치달았다. 그것도 1930년대 대공황으로 한계에 달할 때 노동자의 인권과 경제력 향상으로 노동계급의 왕성한 구매력을 진작, 미국 시장 중심으로 세계 경제 융성(隆盛)기를 구가하기에 이르렀다. 그러나 그것은 드디어 자본가들의 탐욕으로 방대한 종이(紙) 거품과 영상 거품시대를 야기하여 지금 헤어나기 어려운 세계 혼란으로 이어졌다. 이런 세계 혼란을 가능케 했던 것은 과학기술, 특히 세계를 동시 다발적으로 만든 운송과 커뮤니케이션의 대혁명이었다. 다른 한편 그런 과학기술은 지구상 어떤 산간 오지, 고도(孤島)도 최첨단 문명시대와 연결시켜 인간 의식 개발에 중요한 역할을 하였다. 따라서 이제 더 이상 다양하면서도 동등한 인권에 기초하지 않고서는 어느 것도 성공할 수 없는 문화선상에 인류가 진입한 것이다. 그렇기에 앞으로의 경제 문화는 차별이 있으면서도 지구상 모든 인간이 공유하는 것일 수밖에 없게 됐다.

여기서 먼저 문제가 되는 것은 인간 차별이다. 이제 더 이상 인류는 어떠한 색깔에 근거한 논쟁, 혼란, 충돌, 빈부격차도 허용될 수 없는 차원으로, 의식이 미처 따르지 못한 사이에 현실이 앞서 다가왔다. 이제 인류는 공생(共生), 공영(共榮)이 아니면 살아남을 길이 없게 되었다. 이런 것이 인류 전체에 미치기까지는 많은 혼란과 비극이 뒤따를 것이다. 또한 시간도 요구될 것이나 이 또한, 놀랍게도 짧은 것이겠다. 한 가지 분명한 것은 이런 가치관의 인류문화는 벌써 인간 삶 한가운데 들어와 있다는 것이다.

야당이 진정 권토중래할 의사가 있다면 지금의 386식 좌경 정책에서 벗어나야 한다. 대선과 총선에서 철저히 경험하지 않았는가. 북한과의 문제는 재선과 총선에서 드러난 민의를 따라야 한다. 지금 야당이 주장하는 대북 정책을 종북(從北)이라 하여 국민 대다수(가히 절대 다수)가 투표로서 거부하지 않았는가. 친북 퍼주기로 일관하는 동안, 북한은 제네바 협정도 깨고 핵폭탄 제조에 성공하지 않았는가. 또한, 남한 적화통일은 그들의 절체절명의 대전제가 아닌가. 그렇다면 이 문제부터 집고 넘어가며 남북 문제를 풀어가야 하지 않겠는가. 지금으로서는 시간은 우리 편이라는 느긋한 입장에서 북한 당국의 태도 여하에 따라 느긋하게 대하는 것이 상책일 것이다. 이 문제 해결에서 가장 중요한 것은 국민 대다수의 의사다. 지난 대선과 총선에서는 국민은 386식 좌경 친북을 거부한 것이다. 더욱이 경제가 앞으로 최악의 상태로 치달아 많은 국민이 자살을 한 판국인데 국회가 민생법안은 외면하고 북한 문제에 목숨을 건다면 그런 국회는 어느 나라 국회냐는 국민의 비난을 면키 어려울 것이다. 문제는 모든 것을 순리에 따라 풀어야 할 것이다. 순리란 민의로 나타나는 것이다. 국회의원들이 멋대로 끌어다 대는 민의가 아니라 선거를 통해 침묵의 다수까지 표현하는 진정한 민의를 말한다.

2) 한국 청년들을 위한 예언[45]

지금 온 세계는 미국 월스트리트의 경제 논리 일변도와 인간성 왜

곡, 과학 디지털 기술에 의한 종이 거품, 더 나아가 영상 거품 조성으로 파탄난 경제의 단기 회생에 사활을 걸고 있다. 그러나 더 근원적인 문화 차원에서의 처방이 아니고는 진정한 회생은 불가능할 것이다. 나는 1991년 서강대학교에서 처음으로 "생명문화"라는 생소한 용어를 사용하여 연구소를 설립하였다. "세상의 생명을 위하여"라는 복음 말씀과 "생명을 사랑하자, 풍요롭게 하자"라는 기치로 당시 전국을 매일같이 휩쓸던 어린이 유괴 사건을 종식시켰다. 또한, 때마침 발생한 낙동강 페놀 사건과 전국 산하 오염에 국민적 경각심을 불러 일으켰다. 드디어 국내외 사계 전문가들의 연구와 실천 결과를 상세한 영문 요약과 함께 묶은 방대한 "연구총서 I"을 녹색 로고로 1993년에 발행하였다. 이는 국내는 물론 바티칸과 미국의 유수 대학, 유럽의 명문대, 모스크바대, 중국과 일본의 유수 대학, 태평양 제국 대학들에 수많이 배부되어 생명 녹색 문화의 단초를 열어, 큰 반향을 일으켰다. 그 후 선진국들은 녹색 기술 개발에 열을 올렸다.

그런 흐름은 드디어 3천 년대를 여는 2000년 11월, 중국의 명문 보인 대학교(輔仁大學校) 70주년 세계 철학자 대회에서 유감없이 발휘됐다. 필자는 3천 년대 여명에 동·서 문화를 아우르는 새로운 인류 공통문화 창출을 유불선과 그리스도교 생명존중 바탕에서 주장하여 크나큰 호응을 얻었다. 1985년 본인과 공동 세미나(미 국무성 지원으로)를 주최했던 워싱턴 가톨릭대의 "가치와 철학연구소" 소장 맥린 교수도 공동 발표자였다. 그는 그 후 생명 존중 문화를 주제로 2005년까지 10여 차례에 걸친 세계 세미나를 열어, 적지 않은 성과를 올렸다. 드디어

---

45 정의채 몬시뇰, 〈조선일보〉 특별시론 원고 전문, 2009년 3월 23일 월요일 판 A33면, 신문기사에는 지면상 중요 부분이 빠졌다. 기사 제목은 "아시아로…"로 되어 있다.

그는 2006년 초에 나에게 그 다음 주제를 의뢰했다. 나는 2001년 11월 9일 아랍 게릴라에 의한 세계 무역센터의 총 붕괴는 현 백인 중심의 세계 질서 종언의 서곡으로 보았다. 또한, 그와 유사한 천지를 진동할 사건들의 연속을 예상하여, 인류문화의 새 질서 도래를 확신했다. 그래서 현 백인 중심체인 미국 사회의 총체적 해체를 연구하고 서서히 실천할 것을 제시했다. 그리고 다민족 사회인 중국의 현 체제와 인도의 해체, 주변을 억압하는 러시아의 해체, 적지 않은 유럽 국가들의 현존 체제 해체 작업과 함께 인류 천부의 인권 존중으로 새로운 인류 공통문화 창출의 준비를 제안했다. 미국은 다민족 사회의 풍부한 노하우를 갖고 있기에 이런 일에 미국이 앞장서야 한다고도 했다. 더디게 온 답장에는 놀라운 예시, 새로운 계몽의 빛, 힘찬 격려, 미래지향적 등의 온갖 찬사와 좀처럼 쓰지 않는 "참으로 고맙다"는 감사와 더불어 방미 요청까지 받았다. 이런 와중에 2008년 세계 경제의 심장부 월가의 파탄과 침몰, 23% 유색인종의 미국에서 '흑인 대통령 출현'이라는 일들이 속출하였다. 즉, 인류는 정치 · 경제 · 사회 전반을 새롭게 주조해야 할 문화 창출에 몰리게 되었다. 이런 흐름에서 경제 문제에 접근하지 않으면 진정한 해결책일 수 없다.

다음 문화의 축은 두말 할 것 없이 아시아다. 아시아는 가장 큰 대륙이며 인류 인구의 태반을 내포한다. 아시아는 가장 오래되고 가장 고귀한 문화와 종교 거개를 발생시켰으며 수륙(水陸)에 무진장의 자원과 고도의 인력을 갖춘 대륙이다. 지금 미국을 위시하여 경제 선진국 지도자들은 소비 진작 정책으로 이 미증유의 경제난국을 해결하려 G20 등을 포함, 안간 힘을 쓰고 있다. 물론 인간성 회복과 자연 존중을 전제로 소비가 되살아나야 할 것이다. 앞으로 이런 소비문화는 아시아의 몫이다. 그것은 빈국들이 중진국으로 발돋움 할 때, 놀라운 소비성을 발휘할 것이고 중진국에서 선진국으로 진입할 때는 더욱 왕성한 소비를 할 것이기 때문이다. 이런 경우 한국은 세계에서 유일한 모범이 될 것이다. 그것은 한국이 이런 과정을 인류 사상 유례없는 전범으로 완주하여 성공했기 때문이다. 그렇기에 한국은 앞으로 세계 중심에 선 아시아에서 강력한 견인차 역할을 할 천재일우의 기회를 맞을 것이다. 이런 인류문화 흐름에서 볼 때, 이번 이 대통령의 뉴질랜드, 호주, 인도네시아 등 아시아 3국 방문은 앞으로 도래할 한국 위상의 어떤 상징성을 지닌다. 이런 사명은 지난날에도 그러했듯이 분명 이 땅 청년들의 몫이다.

지금 이명박 정부는 "녹색성장"에 운명을 거는 듯싶다. 그리고 이명박 대통령과 미래기획위원회는 그 계획서에서 청년에 대한 초점을 첨단기술에 맞추는 듯하다. 그러나 이것은 낡은 발상이다. 본인이 지난 해 청와대에서 건국 60주년 기념사업위 회의 후, 이 대통령께 드린 안은 세계를 휘어잡고 하늘을 나는 우리 젊은이들의 '아이디어 개발'이었다. 이제 기술 운위는 진부하다. 우리 젊은이들은 1970–1980년대에 벌써 10여 년에 걸쳐 국제 기능올림픽에서 계속 1위를 차지했다. 일본을 위시해 선진국들이 연합하여 한국 타도를 외쳤으나 한국 젊은이들은 더욱 기승했다. 첨단기술은 새로운 아이디어의 결과물이다. 녹색성장의 기술면에서 우리는 20년 이상 앞선 선진국들과 승부를 걸기보다는 '아이디어'에 걸어야 한다. 한국은 지금 브랜드에서 극히 후진이다. 이것은 다른 말로 '아이디어의 후진'을 말한다. 현금 우리 젊은이들은 새로운 아이디어 창의성으로 일본이나 중국은 물론 세계 젊은이들을 멀리 앞지르니 정부와 전 세대들은 그 인프라 구축과 절대적 후원을 촉구 받고 있다.

본인은 지난 해, 쇠고기 파동 때 70%에 육박하는 지지의 이명박 대통령이 20% 지지에 턱걸이를 보며 하야의 각오로 민심 되돌리기에 전력투구하라는 쓴말을 했다. 나는 노무현 대통령 때도 몇 번에 걸친 하야 설에 헌정 질서 혼란이라고 반대했다. 이제 이 대통령은 30%대 후반의 지지율이다. 그러나 20-30대에서는 20%대 초반 그대로다. 이 대통령은 말은 미래지향이지만 내용과 실은 30-40년 전 발상 그대로 이기 때문이다. 지금 북한의 멋대로의 행패로 정부는 갈피를 못 잡고 있다.

여기서 한 가지 심사숙고를 당부한다. "경인 운하" 건이다. 국력을 기울인 완성 단계에 접어들 때, 아주 가까운 거리 김포 등지에서 북한이 총질 몇 번, 혹은 간첩 몇 명의 불장난이면 경인 운하는 물 건너가 정권의 존립 자체를 위협할 수도 있다.

근일 모지에 386세대 어떤 교수분의 정곡을 찌르는 글에 크게 공감했다. 이제는 1960년대 성장 세대도 1980년대 민주화 세대도 갔다. 새로운 세대에게 큰 비전이 절실히 아쉽다는 요지였다. 이 대통령은 신속히 청년들의 아이디어 육성의 탄탄대로를 열어 주어야 할 것이다. 동·서를 아우르는 아이디어 창출이 유럽 아이디어 국에서 시도되고 있으나 이는 역시 한국 젊은이들의 몫임을 나는 근년 현지에서 확인했다. 아이디어는 무값, 즉 부르는 게 값이다. 한국은 아이디어에서 뛰어난 젊은이들이 많기에 앞날이 밝다. 어떤 시인의 예언적 표현대로 인류의 찬란한 아침 햇살이 극동 젊은이들에게서 솟아오르기를 기대한다. 이것은 하느님 창조계획의 시대적 실현이기 때문이다.

3) 격동하는 대한민국[46]

"서로 사랑합시다. 함께 힘차게 살아납시다"

이석우_ 생명이 소생하는 화사한 봄, 부활입니다. 안녕하십니까. 요즘 우리는 몇 가지 격동에 휘말리고 있습니다. 그 하나는 세계를 강타하는 경제 문제 해결을 위한 G20이고 다른 하나는 북한의 로켓 발사입니다. 또 다른 하나는 박연차 검은 리스트의 돌풍과 노무현 전 대통령 관련입니다. 이런 문제를 나라의 어려운 고비마다 깊은 예언적 통찰력과 용기로, 많은 사람이 갈 길을 비추어주는 어른이라고 생각하는 정 몬시뇰을 모시고 말씀을 나누겠습니다.

이명박 대통령은 최근 G20 경제 정상회의에 다녀왔습니다. 우리 정부에서는 이명박 대통령의 노력과 한국 정부 위상이 상당히 인정받았다, 잘했다는 자체 평가를 내놓고 있는데 정의채 몬시뇰께서는 어떻게 보셨습니까?

정 몬시뇰_ 이명박 대통령이 G20의 공동의장이 된 것은 한국의 국제적 위상이 그만큼 높아졌다는 증거입니다. 지난 10년간의 어려운 여건 하에서도 국민, 특히 기업인들의 피나는 노력으로 그런 국제적 위상을 얻은 것이고 경제대국인 일본이나 중국, 인도가 아닌 한국이 공동의장국이 된 것은 자족 자찬할 만한 일입니다.

지금 우리는 놀라운 천 년대의 인류문화 변동기에 들어섰습니다. 이제 백인 주도의 경제 주체 G7은 소리 없이 사라져가고 공동의장 3인 중 유색인 2인인 G20이 등장하여, 백인 세계가 침몰시킨 세계 경제를 복원했습니다. 이로써 인류문화는 새로운 차원에서 발전시켜야 할 시점에 이르렀습니다. 그 중심에 한국이 섰다는 것은 기적 같은 일입니다. 내친 김에 한국이 다음 G20 정상회담을 유치했으면 하는 바람입니다. 이명박 대통령은 G20 회담에서 좋은 말을 많이 한 것으로

---

46 〈평화라디오〉 방송 대담 원고, 일시: 2009년 4월 11일 (토) 오전 8·9시, 시사 프로, "열린 세상 오늘, 이석우입니다", 출연자: 정의채 몬시뇰(교황 명예고위성직자), 대담자: 이석우(〈평화라디오〉 국장).

알고 있습니다. 그러나 현명한 정부라면 자화자찬에 앞서 부족한 면도 자성하는 것이 더 좋을 것입니다. 그 실상에서 정말 동양을 대표하는 의장국에 걸맞는 성과였느냐를 엄밀히 짚어 보아야 할 것입니다. 세계적인 권위지인 〈더 타임스〉의 실질 공헌도에 대한 평가[47]에 따르면 5점 만점에 4점을 받은 나라는 5개국 인도, 영국, 일본, 터키, 네덜란드 국가 수반들이고 3점 그룹에는 프랑스, 미국 등의 7개국 수반입니다. 한국은 2점 그룹에 속하는데 여타 9명 수반입니다. 물론 공식 통계는 아니지만, 세계적인 유력지이니 그 평가를 귀담아 들어야 할 것입니다. 그런 산출의 이유는 감을 잡게 합니다. "비관적 전망을 딛고 국제통화기금(IMF) 운영자금 등, 도합 1조 1천억 달러 증액과 조세 피난처에 대한 합의 등 구체적 성과를 낸 영국의 골든 브라운 총리는 4점 그룹"에 들고 인도는 자유무역 협정에 크게 공헌하며 IMF 개혁을 이끌어내 4점 그룹에 들었다는 것입니다. 일본은 기금조성에 적극적이어서 4점 그룹이랍니다. 영국은 빈국 구제와 함께 후진국도 이른바 선진국과 같이 가야 한다는 새로 형성되는 인류문화에 대한 철학이 있었습니다. 이명박 대통령의 발언에는 이런 면이 부각되지 못한 것 같아 아쉬움이 남습니다. 자유무역 협정이 제대로 되면 보호무역은 자연히 그 자리를 잃게 됩니다. IMF의 유통구조를 현실에 맞게 개혁하면 그 방대한 자금이 빈국이나 후진국에 제대로 갈 수 있게 되어 후진국 발전에 크게 기여할 것입니다. 이런 방향을 제대로 갈 때, G20은 인류문화의 새로운 흐름과 궤를 같이 하여 그 사명을 수행할 수 있을 것입니다. 이런 면에서 인도는 영국과 더불어 발군의 실력을 발휘하여

---

47 〈조선일보〉 2009년 4월 4일 A6면.

세계 정상급에 오른 것으로 보입니다. 그렇기에 이번 G20 정상들에게는 근본적 흐름에서 경제를 다루는 안목, 즉 새로운 아이디어의 창출이 그 우열 자리 매김의 척도였습니다. 결국 앞으로의 세계는 하느님의 모습으로서의 특징인 지성의 활동, 즉 아이디어 창출에서 모든 것은 판가름 날 것입니다. 아이디어 창출도 어릴 때부터의 교육과 훈련 자질 개발이 필요합니다. 이런 능력의 획기적인 비약은 인생의 젊은 시기입니다. 위의 성과 매김에서 한 가지 특히 유념해야 할 것은 2조 달러나 갖고 있는 중국이 5점 만점에서 낙제점인 2점을 얻었다는 사실입니다. 그것은 중국이 4백억 달러밖에 출연치 않는다는 데 근거한 것입니다. 빈국과 후진국의 발전을 위해서라면 공산국가인 중국이 가장 큰 후원금을 제공해야 하기 때문입니다. 어찌 되었건 어차피 백인 지배 문화 흐름과 그 궤도를 같이 하다 침몰한 경제의 흐름은 앞으로 모든 면에서 새로운 아이디어와 깊은 인류애가 그 핵이 될 새로운 인류 문화 흐름과 맥을 같이 해야만 제대로 생명이 소생하여 활력에 찰 것입니다.

이석우_ 이명박 대통령은 당시 정상회담에 참석한 해외 선진 정상들에게 한국의 IMF 극복 사례를 참고하라며 한국 경험을 많이 강조했다고 하는데 이에 대해선 어떻게 생각하십니까?

정 몬시뇰_ 물론 그 사례가 우리의 자랑거리임에 틀림없습니다. 그러나 그것이 오늘의 위기 극복의 표본으로 국제적 공감을 사느냐는 별개의 것입니다. IMF 위기 극복을 자랑으로 내세워도 그것은 그 당시 한국 스스로 잘못한 것을, 그것도 외부 세계는 아무런 지장을 받지 않고 번영일로였기에 한국이 땅에 떨어진 원화 가치로 수출에 의해 일어선 것이 아니냐는 반문도 생각해야 할 것입니다. 영국도 IMF를 당했지만 영국은 그 극복 사례를 세계 경제 파탄 극복의 모범 사례로 들지 않을 뿐만 아니라, 일언반구 언급도 하지 않은 것으로 알고 있습니다. 영국은 그와는 역(逆)이라 할 수 있는 "인류가 다 같이"라는 새롭게 조성되는 인류문화 기운에 알게 모르게 호소한 것이 그런 평가로 나타나지 않았나 생각됩니다. 한마디로 경제 문제를 보는 데서도 그 밑바탕이 되는 문화 철학의 문제입니다. 이번의 이명박 대통령이 아시아의 대표답게 자연을 존중하며 사해동포(四海同胞) 사상을 배경으로 동양의, 또 한국의 인간상을 바탕으로 아시아에서의 "다 같이 잘 살아가자"는 문화 철학을 밑바탕으로 경제회복을 설복했더라면 더 빛났을 걸 하는 생각입니다.

앞으로는 인류문화의 새 축은 유럽이나 미국이 아니고 아시아일 수밖에 없을 것이기 때문입니다. 저의 수십 년 전부터의 지론인 아시아는 지구상의 가장 큰 대륙이고 인구의 태반을 차지하고 있습니다. 또한, 수륙(水陸)에 무진장의 자원을 내포하며 가장 고귀한 종교와 가장 깊고 높은 사상을 발생시킨 곳이며 가장 풍부한 인적 자원을 보유하고 있기 때문입니다. 이런 아시아이기에 생명 존중을 바탕으로 하는 생명 문화를 밑바탕에 깔았으면 단연 세계를 선도하는 입장에 설 수 있다는 생각입니다. 또한, 그런 문화 향방은 더 이상 수미(歐美) 백인 세계를 중심으로 하는 구아(歐阿; 유럽과 아프리카)나 미미(美美; 북미와 중남미)의 문화권이 아니고 아아(亞阿; 아시아와 아프리카), 아미(亞美; 아시아와 북 중남미)로 전개될 것이기 때문입니다.

이석우_ 그런 문화에 대해 경험적으로 혹은 실증적으로 좀 더 부연하여 줄 수 있겠습니까?

정 몬시뇰_ 예, 그것은 저에게 좀 놀라운 체험이었습니다. 여기서 몇 가지 사례를 들어 말씀 드리겠습니다. 가장 큰 직접적 계기는 1988년 명동대성당 주임신부 당시 명동대성당을 중심으로 하는 민주화 데모가 극좌경으로 기울어지면서 서울대생 조성만 군이 명동성당 역내 교육관에서 미군 철수와 북과의 자주통일을 외치며 할복 투신자살한 사건이었습니다. 조 군은 당시로서는 그런 할복자살의 15번째이고 35번까지 결정되어 있다는 실정이었습니다. 이렇게 젊은 생명을 희생시키는 주의와 사상은 인륜과 천륜을 거역하는 것이라며 생명 수호의 기치로 강론과 투고 등을 통해, 또 언론과 광범위한 여론의 후원으로 더 이상의 젊은이 투신과 분신자살을 막았던 것입니다.

그러던 것이 대학 교수직과 현직 사제 활동에서 은퇴할 때, 당시 서강대학교 총장이었던 박홍 신부의 권유로 서강대학교에 인류 사상 초유의 생명문화연구소를 설립했습니다. 연구소는 "세상의 생명을 위하여"라는 요한복음 말씀과 "생명을 사랑하자! 풍요롭게 하자!"는 기치를 드높이 창설하여, 그 초대 소장을 맡으며 당시 매일같이 수없이 일어나던 어린이 유괴살인 사건을 종식시키는 쾌거를 올리게 되었습니다. 이런 성공의 배후에는 국민 여론의 절대적 후원과 언론, 즉 모든 일간지와 TV, 각종 잡지들의 절대적 성원이 있었기 때문이고 정쟁(政爭)으로 밤이 새고 날이 저물던 때인데도 생명수호에는 여야가 다 같이 협조하였기 때문이었습니다. 그 연구소는 생명 문제에서 당시 국내의 권위 있는 학자들은 물론, 세계적인 학자들도 모셔 세미나 등을 개최하여 국내에 새로운 바람을 일으켰습니다. 또한, 그 결과를 방대한 학술지(당시 국내에서는 드물었던 영어 초록(abstract)을 붙여)로 만들어 국내 모든 대학가와 문화 단체 및 정치, 경제 사회의 모든 분야에 골고루 배부했습니다. 미국과 유럽 심지어는 모스크바대학, 북경대학교 등의 공산권, 아시아 여러 명문 대학에도 송부하여 세계에 생명문화를 진작시켰던 것입니다. 로고를 녹색으로 하였기에 당시 우리나라에서는 그린 하우스, 그린 영어, 그린 소주 등이 나타나는 등 녹색 문화를 발생시키며 그런 풍조를 세계에 확산시켰던 것입니다.

드디어 그런 새로운 문화 발생은 세계로 급물살을 타며 퍼져가게 되었습니다. 또한 2000년 새 천 년을 맞아 중국의 명문 보인대학(輔仁大學) 70주년 세계 가톨릭 철학자 대회에서 제가 새 천 년대는 인류의 공통문화 형성이 시급히 요청되는데 그 공통 초석은 생명이라는 점을 강조했습니다. 동 · 서의 대표적 사상들, 즉 불교 · 유교 · 도교 · 샤머니즘 등과 서구 생명사상의 핵인 토마스 아퀴나스의 생명 사상을 비교 연구 종합하여 세계 석학들의 큰 관심사가 되었습니다. 드디어 공동 발표자였던 미국 워싱턴 가톨릭대학의 "가치와 철학 연구소" 소장 맥린(McLean) 교수의 지대한 관심사가 되어 그 연구소는 2005년 말까지 '문화와 철학'이란 주제로 면을 달리하며 10여 회에 걸친 세계 세미나를 개최했습니다. 1985년 서울에서 워싱턴 가톨릭대, 보스턴대, 동경대 교수들과 서울의 여러 대학 교수들, 가톨릭대, 서강대, 서울대, 성심여대, 외국어대 등의 교수들이 참여하는 가운데 저와 맥린 교수 공동 주최의 국제적 컬로키엄(Colloquium)을 개최했습니다. 당시 미국은 월남전 패전으로 젊은이들이 실의에 빠져 마약, 호모를 비롯하여 샌프란시스코 중심가에 게이 촌이 형성될 만큼 타락해 가는 시기였습니다. 그렇기에 가치와 철학 연구소가 미 국무성의 지원을 받아 태평양 시대라는 새로운 기치로 미국 젊은이들을 바로 잡으려는 것이었습니다. 나는 개회사와 대화에서 1997년에 있을 홍콩 반환 후는 그들이 그때 생각하는 바와는 완전히 다른 시대가 펼쳐질 것이라고 말했습니다. 그것은 홍콩 반환을 전후해 중국은 문을 열고 세계로 진출해 나올 것이라며 영국이 홍콩을 위해 개설한 그 좋은 루트를 그대로 역이용하여 태평양은 물론 중동, 아시아, 지중해를 거쳐 아프리카까지 손에 넣을 것이라고 했습니다. 중국은 홍콩을 거쳐 수많은 이민을 동남아와 세계 도처에 내보내 화교 사회를 건설하여 거상을 이루었는데 그들은 그때 일치 단결하여 서방세계를 흔들 것이라고도 했습니다. 그런 말들이 그대로 이루어지는 것을 보았기에 맥린 교수는 나의 조언을 수시로 구하여 자기 연구소의 세계 세미나의 주제로 삼아온 터였습니다. 2006년부터는 세미나의 새로운 주제를 문의하기에 미국의 백인 중심 사회 체제를 해체하는 연구와 실천을 미국이 먼저 해야 한다는 받아들이기 어려운 주제를 제시했습니다. 그 이유인즉, 억압받는 소수 민족 내지 부족들은 더 이상 무지로 억압할 수 없고 이제 백인 중심의 사회 체제를 서서히 해체하여 모든 인간이 인권을 보장 받는 사회로 옮겨 가야 하는데 미국이 먼저 해체되어야 한다, 또한, 거기에 따라 중국, 인도, 러시아, 유럽, 일본 등 현 사회 체제 전반이 해체되고 새로운 인류의 모든 구성원이 인권을 공동 향유하는 사회 체제로 옮겨가야 하는데 미국은 오랜 시간 이런 면에 많은 노하우를 쌓아 왔기 때문이라고 했습니다. 전과는 달리 회신이 많이 늦어지더니 드디어 저의 제안을 전적으로 받아들인다며 그런 선견지명과, 다시 말해 새로운 계몽의 빛과 영감과 격려와 지혜를 주어서 대단히 고맙다는 말을 전해 왔습니다. 그 후 미국을 방문하여 달라는 초청도 있었으나 사절했습니다. 보인(輔仁)대학에서 생명문화에 대한 발표 이후, 삽시간에 세계 모든 학술회의·실천 회의인 생산, 무역, 유통 등의 회의에 이르기까지 생명존중 사상이 기본이 되는 것을 보았습니다. 심지어 근자에는 중국 멜라닌 사건에서 나타난 바와 같이 주부들의 장바구니에 이르기까지 생명문화는 삶의 근저가 된 것입니다. 이런 생명 문화에 대한 뒷받침이 전혀 없이 경제일변도로,

또 인간성 왜곡으로 망가진 경제를 다시 경제일변도로 살리겠다는 큰 소리는 공중에 메아리가 되기 십상이고 가다가는 웃음거리가 될 수도 있을 것입니다.

이석우_ 최근 가장 중요한 현안은 북한의 로켓발사 문제입니다. 한반도 안보는 물론 전 세계 안보에도 적지 않은 위협을 주는 사안이라고 생각합니다. 그래서 현재 우리 정부는 PSI 전면 가입 시기를 저울질하고 있다는 소식이 들립니다. 우리 정부의 이런 대응 자세에 대해 어떻게 생각하십니까?

또한, 이번 북한의 도발적인 로켓발사에도 불구하고 한국 정치권 내에서는 대북 특사 파견 이야기가 나오고 있고 개성공단도 그대로 유지시켜야 한다는 얘기가 여권 내에서도 나오고 있습니다. 우리 정치권의 이 같은 기류에 대해 어떤 생각이 드십니까?

정 몬시뇰_ 이 두 문제는 하나로 묶어 말하는 것이 좋을 듯 싶습니다. 우선 근본적인 문제부터 짚어 보아야 합니다. 북한은 남한의 적화통일을 포기한 적이 없습니다. 그것은 신과 같이 숭배하는 김일성 주석의 절체절명의 유지입니다. 그것이 수단과 방법, 상황의 변화에 따라 강온, 완급, 표리의 차는 있을망정 변할 수 없는 대전제이며 지상과제라는 전제 하에서 북한 문제에 임해야 합니다. 북한은 그런 목적을 달성하기 위해 사상과 이념뿐만 아니라 물리적 힘, 더 구체적으로는 군사적 힘이 필요합니다. 그렇기에 기회만 있으면 무엇보다 먼저 선군 정치로 지상 과업을 달성하려 할 것입니다. 적화통일을 위해서는 수단과 방법을 가리지 않기에 그것에 유익하면 무슨 일이든 할 것입니다. 우선 첨단 무기로 장비하기 위해서는 막대한 돈이 필요하고 남한은 돈이 있기에 돈을 그 쪽이 원하는 대로 바치면 좋게 상대해 줄 것입니다.

그런 돈은 적시에 통일을 할 수 있는 군비 확장과 무기 중에서도 가장 강력한 무기인 핵무기 제조에 총력을 기울이게 되는 것은 뻔한 이치입니다. 그렇기에 북한은 국제사회가 또는 UN이 뭐라 하든 말든 아무 상관없이 핵무기 제조에 박차를 가해 성공한 것입니다. 그리고 핵무기 사용에 필수인 것은 그 운반 수단인 미사일 개발일 수밖에 없습니다. 그렇기에 무슨 수단을 써서라도 그 수단에, 그것이 기만이든 간첩 활동이든 속임수든 정상적 수단이든 상관없이 자기들의 목적 달성을 위해 최대한의 노력을 할 것입니다. 더 강한 힘에 부딪쳐 불가능에 봉착하기까지 말입니다. 북한은 38 휴전선을 사이에 두고 판문점에서 회담을 통해 그 불리한 조건 하에서도 50년간 미국을 극도로 애먹인 경험을 갖고 있습니다. 지난 10여 년간은 신포에서 핵 프로그램 금지와 자유구역 건설 등으로 미국을 위시하여 다른 국가들과 사업을 했지만, 경수로만 얻고 다 파탄시켰습니다. 또 얼마 전에는 핵 금지 문제로 제네바 회담을 성사시켰지만, 그것도 파탄시켰습니다. 그럴 때마다 미국과 한국은 한 발씩 물러서 북한 요구 들어주기에 여념이 없었습니다. 지금은 미국과 한국이 6자회담에 목을 매고 있는 듯하나 언제 북한이 어깃장을 놓을지 알 수 없는 형편입니다. 6자회담을 파탄시킨다고 위협하면, 또 그 비위 맞추기에 골몰할 터이니 말입니다. 이런 추이를 북한은 너무나 잘 알고 있고 어떻게 하면 미국과 남한을 조종할 수 있는지도 잘 알기에 이해득실과 기회만을 저울질하고 있을 것입니다. 사실 북한이 핵무장하면 일본은 군사대국화가 되고 중국과 러시아는 막강한 핵보유국임과 동시에 북한편이니 한국은 나홀로 스스로 무장 해제한 꼴이 아닐까 걱정됩니다. 국제 사회는 이해관계에 따라 냉혹한 것이니 국가는 자기 방위능력을 스스로 갖고 있어야 합니다. 그래도 한국이 의지할 곳이란 미국밖에 없으니 PSI나 MD 가입 문제 등을 복잡하게 생각할 여지가 어디 있겠습니까. 북한의 신경을 건드릴까 그렇게도 마음에 걸려 북한이 핵무기를 만들건 탄도 미사일에 성공하건 할 말도 못하고 할 일도 못하다면 아예 남한을 송두리째 북한에 바치면 만사OK일 것입니다.

이른바 야당측이 북한이 로켓 발사 후에 세계가 뒤끓는데도 북한의 비위를 거스르면 안 된다는 식이니 도대체 얼마나 비위를 맞추어야 한다는 거냐는 국민적 저항에 부딪칠 것입니다. 그것이 지난 대선과 총선에서 야당이 궤멸한 이유인데도 말입니다. 더 나아가 이명박 대통령이 해외, 그것도 국제 정상회의장이라 할 수 있는 처지에서 북한 로켓 발사를 앞두고 북한이 받아만 주면 특사를 보낼 용의가 있다는 등 허약과 구걸의 자세입니다. 미국의 강력한 요구에도 끄떡하지 않는 북한입니다. 보즈워즈 미 북한 담당 대사의 북한 방문 요청도 북한 당국이 들은 척도 하지 않는 시점에서 애걸하는 듯한 신호를 보내니 평양 당국자들은 이명박 대통령을 얼마나 얕잡아 볼 것이냐는 국민적 염려와 저항에 부딪칠 것은 불 보듯 뻔한 일이 아니겠습니까. 일이 그렇게 전개되니 정부 측에서는 그런 계획이 없다고 합니다. 그러니 이제는 대통령 따로 정부 따로라는 회자도 피할 수 없게 됐습니다. 참으로 일이 점입가경인가 싶습니다. 도대체 이 대통령은 왜 그렇게 불쑥불쑥 말이 많고 말대로 되는 것이 없는 것이겠습니까. 그러니 사회에서 명망이 높던 보좌관 한 분이 대통령은 일을 줄이고 생각하는 시간을 더 가져달라는 말까지 하게 되는 것이 아니겠습니까. 제가 보기에 이 대통령은 정리되지도 않고 사태 파악을 제대로 하지 못한 처지에서, 아니, 할 능력이 없는 처지에서 불쑥 불쑥 소리를 하는 것 같아 앞으로가 많이 걱정됩니다. 왜 인재들의 능력을 십분 활용하지 않고 스스로 모든 것을 다하려 하는지 참으로 딱한 일입니다. 한승수 총리만 하더라도 국제적으로 인정받는 인물이고 그 밖에도 능력 있는 분들이 있는데 말입니다. 사상 초유의 국민의 압도적 지지로 당선된 이 대통령이 지난해 취임 후 몇 달도 안 되어 고소영 등 패거리 정치로 떠난 민심에 더해 시청광장과 청계천에서 60만이라는 엄청난 젊은이들의 반대 시위에 시달린 후, 떠난 민심은 돌아올 줄 모르고 있습니다. 특히 젊은층의 떠난 민심이 미동도 하지 않고 있으니 그런 정치력으로 어떻게 앞을 헤쳐 갈지 걱정이 앞섭니다. 그렇기에 이명박 대통령 당선에 적극적이었던 어느 유명인사는 자괴감마저 느낀다고 합니다.

개성공단은 어느 날 통째로 내어줄 각오로 임해야 할 것이 아닌가 싶습니다. 저는 금강산 관광이 열린 해 어느 날 북한 육지에서는 못해도 북한 영역 해상에서라도 평화회의를 하자는 어느 연구소의 제의를 받아 봉래호를 타고 금강산에 간 적이 있습니다. 이른 새벽 어둠 속에 장전항에 닿았는데 곡물 증산 때문이라며 산의 나무를 다 베어 인근 옥토가 사막화 되어가는 것을 보고 놀랐습니다. 그런데 북한이 그 당시는 극심한 경제난을 겪고 있는 때라 남한의 요구대로 하던 모양이었습니다. 현대 직원은 그때까지 약 3억 불 정도가 들었는데 앞으로 골프장, 해상 호텔, 리조트 시설 등 약 4억 불이 더 들을 것이라고 했습니다. 저는 어느 날 그것을 그대로 다 놓고 빈손으로 나와야 할 것이라고 동료 관광객에게 말했습니다. 작년 관광객 피살 사건으로 그때 말한 대로 일단 모든 것이 무위로 돌아간 셈이 되었습니다. 개성도 저쪽에서 돈벌이가 되거나 기술 습득이 필요한 한, 그때그때 사정에 따라 허용되겠지만, 어느 날 다 내놓고 빈손으로 돌아올 수도 있다는 것이 전제되어야 할 것입니다. 그렇다면 남북 관계를 지난날의 냉전 상태로 돌리자는 것이냐 하면 그것은 아니고 호혜 교류라는 입장, 다시 말해 서로 주고받는, 관계가 호혜적인 입장이어야 한다는 것입니다. 특히 인권 문제 개선에 조금이라도 도움이 되는 선에서 해야 할 것입니다. 군사력 증강에는 절대 반대의 입장과 철저한 장치를 마련해야 할 것입니다. 이런 점에서 이명박 정부가 UN에서 북한 인권 문제에 적극적인 것은 잘하는 일입니다. 이명박 정권은 더 이상 좌고우면 소신도 줏대도 없는 허약 정권이 아니길 바랍니다. 그리고 한 번 공약한 것은 지켜야 하는데 달면 삼키고 쓰면 뱉는 식의, 혹은 고통은 남들이 지는 것이고 자신들은 부귀와 영화에 안주하는 근성을 탈피해야 할 것입니다.

한 가지 중대 변수는 김정일 후계(정변까지) 문제인데 이 문제는 내부적으로 큰 진통을 겪고 있는 모양입니다. 남한 당국자들은 이 문제에서 각별한 연구와 대책을 갖고 있어야 할 것입니다.

이석우_ 얼마 전에 청와대에서 열린 국민원로회의에도 다녀오신 것으로 알고 있습니다. 그 때 원로회의에 참석하신 소감을 좀 밝혀주시고 아울러 이명박 대통령이 요즘 사람을 만날 때마다 도산 안창호 선생의 '강산 개조론'을 강조하고 있다고 합니다. 정 몬시뇰께서는 이에 대해 어떻게 생각하시는지요?

정 몬시뇰_ 국민원로회의 위촉을 받고 수락했습니다. 그것은 국가에, 즉 국민에게 도움이 된다면 안에서 말하는 것이 더 효과적일 것입니다. 또한, 천주교라는 큰 단체에서 누군가 참가해야 할 것이기에 주저치 않고 수락했습니다. 청와대에서 첫 번째 모임을 지난 3월 12일 대통령 임석 하에 가졌습니다. 첫 번째 모임이니 개중에는 뼈대 있는 말들도 있기는 했지만, 그저 지난 일들을 상기하는 수준이었습니다. 그 때 이 대통령이 자신은 두 번 대통령을 할 것도 아니니 국가의 기틀을 잡는 데 이바지하고 싶다는 요지의 말씀을 하신 것으로 들었습니다.

좋은 말씀이라고 생각했습니다. 그런데 우리 대통령 사(史)에 어떤 분[48]이 역사에 남을 것인가 생각해 보았습니다.

첫째는 초대 건국 대통령 이승만 박사입니다. 그분은 장기 독재자, 반민주주의자로 낙인 찍혔지만, 그래도 외국에서 조국광복을 위해 일생을 바친 분입니다. 6 · 25 동란의 38선 휴전협정이 성립될 때, 극력 반대 북진을 고집, 미 아이젠하워 정부와 미 의회가 외침시 즉각 개입한다는 한 · 미 군사방위조약을 이끌어 냈습니다. 그래서 50여 년 동안 미국의 방위 하에 경비 부담 격감은 물론, 외국의 자유로운 투자를 유치하여 오늘의 번영된 민주국가의 기틀을 놓아주었습니다. 그렇기에 그분은 역사에 남는 대통령으로 기록될 것입니다.

다음은 장면 내각 책임제 총리입니다. 그분의 정권은 군사혁명에 의해 수명이 짧았지만 장면 대사의 활약으로 대한민국이 UN에서 한국 유일의 합법 정부로 승인됐습니다. 그로 인해 공산군의 남침 때, UN군 개입으로 남한이 자유민주주의와 경제적 번영의 기틀을 잡은 것이니 그분 또한 대통령사에 길이 남아야 할 것입니다. 그 다음은 당시는 인권 탄압으로 악명이 높았던 박정희 군사 정권입니다. 불굴의 의지로 빈한(貧寒)하기 짝이 없었던 농업국 남한을 공업국으로 탈바꿈시키고 오늘의 세계 13등 경제 대국의 기틀을 잡아주어 세계사에 그 유례가 없는 짧은 시간에 세계가 놀라는 선진국 진입에로의 기초를 이루어 주었기에 박정희 대통령도 대통령사에 길이 남아야 할 것입니다.

이런 관점에서 볼 때 '이명박 대통령은?' 하면 글쎄 무슨 업적으로 그런 것이 가능할까 하는 생각에 이릅니다. 앞의 세 분은 다 원대한 아이디어가 있었고 그것을 실현한 것입니다. 이명박 대통령의 첫째

---

48 50년 지기인 도쿄대교구장 시라야나기(白柳) 추기경.

공약은 경제 747입니다. 그것은 물 건너간 지 이미 오래고 그 다음은 4 대강 운하 정도입니다. 그것은 애당초 하늘을 나는 우리 젊은이들을 토목 공사로 개천이나 땅굴로 몰아넣겠다는 것입니다. 이는 이 세계 어디에도 없다는 아름다운 이 강산을 벌집 쑤시듯 파헤치겠다니 자손 대대에 못할 짓을 하는 꼴이 되기 십상이겠습니다. 그로 인해 민심은 갈기갈기 찢길 것이기에 어쩌면 가장 잘못한 대통령으로 남을 수도 있습니다. 늦게나마 경인 운하를 비롯하여 운하의 오해의 소지가 있는 모든 하천 공사를 중지하라는 대통령의 근자의 결정이니 그나마 오명은 면할 것 같습니다. 사실 일본 식민지 시대에도 총독부에서 경인 운하를 계획했다가 중지한 것이라는 말을 정확한 소식통을 통해 들었습니다. 박정희 대통령이 한강 개발을 계획할 때도 경인 운하를 계획했다 중단했습니다. 그 당시 박정희 대통령의 혁명 동지이며 박 대통령에게 아주 가까운 모 인사가 저에게 영세 준비 중에 그런 안을 말했습니다. 그때 김포에서 아주 가까운 지점의 북한군 측에서 당시 흔히 있던 대로 총질 몇 번이나 간첩의 불장난 몇 번이면 모든 것은 허사가 되지 않겠는가, 그리고 그것으로 인해 민심의 이탈과 청년들의 강력한 데모는 어쩔 것인가에도 대화가 미쳐 중단한 것으로 알고 있었습니다. 저는 이런 견해를 이번 경인 운하에 대해서도 일단 염두에 두어야 하지 않을까 하고 근자에 공개적으로 말했습니다. 혹시 그런 저런 말들이 영향을 미친 것은 아닌지 또는 G20 정상회의 분위기에서 간취(看取)한 것이 아닌지 저는 그런 대통령의 결정을 들으며 의아해 했습니다. 물론 4대강 하상 정비는 의미 있고 필요한 것입니다. 어찌 되었건 이명박 대통령은 하기에 따라서는 그 국정 운영이 굉장히 쉬울 수도 있습니다. 그것은 자기의 당선을 지지해 준 절대 다수의 민의에 따라 정사(政事)를 이끌면 아무리 반대가 있더라도 그런 반대는 거품처럼 사라져 갈 것이기 때문입니다.

운하 공사를 고집하며 도산 안창호 선생의 말씀까지 이 대통령이 가는 곳마다 끌어댄다는 말에 저는 그저 아연실색했을 뿐이었습니다. 그분의 시대이면 지금으로부터 백여 년은 되었는데 그 당시 새로운 풍조였던 운하론이 오늘도 유명 인사의 말만 인용하면 만사형통이라는 그 얄팍한 사고에 저는 그저 아연할 뿐이었습니다. 한 가지 저에게 새로운 감명을 준 것은 제가 오산 보통학교(오늘의 초등학교) 5학년 때였습니다. 1938년경에 안창호 선생이 삼엄한 일본 경찰들의 감시 하에 우리를 찾아 왔습니다. 단상에서 일경의 철저한 발언 봉쇄로 한 말씀도 못하시고 한 10분쯤이나 될까 어린 학생들 한 사람 한 사람을 애정 어린 눈으로 바라보시다 교실을 떠나시던 기억이 새로워진 것입니다. 도산 선생님이 떠나신 다음 담임선생님께서 그분의 애국 애족심과 하와이를 거점으로 독립운동을 이끄신다는 말씀을 듣고 어린 대로 숙연해졌던 기억이 새로워졌습니다.

그렇다면 이명박 대통령이 역사에 남을 일은 무엇일까. 그것은 이명박 대통령으로서는 이해조차 할 수 없는 것이겠지만, 이명박 대통령이 세계로, 하늘로, 미래로 마구 나는 우리 젊은이들에게 아이디어의 세계를 열어주는 것입니다. 앞으로 상당히 긴 시간에 걸쳐 아이디어의 우열로 세계의 판도는 결정날 것입니다. 지금 젊은이들에게는 소총 하나라도 아이디어 여하에 따라 그 효능이 좌우될 것입니다. 아이디어는 실내장식 정도가 아니라 일상생활 모든 분야와 인류가 지향하는 삶의 모든 영역을 지배하게 될 것입니다.

결국 첨단 기술도 기발한 아이디어의 산물입니다. 비근한 예를 든다면, 휴대폰 단말기가 근년 들어 세계 시장을 휩쓴다는 것입니다. 그런데 내장 부속품들의 60% 이상은 일제나 외국산이라고 합니다. 그런데도 우리 제품이 단연 세계 시장을 휩쓰는 것은 기능의 다양화, 눈을 사로잡는 디자인, 편리성 등의 새로운 기발한 아이디어 때문입니다. 아이디어는 '부르는 게 값'이라고 합니다. 지금 우리 젊은이들은 이런 아이디어 창출에서 세계 젊은이들을 멀리 앞지르는 단계입니다. 이들을 잘 육성해주면 앞으로 수십 년 동안 밀라노나 파리 등도 다 제치고 동·서를 아우르는 위대한 아이디어를 무수히 창작해 낼 것입니다. 이것이야말로 이명박 대통령이 젊은이들의 마음을 사로잡는 첩경이 될 것이며 지금까지 아무도 못했던 일을 이루는 쾌거가 될 것입니다.

그러나 불행하게도 이명박 대통령에게는 젊은이들이라야 30-40년 전 사우디 공사판 건설 현장에서 취직해 일하는 젊은이 정도의 인식인지, 청년이 시대의 중심에 서는 아이디어나 투자를 찾아보기 어렵습니다. 저는 이에 답답해 지난해 건국 60주년 기념사업위원회 고문회의 후에 이명박 대통령에게 직접 젊은이들에 대한 아이디어 문건을 드렸습니다. 얼마 후 대통령 직속 미래기획위원화라는 조직이 생기는 것을 보았습니다. 그 위원회가 『가슴 설레는 나라』라는 책자를 얼마 전에 펴냈는데 거기서 청년에 관한 것은 언저리 신세 같은 것을 느꼈습니다. 젊은이가 중심에 있지 않는 미래위원회는 핵이, 씨앗이 빠진 것입니다. 그 책자가 담는 논문 자체는 좋은 것일 것입니다. 그 책자는 분명 이명박 대통령의 뜻을 받들려는 충성심인 것 같은데 그렇다면 아예 이명박 대통령의 머리에는 젊은이들이 자리할 공간이란 별로 없어 보입니다. 실은 우리 젊은이들은 지금 어떤 나라 젊은이들보다도 창의성에 뛰어나다고 생각합니다. 이런 젊은이들은 응당 미래위원회의 중심이나 핵심에 자리 잡아야 할 것입니다. 특히 우리 가정에서 젊은이들은 부모들의 전부로 자리매김하고 있습니다. 미국 일류대학에서 좋은 학위를 한 엄마라 할지라도 자녀의 교육에 필요하다면 남의 집 식모일이라도 마다하지 않을 것입니다. 이런 것이 우리네 젊은이들의 관심이기에 지금도 자녀 교육을 위해 기러기 아빠, 기러기 엄마들의 피 눈물 나는 희생이 지속되고 있습니다. 그런 우리인데 이명박 정부 시정(施政)에는 우리 젊은이들이 세계를 휘날리며 리드할 아이디어 산업에는 전혀 감도 못 잡는 것 같아 안타깝습니다. 이 면에 성공하면 앞으로 수십 년 우리의 젊은이들이 세계를 이끌어 갈 것이니 이명박 대통령도 역사에 남을 것입니다.

적어도 근 50년 전 미국의 케네디 대통령이 평화봉사단을 만들어 미국의 젊은이들을 세계 도처, 오지에까지 가게 하여 미국의 앞날 50년을 준비한 것처럼, 이명박 대통령도 하늘을 날며 세계를 주무르려는 우리 젊은이들을 끌어내려 운하 건설이라는 토목공사판에 집어넣으려는 생각은 털어버리고 청년들을 위해 무엇인가 획기적인 일을 한다면 역사에 길이 남게 될 것입니다.

이석우_ 끝으로 요즘 소위 박연차 리스트에 대한 검찰 수사가 활기를 띠어가고 있습니다. 특히 노무현 전 대통령을 겨냥한 검찰의 칼날이 점점 노 전 대통령 가까이 다가가고 있는 느낌인데요. 이 사안을 접하시면서 어떤 생각을 하십니까?

정 몬시뇰_ 요즘 일간지들과 TV 매체가 특보로 대서특필 연일 전하는 노무현 전 대통령의 6백만 달러 뇌물수수 혐의는 그야말로 어안이 벙벙해져 말을 잇지 못하게 합니다. 그동안 나라를 어지럽힌 주범 부정부패를 일소한다며 대한민국 정사(正史)까지도 부정하다시피 한 좌익 정의(正義)의 화신(化身), 청렴의 상징으로 자처한 노 전 대통령의 실체가 자신은 물론 부인, 장남에 이르기까지 상상을 초월하는 검은 돈

갈취 주범의 의혹으로 보도됩니다. 그렇다면 청와대 안방은 검은 돈 조성과 검은 돈 잔치의 벙커였느냐는 혐의를 벗을 수 없게 됐습니다. 그런데도 노 전 대통령은 책임회피 잔꾀머리 굴리기에 여념이 없다는 보도입니다. 사실이라면 이제라도 이실직고하여 책임을 떳떳하게 지는 그릇의 전 대통령의 모습을 보여주었으면 합니다. 이 문제에서 이명박 대통령은 법질서 확립으로 민심이 안정되고, 국민이 대통령을 믿는 풍토를 조성해야 할 것입니다. 혹시라도 박연차 검은 돈에 여당 중진이나 개별적 지근 관계의 인사들이 연루되었다 하더라도 뒷거래나 타협이란 있을 수 없음을 분명히 하여 정의와 법이 엄연히 살아 있음을 보여주어야 합니다. 이렇게 하여 필리핀의 막사이사이와 같이 인류의 양심으로 나타나야 할 것입니다. 희대의 권력형 부정에 이르러 우리 국민 모두는 누구의 잘못만을 탓하기에 앞서 다시 한번 깊은 자성을 촉구 받고 있는 것입니다.

내일은 예수님이 죄의 죽음을 이기고 부활하신 날입니다. 부활은 죄와 죽음에 대한 사랑의 승리 선포입니다. 어제 수난 금요일은 예수님이 십자가의 죽음으로 인류의 죄 값을 지불하신 정의의 날이었습니다. 부활까지의 모든 과정을 이루어준 것은 인류에 대한 하느님의 사랑이었습니다. 수난 전날 목요일 저녁 최후의 만찬 석상에서 예수님은 제자들에게 "내가 너희에게 새 계명을 준다. 서로 사랑하여라. 내가 너희를 사랑한 것처럼 너희도 서로 사랑하여라. 너희가 서로 사랑하면 모든 사람이 그것을 보고 너희가 내 제자라는 것을 알게 될 것이다"(요한 13,34-35)라고 사랑의 유훈을 남기셨습니다. 사랑은 모든 것을 승화, 정화하여 사람을 행복에로 이끌어 줍니다.

여기에 이르러 저는 그때도 지금처럼 부활 축일 준비 중인 때(2004년 3월) 노 전 대통령의 "대통령 탄핵" 사건으로 〈동아일보〉(2004년 3월

26일자)에 실었던 "서로 사랑합시다. 서로 용서합시다. 서로 죽읍시다, 서로 함께 힘차게 살아납시다"를 되뇝니다.

4) 노무현 전 대통령의 국민장과 이명박 대통령 정국[49]

이석우_ 안녕하십니까. 바쁘신 중에도 이렇게 대담에 응해 주셔서 감사합니다. 노무현 전 대통령의 급작스런 비극적 서거와 국민장으로 국민의 충격이 컸는데 앞으로 이 땅은 여러 모로 몹시 혼란스러워질 전망입니다. 노 전 대통령의 이런 종말의 단초는 박연차 회장이 600만 불을 노무현 전 대통령 가(家)에게 전달이 불거지기 시작할 때였습니다. 정 몬시뇰께서는 지난 4월 11일 〈평화라디오〉 아침 8-9시 대담에서 노 전 대통령은 자기 치세(治世)에 이루어진 일들이고 대통령의 막강한 권력을 배경으로 일어난 것이니 당신이 알고 몰랐음을 불문하고 모든 책임은 다 자기에게 있다며 자기 때문에 감옥에 있는 사람들을 다 놓아주고 자기에게 모든 책임을 물으라고 하는 것이 큰 인물답고 문제 해결의 관건이지 법조문 갖고 요리저리 피하려고 하다가는 큰 낭패를 볼 것이란 점을 명쾌히 제시하셨습니다. 노 전 대통령이 이렇게 할 때, 의리심이 강하고 정 많은 우리 국민 누가 돌을 던지겠느냐는 해결책과 더불어, 그렇지 않으면 크나큰 파국이 올 것을 암시하는 등 예언하신 것이 그대로 적중되었습니다. 그로부터 한 달 12일 후인 5월 23일 새벽 노 전 대통령은 사방에서 조여 오는 법망의 압력으로 투신자살이라는 극단적 해결책을 취했습니다. 이번 사건만이 아니라 국난 고비마다 사건의 정곡을 찌르며 국민이 나아갈 길을 정확히 제시하여 희망과 용기를 주었습니다. 그 놀라운 미래

---

49 원제: 노무현 전 대통령 국민장과 이명박 대통령 정국, 연사: 정의채 몬시뇰 (서울대교구 소속, 교황 명예고위성직자), 대담자: 이석우 〈평화방송〉 보도국장, 일시 : 2009년 6월 20일 (토) 8-9시, 장소: 〈평화방송〉 보도국.

투시력과 문제 해결의 지혜와 희망이 어디서 솟아 오는 것입니까? 이제 한반도 내외에 그동안 제기된 중대사에 대해 총 정리식으로 그리고 거시적 안목에서 우리의 꼬여만 가는 현실을 미래지향적으로 짚어 주십시오.

정 몬시뇰_ 과찬의 말씀입니다. 먼저 예를 갖추어, 가신 노무현 전 대통령의 명복을 빕니다.

저는 별 특별한 사람도 아니고 그저 하느님의 한 사제로서 어떤 권력이나 명예나 이권이나 세속적 욕망에 사로잡힘 없이 오로지 하느님의 세상 만물 창조의지와 그리스도의 십자가 인류 구원의 관점에서 영성의 세계도 세상질서도 관조하면서 현재도 미래도 그 실상이 보인다는 정도입니다. 그리고 일생 몸 바쳐 한 학문, 즉 신학, 철학, 역사, 문화사의 흐름과 오랜 동안 외국에서의 경험과 이 땅에서 지난 80여 년간 체험한 민족의 수난사와 국민의 강인한 의지의 성취 등이 많은 도움을 주었습니다. 그런 배경에서 크고 작은 사태를 직시하면 현재와 앞으로 나타날 세태(世態)와 인간사(人間事)가 예지(豫知), 혹은 깨달음(覺)으로 그 윤곽이 떠오릅니다. 그리고 그런 것이 시간이 지나면서 결국 그대로 실현되는 것을 보게 됩니다.

그런데 노무현 전 대통령의 투신자살과 큰 애도 속에서의 국민장 후에 전혀 뜻밖의 현상이 일어나고 있습니다. 그것은 단적으로 말해 다음과 같이 요약할 수 있습니다.

지금 의외의 돌풍이 이 나라를 휘몰아치고 있습니다. 그것은 다름 아닌 가신 노무현 대통령의 영, 즉 망령(亡靈)이 살아 있는 대통령의 영, 즉 생령(生靈)을 이리저리 휘몰아 끌고 다니니 동서고금, 전대미문의 희한한 형국이 이 땅에 벌어지고 있는 것입니다.

이제 저는 가신 노무현 전 대통령과 생존하시는 이명박 현 대통령께 몇 마디씩 말씀을 드리고 싶습니다. 가신 노무현 전 대통령에게는 수신제가평천하(修身齊家平天下)가, 현 이명박 대통령에게는 가화만사성(家和萬事成)이 몹시 아쉬운 것입니다. 이명박 대통령은 집안, 즉 당도 제대로 화목하게 하지 못하니 무슨 일이 제대로 이루어지겠느냐는 것입니다. 고 노무현 전 대통령은 몸과 마음을 닦고 집안을 잘 다스리고 나라를 평안케 했어야 했는데 전혀 그렇지 못했으니 참으로 안 되었다는 것입니다. 몸은 자살로 마감했으니 몸과 마음을 닦았다 할 수 없고 집안에서 진행된 큰 사건의 빌미가 될 일들을 전혀 몰랐다니 이 어찌 집안을 다스렸다 할 수 있으며 그런 처지에서 어찌 나라를 평안케 할 수 있었겠는가 하는 동양의 깊고 오랜, 누구나 알고 있는 지혜가 자연스럽게 떠오릅니다.

이명박 대통령은 일을 어떻게 했기에, 또 그 절대 호의적이던 민심을 그렇게도 몽땅 잃어버려 온 나라를 뒤죽박죽이 되게 하는가의 국민적 질타를 면할 길이 없게 되었습니다. 저는 이런 일을 벌써 예견했기에 이명박 대통령의 취임 일 개월 전에 인수위 등 이명박 대통령의 행보를 보며 거국적 인사 등용과 먼저 모범을 보이며 국민적 고통 동참 요구를 권유했지만 모두 우이독경(牛耳讀經) "고소영"이라는 웃지 못할 회자가 전국을 휘몰아치는 속에 청와대와 정부 조직을 만들어 냈습니다. 드디어 쇠고기 촛불시위로 휘청거리며 대선과 총선 후, 엄청난 민의의 반발에 부딪쳐 완전히 숨죽였던 좌익세력을 깡그리 되살리고 기승케 하여 MB 자신의 앞으로 헤어나기 어려운 운명을 재촉하고 있는 것입니다. 또한, 저는 MB 취임 얼마 후부터는 떠나는 민심 때문에 정권과 나라의 장래를 몹시 우려하였습니다. 이에 MB는 하야한다는 결의를 국민에게 보이며 이탈을 거듭하는 민심 되돌리기에 힘쓰라고 충고와 경고를 거듭했습니다. 그러나 모든 것은 오만과 독선으로 가득 찬 위선적 성정(본인은 의식조차 못하는)과 겉멋으로 시종하며 인류사흐름에 대한 무지와 무능, 주변의 아부로밖에 볼 수 없는 통치 현실은 고칠 길이 없었습니다. 지난해에는 실체 없는 촛불시위로 혼비백산하더니 이번에는 가신 대통령의 위력이 살아있는 대통령을 짓눌러 정국이 분열과 분란으로 나라가 밑도 끝도 없는 사분오열을 계속, MB로는 안 되겠다는 국민적 공감대가 형성되지 않을까 몹시 우려되는 시점입니다. 이렇게 누구나가 협력할 수밖에 없었던 그 좋은 시절을 MB는 그 좁디좁은 협량(狹量)으로 다 탕진(蕩盡)한 것이고 그가 내놓는 대안은 전혀 학문적으로나 현실적으로도 정제되지 않을 뿐 아니라 그 저의를 의심받는 허황되기조차 한 안이니 국론 분열만 심화시키고 있는 것입니다.

그때는 600만 불 사건으로 권양숙 여사와 아들 딸 등이 줄줄이 검찰에 소환되는 뉴스가 넘쳐나고 내가 쓴 특별 시론이 실리기도 했습니다. 〈조선일보〉 인터넷 판에서는 저의 〈평화방송〉 기사를 큰 기사로 24시간 띄워 많은 사람이 읽게 했습니다. 물론 그 방송에서 저는 노 전 대통령 사건뿐만 아니라 북한 핵실험 문제와 이명박 대통령의 무능과 실 정도를 예시적(豫示的)으로 제시했습니다.

이석우_ 이번 노무현 전 대통령의 사별과 국민장을 계기로 그동안 얼마나 민심이 현 이명박 대통령과 정부 여당에서 떠나 있었는지가 확연히 드러났습니다. 이것은 정 몬시뇰께서 끊임없이 경고하여 온 것인데 몬시뇰의 경고가 그대로 적중되는 것입니다. 현재와 앞으로의 전개될 형국에 대해 몬시뇰님께서 좀 더 짚어 주십시오.

정 몬시뇰_ 그동안 한나라당의 무능과 이명박 대통령의 외화내빈(外華內貧) 정치, 소리만 요란하고 내실없는 구호 현혹 정치, 끼리끼리 내지는 패거리 정치, 오만과 불손으로 시대 흐름에 대한 무지 정치, 밀어준 민심은 아랑곳 없고 정권 위임을 전리품 나누기 식의 마각(馬脚) 노출로 민심 이반은 날로 심해졌습니다. 드디어 이명박 정권의 첫 번 심판인 4·29 재·보선에서 한나라당과 이명박 대통령에게는 한 석도 못 건지는 5대 0의 비참한 전패(全敗)를 국민은 안겨주었습니다. 이명박 정권의 가장 큰 복병은 젊은 층의 반이(反李) 정서입니다. 또한, 이명박 대통령의 구상이라야 30~40년은 족히 뒤떨어진 것이어서, 새로운 기상(氣像)으로 하늘을 날며 세계를 누비는 우리 젊은이들을 끌어내려 운하 토목공사에나 몰아넣으려는 것이었습니다. 이에 이명박 대통령이 아무리 멋을 부려도 젊은 층에게 그분은 전혀 자기들과는 관련 없는 사람이거나 오히려 반이(反李) 라인에 가담하거나 심지어는 북한에 편향하는 좌경이 안성맞춤이었습니다. 지금도 그렇고 앞으로도 그럴 것입니다. 지금 젊은이들에게는 일자리 몇 개 더 만들어 준다고 이명박 대통령을 지지할 거라고 생각하면 큰 오산입니다. 지금 젊은이들이 정말 일자리가 없어서 방황하느냐 하면 그런 면도 없지 않지만, 그 핵심은 그것이 아닙니다. 왜냐하면 이른바 기피 일자리는 그리 어렵지 않게 얻을 수 있기 때문입니다. 그들은 이론적으로는 잘 모르지만 그보다는 훨씬 앞지른 문화선상의 세대임을 느끼고 있기에 거기에 걸맞는 일, 머리를 쓰는 일을 원합니다. 다시 말해 크건 작건 손발로 하더라도 아이디어와 결부된 것이어야 직성이 풀리는 것입니다. 이명박 대통령은 그 사고방식이 몹시 후향적인 것을 전향적으로 착각, 오만에 차 안하무인이 된 셈입니다. 어쩌면 이런 면에서 구제불능일지도 모릅니다. 나는 이 점을 우려하여 작년 정부 수립 60주년 기념사업회의 청와대

회의 때, 이 점에 대통령이 유념해 줄 것을 건의했습니다. 그분의 능력으로는 물론 못 알아들을 수밖에 없다는 것이 여실히 드러났습니다. 그 후 얼마 안가, 미래기획위원회를 만들어 자기 측근의 논공식 인사라는 사회적 큰 물의를 빚었습니다. 미래기획위원회는 젊은이들이 그 핵심인데도 젊은이라야 언저리 신세밖에 안 되는 계획서를 내놓는 것을 보고 놀랐습니다.

사태가 그러했기에 이번 노무현 전 대통령 자살과 국민장을 계기로 그동안 이명박 대통령을 떠났던 민심은 반이(反李) 쪽으로 급류를 탔으며 특히 젊은 층이 그 주류를 이루다시피 했습니다. 지난 해 5-6월에는 아주 잘못된 정치로 그 좋은 밀월기를 촛불시위로 극심한 국론 분열을 일으키며 국민의 그 소중한 염원을 다 부셔먹더니 금년 5-6월에는 국민장을 계기로 더 많은 군중이 반이(反李) 라인을 형성하여 좌경 야당과 합심하여 두고두고 이명박 대통령을 옥죌 것입니다. 이에 앞으로 1년간 이명박 대통령은 그런 늪에서 헤어나기 어려울 것입니다. 그렇게 2-3년이 흐르면, 이명박 대통령의 시기는 끝난 것이나 마찬가지입니다. 그럴 경우, 그렇게도 절대적으로 밀어준 민의의 배신감은 이만저만이 아닐 것입니다. 이렇게 이명박 대통령은 그 좁디좁은 협량(狹量)으로 자기만 큰 상처를 입는 것이 아니라 그 뒤를 이어가는 사람들의 앞길을 아예 망쳐놓는 것입니다. 이번 노무현 전 대통령의 자살과 국민장을 계기로 이명박 대통령의 인기도는 40% 초반에서 20%대 중반으로, 한나라당은 30%대 중반에서 20%대 중반으로, 10%대 초반만을 계속 맴돌던 민주당은 20%대 중후반으로 껑충 뛰었다니 망령(亡靈)이 세상을 마구 뒤흔드는 꼴이 됐었습니다. 큰 수뢰 혐의로 검찰 조사를 받던 전직 대통령이 자살을 하니 언론도 민의도 가신 분을 진시황을 연상케 할 만큼 대 제왕으로 우러른 것입니다. 민의(民意) 또한 마구 곤두박질이니 이 또한 극히 비정상인 듯 싶으나 민심이 워낙 이명박 대통령에게서 떠나 있었기에 이해가 가기도 합니다. 그러나 이번 사건을 계기로 민의도 언론도 깊은 자성(自省)을 요구받고 있습니다. 아무리 수십만 명이 조문에 열광적이었어도 그보다 훨씬 많은, 침묵의 다수가 있던 것으로 보입니다. 그렇다고 그 이명박과 한나라당을 떠난 민심이 되돌아올 리는 만무하고 엉뚱한 곳으로 치달을 가능성이 크기에 앞날이 몹시 불안합니다. 극히 아쉬운 것은 노무현 전 대통령은 국민의 운명을 짊어지는 대통령직을 맡았던 사람인 만큼, 더 나아가 국민의 고통을 한 몸에 지고 국민의 자살을 막아야 할 처지에 있던 사람으로서 개인의 고통이 자신의 심신을 짓누른다고 자살로 문제를 해결해서는 안 될 것이었습니다. 아무리 어려운 일을 만나도 살아 정정당당하게 책임질 것은 지고 아닌 것은 아니고 국가적으로 잘한 것은 잘한 것으로 세상에 다 밝혔어야 했습니다. 저는 천주교의 한 성직자로서 또 이 시대를 사는 한 지성으로서 자살은 그 누구든 반대입니다.

세상만사는 더도 말고 덜도 말고 분수에 알맞은 것, 즉 모든 것은 한 만큼, 다시 말해 잘한 것은 잘한 대로 잘못한 것은 잘못한 대로 평가되어야 한다는 평가의 잣대가 이번 사태를 계기로 우리에게 경종을 울립니다. 그러면서도 이 시점은 우리 모두에게 상대를 존중하는 마음가짐이 절실히 요청되는 덕목이라는 점도 일깨워주는 시기로 생각합니다.

또 한 가지 차제에 다시 한 번 꼭 짚어야 할 점이 있습니다. 그것은 제가 이명박 대통령 취임 전에 단호히 공개적으로 말한 것입니다. 그것을 흔쾌히 이행만 했어도 국민의 마음을 상당 부분 이명박 대통령은 자기편에 잡아두었을 것입니다. 그것은 살 집 외에 모든 것을 사회에 환원하겠다던 선거 공약입니다. 지난 일 년간 국민, 특히 젊은이들이 실직으로 실의에 차 길거리를 헤매고 학생들은 등록금이 없어 학업을 포기하거나 중단 상태에서 필사의 노력을 하는데 이명박 대통령은 언제 그런 공약이 있었냐는 야바위식 처신으로 민심 돌리기에는 애시 당초 틀린 마음으로 국민의 뇌리에 각인된 것입니다. 그렇기에 그런 위선(僞善)성으로 이명박 대통령은 항간 여인들의 구설수에 오르내리는 것입니다. 떠난 민심은 덕치(德治)로만 쉽게 되돌려 올 수 있습니다. 대통령과 고관대작들은 받을 것 다 받고 챙길 것 다 챙기며 날마다 국사(國事)라는 미명으로 호화판 외유를 즐기는데 국민의 심사가 편할 수 있겠습니까. 그런 비용은 국민이 피를 토하며 낸 혈세가 아닙니까. 국민이 다 모르고 있고 잊고 있는 것 같아도 말을 안 할 뿐 떠난 민심은 기회가 되면 행동으로 표시한다는 것을 이명박 대통령과 청와대, 정부와 여당은 명심해야 할 것입니다. 이명박 대통령은 위선이라는 말을 공개적으로 듣기 전에 할 수 있는 공약을 실천해야 할 것입니다.

그렇기에 북 편향 공산 아류 사회주의를 막기 위해 이명박 대통령 당선에 큰 공헌을 한 어떤 학자 분은 이명박 통치 하에 벌어지는 저간의 사태를 직시하며 그런 사람을 대통령으로 뽑은 것에 심한 자괴심을 느낀다기에 저는 그래도 역행적 좌경은 막은 것으로 위로를 삼자는 말씀을 드린 적이 있습니다.

이석우_ 또 한 가지 우리 현안 중대 문제에 대해 말씀을 듣고 싶습니다. 녹색 성장의 문제입니다. 정 몬시뇰께서는 이 문제에 대해서는 하느님의 창조경륜이라든가 인류의 문화사 흐름이라는 관점에서 일반인들이 보지 못하는 면이 있을 것 같은데 한 말씀 부탁드립니다.

정 몬시뇰_ 이 문제는 이 시대를 사는 사람 누구에게나 긴요한 문제입니다. 사계의 전문가들에서 순박한 한 촌부에 이르기까지 말씀입니다.

우리나라는 정부 주도로 제창된 "녹색성장"에 온 국민이 적극 동참하여 "녹색성장" 선진국이 되었으면 합니다. 아마도 이 분야는 아직 인류가 걸음마 단계에도 들어서지 못하지 않았나 생각됩니다. 왜냐하면 하느님의 창조계획은 인간 삶의 보금자리로 이 지구상에 녹색천지를 만들어 주었기에 인간은 녹색 자연의 품에서 나고 그런 자연의 혜택 속에서 숨 쉬며 살다가, 즉 먹고 마시고 뛰놀고 자라며 어른이 되어서는 그런 녹색 자연에서 일하며 자식 낳고 키우며 풍부한 혜택을 받으며 살다가 모체인 녹색 자연으로 돌아가는 것입니다. 그런 인간이건만 인간은 문명이란 이름으로 자신의 안락과 탐욕, 쾌락을 위해 자연을 마구 훼손하거나 더 심하게는 파괴하는 행위를 서슴지 않아 반 자연, 반 녹색의 삶을 자행하기에 이르렀습니다. 이런 인간은 드디어 자연의 고갈과 자연의 보복을 유발하여, 인간에게 온갖 병폐와 불편과 생존의 위기까지 조성하기에 이르렀습니다. 이제 인간의 지성과 양식(良識)은 인간 생명의 모태이며 젖줄인 자연의 녹색성장 문화를 창출하고자 안간 힘을 쓰는 단계에 접어들었습니다. 그것은 그리스도교적 입장에서 보면 창조주가 부여한 피조물의 본 모습을 보존하며 지켜 더 풍요롭게 하는 것입니다. 어떤 의미로는 창조된 본모습의 복원뿐만이 아니라 재창조라고도 할 수 있습니다. 단적으로 말해 하느님은 인간을 통해 창조 사업을 계속하고 있습니다. 이런 창조의 진화로 인간은 어쩌면 본래의 창조 때보다 더 아름다운 녹색 자연과 더 높은 단계의 자연을 이루어 낼 수도 있을 것입니다. 이렇게 인간은 잘못을 계기로 오히려 하느님의 모습으로서 더 높은 단계의 능력을 드러내게 됩니다. 다시 말해 인간은 창조된 인간 본연상과 삶을 자연과 우주를 매개로 더 높은 단계에서 발휘하는 문화 단계에 도달한 것입니다.

이런 면에 착안하여 선진국에서는 벌써 수십 년 전부터 부단한 노력을 기울여 괄목할 만한 성과를 거두고 있습니다. 이제 우리도 늦게나마 이점에 착안하여 노력을 기울인다니 천만다행입니다. 우리는 이제 "녹색성장"에서 단도직입(單刀直入)적으로 실상을 그대로 짚어 인적·물적·시간적·정신적 낭비와 실패를 최소화해야 할 것입니다. 이런 문제의 지식적 기술적 구체적 사항들은 사계 전문가의 몫이겠습니다. 우리는 녹색성장을 계기로 창조주가 부여한 태양열, 풍력(風力), 해조수력(海潮水力), 지열(地熱), 청정 공기와 창공, 녹색 세계가 내부 깊숙이 지니고 있는 무한대의 능력, 광대무변의 우주의 능력 등을 개발하고 이용할 것이기에 지금까지 상상도 못했던 세계와 마주치게 되었습니다. 그리하여 지금까지의 실망이나 절망을 넘어 희망찬 인류의 미래를 보는 것입니다. 이런 것이 제대로 잘 이루어지려면, 창조주가 부여한 대로의 인간의 순수성과 성실성이 요구됩니다.

요즘 녹색운동을 위해 자전거 타기가 인기를 끌고 있습니다. 참으로 좋은 현상입니다. 자전거 타기는 정신과 신체 건강에 좋고, 청정 환경에 좋고, 이 어려운 경제 난국에 큰 도움을 주는 것이기에 좋습니다. 그렇기에 그런 운동을 벌써 1990년대에 대대적으로 일으킨 〈조선일보〉와 거기에 호응하여 동참한 많은 국민에게 새삼 감사의 마음을 갖게 됩니다. 이런 운동은 정부와 자치 지방단체들의 적극적 후원이 필요한데 그렇지 못해 바람직한 정도의 유종의 미를 거두지 못한 것은 유감스러운 일입니다. 여기서 우리는 근자에 일어난 정부 주도의, 더 구체적으로는 이명박 대통령의 둔치에서 자전거 타기로 녹색성장의 기치를 든 것도 좋은 일이었다고 생각합니다. 앞으로 정부는 자전거 타기 민간 운동을 적극 지원하여 유종의 미를 거두게 되기를 기대합니다.

오늘날 세계 흐름 속에서 우리에게 절실히 필요한 것은 이명박 대통령이 녹색성장의 유관 기업들과 직접적으로 머리를 맞대고 녹색성장을 독려하며 직접적인 지원이라고 생각했습니다. 이명박 대통령의 신바람 나는 자전거 타기 광경을 보는 저에게는 까마득하게 잊혔던 현장의 기억이 뇌리에 불현듯 떠올랐습니다. 사실 신바람 나는 자전거 타기는 독일의 경우, 제2차 세계대전 패전 후, 라인 강의 기적이라고 세계를 놀라게 한 독일의 경제 대도약 시기였습니다. 즉 1950년대에 전 독일은 자전거의 물결로 출렁거렸습니다. 중국만 해도 자유세계에 문호 개방으로 경제발전에 눈뜨던 1990년대 대도시들은 자전거가 홍수를 이루었습니다. 오늘과 같이 속도전 시대에 아침마다 먼 거리를 드나들며 분초를 다투는 직장인들에게, 또 많고 적은 또는 크고 작은 물량의 신속 운반 시대에 페달식 자전거로만은 한계가 있습니다. 이런저런 점들을 다 고려하여 이번 자전거 타기가 국민의 실생활 면에서 일회성 이벤트가 아니고 큰 성공을 거두기를 바랍니다.

모처럼 좋은 아이디어로써 녹색성장을 국가적 사업으로 선정했으니 이명박 대통령은 세계문화사의 흐름을 간파하여 앞서가는 아이디어로 고부가 가치를 창출하는 데 온갖 생각과 노력을 집중해 주었으면 합니다. 이번 녹색성장 정책으로 이명박 대통령은 자기에서 떠나간 젊은이들의 민심을 되돌려올 기회를 맞이한 것입니다. 이렇게 하여 우수한 젊은이들을 아이디어 산업으로 흡수하기 시작하면 젊은이들 사회의 분위기가 형성되어 좌경화는 그 힘을 잃게 될 것입니다. 민심을 되돌린다고 무슨 쇄신이다 어쩌다 하지만 그런 말을 한두 번 들었습니까. 문제는 앞으로 분초를 다투어 전진하는 세계 문화 속에서 기업인들이, 국민이, 특히 젊은이들이 바로 이것이다 하는 새로운 세계를 제시한다면 민의는 돌아오지 말라고 해도 돌아올 것입니다. 지금 이명박 대통령은 국민의 큰 반발과 혼란을 거듭할 4대강 살리기보다는 녹색 성장 아이디어 산업에, 특히 젊은 층의 특출한 아이디어 창출의 인프라 구축에 전력투구하면 민심은 돌아올 것입니다.

지금 4대강 개발에 크게 반발하는 근본적 이유는 MB에 대한 근본적 불신이 국민 마음에 깔려있기 때문입니다. 지금 많은 식자와 국민이 4대강 사업을 상당히 부정적인 시각으로 대하고 있는 근본적 이유는 MB의 4대강 개발에 대한 준비와 지식이 극히 피상적이었다는 것입니다. 또한, 저간의 인사와 행정이 극히 편파적이고 끼리끼리였던 데 대한 반응으로 생각되며 무엇보다 중요한 요인은 인류문화사의 흐름을 전혀 인지(認知)하기는커녕 감지(感知)조차 하지 못하고 있는 데 있습니다. 그런데도 무턱대고 사업을 착수한다니 눈앞에 얼쩡거리는 것만 볼 뿐, 발 밑에 묘혈이 파지고 있다는 데는 전혀 감각이 없는 것 같습니다. 계속 전개될 강력한 반대 움직임을 어떻게 다 감당할 것인가, 앞으로 종교계까지 대대적으로 가담할 기세이니 이런 낭패를 어찌 다 감당할 것인가, 무엇인가 좀 이룬 것이 있다면, 우익 정부라면 어느 정부나 이룰 한·미 동맹 복원, 경제라야 우리의 우수한 기업들과 국민의 우수한 두뇌와 근면으로 이루어지는 것이니 어떤 우익 정부라도 바보가 아닌 이상 그 정도는 다 이룰 것이 아니겠는가라는 점에 MB는 긴히 유의하고, 지금 그 정도의 성과로 자화자찬 하지 말라는 것입니다. 그런데 제가 다른 데서 말한 것과 같이 후한 점수를 준다고 해도 떠나간 민의가 전과 같이 되돌아오기는 아예 콧대가 꺾인 것 같습니다. 지금 우리 젊은이들은 어느 나라도 따라오지 못하는 번뜩이는 아이디어로 세계를 누빌 수 있는데도 그것 하나 제대로 간수하지 못하는 대통령에게 무슨 큰 기대를 걸 수 있겠습니까.

이제라도 다급히 아이디어 산업단지 조성의 위업을 이루어 아이디어

차원에서 고부가 가치의 녹색성장을 이루어야 할 것입니다. 녹색성장 분야는 그 범위가 인간, 아니 인류의 전 생활권에 미치기에 가히 무한대의 아이디어를 요구할 것입니다. 또한, 아직 세계에 걸쳐 그 아이디어나 기술 분야가 간신히 시작 단계라고 해도 이 방면의 아이디어만으로도 한국은 부(富)로 넘쳐날 것입니다. 모든 기술, 특히 무슨 최첨단 기술개발을 운운하는데 최첨단 기술은 고도의 새로운 아이디어의 산물이니 아이디어 산출에 뛰어난 우리 젊은이들을 고급 아이디어 역군으로 양성하는 것이 세계를 제압하는 가장 효과적인 정책입니다. 새로운 아이디어 없이 무슨 최첨단 기술 창출이란 말인가 말씀입니다. 앞으로의 세계에서 선·후진과 우열 판가름의 절대 기준과 인류 공헌도는 결국 두뇌 싸움에서, 다시 말해 우주와 자연, 인간 삶의 모든 분야에 걸친 새로운 좋은 아이디어 창출에서, 특히 젊은이들의 새로운 아이디어 창출에서 결정날 것입니다. 사실 일본은 벌써 이런 면에 착안하여 아이디어에서 크게 앞서 녹색성장에서 공해 없는 하이브리드 카 제작에 대성공하여, 수년 내에 세계 시장을 석권할 것입니다. 우리 산업 전선은 대통령이 말하기 전, 벌써 여러 해 전부터 전기 배터리의 뛰어난 아이디어로 기술을 개발, "녹색성장"의 사계 미국 시장과 선진국 시장의 큰 부분을 점령한다는 소식입니다. 물론 저는 이런 아이디어 산업에, 특히 젊은이들의 아이디어 산업에 관한 말은 직접 이명박 대통령에게도 전했고 최측근 요직인 한승수 총리에게도 소상히 전했습니다. 한 총리는 충분히 알아듣고 어떤 면에서 움직인 것으로 짐작하고 있습니다. 그분은 그후 디자인의 메카 밀라노 시장을 만났는데 밀라노가 온 이탈리아를 먹여 살리더라는 말씀이었습니다. 우리의 유관 기관들을 통해서도 조사해 보았는데 젊은이들의 수많은 놀라운 아이디어들이 수집됐다는 것이었습니다. 근자에는 인천시와 밀라노시가 공동으로 디자인 공동사업을 인천시 영종도 자유무역 구역에서 한다는 후문이니 한승수 총리의 노력의 결정(結晶)인가 싶어 반가웠습니다. 사실 프랑스의 세계적 자랑, 화장품도 한국 젊은 여성들의 기호에 맞으면 세계 어디나 통한다고 하고 영국의 스카치위스키나 버버리도 한국 젊은이들 기호에 맞으면 세계에 그대로 통한다고 하지 않습니까. 그렇기에 그런 브랜드의 최첨단 시험장이 서울이란 말이 퍼져있는 것이 아닙니까.

사실 저는 근일 어떤 유력지[50]에 "여대생 에디슨"이란 제목의 한 여학생의 발명 제품 100개, 특허출원 70개, 아이디어 노트만 20권이란 실화를 보고 놀랐습니다. 그런데도 우리 젊은이들은 어른들, 특히 인식 부족의 대통령과 제왕적 권위 앞에 엎드려 조아리는 고관대작들을 모시기에 뼈 빠지게 일만하고 호의호식하고, 자기들의 고관 월급 한 푼 손해 보지 않는데도 꼬박 꼬박 세금으로 그들의 배를 불려 주고 호화 외유를 일삼게 하는 것이 아니겠습니까. 나는 아직도 이명박 대통령이 투표민들의 바람에 걸맞는 대통령이기를 바라는 마음입니다. 그러나 지금까지의 그의 행적을 보아 이제 산지사방으로 민심이반을 가속화시키기에 그런 기대는 아예 거두는 것이 좋을 것 같이 생각됩니다.

저는 2003년 1월에 (이명박 대통령의 서울 시장 시절) 어떤 일로 서울대교구 염수정 주교님과 다른 성직자 한 분과 함께 이 시장을 만난 적이 있습니다. 그때가 바로 청계천 개발에 시동이 걸린 때라 청계천 개발의 초보적인 설계도 몇 장을 보여 주며 열의에 차고 비교적 소상한 설명을 들었습니다. 설명을 듣고 나서 저는 대충 다음과 같은 것을 물었

---

50 〈조선일보〉 2009년 6월 6일 A9면.

습니다. 말씀하시는 것은 당시 복개된 청계천을 다 뜯어고치는 데 순전히 물질적 건설일 뿐 문화적 측면이 없으니 그것은 결국 얼마 안 가 지금 구상하는 새 청계천을 또 뜯어 고쳐야 한다는 결과가 될 것이라는 내용이었습니다. 다시 말해 어린이들이 더위에 물장구나 치고 중로들이 청계천 물에 발이나 담그는 것(물론 이런 것도 그 자체로는 가치가 있지만)으로는 매우 부족하다는 뜻이었습니다. 그것은 그때 헐어내는 청계천 복개 공사가 1950년대 초반에 이루어질 때, 말할 수 없는 시민들의 호응을 받았지만 그런 호응은 불편하고 불결하기조차 했습니다. 이는 장마 때의 청계천의 정리에 대한 물질적 건설에 대한 호응뿐이었기에 오늘(2003년)에는 그런 복개를 서슴없이 다 뜯어내는 것 아니냐고 했습니다. 아이러니하게도 또 물질적 건설만으로 물줄기 흐르는 강을 만들겠다고 합니다. 지난날의 전철을 밟아 그런 건설에 또 다시 문화의 뒷받침이 없기에 어느 날 헐어야 한다는 말이 나올 수도 있다고 했습니다. 그랬더니 당시 이 시장님은 문화가 무엇이냐기에 사람은 영혼과 육신으로 되어 있지 않느냐고 반문했습니다. 그리고 문화를 결여한 물질적 건설은 영혼이 떠난 육체와 같다고 했습니다. 즉 그런 육체는 이제 더는 사람이 아니고 시체이기에 땅에 묻어버리는 것과 같이 문화가 없는 물질적 건설은 그런 운명을 맞게 된다고 했습니다. 이런 설명은 즉시 이 시장의 마음에 와 닿은 듯 그로부터 그분의 화두에는 '문화'라는 단어가 수없이 묻어 다니는 것을 들을 수 있었습니다. 나는 자세히 모르고 별로 관심도 없었지만 청계천 공사에서 강 밑바닥이 시멘트로 뒤덮였다니 이것이 사실이라면 극히 반 자연적이라고 생각하여 강 밑바닥을 자연 상태인 흙바닥으로 되돌려 놓아야 한다고 생각합니다. 그뿐만 아니라, 이조 5백 년 영욕(榮辱)을 고스란히 간직한 청계천을 그런 식의 물질적 개조와 건설 일변도로 해야겠느냐고 했습니다.

예를 들어 옛날의 돌 하나 나무 하나도 물질적 건설에 앞세우는 문화 보존의 귀재인 로마인이나 파리인, 이집트인들이라면 그렇게 하겠느냐는 큰 물음과 회의를 던졌지만 모든 것을 부수고 눈에 번쩍하는 물질적 건설에 혼백이 젖은 이 시장께 그런 것은 문제도 되지 않는 상 싶었습니다. 그래도 그런 면담 후, 청계천 공사에는 이 시장이 역사문화적 면에 신경을 많이 쓴다는 후문이었습니다. 그러면서 나도 모르는 사이에 내 입에서 예언적인 말이 튕겨 나왔습니다. 그것은 제16대 대통령 선출 대선에서의 뜻밖의 거의 무명인사에게 당한 패배와 총선에서의 참패 후였기 때문이었습니다. 나는 나도 모르는 사이에 직설적으로 말했습니다. 이 시장은 청계천을 강처럼 물이 흐르게 하고 광화문에서 시청 앞까지 대로의 폭을 대대적으로 확장하여 시민들을 거닐게 한다며 청계천 개발과 더불어 시청 앞 광장을 크게 개조한다는 것이었습니다. 아주 자신 만만하고 의기 충천하는 것이었습니다. 나는 그런 경우 그런 폭넓은 세종로를 광화문에서 시청 앞까지 행진하고 활보할 사람들은 그 당시 분위기로 보아 좌경한 젊은이들인데 그들이 청계천에서의 군중과 시청 앞에서 합류하고 더 갈 길이 없으면 인간 홍수로 역류하여 시청으로 쳐들어가 먼저 시장실을 부수지 않겠느냐고 했습니다. 그러자 이 시장의 얼굴이 어두워지며 굳어지는 것을 느낄 수 있었습니다. 이런 발언은 지난 해 5-6월에 있은 시청 앞 광장과 청계천 촛불시위에서 성난 군중, 특히 젊은이들이 이명박 대통령 하야를 외치며 이번에는 시장실이 아닌 청와대로 노도와 같이 밀려들려는 것을 보고 스스로 놀란 적이 있습니다.

이석우_ 다른 문제 하나를 묻고 싶습니다. 정 몬시뇰께서는 지난해에 민간단체인 국민원로회의 고문도 되셨고 이명박 대통령이 위촉하는 건국 60주년 기념사업위원회 고문을 지내셨습니다. 또한, 금년 초, 즉 지난 3월에는 이명박 대통령 위촉의 국민원로회의 위원도 되셨습니다. 이에 대해 정 몬시뇰께서는 그동안의 경위와 앞으로의 전망에 대해 말씀해 주시고 얼마 전에 이명박 대통령의 종교 지도자 초청회식 간담회에 대해서도 설왕설래가 많았으니 고견을 들려주셨으면 합니다.

정 몬시뇰_ 첫째 문제와 둘째 문제는 저와 직접 관련 되는 문제이니 직접적으로 저의 소신을 말씀드리고 끝 문제는 제가 보는 견해를 극히 제한된 범위에서 말씀드리겠습니다.

첫 번째 문제, 즉 지난해 건국 60주년 기념사업위원회 고문에 대통령 명의로 추대된 것은 저의 유럽 여행 중의 일이었습니다. 서울대교구장 정진석 추기경님이 당신의 몫인 것에 저를 추천한 것으로 후에 알게 되었습니다. 저는 귀국 후 대통령의 위촉장이 와 있기에 그런 고문이 된 것을 알았습니다. 그 후 한 번은 총리 공관에서, 또 한 번은 청와대에서 회의를 했는데 청와대 회의는 규모를 넓게 잡아 진정한 의미의 국민원로들의 고견을 듣는 자리라는 실질적 분위기는 어디에도 없었습니다. 그저 짜여진 각본에 따라 말하자면 "옳소" 식의 거수기거나 침묵의 들러리 회의라는 인상이었습니다. 그럴 때마다 물론 개중에는 뼈대 있는 말씀들이 있었으나 한마디씩 하셔야 직성이 풀리는 분들의 판에 박힌 듯한 주변 이야기가 대종을 이루는 정도로 느껴졌습니다. 그래서 저는 준비했던 원고를 이명박 대통령에게 직접 드렸는데 대통령은 다른 나의 의견들도 다 읽고 있다며 그 원고를 직접 안주머니에 넣으며 꼭 읽겠다고 말씀하셨습니다. 그 후 얼마 안가 대통령 직속의 "미래기획위원회"가 발족했습니다. 그 위원장은 개인 논공행상의 임명이라 비난하는 유력 언론들의 글들을 읽었습니다. 아니나 다를까 미래에 대한 『가슴 설레는 나라』, 『이명박 대통령의 비전』이라는 부제가 붙은 책자 한 권을 받았습니다. 좋은 필자들의 글이 담긴 것이었으나 그 편집 방향에서 젊은이들은 완전히 언저리 신세라는 것을 보고 놀랐습니다. 제가 대통령에게 드린 원고에는 청년이 핵심이기에 젊은이들이 언저리로 밀려난 논공행상식 정책은 큰 우환을 불러올 것이라는 점을 명백히 밝혔습니다. 그런데도 미래기획위원회가 젊은이들을 언저리에 세워 놓고 무엇을 하는 미래기획위원회냐는 힐난을 면치 못할 것이라는 생각이 들었습니다. 지난 우리 독립사와 6·25때 100만 목숨을 바쳐 오늘날 자유 민주 한국의 기초를 놓은 젊은이들, 그리고 오늘날 경제발전의 피와 땀의 밑거름이 되어준 베트남전에서의 수만 젊은이들의 숭고한 생명 희생, 불치의 부상병들, 나아가 사우디 열사에서 피땀을 흘리며 달러를 벌어 조국에 송금한 수많은 젊은이들, 파독 광부와 간호원들의 눈물겨운 애국애족심의 결정(結晶)으로 오늘을 이루었는데 그들의 숭고한 생명 희생과 피눈물은 온데간데 없었습니다. 원로 분들의 호사 식사와, 간혹 경청할 만한 말씀들이 있기는 하지만 지난날의 말씀들이나 과거 지향적 회고담이었습니다. 물론 그것들이 좋기는 하지만 앞으로 이 땅의 운명을 짊어져야 하고 세계를 휘어잡고 하늘을, 미래를, 세계를 나는 젊은이들이 중심에 없는 그런 위원회가 무슨 의미가 있나 하고 생각하기에 이르렀습니다. 그렇기에 실망이 컸지만 금년 3월에 국민원로회의 위원의 위촉 제안이 왔을 때, 망설이다가 밖에서 비판하며 제안할 것이 아니라 먼저 그 안으로 들어가 할 말을 하는 것이 도리라고 생각하여 수락했습니다.

지난 3월 22일 이명박 대통령 주최의 첫 회의를 청와대에서 가졌으나 전과 다를 바 없는 회의이기에 아예 이런 회의보다는 공개적으로 정부 시책과 사회 현실에 대해 직접 국민에게 호소하는 것이 더 효과적이고 떳떳하겠다 싶어 지난 5월 25일 총리 공관 회의에는 불참을 통고했습니다. 그런데 공교롭게도 5월 23일 토요일에 노 전 대통령의 투신자살로 정국이 말할 수 없는 혼란의 수렁에 빠져드는데도 그 이틀 후인 25일 월요일에 원로회의를 했다는 후문이었습니다. 정부가 진정 원로들의 고견을 귀담아 듣는다면 두 말 할 것 없이 회의를 미루어 노 전 대통령 자살로 큰 폭풍에 빠져든 정국의 혼돈상을 지켜보며 사태를 어떻게 수습할 것인지를 논했어야 했었습니다. 그런데 그런 인간 쓰나미의 정체가 나타나기 시작한 초기에 부랴부랴 회의를 해치우는 것을 볼 때, 그런 회의의 성격이 어떤 것인지는 불문가지로 생각했습니다. 그런 회의를 주관하는 부서가 미래기획위원회이니 더욱 아쉬움이 큽니다.

마지막 문제인 근일 있은 이명박 대통령의 종교 지도자들과 간담회 문제는 천주교 측에서는 잘 처리한 것으로 생각합니다. 천주교 측의 최고 상징인 정진석 추기경도 아니고 주교회의 의장도 아닌 타종교와의 관련 책임자인 광주대교구 보좌 주교인 김희중 주교님이 참석하게 된 것은 잘한 일입니다. 물론 김희중 주교님은 앞이 촉망되는 젊은 주교님이니 그만하면 교회의 체면을 세운 것이고 이명박 정부의 들러리 종교지도자 회의에는 예를 갖춘 것이 되기 때문입니다. 그리고 불교 측에서는 조계종 총무원장님이 불참하셨다니 좋은 말씀을 많이 하였겠으나 실은 맥 빠진 것이 아니었을까 생각합니다. 그나마 이명박 대통령의 그릇이나 기질로 보아 들러리식 일회용, 선전용 회의이기 일쑤였을 것인데도 어떤 실효를 거둔 회의였기 바랍니다.

이석우_ 이번 제주에서 열린 아시아 10개국 정상회의는 몬시뇰님이 근년에 힘주어 말하던 바와 일맥상통한 점이 있는 것 같은데 이에 대한 견해도 말씀해 주시면 합니다. 또 한 가지는 이번 16일 워싱턴에서 한·미 정상회의가 열렸습니다. 그것에 대한 견해를 요약해 주십시오.

정 몬시뇰_ 그렇습니다. 이번 아시아 10개국 제주 정상회의는 매우 의미 있는 것이어서 이명박 대통령에게 후한 점수를 주어야 할 것으로 생각합니다. 지난해 9월 미국 월가 경제 파탄으로 표면화된 세계 문화의 새로운 흐름이 아시아로 옮겨올 것이 자명합니다. 특히 앞으로의 경제구조는 그 소비 형태에서 빈국에서 중진국으로, 중진국에서 선진국으로 발전할 때, 무서운 양적·질적 소비를 할 터인데 그것은 아시아의 몫이 될 것입니다. 아시아는 지구상의 가장 큰 대륙이고 가장 많은 인구를 내포하며 가장 오랜 종교와 문화, 사상의 발상지입니다. 또한, 수륙(水陸)에 걸쳐 가장 풍부한 자원을 갖고 있습니다. 아시아인의 정서와 문화는 자연을 모태로 생각하는 자연 사랑의 깊은 정을 담고 있습니다. 이 지대가 소비 지향으로 나타나기 시작할 때, 놀라운 우리나라 부의 축적 기회도 젊은이들의 활동 무대도 될 것입니다. 한국은 단시간 내에 최빈국에서 10대 경제대국을 바라보는 노하우를 갖고 있어 아시아 제국의 모범이며 강력한 견인차 역할을 하게 될 것입니다. 이런 논조가 그동안 십년 내리 저의 지론이었는데 마침 이번에 이명박 대통령이 그것의 인프라를 깐 셈이어서 흐뭇합니다.

거기 더해 특기할 한 가지 사항은 한국이 아시아 봉사단 일만 명을 파견한다는 것입니다. 이런 안도 저는 지난해 하반기부터 집요하게 요로에 건의한 것입니다. 우리 젊은이들의 뛰어난 아이디어를 사업단지화로 육성할 수 없다면, 적어도 케네디 대통령의 위대한 안목으로 1960년대에 위대한 미국, 전 세계를 책임질 젊은이들의 평화봉사단을 창설한 것과 같이 우리 젊은이들이 세계를 누비는 기구를 창설할 것을 간곡히 요청하였습니다. 드디어 그런 소망이 성취되는 것 같아 매우 기쁩니다. 한 가지 제안하고 싶은 것은 아시아 각국이 앞으로 무서운 기세로 발전할 것이니 그 지대지대의 발전을 앞서가면서 이끌어갈 아이디어 교육을 봉사단 젊은이들에게 먼저 실시하여 파견의 효율을 극대화 하라는 것입니다.

갑자기 제기된 한·미 회담 내용과 앞으로의 문제점에 대해 간략히 몇 말씀 드리겠습니다. 최선도 아니고 그렇다고 잘못한 것도 아닌, 중간 정도의 성과입니다. 이번 양국 정상회담의 내용을 보면 겉으로 화려한 외화(外華)에 비해 내용이 좀 더 알찬 현실적인 것이었으면 하는 감을 지울 수 없습니다. 단적으로 말해 지난날 장관급 회담에서 이루어진 것들을 정상회담이라는 최상급 회담으로 확인해 준 것이지 새로 획기적으로 얻어낸 것이란 별로 눈에 띄지 않습니다. 미국은 나름으로 실리를 챙긴 감입니다. 우선 전 정권 시기 한국이 엇나갔기에 애 먹던 것이 일거에 사라졌고 오바마 대통령은 FTA 비준에서도 자동차 문제 등을 짚고 있기에 우리가 무턱대고 반대할 수 없는 입장입니다. 북한의 연거푼 핵 개발과 미사일 실험으로 한반도 앞날에 어두운 그림자를 드리우니 한반도의 평화와 국민의 생명 안전, 재산보호에 대한 불안을 불식시키기 위해 미국의 방위 공약, 더 근본적으로는 핵우산 약속은, 벌써 받은 것이지만 정상이 재확인하였으니 의미가 적지 않습니다. 그밖에 북한 위협에 대한 국제 공조와, 먼 훗날의 일이기에 선언적 정도의 선언이지만 자유민주주의와 시장경제 체제로 평화통일을 다짐한 것 등도 의미가 있습니다. 북한의 인권 문제를 양국 정상이 강경한 어조로 비난한 것은 큰 의미를 갖는다고 생각합니다. 북핵 전면 폐기 다짐은 아주 중대한 의미가 있습니다. 문제는 실천입니다. 북한은 어림도 없는 잠꼬대라고 생각하고 있을 것입니다. 오바마 대통령이 북한에 환멸을 느껴 강경으로 급선회 했다고는 하지만 국회 등 민주당의 온건파들이 언젠가는 다시 들고 일어나고 국제 정세도 겹쳐 북·미 대화와 미국의 양보가 있을지는 지난날에 비추어 예측하기 어렵습니다. 거기 더해 이명박 대통령이 북한을 뺀 5자 회담을 강력히 제안했지만, 중국의 적극적 역할 없이는 시작조차 하기 어려울 것입니다. 중국은 일본, 한국 등의 핵무기 개발을 염려해 어느 정도 노력하겠지만, 결국은 국제 세력 관계에서 북한 편일 수밖에 없습니다. 저는 이 점에 대해 처음부터 끝까지 같은 확신입니다. 그렇기에 전작권 전환 문제를 원점으로 돌려놓고 평화적 핵연료 처리 문제를 찾아 왔으면 이번 정상회담은 이명박 외교의 큰 성과로 내외로 인정될 것이나 그렇지 못한 것이 큰 아쉬움으로 남기에 앞으로 계속 이 점에 힘을 기울여 주기 바랍니다.

이석우_ 또 한 가지 문제는 지금 전국 여러 대학에서 불고 있는 교수들, 특히 젊은 층의 "시국선언문" 문제입니다. 이 땅의 위기 때마다 교수 선언문이 큰 역할을 하였습니다. 이번 교수들의 "시국선언문 문제"를 어떻게 생각합니까?

정 몬시뇰_ 이명박 대통령 시기 들어 참으로 이상한 현상이 속출하고 있습니다. 분열이 안 되는 분야가 없습니다. 이명박 대통령은 절대적 국민의 호응을 업고 출발했습니다. 그러나 옹졸한 패거리 정치로 사상 초유라 할 수 있는 그 좋은 밀월기를 깡그리 파국으로 몰고가 민의를 완전히 상실했기에 이 땅의 모든 분야가 갈라졌습니다. 심지어는 대학의 교수사회에 이르기까지 말입니다. 그런 현상이 이 사회 곳곳에서 굉음을 내며 분열과 갈등을 증폭시키며 밑도 끝도 모를 수렁으로 이 나라가 빠져들고 있습니다.

지난날 대학교수들의 시국선언은 민주조국의 운명이 풍전등화일 때, 교수들은 일치단결되고 전 국민의 절대적 호응 속에 이루어졌기에 값진 것이었습니다. 그것은 또한 그렇게 되어야 할 인류의 문화 흐름 선상에서 이루어졌기에 국가의 새로운 역사를 이루는 동력이 되었습니다. 이 나라 운명을 좌우하는 고비마다 교수들의 일치된 시국선언은 분명히 국운을 좌우하는 난국을 해결하였을 뿐만 아니라 새로운 역사를 창조했습니다. 그 대표적인 예가 4·19 사태였습니다. 교수들이 민주함성을 지르며 길거리에서 산화해 가는 학생들의 대열에 합류한 것입니다. 백발이 성성한 노교수들과 그 뒤를 잇는 중진과 젊은 교수들의 가두행진이었습니다. 간단히 말해 교수들의 권위와 행동은 곧 국민의 의사요 행동지표였습니다. 그런 전통을 갖는 우리 교수단이 시국관으로 조각이나, 어찌 말하면 학생들은 갈 길은 찾기 어렵게 되고 일반시민들은 옥석을 가리기 어려운 처지로 오히려 교수들의 노출되는 상반된 시국관으로 국론 분열과 사회 혼란을 가중시키는 형국이 되었습니다. 이런 오늘날 상황의 근본 원인은 이명박 대통령의 시대 흐름에 대한 무식과 편파적 인사정책과 얄팍하고 전무하다 할 정치력에 기인하는 것입니다. 이런 국가의 비상한 시기에 말썽도 많았고 병도 많았던 4대강 개발을 많은 국민이 위장술로 의혹의 눈길을 보내는데 최종적 결정이니 뭐니 소동을 피우며 그동안 잠잠했던 반대여론에 다시 불을 지르고 있는 상황입니다. 이런 대통령과 정부가 필요한가의 자학적 회자도 머지않아 등장하지 말라는 법도 없습니다. 문제는 날이 갈수록 혼란과 분열이 심상치 않게 전개되고 있다는 점입니다. 먼저 일부에서 몹시 걱정하고 있는 바와 같이 교수진이나 무게 있는 단체들이 지나가도 한참 지난, 또 우리 국민이 지난 대선에서 절대적으로 배척한 그런 의념에로의 복귀라면 절대 실패할 것이란 점을 (성명도 좋고 논설도 좋고) 분명히 해야 할 것입니다. 이른바 정치 386세대 식의 사고와 행동방식에서 완전히 벗어나 인류사가 전체적으로 지향하는 문화 선상에서 사상과 행동을 표현해야 할 것입니다. 이 시점에서 무엇보다도 중요한 것은 교수들의 다양하면서도 일치된 모습입니다. 지금처럼 교수진이 분열과 갈등을 일으켜 혼란을 조성한다면, 이런 단체들은 그 존재부터 의심을 사게 돼 국민에게 외면당할 것입니다. 이런 면에서 지난날의 국가 위기 때와 비슷하게 노년과 중진 교수들의 역할이 커야 할 것입니다. 지금 표면화된 교수들은 다 일부에 지나지 않고 건전한 침묵의 다수가 건재해 있다고 믿기에 이 나라 국민은 안심하고 있는 것입니다. 고귀한 시국선언이라면 환영해야 할 것입니다. 특히 교수 선언문들은 자타가 공인하고 국민이 그들의 학문적 업적과 인격으로 교수들에게 존경과 혜택을 주는 데에 부응해야 할 것입니다. 그렇지 못하고 어느 정파에 치우치거나 요즘 일부에서 구설수가 되는 바와 같이 지난날 정치 386세대와 결부되어 있다면 잘못되는 것이며 조만간 그 실체가 들어나 국민의 지탄의 대상이 될 수 있을 것입니다. 그것은 지난번 민의가 대선에서 명백히 드러난 바와 같이 386 정치세대에 대한 근본적이며 전면적 거부였기 때문입니다. 시국선언을 할 만큼 시국이, 오늘의 제1 야당이 주장하는 바와 같이 국가가 중대 국면에 접어들었다면 온 국민이 호응할 것이나 현 상황을 임시적 거품이라고 생각하는 침묵의 국민이 많은 것으로 생각되기에 교수들이라도 임시적 거품에 편승했다가는 머지않아 크게 난처하게 될 수도 있을 것입니다. 시국선언을 하려면 정치세력과는 불편부당(不偏不黨)하게 학문적 기초에서 인류문화사의 흐름 속에서 국민 대다수가 납득할 확고한 신념 하에 이루어져야 합니다. 그런 시국선언이라면 매우 값진 것이겠습니다. 그렇지 못하다면 자신들의 단견과 편협으로 결국 국민의 지탄의 대상이 되어 몰락을 자초하는 결과가 될 것입니다. 특히 지금 그런 시국선언문의 옥석을 가리기는 아주 쉽게 되어있습니다. 그것은 지금 세계 양심의 지탄을 받고 있으며 대한민국 국민의 생명을 직접 위협하는 북핵 개발을 규탄하느냐 않느냐와 인권 동토지대에 대한 언급이 있느냐 없느냐로 국민은 판단할 것이기 때문입니다.

다음으로 언론 자유를 말살시키는 비민주적 인물이라는 비난도 그 규준은 간단할 것입니다. 전 노무현 대통령 시절, 이른바 사회주의적 색채를 띠는 4대 개혁법 중 언론 규제법과 말기의 언론 대못질에 반대했느냐부터 물어야 하고 그런 것들에 대해 반기를 들었다면 현 언론 정책에 대해 말할 자격이 있겠습니다만, 그렇지 못하고 침묵에 동조했다면 말할 자격조차 없습니다. 지금 언론의 자유는 지나온 정권 중 어느 정권 때보다도 적지 않은 것으로 생각합니다. 신문이나 방송에서 이 정부 시기만큼 마음대로 비판, 견책할 수 있는 정권은 별로 없었던 것으로 생각합니다. 다만 지금 추진하고 있는 언론법에 독소 조항이 있느냐는 면밀히 검토해야 할 것입니다. 이 점에서는 양심적 교수들이나 언론인들의 자유분방한 토론이 필요할 것입니다. 이런 문제에서 이명박 대통령은 왜 그리 정정당당하지 못한가는 큰 문제입니다. 방송통신위원회장 임명에 MB가 논공행상이라고 큰 물의를 빚은 바도 있으니 말입니다. 결국 혼란의 근원을 깊이 짚으면 이 대통령의 협소하기 그지없는 아량에서 모든 분열의 씨앗이 자라난 것입니다. 그때 자기 측근이 아닌 중립적 인사를 임명했다면 지금과 같은 심각한 반발은 없었을 것이고 그런 제3의 인물은 큰 완화 작용을 할 수 있었을 것입니다.

어찌되었건 교수들은 학문하는 분들로서 진정 각자의 양심과 학자적 입장에서 시국선언을 했을 것이니 이 기회에 다른 견해의 교수님들과 같이 한 단계 높은 차원에서 소통을 이룰 수 있으면 하는 것이 저의 바람입니다.

이석우_ 지금 부지불식(不知不識) 간에 온 국민의 마음을 짓누르고 있는 근래에 있은 북핵 개발 2차 폭발 실험과 UN 안보리에 결의안, 한·미 양국의 긴밀한 제제 방안에 대해 요점적으로 말씀해 주십시오.

정 몬시뇰_ 지난번 4월 11일 대담 때도 이 문제에 대해 언급했습니다. 그러나 그 사이 북핵 2차 폭파 실험이 있어 논란이 더해갔습니다. UN을 위시하여 한·미·일은 물론 중국, 러시아, 아시아 국가들 사이에서도 그 심각성을 더해가고 있습니다. 단적으로 말한다면, 북한은 핵을 포기하지 않을 것입니다. 지금까지의 모든 회담이나 양보는 진짜 양보가 아니고 실리를 더 챙기기 위한 위장된 양보였습니다. 그런 양보로 미국이나 한국, 일본 등으로부터 많은 원조를 챙기면서 그런 시기에도 비밀리에 핵실험을 계속하고 있었다는 것이 드러났습니다. 그뿐만 아니라 북한 당국이 그런 것을 공언하는 것이 아닙니까. 북한 당국의 입장에서는 그것이 정의요, 당당한 자위 수단이고 신격화 김일성 주석의 남한 적화통일의 가장 좋은 수단이기에 당연한 것입니다. 그렇기에 그들은 그들의 절대 지침인 노동당 강령에 적화통일을 명시하고 있습니다. 그것은 고수하여 실천해야 하는 절대 명제인 것입니다. 다만 그것을 이루지 못하는 것은 상대방, 즉 한반도에서 그들의 물리적 힘이 남한과 미군 측에 밀리기 때문일 뿐이라는 데 유의할 필요가 있습니다. 그것은 지난날의 그들의 행적을 보아 알고도 남습니다. UN 안보리 결의안 따위도 그들에게는 우습게 보일 것입니다. 그 이유인즉, 그들은 UN군을 상대로 3년간 치열한 전투를 하여 무승부, 저쪽에서는 승리로 간주하는 경험이 있기 때문입니다. 또한, UN사와 판문점에서

50년 이상 회의로 미국을 골탕 먹이고 어떻게 하면 미국이 지쳐 자기들의 요청을 관철시킬 수 있는지의 노하우도 충분히 갖고 있기 때문입니다. 그렇기에 그동안 '핵 개발 포기'라는 명목으로 미국을 위시하여 한국, 일본으로부터 막대한 원조를 받은 것입니다. 근일 지상에 발표되는 바로는 김대중, 노무현 정권이 북한에 퍼부은 현찰만으로도 북핵 개발은 물론, 선군(先軍)화, 대륙간 유도탄 미사일 개발을 충분히 할 수 있었다는 것입니다. 그리고 핵 개발에 성공하고 나면, 상대 특히 남한 정권과 국민을 계속 압박할 것이며 필요할 때는 무력침공도 불사하고 적화통일로 사태를 몰고 갈 것입니다. 이런 목적 달성을 위해 북한 당국은 수단과 방법을 가리지 않는 것입니다. 그런 행보가 한동안 신포 개발 계획이었고 제네바 회담이었습니다. 근자에는 6자회담이었지만 번번이 자기들의 계획이 달성되면 한국에 막대한 대가를 요구하는 것입니다. 그러니 그들에게는 자신의 목적 달성, 즉 적화통일 위해서는 약속이나 협정 등 그 어느 것도 유효한 것이 없습니다. 다만, 더 큰 힘에 부딪쳐 어쩔 수 없을 때만 두발 전진을 위해 한 발 물러설 뿐입니다. 고려연방제 낮은 단계에서 김대중 대통령과 합의했으나 그것은 적화통일로의 첫발에 불과합니다. 그런 적화통일도 남한의 돈으로 하는 것입니다. 그것이 지난 십년간 잘 먹혀 들어간 저들의 승리 만면의 전술이었습니다. 그렇게 남한에서 퍼부은 막대한 자금으로 탱크, 비행기, 함정, 심지어는 자동차도 못 움직이는 고사 직전 상태에서 선군의 막강한 화력과 육·해·공군의 막강한 군력 증강과 핵 개발까지 성공시켰습니다. 이제 그런 군력으로 서울을 불바다로 남한 괴뢰 소탕이라는 위협으로 나올 것입니다. 그러나 이쪽에 천우신조가 있어 더 이상 종북 퍼주기 정권이 쓰러지니 저쪽이 약이 오르고 광적인 위협으로 나올 수밖에 없습니다. 다행히도 이 점에서 이명박 정권은 흐트러진

한 · 미 동맹 관계를 공고히 하며 북측에 제자리로 돌아가라는 강경한 입장을 취하고 있는 것은, MB 정권이 잘 하는 일이라고 치부해야 할 것입니다. 이 점에서 노무현 정권이 망가트려 국민에게 말할 수 없는 불안과 경제적 고통, 일단 유사시 수많은 젊은이의 생명을 앗아가고 국토를 초토화 하는 위기를 벗어나기 위해, 앞에서 말한 바와 같이 "전시작전 통제권" 전환을 원상으로 복원해 놓고 "평화적 핵 주권"을 인정받는다면, 이명박 대통령은 큰일을 한 것입니다. 그렇지 못하다면 어느 우익 정권이라도 할 수 있는 일을 했다는 정도입니다. 특히 이 대목에서 분명히 한 가지를 짚고 넘어 가야 할 것은 "경제 원조" 문제입니다. 금강산에서의 자국민 피살 사건과 막대한 자산의 몰수 상태를 이명박 정부가 흐지부지 시키고 있는 것은 매우 잘못하는 것입니다. 언론이 떠들면 하는 척하고 언론이 잠잠하면 제 국민이 피살되건 재산이 몰수되건 자기가 철석같이 한 공약도 언제 그런 일이 있었느냐 식입니다. 일을 그렇게 하니 개성공단에서 대한민국 국민 유 모씨가 쥐도 새도 모르게 납치되어 행방조차 묘연하게 되었습니다. 그래도 다행한 것은 요즘 벌어지는 개성공단 문제에서 MB가 제대로 대응하고 있는 것입니다.

앞으로의 전망을 점쳐 본다면, 북한 김정일 정권은 강경 군부세력에 엎일 것이고 군부를 사상교육 측면에서 견제하며 살얼음 같은 세습 체계를 지탱할 것입니다. 그러나 내부 권력 투쟁으로 심각한 홍역을 짧지 않은 기간 동안, 치러야 할 것입니다. 그동안 김정일 위원장의 병세가 악화되면, 자칫 군부의 손에 정권이 넘어가 남한에 불장난을 칠 위험이 크겠으나 미국과의 동맹관계가 건실한 한 그리 쉽게 덤비지는 못할 것입니다. 그것은 6 · 25 때, 미군의 참전으로 혼쭐이 날 대로 난 경험이 있기 때문입니다. 군이 장악할 경우, 민심의 극한 동요를 오랜 시간 막을 수 없게 될 것입니다. 그런 남북관계 해결의 핵심은 시간을 최대한 끄는 것입니다. 북한과 같은 힘의 논리에는 더 큰 힘으로 누르고 있어야 할 것입니다. 그렇기에 국방과 한·미 관계에 조금도 소홀함이 있어서는 안 됩니다. 제일 확실하고 빠른 길은 북한의 젊은이들을 가능한 한 많이 자유세계로 이끌어내는 것입니다. 돈이 많이 들더라도, 심지어는 학자금 등을 대주면서, 혹은 교환 학생으로라도 자유세계로 이끌어 내야 합니다. 젊음이란 동서고금을 막론하고 새로운 것, 더 발전된 것, 더 자유로운 것에 대한 매력을 지닐 수밖에 없으며 그것이 천성이기 때문입니다. 동구 공산권이 도미노 현상으로 무너져 내릴 때도 그 근저에는 이런 과정이 그 밑바탕이었습니다. 한마디로 북한은 어차피 붕괴될 것인데 다만 시간의 장단의 문제입니다. 그것도 그리 먼 날의 일이 아닐 것이니 그 대처 방안에서 유연하면서도 강력한 것, 돕는 자답게 의연하면서도 권위 있게 대처해야 할 것입니다. 다급한 문제는 개성공단 문제입니다. 북한이 자기들이 원하는 이익이 보장되면, 그동안 공단을 통제하면서도 놓아둘 것입니다. 아닌 경우에는 언제든지 빈손을 털고 나오거나 더 우심하게는 많은 남한 사람들이 잡힐 수 있다는 것을 항상 염두에 두고 일을 처리해 가야 할 것입니다.

이석우_ 끝으로 모든 국민의 관심사이며 결국 현실적으로 모든 국민이 부딪쳐야 할 현 여당 한나라당과 제1 야당인 민주당의 근황에 대한 소감 한 말씀 부탁드립니다.

정 몬시뇰_ 위 말씀들 중에서 여당인 한나라당이 얼마나 엉망인지는 언중유골(言中有骨)로 잘 드러났다고 생각합니다. 물론 여기서 당이라 하는 것은 이명박 대통령을 포함해서 드리는 말씀입니다. 미국의 예를 들면, 닉슨과 케네디 각축전에서 공화당이 패해, 지리멸렬 상태에 빠졌을 때, 닉슨이 공화당의 분열상을 추스르며 다시 대통령 권좌에 오르는 쾌거를 이루었습니다. 그렇지만, 당시 워터게이트 사건으로 권좌에서 쫓겨나는 등의 비운으로 공화당의 장기간의 지리멸렬 상을 다시 추스르며 경제 호황을 일으킨 레이건 대통령은 우리 시대에 보기 드문 명 정치가로 평가받고 있습니다. 한마디로 대통령은 여당을 지휘할 능력이 있어야 합니다. 그런데 이명박 대통령은 무슨 통뼈인지 당은 저리 가라입니다. 혹은 항간에 파다한 소문과 같이 CEO 전제독재형(型)이서 그런지 도무지 그의 말이나 시정(施政)이 당에는 불통인 듯합니다. 당은 또 그 이상의 무능과 안일, 지리멸렬일 수는 없습니다. 대선에서는 사상 초유의 530여 만 표의 압승을 안겨 주었습니다. 총선에서는 170석의 거대 야당을 만들어 주었는데도 80여 석의 야당에 질질 끌려 다니며 민생 의안 하나 제대로 처리하지 못하니 민심이 떠날 수밖에 없습니다. 그런 거대 여당인데도 날마다 계파 싸움에만 능사일 뿐, 일다운 일은 한 건도 하지 못하는, 그야말로 세금만 수없이 축내는 격입니다. 이러니 국민은 지난 4 · 29 첫 번째 재 · 보궐 선거에서 5대 0의 참패를 안겨준 것입니다. 더 나아가 이번 노 전 대통령 투신자살 국민장에서는 상당수의 국민이 제1 야당 민주당 쪽으로 움직였습니다. 드디어 사회조사에서 야당이 장기간의 10%대 초반의 국민지지율을 벗어나 여당을 앞지르기에 이르렀습니다. 사태가 그런데도 여당은 권력과 자리에만 연연하는 꼴이니 이 나라의 앞날이 어둡기만 합니다. 이런 상태를 계속하면 한나라당은 자폭으로 사라지라는 국민적 저항에 부딪치게 될 수도 있습니다. 무엇보다도 이명박 대통령의 큰 실책은 좌경 세력, 특히 정치 386 좌경 세력을 더 기승하게 살려놓은 것입니다.

제1 야당 또한 모순과 자가당착 투성이입니다. 국회의원이 아니라 길거리 선동꾼처럼 행동하니 세상에 이런 국회의원도 있구나 하고 세계를 놀라게 하는 것입니다. 그런 민주당은 인류문화의 흐름과는 동떨어진, 공산·사회주의 잔재인 북한에 종북(從北) 내지 속북(屬北)의 범주를 벗어나지 못하니 민주 국민이 배척할 것은 당연합니다. 이번 노무현 전 대통령의 사별과 국민장으로 기고만장 하는 듯 노무현 대통령의 유지(遺志)를 따라 정치를 한다고 야단법석이니 이 또한 가관입니다. 왜냐하면 민주당의 전신인 열린우리당 시절, 선거 때마다 연패를 거듭하니 창당주인 그 당시 노무현 현직 대통령을 탈당으로까지 몰고 간 이들이었습니다. 그런데 이제야 그 유지를 받들어 정치 대업을 이룬다고 하니 요사스럽기 그지없습니다. 그런 풍토는 선거에서 다시 참패하면, 유지란 것도 슬금슬금 거두어버릴 것입니다. 유지를 들먹일 바에는 유지의 결실인 유업(遺業)을 계승한다는 것이 더 정확할 것입니다. 국민이 전직 대통령으로서 그 가심을 정중히 모시는 것은 지극히 당연하지만 그렇다고 그의 정치적 잘못까지 다 받아들인다는 것은 아니라는 점을 명심해야 할 것입니다. "누구도 원망하지 마라"라는 유언으로 초탈한 심정으로 떠난 듯한 노 전 대통령을 싸움 정치판으로 다시 등장시키는 것이기에 그런 유지 운운이 진정으로 가신 대통령을 위하는 것일까는 다시 심사숙고할 문제이겠습니다. 그분의 유지를 받들어 정치를 한다고 하면, 어차피 여당과의 정치 싸움에서 그분에게 욕되는 말도 마구 쏟아질 것입니다. 그렇게 되면 그분의 퇴임을 앞두고 이른바 언론 대못질, 이북 퍼주기 대못질, 시대를 잘 못 만나 사멸한 좌경에로의 역주행적 사상 등도 다 재론되어 정치 논쟁화가 될 수밖에 없습니다. 실제 잘못된 업적은 다 덮어 두고 유지만을 계승하여 위대한 정치를 구현한다는 구호처럼 허무맹랑한 정치 쇼는 없다는 정적의 비난을 면치 못할 것입니다.

저는 노 전 대통령의 초기 정치적 순수성은 인정하고 정경유착의 큰 고리를 끊은 것은 인정합니다. 그러나 그분의 뒤떨어진 역주행적 좌경 이념은 앞으로 설 자리가 어디에도 없을 것입니다. 특히 그분이 청렴의 화신인 듯 보였던 도덕성은 아들의 거액부정 수수 구설수, 허드슨 강변 호화 별장 구입 구설수로 노무현 전 대통령이 알고 몰랐음과는 관계없이 그의 청렴성, 도덕성은 땅에 떨어져 그분을 자살로까지 몰고 간 것입니다. 그의 열정이었던 "부자의 부를 거두어 빈민을 잘 살게 하겠다"던 그의 무지한 좌경 사상은 벌써 무덤에 묻힌 지가 수십 년인 셈입니다. 현실은 그분의 이상과는 상관없이 오히려 빈부의 격차만 벌어지게 만들었고 많은 중산층을 빈민층으로 내몰았습니다. 그분의 초기 열성을 담은 4대 개혁법을 해당 분야에서는 4대 악법이 되어 임기 내내 그분을 옥죄는 굴레가 되었음은 세상이 다 아는 일입니다. 저더러 말하라고 한다면 그분의 열성은 가히 칭찬할 만하지만, 시대와 환경을 잘못 타고나 결국 그의 무지와 만용으로 불운한 대통령이 되었습니다. 무엇보다도 아쉬운 것은 그렇게 투신자살로 생을 마감하지 말고 정정 당당하게 사실을 사실대로 끝까지 밝히고, 책임질 것은 지고, 아닌 것은 아닌 것으로 당당했으면 하는 아쉬움입니다.

특히 노무현 전 대통령 정치 생명의 연장이라 할 수 있는 민주당은 그의 유지를 받들어서 그런 모양입니다. 이는 3천 년대 인류문화사에 있을 수 없는 것으로 인권은 전무(全無)하고, 동토 지대이자 인류 생명 멸종의 흉악인 무기 핵탄 개발에 전력을 기울이는 북한 정권에 침묵, 친북 내지 종북 자세이니 그런 정당을 인류 양심과 국민이 허용하겠습니까. 민주당은 정책의 근본적인 변혁을 가져오지 않는 한, 인류 양심과 민주국민의 지지를 기대하기 어려울 것입니다.

여당도 야당도 제구실을 못하니 국민만 큰 손해를 겪으며 큰 혼란에 빠지게 되었습니다. 그렇기에 벌써 지난 4 · 29 선거에서 민의가 반영한 것처럼, 다음 선거인 금년 10월 국회의원 재 · 보선과 내년 지방 선거에서는 현재의 여당도 야당도 아닌 우익 무소속을 선택할 가능성이 높아지는 것입니다. 그런 우익들이 다시 모여 진정한 모습의 민주 정당이 이루어져야 하지 않을까 하는 생각이 국민 사이에 퍼질 가능성이 높습니다.

이석우_ 끝으로 한 가지만 더 묻겠습니다. 이명박 대통령이 지난 16일 미국 정상회담 차 떠나기 전에 귀국 후에 큰 변화가 있을 것으로 국민이 기대하고 있었습니다. 그런데 정작 돌아온 후에는 청와대 비서관들이 "국정 기조의 변화도 개각도 없다. 지금은 많은 말을 듣고 있는 중이다"라고 하여 앞으로 정국이 많이 시끄러울 것 같습니다. 몬시뇰께서는 이 점에 대해 어떻게 생각하시며 앞으로 해결책은 어떤 것이라고 생각하십니까?

정 몬시뇰_ 저도 MB 방미 전에는 귀국 후 개각 등으로 그동안 노무현 전 대통령의 자살과 국민장 등으로 많이 혼란되었던 민심과 정국을 수습할 것으로 생각하고 있었습니다. 그런데 귀국하자마자 아무런 변화가 없으리라는 말이 비서진에게 흘러나오니 앞으로가 많이 걱정됩니다. 물론 MB 자신의 명확한 말을 들어 보아야 할 것입니다. 만일 청와대 측에서 나오는 말대로라면, 그동안에 있었던 국정 혼란과 큰 소동은 다 없었던 것으로 하겠다는 것처럼 보입니다. 전국이 노 전 대통령 조문으로 뒤덮였고 이명박 대통령의 인기 조사는 40% 초반에서 20% 대로 여당 지지도는 30% 초반에서 20%대 초반으로, 야당 민주당은 10% 초반을 계속 맴돌던 것이 20% 중반으로 치솟았습니다. 그런데도 정부는 전혀 그런 일련의 사건에는 개의치 않는다는 이야기입니다. 아마도 MB가 미국 환대에서 자기 외교가 대성공이라 생각하여 그러지 않나 하는 위구심도 드는데 만일 그렇다면 크게 잘못 생각하는 것입니다. 이번 방미가 어느 정도의 성과를 거두기는 했어도 그것이 그리 대단한 것은 아니고 지난날 장관급 등에서 이루어졌던 것들의 정상급에서의 확인이거나 새롭다면 극히 선언적이거나 제안의 해결책이 극히 불투명하거나 위구스러운 것들입니다. 가장 우리에게 필요한 전작권 전환 보류 같은 것은 엄두도 못낸 셈이기에 대단한 성과라 할 수는 없고 나름대로 좋았다고 할 정도입니다. 우익 정권 치고 지난날과 현 우리 상황에서 그만한 성과를 못 올릴 정부는 없을 것이란 점도 말씀드렸습니다. 일언이폐지(一言以蔽之)하고 언질을 준 것이라면 반드시 실행해야 합니다.

그렇지 않아도 이명박 대통령은 인사나 행정 전반에 걸쳐 국민으로부터 그 진실성과 공정성에서 의심받고 있는 터이니 이런 기회에 투명하게 모든 것을 국민 앞에 드러내 놓아야 합니다. 계속 문제가 될 노 전 대통령의 사인에 대한 책임은 이명박 대통령에게 있다고 야당과 시민 단체들이 야단입니다. 노 대통령 사건의 진상을 명명백백하게 드러내 놓는 것이 가장 좋은 해결책으로 생각됩니다.

지금은 국가 대사(大事)에 이르기까지 모든 것이 투명성의 시대이니 MB는 조금도 주저 없이 노무현 전 대통령의 수사 기록뿐만 아니라 관련 전모를 국민 앞에 소상히 밝히는 것이 이명박 정권의 최선의 방도일 것입니다. 그렇지 않고서는 의혹이 꼬리를 물게 되어 앞으로 국정 수행에 계속 큰 부담으로 작용할 것입니다. 어떤 계기에 지난번 촛불 시위와 같이 또는 이번의 노무현 전 대통령 자살 사건과도 같이 직 · 간접으로 반 이명박 폭발로 이어질 수도 있습니다. MB가 사건 전모를 있는 그대로 국민에게 알리고 책임지고 나설 때, 압도적 승리로 대선 승리를 안겨준 민의는 어느 정도 MB에게 되돌아 올 것입니다. 그렇지 않고 우물쭈물 하다가는 지난 두 번의 혼란과는 비교도 되지 않을 정도로 큰 민의의 이탈이 있을 수 있을 것입니다. 중요한 것은 사태를 있는 그대로 사실대로 국민 앞에 공개하여 민의를 따르는 것입니다. 그 방도는 그것이 특검이든 국회 조사 특위이든 혹은 또 다른 특위이든 사실의 진상을 있는 그대로 밝히면 될 것입니다.

저는 이승만 대통령 때부터 떠난 민심이 되돌아오는 것을 보지 못했습니다. 되돌아온 것 같았지만, 떠난 민심은 되돌아오지 않았다는 것이 이번 기회에 실증되었습니다. 특히 이번 노무현 전 대통령의 자살과 추모 국민장이 이명박 대통령에 대해 그런 것을 웅변으로 말해 줍니다. 이 때문에 저는 지난해 촛불시위 때 이명박 대통령은 죽어야 산다는 각오로, 또 하야의 심정으로 민심 되돌리기에 임해야 한다고 했습니다. 이번의 제2차 민심 이탈을 보며 저는 이제 이명박 대통령에게 민심이 돌아오기는 참으로 어렵겠구나 하는 생각마저 들었습니다. 근본은 이명박 대통령의 패거리 정치, 패거리 권력 나눠먹기 때문입니다. 이런 구태의연(舊態依然)하고 협소한 마음을 열기는커녕, 실제로는 더 좁힐 가능성이 이명박 대통령에게 크기 때문입니다. 이명박 대통령은 민심을 되돌리기 위해 무슨 일이 있더라도 그야말로 환골탈태(換骨奪胎), 심기일전(心機一轉), 완전히 새 마음과 새 정신으로 남은 기간 정사(政事)에 임해야 할 것입니다.

끝으로 "누구도 원망하지 마라"며 초연히 떠난 노무현 전 대통령의 유지를 따라 그분의 가심이 국민 화합과 조국 번영의 계기가 되기 바라는 마음 간절합니다. 다시 한 번 가신 분의 명복을 기도하는 바입니다.

5) 앞으로의 인류문화는 자연 복원과 존중[51]

아래와 같은 〈평화라디오〉 대담과 20일 〈조선일보〉 기사는 정곡을 찔러 국민에게는 폭넓은 공감을, 정계(政界)에는 큰 충격을 주었다는 후문입니다. 근자에 코펜하겐 UN 기후변화 회의에서 이른바 G77 후진국들의 강력한 반발로 별 성과를 거두지 못했습니다. 그 후, 다보스에서 이명박 대통령이 G20 의장국으로서 할 발표는 비중 있는 것일 수밖에 없습니다. 그렇기에 경제와 정치의 새로운 제도 창출과 새로운 방향 제시가 절실히 요구됩니다.

아래 방송은 사전에(2010년 1월 19일) 공표된 것입니다. 그래서 이명박 대통령의 다보스 연설문 작성 중으로 생각됩니다. 다보스에서 할 발표(2010년 1월 28일–현지) 내용은 G7 혹은 G8은 물론 지금까지 인식된 G20까지도 과감히 탈피하여, 경제와 정치의 세계적 새로운 틀을 짜는 데 좀 더 뼈대 있는 구상이 나왔으면 하는 바람입니다. 물론 그것은 당면한 세계적 경제와 정치 문제 해결을 전제하면서입니다. 그것은 또한, 하느님 창조경륜의 새로운 차원의 실현이고 인류사의 도도한 흐름입니다. 아직 시간이 많으니 인류문화사의 큰 흐름 속에서 진정 있어야 할 G20의 모습이 나타났으면 하는 기대입니다. 근년 저에게

---

51 〈평화라디오〉 인터뷰, 일시 : 2010년 1월 19일 오전 8시 20분-50분, 출연자: 정의채 몬시뇰(교황 명예고위성직자), 대담자: 이석우 〈평화방송〉 국장, 〈조선일보〉 기사: "한나라 엉망 내분 당내 수습 강력 촉구, 이명박 대통령은 자연복원, 자연존중 인류 새 문화에 눈떠야, G20의 태생과 사명, 운명, 진화를 알아들어야, 6·25는 세계 공산혁명을 파탄시켜 신자유주의 경제번영의 단초를 열었으며 자유세계에 한국에 대한 큰 빚을 안겼다."

비쳐지는 상념(想念)은 그렇게 될 수밖에 없는 하느님 창조이념의 실현 관점이기에 그 주안(主眼)점이 그대로 실현되는 것을 보게 됩니다.

이석우_ 정 몬시뇰 님은 국가 위기의 고비마다, 또 세계적 차원의 급변기에서 예언자적 발언으로 갈 길을 비추어 주었습니다. 그것은 시간 속에서 그대로 적중되어 실현되는 것으로 널리 알려져 있습니다. 지난해 말부터 시작된 사건들과 2010년 벽두부터 100년간 인류가 경험하지 못했던 기후의 혹한 대폭설을 위시하여 대 홍수 백만 난민, 그 중 20만 사망을 추정하는 아이티의 격진(激震) 대참사가 있었습니다. 국내적으로도 세종시 문제, 4대강 문제 등으로 밝히지 못한 일들이 속출하고 있습니다. 이런 저런 국내적 일들을, 그런 일들이 한 파장으로 일어나는 자연사(自然史)적, 인류문화사적 큰 테두리에서 짚어 주시고 우리가 당면하는 주요 문제 몇 가지를 밝혀 주셨으면 합니다. 그러므로 모든 사건의 뿌리가 되는 자연사적 · 인류문화사적 큰 흐름에 대해서는 뒤로 미루시고, 먼저 우리의 큰 문제로, 발등에 불로 떨어진 문제에 대해 먼저 말씀해 주십시오. 지난 14일 청와대 국민원로회의에도 참석하셨으니 논의된 것들에 대한 소감과 문제들에 대한 정 몬시뇰 님의 견해를 말씀해 주십시오.

정 몬시뇰_ 좋은 말씀 감사합니다. (2010년 1월)14일 청와대 국민원로 회의에서 이명박 대통령의 브리핑과 의견 교환으로 국가 현안에 대한 논의가 있었습니다. 먼저 총리실장이 주관하고 민관합동위가 만든 세종시 기업 교육기관 유치 안은, 안 자체로서는 잘된 것이었습니다. 그리고 원로 여러 위원께서 좋은 말씀을 하셨습니다. 발언하고 싶은 분들은 많고 시간이 제약돼 있는 상황에서 제 생각은 그 분들과는 다른 각도이기에 발언을 삼갔습니다. 발언의 주제는 단연 세종시 문제였습니다. 대부분의 발언이 이명박 대통령 수정안에 대한 찬동이었습니다.

내용은 국회가 여·야 합의로 결정한 정부기관 9부2처가 세종시로 이전하는 것은 매우 비효율적이니 차제에 그런 국회 결의를 백지화 하고 경제와 학문의 세계적 유수의 도시로 탈바꿈해야 한다는 것에 찬동하는 것이었습니다. 그와는 정반대 입장, 즉 원안 고수는 국회는 국민과의 약속을 지켜야 하는 것이고 그런 공약으로 이 정권이 탄생한 것이니 그런 신의를 지켜야 한다는 것인데 거기에 대한 찬성 의견은 없는 셈입니다.

이 문제는 본질적으로 국회의 문제입니다. 국회에서는 야권 전체와 여당의 큰 부분이 합류하여 원안 고수가 우세한 입장입니다. 정부가 수정안을 공식화 하고 여당은 거대 여당이지만, 큰 부분의 이탈로 단독으로는 수정안 통과가 불가능하니 국민 여론에 호소하여 원안 고수 세력을 압박하고 와해시켜 수정안을 관철시키겠다는 것입니다. 단적으로 말하면, 정부안은 결과에 그 핵심이 있고 원안 고수 쪽은 프로세스, 즉 과정에 핵심이 있다고 할 수 있습니다. 그런데 이 문제를 대의민주정치(代議民主政治) 체제이기에 국회에서 다수결로 해결해야만 합니다. 그 키를 쥐고 있는 박근혜 전 대표와 그를 중심으로 결속된 의원들이 원안 고수에 요지부동입니다. 문제의 핵심은 박근혜 의원의 충청도 여론이 바뀔지라도 원안을 관철하겠다는 결의 표명입니다. 그런데도 이명박 정부가 앞장서고 한쪽 날개를 잃어버린 불구의 여당이 당내 큰 부분의 이탈에는 그야말로 속수무책입니다. 또한, 정부의 시녀 모양새로 지방을 누비며 결정권이 없는 여론몰이에 동분서주니 참으로 보기에 안쓰럽습니다. 결국 야당 전체가 반기를 드는 와중에서 여당이 여당을 치며 다니는 추태가 되었습니다. 한편으로는 현 이명박 대통령과 여당은 자기들이 이 나라가 대의민주정치인데도 어찌 말하면 직접민주주의에, 그것도 지역을 찾아 지역민을 업고 반대 여당의원을 압박하는 모양새입니다. 결국 모든 결정은 국회에서 표결로 이루어집니다. 그런데 여당은 법적으로 아무 결정권이 없는 여론몰이에 전력투구하여 여당이 같은 여당을 옥죄어 압살하는 꼴이 되었습니다. 현 단계에서 이명박 대통령과 그 지지파인 여당은 밖으로 돌지 말고 무슨 수를 써서라도 당내에서 원안 고수파를 설득하여, 당론의 일치를 보아야 할 것입니다. 그러니 이명박 대통령과 여당은 집안에서는 엄두도 못 내고 밖으로만 빙빙 도는 꼴이 되었습니다. 동양의 지혜를 빌린다면, 한마디로 수신제가(修身齊家) 평천하(平天下)인데 집안도 못 다스리는 사람들이 천하를 다스리는 꼴이 되었습니다. 외부에 자기모순과 무능을 있는 대로 드러내니, 그들은 대의민주 정당정치를 맡을 사람들이 아님을 스스로 공표하는 꼴이 되었습니다. 물론 이명박 대통령과 여당의 지지그룹이 그렇게 민의에 호소하여 당 내 반대파들을 설득하여 대의민주정치를 하겠다는 변명을 한다면, 그럴 수도 있으나, 정정당당하지 못하고 궁색하기 짝이 없는 것이겠습니다.

또한, 원안 고수파에 대해 이명박 대통령이 국가 100년 대계를 생각하지 않고 정치 논리에 급급하니 안됐다는 식의 발언을 서슴지 않습니다. 이것 또한, 이명박 대통령의 사고에 문제가 있다는 평도 들을 수 있습니다. 그 이유인즉, 국회는 정당을 중심으로 정치하는 것이 본질이고 생명이기 때문입니다. 원안을 고수하든 포기하든, 다시 말해 투표권을 행사할 때 여당 내 수정파이건 원안 고수파이건, 또 야당이건, 정치인으로 하는 것이기에 그 표가 유효합니다.

언필칭 이명박 대통령은 백년대계 역사의식에서 원안을 포기하고 자기의 수정안을 받아들여야 한다는 것인데 글쎄올시다 입니다. 어떤 의미로든 서울 수도 정부기관 이전(移轉)은 이조(李朝) 5백 년 왕도와 서울 수도 6백 년의 이전 문제입니다. 그런데 백년대계가 아니고 3천 년대도 열렸으니 천년대계 정도의 안목으로 생각하고 말해야 할 것입니다. 이명박 대통령은 국격(國格)을 심심치 않게 말하는데 사람의 품위를 좌우하는 것은 언격(言格)이니 이명박 대통령은 깊은 내용을 담는 언격에 신경을 써주시면 합니다. 이명박 대통령과 여당에게 가장 중요한 것은 여당의 단합을 이루는 것입니다. 현 이명박 대통령과 여당은 그런 노력은 안하는지 못하는지 오히려 자기의 길을 가고 있는 당의 큰 부분을 점점 엇나가게 자극하는 일만 골라가며 하는 모양새입니다. 그러니 대선과 총선에서 선출해 준 유권자들의 의도와는 아주 다른 형태의 정부와 여당이라는 비난을 피할 길이 없게 되었습니다. 설령 여론몰이에 성공한다 해도 친박(親朴) 그룹이 변할 것 같지 않으니 결국만사는 허사가 될 것입니다. 그뿐만 아니라, 같은 당이면서도 당의 큰 부분을 이렇게 배신자 비슷하게 코너로 몰아넣는다면, 앞으로 당을 완전히 가르지 않을 수 없을 것입니다. 또한, 어떻게 소수 여당으로써 정권을 유지할 수 있을 것인지, 또 가르지 않고 견원지간(犬猿之間)으로 지낸다면 그런 여당이 어떻게 나라를 책임지는 정당 구실을 할지는 몹시 우려됩니다. 결국 이런 행태는 유권자들을 배신한다는 비난을 면치 못할 것입니다. 여기에서 꼭 짚고 넘어가야 할 것은 박근혜 전 대표도 대화에서 유연성을 가져야 한다는 점입니다. 사실 저는 이명박 대통령과는 공식 석상에서 몇 차례 만난 적이 있지만, 박근혜 전 대표와는 한 번도 대면한 적이 없기에 호·불호의 감정이 전혀 없습니다.

이석우_ 근일 들어 여·여 갈등은 도를 더해, 거침없이 분당 요구설이 친이와 친박 사이에 오가는 처지에 이르렀습니다. 얼마 전에는 친이계 정 모 소장 의원이 박근혜 전 대표를 공격해 물의를 일으켰습니다. 그리고 며칠 전에는 정몽준 당대표가 미생지신(尾生之信)이라는 중국 고어로 박근혜 전 대표를 공격

했습니다. 그리고 친이 홍 모 중진 의원이 친박의 분당을 요구하는 발언 등이 잇따르고 있습니다. 이런 난국에 몬시뇰께서는 국가의 원로로서 또 남다른 지혜로 국민이 공감할 방도를 말씀해 주시면 합니다. 또한, 결정적 계기를 만든다면 어떤 계기가 좋겠습니까.

정 몬시뇰_ 여·여 갈등으로 서로가 비난하며 당에서 나가라 들어가라는 식의 갈등에까지 이르렀다는 자체가 비극입니다. 저는 초대 대통령 이승만 정권 때부터 오늘에 이르기까지 수많은 여당사와 야당사를 보아 왔습니다. 그런데 집권 여당이 야당 면전에서 그런 추태를 연출하는 것을 본 기억이 없습니다. 우리는 계속 대통령 중심제이기에 대통령의 강력한 리더십으로 그런 기미가 혹시 보이면, 내부적으로 잠재우는 형태였습니다. 그런데 지금 현상은 특히 친이계에서 먼저 불집을 일으키는 모양새이고 그렇게 불이 나는 발화점이 이명박 대통령의 세종시 행정 중심 도시 국회원안 수정안에서 비롯됐습니다.

첫 번째 책임은 이명박 대통령에게 있어서, 이명박 대통령이 해결하는 것이 가장 좋습니다. 다음으로 그런 수정안을 받아들이지 않는다 해서 친박의 분당을 요구하는 분들의 짧은 의식에 있다고 봅니다. 사실 집권 한나라당의 분당 문제는 집권 한나라당이 마음대로, 다시 말해 어느 파벌이 다른 파벌을 따르지 않는다고 해서, 집권의 권력과 영광이 어느 계파의 전리품처럼 인식되거나 취급되서는 안 될 것입니다. 현 집권 한나라당은 극심한 좌경 전 정권에 혐오를 느낀 국민이 절대 지지를 보내 만들어 낸 작품이기에, 한나라당의 파벌이 마음대로 할 수 있는 것이 못됩니다. 지난 대선 때 국민이 한나라당에 압승을 안겨 준 것은 친이(親李) 친박(親朴)을 통틀어 밀어 준 것이기에 그리 간단히 서로 나가라 들어가라 하는 분당을 운위할 권한이 어느 쪽에도 없습니다. 그렇기에 분당 운위하는 분이 있다면, 그분이 먼저 당을 떠나야 할 것입니다. 지금 친이는 국민의 의사에 따라야 할 것이니, 투표를 통한 분명한 국민의 의사 표시가 중요합니다. 그것은 먼저 국회에서의 투표입니다. 그런 모든 것에 앞서, 여당은 당내에서 친이든, 친박이든 서로가 두 발 전진을 위해 한 발씩 양보하는 아량을 보여 일이 더 확대되지 않도록 수습하고 국회 차원에서 해결하는 것이 가장 좋을 것입니다.

그런데 현재는 친이·친박이 다 같이 감정적으로 예민한 때이니 우선 서로 냉철하게 반성할 시간적 여유를 갖는 것이 좋겠습니다. 그리고 다시 한 번 큰 여당답게 서로의 타협점을 모색하는 것이 좋겠습니다. 그 계기는 오는 6월에 있을 지방자치장 선거가 아주 좋은 계기가 될 것입니다. 어차피 그 선거에서 세종시 문제가 중요 문제로 떠오를 것이기 때문입니다. 그런 명백한 결과를 놓고 가부간의 최종 결정을 적법한 경로로 매듭 짓는 것이 성숙한 국가의 모습입니다. 물론 최종적으로 국민투표도 생각할 수 있지만, 그것은 어쩔 수 없는 최종 단계에서 고려하는 것이 좋을 것입니다. 국민투표까지 가기 전에도 여러 단계가 있으니, 그냥 비약적인 최종적인 방법보다는, 그 전 단계에서 국사를 매듭 짓는 것이 성숙한 선진형 국민상입니다. 저는 그 수많은 우리 선거사(選擧史)에서 혁명 등으로 공화국 형태가 바뀌며 헌법 자체를 근본적으로 손질하는 경우 외에 국민 투표로 문제를 처리한 것을 기억하지 못합니다.

이석우_ 혹시 외국에서는 이런 경우, 어떻게 하는지 범례가 있는지요?

정 몬시뇰_ 지금 우리와 꼭 같은 것은 아니지만 유형적으로 비슷한 예는 있습니다. 당이 내분에 휩싸여 위기를 만날 때, 미국은 슬기롭게 위기를 넘겨 당을 재결속하여 정권 재창출을 하였습니다. 그것은 지금 한나라당이 하는 것과 같이 당에 대한 외부적 압력으로 당을 수습하는 것이 아니라 내부적 결속 재 다짐으로 이룬 것입니다. 그 한 가지 예를 든다면 닉슨 대통령의 워터게이트 스캔들 하야와 더불어 공화당이 몰락의 위기를 맞았을 때, 레이건 대통령의 강력한 지도력으로 당을 내부에서 재결속시켜 정권 재창출에 성공하고 미국을 새로운 번영으로 이끌었던 것입니다. 그런데 이명박 대통령과 한나라당은 지금 외부에서 뛰며 같은 당 동지들을 무시하는 격전을 벌이는 양상입니다. 그들의 모습은 당 와해에 전력하는 것 같아 저는 좌경 정권 몰락과 전통적 민주 정권 창출에 노력한 사람으로서 참으로 안타까움을 금치 못합니다. 저는 평양 정권까지 통합할 시대(비록 몇 단계를 거치며 순리로 일어날 통일의 시기)를 염두에 두며, 평양은 워낙 비중이 크니 그때 가서 당시의 사정에 의해 행정 부처의 분산이 꼭 필요하다면 행정 부처 분산을 고려함이 마땅하다고 생각합니다. 그렇지만, 지금 국회의원 다수가 원안 고수를 고집한다면, 비효율적이고 막대한 경제적 손실이 수반될지라도 그대로 할 수밖에, 민주주의 원칙을 지키기 위해 달리 도리가 없다고 생각합니다. 그것이 대의 민주정치의 원칙이기 때문입니다. 이렇게 대의 민주정치 원칙을 지킴으로써, 가다가는 잘못 되는 일이 있을 수 있지만, 전체적으로는 민주주의 이행(履行)으로 크나큰 이익을 보게 되는 것입니다. 국회의 다수결로 큰 손실을 가져오는 경우, 여론적 압력으로 사퇴하게 되거나 다음 총선이나 대선에서 잘못된 것을 투표로 고쳐가는 것이 민주정치의 본질 구현이라고 생각합니다. 그러나 이번의 경우, 원안 고수 의원들을 여론몰이로 후퇴하거나 사퇴하게 할 가능성은 거의 없는 것으로 보입니다. 결국 이명박 대통령과 여당이 할 수 있는 것은 원안 고수의 박근혜 전 대표와 그의 동조자들을 자기들의 페이스로 끌어안아야 하는 것인데, 그것은 현 단계에서 거의 불가능한 일입니다. 무모한 수정안 강경 추진으로 치유할 수 없는 상처만 남게 되지 않을까 몹시 우려됩니다.

이석우_ 또 한 가지는 특혜 시비로 다른 지역들의 계속되는 반발이 예상됩니다.

정 몬시뇰_ 이 점은 수정안 실천 과정에서 계속 복잡미묘한 많은 문제를 제기할 것으로 보입니다. 지금 임시방편으로 특혜는 없는 것으로 말하지만, 그 지역에 대기업들이 투자하게 하는 정부의 각별한 유인책이 바로 특혜가 아니겠습니까. 또 정부가 그 많은 돈을 쏟아 부을 터인데 어찌 특혜가 아니겠습니까. 그뿐만 아니라, 정부가 기업에 제공할 세제 혜택을 비롯하여 제공하는 유리한 조건들이 특혜가 아니겠습니까. 기업들이 한 곳에 집중 투자하면 다른 곳에는 투자할 여력이 없을 것이니 이 또한 특혜가 아니겠습니까. 다른 지역들에도 세종시와 같이 기업들이 투자하도록 여건을 다 만들어 준다는 것이 정말 가능할지, 아마 그런 것을 믿는 사람은 거의 없지 않을까 싶습니다. 그러니까 그런 것은 시장경제 원리에서 풀어야 할 것인데 정부가 다급한 나머지 마구 약속을 난발하는 것이 아닌지 우려됩니다. 가장 무서운 것은 어떤 불공평을 느끼면, 다음 선거 때 전국적으로 치명적인 상처를 받을 수 있다는 것입니다.

이석우_ 서두에서 몬시뇰께서 언급하신 것인데 지금 지구는 자연사적 내지 인류문화사적 흐름 혹은 진화에서 놀라운 변혁을 일으키고 있습니다. 몬시뇰께서는 이런 진화에 대해 남다른 예언자적 식견을 갖고 있는 것으로 알려져 있습니다. 이 점에 대해 말씀해 주십시오. 먼저 몬시뇰께서 근자에 직접 새롭게 쓰기 시작한 인류문화사 진화에서 앞으로 표어로 등장할 "자연 복원"이란 용어에 대한 풀이를 해 주십시오.

정 몬시뇰_ 지금은 어떤 사건이든 직·간접으로 세계적인 차원과 연결되어 있습니다. 제게 인류사적 흐름의 정곡을 보는 안목이 있다면, 그것이 인문이든 자연이든 모든 발생사(發生事)를 하느님의 우주 창조 계획에서 보는 데 기인하는 것입니다. 그런 창조는 우주사(宇宙史)와 자연사, 인간 삶의 역사, 즉 인류문화사가 끊임없이 진화하도록 한 것입니다. 그 단적인 한 예가 지금 인류가 겪고 있는 급변, 돌변하는 기후 변화와 자연환경 변화입니다. 그것은 자연의 순리적 진화를 무시한 인간 편리와 안락, 축재욕, 탐욕이 일으켜 놓은 것입니다. 아직 정식 표어로 등장한 것은 아니지만, 인류문화를 새로운 차원으로 이끌 표어는 자연복원, 자연존중과 같은 것이 될 것입니다.

사실 제가 중학교 시절만 해도 자연에 대해서는 정복이란 말만 있던 것이, 식민지 영토 착취가 끝난 후, '자연개발, 국토개발'이란 미명으로 자연착취, 자연훼손 내지 자연파괴가 극에 달해 자연의 보복을 받게 되자, 자연친화라는 용어를 썼습니다. 이제 그런 용어만으로는 미흡한 점이 속속히 드러나게 되었습니다. 즉 그 용어를 빙자하여 자연착취와 파괴가 계속되기에, 더는 어쩔 수 없이 기후변화 협약이니 녹색성장이니 등의 움직임이 일어나게 된 것입니다. 그러나 경제 이해관계와 탐욕, 안락 추구에서 떠나지 못한 인간의 이기심과 우둔함으로 UN 기후변화 협약이 소기의 성과를 이루지 못한, 말하자면, 실패로 끝난 것입니다. 물론 이런 실패의 배후에 자리 잡은 이른바 선진국, 부국(富國) G7 혹은 G8에 항거하는 빈국(貧國)인 후진국들의 G77이 출현했습니다. 이런 G77은 부국이자 강국인 G7 주도를 파탄시키기에 이르렀습니다. 이렇게 하느님 창조 계획의 새로운 차원의 실천으로 자연은 인간을 제자리로 돌려놓고 빈국은 부국을, 즉 약자는 강자를 이리 끌고 저리 끄는 새로운 차원으로 진입했습니다. 그런 현상의 조그마한 단초가 그 철학적 내지 문화사적 배경의 이해 없는 UN 기후변화 협약 제기였습니다. 그것은 강대국들의 자기중심주의를 밑바탕으로 하는 협정 제기였기에 빈국들, 약소국들이 반발하고 좌초시킨 것입니다. 그것은 하느님의 자연과 인간 창조계획이 인간들로 하여금 자연의 품 속에서 더 이상 자연에 모반하지 말고 다 같이 공존(共存) 공영(共榮)하며 살아가라는 것이기 때문입니다. 이런 계획의 조그마한 단초적 표현 하나가 지난해 말, 실패로 끝난 코펜하겐의 "UN 기후변화 협약"을 위한 대대적인 세계 수뇌 모임이었습니다. 녹색성장도 그런 자연 복원으로 흐르는 인류문화사의 한 움직임입니다. 창조의지에 따라 어쩔 수 없이 인간은 이런 문화의 흐름을 더 확대해 가야 할 것이기에 어떤 공동체가 더 빨리 이를 알아듣고 실천하느냐가 앞으로 선진의 잣대가 될 것입니다.

이명박 대통령은 2010년 1월 14일 청와대 국민원로회의에서 굉장한 무게를 가질 G20 회의가 한국에서 금년에 열리는데, 의장국으로 잘해야 할 것이니 좋은 의견을 내 달라는 진지한 부탁을 했습니다. 그러나 아무도 거기에 대해 건의한 바가 없기에 저는 아래 G7, G20, G77 등 소개란에서 G77을 개재시켜 진지한 건의를 하겠습니다.

이석우_ 정 몬시뇰께서는 자연사적 인류문화사적 진화의 근본 요인과 지향점을 철학적, 문화사적으로 더 깊게는 신학적으로 투시하시는 것으로 알고 있습니다. 지금 이 나라는 물론 세계 도처에서 매일 뉴스의 핵심 용어가 되다시피

하는 G7 혹은 G8, G20, G77, G2 등의 발생 연유와 현상, 지향점 등을 정 몬시뇰 특유의 깊은 철학적 · 신학적 배경에서 요약, 설명해 주십시오. 지금까지 정 몬시뇰의 유례가 없는 관찰력과 예시력은 문제에 따라 시간의 장단(長短)의 차이는 있지만, 그대로 적중되어 실현되는 것을 국내는 물론 국제적 차원에서도 인정받기 때문입니다. 또한, 그런 비결의 원천이 무엇인지에도 언급해 주셨으면 합니다.

정 몬시뇰_ 제가 정신적, 영(靈)적으로 느끼며 동양의 표현으로 이른바 각(覺)하는 바를 어떤 것은 좀 명료하게 어떤 것은 어렴풋하게나마 가능한 대로 간략하게 말씀드려볼까 합니다.

먼저 그런 현상의 배경, 다시 말해 발생의 사상적 흐름을 짚어 보고 싶습니다. G7의 발생 근거를 저는 콜럼버스의 신대륙 발견 후 전개된 5백 년의 식민시기 종말을 이어 받은, 다시 말해 식민시기가 진화한 형태로 봅니다. 그리고 그런 단계는 또 다른 단계로 진화하는 과정으로 나타나는데 이런 단계의 수명이 근래에 이르러 굉장히 빨라진 것입니다. 그것은 물질적 · 육체적 진화가 아니라 정신적 · 영성적 진화의 영역이기 때문입니다. 여기서 제가 말하는 '영성적'이란 표현은 재래적 순수 영성적 세계를 말하는 것이 아니라 물질과 영의 창조주이며 두 요인의 근원인 창조주의 관점에서 말하자면, 통합적인 관점에서의 관찰입니다. 결국 영성이 물질 질서의 핵의 역할을 하고 있다는 관점입니다. 쉽게 말해 물질적, 다시 말해 물질적 세상 질서는 결국 정신적, 더 깊이는 영성적 요인이 핵이 되어 움직인다는 말씀입니다. 더 풀어 말하면 물리적 · 직접적 힘, 예컨대 핵무기(核武器)나 미사일 등의 위력도, 그런 것의 개발에서 사용 등 일련의 사건이, 결국은 정신 내지 양심적 가치관 여하에 따라 파멸되거나 건설에 이바지할 수밖에 없게 된다는 것입니다. 그러면 그런 것이 악인의 손에 있으면 악용만 될 것이냐 하면 그렇지 않고, 어떤 보이지 않는 더 큰 힘에 의해 좌우되는 것을, 또 그런 것의 앞날의 운명을 느끼게 되고 깨닫게 된다는 것입니다. 저의 말씀을 알아듣는 데 도움이 될까 하여 든 예입니다. 그러나 예는 어디까지나 예일 뿐 실체와는 현격한 거리가 있습니다.

그렇기에 영토 식민 대국들 예컨대 영, 불, 서(스페인), 포(포르투갈), 화(네덜란드) 등의 나라를 뒤이어 제2차 세계대전 종식과 더불어 더는 영토 식민이 불가능한 단계로 시대가 진화해 가고 있습니다. 그래서 경제 식민 대국인 미, 영, 불, 독, 이, 가(캐나다), 일 등이 G7을 형성, 미국 주도로 세계 경제를 휘어잡았습니다. 그러던 중, 2001년 9월 미국 뉴욕의 세계무역센터 폭파로 인한 총 붕괴와 2008년 세계 금융의 총지휘 본부인 월가의 경제파탄으로 중진국 기수 모임인 G20의 출현 시대가 진화해 갔습니다. 그러나 G20은 그 안에 G7이 그대로 건재해 있어 아직 도달해야 할 본 모습이 아닌 과도기적인 것으로 단명할 수 있는 운명의 조직이 돌연히 성립된 것입니다. G20은 G7을 그대로 내포하고 있고 G7의 품안에서 성장한 태생을 갖고 있기에 진화에서 G7을 완전히 탈피하지 못한 연장선상이라 할 수 있습니다. 그런데 G77이란 기구, 대체적으로 말해 후진국 내지 빈국의 모임인 기구가 출현하여, 코펜하겐 UN 기후변화협약에서 대규모 세계 수뇌회의를 파탄으로 몰아넣었습니다. 표면적으로나 실제적으로 이산화탄소 배출량을 놓은 경제적 줄다리기였지만 사상적 진화 선상에서는 영토 식민지의 잔영인 경제 식민조직인 G7의 임종의 신호탄으로 나타나는 것입니다. 물론 이런 흐름은 G20에도 그 성격을 조금 달리하면서 그대로 연장되는 것입니다. 의장국인 한국은 이점에 특히 유의해야 하며 새로운 아이디어로 그 기구 자체를 (무리가 없으면서도 강력한 체질 개선으로) G77까지

끌어안고 새로운 전향적 진화를 할 수 있는 역량을 발휘해야 할 것입니다. 다시 말하면, 기울어져가는 G7이나 그 연장선상인 G20에 중점을 두기보다는 후진국을 끌어안고 힘을 실어주어 새로운 틀을 짜는 일, 즉 세계사적인 놀라운 진화에 올바른 단초를 열어 주어야 할 것입니다.

이것은 지난 2010년 1월 14일 청와대 국민원로회의에서 이명박 대통령의 인사말에서 밝혔습니다. 이 대통령은 2010년 한국에서 열릴 G20 회의의 의장국 대통령으로서 그 회의를 어떻게 이끌어 가면 좋을지, 좋은 아이디어를 제공해 달라고 했습니다. 수많은 말이 오갔지만 대개는 항간이나 언론계에서 도는 정도였습니다. 이런 세계사적인 일에 자연사적 대진화에 대한 건의는 한마디도 없었기에, 여기에 이명박 대통령의 요청에 대한 저의 건의도 곁들여 말하는 것입니다.

앞으로 G77은 그 양태를 바꾸어가며 지구상 수많은 후진국의 집결체가 될 가능성이 매우 큽니다. 이번 코펜하겐 UN 회의의 실패는 인류 진화사(史)적으로 경기(驚氣)를 부를 만큼 충격을 주는 사건이었습니다. 그것은 인류사상사뿐만이 아니라 하느님의 창조사적으로 이제 바야흐로 있어야 할 참 모습을 이루어가는 진화의 단초가 열리기 시작했다고 할 수 있습니다. 그것은 다름 아닌 다음과 같은 이유입니다. 하느님의 우주와 인간 창조계획은 이 세상 삶에서, 이 지구에 오는 모든 사람이 하느님 창조물의 혜택을 분(分)에 상응하게 골고루 누리며 공존(共存), 공영(共榮)하는 삶을 살도록 된 것인데, 이제야 그것이 제대로 이루어질 수 있는 시스템의 단초가 열리게 되기 때문입니다. 이점에 깊이 유의하여 이명박 대통령은 G20 의장으로서 한국에서 실질적인 첫 번째 회의인 기념비적 회의에서 이런 인류사적인 새로운 단초를 성공적으로 연다면 한국사에 남을 뿐만 아니라 세계사에 남을 것입니다.

그 핵심은 도태되어 역사의 뒤안길로 사라져 가거나 곧 사라질 수밖에 없는 G7이나 G20에 얽매이지 말고 다가오는 G77 등의 기구에 힘을 실어주어 경제 체제나 정치 체제의 더 높은 단계의 진화를 이루게 하는 것입니다. 이런 변화는 단적으로 말해, 경제 중심이 G7 중심 미국을 떠나 아시아로 오고 있으니 선두주자인 G20 의장국인 한국은 G77도 포함하여 새로운 정치 · 경제 체제를 창출해야 할 것입니다. 이런 관점에서 조만간 UN 기구도 구조적으로 큰 변화를 해야 합니다. 그이유는 UN이 1946년 제2차 세계대전 승리 후에 미국 주도의 국제기구로 창설된 것인데 당시에는 전승(戰勝) 강대국의 세상이었기에 그 핵심인 안전보장 이사회 상임 5개국이 각각 거부권을 갖고 있어 강대국 중하나만 거부권을 행사해도 아무것도 할 수 없는 기구였기 때문입니다. 이후에는 신자유주의 경제의 허울을 쓴 영토 식민시대의 연장인 G7과 G8이 발생했습니다. 어찌 말하면 UN 안전보장 상임 5개국과 죽을 맞추며 세계를 요리하던 것이, 신자유주의 경제의 파탄 선고인 2008년 미국 월가의 함몰로 G8도 수명을 다한 셈입니다. 그러니 그 중심에 G8이 죽치고 있는 G20이 탄생하여 세계무대에서 앞에 나서 춤추는 격이 되었습니다. 그렇기에 G20은 G8과 밀접한 관련 하에서 모든 노력을 해야 하는 운명을 지니게 되었습니다. 물론 이런 기구가 과도기적으로 필요한 것은 사실이지만, 본래 와야 할 것으로의 이행 과정임을 하느님의 창조경륜을 제대로 읽으면 분명히 알 수 있습니다. 이런 과도기적 현상은 인간이 하기에 따라 시간을 좀 더 끌 수도 있습니다. 어찌 되었건 인류문화는 UN 핵심 구조의 전면적 개편이나 새로운 형태의 출현이 불가피하게 되어 하느님 창조경륜의 새로운 차원 실현 단계에 도달했습니다. 한국이 G20을 잘만 이끌어 가면, 현존 UN의 구조개편 등 인류의 삶, 즉 지금까지의 UN 시기 다음인 인류의 새로운 문화 진입에의 단초를 열 수 있을 것입니다. 이런 것은 인류문화의 위대한 진화입니다. 더 알기 쉬운 예로는 링컨 대통령의 흑인 노예해방과 같은, 당시에는 이해가 안 되고 멸시의 대상이기도 한, 새로운 인간 사회 진화를 정초하여 인류 역사에 금자탑을 이룬 것입니다. 이런 진화는 위대한 그리스도 가르침의 폭넓은 실현의 한 단면입니다.

여기서 G2에 대해서도 몇 마디 부연해 두는 것이 좋을 듯합니다. G2는 미국과 중국을 가리키며 두 강대한 힘의 작용을 주시하는 용어입니다. 미국은 내리막의 강대국이고 중국은 솟아오르는 강대국이라 할 수 있겠습니다. 이 두 강대국이 때로는 서로 갈등을 일으키고 때로는 서로가 긴밀히 협력할 수밖에 없는데 이런 과정을 걷는 두 강대한 힘도 결국은 빈국과 약자들을 다 같이 잘 살게 하는 역할로 귀결되는 운명을 지니는 것입니다. 미국은 미국대로 자기들은 전혀 다른 길을 간다고 생각하고 실천하면서도 인류 진화사에 크게 이바지하게 됩니다. 중국은 중국대로 공산 국가의 종주국 역할까지 했으면서도 자체 안에 놀라운 빈부 격차와 광범위한 인권 사각지대와 탄압을 일삼고 있습니다. 그러나 결국은 창조주의 의도에 따라 인류사 진화에 크게 이바지하게 될 것입니다. 이런 저런 문제들을 시간상 지면상 또 주제(主題)상 더 풀어 말할 수 없는 것을 유감으로 생각합니다. 물론 이런 문화 진화사적 과정은 위에서 열거한 G 조직에만 국한된 것이 아닙니다. 오히려 G 조직은 더 깊은 뿌리에서 겉으로 드러난 싹의 말초적 현상의 한 가닥일 뿐입니다. 더 깊고 넓은 연유가 있지만, 여기에서는 더 설명할 게재도 아니고 여유도 없습니다.

(여기에 한마디를 부연한다면, 근자에 이르러 G0 사상의 대두입니다. 결국 도래할 것은 G가 없는, 다시 말해 지금과 같이 세계의 지도국 내지 패권국이 없는 시기의 도래설도 있습니다. 그런 경우에도 이른바 후진국, 지금의 개발도상국의

중진국화 내지 선진국화의 발걸음은 우여곡절을 겪으면서도 전진을 거듭할 것이고, 해야 한다는 것이 저의 확신입니다. 그것은 모든 사람이 해야 할 의무를 다하면서 나름대로의 세상의 부와 행복을 골고루 누리는 삶을 사는 것이 하느님의 창조경륜이기 때문입니다.)[52]

그러나 앞에서 제기된 한 가지는 여기서 답하는 것이 좋을 듯싶습니다. 제게 혹시 다른 사람들이 못 보는 것을 보는 점이 있다면 단지 위로부터의 은혜라고 생각합니다. 본래 날 때 둔자로 나지 않은 것이 고마운 것이고 그나마 그렇게 학문을 할 수 있던 것이 은혜였습니다. 시간을 분초를 아껴 가며 면학과 현실 삶에 충실하려 노력한 것도 사실이지만 무엇보다도 중요한 요인은 기도 생활이었다고 생각합니다. 위에서 열거한 요인들은 저보다 훨씬 잘한 분들이 부지기수입니다. 저는 기도가 생명인 셈입니다. 일반 학자와 다른 점이 있다면 아마도 이 점이 아닐까 싶습니다. 물론 기도도 성직자 세계에서는 저보다 훨씬 더 많이 또 열렬히 하는 분들이 대부분이라고 해도 과언이 아닙니다. 제 체험만 간단히 말한다면, 기도로 진리와 선의 근원인 하느님과 만나는 것은 그분의 창조물의 본질과 진화 과정과 미래를 가늠하는 지혜를 받는 첩경이라고 확신합니다. 모든 지혜와 선, 행복은 창조주 하느님으로부터 온다는 확신으로 살고 있으며 체험하는 것입니다.

이 항목 말미에 한 가지를 꼭 말해두고 싶은 것이 있습니다. G7이 세계 경제를 이끌게 됐고 미국이 G7의 주도국으로서 세계에서, 특히 태평양에서 왕좌(王座)를 누리게 된 것에 한국이 지대한 공헌을 한 것입니다. 그 연유는 아래와 같습니다.

제2차 세계대전 후, 소련을 종주국으로 해방의 슬로건으로 세계를

---

52 괄호 안은 후일 삽입.

공산화 하려던 기세는 유럽에서 강력한 유신(有神) 사상의 가톨릭 국가들, 예컨대 반소 반 공산의 기수 헝가리, 프라하의 봄 운동을 일으킨 체코, 토지개혁조차 할 수 없었던 외형의 공산 국가 폴란드 등의 강력한 가톨릭의 저항으로 실패했습니다. 이후 공산주의 종주국 소련은 거대한 공산 중국과 합작한 북한을 앞세워 적화된 한반도를 기지로 극성적군파와, 젊은 층에 만연했던 격앙된 반미 감정을 십분 이용하여 일본을 적화했습니다. 또한, 그 여세를 몰아 중공과 같이 미개했던 태평양 전역을 적화했습니다. 더 나아가 서남진(西南進)하는 공산 세력으로 유럽과 아프리카 공산화를 다시 획책했던 것이 한반도에서는 청년 수십 만 명의 전사자와 1백만 이상의 부상자, 1천만의 이산가족을 발생시키고 전국 초토화를 겪게 되었습니다. 그러나 한국이 공산 남침을 저지했기에 공산주의 세계 혁명은 파탄되었습니다. 그런 터전에서 자유세계는 미국 중심의 G7을 매개체로 신자유주의 경제 번영을 거듭할 수 있었습니다. 그렇기에 미국과 자유세계는 한국에 큰 빚을 진 것입니다. 저는 1950년 후반기 유럽 유학 시절에 처음으로 이런 점에 착안하여 이런 세계사적 대 사건과 한국의 역할을 세계에 알리려고 노력했고 효과를 거두었습니다. 그 후, 직간접으로 한국에 대한 인식이 크게 달라졌으며 다른 여러 요인이 복합 작용하여 한국에 대한 투자도 활발해졌습니다.

6) 나와 인생 만년(晩年)[53]

백호(白虎)의 해 벽두에 밴쿠버에서 날아드는 젊은이들의 낭보는 온 국민을 열광시킨다. 김연아의 밴쿠버 절세의 묘기와 눈물은 온 국민의 가슴을 적셨고 세계는 "여왕폐하 만세"를 연호했다. 지금 사람들이 80

중반의 나의 심경을 묻는 분들이 적지 않기에 몇 가지를 적어볼까 한다. 나는 지금 세상사의 모든 애착을 버릴 때, 특히 가장 낮은 자세가 될 때, 다시 말해 마음이 아주 비워지는 공(空) 상태일 때 마음이 가장 편안해진다. 왜 그럴까?

그것은 창조주가 나를 무(無)에서 창조하였기에 무로의 환원 상태가 나의 본연의 모습이기 때문으로 생각된다. 그런 상태에서 나는 다른 한편 몹시 허(虛)함을 느낀다. 이 공허를 메우는 것은 세상 사물이 아니고 나의 경우는 일차적으로 기도이다. 기도는 나에게 영(靈)의 호흡이다. 더 마음을 풍요롭고 흡족케 하는 것은 순수한 사랑의 실천이다. "너희는 서로 사랑하라. 원수까지도 사랑하라"는 그리스도의 말씀의 위대함을 새삼 느낀다. 오늘과 같이 인심이 각박해질 때 사랑으로 찬 인간 마음이 그리도 그리워진다. 오늘 인간의 많은 고통과 불행은 사

---

53 정의채 몬시뇰(교황 명예고위성직자). 이 글은 〈평화방송〉 라디오 인터뷰(2010년 1월 19일 아침)와 〈조선일보 Essay〉(2010년 3월 3일)의 준비원고를 합친 것이다. 두 언론사가 나의 준비 원고를 시간과 지면의 제약상 3분의 1 정도씩만 반영했기에 그 전문과 부연 설명을 곁들였다. 나는 국민원로회의 위원이고 원로 성직자이기에 그 전부터 종교 · 일간 매체들의 요청으로 방송과 기고를 하게 되었다. 그러나 나의 사회 활동은 물론 그 기저는 복음 정신이고 근원은 하느님 창조경륜의 종말론적 실현이다. 근자에는 이런 창조경륜의 더 높은 차원에서의 실현이 인류 공통문화 실현에서 이루어짐을 실감케 된다. 정신을 가다듬을 시간적 여유조차 없는 세계 급변 속에 휘말린 조국 비운의 식민지 시기와 민족해방, 공산 남침의 6 · 25 전쟁 등 민족적 참극을 딛고 세계 10위 경제국을 넘보며 G20 의장국이 되는 영광된 조국을 보는 격변 속에 생을 받은 구체적 삶에서 국내외 교회 내외에 걸쳐 체험한 나의 삶의 한 단면을 들어낸 것이 『모든 것이 은혜였습니다』라는 차동엽 소장 신부와의 특별인터뷰 대화집이다. 이 인터뷰 후 일어난 일들도 이런 맥락에서 어떤 의미가 있다고 생각하기에 매체 발표 글과 부연 글들을 덧붙인다. 이는 다음과 같다: 민의를 갈기갈기 찢어 놓는 세종시 문제는 국회에서 해결해야 한다. 4대강 개발은 또 무엇인가. 이명박 대통령은 "자연복원과 자연풍요화"의 인류 새 문화에 눈떠야 한다. 권력으로 사학비리 못 잡는다. "자연복원과 풍요화 없이 인간성 회복과 풍요 없다. 이명박 대통령은 젊은이들을 아이디어 계발로 비상(飛翔)시켜야 하며, 젊은이들의 세계파견을 준비해야 한다. 4대강 개발비로 그 비용을 충당하라. 북한 문제는 인권회복이 그 바탕. 천안함 비극을 보며, 국민정서를 보며, 이명박 대통령의 외화내빈(外華內貧) 통치를 보며. G20의 태생과 사명, 운명, 진화를 알아들어야 한다. 6 · 25는 세계 공산화를 수십만 한국 젊은이들의 생명 희생과 전후방 1백여만 전상자(戰傷者)와 1천만 이산가족과 전국 초토화로 파탄시켰기에 그 터전에서 번창한 자유세계에 한국에 대한 빛을 안겼다 등이다.

회 구조와 제도 개선에서 해결해야 할 것이 거의 전부라 해도 과언이 아닐 듯싶다. 그렇다고 사회 구조와 제도개선만으로 해결되는 것도 아니다. 인간의 사회구조와 제도는 그것을 제정하는 사람도 실천 하는 사람도 봉사하는 사람도 시혜자도 수혜자도 사랑의 마음으로 해야 하고 또 할 수밖이 없는 새로운 사랑의 시대로 인류문화는 창조주의 창조 경륜에 의해 진화해 가고 있는 것이다. 인간이 하는 모든 일은 사랑에 찬 것이어야 한다는 것을 나이를 더해 갈수록 새삼 절절히 느끼게 된다. 그저 그런 사랑을 제대로 실천 못하는데 큰 아쉬움이 남을 따름이다.

또 언제부터인지 나이에 대한 초조감도 사라졌다. 지금은 몇 살인지조차 관심밖이다. 묘한 것은 일 년이라도 더 오래 살면 그만큼 더 지난 삶이 길게 느껴져야 하는데, 지난날은 더 짧은 찰나로 바뀌며 역(逆)으로 앞날은 누가 봐도 더 짧게 느껴져야 하는데, 말로는 이제 여생이 얼마 남지 않았다고 하면서도 실제로는 영원히 죽지 않을 것 같은 삶의 연속이다. 왜 그럴까? 그것은 사람이 영원한 삶을 위해 창조되었기에 지나감은 없는 것과 같고 영원한 삶은 끝없이 펼쳐질 것이기 때문인가 보다. 또 한 가지는 지난날의 원한이나 증오의 일들은 하나둘씩 잊혀가고, 좋았던 일, 고마웠던 일만 기억에 새로워진다. 다른 분들도 다 그런지 나는 모른다. 한마디로 "모든 것은 은혜였습니다" 일 뿐이다. 아직도 육신의 힘은 감퇴되었지만 정신력은 젊을 때처럼 왕성하여 학문 연구와 정신적 봉사에는 지장을 받지 않으니 이 또한 은혜 중 은혜인가 한다.

사람들이 다시 이승에 생을 타고 나면 어떤 삶을 살고 싶으냐는 질문에 답이 흥미롭다. 물론 가정(假定)의 가정의 말이지만 말이다. 나는 나름대로 제한된 범위에서이지만 감탄스러운 말들을 보고 듣는다.

나이는 젊지만 지금 살아 온 바와 같은 꼭 같은 삶을 반복하겠다는 성인 성녀들의 글을 보며 얼마나 진실한 삶, 성자적인 삶을 살았기에 그럴까 감탄할 뿐이다. 젊은 나이에도 수많은 사람이 그러하니 아마도 놀라운 가톨릭의 초월적 지혜와 영성적 힘의 발로인가 싶다. 다시 말해 하느님의 은총의 덕분으로 생각된다. 그것은 여타 종교들에도 학식과 덕망이 높은 고승이나 성자 혹은 성인들이 많이 있는데 예외 없이 나이가 높은 노년의 분들인데 가톨릭에는 10대 20대 젊은 분들이 즐비하기 때문이다. 또한 가톨릭의 성인들은 다른 성인군자(聖人君子)들과 같이 인간으로서 최고의 경지인 살신성인(殺身成仁) 정신과 실천에 뛰어날 뿐만 아니라 사람에 대한 사랑과 하느님께 대한 사랑으로 인간의 경지를 멀리 넘어 생명을 바치며 하느님의 거룩함을 발산하기에 나에게는 한없이 감탄스럽다.

또 한 부류는 나이가 많은 성직자 분들인데 다시 나도 더 좋은 성직자의 길을 기약하며 성직자의 길을 가겠다며 성직자의 생을 받은 것을 아주 고마워하는 분들이다. 내가 알기로는 대부분의 가톨릭 성직자들이 그런 부류의 분들이다. 또 어떤 분들은 일반인들처럼 가정을 갖고, 한 성실한 인간으로 한 번 살고 다시 성직자로 거듭 나고 싶다는 이들도 만난 적이 있다. 나는 어떤가 생각해 보니 아마도 용기가 없어서인지 체험이 너무 강해서인지 스스로 이것이다 저것이다 할 생각은 없고 하느님께서 주시는 그 삶을 충실히 살고 싶다는 마음이다.

밖을 보니 여전히 소란스럽다. "모든 것은 사실대로여야 하고, 제대로 여야 하며, 한 만큼이어야 한다." 이 땅에서는 원칙은 무너지고, 부작용에만 전력투구하는 것이 정치와 사회, 경제, 교육, 환경 등 모든 분야의 요체인가 보다. 즉 자연과 인간은 온데간데없고 돈과 권력과 이기심만이 모든 것인가 싶다.

7) 세종시 해결은 국회에서!

세종시가 뭔데 이리도 소란스러운가. 당 차원에서 의견을 모으고 국회에서 해결해야 할 것이 왜 이리도 전국적으로 갈기갈기 국론 분열인가. (세종시 문제를 민의에 의해 해결하려거든 다가오는 6·2 지방선거에서 이 문제를 이슈로 내걸고 민의의 동향을 정식으로 타진함이 좋을 것이다. 그렇지 않고 정부가 지금처럼 지방을 들쑤셔 해결하려 한다면 걷잡을 수 없는 갈등과 치유하기 어려운 정치적 후유증만 남길 것이다. 중대하고 급한 일일수록 천천히 돌아가라는 동서의 격언쯤은 알고 정치나 행정을 해야 할 것이다. 이명박 대통령은 지방을 돌며 정치 논리로 말고 실리를 찾아 국회의 세종시 가결을 부정하라니, 아예 그럴 바에는, 우리 정치사에서 군사정권 시 종종 있었던 국회를 해산하자고 하는 편이 훨씬 더 설득력 있는 말이 되지 않을까 싶을 정도다. 국회는 민주주의의 본질적 요인이며 그 생명이 정치이기 때문이다.) 이명박 대통령이 당선, 취임 이래 국가적으로 좋은 일들도 있었지만 국민은 편안한 날이 그리 많지 않았다. 이명박 대통령은 지면서 이길 줄 아는 큰 그릇이어야 한다. 국태민안(國泰民安)의 덕성이 요청된다.

8) 이명박 대통령은 "자연 복원과 풍요화", 새 인류문화에 눈떠야

4대강 개발은 또 무엇인가. 세종시야 했다가도 없앨 수 있고 없는 것을 만들 수도 있지만 4대강 개발(이 대통령은 4대강 살리기라고 하지만 지금 식이라면 자칫 죽이기 일 수도 있음)로 세계에 둘도 없다는 천혜(天惠)의 아름다운 자연과 지형을 파괴하면 다시는 돌이킬 수 없고, 자칫 자손만대에 천형(天刑)을 남겨 주게 될 수도 있다. 그렇기에 4대강 개발은 세종시 문제보다 더 심각한 문제이다. 전 노무현 정권은 그 말기에 자기가 정한 것을 후대가 고칠 수 없도록 대못질을 한다고 했는데 (그래도 그런 대못질은 시간 속에서 다 바꿀 수 있는 것이지만) 혹시라도 하늘이 내린 너무나도 아름다운 자연에 지금과 같은 졸속과 초급속 전국 파헤치기 4대강 개발은 돌이킬 수 없는 대못질이 아닐까 몹시 걱정된다. 지금 인류문화가 자연 복원과 풍요화 더 나아가서는 천혜의 자연을 주어진 그대로 유지 발전시키는 시대에 접어들었기에 우리 후대들이 머지않은 장래에 그런 자연을 원형 그대로 필히 요청하게 될지 모르는 이 시점에서 이명박 대통령의 아집과 오만으로밖에 볼 수 없는 자기만이 옳다는 독선으로 전국적으로 나라의 천혜의 자연을 회복 불능의 상태로 망쳐 놓는다면 이에서 더 통탄스러운 일과 국가적 참변이 또 어디 있겠는가. 그렇기에 지금은 지금과 같은 4대강 전국 파헤치기는 일단 중지하고 최소한의 개발 즉 홍수 범람 피해와 긴급을 요하는 최소한의 수질개선에 역점을 두고 위에서 말한 인류문화 진행도 감안하면서 전문가들의 사심 없는 견해를 광범위하게 수렴하고 국민의 대다수 합의 하에서 개발을 하되 종교계의 의견을 매우 존중해야 할 것이다. 그것은 자연관과 인생관에 있어 종교가들은 천부적인 감각과 지혜를 갖는 것이 상례이기 때문이다. 지금 인류 문명의 중심이 과학 기술 문명에 의존하기에 경제적 이익 추구가 거의 파탄에 이르러 인류 문화의 중심 또한 구미(歐美) 중심에서 동양으로 옮겨오고 있는 시기이기에 우리의 지금 처지는 더욱 그렇다. 물론 이런 유구하고 심오한 천리(天理)와 자연의 이치가 이 대통령과 그에 동조 일변도 인사들에게는 불행하게도 마이동풍(馬耳東風)일 수밖에 없는 것이지만 말씀이다.

9) 이명박 대통령과 중도 실용

이명박 대통령이 그리도 새로운 것으로 좋아하는 무슨 중도 실용주의인가의 입장도 그렇다. 글쎄 중도하면 좌우(左右)를 생각하는 것이 상식일 것이기에 서구에서는 중도 우파 중도 좌파란 말이 오래 전부터 자연스럽게 순리로 받아들여졌다. 오늘에는 그런 용어도 시들해가고 있는 것으로 보이지만. 그건 그렇다 치고 실용주의가 존 듀이에 근거하는 것이라면 가톨릭은 그의 학설의 어떤 면의 공헌과 가치는 인정하지만 근본적으로는 그가 실효성이 없는 모든 불변의 가치와 원칙을 거부한다고 보기에 듀이의 실용주의에 거부감을 나타내는 것이다. 사실 신자유주의의 실용성을 극찬하며 그 열매에 도취하던 미국에서 신자유주의경제가 파산의 재앙을 일으켜 지금 세계를 큰 혼란과 고통에 빠트리고 있기에 현 시대 미국인들의 사상의 근간을 이룬다고 할 수 있는 듀이의 실용주이와 미국 실용주의적 경제를 위시하여 국민의 정신 형성과 구조에 대한 깊은 공과(功過)연구가 요청되는 시기에 이르렀다. 그런데도 제대로 정제되지 않은 중도실용주의 개념을 금과옥조(金科玉條)로 귀에 걸고 코에 걸고 으스대다가 이제 이명박 대통령이 정권 장악의 절대 기반인 우파의 큰 부분의 이탈과 천안함 사건이 국민 대대수기 확신하고 있는 극좌 평양정권의 소행으로 물증으로 들어날 경우 중도라는 간판으로 어떻게 일을 처리할 것인지 딜레마에 딜레마의 연속이 아닐까 앞날이 몹시 걱정된다. 그러니 시간 속에 잊혀져가는 계기에 과거에 흔히 보아온 바와 같이 또 어물쩍 하지 않겠나 싶어진다. 더 나아가 국제적 해결이란 중국이 북한을 감싸는 한(막판에 가서는 중국이 북한을 감싸는 것이 상례이기에) 물 건너간 것이나 다름없을 것이고 우방인 미국 또한 북한의 6자회담 복귀를 최우선으로 삼을 것이니 이명박 대통령의 거듭된 단호한 대처가 무슨 힘을 쓸 수 있을 것이며 몇 배의 보복으로만 재울 수 있는 국민감정을 또 어떻게 주체할 것인가. 가장 두려운 것은 좌익의 준동이며 젊은이들의 동조인데 이를 어떻게 할 것인지 고민에 고민을 거듭 이런 경우의 합리적 해결책도 아울러 강구해야 할 것이다. 기본적 정책 표어설정에는 굳건한 그러면서도 일관된 철학적 사상이 깔려야 한다. 안되면 말고 이거나 경박한 쇼 성격은 탈피해야 한다. 그래도 백보를 양보해 이명박의 실용주의를 용인한다 해도 지금까지 한강물 정화에 20조 원을 퍼 부었는데도 수질은 악화 일로란다. 4대강 개발에는 개발에서부터 기한도 기약도 없이 계속할 물 정화에 또 얼마나 많은 세금을 퍼 부어야 할 것인가. 이명박 대통령의 금과옥조(金科玉條)인 실용주의에 비추어서도 4대강 개발은 큰 문제를 안고 있는 것이 아닐까. 이런 저런 이치는 다 제치고라도 4대강 개발은 반대가 찬성보다 훨씬 더 많다는데도 또 많은 전문가들과 종교계가 강하게 반론을 제기하는데도 이 대통령은 마구 밀어 붙인다니 그는 민주국가의 대통령이기보다는 나는 특수한 사람이어서 알아서 행복하게 해 줄 터이니 국민은 두말 말고 나를 따라오라는 식으로 초급속으로 전국을 파헤치며 4대강 개발을 진행하는가 보다. 벌써 제왕적 내지 반민주적 성격을 노골적으로 드러내는 것이 아닌지 걱정스럽다.

국민은 국민의 뜻을 받드는 민주 대통령을 뽑았지 국민을 행복하게 해줄 터이니 두말 말고 나를 따르라는 제왕적 영도자 내지 북쪽식 영도자를 뽑은 것이 아니다. 민주주의에서는 과정 즉 국민의 뜻을 받드는 것, 섬기는 진정성이 그 요체이다. 그렇지 않고 수단과 방법을 가리지 않고 강요하는 것은 공산주의자들이 지상천국 건설이라는 유토피아를 약속 공산주의를 따르라고 인민을 선동과 폭력으로 휘몰아갔고 우익 독자들 예컨대 히틀러는 민족 우생(優生)주의를, 일본의 도죠(東條) 총리는 동양평화론을 기치로 나를 따르라는 태도로 국민들을 침략전쟁으로 몰아가다가 말할 수 없는 재앙을 자(自) 국민들과 인류에 초래한 것을 상기케 한다. 이렇게 극좌도 극우도 독재자들은 민의 따위는 안중에도 없고 자기들의 우월주의 일변도로 결과만을 제시하는 반민주적 전범(典範)이 되는 것이다. 수단과 방법을 가리지 않고 결과만을 중시하는 주의 주장을 가톨릭교회 윤리는 철저히 배격하며 3천 년대 인류 문화의 흐름 또한 그런 면모를 뚜렷이 한다. 지금 이명박 대통령의 형태는 물론 다르기는 해도 카테고리로서는 그런 유형으로 오해받기 쉽다. 우리 역대 대통령들에게서 성공한 사례를 찾기 어려운 것은 단도직입적으로 말해 이 점에 걸린 것이다. 이 대통령의 현재 4대강 전국 파헤치기 초급조(超急造) 형태는 날이 갈수록 점입가경이 되어갈 공산이 크다. 더욱이 가관인 것은 세종시 문제는 민의를 동원하는 셈이고 4대강 개발문제는 민의 따위는 안중에 없는 것이 아니냐는 구설수도 있을 수 있는 것이다. 언필칭 청계천 개발도 그렇게 강력한 반대들이 있었지만 그 당시 이명박 시장이 그런 민의와는 상관없이 밀어붙였기에 오늘 얼마나 잘되었느냐의 논리로 4대강 개발 또한 그런 것이라면 이 또한 수많은 식자들의 보이지 않는 반문과 항간에 구설수를 불러 올 수 있으며 독재자나 왕회장에게는 가당하나 민주 대통령에게는 아니올시다 이다. 그것은 전 국민적인 문제보다는 어디까지나 주변 상인들과의 이해관계 문제였다.

민주주의는 결과보다도 절차가 더 중요한 것이니 대통령 한 사람 혹은 그 언저리 몇 인사들의 결단보다는 국민들의 동의와 민의가 절대로 앞서는 것이다. 민의가 비록 어떤 경우 잘못 되는 경우가 있다 해도 대부분의 경우 민의에 의한 결정이 옳고 결과도 좋은 것이다. 무엇보다도 민주주의는 민의를 따르는 것이 그 본질임을 명심해야 한다. 어쩌다 민의가 실패해도 그런 실패는 더 높은 단계로 발전, 다음 선거나 여타의 경로로 그런 실패를 몇 배로 만회할 수 있는 것이다. 물론 청계천 개발이 5백년 왕조의 영욕을 담은 강을 시원하게 물이 흘러 아이들이 물장구치고 시민들의 산책로가 된 것이 전부라면 좋기는 한데, 역사문화적인 관점에서 다른 관점이 있을 수 있지 않겠느냐는 의문표는 여전히 남을 수 있을 것이고 그런 것은 후일 역사가의 몫이겠다.

4대강 개발 문제는 한마디로 국토개발이니 자연 개발이니 등 개발 개념이 20세기 중반까지는 인류 문화에서 꽤 인기 있는 표어였지만 그런 미명 아래 인간 탐욕에 의해 자연 착취와 파괴가 무자비하게 자행되었기에 자연의 보복과 더불어 인류 재앙론들이 설득력을 얻게 되었다. 앞으로는 "자연 복원" "자연 존중", "자연 풍요"가 인류문화의 표어가 될 수밖에 없는데도 우리는 4대강 개발로 천혜의 아름다운 자연을 전국적으로 마구 파헤쳐 놓는 문화 역주행을 자행하는 것이 아닐까 걱정이 앞선다. 경제대국을 이루었던 서독의 1950년대 세계를 경탄케 했던 라인강의 경제 기적도 그 후 얼마 안 가 그 상류(上流)의 도나우강 유역의 국가 등의 큰 반발을 유발 오늘의 표현으로 말한다면 서독은 라인강 오염과 자연 파괴의 큰 논쟁에 휘말려 결국 자연 복원 내지 자연 존중 개념으로 문제가 해결된 것으로 기억한다.

그러는 동안 세계 경제적 번영의 2위 자리는 일본 다나카(田中) 전 수상이 일으킨 무작정 국토개발(사실 일본의 개발 붐이 한창이고 일본경제가 천정부지[天井不知]로 치솟을 때 일본 하천 물고기들은 등이 굽어 이른바 "이따이 이따이" 병을 일으켜 세계를 경악케 할 만큼 무작정 개발)로 일본에 내어 주었고 상당기간 서독은 경제 부진으로 유럽의 경제환자로 신음하다가 근자에 자연 되살리기에 성공 사례로 등장하면서 경제대국의 위치로 점차로 복귀하고 있는 것으로 알고 있다. 특히 다른 지역들에서는 다들 자연 훼손 등에 몰두하여 경제 대 번영시기에도 서독의 오래고 깊은 가톨릭 지대인 바바리아 지방은 청정산업에 주력해 온 바바리아를 숲의 낙원처럼 만들어 세계적 문화선진을 과시했고 드디어 독일의 경제도 새로운 차원에서 부흥시키며 세계문화사(史) 흐름에 앞서가는 모습을 과시했다. 더 나아가 지금은 독일을 위시하여 스위스, 영국, 미국 등등에서는 하천을 생태하천으로 살려내기 위해, 엄청난 예산을 투입하는 대규모 토목공사보다는 인간의 근검절약으로 복원된 자연을 향유하는 시대에 인류문화가 진입한 것이다. 일본은 다나카(田中)의 자연훼손 따위는 아랑곳없는 전국 국토개발로 세계의 경제 1위 대국까지를 넘보았지만 결국 20년 경제 불황이란 늪에서 헤어 날 가능성이 전혀 보이지 않으며 문화 열등까지를 드러내고 있다.

미국의 경제 파탄 또한 이런 관점에서 예외일 수 없다. 한마디로 자연을 거스르는 반자연으로 천리(天理)를 거역 경제적 불황의 깊은 늪에 빠져들었다. 그것은 하느님의 창조경륜(라틴어 신학적 용어로는 oeconomia divina creationis, 영어의 the divine economy of creation)에 역행하는 자연 훼손 내지 자연 파괴의 개발이 그 명칭이야 어떻든 결국 낭패로 끝날 수밖에 없는 운명과 한계를 지니고 있기 때문이다. 이 때문에 금년도 천주교 춘계 주교회의는 현재 이명박 대통령이 마구잡이로 강행하고 있는 4대강 개발의 부당성을 지적하여 하느님의 창조경륜을 거역, 앞날에 올 수 있는 민족적 재앙을 막으려한 것이다. 그러나 이런 면에서 무지뿐만 아니라 막강한 권력을 동원, 달리 말해 무지와 막강한 권력의 야합이, 세상에 둘도 없는 이 천혜의 아름다운 금수강산을 깡그리 망가트리는 것이 아닌가 하는 큰 위구(危懼)를 많은 사람으로 하여금 하게 하는 것이다.

이명박 대통령은 30~40년 전 사우디 사막에서 짝퉁 개발 시기의 이상을 지금 이 천혜의 자연을, 못 먹고 못 살던 시대에 돈독이 오른 것처럼, 하느님의 더 할 나위 없는 선물인, 세계가 부러워하는 우리의 대자연을 전국적으로 까부수며 짝퉁 자연을 만들려 하려 한다든가, 그런 망가뜨린 강가를 산책하거나 자전거 달리기로 낭만을 꿈꾼다면 참으로 뒤떨어져도 너무나 뒤떨어진 사고와 감성이라는 비난을 면키 어려울 것이다. 지금은 인조 강둑, 짝퉁 강둑이나 인조 둔치를 자전거 타는 따위의 낭만이 아니라 창조주로부터 주어진 본연의 자연에서의 낭만이라는 것쯤은 삼척동자도 다 아는 인류 문화시기에 도달했는데도 일국의 대통령이 그것도 선진국을 눈 앞두었다는 한국의 대통령이 그 정도냐는 비아냥도 들을 수 있을 것이다. 나는 이런 쓴말을 추호의 사심도 없이 국민원로회의 위원의 한 사람으로서 또 원로 성직자의 한 사람으로서 국가와 지난 10년 좌경 정부를 끝내고 진정한 민주 정권을 바라며 애쓴 사람으로서 이명박 대통령을 위해 하는 것이다.

사태의 중대성을 감안 다시 간곡히 부탁드리거니와 이명박 대통령은 우리의 4대강 개발 문제는 나야말로 누구보다도 그런 일에 형안을 갖는 사람이란 만용의 끼로 임하지 말고, 민중 선동(煽動)식 방식도 지양(止揚)하고, 신중에 신중을 기하여 반대하는 교수단과 불편부당(不偏不黨)한 전문가들 그리고 깊은 인간 지혜와 하늘의 지혜를 간직한 종교들의 반대 움직임과 민족적 지혜를 모으고 합의를 얻어 가부(可否)간을 결정해야 할 것이다. 특히 이명박 대통령이 제왕적 개인 독단이나 업적 남기기의 공명심에 사로잡힌 것으로 인식되는 지금과 같은 과속 급조는 아주 금물이다. 자칫 상상을 초월하는 낭비와 크나큰 민심분열과 후대에 회복할 수 없는 불행을 남기지 말아야 하기 때문이다. 이 땅은 그 누구의 것도 아닌 이 땅에 살고 있고 후에도 살아야 할 모든 사람의 것이다. 더 나아가서는 앞으로의 시대에는 전 인류의 것으로 변할 것이기에 그 누구도 마음대로 할 수 없다는 것을 이명박 대통령은 명심해 주면 한다. 만에 하나 이 대통령의 의견이 맞는다 해도 이런 경우 민주 대통령으로서 자기의 의지를 꺾고 민의를 따르는 것이 이 대통령이 그렇게도 바라는 국민 통합을 위한 첩경일 것이다. 또 그 일이 민족적으로 가장 좋은 것이라면 그것이 좀 더 문제가 확실해진 후일 다음이나 그 다음 대통령 시기면 어떻고 더 먼 후의 대통령 시기면 어떠냐는 것이다. 지금은 그 뜻을 접고 그런 계획을 잘 기록 보관하여 후대에 남기는 것이 상책(上策) 중 상책일 것이다.

10) 이명박 대통령, 권력으로 교육도 바로 잡는단다

요즘에는 이명박 대통령이 대통령의 막강한 권력을 동원 교육을 바로 잡는단다. 사회악의 만병통치가 교육이어야 하는데 우리는 막강한 권력으로 모든 것, 교육까지도 바로 잡는다니 거꾸로만 가는 느낌이다. 이럴 바에는 사교육기관들이 교육을 더 잘한다니 아예 교육은 학원가에 맡기는 것이 낫겠다는 역발상조차 든다.

11) "자연 복원과 풍요화" 없이 "인간성 복원과 풍요화" 없다

3천 년대 초반 몇 세기를 이끌어갈 인류 문화의 새 흐름은 "자연 복원과 풍요화", "인간성 회복과 풍요화"일 것이다. 사실 "자연 복원과 풍요화" 없이 "인간성회복과 풍요화" 즉 인성교육은 불완전 내지 불가능한 것이다. 이 두 요인은 밀접히 관련되어 있으며 상호 순환적이라고 할 수 있다. 그것은 개발이란 이름으로 인간 탐욕충족을 위해 자연

착취와 파괴를 일삼는 풍토에서는 자연의 산물인 인간성 또한 심한 손상을 면할 길 없어 인성교육이 제대로 될 수 없기 때문이다.

12) 이 대통령은 젊은이들을 아이디어 계발로 비상(飛翔)시켜야

이명박 대통령은 젊은이 중심의 정책을 펴야 한다. 세계를 휘어잡고 미래를 달리는 우리 젊은이들은 지금 왕회장 식으로 30~40년 전으로 역주행하는 대통령은 자기들의 세대 지도자가 아니라는 것을 이론보다도 육감으로 안다. 그들은 자기들이 소외된 현재가 싫으니 좌익으로 치닫는다. 이명박 대통령의 가장 큰 실정은 젊은이들을 좌(左)로 치닫게 한 것이라 할 수 있다. 청계천 촛불 60만 젊은이들 시위를 위시하여 노무현 전 대통령 장례식 때 운집한 1백만 젊은이들의 조문이 그것을 웅변으로 말해 준다. 그렇기에 대선에서 모처럼 압승을 안겨주었는데도 이명박 대통령은 지난 두 번의 보궐 선거에서 젊은이들에 의해 패배의 고배를 마신 것이다. 6·2 지방 선거에서도 그들은 그럴 것이다. 젊은이들에게는 무엇보다도 앞으로 올 새로운 시대에 대한 새로운 비전이 필요한데 우리 젊은이들에게는 지금 전(前)세대가 생각도 못하는 아이디어의 세계가 펼쳐지고 있다. 지금 한국 젊은이들은 세계를 휘어잡고 미래를 주름잡는 괴력(怪力)을 뿜어낸다. 밴쿠버올림픽에서 우리 젊은이들은 세계를 놀라게 하고 자신들도 놀랐고 정치인들이 갈기갈기 찢어놓은 한국 천지를 하나의 환희의 도가니로 휘몰아갔다.

이명박 대통령은 이웃 일본의 우(愚)를 뒤따르지 말아야 한다. 상당 기간 일본은 경제를 필두로 새로 전개될 모든 분야에서 1960, 70, 80년대에 구가했던 지난날의 영광을 되찾기 어려울 뿐만 아니라 굴곡은 있겠으나 내리막길을 걸을 것이다. 그것은 일본은 사무라이 기질상

늙은 세대들이 핵심 권력을 장악, 새 아이디어로 찬 젊은 세대 육성에 실패, 능란한 기술인들만 양산, 사이버 시대와의 세대교체와 절대로 요청되는 전면적인 체질개선을 못했기 때문이다. 일본은 다음 세대에 계속 쇄락할 것이고 한국은 젊은이들이 내뿜는 새로운 아이디어로 욱일승천(旭日昇天) 할 것이다. 그 예표가 이번 밴쿠버에서 김연아와 아사다 마오의 대결이었다고 해도 무방할 것이다. 김연아는 먼저 아이디어로 아사다 마오를 멀리 앞질렀었다. 이명박 대통령이 요즘 하는 발언에 미래란 말의 강조가 관심을 끌지만 지금은 미래하면 그 핵이 현 세대들이 엄두도 못내는 사이버, 스마트 폰 더 나아가서는 슈퍼 사이버 혹은 포스트 사이버시기를 이끌 젊은 세대이어야 하는데 근일(2월 24일) 있은 "글로벌 코리아 2010" 연설에서 이명박 대통령은 "미래를 향한 정책의 선택"을 강조했을 뿐 그 핵심이어야 할 젊은이들의 아이디어 육성산업 같은 언급은 전혀 없는 것으로 보이니 그런 "정책 선택"이란 것도 기존세대들이 언제까지나 모든 것을 지휘하겠다는 것으로 들린다. 이것은 미래지향적이 아니다. 이런 사고와 시행은 일본이 지난 수십 년간 걸어온 길을 그대로 밟아가는 것이겠다. 한마디로 이런 것이 과거에로의 역주행인 것이다. 그 단적인 예가 4대강 살리기(실은 개발)토목공사다. 그런 것은 개발이란 미명 하에 자연 착취와 파괴가 극성을 부린 지난날의 잔재이기 때문이다. 개발이 매력적이었던 시기는 20세시 중반까지일 것이다. 우리는 지금 새로운 아이디어로 넘치는 젊은이들을 국력을 기우려 길러내야 할 긴박성에 몰리고 있다. 앞으로의 세계 특히 젊은 세대들은 머지않아 우주를 넘나들고 미래라는 시간까지도 현재화 시키며 벌이는 두뇌싸움, 아이디어 경쟁의 시대로 치달을 것이다. 우리 젊은이들은 아이디어 발전의 인프라(명석)만 잘 깔아 주면 그 뛰어난 두뇌와 아이디어로 앞으로 족히 40-50년간은 세계의 창공을 웅비하고 미래를 주름잡을 것이다.

　차제(此際)에 젊은이들의 세계파견 준비에 대해서도 몇 말씀 부연함이 좋을 성 싶다. 이 문제는 그 모델과 이상을 1960년 존 F. 케네디 미대통령의 위대한 평화봉사단의 구상과 실천에서 찾을 수 있을 것이다. 이 아이디어는 당시로서는 아무도 생각 못했던 젊은이들에 대한 획기적인 것으로 세계를 이끌어 가야 할 미국 젊은이들에게 앞으로의 한 세기 준비의 초석을 놓아 준 것이라 하여도 지나친 말이 아니겠다. 더불어 앞에서 언급한 4대강 개발과 인류문화의 새로운 흐름은 이제 폐기처분돼야 할 자연훼손의 개발이라는 낡은 개념이 아니라 자연복구와 자연존중 자연풍요화로 그 방향을 바꾸고 있다는 것이다. 그런데 이명박 대통령은 아집에 사로잡히거나 젊은 날 사우디 건설시절, 몸과 마음에 깊이 새겨진 당시의 이상이었던 개발 집념 내지는 상전으로 모시던 왕회장 기질로 인해, 새롭게 전개되는 인류 문화가 그에게는 우이독경(牛耳讀經)인 것으로 보인다. 지금은 그때와는 세계 상황이 완전히 다르고 우리에게는 더욱 그렇지만 미래를 행한 젊은이들의 준비란 점에서는 더욱 그런 것이다. 즉 세계를 향해 큰 꿈을 갖고 발돋움하는 우리 한국에게는 세계를 향하는 젊은이들의 아이디어 교육의 일환으로서 아래와 같은 점도 매우 긴요한 것으로 생각된다. 그것은 다름이 아닌 수십만 젊은이들의 해외 파견 계획과 그런 웅장한 계획 실천을 위한 부지기수(不知其數)의 일자리 창출과 해외 파견으로 인한 놀라운 세계시장 개척의 실현인 것이다. 부연한다면 더 나은 세계를 향해 무서운 기세로 떠오르는 세계의 후진국들과 중진국들에 파견할 젊은이들을 각 나라 별(別)은 물론이고 큰 나라나 종족(種族) 국가들에는 지역별, 종족별로 역사, 관습, 기호, 심리, 인간관계, 특성, 취향 등을 교육시켜 아시아를 필두로 세계도처에 파견 초등, 중등 등 교육이나 간단한 의술, 사회 복지 등에 봉사케 하며 손쉬운 투자나 사회봉사를 하게 하면 그런 지역은 머지않아 다 한국의 시혜에 보답하는 놀라운 시장이 될 것이다. 이런 젊은이들의 역군을 수십만 양성 세계에 파견한다면 인류문화향상에 인류문화사(史)에서도 그 유례가 없는 공헌이 될 것이며 대한민국 젊은이들로 하여금 세계문화사를 다시 쓰게 하는 전무후무(前無後無)의 쾌거가 될 것이다. 그렇게만 된다면 그 양성 일력은 수십만을 요할 것이고 그 언저리 젊은 직장도 수십만 개 늘어날 것이어서 젊은이 실업률을 해소하고도 남음이 있을 것이다. 그렇게 되면 그 효과는 국내에서 직장을 놓고 젊은이들과 이른바 노인층의 갈등도 해소될 것이어서 일석이조(一石二鳥)가 아니라 일석십조(一石十鳥)는 될 것이다. 그런 위대한 계획이 요하는 비용은 지금 이명박 정부가 국내의 엄청난 논란 속에 쏟아 붓는 4대강 개발비의 일부만 가지고도 충족될 것이다. 내가 이런 현실적이면서도 미래지향적 그러면서도 확신에 찬 견해를 갖게 된 것은 인류문화의 흐름을 하느님의 창조 경륜에서 즉 종말론적 신앙 다시 말해 종말론적 희망에서 직관한 것이기 때문이다. 달리 말해 하느님이 세상 만물을 창조한 것은 어떤 특정 개인이나 부류를 위한 것이 아니고 이 지구상에 오는 인류 전체가 골고루 하느님의 선(善)과 해복을 누리기 위해서인데 그것의 실현은 하느님의 모습인 지정의(知情意)를 갖춘 인간이 형성하는 인류문화사의 흐름 속에서 성취되는 것이다.

13) 북한 문제는 인권 회복이 그 바탕

그래도 이 정권의 큰 공적은 한미관계 복원과 본연의 대북관계 설정이다. 대북 문제는 누가 무어라 해도 인권에 기초를 두어야 한다. 북이 인권에 조금이라도 개선이 있으면 상응한 도움을 주어야 하고 아니면 말아야 한다. 물론 여기에는 정치적 알파가 작용할 것이나 인권이 빠진 북한 문제란 결국 자살행위로 되돌아 올 것이다. 동포동포 하는데 동포가 개취급도 못 받고 수없이 굶어 죽고 맞아 죽는데도 또 도움을 받아 핵무기 개발과 선군, 강성대국정책이나 강행하며 인권 침해를 강화해 가는데도 그런 정권에 유화나 도움만을 강조한다면 언어도단(言語道斷)이겠다. 북한 인권문제에 입도 벙긋 못하는 정당은 이 땅에서 그 존재 가치를 상실하게 될 것이다. 서독의 동독정책은 처음부터 끝까지 인권 개선을 밑바탕에 깔고 이루어졌으며 결국 통독을 이루어 낸 것으로 알고 있다. 경제정책도 좋은 편이나 민간 기업의 자진 왕성한 투자설비가 절실한 시점이다. 이명박 정부 하에서도 빈부의 격차는 심화 일로이고 국가와 개인 특히 서민의 가계 빚은 늘어만 가고 이명박 정부 후 배가 되었다는 추측들이다.

14) 천안함 비극과 이명박 대통령 통치

이상과 같은 기본자세에 대해 말한 후 3월 26일 백령도 인근 바다에서 민족적 비극인 천안함(天安艦)이 함수(艦首)와 함미(艦尾)로 두 동강이나 순식간에 격침되는 국민적 비운의 사건이 발생했다. 46명의 아까운 젊은 생명이 수장됐다. 국민은 격앙했다. 아직 6·25의 비극은 연속되고 있는 셈이다. 군의 해이가 얼마나 큰 것이었는지를 이번의 기습 공격이 웅변으로 말해 준다. 군의 최고 통수권자인 대통령의 저간의 치적 자랑과 그 많은 업적 자랑이 외화내빈(外華內貧), 허장성세(虛張聲勢)였음을 드러낸 셈이다. 그분의 판단력과 규준이 얼마나 빈약한가도 가감(加減) 없이 드러난 셈이다. 그것은 대통령의 첫 번째 임무가 국민의 생명보호이기 때문이다. 맨 첫 번째 임무에 대해 전혀 방비나 경계가 없는 완전 무방비, 무(無)판단력이었다는 비난을 이명박 대통령은 피할 길 없게 됐다. 그것도 북쪽이 근자에 이르러 극한의 보복 다짐을 몇 번이고 공언 천명했는데도 말이다. 그뿐만 아니라 김정일 위원장이 해군 실전 훈련을 몇 번이고 직접 참관 격려한다는 보도들이었는데도 말이다. 그렇기에 이명박 대통령은 수많은 젊은 해병들의 수장(水葬) 앞에서 할 말을 잃을 수밖에 없게 됐다. 그동안의 화려한 말들은 기실 번지수조차 제대로 짚지 못한 허황된 것이었다는 비난을 면키 어렵게 됐다.

이런 경우는 말보다는 행동의 입증이 큰 지도자들의 정형(定型)이다. 또 그런 큰 인물은 평소의 국민들의 단합된 마음과 힘을 배경으로 한다. 프랑스의 가장 강력한 군대, 알제리 군 사령관 3명이 1950년대 후반 드골 대통령의 정책에 반란을 일으켜 파리로 입성해 올 때 드골 대통령은 TV에 긴급 출연 "프랑스의 선남선녀(善男善女)들이여 나를 도와 달라"는 짤막한 한마디로 온 국민을 감동시켜 세 장군들은 비행장 입국 현장에서 체포되지 않았던가. 그것은 드골 대통령이 평소에 국민들의 단합된 지지로 믿음과 업적을 쌓았기 때문이 아니었던가. 무엇보다도 뛰어난 그의 판단력과 리더십이 바탕이었다.

지금 우리 민심은 4대강 개발로 갈기갈기 찢겼고 이 대통령은 허장성세로 일관한다는 분위기도 무시하기 어려우니 그렇고 그런 그럴 싸한 말의 성찬이 무슨 해결책이 되겠는가. 국제 공조는 물론 중요하지만 김정일 위원장의 느닷없는 방중을 중국이 저렇게 천하에 없는 환대로 맞는데 또 북한과 중국이 변할 수 없는 혈맹임을 중국의 최고급 인사들이 기회 있을 때마다 다짐하고 이번 김 위원장의 방중에도 천안함 북쪽 소행 보도를 언론 플레이로 흘리고 있는데 과연 국제 공조가 얼마나 효력을 발휘할 것인가. 중국 군관계자가 최근 평양을 찾아 혈맹을 다짐했고 그 후 우리에게 그 아까운 젊은 수많은 생명들이 순식간에 수장됐으니 군 당국자들은 물론 군 통수권자인 대통령은 국민들에게 특히 유족들에게 석고대죄(席藁待罪)부터 하는 진정성을 보였어야 했다. 그동안 수없이 쏟아낸 그때그때를 호도(糊塗)하는 말의 성찬일랑 이제 그만하고, 앞을 멀리 보며 국가의 운명을 한 손에 쥔 대통령으로서 사태의 선후와 좌우를 제대로 읽는 지혜와 판단력을 제대로 갖춘 대통령이 지금 우리에게 몹시도 아쉽다. 동양통치자의 덕성(德性) 또한 더 없이 아쉬운 때다. 그래도 다행인 것은 "원인을 찾고 나면 그 책임에 관해 단호한 조치를 취할 것"이라니 그리 되기를 국민들은 학수고대(鶴首苦待)하는 것이다. 그러나 날이 갈수록 그런 기대는 과거에 흔히 있었던 것처럼 또 다른 허장성세로 끝날 것이 아니냐의 위구심을 갖게 하는 것도 무리는 아닌 성 싶다. 우리의 조사로 천안함 사건이 북한 행위로 드러나면 세계양심이 요동칠 것이나, 그것도 중국이 직간접으로 옹호하고 나서면 그리 강력한 힘을 발휘하지 못할 가능성이 높다. 13억 시장을 눈앞에 두고 어느 나라가 중국의 비위를 거스르겠는가. 미국도 그렇다. 오랜 지난날의 경험으로 보아 시간이 갈수록 북한이 던질 수 있는 있는 미끼, 결국 실현하지도 않을 미끼, 6자회담 카드를 만지작거리며 던지는 미끼에 더 큰 관심을 갖게 될 것이다.

그러니 우리는 이 기회에 전시 작전권 전환을 전 상태로 돌리고 미국의 확고한 방위 약속을 문서로 얻어 내야 한다. 마치 6 · 25 휴전협정 시 이승만 대통령이 미국의 한반도 방위조약을 받아 지난 60년간 한국이 안전과 번영을 이룬 것처럼 말이다. 이명박 대통령을 압승으로 이끈 민심은 몇 배의 타격을 가해 더 이상 북측이 남측에 불장난 치지 못하게 하는 것이지만 그것은 지금 거의 불가능한 것으로 보인다.

그런 큰 그릇은 반공 포로석방을 감행하고, UN군사령관이 38선 이북 진군을 중지시킨 상태에서, 국민의 단합된 민심을 업고, 통일 염원 일념으로 국군 북진 명령을 내려, UN군도 북진을 할 수밖에 없게 했던 이승만 대통령 정도의 큰 그릇이 아니고서는 불가능한 일이다. 어찌 되었건 현 시점에서 국민들은 6·25의 연장이라고 보아야 할 이번 천안함의 참사를 계기로, 대통령을 중심으로 말로만이 아닌 행동으로 일치단결, 전화위복(轉禍爲福)의 일대 전기(轉機)로 삼아야 할 것이다. 이번 천안함 참사가 북한 소행으로 판명나는 경우 전(全)정치력과 경제력 특히 전(全)외교력 발휘는 물론 세계인의 양심에 호소하여, 이제 세계 대국인 중국도 동참, 북쪽 정권으로 하여금 두 번 다시 이런 만행을 벌리지 못하도록 이번 사건을 발본색원(拔本塞源)의 계기로 만들어야 한다.

　6·25는 한국의 놀라운 희생 즉 수십 만 명의 젊은 전사자(戰死者)와 전후방 1백 만을 헤아리는 전상자(戰傷者)와 1천 만의 이산가족과 전국 초토화로, 한국으로 하여금 스탈린과 모택동이 앞세운 북한의 남침의 원대한 계획, 태평양 지대의 세계공산화를 막는 보루가 되게 했다. 사실 그 당시 한반도 전체가 적화됐더라면 일본은 젊은 층이 적군(赤軍)파 출범을 눈앞에 두고 극좌로 치달으며 반미 기운이 전국을 휩쓸어 일본의 적화가 매우 우려되는 시기였다. 중국은 완전 적화된 때였으니 태평양 즉 아태지역의 공산화는 거의 기정사실이라고도 할 수 있는 처지였다. 물론 한국에서의 공산군 패배는 UN군 특히 미군의 참전과 혈전고투(血戰苦鬪)가 가히 절대적 역할을 한 것을 전제로 하고서의 말이다. 한국의 이런 6·25 희생은 그 후 미국주도의 신자유주의 경제로 자유세계 번영의 계기를 마련했다는 주장을, 나는 해외 유학시기와 다양한 국제적 활동 등에서 나름으로 줄기차게 펴 공감을 산 바도 적지

않다. 이렇게 6·25는 어떤 면에서 한국의 위상제고의 계기가 됐기에 그 후 번영을 거듭한 자유세계에게 한국에 대한 무거운 짐을 안겼다는 점도 강조했다.

58명의 생존 해병은 그것도 해군이 아닌 해경에 의해 구조됐다. 46명의 해병이 수장됐다. 6명은 시신조차 찾지 못했다. 또 한 명 한주호 준위는 시신 수중 탐색 중 사망했다. 천안호 구조를 돕다 충돌사고를 일으킨 98금양호의 실종한 선원 6명의 장례식도 시신 대신 유품으로 5월 6일 엄수했다. 해군 당국은 천안함 침몰 시간도 세 번이나 정정 발표했다. 합참(合參) 의장에게 보고는 49분, 국방장관에게는 52분이나 늦게 됐단다. 더 놀라운 것은 이런 국가 중대사의 늑장 보고가 깜박 잊었기 때문이라는 것이었다. 그렇게도 용맹을 떨치던 우리 국군이 어쩌다 이렇게 되었냐는 한탄뿐이다. 지난 10년간 주적 개념조차 없애버리고 북쪽에 무조건 퍼주기와 친북 내지 종북(從北), 심하게는 속북(屬北) 정책이 이렇게도 비참한 결과로 돌아오는 것인가. 참극이 알려지는 순간 대다수 국민은 북쪽 소행으로 직감했으며 나타나는 모든 정황 또한 북쪽 소행임을 확신케 하기에 국민은 격분했다. 이제 그 정체를 물증으로 그 실상이 북측 소행으로 드러나도 험난한 앞날이 예상된다. 기실 이명박 정권은 경제에는 어느 정도 성공했지만 군 기강의 해이 (특히 모든 부패와 기강해이의 파수꾼이야 할 검찰과 경찰이 오히려 부정부패의 스폰서였다는 실례들과 뿌리 깊은 국민 의식), 공무원의 무사안일과 부패와 기강해이, 교육계의 부정, 법조계의 비리와 난맥상, 젊은이들의 좌경 심화 등 내치(內治)에는 엉망이었다는 비난이 국민들 마음에 깊이 자리 잡았는데 천안함 사건까지 우야무야가 되면 민심 이탈은 불을 보듯 빤한 일이다. 지금 보복의 정의감은 국민들의 마음을 불사르고 있어 자칫 잘못하면 그 불똥이 어디로 튈지 몹시 걱정된다. 가톨릭의 정의감은 사랑에 찬 정의, 정의로운 사랑인데, 물론 윤리적으로 허용되긴 해도 보복적 정의로 불탈 수밖에 없는 우리의 현실이 몹시도 안타깝다. 특히 기밀 누설이나 적시적소의 개념마저 모르는 듯한 이 대통령의 말 많은 통치 스타일은 그때그때는 속 시원하지만 과연 얼마만큼 실천될 것이냐는 큰 의문표가 국민들의 가슴 속 깊이 잡게 한다. 더욱이 북쪽은 기습 특수 훈련 부대 18만 명을 보유하고 있고 그중 5만 명은 38선 접경에 포진하고 있다니 물론 자유세계에서는 아주 잘못된 것인데도 그들은 그들 나름으로 명실상부한 행동을 한다는 것을 명심 또 명심하여 다시는 몇 배로 더 가혹한 제2의 천안함 사태를 당하지 않도록 행동으로 만전을 기해야 할 것이다. 지난날 북한 정권이 무모한 도발, 예컨대 판문점 인근에서 도끼로 쳐 미 병사들에게 살해를 감행했을 때 미친개 눈에는 몽둥이밖에 보이는 게 없다는 신조어가 국민들의 큰 공감을 불러 일으켰으며 그런 태세로 사태를 수습하던 것이 기억이 새로워진다. 이런 복수의 정의 의외에 다른 길이 없느냐는 것이 앞에서도 말한 바와 같이 종교의 고민인 것이 우리의 슬픈 현실인가 한다.

지금은 엎친 데 덮친 격으로 금강산의 민관(民官)의 관광시설을 북측에서 동결 중이라니 이 또한 보통 일이 아니다. 애당초 북과의 약속을 그대로 믿고 막대한 투자를 한다는 것이 무모 치고도 상(上) 무모였다. 남한의 적화 통일을 그 정책 기조(基調)로 하는 북한당국이 입안에 들어 온 그 좋은 먹잇감을 놓칠 리 만무하다. 그들의 논리는 자유 민주주의와는 아주 다른 것이기에 계속 막대한 달러가 쏟아져 들어오면 그냥 놓아두었다가 자기네가 자체적으로 운영하여 그 수익을 통재로 얻을 수 있게 되거나 자기네 주장 일변도가 아닐 경우 남한은 손 털고 나와야 할 것은 너무나 당연한 그쪽의 논리인 것이다. 그들에게 남한이란 존재는 어차피 북한에 흡수통일 되어야 할 부속물이기 때문이다. 물론 개성 공단도 예외일 수는 없다. 그렇기에 나는 10년 전 북한에 진출하려는 중소기업이 나에게 의견을 물으면 글쎄 어느 날엔가는 다 놓고 나온다는 마음이면 좋을 것이라는 의견을 말한 적이 있다. 공산 중국에 한국의 투자 바람이 일 때도 사정이 많이 다르기는 해도 중소기업들이 돈 벌어 철수하기란 쉽지 않을 것이란 점을 말 한 적도 있다.

2000년이었다. 나는 어떤 연구소의 회의 초청으로 금강산 관광을 간 일이 있었다. 그때는 금강산 관광이 열린 지 얼마 안 돼 대단한 붐이 일었을 때였다. 동해항에서 뱃길로 아주 이른 새벽에 장전항에 도착했는데 경제적으로 아주 낙후돼 있음을 직감(直感)했다. 항구에 정박해 있는 배들이 켜 놓은 불은 일제(日帝) 말기에 쓰던 이른바 카바이트 호롱불이었다. 날이 밝아 금강산으로 가는데 양쪽에는 철책이 쳐져 있었다. 남북한 사람들의 자유로운 접촉을 차단하기 위한 것으로 보였다. 간간히 농촌 집들과 사람들이 보였는데 흙 움막에서 남루한 옷을 걸치고 사는 모습들이었다. 야산들은 식량증산을 위해서인 듯 나무들이 다 벌목이 되어 민둥산이 되어 장마철이 되면 토사가 나 흙은 다 빠져나가고 모래만 남아 사막화가 진행되는 것으로 보였다. 따라서 북한 전역이 그럴 것이기에 나는 우선 북한에 나무심기로 사방(砂防) 공사를 하여 농토의 사막화를 막아 북한 주민의 굶주림을 해결해 주어야 한다는 말을 하게 되었다. 금강산에 도착하여 고맙게 생각한 것은 금강산만은 아주 잘 보존된 것이었다.

지금 금강산의 남한 재산 문제로 큰 고통을 받고 있을 현대 측의 당시 현지설명으로는 (지금 제 기억으로는) 그때까지 3억 불인가 투자를 했는데 앞으로 4억 불 가량을 더 들여서 호화 호텔, 레저 시설, 골프장 등을 신설한다기에 나는 후일 다 먹힐 것이라고 동행이던 박홍 신부님께도 말하고 주변 분들에게 말했었다. 오늘 그런 사태가 벌어지는 것을 보며 놀라게 된다.

15) G20의 태생과 사명, 운명, 진화를 알아들어야

　G20 의장국 또한 저간에 축적된 국력에 바탕을 둔 이 정권의 공적(功績)이다. 그런데 여기에는 역사적 블랙홀이 있다. 콜럼버스의 신대륙 발견 후 5백년간 전개된 G5(스페인, 포르투갈, 프랑스, 영국, 화란 등이고 후에는 독일, 일본, 미국 등이 가세)라고 할까 혹은 G6이라고 할까에 의해 주도된 식민주의와 1945년 제2차 대전 종전과 더불어 종식된 영토식민주의를 대체하여 신자유주의 미명으로 새로운 경제착취를 이어온 G7(후에는 G8, 물론 공헌한 바도 작지 않지만)이 등장한 것이다. G20은, 2008년 뉴욕월가 파탄으로 G8도 운명을 다해 그 새로운 변형으로 나타난 것이다. G8이 그 안에 그대로 진치고 있는 G20의 탄생이기에 자칫 G20이 G8에 놀아나선 안 될 것이고 오히려 G77의 G8에 대한 이유 있는 반발로 2009년 코펜하겐 UN기후변화 협약회의는 실패했으니 G20 한국 총회는 G77과 약소국 혹은 빈국들의 위치를 끌어 올리는 계기가 되어야 할 것이다. 그런 후진 국가들과 국민들을 위한 한국의 G20 의장국으로서의 노력과 원조는 결과적으로 머지않은 앞날에 우리의 지난날의 번영의 경험을 토대로 그들을 돕는 선두주자가 되면 그 광대한 지역들이 아주 고마워하는 우리의 거대한 소비시장이 될 것이다.

　다만 한 가지 이런 일에 매우 중요한 것은 진심으로 그들을 돕는다는 마음가짐과 실천인 것이다. 이 점에서 가톨릭의 역할이 매우 중요한데 그것은 진정한 사랑의 사회적 실천이어야 하기 때문이다. 이런 필요성의 예표(像表)는 지난 세기 말을 화려하게 장식한 사랑의 화신

인도의 마더 테레사 수녀였다. 이 점에 있어 한국 가톨릭교회는 많은 반성을 촉구 받고 있다고 해도 지나친 말이 아닐 것이다. 개인적인 사랑의 실천은 꽤 많이 하는 편이나 오늘과 같이 사회적 차원에서 구조적으로 모든 것이 이루어지는 데는 매우 미흡한 점이 있지 않은지 한 번 진지하게 반성해 보아야 할 것이다. 또 이런 상황은 국내뿐이 아니라 국제적으로도 한국 교회는 큰 사명을 부여 받은 것이다. 이제 한국은 받는 나라에서 주는 나라의 효시가 되었으니 한국 교회는 더욱 분발하여 정부나 다른 기구들이 할 수 없거나 미흡할 수밖에 없는 부분, 즉 사랑의 마음을 하느님으로부터의 사랑에서 인류사랑에 헌신, 한국 원조에 혼을 불어넣어야 할 것이다. 그것은 하느님의 창조경륜을 실천해가는 중요한 시대적 사명을 다하는 것이다. 이런 일이 진행되는 데에 진면모의 한국 가톨릭의 사명이 있는 것이다. 그것은 돈과 숫자의 문제가 아니라 정신의 문제, 인식의 문제, 마음의 문제 한마디로 진정한 인간 사랑이 밑바탕에 깔려야 하기 때문이다.

더 나아가 가능한 범위 내에서 1940년대 제2차 세계대전 종전 시기, 그러니까 약 70년 전에 그 당시 강대국들을 중심으로 만들어진 지금의 UN 기구를 오늘 세계 실정에 맞게 그러면서도 미래지향적으로 재구성하는 단초를 즉 금년 11월 서울 G20 총회의에서는, 세계 현안의 경제, 정책문제를 그 핵심과제로 하되 앞으로 필히 요청되는 UN 구조의 근본 개편의 싹이라도 움틔우면 하는 바람이다. 만일 그런 면까지를 아우르는 G20 서울 선언이라면 놀라운 역사적 가치를 지니는 회의가 될 것이며 한국은 인류문화사(史) 진화과정 중심에 빛나는 금자탑으로 우뚝 서게 될 것이다. 더 알아듣기 쉽기 위한 예로는 링컨 대통령이 흑인 노예해방으로, 당시로서는 이해가 안 될 뿐더러 멸시의 대상이기도 한 새로운 인간 사회진화를 정초하여, 인류 역사에 금자탑을 이루었는데, 위와 같은 사명을 이루어낸다면 G20 서울 성명은 비견될 것이다. 이런 진화는 위대한 그리스도의 가르침의 폭넓은 실현의 한 단면인 것이다. 이번 서울에서 있을 G20 총회에서 G77을 위시하여 세계 빈국들도 다 같이 하는 세계기구로, G20이 발돋움할 수 있는 기틀은 마련한다면 그야말로 인류사의 획기적인 진화를 이루는 또 다른 인류 문화 진화의 단초를 여는 것이며 그것은 하느님의 창조계획의 또 다른 차원을 실현해 가는 것이다.

여기에 본인이 경험한 한 가지 실례를 적어 보는 것도 의미 있을 것 같다. 1990년 10월 교황청은 제8차 세계 주교 대표자회의 즉 제8차 주교 시노드를 개최했다. 그 시노드는 공산체제가 유럽 천지에서 붕괴된 직후라 가톨릭교회로서도 실제로 사상 초유의 전세계차원의 시노드였다. 본인은 주교는 아니었지만 전문위원 격으로 참석하였다. 그 회의에서 추기경, 대주교, 주교 대의원들은 최장 8분의 발표가 허용되지만 본인은 20분 발표라는 특별대우를 받았는데 그 회의 내용은 여기서 말할 게재가 아니지만 그때 로비에서 있었던 일 한 가지만은 여기에 꼭 기록하여 역사의 대전환이 어떻게 그 싹을 틔우는지를 가늠해 보고자 한다. 그 시노드는 한 달 지속되는 매우 크고 중요한 회의인지라 본 회의는 더 말할 것도 없지만 간혹 쉬는 시간 로비에서 아주 중요한 이외의 안건이 발의되는 수가 있었다. 그 한 가지였는데 어느 날 로비에서 백인 대주교, 주교님들 몇 분이 진지하게 하는 말이었다. 그것은 곧 2년 후 콜럼버스의 신대륙 발견 5백 주년이 다가오니 교회가 성대하게 그 기념행사를 공식적으로 전 세계적으로 거행하도록 발의하자는 것이었다. 이 의견은 좌중의 그러그러한 고위 성직자들 전원 찬성으로 기울어졌다. 나도 그들 중 한 사람으로 있었는데 무언으로 청취 일변도이던 나는 단호한 반대 입장을 표명했다. 그 이유인즉 교회는 정복자의 입장에서가 아니라 피정복자의 입장 더 구체적인 예로서는 남미에서 5천만 인디언들이 정복자들에 의해 그것도 그리스도교 국가들에 의해 감언이설로 모든 재산을 다 빼앗기고 학살됐으니 그들의 한을 풀어 주기 위해 또 속죄하기 위한 대대적인 행사를 벌여야 한다는 것이 나의 주장이었다. 그렇지 않으면 교회는 역사적 또 다른 중대한 과오를 후대에 남길 것이라는 것이었다. 이런 발언을 거침없이 쏟아내자 좌중은 물 끼얹은 듯 조용해지더니 그런 논의는 아예 없는 것이 되었다. 나는 바로 이런 것이 가톨릭의 위대성이라 느꼈다. 1990년대의 오랜 시간에 걸치고 많은 반론과 시련 끝에 2천 년 3월에 결실을 완결했다고도 할 수 있는 위대한 교황 요한 바오로 2세의 교회의 역사상의 잘못 인정과 속죄 행위는 온 세계에 교회의 위대성을 유감없이 드러냈다.

근래에 이르러 G2 이야기도 우리네 지성세계에 심심치 않게 회자된다. 하기야 중국은 3조의 세계 최대 미화(美貨) 보유국이니 이제 태평양과 세계에서 미국과 자웅(雌雄)을 겨루는 위치에 서게 된 것이다. 물론 인류문화 중심이 서서히 동양으로 옮겨 오고 있는 추세이기에, 그렇지만 그것은 하느님의 창조 경륜의 특히 정의 실천의 요청이기에 그런 것이다. 그것은 한창 미국 개척시기 수많은 중국 쿠리(苦力)들이 인간 이하의 말하자면 짐승 같은 대우를 받으며 오늘의 미국 번영의 초석을 놓았기에 중국은 오늘에 이르러 그 정의로운 대가를 받는 셈이다. 그렇다고 중국 일변도는 될 수 없고 중국과 미국은 서로 견제와 갈등을 일으키면서도 서로를 필요로 하는 인류 공통문화 흐름의 파트너가 될 수밖에 없는 하느님의 창조 경륜 실현의 사명을 받은 것이다.

앞의 논지를 이어 G20 서울 성명이 그리되면 지난날의 강대국들의 힘으로는 꿈도 못 꿀 새로운 인류사의 시대 즉 새로운 UN 혹은 다른 명칭의 시대를 열고도 남음이 있을 것이다. 이런 과업은 삼 천 년대에 땅에 대한 하늘의 지엄(至嚴)한 명령인 것이다. 그쯤 되어야지 그렇지 않고 지금처럼 유전국과의 관계 증진 내지는 원자로 몇 개 팔았다고 의스대 보았자 결국 집안이 하도 뒤숭숭하니 집안만을 들볶는 우물 안 개구리의 신세를 면치 못하고 인류 문화사 흐름에서 도외시 될 것이다. 이런 것은 현금 한국의 국제적 역량 특히 경제적 능력이나 인재 등등으로 보아 가능한 것이겠다. 2001년 미국 뉴욕의 국제 무역센터가 9·11 테러에 의해 순간적으로 송두리째 무너져 내려 세계가 큰 혼란으로 빠져들 때 한승수 UN총회 의장은 무난히 그 혼란을 수습해 냈고 그런 저런 맥락에서 현재는 반기문 UN사무총장까지 한국은 배출하지 않았는가. 또 1940년대 제2차 세계대전종전 시 세계 최빈국 식민지에서 한국이 지금은 10대 세계 경제 대국을 넘보고 있지 않는가. 또 경제 수혜국에서 유일하게 UN 경제 원조국이 되지 않았는가. 우리는 좀 더 남을 도와야 하고 분쟁지역들에서 UN평화 유지군에 참여해야 한다. 결국 멀지 않은 한국의 통일도 UN 혹은 그런 연장선상의 국제기구와의 깊은 관련에서 이루어야 하지 않겠는가. 그렇기에 한국은 이런 국제기구에서 적극적이어야 하며 선도(先導)적이어야 할 것이다.

16) 그래도 이명박 대통령에게 희망을 건다

본인이 이명박 대통령에게 희망을 거는 것은 그의 결단력 때문이다. 이명박 당선자가 인수위 진행과정에서의 잡음과 고소영, 강부자 등의 항간 회자로 곤경을 치를 때 나는 〈평화라디오〉와 유력지 〈조선일보〉에(실은 많은 일간지와 인터넷이 보도) 당당하게, 대선 공약인 사재 사회 환원 실천을 촉구했고 그래도 응답이 없기에 취임 1주년이 좀 지났을 때, 또 경제난의 극심(極甚)으로 수다(數多)한 학생들이 학업을 포기하는데도 실천이 없기에, 그런 공약(公約)은 그야말로 대통령이 되기 위한 술수 공약(空約)이었느냐고 맹공을 퍼 부었다. 이 대통령은 즉시 청계(淸溪)장학회를 발족시켰고 근일 4백 수십 명 가난한 학생들에게 장학금을 지불한다는 보도를 보고 이명박 대통령께 고마움과 새로운 희망을 갖게 되었다. 그 장학회가 발표된 직후 나는 그 용단을 〈조선일보〉에 특별시론으로 칭송했으며 그 후부터 이명박 대통령의 인기는 상승을 거듭 20%대에서 70% 이상으로 솟았다가 지금은 40%대 중반인 것으로 알고 있다. 다만 한 가지 위구는 그분은 급변(急變)을 거듭하는 현금의 인류문화사 흐름에 대하여 거의 맹목이라는 점이고, 그 분 주위에 그런 형안을 가진 사람들이 있을 법도 한데 전혀 그런 인식변화의 기색(氣色)이 보이지 않고, 때로는 엉뚱한 일만 골라 하는 셈이어서, 즉 국내에서 정치계와 민간계에 싸움을 북돋는 일만 골라하는 꼴이 되어, 모처럼의 업적들을 무화(無化)시킬 위험이 커가는 것이 아닐까 걱정이 앞선다. 그러나 이명박 대통령이 그야말로 심기일전(心機一轉), 환골탈태(換骨奪胎)하여 인류문화의 새로운 흐름을 이해하게 된다면(그분의 인식 저변을 들여다 보면 거의 가망이 없는 것이지만) 우리 민족사에는 물론이고 인류사에 이 민족의 위대성을 남길 수 있는 소지를 다분히 갖고 있기에 다시 한 번 그분께 희망을 걸어 본다.

끝 인사와 축복 기원

참으로 길고 혹독한 추위와 폭설의 겨울이었다. 그래도 자연은 어김없이 따뜻한 봄을 선사할 것이다. 곧 천지에 백화가 만발할 것이고 녹음방초(綠陰芳草) 향기 가득한 초여름이 될 것이다. 다시 한 번 두 손

모아 모두에게 만복래(萬福來) 한해를 기원한다.

2010년 1월 19일

17) 천안함 사건에 대한 부언

2010년 5월 20일에 우리 정부 당국은 과학적·객관적 근거와 함께 천안함 북한 당국 폭파를 그간 미국, 영국, 호주, 스위스 및 우리의 민군(民軍) 합동 조사반 조사 결과를 공식 발표한다. 그것은 천안함 침몰 직후, 앞에서 말한 나의 판단이 그대로 적중했음을 보여주었다.

이제 처리 문제는 UN 등 국제기구, 특히 미국 등의 우방과 긴밀한 협조를 통해 해결하는 데 만전을 기해야 하나 무엇보다 먼저 이명박 대통령은 외형에 들떠 자신의 첫 번째 임무인 국민의 생명 지킴이 의무 불감(不感)과 무책임(無責任)으로 야기된 46명의 젊은 생명 수장(水葬)을 피를 토하는 심정으로 통감(痛感)해야 한다. 그리고 국민이 납득할 수 있고 이명박 대통령이 누차 공언한 것에 상응하는 단호한 조치를 취해야 할 것이다. 북측으로 하여금 그런 천륜과 인륜을 근본에서부터 배신하는 만행을 두 번 다시 하지 못하게 하는 응징의 조치를 취해야 할 것이다.

이명박 대통령은 천안함 사건 처리를 제대로 하지 못하는 것 같았으나 차차 시간이 지나면서, 특히 한·일·중(韓日中) 정상회담을 거치면서 제대로 수습해 가는 것으로 보이니 불행 중 다행이다. 그런 참담한 결과가 북한의 소행으로 국제와 국내 민군(民軍) 전문인 합동 조사단에 의해 발표됐는데도 국내에서는 처음부터 시종일관 북한을 감싸는 듯한 언사로 일관하며 북한 만행에 대해서는 일언반구(一言半句)하지 않고 자국 정부만을 탓하는 정당인과 정치인들은 더 이상 자유 대한 민국 정당이나 정치인으로 보기 어려우니 6 · 2 선거에서 민의에 의해 철저히 견제되어야 할 것이다.

이 점에 있어 본인은 종교인으로서 무한한 자비로 용서와 화해를 베푸시는 하느님께서도 첫째, 잘못한 사람이 사실을 사실대로 인정하는 진솔한 마음과, 다음으로는 잘못을 뉘우치는 진정한 통회(痛悔)의 마음과 다시는 그런 잘못을 저지르지 않겠다는 굳건한 회개(悔改)의 마음 표명이 있어야 죄인이 용서와 은혜를 받는다는 생각이 미치게 된다.

예수님께서 죄인을 용서하실 때도 범죄의 사실을 그대로 인정하고 통회를 할 때, "다시는 그런 죄를 짓지 말라며 용서하셨다." 지금도 간절히 바라는 것은 불가능한 일일 줄 알면서도 북쪽 정권이 사실을 있는 그대로 인정하여 유감 표명과 사죄 요청, 남한 국민감정을 고려하여 응분의 조치를 스스로 취해 진정한 남북 화해 무드가 생기면 하는 바람이다.

2010년 5월 30일

18) 젊은이 20여만 명, 문화봉사단 세계 파견

나는 우리 민족에게 천운으로 주어진 것, 한 가지를 다시 짚고 넘어가고자 한다. 그것은 지금 여러 분야에서 세계를 휩쓸고 있는 우리 젊은이들의 세계 파견 문제다. 우리 젊은이들의 활동 무대는 하늘과 세계와 미래다. 이 비좁은 한반도, 그것도 현재의 반쪽 남한만으로는 그들의 능력과 재능을 수용하기에 어림도 없다. 그들은 세계 속에서라야 실력을 드러내며 빛을 발한다. 그들을 국가적 차원에서 훈련과 교육을 시켜 세계 각지로 파견하면, 그들은 상상을 초월하는 놀라운 일을 해낼 것이다.

그들 활동의 기본 정신은 경제적 차원이 아닌 문화적 차원이어야 한다. 오늘의 세계는 천차만별의 세계이니 파견될 지역에 따라 그 곳 주민의 습성, 전통, 역사, 인근과의 관계, 가족제도, 사회제도, 심성, 욕구, 취향, 기호 등 민족성, 한마디로 그들의 문화를 어느 정도 습득하고 진심으로 돕는다는 자세로 파견되어야 할 것이다. 진심으로 돕는 마음, 한마디로 사람을 사랑하는 마음 고취(鼓吹)에 가톨릭교회의 큰 몫이 있다. 세계성과 인류 보편성이 본질인 한국 가톨릭교회는 세계 교회 조직을 활용하여 젊은이들을 대거 파견하고 봉사하게 하여 교회를 무더기로 떠나는 국내 젊은이들을 다시 하느님의 품으로 되돌려 올 수 있을 것이다. 젊은이들의 지금 활동 무대는 세계와 하늘, 미래이기 때문이다. 그리고 그들은 현지에서, 예컨대 극빈 지대, 문맹 지대에서는 우리의 남아도는 쌀로 끼니를 제공하고 간단한 교육 시설, 천막 학교 등의 설치 교육을 할 수 있다. 약 한 첩 못쓰고 죽어가는 곳에서는 시약(施藥)과 더불어 주사 한 대를 놓아 주며 헐벗은 사람들에게는 우리가 쓰다 남은 많은 옷이나 신발들을 거두어 깨끗이 세탁하고 수선하여 보내면 수혜자(受惠者)들은 그지없이 고마워 할 것이다. 우리는 6·25 때 이런 경험으로 오늘을 이루어 낸 민족이다. 그것도 서구사회가 300년에 걸쳐 이룬 문명 사회, 풍요 사회를 최악의 식민지 상태에서 단 50년만에 이루었다. 유일하게 극빈(極貧)의 수혜국(受惠國)에서 선진국을 바라보는 시혜국(施惠國)으로 발전했기에 세계 개발도상국들은 모두 우리를 발전 모델로 하고 있다. 이때가 바로 우리에게 세계 도약의 절호의 기회다.

이런 계기에 우리 청년들은 세계를 주름잡는 귀재(鬼才)의 천운까지를 갖추고 있다. 그들은 국가가 이런 관점에서 조금만 도와주면 그런 봉사 문화로 지금까지 인류문화사에 없었던 놀라운 일을 해낼 것이다. 지금 우리 젊은이들은 각 분야에서 아이디어로 세계를 주름잡고 있다. 그들은 이런 기초에서 출발해 현장에서 기성세대가 생각도 하지 못할 아이디어 산출로 인류가 가야 할 아주 다른 차원의 새로운 문화를 산출할 것이다.

사실 우리 국력이 힘을 얻게 되고 세계에 알려지게 된 것은 베트남전에 국군을 파병한 것이다. 또한, 우리의 기업과 젊은 노동자들을 사우디 등 중동 아시아 건설 역군으로 해외 파송하였다. 지금은 그때와는 완전히 차원을 달리하여 세계를 휘몰아가는 청년 세계 문화봉사단 파견이야말로 한국의 앞날에 세계 지도국의 토대를 쌓는 것이다. 또한, 그런 파견이야말로 세계 리더국의 토대를 쌓는 것이다. 이런 문화적 비전이 없다면, 이명박 대통령은 그 당시 아랍 열사에서의 돈벌이 이외에 다른 이상적인 것이란 아무것도 얻지 못했다. 기껏해야 두바이에서 스키장을 만들자고 한다. 우리는 오리지널인데도 두바이에서 하는 짝퉁 개발이나 본받자는 등의 역주행적 발상이나 내놓는다. 이명박 대통령이 제대로 된 인류문화 발전 선상에서 무엇을 하고자 한다면, 지금은 베트남전이나 사우디 노동 현장 시대가 아니니 20여만 명의 청년 문화봉사단을 세계로 내보내 세계를 이끌어갈 대한민국의 기반을 닦아야 한다. 박정희 대통령이 오늘의 한국의 경제적 기반을 이루어 세계 속의 한국을 구축한 기초는 한국 젊은이들의 베트남에서의 피흘림과 사우디 열사에서의 땀흘림, 허리가 굽는 노동의 대가였다. 오늘은 더 높은 차원, 즉 문화적 차원에서, 아이돌 등으로 세계를 휘어잡는 젊은이 수십만을 세계에 파견한다면, 비좁은 남한을 넘어 비약적인 국운을 세계 속에 구축할 것이다.

또한, 젊은이들을 약 20만 정도를 양성하여 세계 각지에 파견하면 젊은이들의 특성상 우수한 사람 하나에 3~4명이 따라붙게 되니 청년 실업 문제를 해결할 수 있을 것이다. 그러면 이 비좁은 땅에서 머지않아 심각한 사회 문제로 제기될 전 세대와 젊은 세대 직장 쟁탈의 피비린내 나는 갈등도 해소될 것이다. 한편, 그들에게 준비 시기부터 상당한 보수를 지불하면, 지금 우리 젊은이들은 낭비하지 않는 세대이니 예컨대 월 200만 원 정도를 지불해 주면, 50~60만 정도를 쓰고 남는 돈으로 쪼들리는 가정을 도울 수 있을 것이다. 이렇게 가정들은 과외의 수입이 생기니 이 나라 사활의 문제로 제기되는 내수(內需)도 자연스럽게 활성화될 것이다.

물론 이런 경우, 그들을 위한 방대한 비용의 문제가 제기될 것이다. 그 비용은 4대강 개발의 막대한 비용의 일부로라도 충당할 수 있을 것이다. 결과적으로 그런 우리 젊은이들의 세계 봉사 문화는 세계를 우리의 안마당으로 시장화 하게 될 것이다. 이런 효과는 상상을 초월하는 세계로 뻗어가는 우리의 국부(國富)와 국력을 이루어 줄 것이기에 한국은 모든 면에서 타의 추종을 불허하는 세계 속의 한국이 될 것이다. 우리 젊은이들은 기발한 아이디어로 번뜩이니 기성세대가 감조차 잡을 수 없는 위업(偉業)을 이루어 낼 것이다.

정부가 길을 터주고 조금만 뒷받침해 주면, 젊은이들은 자진 정부 편이 될 것이다. 그런데도 생각이 너무 짧아 일자리 몇 개 만들어 준다고 현 정부 편이 되지 않는다는 것을 이명박 대통령은 감조차 잡지 못하는 것 같다. 그렇기에 일자리가 그렇게도 많았던 박정희 대통령의 경제 부흥 시기에도 젊은이들은 군사정권이 종식될 때까지 날로 강도(强度)를 더해가는 데모와 소요, 폭력이 계속되었던 것을 이명박 대통령은 누구보다도 잘 알 것이다. 새로 도래하는 인류문화의 아이디어로 젊은이들을 선도(先導)하지 않고서는 그들을 어찌할 도리가 없다. 지금처럼 윤리적으로 만신창이가 된 청와대와 정부로서는 젊은이를 휘어잡을 수 없다. 그렇기에 그들은 거의 다 좌경하고 있으며 좌파 선전이 그대로 먹히는 것이다. 그런 좌경 현상은 큰 선거 때면 그대로 드러난다. 젊은이들의 능력은 아주 기발해 현 정부나 청와대의 능력이나 두뇌로는 그들을 감당하기에 어림도 없다. 그렇기에 큰 선거에서 현 여당은 번번이 젊은이들의 움직임, 특히 사이버 조작으로 참패를 당한 것이다. 이제 가히 신의 능력을 방불케 하는 스마트폰 시대를 맞아 세계 IT 조작의 명수로 알려진 젊은이들이 무엇을 어떻게 할지 아무도 모른다. 자기 자신들도 모르고 있지만 일을 만나면, 그들의 기지(機智)는 신기(神技)에 가깝다는 것을 염두에 두어야 한다.

이런 우리 젊은이들의 능력, 즉 휴대폰 사용이 노무현 대통령 출현 시 항간의 상식을 뒤엎었고 촛불시위 때는 동영상 배포가 이명박 대통령을 사지로 몰아넣었다. 그 후 여당 참패 선거 때마다 그랬다. 특히 6·2 자치장 선거 때는 사이버 트위터 활용은 사회조사도 사색(死色)으로 만들어 야당의 압승으로 극대화했다. 앞으로는 신출귀몰의 스마트폰 시대이니 더욱 그럴 것이다. 그런데도 이명박 대통령과 여당은 젊은이들에게는 안중에도 없는 국제행사 몇 가지 이득에서 의기양양하는 모습이다.

이런 저런 연유로 필자는 지난 5월 25일 청와대 회의 때 한 가지를 더 말했는데 그것은 '젊은이 문제'였다. 시간이 없어 허두만을 뗀 셈이고 알맹이를 말할 수 없었던 것이 몹시 아쉬웠다. 그 회의 때는 6·2 자치장 선거가 일주일 후로 다가오고 천안함 사태가 최고도에 달한 시점이었다. 나는 회의를 주도하는 이명박 대통령에게 젊은이들을 잘

챙겨야 하고 그들을 위한 정책이 전무하니 젊은이들을 위한 정책을 우선순위로 할 것을 말했다. 또한, 그들의 좌경을 바탕으로 야당이 선거에 임하고 있으니 이 점에 특히 유의하여 젊은이들을 안을 정책을 세워야 한다고 하는 정도에서 끝내야 했다. 아마도 그 결과, 이명박 대통령은 개각 때 젊은 장관들을 기용한 모양이다. 그러나 필자의 젊은이들에 대한 비전은 그런 정도가 아니고 앞에서 말한 바와 같은 세계와 미래를 웅비(雄飛)하는 젊은이 상(像)을 염두에 두고 한 것이다. 이명박 대통령은 상당히 개방적인 것 같으면서도 실은 인적 장막에 갇혀 있다. 필자는 우리 젊은이들의 기상을 여러 곳과 여러 가지 모양으로 말하고 표현했다. 이는 이명박 대통령에게서는 그런 각도에서 젊은이들의 문제에 접근하는 흔적조차 볼 수 없기 때문이다. 그래도 이명박 대통령의 장점은 알아듣고 확신만 서면 실천력이 대단한 분이라는 것이다. 그렇기에 나는 아직도 그분께 희망을 걸고 있다.

미국 중간 선거는 공화당 압승으로 끝났고 미국은 경기 부양을 위해 6천억 달러라는 어마어마한 돈을 또 푼다고 한다. 이런 미국 돈이 마구 세계에 쏟아지면 물가는 치솟고 달러화는 절상되어 한국 같은 나라는 물가 폭등에다 수출 의존국(依存國)이니 원자재 가격 폭등과 달러화 절상으로 심각한 타격이 우려된다. 경주 회의 자체가 무의미하게 된다는 설도 나온다. 미국은 이런 복안으로 경주 회의에 임한 것인데 우리는 그 눈치도 못 차리고 경주 회의에 자만한 것이 아닌가 싶다. 중국은 미국의 정책에 불만 폭발이고 독일, 일본 등의 경제 선진국도 불만이라고 한다. 수출일변도인 한국의 입장이 가장 어려울지도 모르는 판국이니 G20 서울정상회의에서의 한국 거중 조정안이 매우 어려울 듯싶다. 그래도 해는 동쪽에서 뜬다. 어차피 인류 역사는 하느님의 창조경륜에 따라 인류가 공존(共存) 공영(共榮)의 궤도에 진입했으니 한국은 역발상으로 우리의 활로를 젊은이들의 세계 파견에 초점을 맞추는 데서 찾아야 할 듯하다.

2010년 11월 6일

19) 연평도의 군민(軍民) 살상과 초토화 사건[54]

지금 이 민족의 가장 고통스럽고 이 나라 앞날이 어찌 될 것인가 하는 불안감이 전 국민의 가슴을 짓누르고 있습니다. 연평도 주민들은 지금 6 · 25 피난민을 연상케 하는 난민 생활을 인천 찜질방에서 하고 있습니다. 이런 국민적 불안감은 일주 전 백주에 북한군의 기습 공격으로 일어난 연평도의 군민(軍民) 사상자와 전도(全島)의 초토화 사건입니다. 참으로 그 참상은 민족의 비극 중에 비극이 아닐 수 없습니다. 여기에 이르러 그리도 자랑하던 정부의 치적은 무엇이며 그리도 신뢰했던 국군의 실상이 무엇이냐는 국민의 물음에 정부도 군도 할 말이 없게 되었습니다. 그것도 천안함의 북한 만행의 비극, 즉 우리 해군의 강대한 함정이 순식간에 북한의 공격에 의해 두 동강이나 아까운 젊은 해병 46명과 같이 수장된 지 7개월 만에 다시 이번에는 지상에서 한 대낮에 일어났으니 옛날 같으면 군 지휘관들은 책임지고 자결해야 하고 국왕은 양위를 강요당할 중대 사건입니다. 그것도 그날 11시부터 오후 2시 조금 전까지 근 3시간 동안 청와대에서 이명박 대통령과 국민원로회의 위원들이 G20 성공의 자찬(自讚)과 타찬(他讚)에 흥을 돋운 식사 직후이니 참으로 아이러니 한 일이었습니다. 필자는 분위기가

---

54 대전 기업인회 강연 일부 : 2010년 11월 30일, 오후 7시 30분, 유성 호텔.

좀 그렇기에 또 시간이 지나치게 길어지기에 먼저 일어났던 것입니다. 바로 그 시간에 옹진반도 북한 측에서는 연평도 군부대와 민간 촌락 전체를 초토화할 작업을 완료, 작전 개시 시간이었겠습니다.

이제 우리는 민족적 대 참사인 연평도 초토화 사건을 한번 짚고 넘어가야 할 것입니다. 천안함 사태 때 그렇게도 천지신명께 맹세라도 한 것 같았던 이명박 대통령의 북한 만행에 대한 단호한 응징 표명이 있었습니다. 그것은 국토방위와 국민의 생명 지킴의 임무를 다하겠다는 대통령의 국민 앞에서의 결연한 결의 표명이었습니다. 그러나 연평도의 참혹한 적의 또 다른 공격 앞에 그 짧지 않은 시간 동안 무엇을 했느냐의 국민 질책을 대통령은 무엇이라 하든 면키 어렵게 되었습니다. 그동안 별로 새로운 것도 아닌, 어찌 말하면 지나가도 한 세기는 좋이 지나갔을 구호로, 말에서 말로 지새운 날들이 허무하기 짝이 없어 하는 국민들의 무너져 내린 마음과 신뢰를 대통령은 어찌 회복할 수 있겠습니까. 특히 유족들의 한을 국민 훈장 추서와 돈 몇 푼 보상으로 풀어줄 수 있겠습니까. 그뿐만 아니라 530만 표 절대 압승으로 우익이 좌익이 싫어 정권을 빼앗아 이명박 정권을 출범시켰는데 중도 실용이니 어쩌니 우익 유권자를 실망시켜 우익 상당수를 떠나게 하여 제대로 된 선거에서는 번번이 참패를 하더니 또 공정사회니 무엇이니 하며 지나가도 한 세기는 지난 구호로 세태를 농(弄)한 셈입니다. 적 공격으로 연평도 군민(軍民)이 살상되고 전도(全島)가 초토화되고 전 도민이 피난길에 오르고 보니 이명박 정부는 실제로 해야 할 일에 대해서는 감도 못 잡은 셈이 되어 실정의 극한에 이르렀다는 비난을 면치 못하게 됐습니다. 이명박 정부는 말에서 말로 시종한 감입니다. 그런 구호는 지나도 한 세기는 지난 것들입니다. 공정사회라야 결국 정의사회를 말하는 것이고 정의를 전 인류가 힘차게 외친 시기는 식민시기 말기와 지난 20세기였으며 20세기는 정의가 인류의 구호였습니다. 근자의 연속되는 비극적 사건들은 이명박 대통령으로 하여금 제대로 대통령의 임무와 책임을 이행하지 못하고 권력과 영광에만 도취되어 있었다는 비난을 면키 어렵게 합니다. 연평도를 초토화시킨 북한 포격 위력은 세계가 경탄할 것이었습니다. 포탄이 날아들기 직전까지 청와대에선 G20의 천하에 없는 대성공이나 한 듯 대통령 치켜세우기와 대통령과 더불어 국민원로회의 위원들이 도취와 식사에 흥겨웠으니 할 말을 잊게 된 셈입니다. 그렇게도 우리의 방대한 예산을 쏟아 붓는 국가정보원과 군 정보기관을 위시하여 군 초소의 레이더망까지 통틀어 먹통 구실밖에 못했으며 장님과 귀머거리 국가임을 세계만방에 표방한 꼴이 되어 참담한 국가상으로 전락했습니다. 세계 최강을 자랑하던 국군은 이제 그 해이와 무방비 상태로 세계 최고가 된 셈이니 이 또한 궁극적으로는 국가의 대권을 한손에 쥔 군통수권자인 이명박 대통령의 무능으로 치부될 수밖에 없게 되었습니다. 적의 위력적 포문은 1천문이라는데 우리는 고작 9문이고 그것도 고장 나거나 적의 공격으로 망가져 3문만이 적의 근 2백발 포격에 80발로 응사했다니 참으로 어이없는 일이 아닐 수 없습니다. 그동안 6·25 전쟁 등을 거치며 젊은 피로 이 땅을 지켜온 충정과 피땀 흘려 쌓아 올린 경제번영이 고스란히 무너져 내리거나 김정일 절대 독재자에 넘어갈 위험마저 느끼게 합니다. 대권과 군통수권의 중대 의무 소홀을 빼고 북한 독재세습 정권이 어쩌고 북한만을 탓하는 것은 쓸데없는 책임회피성 발언과 궤변에 불과합니다. 다음에 그런 일이 재발하면 결코 가만있지 않고 응징한다든가 하는 말이 이제 빈 말이라는 것을 국민은 잘 알고 있습니다. 천안함의 비극에 이어 연평도의 처참한 초토화를 당하고도 북한이 다시 도발하면 응징한다는 말만 되풀이하니 참으로 딱한 대통령이라는 국민의 실망감을 어찌 감당할 것이겠습니까. 우리 속담에도 다음 보자는 사람 무섭지 않다는 말이 있지요. 이번 새로 제청되는 김관진 국방장관 내정자도 다음 그런 일이 있으면 몇 배로 갚겠다는 등의 말을 하는 모양인데 그렇다면 이번 연평도 불법 영토 공격도 그대로 넘어가겠다는 것이고 대통령의 의중도 그런 것이라면 어느 국민이 대통령의 말을 믿을 것이며 그런 종이호랑이 발언을 하는 대통령이 왜 필요한가에 대한 국민의 무언의 질문은 계속될 것입니다. 29일 대통령 대 국민 담화도 앞으로 적의 공격은 호된 대가를 치를 것이라는 뉘앙스인데 지금까지 당한 천안함 두 동강과 젊은 46명의 수장 사건, 연평도 군민(軍民) 살상과 전도(全島) 초토화 사건에 대한 피해는 어찌할 것이지 등에 대한 시원한 답이 없지 않습니까. 29일의 담화도 말말, 빈말의 연속이라면 누가 대통의 말을 믿겠습니까. 그야말로 늑대 소년만도 못한 위인 아니겠습니까. 28일부터 실시되는 미리 계획됐던 미국 최강의 항공모함 참가의 서해 한·미 합동 훈련으로 어물쩍 지나버리려 한다면, 이 또한 일종의 책임도피성이란 비난을 면치 못할 것이며 그런 유약한 대통령의 태도는 북한의 3, 4, 5차의 기습 공격과 우심(尤甚)하게는 섬들의 북한군의 상륙 시도와 서울과 남한 주요도시들의 불바다 공격도 북한 선군(先軍), 강군(强軍)파는 결행할 위험이 큰 것입니다. 이 나라의 앞날이 매우 걱정스럽습니다. 그렇기에 지난 5월 25일 청와대 대통령 임석의 국민원로회의 때에 시기가 바로 천안함 참사로 국민감정이 격해 있는 때라 저는 다음 북한의 서울 불바다 위협을 소홀히 여기지 말고 국가 보위에 만전을 기해달라는 강력한 주문을 했습니다. 그런데 7개월이란 짧지 않은 시간에 말만 요란하고 쏟아내는 결의만 대단했을 뿐 실은 아무 대책도 없이, G20 회의에만 정신이 팔려 이명박 대통령은 가장 기본적인 국가 보위는 안중에도 없었던 것입니다. 지금 우리가 그리도 도취되어 있는 G20의 성과는 내년 프랑스의 칸 정상회의에서 어떻게 결론이 나든 서울회의는 지나간 것이고 퇴색될 수밖에 없습니다. 그래도 남을 것은 G20 서울정상회의에서 처음으로 한국이 제안한 개도국 개발안입니다. 그 제안은 국제적으로 큰 호응을 불러일으켰습니다. 그 제안 역시 15)‘G20의 태생과 사명, 운명, 진화를 알아들어야’[55] 란에서 보는 바와 같이 필자가 지난 5월 25일 청와대 국민원로회의에서 강력히 제안한 것입니다. 어찌 되었건 국가안보가 무너지거나 약화되면 경제도, 모든 국제회의 성과도 물거품처럼 삽시간에 사라진다는 것을 대통령은 명심하고 국민들도 이 점에 최대의 관심과 노력을 기울여야 할 것입니다. 그동안 반세기 이상 쌓아 올린 강력한 국가안보가 무너지면 적화 통일이라는 비극이 올 것이기 때문입니다.

우리가 지금 당면하는 어두운 현실은 근원적으로 이명박 대통령에게 잠재해 계속되는 고소영 인사 스타일에서 연원되는 것입니다. 지금 국민에게는 이런 어둠을 행동으로 몰아내어 밝은 앞날을 제시하는 대통령이 절실히 요청됩니다. 마치 이승만 대통령이 6 · 25 전쟁 와중에 거제도 포로수용소에서 반공 포로들을 석방하고 서울 수복 후에 UN 군의 38선 정지 사령관 명령도 무시,(국군도 UN군에 속해 있었는데도) 통일을 위해 평양을 진군한 것처럼 지혜와 용기를 갖춘 대통령이 요청되는 것입니다. 그런데도 10년 좌경 정권에서 우익의 단결로 절대 압승으로 되돌려 온 정권을 다시 종북 정권에 넘겨 줄 위엄이 이명박 대통령의 계속되는 실정과 민심 이탈로 날로 커 가는 것을 지금 부인하기 어렵게 됐습니다. 또 한편, UN의 결의안도 중요하지만 북한을 혈맹

---

55 본문 597쪽 참조.

으로 절대 옹호하는 중국이 UN 안보리 상임이사국으로 있으니 그런 결의안도 무용지물이나 다를 바가 없습니다. 사실 북한은 6·25 전쟁 때, UN군과 3년간 중공(中共)군(오늘의 중국군)의 참전을 배경으로 치열한 전쟁을 하여 어느 쪽도 승자가 아닌 결과를 이끌어냈다는 사실도 명심해야 할 것입니다. 또 다른 한편에서 볼 때, 지금 북한의 남한에 대한 무차별 공격으로 일어나는 모든 사태는 이명박 정부가 북한과 대화하고 협력했다면, 다시 말해 북한과 평화를 유지하는 노력을 했다면 그런 일이 없었을 것이라는 논리를 야당과 일부 종북 단체들이 펴고 있습니다. 그런 것은 지난 10년간 좌파 정당과 종북 단체들이 북한의 요청에 따라 퍼주기 정책을 편 것입니다. 그 결과는 북한의 핵폭탄 제조와 미사일 보유로 나타나 남한의 수백만 어쩌면 수천만 인명 살상과 남한 전체를 초토화 할 수 있는 위협으로 나타난 것입니다. 그런 평화를 유지하려면 단적으로 남한 전체를 김정일과 김정은에게 상납하면 될 것입니다. 그들이 오매불망 염원하는 것은 한반도 전체의 적화통일이기 때문입니다. 이 점에서 이명박 대통령이 북한의 욕구대로 하지 않고 의연하고 강력한 의지로 자유민주주의를 지키는 것은 찬탄할 일입니다. 그러나 이명박 대통령의 가장 큰 실정(失政)은 시대의 문화 흐름을 전혀 몰라 젊은 층의 좌경화를 극대화한 것이며 지난 대선과 총선으로 초죽음이 되었던 좌경 야당과 종북 세력을 옛 집권 시기보다 더 기승하게 만든 것입니다.

2010년 12월 4일

4. G20 서울정상회의

　- G20 서울정상회의와 개도국 개발안 및 한국의 사명

1) 세계 경제 그룹

　G2* (Group of 2); 미국, 중국

　G7* (Group of 7); 미국, 영국, 독일, 프랑스, 일본, 이탈리아, 캐나다.
1974년 오일쇼크로 만들어졌음. 1976년 캐나다 합류로 G7이 됐음.

　G20* (Group of 20); (아르헨티나, 호주, 브라질, 중국, 캐나다, 프랑스, 독일,
인도, 인도네시아, 이탈리아, 일본, 멕시코, 러시아, 사우디아라비아, 남아프리카
공화국, 한국, 터키, 영국, 미국, EU. 총 20개국.) 세계 경제를 이끌던 G7 과
유럽 연합(EU) 의장국에 12개의 신흥국, 주요 경제국들을 더한 20개
국가의 모임. 이 그룹은 1997년 아시아의 외환위기 후 경제 위기 재발
방지와 선진국-신흥국 협력체계 구축을 위해 1999년 출범.

　G77(Group of 77): 77개발도상국 그룹. 1963년 알제리에서 준비회의
로 1964년 출범. 현재(2011년)는 133개국. 한국은 회원국이었으나

OECD 가입으로 77 회원국자격 상실.

2) 2010년 5월 25일, 청와대 국민원로회의에서 제안

나는 G20 서울정상회의 의제에 개도국 개발안과 개도국 초청 제안을 했으며 젊은이들에 대한 우선 정책안도 제안했다. G20 서울정상회의에서의 이러한 개도국 개발 제안은 세계의 새 질서를 여는 것이기에 세계를 놀라게 한 매우 중요한 제안이었다. 또 한 가지는 우리의 가장 중요한 자산은 우수한 젊은이들이라는 것이다. 한국의 부모들은 자녀 교육을 위해서 기러기 아빠, 기러기 엄마라는 세계에 없는 교육열인데도 정부에서는 젊은이들을 위한 우선 정책이란 전혀 없으니 이 점의 역점 정책을 요구했다. 그 구체적인 안은 이명박 대통령 2011년 신년 시정 연설 준비 비서관과의 대담에서 밝힐 것이다.

3) 이명박 대통령은 G20 서울정상회의에서의 개도국 개발안을 브뤼셀 ASEM 회의에서 발표, 세계적 호응을 얻다

이 제안이 금년(2010년) 11월, G20 서울정상회의 주요 의제로 상정된 것은 앞으로 창출되어야 할 '새로운 세계 질서의 핵심적 제시' 라는 국제적인 호응을 얻었기 때문이다. 영국의 유력지 가디언(Guardian)은 이러한 의제 선정이 G20의 중요한 진화를 설파하는 것이라고 찬사했다. 또한, G20 서울정상회의로 세계 속에서의 한국의 위상 제고는 1988년 서울올림픽보다 더 크고 지속적일 것이라고 보도했다(《동아일보》, 2010년 10월 8일 A8면 참조).

4) G20 서울정상회의에서 인류 공동 번영의 방향 설정-개도국 개발안

이 제안은 식민시기, 포스트콜로니아니즘 시기, 포스트모더니즘 시기, 생명문화 시기 등 현존하는 모든 인류문화 차원을 넘어 인류가 공존(共存)·공영(共榮)하는 3천 년대 인류문화의 새 질서를 형성하자는 것이다. 그 근본정신은 '하느님에서 시원(始原)하는 사람에 대한 사랑'으로 인류 삶의 새 질서를 이루는 것이다. 이는 하느님 창조경륜의 드높은 차원의 실현이며 사랑이신 하느님의 모습이 인류 공동체인 G20을 통한 놀라운 진화의 서곡(序曲)이라는 것이 나의 미래투시의 시각, 즉 예언적 시각이다. 그래서 이 문제는 다른 현안으로 말미암아 소홀히 하거나 놓치지 말고 반드시 실현되어야 한다는 것이 나의 확고한 신념이다.

5) 경주 G20 재무장관 및 중앙은행 총재회의와 G7 회의

이 회의의 공동 성명에서 중국이 극력 반대하던 미국의 강력한 요구, 즉 중국의 위안화 절상 문제가 IMF의 개도국 지분 5% 예상을 6% 인상 증액으로 중국의 양보를 이끌어내 타협점을 찾았다는 것이다. 이런 성과는 경주 회의의 기대 이상의 것으로 평가된다. 그렇지만 그것은 어디까지나 미봉책에 불과하다. 그 이유는 이런 결과가 미·중 양국 간의 임시 타협안일 뿐 근본적인 문제인 개도국 개발에 그리 큰 도움이 되지 않을 것으로 보이기 때문이다. 어차피 창조경륜, 즉 하느님은 인간을 어떤 부류의 사람들만 잘 살게 하기 위한 것이 아니라 이 지구에 삶을 받고 오는 모두가 같이 행복하게 살기 위해 세상을 창조한 것이기 때문이다. 지금 인류는 공생(共生)·공영(共榮)해야 하는 인류 공통문화 단계에 접어들었다. 그런 거시적 차원에서의 해결이 아니면, 임시적인 방편은 모두 미봉책이다. 그런 미봉책은 결국 또 다른 불만과 불안의 소지가 되어 더 큰 해결책을 요구하게 된다. 그렇기에 인류 공통의 해결책이 나와야 한다. 이런 해결책이란 개발도상국의 개발을 이루는 직접적 방도 강구다. 현재 이런 개발의 방도는 개도국 개발기구의 설립이다. 이런 방향으로 오는 11월 11-12일에 열리는 G20 서울정상회의는 진일보(進一步)해야 성공했다고 할 수 있다. 필자는 이번의 미국과 중국의 타협의 산물인 중국의 위안화 절상과 중국의 구미에 맞는 IMF 개도국 지분 증액으로 인한 해결을 그리 크게 보지 않는다. 어차피 두 나라는 위안화와 달러 문제를 서로 양보하여 해결하고 서로 협력해야만 하기 때문이다. 두 나라는 서로 국익이 상충하기에 충돌하면서도 서로 필요로 하는 관계이기에 협력해야만 한다. 만일 미국이 쓰러진다면, 미국 달러화 약 3조를 갖고 있다는 중국도 중대한 위기를 맞으며 중국을 오늘의 경제 대국으로 만든 미국이라는 거대 시장을 잃을 것이다. 만일 중국이 쓰러진다면 미국도 중국이 보유한 달러의 크나큰 손실로 달러화의 끝없는 추락과 더불어 중국이라는 거대한 시장 상실로 말할 수 없는 경제 수렁에 빠질 것이다. 두 나라는 서로 경쟁과 갈등을 빚으면서도 서로 필요한 관계, 즉 서로 협력해야만 하고 그렇게 함으로써 전 인류에게 도움을 주는 인류문화 진화 단계에 도달한 것이다. 그렇기에 나는 인류사상의 흐름에서 볼 때, 이른바 선진국들이 개도국 발전을 돕는 데에 더 큰 의미를 부여한다. 그런데 이번에 G20 서울정상회의에서는 자칫 잘못되면 개도국을 돕는다는 명목이 선진국들의(이번 경주회의에서도 G7 회의를 강대국끼리 먼저 해, 여타 개도국을 경제적으로 압박하는 수단으로 G20 정상회의를 이용하려 한 면이 있기에) 옛 경제 착취를 교묘히 연장하는 것이 아니냐는 시각도 있다는 점에 유의해야 한다. 그러나 이런 이른바 선진국, 더 구체적으로는 G7이 허울 좋은 명목으로 교묘히 끼리끼리

작당해도 되지도 않을 뿐더러 그런 의도나 계획은 실패할 수밖에 없다. 그렇기에 한국이 특별히 경계해야 할 점은 잘 했다고 치켜세우는 데 우쭐하거나 자화자찬에 도취될 것이 아니라 진정 개도국들을 돕는 일을 해내느냐는 점에 각별히 유의해야 한다. 또한, 그런 실질적 성과를 내야 인류역사에 공헌한 국가로 남을 것이다. 더 나아가 한국은 한국의 발전을 모델로 하려는 172개국 개도국을 배경으로 할 때, 알게 모르게 많은 후진국의 경제착취를 일삼아온 선진 부국을 이끌고 갈 수 있다. 기실 선진국들도 개도국들이 그들이 매일 산해(山海)와 같이 쏟아내는 생산품을 소비해 주지 않으면 선진국끼리 만으로는 살아남지 못할 인류문화 차원에 도달한 것이다. 이번 기회에 한국의 주도 하에 개도국 개발기구를 서울에 창설하여 개도국 개발 계획과 실천이 이루어져야 할 것이다. 개도국 개발 기금의 큰 부분은 그동안 식민 정책과 G7 등을 통해 막대한 이익, 다시 말해 영토 식민지시기와 2009년 리먼브라더스 파산으로 세계 금융의 중심지 월가의 파탄으로 세계 경제 착취시기까지 경제적 이익, 즉 경제적 착취를 한 G7국가들이 부담해야 정의가 이루어진다. 또한, 그렇게 함으로써 평화로운 새로운 인류 시대가 열릴 것이다. 3천 년대에 들어 경제와 문화의 새 세계 질서시기가 돌아 왔다. 이 질서는 전의 부정과 불의의 청산을 요구하기에 개발의 큰 부분은 영토적·경제적 착취를 일삼은 선진국들이 부담하게 하고 한국이 주도하는 개도국 개발 은행 등의 창설이 요구된다.

물론 개도국 개발은 한국 발전의 모델을 따라 개도국들이 자신의 힘으로 발전하도록 돕는 것이 그 요체다. 필자는 이런 점에 공헌하는 데 G20 서울정상회의의 가치와 인류 역사 진화의 의미가 있다고 생각한다.

2010년 10월 24일

6) G20 서울정상회의 준비회의를 보며

G20 서울정상회의의 경주 준비회의는 국민에게 사실대로를 알리는 것이 좋다. 과대평가할 것도 없고 과소평가할 것도 없다. 사실 나는 경주회의가 어느 정도 성과를 거두었으나 정부 당국자들이 흥분을 감추지 못하거나 언론들이 대서특필하는 식의 것은 아니라고 생각했다. 그런데 아니나 다를까 장외의 전문가들, 학자들은 경주에서의 당사자들의 큰소리를 '공허한 수사'로까지 받아들이는 모양이다. 그저 경주회의는 "경주의 작은 진전"이고 G20 서울정상회의에도 "작은 진전"일 것이라고 말하는 정도다(《동아일보》, 2010년 11월 3일 A33쪽, G20 릴레이 참조). 인간의 지혜나 수완은 거품이나 과대포장을 빼고, 있는 그대로의 실제에, 자연에 근거할 때만 그 가치와 효능이 나타난다. 배리 아이켄그린 UC 버클리대 경제학 교수의 말은 많은 것을 시사한다. "로마는 하루아침에 이루어지지 않는다." 물론 필자는 누구 못지않게 G20 서울정상회의가 성공적으로 이루어져 우리는 물론이고 세계인들이 골고루 잘 사는 계기가 되기를 바란다.

7) G20 서울정상회의를 마치고

2010년 11월 11−12일에 걸친 G20 서울정상회의는 이명박 대통령 의장 선언문 발표로 막을 내렸다. 그 평가를 국내에서는 대성공으로 보나 주요 외신들은 개도국 개발안 외에는 그리 높이 평가하지 않는 편인 듯하다. 세계 초미의 관심사인 미국의 달러와 위안화 등 무역 흑자국과 적자국 문제는 이번 회의에서는 미해결로 끝나 2011년 11월 프랑스 칸 회의로 넘겨졌다. 비록 구체적인 준비 기간이 2011년 상반기로 정해져 있기는 하나 만족할 수 없다는 것이 중평(衆評)이다. 한국으로서는 G20 서울정상회의라는 국제적 정상회의를 이른바 선진국 밖에서는 처음으로 한 것이고 회의도 큰 사고 없이 깔끔히 치렀기에 자축할 만하다. 물론 반대 의견을 원천 봉쇄했다는 등의 국내외 여론과 비판을 면키 어렵지만 말이다. 또한, 미국이 증액하는 6천억 달러의 문제도 그대로 남아 있다. 참으로 기이한 것은 미국을 우두머리로, 지난 세기 후반기의 세계 경제를 좌지우지하던 G7의 분열상이다. G7의 강력한 회원국이었던 독일은 이번 G20회의에서 중국과 같은 입장에서 미국의 수출 초과국과 적자국의 제한을 적극 반대하며 미국안에 제동을 걸었다. 하기야 식민시기의 종언을 가져오게 한 제1·2차 세계대전도 식민종주국들의 전쟁이었다. 그 후 일본을 포함한 G7의 내분도 필연적일 수밖에 없을 것이다. 기실 일본과 브라질도 미국의 수출 흑자국과 적자국 안에 반기를 든 형국이 되었다. 사랑에 뒷받침되는 정의에 근거하지 않고 착취적 성격을 밑바탕으로 발전한 경제 대국들은 결국 서로 충돌할 운명을 맞게 되어 그들의 집결체인 G7도 스스로 사라져가고 다른 형태의 세계가 출현하게 된다.

　필자의 핵심적 관심사인 심각한 경제 문제는 상호 이해관계 조정으로 해결할 수밖에 없다. 그러니 개도국들의 개발 지원 문제 제기가 인류사적으로 새로운 차원을 여는 매우 중대한 의미가 있다. G20 서울선언의 개도국 개발 제안이 실천만 된다면 그야말로 서울정상회의는 인류에게 역사적 큰 공헌의 단초를 열어 줄 것이다. 필자에게는 이번 G20 서울정상회의에서 개도국 개발의 실천적 기구 성립이 있었으면 하는 큰 아쉬움이 남는다. 물론 IMF의 위기극복 원조가 예방적 차원까지 확대되는 등의 IMF의 개선이 있었다. 그러나 그것을 개도국 개발을 위한 실천기구로 보기는 어려울 것이다. 그렇지만 개도국 개발안이 정식 의제로 채택된 것, 그것도 주최국인 한국의 제안과 노력으로 성립된 것이기에 인류문화사 흐름에서 한국은 획기적인 공헌을 한 것이다. 사실 그런 안은 위에서 말한 바와 같이 지난 2010년 5월 25일 청와대 국민원로회의에서 필자가 회의 주최 측의 간곡한 요청에 의해 이런 개도국 개발안과 개도국 대표 국가들 초청안을 이명박 대통령에게 강력히 건의한 것이다. 그것은 하느님의 창조계획에 따라 이 지구에 삶을 받고 오는 모든 인간이 골고루 행복한 삶을 살 수 있게 해야 한다는 필자의 신념 때문이었다. 앞에서 말한 바와 같이, 그 후 이명박 대통령은 6월 하순 캐나다 G20 토론토 정상회의에서 그런 안을 발설하기 시작했다. 또한, 지난 10월 벨지움 브뤼셀 ASEM 회의에서 더 강력히 개도국 개발안을 제창하여 놀라운 세계적 반향을 불러 일으켰다. 드디어 그 안은 더 다듬어져 이번 G20 서울정상회의에서 정식 의제로 채택되었다.

　이런 개도국 개발안 실천의 큰 몫을 할 우리 젊은이들의 세계 파견, 특히 개도국 파견은 시급하며 그 성과도 놀라울 것이다. 이들은 자선과 의료, 교육 특히 IT 교육 등, 한마디로 문화 봉사로 기아와 질병, 문맹(文盲) 퇴치, 민주 의식, 인격존중 사상계발 등으로 국가적 차원이나 인류문화적 차원만이 아니라 이 지구에 오는 모든 사람이 다 같이 행복하게 살기 위해 창조하신 하느님의 창조경륜을 실현하는 데 큰 기여를 하게 되는 것이다. 앞으로의 인류문화는 인간이 의식하건 못하건, 싫건 좋건 간에 이런 방향으로 흘러갈 것이다. 한국 젊은이들은 이런 면에 놀라운 공헌을 하게 될 것이다. 여기에 이르러 필자는 상처받은 인간성의 일그러진 작용에서도, 심지어는 죄악에서도 선을 이끌어내시어 당신의 창조경륜을 실현하시는 하느님의 전지(全知), 전선(全善), 전능(全能)하심에 경건한 마음일 뿐이다.

5백 년에 걸친 식민시대의 가혹한 착취시기에(그 후 G7 출현에도, 즉 착취의 잔영이 잠재한 시기에도), 착취로 국부(國富)를 이룬 선진국들이 발전시킨 인문(人文)과 여러 가지의 과학기술은 식민지대 사람들에게도 기아와 질병 퇴치의 혜택을 주게 된다. 즉, 장수와 더 나아가 의식계발로 인격존중, 민주화, 일반 교육과 고등교육 향상 등으로 놀라운 복지사회를 이루는 혜택이 되돌아오게 된 것이다. 여기에서 중요한 매개 역할을 한 것이 종교다. 특히 근대와 현대에서는 그리스도교가 그렇다.

가톨릭교회는 공산 사상이 태양처럼 인류의 새로운 구세주로 떠오를 때, 그런 사상과 정체(政體)의 놀라운 해악을 예견(豫見)하여 레오 대교황의 저 유명한 교서, 다시 말해 공산 사상을 뿌리에서부터 무너뜨린 「새로운 사태」 교서 이후, 우리 시대에 이르기까지 수많은 정의에 근거한 교황들의 사회교서와 공의회 문헌을 발표하여 세계 사상계와 실천계에 지대한 공헌을 하였다. 심지어는 진정한 인류애(人類愛)와 정의 실천으로 식민시대를 종식시키는 원동력 구실을 하였다. 실제로 가톨릭교회는 세계에 산재한 수많은 가톨릭계 대학과 방대한 가톨릭교회 조직 활동을 통해 식민시대를 종식시켰다. 또한, 선교사들은 본국의 식민시대 종언에 주도적인 역할을 하였다.

필자는 앞에서 말한 모든 것을 성직자로서, 또 민간과 정부 양측의 국민원로회의 위원으로서 하느님의 사랑에서 흘러나온 창조경륜에서 확신하고 인간과 자연에 대한 사랑으로 생각하고 말하며 실천해야 한다는 신념이다.

오늘과 앞으로의 교회는 사회발전, 더 나아가 인류문화 발전과 궤를 같이 한다. 그뿐만 아니라 지난날 경험에서 잘 아는 바와 같이 인류

문화사 흐름에서 선도(先導)적 내지 선도(善導)적 역할을 해야 그 복음화 사명을 완수할 수 있다는 점에 유의해야 한다. 교회는 이런 인류문화사 흐름을 앞서가는 사목으로만 전반적으로 교회를 떠나는 현실, 특히 젊은이들을 되돌려 올 수 있다. 세계를 주름 잡으며 앞질러가는 한국 젊은이들의 사목에서는 더욱 그렇다. 젊은이들이 다 떠난 교회, 그것은 무덤이거나 잘해야 박물관 신세를 면치 못할 것이기 때문이다.

2010년 11월 13일

8) 나의 IMF 폐지론과 바티칸의 IMF 폐지론[56]

나는 이명박 대통령에게 2010년 11월 G20 서울정상회의에서 "개도국 개발안"을 제안했다. 영국의 유력지 가디언은 "개도국 개발안"이 3천 년대 인류를 이끌 지침이라며 대서특필했다. 이 문제의 실천을 위해서 나는 착취의 대 파이프라인인 IMF를 역사에 묻고 새로운 경제기구 "세계 개도국 개발은행" 서울 설치안을 제시했다.

2011년 11월 3-4일에 열린 G20 칸 정상회의를 앞둔 10월 24일 정의와 평화 문제에서 세계에서 가장 객관성과 공정성을 유지하고 이론적 실천적 가치의 규준이 되는 교황청 "바티칸 정의평화위원회"에서는 IMF가 할 일이 더 이상 없을 것이기에 새로운 경제 기구의 필요성을 말하고 약소국, 개도국, 빈국을 도울 새로운 "세계 중앙은행" 설립을 역설하는 성명을 발표했다. 이런 교황청 안은 나의 "IMF 폐기론"과

---

56 이에 대한 자세한 내용은 이 책 부록에 수록된 월간〈사목정보〉 2012년 신년사 정의채 몬시뇰 특별 인터뷰 : "급변하는 인류와 한국 문화 속에서 2012년 한국의 사목 전망" 참조할 것.

"세계 개도국 개발은행" 설립안과 그 핵심과 표현이 같다. 나의 IMF 폐기론과 "세계 개도국 개발은행" 설립안은 내가 2010년 11월 G20 서울정상회의 때부터 강력하고 다각적으로 주장해 왔고 교황청 IMF 무용론과 "세계 중앙은행" 신설론은 내가 제시한 안과 같아 큰 위로와 용기를 주었다. 나는 인류문화 진보 선상에서 미래투시적으로 말한 반면, 교황청은 국제관계 등을 고려하여 좀 더 문제를 포괄적으로 완곡하게 발표한 것이다.

제3부 이명박 대통령, 2011년 신년 시정
연설을 위한 국민원로 의견 제시

1. 정의채 몬시뇰과 청와대 정인섭 행정관과의 면담

장소: 서울 강남구 압구정동 자택

일시: 2010년 12월 2일 오후 3-6시

제목: 2011년 이명박 대통령 시정 방향 설정을 위한 국민원로 의견 청취

　이명박 대통령의 지시에 의해 위와 같은 요지의 요청이 있었다. 나는 그 취지는 좋지만 제시하는 말들이 중간의 힘 있는 비서관들에 의해 굴절됨이 없이 그대로 대통령에게 전달될 것이냐는 확인을 거쳐 개인 인터뷰에 응했다.

　또한, 나는 국민원로회의 위원이기에 구태여 별도의 인터뷰가 필요하냐고 묻고 사전에 질의 주제를 알려주도록 요청했다. 그 주요 내용은 다음과 같다.

　＊지난 3년간의 국정 평가

1) 첫째 해의 국정 목표: 더 큰 대한민국
2) 둘째 해의 국정 목표: 친 서민 중도실용
3) 셋째 해의 국정 목표: 공정 사회 실현
＊주제: 2011년 집권 4년차 국정 방향 설정
＊북한 도발에 대한 의견

이상과 같은 문제들을 풀어서 대답하되 부정과 긍정 양면에서 논했다.

1) 3년간 연도별 국정 평가

위와 같이 각 연도별 표어에 대해 개별로 답할 수 있다. 그러나 사건들은 연속되기에 연도별로 말하기 어렵다. 그래서 먼저 연도별 표어들에 대한 견해를 말하고자 한다. 정치적이거나 행정적 표어는 일국 대통령의 국정 지표 언명이니 상응한 품격을 갖추는 것이 좋을 것이다. 이런 관점에서 연도별 표어가 문제로 제기됐으니 몇 마디 사족을 달고자 한다.

① "더 큰 대한민국"이란 구호가 어색했다. 내가 보통학교(지금의 초등학교) 3학년 때, 한자를 배워 알게 될 때에 교육을 전혀 받지 않은 동네 어른들이 '큰 대문'이라는 말을 쓰는 것을 보고 우습게 알기 시작한 것이 생각났다. 우리가 자주 쓰는 역전(驛前) 앞이란 말도 겹치는 말이긴 마찬가지다.

또 한 가지 좀 창피했던 기억이 떠올랐다. 1950년대 후반에서 1960년대 초반에 유럽에서 공부할 때였다. 중국인 학생들과 같은 기숙사에 있었다. 우편물 실은 공동으로 사용했는데 내 편지에 大韓民國(당시는 한자를 많이 쓰는 시기—특히 국제 우편물에)이라 쓰여진 것을 보고 중국 학생들이 새끼손가락과 엄지손가락을 치켜세우며 대(大) 중국은 중화(中華)라고 하는데 한국은 남북 통틀어도 그 크기가 중국의 큰 성 하나 만도 못하면서 나라 반쪽 이른바 남조선이 大자를 붙여 大韓民國이란다며 엄지손가락과 새끼손가락을 번갈아가며 놀렸다.

② "친 서민 중도 실용"이란 구호는 문제가 심각한 것으로 생각했다. 내가 알기로는 정치적 구호로 중도(中道, centro)가 힘을 얻은 것은 1950년대 이탈리아에서 공산당이 득세하여 1950년 후반에서 1960년대에 기독민주당 정권이 위협을 받을 때였다. 우익 기독 민주당이 정권 유지가 어려워 좌경 색채를 가미하여 만든 용어인데 우익적 색채 여하에 따라 중도 우, 중도 좌 등으로 발전한 것이다. 그런데 이명박 정권은 좌경, 특히 종북이 싫어 절대 다수 국민이 사상 초유의 압승으로 세워준 우익 정권이다. 그런데 좌파에 다가서지 못해 안달하는 식의 중도, 다시 말해 좌로 기울어지는 인상이 짙은 중도라는 말을 만들어서 정치 · 행정 구호로 택하느냐 하는 의구심이 들었다.

사실 이러한 좌경에 다가서는 구호로 다수의 우익 정권 창출자들은 이명박 정권에 등 돌리는 결과를 가져오게 한 것을 알고 있다. 서민에 가까이 가기 위한 변신이라면 이 또한 너무나 단견이고 무식에 가까운 처사라는 비난을 자초하는 결과가 된다는 것을 왜 모르는 것일까 싶어 몹시 안타까웠다. 사실 지난날 소련을 중심으로 한 좌경 공산국들이 총체적으로 몰락하여 지상에서 사라진 것은 서민 정책, 그것도 극좌 서민 정책이었다. 다시 말해 그 당시 극한 서민층과 빈민층의 상징이었던 노동자와 농민을 위한 정권, 국기에조차 붉은 바탕에 낫과 망치를 넣을 만큼 서민과 빈민층을 위한다던 공산 정권, 좌경 정권들이 서민 정책으로 다 못살게 되어 앞 다투어 망해갔다. 그런데 왜 우익 정권인 이명박 정부가 서민을 더 잘 할 수 있게 한다는 점을 강조하지는 못하고 서민 정책 정권들이 다 사라져간 뒷끝을 쫓아가는 인상을 주는가 싶다.

또 한 가지를 여기서 짚고 넘어가는 것이 좋을 듯하다. 그것은 다름 아닌 "실용"이란 구호다. 이 구호는 우리말에서 매우 좋은 말이고 정치 구호로서 아주 효과적이다. 그런데 그 당시 그 실용이란 말이 미국 존 듀이의 실용주의에 유래하는 듯한 해석을 풍기기도 했다. 그렇다면 이 구호는 상당한 연구 결과를 요청받는다. 나의 견해는 2008년 세계 경제를 큰 혼란으로 몰고 간 미국의 월가 파탄이 어떤 면에서는 미국의 존 듀이 실용주의 사상과도 연결되는 측면이 있다고 생각한다. 그의 실용주의의 핵은 절대 원리를 일절 배제하고 시간적 실효성에만 근거하기에 그리스도교의 기본 원리, 즉 하느님의 절대 존재성 내지 불변적 원리인 십계명까지도 실용적 가치 여하에 따라서는 부정될 수밖에 없게 된다. 가톨릭에서는 그 실용적 가치를 어느 정도 인정하면서도 근본적으로는 배척한다.

③ "공정 사회 실천"의 구호는 이 땅 사회 윤리 풍토에 매우 적절한 구호였다. 기실 그 요체는 주고받는 관계의 정당함과 책임과 권리의 올바른 실천, 즉 사회 정의의 실현이다. 그런데 이런 사회 정의 실현은 서민들의 몫일 뿐, 청와대의 고위직과 정부 장관급 고관들은 예외임이 국회 청문회에서 명확히 드러났다. 탈세, 재산 증식이나 교육적 특혜를 위한 위장 전입, 불법 군복무 면제, 고위직에 걸맞지 않는 선진 국적 취득 등이 지체 높은 이들과 그 가족에 의해 이루어졌다. 또한, 그런

사람들로 고관대작의 자리가 메워졌다는 것이 국민의 일반적 인식이다. 법 준수, 정의 실현, 더 단적으로 공정사회 실현은 서민의 몫이라는 것이 이 땅의 상식이니 결국 그 구호는 고위층 인사들에게는 운 나쁜 사람들이나 걸려드는 겉치레로 여겨진다. 정의와는 어울리지 않는 서슬 푸르던 군정 시기에도 정의 사회 구호를 다반사로 보며 몸으로 체험하며 살아 온 국민이 바로 이 백성이 아닌가 되묻고 싶을 정도다.

사실 구호가 말잔치로 끝나는 후진국이 아닌, 실현되는 선진국에서는 그런 고관대작 자리 근처에도 얼씬하지 못할 분들이 호화찬란한 관을 쓰고 앉아 있는 것이 청와대와 정부의 현실이 아닌가 싶다. 나의 솔직한 기분은 그럴 바에는 윤리성의 핵심을 드러내는 구호가 아닌, 사회의 역사적 진화 과정에서 좋고 필요한 구호들이 많으니 구호를 필요로 하는 국가 원수라면 다른 것을 선택했으면 싶다. 사실 공정, 즉 정의구현은 식민시대가 청산되고 착취의 근절이 요체였던 지난 세기 인류의 핵심 구호였다.

2. 이명박 정부에 대한 논자의 견해

1) 이명박 정부의 태생

먼저 이명박 대통령에 대해서는 당선자, 즉 인수인계 시기부터 언급해야 할 것이다. 종북 좌경 정권에 싫증이 난 국민이 사상 초유의 절대지지로 이명박(MB) 대통령을 당선시켰다. 그런데 인수 팀 구성에서부터 정부 조직에 이르기까지 이른바 "고소영"의 사당(私黨)적 움직임으로 비춰져 MB는 국민의 대대적 반발에 부딪쳤다. 본 논자는 일의 심각성을 간파하여 이명박 당선자 취임 전 2008년 1월 14일 〈조선일보〉와의 대대적 인터뷰를 통해(다른 한편으로는 12일 〈평화라디오〉 방송을 통해) 이명박 당선자는 진정한 대통령상을 드러내기 위해 심기일전 인사의 범국민성과 고통분담을 요구하며 솔선수범하되 선거 공약이었던 살 집만 빼고 사유재산 전액 사회 환원을 즉각 실천할 것을 요구했다. 그러나 그런 충고는 자신만만한 말로는 국민을 섬긴다면서도 실제 행동은 "고소영" 일변도 인사와 막강한 권력 독식 인상으로 당을 분열시키며 민심은 이명박 정권에 완전히 등 돌리는 형국이 되었다.

엎친 데 겹친 격으로 미국산 쇠고기 파동이 일어났다. 정권 상실로 절치부심(切齒腐心)하던 종북 야권과 좌경 젊은이들이 이에 대대적으로 가세하여, 삽시간에 60만 명이 넘는 젊은 군중에, 유모차까지 동원되었다. 그리하여 이명박 당선자가 만들어 놓고 당선에 결정적 역할을 한 청계천 넓은 산책로를 물밀 듯이 흐르며 청와대로 진격하여, 하야를 외치는 젊은 데모 군중을 만들어 내기에 이르렀다.

청와대 뒷산에 은신한 대통령은 이런 군중 앞에 거의 백기 투항이라 할 만큼 비참하고 초췌한 모습으로 청와대 진영 개편과 개각을 약속하여 사태를 간신히 수습하기에 이르렀다. 좀 더 거슬러 올라서는 이회창 씨와 노무현 씨의 대권 경쟁에서 기성세대는 의례히 이회창 씨가 당선될 것으로 생각했지만 젊은이들의 반란으로 대권이 노무현 씨에 돌아간 것도 염두에 두어야 할 것이다. 좀 더 후의 일이고 앞에서 언급한 것이지만, 2010년 6·2 자치장 선거에서 모든 사회조사 결과를 비웃기나 하듯, 야당에 압승을 안겨 준 것도 젊은 층의 스마트폰이 한 몫을 했다. 이렇게 젊은이들의 좌경은 선거에 결정적 영향을 미쳤다.

2) MB의 사유재산 사회 헌납 공약 문제

이명박 대통령은 실정 연속으로 인기는 계속 하락했다. 지지도가 20% 대에 턱걸이를 한다는 등의 비관적 관측이 지배적일 때였다. 나는 그 당시 2009년 6월 20일 〈평화라디오〉를 통해 "지금 실직 때문에 젊은이들이 길거리를 방황하고 … 실망해서 자살하는 사람도 있고, 학생들은 돈이 없어서 등록금을 못내 학업을 중단하는데 …"MB는 사유재산 헌납 공약을 지켜야 한다는 강력한 주문을 거듭했다. 그 후 즉시라 할 수 있는 7월 초에 MB는 재산 사회기증을 실천하면서 인기는 급상승하여 근 70%에 육박했다. 그 후 40%대 중반에서 50%대를 오르내리는 이 땅 역대 대통령에게 없던 국면 전환을 이루어 계속 유지하는 비교적 좋은 상태가 됐다.

그렇기에 나는 이 대통령의 사유재산 사회 환원이 이런 좋은 결과를 가져올 것을 예상하여 끈질기게 요구했다. 드디어 "청계(淸溪) 선생, 이제 시작입니다"라는 특별 시론을 〈조선일보〉(2009년 7월 7일)에 실어 MB의 장한 쾌거를 치하했다. 이해만 하면 용단이 있는 이 대통령이기에 그에게 희망을 건다.

3) 경제 문제

이명박 정부는 2008년 미국 월가 경제 파탄으로 야기된 세계 경제 위기 속에서도 한국 경제는 오히려 미증유의 수출 호조를 맞아 놀라운 호황을 누리는 행운을 잡았다. 이런 면에서 이명박 정부는 굉장히 운 좋은 정부다. 기실 한국 수출 호황의 공헌은 그동안 쌓아 올린 우리 시대 기업들과 우수한 두뇌 덕분임을 부인할 사람은 아무도 없을 것이다.

4) 계층 경제 격차

그러나 MB는 그늘진 어두운 면의 노출을 실감하지 못하고 자아도취된 감마저 풍긴다. MB는 먼저 가진 자와 갖지 못한 계층의 격차가 날로 크게 벌어지며 심각해지고 있으니 깊이 느끼고 심각하게 반성해야 할 것이다. 특히 우려되는 것은 젊은이들의 실업자 수가 100만을 헤아린다니 이는 OECD 국가 중 최악이다. 자살률 또한 최고라고 한다. 그뿐만 아니라 시장에 돈이 흘러넘쳐 물가가 천정부지로 뛸 가능성인데 정부의 물가 정책은 40-50년 전 식의 정부 통제로 일관하고 있다. MB는 말기에 국민적 무언의 저항에 부딪칠 수 있다. 그런 와중에 국채도 눈덩이처럼 불어났다고 한다.

5) 젊은이 좌경화 문제

이 문제는 앞으로 이 나라의 국운을 좌우할 근본 문제다. 그러나 MB와 청와대 고위직, 정부 각료들에게는 그런 국가적 위기에 대한 의식조차 없는 듯하다.

6) 이명박 정권의 대북 문제

이 문제에 대해 현재 MB 정권은 비교적 잘 대처하고 있는 셈이다. MB는 선거 사상 초유의 압승으로 당선한 대통령이다. 그런데 그런 압승은 전의 좌경 종북 정권에 대한 국민적 저항, 다시 말해 우경(右傾) 국민적 선택에 의한 것이기에 좌고우면(左顧右眄)할 것 없이 초지일관 우경으로 나아가야 할 것이다. 우리의 수병 46명의 생명을 수장한 천안함 사건과 연평도 포격 초토화 사건을 다 없는 것으로 하고 북핵 개발과 미사일 개발도 기정사실로 인정하는 식의 평화만을 주장하는 패배주의는 일절 배격해야 할 것이다.

나는 천안함 사건 직후, 시간이 지나면 어차피 북한은 6자회담을 만지작거리며 평화 운운할 것이고 중국은 시종일관 북한 편일 것이라고 했다. 미국 또한 위장평화 쪽으로 흔들릴 것이다. 그런 나약한 평화론자라면 차라리 남한전체를 북한에 바치면 한반도에 영구 평화를 이루게 될 것이라고 했다.

그 이유는 북한의 세습왕조주의에게는 오매불망 남한의 적화통일이 염원이며 절대 포기할 수 없는 것이 이른바 김일성 주석의 유지이고 염원이기 때문이다. 세상 질서에서의 평화는 정의에 근거한 것이어야 한다. 더 고상하게는 정의의 사랑, 또는 사랑의 정의로 이루어지는 평화이어야 한다. 그런데 북한의 적화통일 지향의 평화는 이와 거리가 있다.

7) FTA 문제

이 문제가 노무현 정권 말기에 제기될 때, 나는 이에 매우 반기며 이 일만 성사되면 그동안 북한에 퍼주기 식의 북한의 핵 개발과 미사일 개발에 대한 자금 제공, 북한 주민의 기아, 북한의 인권 동토 지대, 미군으로부터 통수권 전환에 따른 현저한 국방 약화와 국민 부담 가중 등의 수많은 실정도 상당 부분 상쇄할 수 있을 것이라는 점을 지적했다. 또한, 새로운 차원에서 한국 젊은이들의 미국 시장에서의 국운 개발을 언급한 바 있다.

또한, 한·미 FTA 체결은 현저히 약화된 한국 국방에 의외의 강점으로 작용할 것을 미리 말한 바 있다. 그뿐만 아니라, 유럽과 아시아, 남미 등 여러 국가와의 FTA 체결로 한국은 FTA 개척자이자 선구자로 세계 시장의 새로운 차원을 열 것을 권고한 바 있다. 그렇기에 한·미 FTA 문제가 현 정부 말기의 현안으로 떠오르니 어떻게든 성사시켜 MB 정권의 유종의 미로 남기 바란다.

8) 인사 문제

MB의 체질인 줄 알면서도 끝까지 강력히 요청되는 것은 MB 인사 정책의 획기적 전환이다. MB는 파당성과 "고소영"식 한계를 벗고 범국민적 인사 정책으로 당면한 국난을 국민의 총력으로 타개해 가야 한다. MB 치하에서처럼 군의 기강해이, 공무원들의 안일무사와 부패상 등 윤리 부재라 할 수 있는 정권은 일찍이 없었다. 이에 대한 심각한 반성과 개선이 요구된다. 어찌 보면 MB 정권은 윤리성 부재의 정권으로까지 비쳐질 위기를 내부에 안고 있다.

9) G20의 실상 – 그 태생과 사명, 과정, 지향점

MB는 G20 서울정상회의에 대해 대단한 자부심과 긍지를 느끼고 있다. G20의 서울정상회의의 성공은 두말할 것 없이 대한민국의 영광임에 틀림이 없다. 다 같이 자축해야 할 일이다.

그러나 이제 냉정하게 그 실상과 앞으로의 전망을 조감하며 이 나라의 인류문화 진화 과정에서의 사명을 가늠하여 오는 세대에게 좋은 앞날을 개발하게 해 주어야 한다. 그러므로 나는 위와 같은 G20의 문제점을 신중히 검토해야 할 것으로 생각한다. 우선 G20회의를 아무런 소란 없이 조용히 치른 것에 대한 자부심 문제다. 물론 좋은 일이다. 그러나 그 이면에 다른 중요한 점이 간과된 것을 간취해야 한다. 난동과 파괴적 행동은 엄격히 규제하되 다른 선진국 회의에서 같이 반대의 목소리도 많이 들려왔어야 하고 반대 데모도 허용됐어야 했다. 그것은 G20의 태생과 현재의 구조, 앞으로의 진화 과정이자 그것이 가야 할 운명의 요구이기 때문이다. 아무리 어렵고 소란스러워도 G20을 통해 인류문화 진화의 올바른 흐름을 형성해야 하기 때문이다. 이런 면에 대해 나는 『모든 것이 은혜였습니다』(2판 1쇄, 미래사목연구소, 2011년,

317-336쪽 참조)에서 상세히 설명했기에 여기서는 요약 · 제시한다.

10) G20의 역사적 배경

물질적으로 가혹한 착취의 식민지 500년에서부터 그 줄거리를 보아야 한다. 먼저 스페인, 포르투갈, 네덜란드 등으로 시작한 식민시기는 그 후발로 프랑스, 영국, 독일 등이 대대적으로 가세했다. 이후, 미국, 일본 등이 만만치 않은 세력으로 가세하여 결국 제2차 세계대전 종전인 1945년에 이르러 영토를 상실하기 시작했다. 점차적이고 전체적으로 영토 식민시기가 전면 해체되었으나 결국 1970년대 오일 파동으로 다시 G7이 미국을 주축으로 형성되어 경제적 착취시기를 이루었다.

드디어 인류문화 발전 선상에서 세계 경제의 변동과 더불어 1990년 대에는 G20이 형성되었다. 그 중심에 자리 잡은 것은 이른바 선진 경제 대국인 G7(소련 해체 후에는 러시아가 합류한 G8)이었다. 처음에는 거의 유명무실한 듯했으나 2001년 미국 뉴욕의 세계무역센터 빌딩이 순식간에 초토화된 후에 2008년 뉴욕 월가의 함몰은 G20의 존재를 전면으로 부상시켰다. 의장국은 영국, 한국, 브라질 등 유색 경제 중진국들이 등장함으로써 새로운 세계 질서가 형성되기 시작했다. 그러나 그 중심에는 G8이 그대로 자리 잡고 있어 식민시기 종주국들의 조종은 그대로 존속하는 모양새였다. 이런 인류문화사 진화 과정에서 유념할 것은 인류문화사 발전은 옛 식민 착취 형태를 완전히 벗고 새로운 인류 공존(共存) 공영(共榮)의 시대에 접어들었는데도 수구 식민 종주국들이 G20, 특히 G20 의장국들을 조종하고 지배하려는 골수 수구적 위험이 그 핵심부에 존재한다는 점이다.

그렇기에 이번 G20 서울정상회의 준비 회의인 경주 재무장관 회의와 중앙은행장 회의에서도 별도의 G7 회의, 끼리끼리의 회의가 열렸다. 다행히 여타 국가들의 압력에 의해 별다른 성과는 거두지 못했다.

이런 위험을 미리 간취하며 나는 2010년 5월 25일 청와대 국민원로 회의에서 새로운 의견을 제시했다. MB는 나의 이 새로운 제안, 즉 '개발도상국 개발안'을 전적으로 수용하여 몇 차례 국제회의에서 발표했다. 또한, G20 서울정상회의에서 의제로 채택하여 한국의 국제적 위상, 더 나아가 앞으로 새롭게 형성되어야 할 국제 질서, 더 근본적으로는 인류문화 진화의 새로운 차원을 열었다. 그것은 나의 제안을 MB가 전적으로 수용하고 발표하여 세계의 놀라움과 찬탄을 산 것이다. 아래에 그때 내 발언의 세 가지 요지를 소개한다.

11) 2010년 5월 25일, 청와대 국민원로회의 발언

이날 회의는 3월 천안함 폭침 사건에 대한 원로들의 의견 청취가 주였다. 그러나 한 주 앞으로 다가온 자치장 선거도 염두에 둔 것으로 보였다. 나는 이 회의에서 발언할 것을 강력하게 요구 받았다. 나는 세 가지 점을 중점적으로 말했다.

그 하나는 3월에 있었던 북측의 천안함 폭침 사건에 대한 후속 폭거 문제였다. 또 다른 것은 11월에 있을 G20 서울정상회의에 관한 것, 세 번째 것은 젊은이들에 관한 것이었다.

(1) 천안함 폭침

비참한 우리 젊은 수병 46명의 수장을 몰고 온 천안함 폭침 사건에 대한 MB의 처리 과정은 다른 원로위원들이 말씀하시는 바와 같이 비교적 잘 되고 있는 것으로 보인다. 그러나 더 중요한 것은 북측이 언필칭 말하는 서울 불바다 위협이다. 그냥 지나가는 선전구호 정도가 아니라 반드시 있을 수 있다는 전제 하에 사전에 만반의 준비에 임해야 한다. 내가 여기서 말한 서울이란 북방 일선 지대 전체와 동·서해 전체를 내포하는 개념이었으며 서울시 자체가 그 직접적 타깃임도 의미했다. 이런 염려와 예언은 적중하여 천안함 폭침 후에도 군의 해이는 바로잡히지 않고 우왕좌왕 느슨한 틈을 타 북한 측은 11월 하순 연평도 대 포격으로 군민 사상자와 전도(全島) 초토화를 감행했다. 남측은 전국이 그야말로 아비규환 그 자체였다.

(2) G20 서울정상회의를 위한 제안

이 안건은 지난 해(2009년) 12월 청와대의 같은 회의에서 MB가 금년(2010년) 11월 한국이 의장국으로 서울에서 G20 정상회의를 개최해야 하니 원로들의 의견 제시를 요구했다. 그러나 아무도 말하지 않았고 회의에 중대성을 감안하여 중대한 안건 하나를 제시하겠다고 전제했다. 이후, 앞에서 말한 바와 같은 G20의 태생과 현재 사명 및 앞으로 진화되어야 할 새로운 세계질서를 설명했다. 자칫 서울 회의가 지난날 식민시대와 그 후 경제착취 시대의 연장이 되면 역사의 준엄한 심판의 대상이 될 것이니 이 점에 각별히 유의하여 새로운 세계질서의 출발점을 만들어야 했다. 그것은 "G20 서울정상회의에서 후진국, 즉 개도국 개발안 제시와 개도국 서울정상회의 초청안"이었다. 이런 나의 제안은 그동안 미국 등 몇 곳의 G20 준비회의에서 전혀 언급되지 않은 새로운 의제였다.

이러한 나의 제안을 MB는 진지하게 경청하는 모습이었다. 그 후 6월 하순 캐나다 토론토에서 G20 서울정상회의 준비에서 이 안을 MB가 제시하자 현지 언론의 절대적인 호응을 받았다. 그 여세를 몰아

10월 벨지움의 브뤼셀 ASEM 회의에서 MB는 나의 안을 그대로 수용하여, 개도국 172개국 개발안을 발표했다. 영국의 유력지 〈가디언〉(Guardian)은 이러한 서울정상회의 의제 선정은 G20의 중요한 진화라는 찬사를 보냈다. 또한, 이런 의제 선정으로 인한 한국의 위상 제고는 1988년 서울올림픽을 능가하는 것이며 일회성이 아닌 더 크고 지속적일 것이라는 찬사를 아끼지 않았다.

12) G20 서울정상회의 이후 미국과 서방 선진국의 주도권이 한국의 '172 개도국 개발안' 및 '개도국 초청안'으로 이동

내가 제안한 안을 통해 이명박 대통령은 172개 세계 개도국 개발의 제안과 초청안으로 한국은 172개 개도국을 등에 업고 이끌어가는 형국이 되었다. 이로써 세계는 아주 새로운 차원에 진입하였고, 한국은 더 없는 긍지를 느끼게 되었다. 인류문화는 새로운 진화 단계에 접어들어 한국의 위상을 극대화한 것이다. 그것은 UN의 이름으로 개최한 코펜하겐 기후변화 협약이 개도국들의 반발로 실제로는 무산된 후였기에 더욱 그랬다. G20 서울정상회의 의제는 개도국들의 환영과 협조 일색이었다. 실상 G20 서울정상회의의 위대한 성과는 바로 이 점임을 한국은 계속 긍지로 삼아야 할 것이다. 이 점으로 G20 서울정상회의는 인류역사 속에서 자타가 인정하는 대성공이었음을 자축(自祝)하고 타축(他祝)해야 한다.

물론 중국의 위안화 문제와 미국 달러 문제가 첨예하게 대립하여 내년 프랑스 칸 회의에 문제 해결이 넘겨진 것도 서울정상회의의 성과였다. 그러나 중국과 미국은 갈등을 빚으면서도 서로 협력해야 하는 위치에 놓여 있다. 그 이유인즉, 중국은 2조 수천억의 미 달러를 보유하고 있어 미국이 쓰러지는 경우, 중국도 심대한 경제적 타격을 입게 된다. 또한, 중국이 쓰러지는 경우, 미국은 13억의 거대 시장을 잃게 되어 회복할 수 없는 경제적 타격을 입게 되기 때문이다. 이런 화해 조짐은 한국 정부와는 무관한 전혀 다른 차원에서 이미 진행된 셈이다.

13) G20 서울정상회의의 자화자찬

물론 우리가 가장 못 살던 식민지에서 선진국을 넘보는 나라가 되어 G20 의장국으로서 선진국 밖에서는 처음으로 G20 서울정상회의를 아무런 사고 없이 열었으니 자화자찬할 만한 일이다. 그러나 실은 G20이 앞으로 어떻게 발전할 것이냐가 그 관건인데도 근일(2011년 1월 12일), 이명박 대통령이나 정부는 지난날의 타성에 젖어 있다. 사실 정상회의는 권력자의 모임이고 권력이란 벌써 장악한 권력을 놓치지 않을 뿐만 아니라 그것을 강화하고 연장하려는 속성을 지니고 있기에 그와는 반대의 소리를 반드시 들어야 한다. 그렇기에 3천 년대에 들어서는 반대 집회가 있어야 한다. 특히 정상급 회담에는 자유로운 반대 시위가 반드시 있어야 한다. 이런 이유로 선진국들의 정상급 회담에는 반대 시위가 불가피한 것으로 따르며 그런 시위가 오히려 국가적 보호 하에 허용된다. 다만 파괴나 방화 등의 폭력 행위는 엄중히 단속된다.

이번 G20 서울정상회의를 자화자찬 하던 중에 이명박 대통령이 젊은이들의 기분을 돋우어 주기 위한 발언인 듯한, 앞으로 젊은이들을 세계 지도자로 양성하겠다는 표현은 충분히 생각해 보아야 할 것으로 보인다. 지금 개도국 국민의 심정은 지도자를 원하지 않고 봉사자를 원하기 때문이다. 지도자라 하면 식민시기에 자기들을 괴롭히며 착취의 선봉에 선 사람들을 연상할 수 있다. 그러나 봉사자라 하면 자기들을 도울 사람으로 생각할 수 있기 때문이다. 따라서 젊은이들을 세계 봉사자로 키우겠다고 해야 한다. 지금 우리 젊은이들은 세계 봉사에 마음이 열려 있다. 어쩌면 이런 3천 년대의 문화적인 새로운 흐름을 전 세계 젊은이들에게 K-POP을 비롯한 음악과 율동의 세계에서 한류로 고취할 수 있을 것이다.

근자에 이르기까지 이명박 대통령은 초기와 조금도 다르지 않은 끼리끼리 인사 정책으로 청와대와 정부 고위직들은 본인과 가족들의 부정 축재, 불법 위장 전입, 병역 기피, 탈세, 이중국적 취득, 안일무사, 직무유기, 민간인 불법사찰 등 윤리 부재 인사들로 가득 채워지는 인상을 국민에게 깊이 박아주는 셈이다. 이런 국민의 현실에서 이명박 대통령과 그가 조직한 정부는 기회만 있으면 이런 저런 사람이나 단체를 끌어 모으거나 온갖 다른 방법으로 자랑하느라 안달이다. 국민은 이제 그런 것에 시들해졌을 뿐만 아니라 염증이 났다. 차라리 개도국 개발을 좀 더 치밀히 연구하여, 진정 앞으로의 세계가 요구하는 지도자상, 즉 봉사의 정신으로 충일한 젊은 지도자를 계발하고 문화적으로 접근해야 할 것이다. 지금 이명박 대통령과 그분께 충성을 다하기에 열과 성을 다하는 것 같은 현 아부 정부 인사들에게 무슨 기대를 할 수 있을까. 구제역 방역에 실패를 거듭하여 전국의 축산농이 총 붕괴 위기인데 청와대에서는 자유분방한 세계 흐름의 소리도 제대로 듣지 못하는 회의에 도취된 것 같다. 그러니 이전과는 질적으로 다른 비윤리적인 치명적 상처를 폐부에 안고 있으며 시대의 흐름에서 전 정권과는 또 다른 형태의 과거 지향적이거나 퇴행적 사고를 밑바탕으로 하니, 그런 줄조차 모르는 정권이라는 비난이 표면화될 날도 머지않은 것 같다. 가장 두려운 것은 다음 정권이 좌익으로 넘어갈 위험이 크다는 것이다. 다음 정권이 그렇게 된다면 물론이고 그렇지 않다 해도 전 정권의 실세와 같은 권력형 부정부패가 현 정권의 실세에서는 천정부지로 드러나지 않기를 바란다.

여기에서 나는 G20 서울정상회의에서 한국은 그 주최국이자 역사에 남을 개도국 개발안을 제창한 나라로서 한 가지의 바람을 말하고 싶다. 그것은 개도국 개발을 위한 새로운 경제기구의 신설이고 그 총재국은 개도국 개발안을 낸 한국이어야 한다는 점이다. 그런 개도국 개발 경제 기구로서 기존의 IMF 강화를 한 것은 부적절하다고 생각한다. IMF는 그 창립 시기나 창립국의 면면을 보아 식민 종주국들의 연속인 경제착취 기구 색채를 면하기 어렵다. 말하자면 새 술은 새 부대에 넣어야 하기 때문이다. 그리고 그 기금의 대부분은 물론 그동안 수세기에 걸쳐, 혹은 그 말기에 참가한 식민 종주국들이 정의 실현을 위하거나 속죄의 정신에서 투자해야 옳을 것이다.

14) 국민원로회의에서 제안한 젊은이 문제

우리 청년들은 앞으로 국운을 좌우(左右)하는 데에 중대한 영향을 미칠 것이기에 특별한 정책적 배려가 필요하다. 그런데 현 정부 들어 젊은이 우선 정책은 아무것도 없다고 한다. 우리 젊은이들은 지금 세계의 하늘을 날며 한류와 예체능, 연구에서 세계를 한 손으로 휘어잡는다. 반면, 집안에 가두고 종속적 위치로 전락시키면 두통거리가 될 뿐만 아니라 다음 정권을 좌익으로 되돌릴 수 있다.

여기 모여 있는 국민원로 분들 중에서는 아마도 10년 내에 많은 분이 세상을 떠날 것이다. 그러나 젊은이들은 일익(日益) 승승장구하여 온 나라를 뒤바꾸어 놓을 것이다. 그런 예를 수없이 접하면서도 그 심각성을 감지하지조차 못하는 듯하다. 그 비근한 예는 MB가 초기에

대홍역을 치른 미국 쇠고기 파동이다. 우리 연배에게는 생소하기까지
했던 스마트폰을 통해 좋은 것은 다 빼고, 경찰관의 구타 등 젊은이들
을 흥분시키기에 충분한 현장 동영상 등을 순간순간 전파시켰다. 그
진폭도가 당시 상상을 초월하는 것이어서 삽시간에 60만의 젊은이들
을 폭력시위로 내몰아 청와대로 가자는 구호를 외치며 국가의 일대 혼
란을 야기시켰다(그보다 조금 지난 일이지만, 청와대 회의 일주일 정도 후인
6·2 자치장 선거 때, 여당이 대패한 것도 그 당시 새로 등장한 스마트폰의 위력
이 여당 절대 우세의 사회 조사를 뒤엎고 야당 압승으로 이끌었다).

앞으로 예체능계와 IT계에서 세계를 주름잡는 우리 젊은이들의 좌
경화, 다시 말해 세계 최고의 실업률과 자살률을 가진 우리 젊은이들
에게 세계 속에서 그 활로를 열어주지 못한다면, 북한 선동에 휘말리
고 국내 종북 세력의 준동으로 이 나라의 앞날, 즉 좌경 적화의 흐름도
막지 못할 것이다. 더 나아가 젊은이 20만 명 세계 파견, 특히 세계 개
도국 파견이 국내 문제 해결은 물론, 국운 충천(衝天)과 한국의 세계 지
도상 확립에 절대 요건임을 부연하고 싶었으나 시간 제약으로 발설조
차 못했다. 그러나 그런 나의 제안, 즉 개도국 개발안과 젊은이들을 포
용하는 것은 당장 큰 반응을 불러 일으켰다.

발언이 끝나자 전 총리 노신영 위원님은 아주 훌륭한 발언이었다고
치하해 주었다. 당시 정정길 대통령 비서실장은 많은 참고가 될 발언
이었다고 했다. 또한, 대학 총장을 지내고 국무총리를 지낸 현승종 공
동위원장은 정 몬시뇰이 아니면 누가 그런 발상을 할 수 있겠느냐 했
다. 김남조 공동 위원장님도 같은 취지의 말씀을 해 주었으며 여타 분
들로부터도 대동소이한 반응을 받아 나름대로 보람을 느꼈다.

다행히도 그런 미래지향적 전모를 12월 2일 청와대측 인터뷰 요청

에서 충분히 개진할 수 있었다. 이명박 대통령 2011년 신년 시정 연설에 이를 그대로 반영하였다. 또한, 그 실천을 MB 자신이 기약했기에 천만다행으로 생각한다.

3. 2011년 국정 방향

3-1. 중대 제안

이제 본 인터뷰의 핵심인 2011년도 이명박 대통령의 국정 방향에 대해 말하겠다. 이 문제에 대해서는 3천 년대에 들어 새로운 차원에 접어들고 그 변화와 실천 속도가 상상을 초월한 새로운 인류 공통문화 흐름 속에서 몇 가지를 제안하고자 했다.

1) MB의 최우선 과제는 국방력 강화

사실 국가 안보가 무너지면 경제성장도 총파탄을 맞을 것이다. 또한, 피땀 흘려 지난 반세기 동안 쌓아 올린 경제력과 국력은 고스란히 적의 손에 들어가 적색분자 이외에 남한 국민 전체에게 삽시간에 큰 고통으로 돌변할 것이다.

이런 위험에 크게 노출되어 있으며 그런 과정을 걸어온 것이 지난 10년 좌경 정권이었다. 이명박 정권에 들어서 구호로는 정반대의 입장을 취했지만, 실질적으로 국방력, 특히 군의 전투력 향상이나 정신적 내지 기강 확립에서는 대한민국 수립 이후 MB 시기가 가장 나쁜 상태가 아니었을까 싶어 염려된다. 그래도 군정 시대에는 인권 문제가 계속 제기되었지만, 국방과 안보 문제에서는 국민이 안심하고 경제 부흥과 고도성장에 전념할 수 있어 오늘의 번영된 조국을 이루었다.

국방과 안보가 형편없이 되어 가고 있었다는 것이 그대로 노출된 것이 천안함 사건과 연평도 폭격 사건이다. 특히 천안함 사건 이후에도 그 긴 시간 동안 아무런 문책이나 대책 없이 시간만 허비할 뿐만 아니라 군의 기강도 제대로 잡지 못한 씻을 수 없는 과오를 저지른 것을 MB는 솔직히 인정하고 응분의 책임을 져야 한다. 그런데도 책임 소재 하나 제대로 가리지 못하고 오히려 말로써 사태를 얼버무린 대과(大過)를 저질렀다는 느낌을 지울 수 없게 됐다.

인사는 만사라 했는데 그 후 인사도 끼리끼리 자리 돌려먹기, 나누어 먹기로 당선 당시와 취임 초기의 유아적 인사 형태를 벗지 못한 우를 계속 범하고 있다. 이런 점은 후일 정권이 바뀐 후, 정치계와 법조계, 학계 등의 신랄한 비판의 대상이 될 것이다.

지금은 모든 것이 대통령의 막강한 권력 하에 절대 충성인 것 같지만 그럴수록 다음 혹은 그 다음 시기에 더 혹독한 국민의 심판이 뒤따른다는 엄연한 사실을 염두에 두어야 할 것이다. 우리에게 가장 위협적인 존재가 핵무기까지 걸머쥐고 있는 북한 세습 인권 동토 정권, 무모한 북한 정권임을 모를 대한국민 국민은 없을 것이다. 그런데 MB 정권은 이 점에 매우 소홀했던 셈이다.

북한 공산 세습 독재 정권, 인권을 완전 동토 지대로 만든 북한 정권과 군부를 다루는 데는 이스라엘 식일 수밖에 없다는 것은 알만한 사람은 다 아는 아주 평범한 상식이다. 그런데 이명박 정권은 경제, G20

등 외화내빈(外華內貧)에만 시종한 것을 깊이 자성하여, 시급히 국방과 안보 강화를 최우선 과제로 삼아야 할 것이다.

여기에 더해 또 한 가지 필수조건은 외교력의 범국민적 역량의 집결이다. 지금의 미국 의존 일변도는 미국 정치 풍향 여하에 따라 구한말 비운의 국운을 재연시킬 가능성이 높다. 제1차 세계대전 종전 후, 헤이그 만국회의에서 미국이 주도한 민족자결 원칙으로 한국 국권 회복을 위해 당시의 우국지사와 열사들이 헤이그에서 피를 토하며 죽어갔다. 그런데 이미 미국은 필리핀을, 일본은 한국을 식민지화 하기로 밀약이 된 후가 아니었던가. 한국은 스스로 힘을 기르고 우방들을 협조하도록 해야 할 것이다.

또한, 지금의 북한을 상대로 해야 하는 한국의 냉혹한 현실은 북한과의 혈맹 관계를 수없이 반복 맹세하는 거룡(巨龍), 중국 앞에 놓여 있다는 현실을 직시해야 한다. 아예 북한과 중국 관계의 틈새나 바라보는 유아적, 극히 후진적 사고방식을 일소하고 중북 관계를 예의주시해야 한다. 또한, 국제적, 인륜적 양심과 판단에 호소하는 방향에서 중국이 감당할 수 없는 북한의 과부하를 이끌어 내야 할 것이다. 중국은 원래 실리적이기에 그런 짐과 국제적 손실을 무작정 지고 가려하지 않을 것이다.

일언이폐지하고 우리의 국방력을 북한보다 몇 배 강한 것으로 만들고 세계 속에서 번영하는 한국을 만들어야 하는 것이 이명박 대통령의 시대적 임무다.

2) 젊은이 20만 명 세계 파견

이제 이번 인터뷰의 마지막 제안, 즉 곧 닥쳐올 한국과 세계의 사명과 운명이 될 문제 하나를 여기에서 제기하고자 한다. 그것은 다름 아닌 우리 젊은이 20만 명 정도를 세계에 파견하는 문제다. 이제 한국 젊은이들의 기상(氣像) 발로는 세계와 미래를 향해 정기(精氣)를 내뿜는다. 이런 젊은이들의 충천하는 기상을 제재하거나 막을 도리는 없다. 이것은 또한 하늘이 내린 이 민족의 인류발전에 대한 중차대한 사명이다. 나는 젊은이 20여만 명의 세계 파견을 건의했다.

앞에서도 언급한 바와 같이 이런 우리 젊은이들의 의기충천은 민족 지도자들에게 그 길을 열어주어야 할 중대한 사명이 있음을 하늘은 분명히 하고 있는 것이다. 본 논자는 1970년 후반부터 이런 것을 느꼈고 1990년대에는 분명해졌다. 2000년에 들어서는 세계 도처에서 피어오르더니 드디어 2천 년 여명 중반기, 즉 2005년경부터 세계 도처에서 젊은이들이 폭발하는 것을 체험했다. 제2차 세계대전 종전 후, 약 30년간은 일본 젊은이들이 전(前)세대의 그늘에서 동양을 석권하더니 드디어 그 기운은 영어권인 홍콩 젊은이들에게 옮겨갔다.

그러나 그것은 비교적 단명하여 약 20년 후에는 한국 젊은이들에서, 처음에는 동양에서 예체능계 정도에서 폭발하더니, 시간이 지나면서 예체능계에 한류의 열풍으로 세계를 휩쓸었다.

근년에 이르러 예체능계는 물론이고 젊은이들의 새로운 세계, 새 세계 설계의 핵으로 등장하는 IT계의 첨단을 지배했다. 또한, 이른바 무(無) 값이어서 부르는 게 값이라는 각 분야의 새로운 아이디어 세계를 전 인류사회에 걸쳐 리드하기에 이르렀다. 전(前) 세대의 임무는 이런 젊은이들의 놀라운 민족 기상을 하늘과 전 세계에서 폭발시킬 수 있는 인프라를 깔아 주는 것이라 생각한다. 이것이야말로 이명박 대통령이 해야 할 민족과 하늘의 지상 명령이다. 그렇기에 MB가 세계 속에서 우리 젊은이들의 기상 발로의 길을 2011년 대통령 신년사에서 천명할 것을 강력히 권유했다.

지금 한국은 천운을 만나 인류문화 발전을 선도(先導)하며 선도(善導)해 갈 수 있는 천재일우(千載一遇)의 절대호기를 맞았다. 이제 백인 중심 문명이 2008년 미국 월가 몰락과 더불어 종언을 고하고 인류문화의 중심은 자연과 공생(共生)하는 동양에로 그 중심을 옮겨 오고 있다. 이런 흐름을 이끌 수 있는 민족은 공산 체제를 아주 벗지 못한 중국도 아니고, 모방에 능란한 일본도 아니다. 그것은 남을 침략하거나 괴롭힌 적이 없는 평화의 민족, 그러면서도 천리(天理)에 순응하며 새로운 문화 계발에 천재적 능력을 갖는 한민족(韓民族)이 바로 그 적임자임이 서서히 강력하게 부상되고 있는 것이다.

한국은 제2차 세계대전 종전 시 식민지로서 세계 최빈국이었다. 일인당 국민 소득이 미화 60불 정도의 가장 가난한 나라, 그것도 독립과 더불어 공산과 민주라는 이념 충돌로 6·25라는 동족상잔의 최악의 전쟁으로 국토 초토화와 전(全) 민족 거지 형태의 극빈에서 식민지시기를 벗어났다. 그뿐만 아니라, 수혜(受惠)국에서 시혜(施惠)국, 즉 도움을 받는 나라에서 도움을 주는 나라로 변했다. 그리고 10대 경제대국을 넘보는 나라로, UN군 주둔 보호의 나라에서 세계 각지에 평화군 파병의 나라로 탈바꿈했다. 그것도 상상할 수 없는 50년이라는 짧은 기간에 서구 열강들이 3세기에 걸쳐 이룬 것을 이루어 냈다. 어느 분야에서는 선진국도 리드하는 나라로 변했다. 더 나아가 G20 서울정상회의를 계기로 개도국 개발과 동반 발전 비전을 제시했기에 세계 172개 개도국이 모두 한국을 모델로 삼아 발전하고 싶은 것이다.

이런 계제에 한국은 개도국을 돕기 위해 세계 심산유곡(深山幽谷)에서 절해고도(絶海孤島)에 이르기까지 사람이 사는 곳이면 어디에든 젊은 이들을 파견해야 할 사명과 운명을 지게 되었다. 이런 일 완수야말로 이명박 대통령이 인류사에서 노예 해방자 링컨 대통령에 버금가는 위대한 인물로 남을 수 있는 업적이 될 것이다.

1960대 초에 미국의 존 케네디 대통령이 평화봉사단을 구성하여 수많은 미국 젊은이들을 개도국에 파견하여 향후 50년의 미국의 운명을 개척했다. 그렇기에 그의 무덤에 영원히 꺼지지 않는 불길을 당김으로 미 국민이 화답하는 것에 비견할 수 있는 MB의 역사적 업적이 될 것이다. 그렇기에 나는 이번 인터뷰에서 우리 젊은이들 20여만 명의 세계 파견을 이명박 대통령에게 강력히 제안했다. 그런데 이런 파견은 먼저 경제적인 차원이 아니라 문화적인 차원, 더 구체적으로는 인간봉사 차원이어야 한다. 경제적 차원을 앞세우면 자칫 지난날 식민 시기의 착취를 연상시킬 수 있을 것이다.

파견될 젊은이들은 파견될 지대 지대의 민족 감정, 심리, 관습, 역사적 배경, 인간관계, 기호 등에 대한 소양을 갖추고 문맹 지대에서는 천막 학교라도 좋으니 간단한 교육시설과 교육을 갖추는 것이 좋겠다. 풍토병 지대에서는 약 한 첩 못쓰고 죽어가는 사람들에게 시약과 주사를 해 주고 아사 지대에서는 우리의 잉여 농산물을 분배하면 좋겠다. 헐벗은 곳에서는 헌옷, 헌 신발을 세탁하고 수선하여 선사할 수 있을 것이며. 우리는 6 · 25 전쟁 중 이런 구제 물자로 생계를 유지하며 오늘을 이룬 구제 물자 시여와 활용의 놀라운 노하우를 갖고 있다.

이런 젊은이들의 문화 활동은 세계를 친구로 만들기에 자연히 세계는 한국의 시장이 되는 것이다. 세상 만물은 그 근원에로의 귀소본능이 있다. 그렇기에 인간은 그 창조주에로 기울어지는 귀소본능이 있다. 식물계에도 귀소본능은 확연하다. 그것은 그 잎들이 뿌리를 향해 떨어져 썩어 뿌리를 윤택하게 하기 때문이다. 인간의 경제 활동에로의 귀소본능도 있는 것이니 재물은 그것을 많이 번 곳에로 어느 정도 흘러가 그 출처를 풍요롭게 해야 한다. 그렇지 않고 번 측이 독식하면 착취가 되는데 그런 사회 형태는 식민시기인 것이다. 우리는 많은 혜택을 받았기에 많은 것을 다른 이들에게 나누어 주어야 한다. 그것을 우리는 우리 젊은이들의 세계 파견으로 이룰 것이다. 본 논자의 안중에는 구체적 사건, 즉 경제적, 정치적, 사회적, 법률적 사건들은 사계 전문가의 몫이기에 별다른 관심이 없다. 그 대신 전(全) 국민의 행(幸)·불행(不幸)의 운명을 좌우할 국방과 안보, 인류의 새로운 문화 차원 개척의 역군, 우리보다 못 사는 나라들을 돕기 위해 우리 젊은이들을 세계 파견하는 데에 지대한 관심이 집중되어 있다.

4. 이명박 대통령의 2011년 신년사

4-1. 이명박 대통령 2011년 신년사에서 나의 제안 수용

MB는 2011년 신년 시정 연설에서 나의 제안을 수용하여 국가 안보를 최우선으로 강조하고 젊은이 문제를 많이 언급했다. 또한, 이를 G20과 관련시켜 젊은이 2만여 명을 개도국에 파견한다는 천명은 놀라운 것이었다. 이렇게 나의 제안이 이명박 대통령의 신년 시정 연설에서 큰 비중으로 다루어지니 조국의 번영과 인류문화 발전에 큰 획을 그을 것이기에 큰 보람을 느꼈다.

이명박 대통령의 이런 결단성을 본 논자는 이를 높이 평가하며 끝까지 그분께 희망을 건다. MB는 사리를 명확히 판단하고, 확신만 서면 무서운 박력으로 일을 추진하고 성사시킨다. 이 점을 본 논자는 높이 산다. 그렇기에 나는 MB에게 권력 말기 누수현상 등에 신경 쓸 것 없이 이 두 점에 전력투구하여, 역사에 위대한 업적을 남기기를 다시 건의하는 바이다. 봉급 인상 등 인기 정책이나 강력한 단속으로 누수현상을 막으려 하지 말고 MB가 마무리해야 할 일들을 소신껏 추진하여 다음 정권을 준비하면 민심은 자연히 따르게 된다. 민심이 뒷받침하는 곳에 누수현상은 설 자리가 없을 것이라는 것이 나의 확신이다.

젊은이들의 세계 파견이 실현되면, 이는 우선 우리 젊은이들에게 신선한 정책으로 다가오게 된다. 또한, 실업률이 대폭 감소하며 젊은이의 이상과 자부심을 북돋우어 줄 것이다. 이것은 다음 좌경 정권의 출현을 완전히 봉쇄하는 현 대통령의 가장 중요한 사명을 완수하는 결과가 될 것이다. 또한, 근자에 브라질 국민의 절대 지지를 받으며 떠나는 룰라 전 대통령이 같은 노선, 즉 국민이 원하는 후임 대통령의 출현을 적극적으로 도와 성공시키면, 이 나라 역사에 길이 남는 것에서도 그 모범적인 유형을 보게 될 것이다.

이명박 대통령은 신년사에서 G20과 우리 젊은이들의 세계 파견을 언급하면서 몇 차례고 미래지향적이란 단어를 반복했다. 이 또한 지난 수년간 보지 못하던 현상이다. 아이들의 미래를 생각하지 않는 가장이나 부모가 별 볼 일 없는 사람들인 것과 같이 젊은이들의 미래 개척에 관심이 없거나 있다 해도 후차적이라면 별 볼 일 없는 국가 지도자일 것이다. 이번 신년사에서 이명박 대통령이 젊은이들 세계 파견에 전력투구한다면 놀라운 호응을 얻고 민족적 사명과 새로운 인류문화 차원을 열어주며 한 민족의 위상을 높이는 결과가 될 것이다.

앞에서 논한 것은 요청에 의한 것이고 나는 여기에서 시(是)는 시로 비(非)는 비로, 즉 시비(是非)를 분명히 하고 공(功)은 공으로 과(過)는 과로 공과(功過)를 분명히 하며 앞으로 이 땅과 인류사회에 실현되어야 할 운명을 제시하여 국리민복(國利民福)과 애주애인(愛主愛人), 즉 하느님을 사랑하고 사람을 사랑하는 데 이바지하고자 한다. 하느님의 창조 경륜, 말하자면 하느님의 창조 의지에 의해 세상 질서가 생겨났다. 이 세상은 세상에 오는 모든 사람이 다 같이 행복하기 위해 창조된 것이니 골고루 정도와 분수에 맞게 모든 사람이 잘 살도록 하는 것이 성직자의 임무임이 이 논조의 밑바탕이다. 인류문화 발전에서, 특히 3천년대 들어 놀랍고도 고마운 것은 인류문화 자체가 창조계획의 더 완성된 단계의 실현으로 움직여 가는 것이다.

여기서 나는 모든 것이 하느님의 넘치는 사랑에서 창조된 것이기에 우여곡절을 겪으면서도 상호부조 혹은 상호 협력 정도를 지나 진정한 사랑으로 이루어지는 경지에 인류문화 발전이 이루어지고 있음을 확인한다는 말로 이 글을 끝맺게 됨을 기쁘게 생각한다.

(이 문건은 2010년 12월 2일 인터뷰 내용의 일부다. 이 글은 2011년 1월 15일에 정리된 것이다.)

우리 젊은이 20여만 명의 세계 파견은 다음과 같은 이유다.

(1) 20여만 젊은이 세계 파견과 다문화 사회
20여만 젊은이 세계 파견은 다민족 사회에서 다양하게 발전하는 문화 현실과 미래상에서 적어도 그 정도는 되어야 급한 대로 세계 수요에 응할 수 있을 것이라는 추정에서다.

＊국내의 긴박한 중대한 현실 문제 해결 때문이다
① 젊은이들의 특성: 젊은이들은 그 특성상 무엇을 하던 철새와 같은 속성이 있다. 그래서 우수한 한 명에 3-4명이 동행한다. 20만 명 파견 계획으로 교육과 훈련을 하게 되면 3배 정도의 인력, 즉 대학졸업자 60여만 명의 실업 문제를 해결할 수 있을 것이다. 이렇게 그들의

천우(天佑)의 잠재력을 계발하여 민족과 인류에 봉사하도록 하는 것이다.

② 내수 진작: 세계 파견하는 젊은이들에게 교육 시기부터 200-250만 원 정도의 월 급여를 지불하면, 지금 젊은이들은 낭비를 안 하는 세대이니 개인 비용으로 50만 원 내지 70만 원 정도 소비하고 남는 130-150만 원 정도를 부모에게 드릴 것이다. 각 가정은 매월 과외의 큰 수입으로 부모들은 그동안 사고자 했던 물품을 다양하게 구입하게 될 것이다. 이렇게 놀라운 내수의 붐을 일으키게 될 것이다. 이런 효과는 하기에 따라 수출 의존 일변도 위기를 맞을 수 있다는 암운을 안고 있는 국가적 경제력에 보강제가 될 수 있다.

③ 세대 간 갈등 해소: 한국은 땅덩이가 좁고 인구가 과밀하기에 급속하게 극한적으로 빚어질 수밖에 없는 문제다. 이른바 직장 중심의 세대 간 갈등을 미연에 방지하는 놀라운 효과를 내어 세계가 휩싸일 수밖에 없는 인류 재앙의 해결책을 한국이 선구자로 제시하여 세계 지도국 위치에 서게 될 것이다. 부연하면 아무리 직장을 늘린다 해도 직장은 한정되어 있을 수밖에 없다. 또한, 모든 것이 기계화되거나 IT화되어 직장 수가 축소될 수밖에 없다. 그렇기에 상당 기간 세대 간의 직장 쟁탈전은 필연적일 것이다. 20대는 아직 젊은 나이라 할 수 있는 40-50대를 기성세대나 꼰대세대라 부르며 그런 세대가 직장을 거의 다 장악하고 있으니 퇴출되어야 한다고 할 것이다. 40-50대는 아직 자녀들의 학업, 결혼 문제 등이 그대로 남아 있어 그 나이에 퇴출되면 식구 모두가 길거리 노숙자가 될 처지이니 봉급이 적어도 직장을 고수해야겠다는 입장일 것이다. 이에 결국 세대 간 사활의 극한투쟁까지 각오해야 한다. 이런 와중에서 사용자측은 비용도 적게 들고 일 성취도

에서 몇 십 년 노하우를 갖고 있는 40-50대 세대를 선호할 것이다. 20대는 일의 숙련도나 성취도에서 비교가 안 될 만큼 미비할 뿐만 아니라 채용하면 숙련인이 되기까지 적어도 2-3년 정도는 훈련을 시켜야 한다. 또한, 노조 결성, 인권 문제 등은 이를 어려워 할 20대보다 40-50대를 선호할 것이다. 우리 젊은이들의 세계 파견은 이런 와중에서 일어날 사회적 혼란과 갈등에서, 심지어는 밀어닥칠 윤리와 인간상 붕괴도 사전에 무난히 막을 수 있을 것이다. 이렇게 젊은이들의 상당 부분을 앞으로 그들의 세계인 신천지(天地)인, 세계에 송출하여 한국은 단연 선진하는 세계 지도자국으로 부상하게 될 것이다.

④ 경제적 뒷받침: 이런 일을 실행하는 데에는 경제적 뒷받침이 필수적이다. 그래서 그 재원 마련은 어떻게 하느냐 하는 문제에 부딪친다. 구체적 사항은 경제 전문가의 몫이나 원리와 원천적 문제는 더 근원적인 가치와 아이디어의 문제다. 먼저 원천적으로 인류문화 진화 단계에서 반 자연일 위험이 큰 4대강 개발의 23조라는 놀라운 경비는, 완성될 때에는 25-30조 정도도 예상할 수도 있는 천문학적 비용이다. 이런 자연 개조라는 낡은 사고를 전면 수정하거나 토사 준설 등의 필요한 한도로 정리하거나 부분 사업으로 시간을 연장하여 자연에도 적응기를 주고 그 결과도 보아가면서 장기적 안목으로 실행하는 것이다. 그렇게 하여 그 막대한 경비를 위험천만한 모험에 한꺼번에 쏟아 붓지 말고, 그 일부인 10조 정도라도 확실한 인간 투자, 즉 젊은이들의 세계 파견 준비를 할 것이다. 결국 미래 시장 개척 투자가 되는 데에 쏟아 넣는 지혜가 지도층과 민족에게 매우 아쉬운 때다. 지금 선진국에서는 전국을 삽시간에 동시에 파헤치는 무모한 반 자연적 내지 반 인류문화적 시기가 지난 지 오래다. 특히 안창호 선생의 강산개조론까지 들먹

이는 것을 삼가는 것이 좋을 것이다. 나는 직접 안창호 선생의 이념 하에서 선생과 대면하면서 교육을 받고 자란 세대다. 안창호 선생은 사상이 매우 진취적인 분이지 과거지향적이거나 인류문화 진화에 역행하는 분, 더 나아가 반 인류문화 흐름, 즉 4대강 개발과 같이 아름다운 천혜의 강산을 뒤엎는 퇴행적 문화를 추종하는 분이 아니다. 한 번 잘 못 되면 다시 복구할 수 없는 자연이다. 더 나아가 자연 원상 복구와 자연 그대로를 풍요롭게 하는 인류문화 진화에 반대 입장에 설 분이 아니라는 것을 명심해야 할 것이다. 그분의 강산 개조 주장은 이제 한 세기가 족히 지난 그 시기에, 즉 그분의 젊은 시기 사상 형성에 매우 진취적인 것이었지 오늘과 같이 자연 원상 복구와 자연 그대로를 풍요롭게 하는 진취적 문화 진화 선상에 사셨다면 무모한 4대강 개발에 찬성했을 리가 없다. 오히려 그런 4대강 개발은 한국의 천혜의 자연, 이제부터 인류가 애지중지할 자연을 망가뜨린다고 호통치실 분이다. 물론 4대강 개발 문제는 찬반이 첨예하게 엇갈리는 국민적인 문제이기에 서로 반대 입장도 존중하며 신중을 기해야 할 것이다. 그렇기에 국민의 총의에 의할 것이나 후대까지 생각하며 가능한 모든 의견을 수렴하여 어떤 개인이나 정권, 당파의 업적 쌓기로 급조할 것이 아니라 서서히 시간을 두고 하늘에서 받은 자연 본성과 그런 자연 본성의 진화 과정에서 일을 추진해 가야 할 것이다. 우리의 자연은 하늘이 내린 세계의 둘도 없다는 아름다운 자연이기에 그대로 보존만 한다면, 또 더할 수 없는 민족적 불행인 6·25 전쟁 동족 상잔 비극의 산물이지만 식물과 동물의 천혜의 보고, 천고의 자연 그대로인 비무장 지대까지가 아우러질 때, 한국은 인류의 지상 낙원 구실을 할 것이다. 이런 한국은 스위스를 능가하는 세계인의 관광지가 될 것이다. 앞으로 그런 자연에 환장할 인류는 물밀 듯이 한국을 찾아 학습하며 즐길 것이다. 그런 자연을 그대로 보존한 한국은 하늘의 기(氣), 천기(天氣)와 천리(天理), 그리스도교적으로는 하느님의 창조경륜을 따라 화를 복으로 만들 줄 아는 위대한 민족으로 존중되며 예기치 못했던 부(富)도 누릴 것이다. 후손은 그런 조상을 자랑스러워할 것이다.

⑤ 앞의 경우가 아니라면, 그 비용을 첫째, 국가 전담으로 할 수 있을 것이다. 우리의 국력은 젊은이들을 위해 이 정도의 투자력을 충분히 갖고 있다고 생각한다. 곧 '세계 시장화'라는 생산적으로 전환될 이런 목적의 국채 발행도 가능할 것이다. 둘째, 이런 젊은이들 세계 파견의 계획은 민간인과 기업인의 사유재산 사회 환원 정신을 모든 매체와 공사(公私) 단체들을 통해 진작시키는 좋은 계기가 될 것이다. 젊은이들의 세계 문화 파견을 위한 투자는 앞으로의 시기가 기업이 인류문화 발전을 밑바탕에 까는 재산 사회 환원, 다시 말해 기부 문화 없이 발전할 수 없다. 그렇기에 이번 기회는 우리가 문화적으로 선구적 역할을 할 수 있는 좋은 계기가 될 것이다. 우리 젊은이들의 세계 파견은 머지않은 장래에 세계가 우리의 놀라운 소비시장으로 형성될 것이기에 기업의 관심과 투자 의욕을 북돋우기에 충분하다. 잘 계획하고 구상하면 기업이 앞 다투어 투자할 대상이 될 것이다. 셋째, 국가는 어떤 모양으로든 큰 희망 속에 그런 비용을 전담해도 아무런 무리가 없을 것이다. 그렇게 하면, 곧 이명박 정부는 국민의 대대적인 환영을 받을 것이다. 이제 서서히 말기 현상에 접어들 이명박 대통령이 이런 위대한 작업을 시작한다는 것만으로도 다음 우익 정권 재창출도 누워 떡먹기라는 평을 받을 것이다. 이런 직언은 이명박 대통령이 신년사에서 인류문화 진화의 역사적 사건이라 할 수 있는 젊은이 2만여 명의 세계 파견을 천명했으니 더 많은 인원을 과감히 파견하여 역사에 남을

위대한 일, 즉 민족과 인류에 위대한 업적이 될 일을 시작해 달라는 사심 없는 요청이다(2011년 1월 16~18일 작성).

⑥ 여기서 두 가지를 말할 수 있다. 그 하나는 G20 서울정상회의에서 IMF와는 별도의 개도국 개발 기금 조직이 생겨났으면 금상첨화였을 것이다. 그 이유는 IMF는 뭐라고 해도 세계 경제계를 좌우한, 더 구체적으로는 영토 식민지 몰락의 산물로 새롭게 등장한 이른바 선진국 G7, 그중에서도 미국이 주도한 경제착취 기구의 범주를 넘지 못한 식민지 잔영(殘影)적 기구임을 부정하기 어렵기 때문이다. 그런 기구에 더 많은 투자로 위치가 올라갔다 해도 그것은 허울만 좋은 결과가 되기 쉽기 때문이다. 오히려 개도국 발전안을 발의한 한국이 주도하여 별도의 개발 기금 조직이 발생하고 한국은 그 총재국이 되었어야 모든 것이 제격이었을 것이다. 그러나 이런 것에 대한 아이디어도 없었고 한국으로서는 경제 외교 등의 여러 면에서 그만큼 발전한 위치에 있지도 못하다.

또 다른 하나는 우리 젊은이들의 세계 파견이 20만 정도에 이르러 172개국 개발도상국이 한국과 돈독한 우호관계를 갖게 되면 젊은이들의 세계 파견은 무엇으로도 대체할 수 없는 놀라운 민간외교가 될 것이다. 이는 북한을 핵 협박 등의 군사협박을 더는 할 수 없는 막다른 골목으로 몰고 갈 것이다. 중국도 세계 지도국으로서 현재와 같이 북한을 일방적으로 두둔할 수 없도록 세계 도처에서 압박을 받아 급기야는 중국이 두둔할 수 없게 될 것이다. 이렇게 산지사방으로 국가의 앞날과 세계의 앞날을 개척할 우리 젊은이들의 세계 파견에 이명박 정부가 전심전력한다면 이보다 더 위대한 업적은 있을 수 없을 것이다. 물론 많은 노력과 멀리 앞을 보는 형안과 예지에 가까운 지혜와 용기가 필요함은 두말할 필요가 없다.

4-2. 나의 제안에 대한 이명박 정부의 단견과 실책

1) 개발도상국 세계개발은행 신설 이념 결여(缺如)와 보전(補塡)

G20 서울정상회의의 백미가 개발도상국 개발이라는 새로운 세계질서의 창출이라면, 그에 상응한 새로운 세계개발은행(가칭)의 창출이 필요하며 그 본부는 서울이어야 한다. 적어도 초기 몇 대 총재는 한국인이어야 한다. 그 이유인즉, 그런 놀라운 아이디어를 한국이 제창했기 때문이다. 또한, 한국은 세계 최빈국이자 수혜(受惠)국에서 가난한 나라를 돕는 시혜(施惠)국으로 상상을 뛰어넘는 단기간 내에 선진국들이 3세기 동안에 이룬 민주국가와 풍요 사회를 이루었기 때문이다. 이로써 한국은 개도국의 선망의 대상과 개발모델이 되었다. 그런데 이런 금융기구의 역할을 IMF가 하도록 한 것은 크게 잘못된 것이다. 그 이유인즉, IMF는 그 존재가 식민지 시기 종결과 그에 뒤이은 경제착취와 위기 시기의 필요에 응한 것이기 때문이다. 한편, 그들의 앞선 기술과 지식, 세계 지배력을 통해 미국을 정점으로 세계경제 착취의 도구 역할을 한 기구이기 때문이다. 그렇기에 새 술은 새 부대에 담아야 하는 성경 말씀에 따라 필연적으로 새로운 금융기구(예컨대 가칭 개도국 개발 세계은행 등)의 창출이 요구되었다. 이 점을 제대로 간파하고 성사시켰어야 할 나라는 한국이었다. 옛 착취시대 잔존(殘存)이라 해야 할 IMF를 강화하여 무엇을 어떻게 하겠다는 것인지 그러면서도 G20 서울정상회의가 잘됐다고 한다. 그러니 2011년 4월 27일 자치장 보궐선거에서 한나라당의 텃밭인 분당 을(乙)에서조차 한나라당이 국회의원직을 빼앗겨 참패를 당한 것이다. 참패의 가장 큰 원인은 4대강 토목공사

전국 파헤치기로 민심을 갈기갈기 찢어놓은 이명박 대통령의 옹고집의 결과다. 자연에 대한 종교계의 줄기찬 반대에도 아랑곳없이 감행한 4대강 개발에 군까지 동원한 혁명적인 전국 단시간 내 파헤치기는 되돌릴 수 없는 역사적인 실책이다. 누누이 말하지만 이런 자연에 대한 반역적 대반란에 수반하는 국가 경제의 집중 투입은 전국의 중소·영소 기업들의 몰락을 몰고 왔을 것이다(이 땅에서 관례처럼 되어 왔기에). 그 배후에 엄청난 부정이 있지나 않을까 싶은 위구도 든다. 4대강 전국 파헤치기로 다음 정권 때 현 정권의 고위층들이 줄줄이 감옥을 들락거리는 일들이 없기를 바랄 뿐이다.

2) 젊은이 20여만의 세계 문화 봉사 파견안과 교육의 건

젊은이 세계 파견의 한국국제협력단(KOICA)에 위촉 주도는 극히 단편적인 조치이기에 더 깊고 폭넓은 대책이 요구된다. 나는 우리 젊은이 20만 정도의 세계 파견을 3천 년대 민족의 대과제로 누누이 제시했다. 그것은 세계 문화 중심이 백인의 유럽과 미국을 지나 동양으로 오기 때문이다. 동양에서는 식민지 주동국인 일본이 아니고 아직 공산주의 미몽을 벗어나지 못한 중국도 아니고 한국이 그 중심일 수밖에 없기 때문이다. 우리 젊은이들은 3천 년대에 들어 하늘을 날며 세계를 휘감고 있다. 한국은 G20 서울정상회담에서 172개 개발도상국 개발안에 대한 서울 개도국 개발은행 설치안을 간과하는 치명적인 실책을 저질렀다. 한국 젊은이 20만 명가량의 문화봉사단 파견은 개도국 세계 개발은행 설치안 간과(看過)의 실책을 상당 부분 보전할 수 있을 것이다.

불행 중 다행인 것은 내가 젊은이들 20여만 명의 세계 파견을 건의한 것이 이명박 대통령 신년 시정 연설에서 2만 명 세계 파견으로 표명되었다. 물론 규모면이나 문화봉사단 세계 파견이 내포하는 3천 년대 인류 공통문화 창출의 대업(大業) 이해에는 전혀 미치지 못하지만 말이다. 더 나아가 그들 파견을 외교통상부 산하 기관인 한국국제협력단(KOICA)에 위탁했다는 보도를 보고 또 한 번 그 단견과 행정밖에 모르는 정부 각료와 참모들에게 놀랄 뿐이다. 이 문제는 고도의 문화적 차원에서 대통령이 판단하여 새로운 국가적 기구에서 문제를 처리해야 할 문제이지 기존의 국가 실리에서 모든 것을 다루는 외교통상부에 맡길 성질의 것이 아니다. 이 문제는 인류문화적 차원에서 세계적인 한국의 명운을 좌우하며 세계에 리더십을 높여 갈 문제다. 그렇기에 우리 젊은이들의 세계 파견 문제는 3천 년대 새로운 인류문화적 차원에서 일의 출발에서부터 접근해 가야 할 문제다. 외교통상부는 물론 총리실까지도 조력(助力)적 입장에 서야 할 것이다. 모든 것을 행정적 편의주의나 근시안적 실용에서 출발하면 실패는 기정사실이다. 위에서도 누누이 말했지만 이 문제는 철저하게 문화적 차원에서 봉사적 심성(心性) 함양에서 출발해야 하고 폭넓은 종교적 소양 교육까지 필요하다. 그런 인프라에서 출발하지 않으면 실패는 기정사실이다. 우리가 그 일에 성공하면 세계에 걸친 여러 곳이 자연 우리의 시장이 될 것이나 처음부터 국익이 그 본질인 외교통상부 외곽 단체인 국제협력단(KOICA) 등에서 그 문제를 요리한다는 것은 매우 부족한 발상이다. 게다가 지금 우리 정부의 외교통상부는 이명박 정부의 실상(實相)을 그대로 반영하는 듯 고급관료들의 이기주의가 집결된 곳처럼 되어 있다. 외교통상부 장관을 비롯하여 고위 관리들의 자기 자녀 우선 채용을 위시하여 줄타기로 내려간 해외 공관 외교관들의 스캔들과 부정부패가 심한 곳이 아닌가. 또한, 모든 정부 부서의 이기주의와 기강 해이, 부정부패가 만연해 있는 것이 아닌가. 스스로도 추스르지 못하는 외교통상부,

그것도 그 본질이 단기적 국익 일변도인 외교통상부 산하 기관에 이런 새로운 인류문화 흐름의 원동력이 될 일을 맡긴다니 이명박 대통령과 그가 임명한 참모들과 관료들이 무엇을 어찌겠다는 것일까.

1950년대 후반과 1960년 초반에 걸쳐 놀라운 경제 발전으로 세계의 찬탄을 받으며 세계 각국의 앞으로의 발전에 주목하여, 로마에서 공부하는 각국 유학생을 초청할 때도 그 주최는 아데나워 수상 자신의 관할이었다. 그리고 그 통괄 부서는 외교부가 아닌 총리부였다. 일본 국제교류기금(The Japan Foundation)도 그 속을 들어다 보니 역시 문화를 중시하여 도쿄대학교와 정부의 문부성, 재력을 뒷받침하는 대(大) 기업들이었다. 다른 선진국들의 국제적 문화 단체, 훔볼트 장학재단 등이 다 그렇지 않은가. 우리도 젊은이 세계 파견에서 파견 단체는 '문화 봉사'라는 면을 중시하여 문화적 무게를 갖는 조직과 대 재벌이 순수 문화적인 면에서 뒷받침하는 새로운 무게 있는 조직이 맡아야 한다. 외교통상부나 여타 부서는 협조하는 관계이면 좋을 듯싶다. 모든 사람이 사람답게 살아야 하는 오늘날, 우리가 젊은이 세계 파견으로 지향하는 문화는 모든 인간이 인간답게 사는 문화 자체를 지향하는 것이다. 또한, 창조주 창조의 가장 기본적인 것을 실현하는 것이다. 어차피 우리 젊은이들의 대거 세계 파견으로 개발도상국을 인간적 차원, 즉 문화적 차원에서 돕는다면 그와는 반대의 면, 즉 그 지대의 젊은이들을 대거 국내에 초청하여 연수하게 해야 할 것이다. 여러 면의 기술 습득과 학문 연구를 이 땅에서 시켜, 들숨 날숨의 자연 이치처럼 해당 지역의 젊은이들을 수많이 초청하여 도와야 할 것을 염두에 두고 문화 봉사와 문화 교류를 해야 할 것이다. 이런저런 면을 고려할 때, 현재와 같은 상처투성이의 외교통상부 외곽 단체 일변도로는 앞을 멀리 앞서 가는 우리 젊은 층이 정부 시책에서 이탈할 수밖에 없지 않겠는가.

나는 1970년대부터 젊은이들에게 우리의 국가와 세계의 운명이 걸려 있다고 했으니 이제 그들도 중장년이 됐다. 지금의 젊은 20대까지 합쳐져 이명박 정부의 실책에 반동(反動)할 것이다. 그것이 단적으로 나타난 것은 지난해 6·2 자치장 선거에서 한나라당의 대패였다. 그런 흐름은 더 심화되어 4·27 선거에서는 여당의 아성인 분당 을(乙)에서조차 한나라당의 참패로 나타났다. 나는 이렇게 될 수밖에 없는 추세를 적나라하게 말하지 않았던가. 이제 젊은이들의 문화의 흐름에서 특단의 조치를 취하지 않는다면, 이명박 정권은 4대강 개발 등의 시대에 뒤떨어진 일을 강행하여 민심(특히 종교적 민심)을 갈기갈기 찢어 놓아 정권을 좌익 정권에 넘겨 줄 것이다. 그 때 530만 표 사상 초유의 압승으로 되찾아준 분들의 한 맺힌 원성을 이명박 정권은 어찌 다 감당할 것인가. 여기서 이명박 대통령의 뒤떨어진 자연 토목공사 사상에 대해 한마디를 덧붙인다면, 지금 4대강 사업이 무사히 끝났느냐 아니냐의 문제가 아니다. 지금 선진국 대열이라면 자연을 그대로 보존해야 한다는 문화 차원이라는 것은 이제 상식이다. 우리는 지금, 30~40년 전 사우디 아랍 개발 시기가 아니다. 한마디로 비무장 지대의 지형과 토양, 식물, 동물 등이 원시 상태 그대로다. 이것은 앞으로 인류의 놀라운 보고이며 온 인류의 관광 지대이며 학습장이다. 거기에 더해 남북한의 세계에서 달리 볼 수 없는 명승지인 천연의 자연을 주어진 그대로 보존한다면, 천혜의 명승지로 남아 있을 것이다. 그런데 4대강 토목 대공사로 서구인들도 혀를 차는 이 천혜의 자연에 손대는 것은 지금도 후대에도 못할 짓을 하는 것이다. 물론 홍수나 장마로 쌓여가는, 말하자면 자연을 망치는 퇴적물 처리라든가 홍수 피해 등을 막는 작업이야 해야 할 테지만 말이다.

　이런 일에는 일가견의 견해는 고사하고 소위 이명박 대통령을 보좌

하는 보좌관, 이른바 청와대 비서진과 정부 고위 인사들은 무슨 얼굴인가. 이권이나 직무태만 등으로 줄줄이 감옥행이 이어질 테니 국민과 후손에게 그런 꼴을 어찌 다 감당할 것인가. 그때는 누구도 전례(前例)에서 같이 나는 예외라는 법이 없을 것이다. 이런 일들을 어떻게 추스를 것인가. 결국 이명박 정권은 힘들게 절대 다수로 되돌려 준 우익 정권을 다시 좌익 정권에 넘겨줄 일을 골라 하고 있는 셈이다.

젊은이들 세계 파견 문제는 기존의 정부기구와는 별도로 굳건한 기구를 만들어 우선 단기적 파견과 중·장기적 파견을 교육하고 준비시켜야 할 것이다. 이런 기구를 진정 G20의 성과를 역사에 남기고 싶거든 기존의 어떤 부서에도 종속시키지 말고 총리실 산하에 독립 부서로 두는 것이 좋겠다. 예컨대 G20 연구소와 같은 명칭으로 단기, 중기, 장기 등의 심오하고 현실적인 연구 기구와 실천 기구를 만들어 외국에 흔히 있는 바와 같이 연구소가 후에 세계적으로 유명한 대학으로 발전하거나 연구소로 남아 대학을 훨씬 뛰어넘는 명망을 세계에 떨치는 역할을 할 수도 있다. 이는 국가적 더 나아가 인류 발전의 원동력이 되는 역할을 하게 해야 이명박 대통령이 역사적 공헌을 한 것으로 남을 것이다. 비근한 예로는 미국의 MIT(Massachusetts Institute of Technology), Cal Tech(California Institute of Technology), 독일의 전국에 산재하며 높은 권위를 인정받는 막스 플랑크 연구소(Max Planck Institut) 등이 그런 것들이다. 우리의 KIST(Korea Institute of Science and Technology)도 좀 더 발전시키면 어느 대학도 능가하는 세계적 연구소가 될 것이다.

제4부 다른 문제들

1. 한홍순 주 교황청 신임 대사와의 면담과 권유

나는 (2010년) 8월 14일 새로 임명된 주 교황청 대사 한홍순 교수의 초청으로 시내 롯데호텔 페닌슐라 식당에서 근 3시간 동안 점심 겸 환담 시간을 가졌다. 여기에 그때 오간 이야기의 요점을 집약한다.

나는 먼저 축하의 말씀을 드리며 그분이 한국의 대표적 평신도로서 오늘에 이르기까지 지난 30년간의 경로를 회상했다. 또한, 앞으로 교황청 추기경단에 한국인 추기경을 내게 하여 가톨릭교회의 최고 기구에서 한국교회와 사회의 지대한 영향을 미치게 되었다. 그리고 동양을 대표하여 한국교회가 큰 역할을 해야 할 교황청에 한국 추기경 한 분을 더 내도록 노력하라고 강력히 권고하였다. 한홍순 대사는 그런 획기적인 아이디어에 크게 감동하는 기색이었다. 그 후 국내 유력지와의 대담에서 이를 거론하여 국민의 관심을 끌게 되었다. 이렇게 약 230년 전 우리 선조 학자들이 이역만리 북경을 우마(牛馬)와 도보(徒步)로 수없이 드나들며 들숨 형태로 받아들인 하느님의 진리와 선(善)을 한국교회는 이제 교황청을 배경으로 날숨 형태로 세계로 뻗어 낼 것을 생각하니 감개무량하다.

한홍순 대사가 교회 안에서 오늘에 이르게 된 단초는 다음과 같다. 1980년(실은 1979년 12월 말) 1월에 정식으로 열린 한국 주교회의 산하 회의에서 나는 한국 천주교 2백주년 기념 사목회의 실무 총책임을 맡으면서 수차에 걸친 안건 준비회의를 통해 교회의 풀뿌리에서부터 안건을 수집하기로 하였다. 그리하여 교회가 보유한 모든 조직, 예컨대 모든 교구, 본당, 수도 단체, 교육기관, 신심 단체, 직능별 사회단체 등에서 안건을 수집하기로 하되 반드시 소속 단체원 회의를 거친 안건을 제출하도록 사목회의 담당 주교 명의로 전국 교회에 시달했다. 그러나 그때까지는 워낙 교권의 지도에만 길들여진 교회라 정한 기간이 지나도록 한 건의 안건 제출도 없었다. 그러므로 하는 수 없이 사목회의 담당 박정일 주교 외의 전체 2백주년 기념회의 책임주교 윤공희 대주교 명의까지 합쳐 공문을 국내 전 교회에 발송했다. 그 결과 3백 수십 건의 제안이 제출되어 분석 종합한 결과, 13안건을 만들었다. 각 분과 소위원장은 사제로 하되 경우에 따라서는 수도자 등이 분과에 한두 명 배속되기도 했지만 각 분과에서 15-20명에 달하는 위원의 절대 다수가 사회 각계각층의 평신도 전문가로 이루어졌다. 그렇게 그때까지 수동적이고 일방적이었던 신자들은 어느 사이에 사회 각 분야의 지도적 가톨릭 평신도가 되었다.

이렇게 평신도들이 전면에 부상하여 그들의 실력으로 사회 각 방면을 복음적 관점에서 문제를 다룬 안건 준비물이 전국 교회 각 부처에게 하달 식으로 전달되어 논의되었다. 그뿐만 아니라 때로는 성직자 외에도 평신도 전문가들이 지방 교회의 해당 단위에 출장을 가, 지도를 하게 되었다. 이를 통해 성직자들의 평신도에 대한 의식 변화와 평신도들의 교회 내 활동만이 아니라 사회 속에서 자기들의 고유 분야에 대한 사도직 활동을 자각하게 되었다. 또한, 신자로서 긍지를 느끼는 평신도 사도직 의식이 고양되었다. 이렇게 나는 교회의 풀뿌리인 평신도의 자발적 활동에서 의안 초안을 작성하려던 당초의 목표를 이루게 되었다. 따라서 평신도와 사제들이 혼연 일체가 된 초안을 작성하되 사회 각계각층에 뿌리내린 평신도의 자질과 능력을 십분 발휘하게 했다. 이런 일에는 2백여 년 동안 교회 안에서 굳어져 체질화된 교계 중심, 즉 사제 중심으로 흐르던 강력한 움직임에 제동을 거는 결과가 되었다. 이렇게 평신도 고유의 의무와 권리를 인정해 주는 사목회의가 순조롭게 진행되도록 뒤에서 큰 역할과 받침을 하신 분은 당시 한국 천주교 주교회의 사무처 정은규 총장 신부님이었다.

이렇게 분출된 새로운 평신도들의 활력을 지속시키는 데 중요한 것은 평신도의 중추적 인물 발굴과 양성이다. 나는 13개 분과위원회의 실무 책임자임과 동시에 평신도 소분과 위원회 책임도 맡고 있었기에 그 위원회 부책임자로 평신도를 기용하여 활동하도록 했다. 그분이 바로 한홍순 교수였다. 그렇게 해서 만들어진 평신도 의안 초안을 영역(英譯)하여 사목회의 관계로 1983년 교황청 방문 시 교황청 평신도 위원회에 들렀더니(그 당시 교황청 위원회도 명칭만 있어 몬시뇰 한 분이 있을 뿐 담당 추기경과 총무 대주교도 없고 단 한 명의 여직원도 없었다.) 문건이 필요하다며 대환영이었다. 그러면서 교황청에도 평신도 위원회를 만들어야겠는데 우선 한국 평신도를 추천하라기에 나는 주저 없이 로마 그레고리오 대학교에서 박사 학위까지 마친 한홍순 교수를 추천하였다. 그때부터 그분은 대사 임명 전까지 세계에서 유일하게 장기간 평신도 교황청 위원으로 일했다. 이런 저런 이야기와 더불어 근래에 평신도 활동에 대해 이야기하던 중, 8월 말에서 9월 초에 있을 아시아 평신도 회의 이야기에 미쳤다. 그때 한홍순 대사는 회의의 중추적 역할을 하고 있었기에 아주 난감한 문제에 봉착했다는 것이었다. 그러면서 나의 견해도 물었다.

그것은 청년 문제였다. 약 20개 참가국 대표단에 젊은이들이 적지 않은데 주최국인 한국 대표단에는 젊은이가 없어 신학생들을 넣었더니 교황청으로부터 평신도회인데 어째서 신학생들이냐는 지적이 있어 곤혹을 치렀다는 말을 들었다. 교황청은 역시 사태를 바로 보는 형안을 갖고 있구나 싶었다. 사실 나는 청년들의 교회 이탈 문제를 지난 근 20년간 걱정하며 경종을 울렸다. 다시 말해 이는 교회 사활의 문제로 청년들의 근년 90% 이상 교회 이탈을 외쳤기에 정신이 번쩍 들 수밖에 없었다. 그래서 한국교회의 가장 중요한 문제는 젊은이들의 교회 이탈 문제라는 점을 한홍순 대사에게 말했다. 교황청에서도 한국교회에 관한 한, 이 문제에 많은 관심을 두어야 할 것이라며 이 점을 교황청에 품신해 달라고 했다.

또한, 한국교회는 동양에서뿐만 아니라 세계교회에서의 역할이 클 수밖에 없는데 그렇기 위해서는 한국교회가 전체 교회에서 갖는 비중도 커야 한다고 했다. 다시 말해 한국교회의 실상이 바티칸에 직접적으로 잘 알려지고 한국교회가 교황청에서 직접적인 역할을 해야 할 것이라는 점을 말했다. 그렇게 하려면 교황청 추기경단에 한국 추기경이 있어 직접적인 의견 개진을 하고 책임도 질 수 있을 것이라고 했다. 교황대사나 여타의 경로를 통해 의무와 권리를 행사하는 것과 교황청 추기경단에서 직접적으로 전체 교회사(事)에 관여하는 것과는 큰 차이가 있기 때문이다. 그뿐만 아니라, 인도나 베트남, 일본 등의 교회는 교황청 추기경단에 본방인 추기경들이 있어 직접으로 전체 교회의 중대사에 간여했는데 지금 한국은 전체 교회 발전에 더 큰 기여를 하고 있을 뿐만 아니라 앞으로 더욱 그럴 것이라는 점도 상기시켰다. 그래서 한국인 추기경이 교황청 추기경단에서 직접적으로 교회와 한국사회 실정을 전달하고 중요 결정에 직접 참가해야 한다는 점을 말했다. 그렇기에 한국인 추기경이 반드시 교회 최고 기구인 교황청 추기경단에 있어야 하니 이 점을 한홍순 대사가 납득시켜 성사시키면, 역사에 남는 일을 한 셈이라고 일러주었다. 한홍순 대사는 크게 수긍하듯 고개를 끄덕였다.

특히 이 두 가지 점, 즉 교황청을 통해 지금 90% 이상의 젊은이가 교회를 떠나는 현실에 도움을 받을 수 있는 방도를 강구하고 교황청 추기경단에 한국인 추기경이 참가할 것에 힘쓰면 좋겠다는 말을 한 대사에게 해 주었다.

2010년 8월 14일

2. 해군 특수여전단(UDT/SEAL) 대원들의 쾌거에 접하며

2011년 1월 21일 여명에 소말리아 해적에 15일 아덴만에서 납치되어 끌려가던 삼호해운 소속 삼호 주얼리호의 선원 21명(한국인 8명) 전원이 청해 부대의 4시간 58분의 신출귀몰한 군사 작전으로 구출됐다. 해적 8명을 사살하고 5명이 생포됐다. 이번 해군의 쾌거는 석해균 선장의 지혜와 용기의 공이 컸다. 석 선장은 엔진오일에 물을 타거나 지그재그 운항 등 수법으로 배의 속도를 느리게 하며 통신 조작으로 청해 부대에 선내 상황을 상세히 알려 구출 작전에 지대한 공을 세웠다. 선장 본인은 해적의 총에 맞아 중상을 입고 입원 수술, 혼수상태다. 처음에는 생명에는 지장이 없다는 소식이었으나 지금(27일)은 2차 수술을 마치고 위급상태라니 온 국민의 꼭 살게 해 달라는 기원은 한결 같다. 석 선장은 적지에서 자기 생명을 바쳐 선원들을 사지에서 건지고 자신은 죽어가는 살신성인의 실천을 했다. 또한, 석 선장은 불의한 해적을 응징하는 정의로운 사람이었기에 우리 국민뿐만 아니라 세계인의 가슴을 울렸다. 이번 해병대 젊은이들의 쾌거는 그동안 북한군에 의한 천안함 사건과 연평도 포격 초토화 등 당하기만 하던 비참한 한 국의 모습을 일거에 씻어내는 듯한 기분이 들었다. 그 뉴스가 전해질 때 가슴이 후련해짐은 물론, 무의식중에 박수까지 나왔다. 우리의 젊 은이들은 저렇게 놀라운 용기와 지혜를 지니는데 그동안 이 나라 통수 권자인 이명박 대통령이 좀 더 기민하고 단호하게 행동했어야 했는데 하는 생각이 뇌리를 스쳤다. 어찌되었건 이번만큼은 그 결단과 행동에 아낌없는 찬사를 보내야 한다. 그러나 이런 일을 왜 지금에서야 했는 지 하는 큰 아쉬움이 남는다. 한국 선원들이 계속 납치와 인질의 표적 이 되었다니 한숨이 절로 나왔다. 이번의 전광석화 같은 대성공의 구 출작전은 참으로 좋았는데 벌써 잡혀 있는 선원들이 해적들로부터 사 살의 위협을 받고 있다며 이번 작전에서 잡은 해적 5명과의 교환 형식 을 취할 것이라고 한다. 그러더니 그것도 아닌 해결책이라니 그저 일 이 잘 되어 더 이상의 생명의 희생이 없기를 바라는 마음 간절하다. 선 진국에서는 이런 경우, 해적과는 타협이 없다는 원칙으로 더 이상의 손해나 인질 사살 협박 같은 일이 있을 수 없었다고 한다. 그런데 우리 는 왜 이렇게 됐나 하는 씁쓸한 마음이다. 좀 더 빨리 사태의 본질을 파악하고 행동했어야 했는데 하는 아쉬움이다. 역시 국민의 생명과 재 산보호를 책임지는 이는 하느님의 슬기로 뒷받침 받는 지혜와 적소적 시의 용기 있는 결단이 필요하다는 것을 새삼 느끼게 한다. 이명박 대 통령은 이번 쾌거를 계기로 더 큰 국정 형안과 결단력으로 국민 안보 에 대한 약체 인식 및 북한의 호전성에 의한 불안을 불식시켜 주었으 면 한다. 특히 대북 문제에서 과단성 있는 주도적 면모를 보여주기 바 란다. 북한 문제에서 남북 대화는 완전히 남한 주도가 되어야 한다. 북한은 이쪽이 강경하면 한 만큼 고개를 숙일 수밖에 없다. 중국과 북 한의 관계는 이쪽에서 중국에 애걸하는 만큼 중국은 콧대가 높아질 것이다. 그러나 조중(朝中) 관계를 그들에게 맡기면 중국 자체가 북한을 짐스럽게 여겨 그 관계가 소원해질 것이다. 물론 남한은 한·미 관계, 특히 한·미 군사동맹을 굳건히 하며 중국 관계도 중요시해야 할 것이다. 서방 국가들과의 유대를 공고히 하며 외교적·경제적으로 북한을 압박하면 놀라운 효과를 거둘 것이다. 우리 젊은이 약 20만 세계 파견은 북한을 직접적으로, 중국을 간접적으로 압박하는 데 공헌할 것이다. 지금은 인터넷의 급속한 발전, 특히 스마트폰의 위력이 누구도 제재할 수 없는 단계에 이르렀기에 우리 젊은이들의 세계 파견과 그들의 세계 현장적 경험 및 다기다양(多技多樣)한 아이디어 창출은 세계로 미래로 뻗을 것이다. 그것은 우리의 놀라운 정기(精氣) 분출이기에 중국 젊은이들, 특히 북한 젊은이들에게 결정적 영향을 미칠 것이다. 그런 경우, 우리는 자유왕래는 하되 통일을 좀 천천히 늦추어야 할 처지에 놓일 것이다.

이명박 대통령은 알아듣고 확신만 서면 아무도 따라갈 수 없는 용기와 실천력을 겸비한 분이기에 2011년 신년 시정 연설을 계기로 그의 종반기에 일말의 희망을 건다.

2011년 1월 25일

3. 위키리크스의 세계 금력, 권력형 흑막 폭로와 인류문화의 새 질서

– 위키리크스 국제관계, 세계 정치계, 경제계, 권력층 흑막 폭로

웹사이트 위키리크스가 2010년부터 국제관계 비밀에 쌓인 흑막을 폭로하여 세계를 경악케 했다. 위키리크스의 설립자 줄리언 어산지(39)는 2011년 1월 17일에 스위스의 '율리우스 바에르, 은행의 전직 간부 루돌프 엘마로부터 고객 2000여명의 계좌 정보가 담긴 CD 2장을 받아 수주 안에 내용을 공개할 것이라고 해, 세계 재계와 정치계를 바짝 긴장시키고 있다. 위키리크스가 지금까지 세계 유수지에 공개한 외교 전문은 25만 건 중 1% 정도라고 한다. 지금 영국에 체류 중인 어산지가 미국으로 갈 경우, 간첩죄가 적용돼 사형까지 받을 수 있다고 한다. 엘머도 1월 19일 금융비밀법 위반 혐의로 스위스 취리히 법정에 설 예정이며 최소 3년형에 처해질 수 있다는 것이다(〈조선일보〉, 2011년 1월 18일 화요일 A1, A2, A17쪽 참조).

동양적 표현으로 인간의 지정의(知情意)가 진실과 선(善) 실현을 위해

크나큰 희생을 무릅쓰는 용기를 발휘한다면 인류사의 새로운 국면을 열어 갈 것이다. 위키리크스의 부정부패 경제 대흑막에 쌓인 기존의 국제관계와 권력관계 폭로는 기존 권력층 세계 구조의 지각변동을 일으켜 새로운 인간 삶의 질서를 창출할 것이다. 수많은 사람들의 피땀으로 이루어 재보(財寶)를 갈취 은닉(隱匿)한 부정한 은신처가 대명천지에 거대한 구렁이 모양으로 드러날 것이다. 이에 앞서 위키리크스는 약소국과 약자의 권익을 침해하는 국제 외교관계 흑막도 폭로한 바 있다. 하느님은 빛 자체, 진리 자체, 선 자체이시니 모든 감추어진 부정한 비밀은 빛 속에 만민 앞에 드러나야 한다. 그러나 사라져야 할 기존 질서는 법이라는 미명으로 많은 혼란을 일으키며 때로는 큰 폭로에 대해 큰 희생을 강요할 것이다. 결국은 사라져가야 할 것의 최후의 발악이다. 가능한대로 그런 혼란과 희생을 최소화 하면서 인류는 하느님의 창조계획 실현인 새로운 문화 단계로 넘어가야 한다. 이런 인류의 문화 진화는 선하신 하느님 창조경륜의 더 높은 단계의 실현이다. 이런 경륜의 실현은 인간의 불완전하고 타락된 본성으로 어느 정도 왜곡되거나 지체될 수는 있지만, 결국 창조경륜 그대로 실현되는 것이다. 그것은 인간이 하느님의 모습으로 창조된 것이기 때문이다. 풀어 말하면 하느님은 온전히 지혜롭고, 온전히 능(能)하시고 온전히 선(善)하신 분, 즉 전지(全知), 전능(全能), 전선(全善)하신 분이시다. 그분의 특수한 창조물로서의 인간은 하느님의 모습이다. 다시 말해 인간은 지성과 양심과 능력을 갖춘 존재로서 결국은 하느님의 창조계획을 실현하고야 만다. 그런 실현을 우리는 인류문화의 더 높은 단계로의 진화라 해도 무방하다.

위키리크스의 국제구조 흑막 폭로가 계속된다면 인간은 문화의 더 높은 단계로 진화할 것이다. 그것은 인간 삶의 더 좋은 단계로 이행

하는 것이니 인간은 그 실현을 적극적으로 환영하여 다 같이 노력해야
할 것이다. 쉽게 말해 여러 가지의 불법과 협박과 위협 등으로 위키리
크스의 폭로가 제대로 이루어지지 못한다 해도 한 번 세계인의 올바른
인식과 양심을 뒤흔들어 놓은 국가 기관이나 공공기관의 방대한 부정
과 흑막은 지상에서 사라질 수밖에 없는 것이 새로운 인류문화의 흐름
이다. 그렇게 되어 이 세상에 오는 모든 사람이 하느님의 고귀한 모습
으로 살게 하는 것이 하느님의 창조의지다. 그것은 인류문화의 높은
단계의 실현으로 나타난다.

2011년 1월 22일

4. 중동 무슬림 국가들의 민주화 열풍과 종교 문제

3천 년대 들어 여러 놀라운 사건들이 발생하고 있지만, 2010년대 들어 또 다른 하나의 큰 징표(徵標)는 중동 무슬림 국가들에 돌풍처럼 일어나 걷잡을 수없이 번져가는 민주화 열풍이다. 튀니지에서 26년간의 통치자 벤 알리 대통령을 2011년 1월 14일 몰아낸 재스민 혁명은 드디어 2월 18일 30년간의 전제적 통치자 무바라크를 축출하고 리비아, 예멘, 시리아, 요르단 등 무슬림 전제국가들에게 퍼져갔다. 그것은 나타나는 현상만으로는 오랜 독재와 권력자들의 상상을 초월하는 부정 축재와 권력 세습 및 그것에 연유하는 방대한 실업 문제다. 그러나 더 깊은 연유(緣由)는 인간 평등과 각개 인간 존중 사상의 인식 발전이다.

지난 오랜 세월 동안 무슬림들은 그 교리 여하는 차치하고 전제 군주제에 만족하고 살아왔다. 그러나 3천 년대 들어서는 교육의 고도화와 해상과 공중 교통수단의 발달에 따른 세계 도처 왕래 일상화, 인터넷의 생활 유비쿼터스화, 인권 확립과 물질 풍요의 서방 세계 생활에 눈 뜨게 되어 과거 식민시기에 대한 보복 심리나 교리 등에 의한 감내 내지 우월의

식만으로는 국민, 특히 젊은 층을 더 이상 묶어 놓을 수 없는 처지에 이르렀다. 어쩌면 이런 과정은 그리스도교국, 특히 가톨릭교국에게는 중세를 넘어 근대와 현대에 이르는 수백 년의 시기에 교권(교회 군력)에의 반발 등 온갖 시련을 겪으면서 발전된 처지에 이른 것이다.

지금 중동 무슬림 국가들에서 요원의 불길처럼 번져가는 민주화 물결은 성공을 거두고 있다. 그러나 리비아에서 종족 간, 종교 분파 간, 서방국가들의 이해관계에 얽힌 개입과 갈등 등이 점철되는 가운데 서방국가들의 공습과 개입까지 초래하여, 큰 희생과 난관을 겪고 있는 데서 보듯 그리 간단한 것이 아니다. 특히 종교적인 고식적 관습이나 나름으로의 전통으로 자칫 그런 민주화 운동이 임시로나마 완전히 좌절될 수도 있을 것이다. 성공한다고 해도 그 후속 조치에서 지역적·민족적 내지 종족적, 심지어는 바람직하지 못한 갈등이나 요인으로 후퇴하거나 상태가 나빠질 수도 있다. 가장 무서운 것은 무지다. 그런 무지 중에는 잘못된 인식에 집착되어 종교적 색채까지 띤, 절대적 진리에 근거한 것과 같은 옹고집의 무지, 이른바 저 유명한 선각자 니콜라우스 쿠자누스 추기경이 말한 "유식한 무지"(docta ignorantia)로 인명 피해와 물질적 손실, 불행을 초래할 수 있기다. 그래서 인류는 하느님의 창조경륜에 따라, 온 인류가 누려야 할 인권과 물질적 풍요의 새로운 문화의 진화에 지장을 받지 않고 전진해야 할 것이다. 이런 면에 가장 위험한 것은 무슬림이나 그리스도교를 막론하고 교리의 이름으로 감행되는 반인륜적 반천륜적 잘못된 교리 인식일 수 있다. 이런 것은 무슬림과 그리스도교에만 국한된 것이 아니라 모든 종교적 내지는 민족적 혹은 지역적 관습이나 윤리 의식, 심지어는 천륜으로 생각하는 것에도 있을 수 있다. 이런 것을 가톨릭교회는 세계 각지에서의 선교나 교육, 시혜(施惠) 활동을 할 때, 수없이 경험했다. 또한, 역사 특히 올바른 인류문화사 흐름 속에서 외부나 내부에서 체험했다. 심지어는 스스로 잘못을 저질러 고통을 자초하기도 하였다. 그러나 현 시점에서 인간성 내부에서 활화산과 같이 폭발하는 인권 요청을 임시적으로 억누를 수 있어도 급기야는 이루어질 것이다. 그것을 억누른 자는 진정한 인륜과 천륜에 패륜(悖倫)으로 낙인찍힐 수밖에 없게 될 것이다. 현 시점에서 자타(自他)에 모두 좋은 방법은 독재자 전제자로 불리는 사람들이 스스로 물러나며 사람들의 인권을 보장하는 길을 터주는 것이다. 이런 방도는 벌써 서방 세계, 다시 말해 그리스도교 세계에서 즉 전국을 피로 물들이는 희생을 수 세기동안 치르고 난 다음에 정착시킨 민주주의, 다시 말해 완전한 인권 보장에로 전진해 가야 할 문화, 즉 하느님 창조경륜의 전진(前進)적 실현이 이루어지는 인류의 새로운 문화의 실현인 것이다.

이런 맥락에서 세기적으로 위대했던 교황 요한 바오로 2세는 역사적으로 지은 교회의 잘못을 인정했다. 이런 전철을 골수까지 느낀 가톨릭교회는 19세기 말 레오 13세 대 교황의 위대한 교서 「새로운 사태」(Rerum Novarum)를 발표했다. 그 후 20세기 전반(全般)에 걸쳐 수많은 교황 사회 교서가 발표되어 인류의 사회적 고통에 동참하며 사회발전을 증진시켰다. 도도히 흐르는 인류의 새로운 문화, 특히 3천 년대에 이루어야 할 인류의 공통문화, 다시 말해 하느님의 창조경륜 실현에서 그리스도교, 무슬림, 유교, 도교, 불교 등 종교 문화의 만남에서 중요한 것은 하느님이 모든 인간 마음에 심어 주신 인권존중 사상이다. 이런 인권 사상의 밑바탕에는 '선택의 자유'라는 가장 기본적인 사상이 자리 잡고 있다. 그렇기에 종교 선택의 자유를 국가든 단체나 개인이든 다 존중해 주어야 한다. 물론 이런 경우, 부모의 자녀 종교 교육까지 방기(放棄)하는 것은 아니다. 그렇기에 가톨릭교회는 1962-

1965년까지의 제2차 바티칸 공의회에서 "종교 자유 선언문"(라틴 원문으로는 "인간의 존엄성"(Dignitatis Humanae)이다. 종교 자유 문제는 인권의 문제다)을 공표하여 모든 그리스도교의 원조답게 유럽과 남미 등지에 광범위하게 펴져 있는 가톨릭 국가들의 국교 특전을 스스로 포기하여 가톨릭 국가들에서 모든 종교의 신교 자유를 완전히 보장했다. 이런 관점에서 아직도 심심치 않게 일고 있는 정치와 종교 문제, 특히 개신교 장로인 이명박 대통령 정권 하에서 일부 개신교에 의해 지속적으로 일어나는 종교간 갈등은 무의미하고 뒤떨어진 사고에 기인하는 것이다. 이런 문제가 이 땅에 제기될 때, 나는 언론 매체들을 통해 정(正)과 사(邪)를 가려 대통령이 시정하도록 했다. 우리가 앞으로 주시해야 할 문제는 이슬람 국가들에서도 가톨릭 국가들처럼 인간의 기본권인 "종교 자유 선언" 정신으로 모든 종교의 신교(信敎)의 자유를 허용해야 하는 것이다. 전제군주 혹은 독재자들이 물러나야 하는 것처럼 어느 지역이나 종족에 독점적인 종교관도 해체되어 모든 종교의 자유, 즉 신교의 자유가 허용되어야 인권이 확립된다. 결국 인류문화의 핵심인 인권 보장도 그런 바탕에서 이루어져야 한다. 물론 나는 무슬림 지대에서 민주화도 종교 자유도 많은 우여곡절과 시련을 겪고 먼 훗날에 이루어질 것으로 생각하나 이런 것은 이슬람교에만 국한되는 것이 아니고 고식적인 그리스도교에도 해당되는 것이다. 그것은 미국 어느 목사의 아프가니스탄에서의 코란 경 불사름으로 무슬림의 격노를 사는 일 등이 같은 범주에 속한다. 이런 행태는 종교 편견에 의한 인권 무시의 극한이다. 우리는 그런 목적, 즉 종교적 측면에서도 인권 존중 사상이 이루어져야 한다는 목적 달성에 최선을 다해야 한다. 이런 인류의 문화 단계가 이루어지면 사람들은 자연스럽게 하나의 참된 종교를 찾는 분위기가 조성될 것이다. 종말론적 신앙에 근거한 예언자 사명 수행과 사람들의 심금을 울리며 세상을 뒤덮을 사랑의 봉사와 선행은 급기야 인류를 오메가 점으로 인도해 갈 것이다.

5. 이명박 대통령의 4대강 개발과 천주교의 혼선

    2010년 12월 초순에 촉발된 천주교 안에서의 이명박 대통령의 4대강 개발의 추한 논쟁은 하순에 이르기까지 아주 예민한 사건으로 가톨릭계와 종교계 전반에 받아들여졌습니다. 이는 연일 〈경향신문〉 및 도하(都下) 모든 매체의 큰 보도거리가 되었습니다. 또한, 여당과 야당의 극한 대립점이 가톨릭 교계의 충돌로 비화하여, 가톨릭교회는 4대강 개발의 추한 대리전 장을 심화시켜 가는 양상이었습니다. 신자들만 아니라 이 땅의 많은 선남선녀에게 상처를 안겼습니다. 가톨릭교회의 고통스러운 나날들이었습니다. 결국 평신도 단체들까지 직·간접으로 개입하는 형국이었습니다.

    저는 이런 일의 발생과 더불어 즉시 여러 매체에서 전화 문의를 받았습니다. 저는 아무 말도 할 말이 없고 하고 싶은 마음도 없다고 했습니다. 그것은 종교 의식 발전에서 일부를 제외하고는 우리 가톨릭교회 자체가 아직 충분히 성숙하지 못했고 일반 사회 또한 가톨릭교회 발전의 내부 요인에 대해 상응한 인식을 갖고 있다고 생각하지 않기 때문이었습니다. 그러나 이번 일은 이 대명천지(大明天地)에 일어난 사건이기에 사건들의 흐름의 자초지종, 그 내부적 발전의 진면모와 운명은 지금 소상히 기록은 해 두되 발표는 시간이 흘러 충분히 이해가 될 때 해야 할 것이라고 생각합니다. 그렇지 않으면 상흔만을 깊여 역효과를 낼 것이기 때문입니다. 이런 와중에서 사건의 수습을 위해 교구 당국이 약 60명의 요직 성직자 대회의를 소집한다는 소식이었습니다. 그런 회의는 결국 추함을 더해 가는 4대강 개발 정치 논쟁을 교회의 심장부로 끌어들여 혼란만을 가중시킬 것입니다. 치유하기 어려운 상처를 교회 자체에 입힐 뿐 아니라 이 땅에서 윤리의 마지막 보루인 가톨릭교회가 종교적·사회적 신뢰 상실만을 가중시킬 위험이 컸기에 저는 이 소식을 접하자 즉시 교구청에 회의 소집 불가의 입장을 강하게 전달했습니다. 그런 회의 소집의 목적이 4대강 개발 문제이고 이 문제는 여야가 사활을 걸고 대립하여, 국민 여론도 극단으로 양분되어 있는데 그런 문제를 교회가 심장부에 끌어들여 무엇을 어떻게 하겠다는 것이냐는 것이 저의 논지였습니다. 어느 한쪽이 다른 한쪽에 쉽게 양보하거나 패배하는 식의 결과는 날 수도 없습니다. 그리고 그렇다고 성토와 처벌 위주의 전 근대적일 수도 없는 것이고 현실 확인 정도라면 무엇 때문에 한 회의였냐는 빈축만 살 것이기 때문이었습니다. 더나아가 상호 양보, 중도 융합이 될 성질의 것도 아니니 상호 갈등만이 더 커져 4대강 대리전의 확대와 심화를 불지르는 것이 아니겠느냐는 것이었습니다. 더 마음 아팠던 것은 사회매체의 경우, 우익매체는 한쪽을, 좌익매체는 또 다른 쪽을 심하게 편드는 것을 보고 우리 교회가 시간이 갈수록 이런 싸움의 대리전 터전이 되어 간다는 고통이었습니다. 그렇기에 교회로서 시급한 것은 지위고하, 좌우여하, 시비곡직(是非曲直)을 불문하고 그 추한 대리전을 교회에서 완전히 몰아내야 한다는 것이 저의 확신이었습니다. 그런 회의 소집으로 상태는 더 나빠질 것이 명약관화(明若觀火)했기에 결국 회의 소집 취소는 불행 중 다행의 희소식이었습니다. 교회뿐만 아니라 사회 전반에서도 이런 취소 조치를 크게 환영하는 분위기였습니다. 앞으로 교계의 더 지혜로운 대처가 필요하게 되었습니다. 이번 회의 소집 취소 등에 중요한 역할을 한 분은 사태를 원만히 이끌어 가시는 염수정 총대리 주교님이라고 생각합니다. 크게 다행한 일로 생각하며 하느님께 감사하고 있습니다.

교회가 오늘과 미래 사목에서 어떤 경우에도 포기할 수 없는 것이 자연파괴 방지입니다. 이는 자연 이용을 인정하면서도 지켜야 할 사명을 철저히 인식하여 자연에 대한 실용적이며 과학적 편리, 기술 이전의 가치 등을 생각해야 하는 것입니다. 그래서 모든 현세적 가치가 종속되어야 할 근원적 가치, 다른 모든 가치를 지휘해 주어야 할 창조경륜의 가치를 성실히 가르치며 이행해야 할 것입니다. 또한, 교계는 이른바 4대강 개발로 말로는 국민 화합과 단합을 외치면서도 4대강 개발이 산산이 부수어 놓은 민심의 화합에도 큰 관심과 노력을 기울여야 할 것입니다. 무엇보다도 이번 일로 평신도 사회도 그렇지만 특히 성직계에 지역별 연령별 그룹별로 몰랐던 차원의 위화감이 은연중이거나 명시적으로 발생하거나 커지지 않기를 바라는 마음 간절합니다. 교계는 불안과 고통에 시달리는 국민에게 희망과 안식처가 될 준비를 갖추어야 할 것입니다. 교계는 이번과 같이 그 해석에서 혼란이 일어날 여지가 없도록 분명하고 권위 있는 교도권 행사를 해 주면 하는 바람입니다. 교회는 내외의 시련과 희생으로 성장하기에 이번의 고통스러운 일도 하기에 따라서는 교회 앞날에 새로운 큰 희망을 갖게 하는 것이겠습니다.

2011년 1월 16일

6. 일본 동북부 9도 강도의 대지진과 후쿠시마 원전 대재앙 및 생태 문제

2011년 3월 11일 일본 동북부에 발생한 강도 9의 대지진과 15m 높이의 쓰나미는 전 세계를 경악케 했다. 선진국이라는 일본은 그 실태 파악조차 제대로 하지 못해 처음에는 4등급이라 했다가 결국은 체르노빌과 같은 7도로 상향 조절해 말할 수 없는 신뢰를 상실했다. 결국 자국민적 피해는 물론이고 그 원전 사고에서 유출되는 방사선 유해물질로 인근 국가들에게 큰 피해를 입히고 심리적 불안을 심화시켰다. 체르노빌 원전 폭발 피해는 금년으로 25주년이지만 아직도 반경 20km 내에는 인간 삶이 부적하다니 일본의 원전 피해는 어디까지 갈 것인가. 과학지식으로는 2만 수천 년이 지나야 원상 복구가 된다는 추정이라고 한다. 그러니 일본의 이번 동북부 대지진으로 30km내 인간 생활 불가라는 원전 피해는 얼마나 오랜 세월을 요할 것인가. 일본 땅은 저주의 땅이라는 회자조차 일본에서 나돌지도 모른다. 동북지방 대지진의 여진은 400회를 넘으며 강도 또한 4, 5, 6, 7, 8도 등 다양하며 매우 우려되는 것이라고 한다. 그 피해가 어디까지일지는 상당한 시간이 지나야 알게 될 것이다. 그런 것은 사계 전문가들의 향후 연구 과제이고 세계의 커다란 문제로 제기될 것이다. 내가 여기서 문제시 하는 것은 아직 아무도 생각이 미치지 않는 더 근본적인 우려다. 지금 4대강 개발 문제는 신자들의 처한 입장에 따라 찬성하느냐 부정하느냐의 문제가 아니다. 그런 현실적 문제는 근본적 문제에서 보면 지엽적인 문제이고 얼마든지 생활 처지와 여건에 따라 찬반의 융통성이 있을 것이다.

1960년대 후반과 1970년대는 일본이 경제 부흥을 세계에 구가하던 절정기였다. 그것은 단연 일본 경제부흥의 대부인 다나카 가쿠에이(田中角榮) 총리의 일본 열도개조론이다. 당시 이런 다나카 총리의 개조론 실천은 일본 전국을 휩쓸었다. 특히 개발이 뒤떨어졌다고 하던 동북부에 집중되었으며 무자비한 열도 개조 파헤치기로 물고기 등이 구부러지는 이른바 이타이이타이(아파아파) 병은 일본은 물론 전 세계에 자연 파괴에 대한 놀라운 경종을 울렸다. 또 일본의 한신(阪神=오사카와 고베) 지역의 지상과 지하를 마구잡이로 파헤쳐 거미줄처럼 깔아놓은 교통망(내가 일본 국제교류기금 초청으로 1976년 방문했을 때, 안내자도 30여분 간 노선 찾기에 애먹는 것을 보았다.)과 1995년에 일어난 고베(神戶) 대지진과의 관련 여하도 진지하게 생각해 볼만한 문제다. 지금도 인간의 과학적 지식으로 엄두도 낼 수 없는 창조의 원초적 차원에서 자연 생물계와 무생물계는 밀접히 연결되어 민감하게 상호작용을 한다. 그렇기에 자연개발이란 명목으로 자행되는 무자비한 동시 다발적인 자연 파괴, 조금의 휴식이나 적응의 여유도 주지 않고 자행되는 살(殺)자연적이라 할 자연파괴가 결국은 큰 시간적 차이를 두고 감당할 수 없는 대재앙으로 해당 지역과 주민들과 세계에서 일어나고 있다는 점에 유의해야 할 것이다.

다나카 총리의 일본 열도 개조, 특히 동북부 개조가 이루어진 지 30~40년이 지난 지금 당시에는 서서히 진행된 지상과 해저(海底) 지각 변동이 오늘에 이르러 그 지역 일본 근해에서 큰 충돌(9도 지진과 15m 높이의 해일)을 일으켜 일본 국민에게 참혹한 불행을 안겼을 가능성도 일단 점쳐보아야 할 것이 아닐까. 또한, 그런 대지진에 연유하는 원전 방사선 유출은 앞으로 대양의 해류(海流)와 공중 기류(氣流)를 통해 세계로 번져갈 인류 불행까지 예상케 한다.

여기에 이르러 전국을 무슨 군사혁명처럼 파헤치는 현 정권의 20조를 훨씬 넘는 4대강 사업에 더해 지류(支流) 정비를 위해 20조를 넘는 상상을 초월하는 예산을 투입해야 된다고 한다. 더 나아가 한강 개발에 수반되는 유역 정비 유지를 기준으로 4대강 개발 유지비는 연 1조도 상정할 수 있다니 그런 후환이 예상된다면 참으로 국가의 대 재앙을 후대에 떠안기는 것이 아닐까. 현재만 해도 그렇게 엄청난 돈을 4대강 개발에, 그것도 단 시일 내에 쏟아 부으니 중소기업이 죽고 소시민 가계가 말이 아니고 경제가 산지사방으로 엉망이 되는 것은 아닌가도 짚고 넘어가야 할 것이다. 또한, 이 정부의 기강해이와 윤리가 땅에 떨어진지 오래다. 또한, 인사 편중과 50년 전에나 통할 정책의 큰 실책으로 빈부의 격차는 과거 그 어느 정권에도 없었을 형국으로 치달을 것이다. 혜성처럼 큰 기대를 안고 출범한 이명박 정권은 국민 앞에 어떻게 마무리할 것인가. 결국 지난 두 정권이 좌경 종북으로 치닫는 것을 온 국민이 피나는 노력으로 되찾아준 자유민주주의 정권을 다시 좌경 정권으로 넘겨줄 준비나 하는 결과가 되지 않을까 싶어 식자들은 걱정하기에 이르렀다. 그런 어마어마한 토목공사 뒤에 부정한 흑막이 도사리고 있지나 않을까도 걱정스럽다. 근년 중국의 동북 삼성(三省), 연길(延吉)과 백두산 지대 전역을 마구 파헤침과 기류의 흐름은 남한의

4대강 개발과 맞물려 울산, 포항, 부산, 창원 등의 이상 엄동(嚴冬)과 적설(積雪)을 불러온다. 여기에 이르러 이 정권은 이 민족의 모든 운명을 도맡은 양 전국 파헤치기로 돌이킬 수 없는 화를 후손에게 끼치는 것이 아닐까 걱정이 앞선다. 하느님이 창조한 지구와 우주는 참으로 섬세하고도 오묘(奧妙)하게 연결되어 상호 작용하는 것이다. 인간이 무엇이든 하면 된다거나 인류의 문화 흐름에서 뒤떨어진 토목공사적 이상(理想)으로 자연에 대한 경외심 없이 마구 파헤치는 데 대한 무서운 보복이 뒤따른다는 것을 일본 동북부 대지진과 원전 대참사는 웅변으로 말해 주는 것이 아닐까. 근년 들어 점점 심해져 가고 금년에는 전의 5배에 달한다는 미국의 계속되는 강력한 토네이도 엄습과 전에는 생각조차 할 수 없었던 미국 플로리다 주 폭서로 인한 과일의 심대한 피해 등은 선진 공업화와 산업화로 미국 전토를 마구 파헤친 데 대한 자연의 반란에 기인하는 것이 아닐까. 우리 국토의 앞날을 걱정하며 이런 점에 경각심을 높여야 할 것이다.

천혜(天惠)의 우리 자연, 후손에게 그대로를 물려주어야 할 아름다운 자연, 비무장 지대의 천연(天然) 그대로의 하늘과 땅, 동식물은 세계에서 유일하게 보존된 소중한 자연이다. 앞으로 남녀노소 세계인들이 수없이 찾아와 북한의 자연과 비무장지대 천연의 원시적 자연, 남한의 자연 전체가 어우러지는 수려함과 아름다움은 이 지상에 둘도 없는 것이기에 경탄하며 학습(學習)해야 할 자연이다.

7. 국회의원 · 지방 자치장 보궐선거의 한나라당 참패와 4대강 개발의 함수 관계

여당인 한나라당은 강원도 지사와 더불어 여당의 아성이라 할 수 있는 분당 을(乙)에서조차 국회의원석을 민주당에 빼앗겨 참패했다. 이로써 우익 절대호응으로 출범한 이명박 정부는 국민의 신뢰에 배신한 결과가 되었다. 그런 참패의 원인은 위에서 지적한 경제 정책 실패, 윤리성 부재 정권, 관군(官軍)의 기강해이, 공직의 끼리끼리 전리품 나누어 먹기 식의 편중인사, 빈부 격차, 부정부패 등 수 많은 요인이 있겠지만, 뒤에 감추어진 가장 무서운 요인은 4대강 개발로 야기된 민심을 갈기갈기 찢어놓음이란 점에 유념해야 한다.

천주교의 경우, 그동안 이 문제의 갈등이 사회적 큰 물의로 노출돼 언론이나 지성계, 여론 등에서 좌우(左右)로 갈려 한쪽을 편들어 다른 편을 몹시 못마땅해 한 데는 일리가 있다. 나는 오늘날 한국 성직계의 큰 부분을 양성하였기에 그분들의 성향을 잘 알고 있다. 그렇기에 이런 말을 주저 없이 하는 것이다. 따라서 천주교 사목의 일선 지휘관 격인 젊은 층과 중견층 성직계는 이번 언론과 세론의 거센 비난과 동조와 상관없이 내부적 확신에 의해 미동도 하지 않았다. 그뿐만 아니라 오히려 정부의 무식과 무모의 파헤치기 토목공사 반대를 더 공고화한 셈이라고 생각한다. 그리하여 천주교의 젊은층과 중견층의 영향은 4·27 선거에서도 위력을 유감없이 발휘했다. 이번에 그들은 선거에서 이명박 정권에 대한 무서운 심판에 가담했고 앞으로도 계속 그러하리라는 전제하에 이명박 정권과 그와 운명을 같이하는 한나라당은 대오각성해야 할 것이다. 특히 이명박 대통령이 대오각성(大悟覺醒)해야 할 것이다. 말로만이 아닌, 4대강 토목공사 복원을 위한 환골탈태(換骨奪胎)를 행동으로 드러내야 할 것이다. 그렇지 않고 말로만 환골탈태 하며 잘못 간 것을 잘한 것으로 여론을 오도하려는 구태를 고수한다면 뼈를 깎는 서민들의 생활비를 거두어 사치나 영화(榮華)나 누린다는 의식이 천주교 젊은층 성직계는 물론이고 중년층 성직계와 국민 사이에 확산되어 보이지 않는 강력한 저항에 부딪치게 될 것이다. 또 다시 정권을 좌익에 빼앗겨 지난 10년 좌익 정권의 공산주의의 변태 세습 정권에 남한 국민의 가슴에 핵폭탄이나 총부리를 들이댈 준비나 시키게 된다면 이명박 정권은 천추의 한을 남길 운명을 마주하게 될지도 모른다. 이명박 대통령이 무슨 생각으로 그런 공한(2011년 4월 24일 부)을 천주교 성직계와 신자들에게 보냈는지 모르겠지만 나는 납득하기 어려웠다. 못 쓸 것은 없지만 교구장이 관내 성직계나 신도들에게 보낼 때 상용하는 표현 "모든 성직자, 수도자, 신자 여러분께…"라는 표현은 나 같은 사람에게는 몹시 어색했다. 무엇 때문에 개신교 장로 대통령이 전례가 없는 천주교 교계와 신자들에게 공한을 보내게 되었는지 당혹스러웠다. 지난번 4대강을 둘러싼 천주교회 성직계의 사회적 물의가 혹시라도 이명박 대통령 자신에게 유익하게 작용했다고 생각했다면 천만의 말씀이다. 내가 아는 한 천주교 성직계의 조소(嘲笑)적 반응을 자초한 것뿐이다.

　나는 민주적 대통령이 국민의 절대적 지지로 탄생할 것을 진심으로 바라며 여러 매체를 통해 끊임없이 노력했고 국민원로회의 위원이기에 이 정권이 진정으로 우리 천혜의 자연의 소중함을 아는 지혜와 인류의 선진 문화적 흐름을 제대로 이해하는 정신 자세와 마음가짐이 절실히 요청된다고 생각한다. 이명박 정권은 늦었지만(이제 돌아올 수 없는 다리를 건넌 것이지만) 이제라도 이 나라의 천혜의 아름다운 대자연, 금수강산 보존을 후대에 전수(필요한 정도의 홍수 범람이나 퇴적 처리에 국한하여)해야 한다는 것을 강력히 촉구한다는 기록을 남겨야 한다. 근본적으로는 하느님의 창조경륜에 따른 소신에서 한다는 확신을 여기에 적어 놓는다.

2011년 4월 29일

8. 병인양요 시, 약탈된 외규장각 도서 반환

　1866년 병인양요 때 약탈된 외규장각 도서가 145년 만에 5년씩 대여 형식으로 한국으로 돌아와 경복궁과 강화도에서 2011년 6월 11일 대대적 환영식을 치렀다. (2011년 6월 13일 〈조선일보〉 월요일 A22면 52판 참조)

　외규장각 의궤 반환 성대 환영식은 민족의 자존심 회복이다. 환영식에서 이명박 대통령의 "오늘을 시발점으로 빼앗긴 문화재를 찾아오자"라는 축사는 지당한 말씀이다. 나는 이 기회에 여러 가지를 생각하게 된다. 첫째는 고귀한 우리 문화재를 약탈한 프랑스 식민 정책의 오만 불손이다. 다음은 당시 우리 국가 지도자들의 국내외 정세에 대한 무지와 몽매, 권력 남용이다. 셋째는 천주교 신자들이 순교를 하면서도 국가와 국민의 안목을 세계 문화 흐름으로 돌리게 하여 개국의 길을 재촉하게 한 것이다.

　나는 앞으로 전개될 이 사건의 인류문화적 가치에 주목한다. 역사적 아이러니지만 이렇게 약탈 문화재가 본 주인에게 5년 대여 형식이라는 꼬리표가 붙어 본국으로 돌아온 것이다. 이런 전례는 방대한 문화재를 식민제국(植民帝國)에 약탈당해 파리나 런던 등지에 전시된 것을 눈으로 보고 있는 이집트나 중국, 인도 등의 여러 나라 사람들에게 많은 것을 시사해 주었을 것이다. 나는 1959~1960년 당시 런던 대영(大英) 박물관 독서실(Reading Room, 독서실이라고 하지만 당시 2,000만 권의 장서를 보유한 세계 제일의 도서관)에서 논문 작성에 열을 올릴 때의 일 한 가지가 기억에 새롭다. 같이 도서관에서 연구하던 인도 학생과의 우연한 이야기 한 토막은 앞으로 세계 개편의 중요점을 시사하는 것이었다.

그 학생은 케임브리지 대학 대학원에서 법학 학위를 공부하는 학생이었는데 내게 대영(大英) 박물관 소장 문화재 중에서 인도에서 약탈한 문화재들을 가리키면서 말했다. 가판대(街販臺)에서 몇 센트짜리 일간지 한 장을 훔치면 당장 경찰서에서 처벌을 받아야 하는 대영제국(大英帝國)이 인도에서 약탈해 온 저 방대한 국보급 물품을 세계인에게 자랑스럽게 전시하며 무제한 돈벌이를 하는 것을 어떻게 생각하느냐고 비난조로 묻는 것이었다. 나는 간단히 옛 로마 격언 한마디로 "사물은 제작자 주인에게 자기는 당신 것이라고 소리 지른다"(Res clamat ad dominum)라고 대답하여 서로 머리를 끄덕이며 공감한 적이 있다. 그렇게 약탈한 사물은 모두 본 주인에게 돌려주어야 한다는 것이고 그것은 지금 막 시작한 3천 년대 전반기 수백 년에 다 이루어져야 한다는 신념이다. 이런 신념이기에 프랑스에서의 문화재 귀환(아마도 약탈 문화재 초유의 본국 반환)은 우리 국민뿐만 아니라, 3천 년대 여명에 극동 한국에서 그 단서의 테이프를 끊었다는 데 본 의미가 있기에 세계 인류 문화사적으로 큰 의미가 있다고 생각한다. 그것은 세계사적으로 극동의 작은 나라, 그것도 한국이라는 작은 반도의 반분된 남쪽 부분에서 시발되었다는 데 큰 의미가 있다. 앞으로 3천 년대에 전 인류에게 전개될 정의(正義)와 공존(共存), 공영(共榮)의 하느님의 창조경륜이 한 국을 시발점으로 실현될 것을 생각하니 감개무량하다. 이런 시기에 우 리 문화재는 물론이고 다른 나라의 약탈 문화재도 본국으로 송환되는 데 힘써야 할 것이다.

그러나 모든 약탈 문화재의 일률적인 송환은 역사적, 사건적, 관계 적인 여러 각도와 인류문화적 특수 관계 등으로 일률적인 송환보다는 파리나 런던 뉴욕 등 관광지의 문화 확산 등을 고려하여 경우에 따라 서는 그런 지대에 전시는 하되 그 관리와 이익 분배 등의 주권을 본국 인에게 돌려주어야 한다.

9. 2018년 평창 동계 올림픽의 3천 년대 인류 공통문화 개최를 염원하며

평창 동계 올림픽 유치 성공(2011년 7월 7일 남아공 더반)은 국민적 대원망(大願望) 성취이고 국가 위상 제고(提高)의 일대 계기(契機)였다. 이는 두 번의 분패(憤敗)를 설욕(雪辱), 12년의 숙원(宿願)을 이루어 내는 민족적 경사였다. 그렇기에 대통령을 위시하여 국가적 당국자를 총동원하여 국민 역량의 후원으로 이루어낸 근래에 보기 드문 국가적 큰 경사였다.

나는 이런 측면에 더해 대한민국 평창의 2018년 동계 올림픽 유치 성공을 3천 년대 인류 공통문화사 발전의 더 높은 차원 전개로 본다. 그것은 이번 평창 유치의 경쟁국들이 프랑스와 독일이었기 때문이다. 좀 더 구체적으로 유럽은 인류문화의 중심지였으며 프랑스는 자타가 공인하는 인류문화의 심장부였다. 독일은 근현대 철학과 신학 사상의 세계 발상지이며 경제 대국이다. 그런 최강(最强) 두 나라를 상대하여 일본 식민지의 극심한 착취로 최빈국(最貧國)이었던 한국이 이루어낸 것이다. 그것도 식민지 해방 후, 곧바로 세계사(史)적 민주와 공산의 이념 대전(大戰)인 6 · 25의 폐허 속에서 50년이라는 단기간에 세계 수출 10대국에 진입한 것이다. 금년(2011년)에는 세계에서 수출 5대 경제 강국(强國)으로 발돋움할 것이라는 한국이 문화와 사상과 경제의 세계 최대강국인 프랑스와 독일을 동계 올림픽 사상 최초의 다수표, 즉 유효 투표 95표 중 한국 평창은 63표로 1차 투표에서 압승한 데에 앞으로 전개될 인류문화사에 큰 의미가 내포되어 있다. 다시 말해 세계 문화와 사상, 경제국들을 압도하며, 동계 올림픽을 유치한 것은 3천 년대에 일어날 놀라운 인류문화 전환의 시발이 한국에서 점화되는 것을 드러내는 것이다.

나의 인류문화사 진행의 기저(基底)에는 하느님의 우주와 인간 창조 경륜의 단계적 실현이 깔려있다는 신념이다. 이번 평창 동계 올림픽 실행에서도 인류의 문화 발전은 유럽이나 미국 등의 연장선상이 아닌 동양인 한국에서 열린다는 데에 주목할 것이다. 후대와 그들의 활동 무대인 인류 공통문화사 진행을 감안하여 표어에서부터 준비와 실천, 그 후까지 면밀히 검토하여 평창 동계 올림픽이 3천 년대 새로운 인류 공통문화 창출과 진행의 서사시(敍事詩) 연출이 되었으면 하는 바람이다.

2011년 7월 21일

부록

1. 〈조선일보〉 2011년 12월 23일 / 문화 A25면, 이태훈 기자와의 인터뷰 기사

"문화봉사단 만들어 젊은이들 20만명 해외 보내야"
천주교 원로 정의채 몬시뇰의 말씀을 듣다

　"우리 젊은이들에게 한국은 너무 좁습니다. 세계로 내보내 기를 펴
도록 나라가 나서야 합니다." 천주교 원로 정의채(鄭義采·86) 몬시뇰
이 새해를 맞아 청년들의 기를 살려 국운을 열어가자고 제안했다. 정
몬시뇰은 나라가 어려울 때면 여야를 막론하고 따끔한 고언(苦言)도 아
끼지 않아 왔다. 노무현 정부에 대해서는 "무지·무모·무능의 3무
(無) 정부", "철 지난 좌파적 역주행"이라고 했고, 이명박 정부에 대해
서도 "사재 헌납 약속 지키고 고통 분담하라"고 쓴소리를 했다. 하지
만 정 몬시뇰 이야기의 마무리는 언제나 '희망'이다. 대선과 총선이
있고, 김정일 사망으로 격동이 예상되는 새해를 앞두고 정 몬시뇰을
만나 기대와 우려를 들었다. 평북 정주 출신인 정 몬시뇰은 서울 명동
성당 주임 신부, 가톨릭대 총장, 서강대 석좌교수를 지냈다. 몬시뇰

(Monsignor)은 주교품을 받지 않은 원로 신부에게 교황청이 공로를 인정해 내리는 명예 호칭이다.

— 김정일이 사망했습니다. 북한과 한반도 상황에 대한 걱정의 목소리가 큽니다.

"저는 이북 정권이 얼마 남지 않았다고 봅니다. 북한은 지금 스탈린도 마오쩌둥도 생각 못 했던, 수백 년을 거슬러 왕조시대로 돌아간 괴물이 됐습니다. 그 괴물을 29살짜리 김정은이 컨트롤하긴 어려울 것입니다. 다만 유럽 유학 경험이 있는 김정은 체제가 안정된다면 더욱 개방적이 될 가능성이 높다고 봅니다. 사람은 누구나 청년기에 보고 배운 이상을 언젠가는 실현해보고 싶어하니까요."

— 내년 총선과 대선을 앞두고 있습니다. 사람들은 우리 사회 새로운 리더십에 무얼 바라고 있을까요?

"저는 다음 선거에서 위대한 사람이 나와서 잘 이끌어줄 거라는 식의 생각을 하지 않습니다. 지금은 아래에서 위로 올라오는 리더십의 시대입니다. 지금까지의 정당 정치는 실패했습니다. 외형적으로 대의민주주의 체제인 척했지만 실상은 패거리 정치였기 때문입니다. 민의가 반영되지 않았습니다. 지역별로 아래로부터 민의를 모으는 미국·유럽식 정당 모델도 고민할 필요가 있습니다."

— 정치를 해본 적이 없는 안철수 원장의 지지율이 기존 정치인과 정당을 앞섭니다. 정치권은 이합집산 중입니다. 한국 정치가 본연의 역할을 회복하려면 어떤 점이 필요할까요?

"근본적으로 새롭게 하지 않으면 길이 없습니다. 지난번 서울 시장 선거는 양당 정치에 대한 국민의 실망을 극단적으로 나타냈습니다. 여도 야도 싫다는 것입니다. 특히 젊은층에서 여도 아니고 야도 아닌 '다른 사람'을 원한다는 목소리를 낸 것입니다. 안철수 원장이 바로 그 '다른 사람'으로 이해된 측면이 있습니다. 하지만 정치권에서 닳고 닳은 두뇌들이 그렇게 해도 안 되는 게 정치인데, 정치인 아닌 사람이 들어온다고 갑자기 될까요? 쉽지는 않을 것입니다."

－ '한·미 FTA가 마무리되면 우리 젊은이들은 세계를 날아다닐 것'이라고도 하셨습니다. 그런데 지금은 젊은이들이 이미 비준된 한·미 FTA를 가장 강력히 성토합니다. 왜 그럴까요?

"요즘 세상에 자기 나라 중심으로만 법을 만들지 못합니다. 한·미 양국이 4년이라는 시간을 다지고 다져서 만든 협정입니다. 그런데 해 보지도 않고 틀렸다? 쇠고기 파동과 똑같아요. 미국 쇠고기 먹고 죽은 사람 없습니다. 실체 없는 것에 놀아나선 안 됩니다. 가장 큰 문제는 청년들을 설득해야 할 정부가 설득할 방법도 능력도 없다는 것입니다."

－ '88만원 세대'라는 말이 유행입니다. 20대 사망원인 1위가 자살입니다. 어떻게 해야 젊은이들이 희망을 가질 수 있을까요?

"지금 젊은이들은 남한이라는 조그만 집 안에 다 수용할 수 없습니다. 올림픽에서 세계의 여왕이 된 김연아처럼 밖으로 보내야 합니다. 내보내면 세계 민주주의를 리드할 애들인데 안에만 가둬 놓으니 좌파 사상에 기우는 것입니다."

– 어떤 비전으로 세계로 나갈 수 있게 해 줘야 할까요?

"'문화봉사단(Culture Corps)'을 만들어야 합니다. 6·25전쟁 뒤 원조 받아 지금에 이른 우리 경험을 면밀히 연구해 다른 나라를 도와야 합 니다. 젊은이들이 문맹퇴치와 교육봉사, 의료봉사를 할 수 있게 합시 다. 적어도 20만 명은 필요할 것입니다. 파견자들에게는 나라에서 월 250-300만 원 정도 충분한 보수를 주는 겁니다. 그러려면 연 7조 원 정도 들텐데 지금은 큰 액수로 보이지만 결국 우리에게 모두 득으로 돌아올 것입니다. 실직 문제로 생길 세대 간의 첨예한 갈등을 미리 막 아내는 세계적인 모범 사례가 될 것입니다. 토목공사가 아니라, 세계 인간계발과 자연조율에 나설 젊은이들에게 투자해 인류의 비참을 몰 아내면 그보다 좋은 일이 어디 있겠습니까."

SNS도 지성과 양심 있는 인간이 만든 것… 나는 낙관합니다

소셜 네트워크 서비스(SNS) 확산에 따른 '소문'의 유통, 사회가 종교 를 걱정하는 시대에 대한 정의채 몬시뇰의 답변은 "지성(知性)의 힘, 자정(自淨)에 대한 믿음" 즉, 낙관이었다.

그는 우선 SNS에 대해 "지성과 양심이 있는 인간이 만들고 사용하 기 때문에 근본적으로는 낙관해도 좋을 것"이라고 했다. 다만, "SNS는 속도나 파급효과 등의 측면에서 TV 등 과거 문명의 이기와는 사정이 좀 다르다. 또 한국적 특수 상황, 젊은이들의 조급성, 소통의 좌편향성,

세대간 소통 단절 같은 문제가 있다"는 지적이다. 대응책도 제시했다. "악소문의 여지가 없도록 주위를 정돈할 것, 지성(知性)에 의한 정화(淨化)를 시도할 것"이다. "여러 나라 학자들과 함께 한국 젊은이들이 함께하는 학술대회를 통해 지혜를 모은다면, 놀라운 결과를 낳을 것입니다. 해독(害毒)은 정화하고 선(善)으로 이끌어 가는 실마리가 될 것입니다."

종교 문제에 대해 정 몬시뇰은 우선 "현재가 괴로우면 추억이 아름다워 보일 뿐, 과거의 종교 모습이라고 마냥 아름다웠던 것은 아니다"고 지적했다. 그는 "현재의 혼란이 오히려 반성의 계기가 될 것이고, 벌써 아래로부터 신자들의 의식개혁이 일어나고 있다"고도 했다. "자정(自淨)이 시작되고 있습니다. 저는 모든 건 썩어야만 좋은 싹을 낼 수 있다고 생각합니다. 그게 세상의 원리인 동시에 하느님의 창조원리입니다."

2. 2012년 신년호 월간〈사목정보〉정의채 몬시 뇰 특별 인터뷰

급변하는 인류와 한국 문화 속에서 2012년 한국의 사목 전망

장소: 서울 강남구 압구정동 정의채 몬시뇰 연구실

일시: 2011년 12월 8일 오후 3시 30분–6시 30분

대담자: 최홍운[57]

최홍운 고문(이하 최)_ 2012년 새해가 밝았습니다. 새해에 복 많이 받으시고 건강하시어 국가와 교회의 원로로서 급변하는 나라와 교회에 지난해처럼 새해에도 큰일을 해 주시기 바랍니다.

정의채 몬시뇰(이하 정)_ 새해에 하느님의 복 많이 받으십시오. 성탄

---

57 월간〈사목정보〉고문이며 방송통신심의위원회 보도·교양방송 특별위원이다. 서울신문 편집인, 편집국장, 논설실장, 이사 대우, 한국언론재단 기금이사, 가톨릭대학교 생명대학원 겸임교수, 한국가톨릭신문·출판인협회장, 한국가톨릭언론인협의회장, 새언론포럼 회장 등을 역임하였다.

축하도 같이 드립니다. 또한, 한국교회의 아주 긴요하고 중요한 월간 〈사목정보〉지 독자 여러분과 온 누리 모든 이에게 "복 많이 받으십시오"라고 하늘의 축복을 빕니다. 지난해에는 국가적으로도 국제적으로도 아직은 3천 년대의 초입이기에 인류가 눈치조차 채지 못한 놀라운 변화가 인류문화 심층에 일어나고 있습니다. 이런 일들을 제대로 정리해 주어야 할 기구가 바로 하느님의 아들이 직접 설립해 주신 가톨릭교회이기에 교회의 사명과 임무는 막중합니다. 새해의 일들을 제대로 조망하고 파악하려면, 지난해의 큰 사건들을 회상하고 정리해야 합니다. 또한, 3천 년대 인류문화 지각변동 와중에서 중대한 역할을 해야 할 한국사회를 배경으로 해서 한국교회의 사목을 조감해야 제대로의 사목을 할 수 있을 것입니다. 이 인터뷰는 미래사목연구소가 새해를 조망하고 설계하여 사회와 교회에 이바지하고자 하는 것입니다.

최 지금 미국이나 유럽, 이른바 선진국에서 일고 있는 경제적 큰 혼란으로 새해에도 세계적인 큰 혼란이 예상됩니다. 정 몬시뇰께서는 교회 안에서뿐만 아니라 성직자로서 국가적이며 인류적인 깊은 통찰력과 앞을 보는 예언적 예지감을 갖고 있는 것으로 널리 알려져 있습니다. 특히 2009년 5월 호에서부터 8개월간에 걸쳐 본 연구소장 차동엽 신부님과의 대담이 월간 〈사목정보〉지에 실리면서 그 대담이 본 연구소에서 『모든 것이 은혜였습니다』라는 책자로 발간되었습니다. 이제 2012년 새해를 맞았으니 넓은 견지에서 우리가 만날 사건들을 조망해 주시고 구체적인 방향을 제시해 주시기 바랍니다.

정 오래 살다 보니 그런 저런 말들을 듣게 되었습니다. 다 주변의 좋은 분들의 덕분입니다. 분명한 것은 저는 정치인도 경제인도 사회학자도 미래학자도 아닙니다. 저는 가톨릭교회의 성직자입니다. 저는 가톨릭교회의 신학을 공부했고 가톨릭 입장에서 철학을 전공했습니다. 논문은 만고(萬古)의 진리와 선(善)을 설명하고 실천으로 시종한 토마스 아퀴나스와 당시의 강력한 국력을 등에 업고 세계를 풍미하던 미국의 대표 철학자, 만물유전(萬物流轉) 변화 속에 오로지 실용에 시종했던 존 듀이의 비교 연구였습니다. 그러니까 현대 철학과 미국 사회 현실에 깊숙이 발을 들여 놓은 셈이지요. 그렇다고 저는 특별한 사람이 아니고 보람있게 살려고 노력하는 성직자입니다. 세상에 사는 성직자이니 세상 삶, 즉 변화해 가는 문화와 하느님의 창조경륜에 대한 관심이 컸습니다. 하느님이 모든 것을 변화해 가도록 창조하셨으니 우리 시대에 인류의 큰 고통이었던 유물사관의 무신론적·물리적 폭력으로 인민을 억누르게 될 수밖에 없었던 공산사상과 천 년 철옹성(鐵甕城) 같았던 정체(政體)들의 예기치 못했던 몰락도 감을 잡는 등 어쩌다 세상사 흐름에도 일가견이 생긴 것 같습니다.

이제 3천 년대에 들어서 일어나는 인류문화의 지각변동을 집약해서 몇 말씀 드리겠습니다. 2천 년의 화려한 전 인류 축제에도 아랑곳없이 2001년 9월 뉴욕의 세계 무역센터 건물이 아랍 비행기 테러로 삽시간에 흔적도 없이 사라져 버리고 경제계 세계 두뇌 수천 명이 종적도 없이 묻혀버렸습니다. 이것은 그 후에 일어날 인류문화의 지각 변동을 예고하는 예언적 사건이었습니다. 그런 예고의 실상은 2008년 세계 경제의 본산 뉴욕 월가의 함몰로 나타났습니다. 현대 세계의 알파요 오메가라고도 할 수 있는 경제는 그 본원(本源)인 세계경제의 심장부 뉴욕 월가의 파국으로 인류를 경악케 했습니다. 이 치명적 상흔(傷痕)은 치유된 것 같으면서도 결국 치유되지 못하여 인류문화의 다른 부분들을 휘청거리게 하다가 2011년에는 미국문화의 뿌리인 유럽을 강타하게 된 것입니다.

그것도 그 위기가 그리스와 이탈리아 발(發)이라는 데 문제의 심각성이 있습니다. 경제는 미국도 유럽도 그때그때 회복되는 듯 보였습니다만, 그런 것은 일시적으로 나타날 것일 뿐이었습니다. 결국 1945년 8월 15일 제2차 세계대전 종전으로 500년 식민종주(宗主)국들의 비극적 몰락과 식민영토 실지(失地)를 뒤이은 1970년대 오일 쇼크를 기화로 그 식민종주(宗主)국 후예들이 이룬 G7은 다른 형태의 세계 경제 착취로 이어졌습니다. 그 왕초는 미국이었고 이런 착취는 탐욕이 탐욕을 불러 결국은 백인 문화, 즉 그리스에 본원을 갖고 로마제국을 배경으로 헬레니즘을 통해 성립된 서구문명인 백인 문명은 이제 서서히 종말기에 접어들게 되었습니다. 거대한 한 문명이 사양길을 내려갈 때, 그것은 서서히 기울어지는 것이기에 때로는 수없이 기복(起伏) 선을 그리며 수백 년에 걸쳐 사라지고 때로는 급격하게 기울어지기도 합니다. 그렇기에 지금 인류문화는 돌고 돌아 자연과 인간성 존중의 동양으로 향하게 됐다는 것을 저는 오래 전부터 주장했고 지금은 거의 정설입니다. 지금 인류문화는 단적으로 말해 경제와 밀접히 관련돼 있습니다. 다시 말해 선진국의 공장마다 매일 같이 산더미처럼 쏟아내는 과잉 생산품을 소비할 곳은 동양의 나라들입니다. 동양은 그동안 쌓은 경제력과 높은 문화 수준과 많은 인구로 가장 많은 소비를 할 수 있습니다. 말하자면, 빈국에서 중진국 도약 선상에서 많은 소비를 유발하고 있습니다. 그렇기에 미국을 위시하여 이른바 선진국들은 교만을 떨거나 으스대기보다는 동양 나라들의 눈치를 보는 형국입니다. 한국은 기이한 천운(天運)을 맞았기에 발전하는 동양과 아프리카를 위시하여 세계 기상천외의 신흥국으로 후진국, 중진국은 물론 이른바 선진국들의 경이(驚異)의 대상이 되었습니다. 한국은 단숨에 빈국에서 중진국을 거쳐 선진국으로 달린 표본이기에 개도국들에게는 따라야 할 유일무이한 발전 모델이 되었습니다. 그도 그럴 것이 한국은 서구 선진국들이 약 300년에 걸쳐 이룬 오늘의 부(富)와 자유민주주의 선진을 단 50년에 이루었습니다. 그것도 해방 당시 가장 가난하던 식민지, 밑도 끝도 없는 물질과 문화의 수혜(受惠)국, 즉 수원(受援)국에서 세계 유일하게 남을 돕는 시혜(施惠)국, 즉 공여(供與)국으로 변했습니다. 또한, 한류로 세계 온 천지를 휩쓸며 문화의 꽃이라는 동계 올림픽의 티켓을 무명의 한촌(寒村)과 빈촌(貧村)이었던 한국 평창이 세계 문화의 원천으로 자부하는 프랑스와 근현대 철학과 신학 사상의 원조로 자타가 공인하는 독일을 꺾었습니다. 그것도 1차 투표에서 절대 다수표로 따냈다는 것은 놀라운 사건입니다. 이렇게 인류문화는 동양을 향하되 그 중심에 한국이 서 있는 아주 기이한 현상이 일어나는 것입니다. 선진국 그 어느 나라도 감히 넘볼 수 없는 한국의 운세는 하늘과 세계를 향해 뻗고 있습니다. 그렇기에 개도국 172개국은 한국을 모델로 발전하고 싶은 것입니다.

최_ 이런 개도국 개발안을 G20 서울정상회의(2010년 11월)에서 안건으로 확정지을 것을 정 몬시뇰께서 창안 발의하고 강력히 추진하여 세계 속에서 한국의 위상을 높였다는 말을 들었습니다. 인류문화적 배경과 한국의 위상과 사회상을 말하지 않고는 한국교회의 사목을 논할 수 없으니 개도국 개발안 제안과 그 후 한국의 사회상 전개에 대한 고견을 말씀해 주십시오.

정_ 이 문제는 한국이 국제사회와 3천 년대 인류문화 전환점을 이루는 데 기여한 매우 중대한 문제라고 생각합니다. 그렇기에 여기 그 요점을 제시하여 하느님의 창조경륜이 아주 기이한 계기를 통해 실현된다는 것을 실감케 되며 그런 문화 발전 중에서 교회의 사목이 놀라운 결실을 맺을 수 있다고 확신합니다.

지난 2010년 5월 25일 청와대에서 이명박 대통령 주재로 국민원로 회의가 열렸습니다. 1945년 제2차 세계대전 종전(終戰)과 더불어 500년 식민 시대는 막을 내린 후, 그 후예라 할 수 있는 나라들이 주종이 되어 1970년대 오일 쇼크를 기화로 이른바 선진국들이 G7을 형성하여 미국의 방대한 세계 경제 네트워크 비호 하에 창출된 IMF로 경제착취를 감행하였습니다. 그러던 중, 2008년 월가 함몰 직후, 미국이 주도하는 회의에서 선진국 밖의 의장국으로서는 처음으로 2010년 11월 첫 번째 G20 정상회의를 서울에서 개최하기로 한 것입니다. 사실 G20이라 하지만, G7이 그 안에 자리 잡고 있어 그 당시 의장국인 한국을 비롯하여 신흥국들은 들러리 격이 될 공산이 크다는 점을 설명했습니다. 저는 G20 서울정상회의에서 이명박 대통령의 기상천외의 제안, 그것도 3천 년대 인류역사가 가야 하는 개도국 개발안과 주요 개도국 정상들을 옵서버 자격으로 초청할 것을 강력히 제의했습니다. 이명박 대통령은 이런 저의 제안을 같은 해 벨기에 브뤼셀에서 열린 ASEM 회의에서 발표하여 서구인을 놀라게 했습니다. 또한, 영국의 유력지 〈가디언〉은 3천 년대 인류를 이끌 가이드라인을 한국이 제시했다며 이 제안은 88서울올림픽을 능가하며 개도국 개발안은 지속적으로 큰 영향을 미칠 것이라는 놀라움과 찬사를 보냈습니다. 한마디로 인류문화가 동양을 향하며 그 지도국은 한국임을 자타가 인정하기에 이른 것입니다. 위에서 말한 평창 동계 올림픽 확정도 그런 징조를 확연하게 드러내 보인 것입니다. 물론 이런 인류문화 흐름의 배후는 하느님의 창조경륜 실현입니다.

최_ 정 몬시뇰께서 지금 하신 말씀은 인류의 발전 과정과 인류가 도달해야 할 미래에 대한 말씀입니다. 그것도 하느님의 우주와 세계 창조경륜에서 풀이하시며 그대로 이루어지는 예언자적 말씀이시니 매우 흥미롭고 교회 지도자들과 이 땅의 복음화를 위해 노력하는 모든 이, 특히 사회 곳곳에서 굉장한 노력과 발전에 이바지하고 있는 모든 평신도가 듣고 자신과 용기를 갖고 직·간접으로 나라의 발전과 교회의 평신도 사도직을 해 주면 하는 생각입니다.

정_ 그렇습니다. 사실 지금 전개되는 인류문화 세계에서 평신도 사도직은 가히 무한대로 열리는 것입니다. 이런 면을 잘 계발시키고 3천년대 들어 무섭게 변하는 인류문화사(史)에 자기의 입지(立地), 즉 자기 민족이나 직업에서 평신도 활동을 하는 것이 오늘날 교회의 가장 큰 일이겠습니다. 그러기 위해서는 성직계가 먼저 앞서 가는 인류사회 문화에 적응할 줄 알아야 합니다. 그런 면에서 교회는 평신도들을 교육하며 본당 차원에서 지도하며 이끌어 주어야 하겠습니다. 그렇게 하려면 성직자 양성에서부터 일대 전환이 요구됩니다.

최_ 정 몬시뇰께서는 일본 식민지 시기부터 해방과 6·25 동란, 전국의 초토화와 100만 명은 족히 헤아릴 전방과 후방의 전사상자(戰死傷者), 1천만 명의 남북이산 가족들의 말할 수 없는 비극도 다 몸으로 체험하셨습니다. 또한, 자유민주주의의 난맥상과 혼란, 군사 쿠데타와 근 30년에 걸친 무단(武斷) 통치와 부딪치며 자유민주주의를 외치는 무수한 젊은이들의 노도(怒濤) 같은 함성과 자유민주주의 회복 등을 몸으로 체험하며 우리 민족의 갈 길도 쉴 새 없이 제시하였습니다. 우리는 이런 와중에서도 경이로운 경제발전을 이루어 민족의 우수성을 만방에 떨치며 오늘에 이르렀습니다. 이런 흐름 속에서 하느님 나라의 도래를 위한 노력에 신명(身命)을 바치시고 청년 교육에 전 생애를 바쳐 우리나라가 오늘에 이르는 데 남다른 헌신을 하셨습니다. 그런데 특히 한국의 정당 정치가 국민에게 신뢰를 못 받아 근자에는 지금과 같은 정당 정치로는 안 되겠다는 국민, 특히 젊은 층의 문제 제기가 있었습니다. 이 점에 대해 민(民)과 관(官)을 불문하고 국가 원로로 존대 받는 분으로서 보시는 견해를 말씀해 주십시오.

정_ 지금 정당 정치가 여야(與野)를 불문하고 전면적으로 실패하고 있다는 것은 이 땅에 사는 삼척동자라도 다 아는 사실입니다. 지금 여야 정치인들은 국회의원직 권력을 이용한 자기들의 입신양명(立身揚名)과 권력 투쟁, 사리사욕 채우는 것 이외에 보이는 게 없는 것 같습니다. 적어도 자기들이 국회의원이 된 것은 국민에게 봉사하는 것이 그 존재 이유라는 것에 대한 의식조차 없기에 그렇게 되는 것 같습니다. 지금 여당에서는 젊은 의원들을 중심으로 쇄신 운동이 이는 것 같더니 이제 한나라당이 파열음을 내며 침몰하는 것 같아 씁쓸합니다. 하지만 참신한 것을 찾는 젊은이늘이 여·야 양측을 다 불신하는 것은 우리에게 큰 희망이 있다는 징표로 받아들입니다. 사실 저는 2010년 6월 2일 선거에서 여당인 한나라당이 참담한 패배를 한 후, 야당이 승리했다고 으스대고 있지만 결국은 여·야 모두 젊은이들의 배척을 받고 무소속이 당선되어야 하고 또 당선될 것이라는 글을 쓴 적이 있습니다. 그런 현상이 지금 일어나고 있습니다. 저는 이런 현상을 희망적으로 보고 있습니다. 물론 이런 현상은 정당 정치로 이루어지는 대의 민주정치에 큰 혼란과 손실로 다가오는 면도 있겠지만, 민주 정당 정치의 기본조차 실현할 수 없는 정치인들의 퇴출을 촉진하는 명약이 될 것입니다. 한동안 정치적 혼란이 일어날지라도 그런 불신 현상이 더 심화되어 구태의연한 정치인들은 가차 없이 도태되고 탈락되어 참신한 정치인들, 민주 정치를 제대로 할 새로운 정치인들의 등장으로 이어져야 한다고 생각합니다. 이런 정치 풍토의 근본적 원인은 정치인 개개인의 자질 문제이지만, 그런 문제의 제공자는 먼저 대통령입니다. 이명박 대통령은 사상 초유의 530만 표 압승으로 당선되어 국민에게 봉사하라는 명을 내렸습니다. 그런데도 당선되자마자 인수인계 시기의 인사부터 고소영·강부자 등의 조롱거리가 될 정도로 정실인사 패거리 인사로 시종(始終)하여 결국은 민심이 완전히 떠나게 되었습니다. 결국 지금 이명박 대통령과 여당 정치는 끼리끼리 친인척 둘레의 전리품(戰利品)을 나누는 꼴이 된 것입니다. 요즘은 국회의장 비서실도 한몫 낀 모양입니다. 한술 더 떠서 이명박 대통령 시기는 형님 이상득 의원의 비서진이 청와대를 점령하여 산지사방으로 뿌리로 뻗은 부정부패 전횡시기였음이 속속 드러나는 셈입니다. 또한, 대통령의 처가 측도 빠질세라 막대한 금품 수수 등 전 대통령들의 비리를 뺨치는 신형 친인척 비리 연루 사건들이 줄줄이 백일하에 드러날 기세입니다. 아직 여야 부정부패 노출 서곡 정도가 아닐까 하는 위구심입니다. 저는 이 점을 절절히 예감했습니다. 그래서 끼리끼리 패거리 정치이니 이명박 대통령의 퇴진과 더불어 대통령 둘레는 줄줄이 쇠고랑을 차고 감옥행이 잇따를 것이라고 했었습니다. 그러니 민심이 떠날 수밖에 달리 도리가 없지 않겠습니까. 안 떠나면 희망이 없는 민족이겠으나 우리, 특히 젊은이들은 그렇게 절대 다수로 승리를 안겨준 데 대한 배신의 대가로 그 밑바탕부터 들쑤셔, 속임수 당명 바꿔달기 같은 유치한 짓일랑 그만하고 참신한 민주인사 등장에 전력투구하도록 여당을 고쳐야 할 것입니다. 야당은 정권 잡는 데만 혈안된 것 외에 눈에 보이는 게 없어 극좌경만을 더해가는 통합인 셈입니다. 그래서 이 나라를 역사 속에 사라진 지 오랜 사상적 역주행으로 끌고 가 기형 마구잡이 괴물처럼 만들어가는 꼴입니다. 정권만 잡으면 극좌경 종북, 더 나아가서는 속북

(屬北)이 되어 막대한 세금을 상납하여 통일이라는 미끼로 북측 김 씨 가문 세습의 강군(强軍) 정책을 완성시켜 남한 적화통일이나 몽상(夢想) 케 할 것 같습니다. 통일은 이 민족의 숙원(宿願)이지만, 인권이 신장되는 통일이어야지 전군 감옥 내지 인권 동토지대 통일이라면 어찌 바람직한 것이겠습니까. 저는 총선과 대선이 있는 내년 2012년에 나라를 새롭게 하는 마음으로 온 국민 특히 젊은층이, 국내와 해외에서 일본 제국주의에 끝없이 저항 독립을 쟁취해 냈듯 여당과 야당 시민단체 등 모든 분야에서 비자유민주적 요인들을 과감히 척결하여, 진정한 자유 민주정권을 이루어주면 하는 바람입니다. 그렇기에 저는 다음 총선과 대선에서는 국민들, 특히 젊은층이 민족 위기마다 민족정기를 뿜어내 나라를 천 길 낭떠러지에서 구해냈듯 현 여야 인사들을 전면적으로 물갈이하여 진정한 자유 민주 일꾼을 뽑는 일대 돌풍을 일으켜 주었으면 하는 바람입니다. 이참에 정당권력자들의 국회의원 공천권을 빼앗아 지역구민들이 국회의원을 직접 뽑는 권리를 돌려주어 진정한 자유 민주 정당정치를 구현하길 바랍니다. 지금 한나라당은 국민의 뜻을 먼저 헤아린다지만 참신한 새 인사들의 등장 없이 그것이 가능할까. 통합 야당도 역주행을 종결, 앞으로 다가오는 인류사상 흐름의 새로운 자유 민주인사들의 등장으로 수권 정당의 모습으로 탈바꿈해야 할 것입니다. 이런 나라의 새로운 탄생은 금년 총선과 대선을 치러야 할 국민들, 특히 젊은이들 손에 달린 것입니다.

저는 식민지 시기 국가의 주권을 되찾는 일에서 생명까지 바쳐가며 투쟁하거나 국가의 기강을 바로 잡는 데 한국의 기상과 기백은 항상 젊은 층에서 분출되었다고 생각합니다. 그렇기에 지금의 여·야를 불문하고 말할 수 없이 퇴보한 우리 정치 풍토를 바로 잡으려면, 젊은이들이 발 벗고 나서는 데에 큰 희망을 겁니다. 그렇다고 만일 야당이 젊은이들이 자기편인 것으로 생각한다면 큰 착각에 빠지는 결과가 될 것입니다. 왜냐하면 여당이 잘못 갈 때 우리 젊은이들은 야당에게 정권을 주어보았지만, 야당도 정권을 잡으면 전 여당 뺨치게 권력욕에 포로가 되는 것을 뼈저리게 경험했기 때문입니다. 지난 10·26 선거에서와 같이 시민운동가 박원순 씨가 야당과 연합하면서도 무소속으로 출마했기에 서울 시장에 당선된 것입니다. 그런 것도 아직 진행 과정에 어쩔 수 없이 나타난 기현상의 무소속일 뿐 앞으로는 국민에게 봉사하는 진정한 무소속이 나타나 정당 정치를 제 궤도에 올려놓아야 합니다.

　마침 젊은이들 문제를 제기했으니 국가와 교회의 사활이 걸린 문제로 심각하게 생각해야 합니다. 그런데 국가도 교회도 타성과 관습에 젖어 이 사실을 까맣게 잊고 오늘날의 외부적 화려함에만 도취되어 있는 셈입니다. 물론 당장 현안의 결정이나 집행을 장년이나 노년층이 갖고 움직이기에 그렇다는 것을 이해합니다. 그러나 다수의 무서운 기세로 전 세대를 내동댕이치며 솟아오르는 젊은 층의 세계를, 전(前) 세대는 감도 못 잡는 것이 우리네 정치 풍토입니다. 뒤늦게 젊은 층을 끌어안으려는 행태(行態)를 대통령과 여당이 연출하지만, 젊은 층에게는 그저 코미디 같은 작태로 보일 것입니다. 모든 것은 적시(適時), 적소(適所), 적법(適法)이 있는데 이명박 대통령과 여당 한나라당은 전리품 나누기에 정신이 팔려 신출귀몰하는 젊은이들을 몽땅 놓친 셈입니다. 그러니 젊은이들이 갈 길을 몰라 야당에 기울게 한 것입니다. 그렇기에 2010년 6·2 선거를 비롯하여 서울 강남이라고 자타가 인정하는 분당 을(乙) 국회의원 보궐 선거에서마저 민주당 야당에게 패배를 당한 것입니다. 10·26 지방의회와 자치장 보궐 선거에서는 한국의 제2인자 자리라 할 수 있는 서울 시장 선거에서 속으로는 야당이고 겉으로 무소속인 박원순 씨에게 여당 후보가 패배의 쓴 맛을 마신 것입니다. 어찌되었건 지금 여야에서도 등 돌린 민심이 특히 젊은이들 사이에서 기승(氣勝)하고 있습니다. 이제 모든 것의 승패는 젊은이들 손에 달린 것을 여당인 한나라당은 뼈저리게 느껴야 합니다.

저는 지난 수십 년 동안 젊은이들을 나라의 주인으로 키우는 데 정성을 쏟아야 한다는 주장이었으나 권력에 도취된 정권, 특히 이명박 정권은 들은 척도 않을 뿐더러 그것이 무슨 말인지 이해조차 하지 못하는 듯합니다. 저는 선거 때마다 여당 한나라당은 야당에게 참패할 것이고 그것은 젊은이들 향배에 달린 것임을 강조했습니다. 또 다시 인류문화 발전 사상 흐름에 역주행을 감행하여 파탄에 직면한 북한 세력에게 정권을 맡겨 민생을 도탄에 빠트리면 안 되기에 젊은이들을 품어 안으라는 충고를 2010년 5월 25일 청와대 국민원로회의에서 강력히 했던 것입니다. 그 국민원로회의는 같은 해 3월에 있던 천안함 두 동강 사건에 대한 보고 형식이었지만 실은 일주일 후로 다가온 6·2 보궐 선거를 염두에 둔 분위기였습니다. 저는 500만 신자를 갖는 가톨릭의 대표로서 정부가 정진석 추기경님께 요청한 참석을 위임 받아 참석했습니다. 저는 나라 일이 잘되어 국민들, 특히 서민이 잘 살아야 할 것이기에 이명박 대통령에게 젊은이들에 대한 그들의 실력과 위상에 걸맞은 정책을 수립해야 한다는 강한 요청을 하였습니다. 이에 더해 저는 실례를 들어 말했습니다. 그것은 대선에서 이회창 후보와 노무현 후보의 대결 시, 국민은 이회창 후보의 낙승(樂勝)으로 알고 있었습니다. 그런데 투표일 당일까지 기성세대는 무엇인지조차 몰랐던 젊은이들의 대대적인 휴대폰 활용으로 결국 노무현 씨가 대선에서 승리하게 되었습니다. 저는 일찍 6·2 선거에서는 새롭게 등장한 스마트폰으로 젊은이들이 무슨 이변을 일으킬지 모르는 다급한 처지에 놓이게 되었다고 강력한 암시를 던져 모든 최고원로들을 긴장케 했는데 6·2선거 결과는 제가 말한 그대로 되었습니다.

저는 이명박 대통령에게 더 큰 문제인 G20 서울정상회의에서 "개도국 개발안"을 제안하라고 했습니다. 이 제안은 이른바 선진국들과 20세기 세계경제 착취 G7의 왕초격인 미국 등을 경악케 했습니다. 영국의 유력지 가디언은 "개도국 개발안"이 3천 년대 인류를 이끌 지침이라며 대서특필했습니다. 이 문제의 실천을 위해서 저는 착취의 대 파이프라인인 IMF를 역사에 묻고 새로운 경제기구 "세계 개도국 개발은행" 서울 설치안을 제시했습니다. 이런 문제에 대해서는 아래에서 더 밝힐 것입니다. 그 문제는 결국 한국이 당면한 중대 문제인 젊은이들의 20만 문화봉사단 세계 파견에 관한 저의 제안과 연결됩니다. 그래서 이명박 대통령에게 젊은이들의 세계 파견을 곧 실천해야 한다는 것을 이메일과 2011년 대통령 신년사 준비 자료로 청와대 측에서 보낸 비서관을 통해 이 대통령에게 전달했습니다.

최 국내의 긴박한 처지에서 젊은이 20여만 명 문화봉사단 세계 파견은 새롭고 놀라운 국가적 대 사건이며 세계사(史)에서도 충격적인 사건이 될 것입니다. 그런 아이디어를 생각하게 된 동기와 그런 일의 성취가 이뤄낼 3천 년대 국내·인류사적 의미와 전망에 대해 말씀해 주시기 바랍니다.

정 제가 그런 생각을 하게 된 근원은 하느님의 창조계획 실현입니다. 그런 실현은 시간 속에서 구체적으로 나타나게 되는데 그것은 3천 년대 인류문화사 변화 속에서는 어떤 일이 일어날 것이냐의 문제입니다. 서구문명이 사양길에 접어들면서 인류문화의 새로운 단계 실현이 동양으로 옮겨 오는데 그것은 한국이 중심 작용을 할 운명에 있다는 것이었습니다. 3천 년대에 전개될 인류문화의 국면은 지구상의 전(全) 인류가 공생(共生) 공영(共榮)의 길을 가야 한다는 것이며 이는 바로 하느님 창조경륜의 새로운 단계 실현입니다. 그런데 실제적으로 한국은 가난한 식민지, 6 · 25 전쟁의 전국 초토화 참사로 원조 수혜(受惠)국에서 유일한 시혜(施惠)국으로 서구인들이 300년 걸린 발전을 50년 만에 해냈습니다. 한국이 6 · 25 참화 때 받던 원조 경험은 개도국 봉사에 놀라운 효과를 낼 수 있는 것입니다. 우리 젊은이들은 그런 지역에서의 문맹퇴치와 교육 봉사, 신음하며 죽어가는 환자들에게 의료봉사를 할 수 있고, 집집이 남아도는 의류와 신발류, 어린이 놀잇감 등 가지가지의 물품으로도 지난날의 노하우를 살려 놀라운 봉사 활동을 할 수 있을 것입니다. 그러한 지역은 광대하고 할 일들이 많아 적어도 20만 명 정도의 봉사자가 필요할 것입니다. 물론 이런 경우 젊은이들의 선진국 파견도 적지 않게 이루어질 것입니다. 젊은이들은 철새처럼 하나의 리더에 2-3명 내지 3-4명씩 같이 히는 것이기에 결국 60만 정도의 젊은이 실직 해소가 되는 것입니다. 그런데 이런 봉사자들은 철저히 준비된 사람들이어야 합니다. 즉 지대의 풍토, 기후 등의 자연 조건을 위시하여 인간관계, 혈족 관계, 부족 상호 관계, 심리, 교육, 역사, 식민지 시기의 원한 관계 등 생활 전체에 대한 지식과 충분한 노하우를 갖추어야 합니다. 그래서 체류 기간을 1-2개월의 단기, 1-2년 등 장기 체류나 평생 체류 등의 여러 부류로 나누어 진정한 문화봉사자로 파견해야 할 것입니다. 이런 준비 과정에도 파견자들에게 충분한 보수 (월 250-300만 원 정도)를 지불하여 용돈 50-70만 원 정도를 제외한 150만 원 정도의 돈을 매월 부모님께 드릴 수 있습니다. 이를 통해 중산층에서 빈민층으로 떨어진 분들에게 구매력을 자극하여 내수를 진작시키는 효과도 기대할 수 있습니다. 내수라는 한 부분에서 경제가 일어나면 다른 부분과도 연결돼 시너지 효과를 낼 수 있습니다. 저는 처음에 그 막대한 비용을 4대강 건설에 드는 25-30조 등의 비용의 일부를 할애해 충당해야 할 것으로 생각했습니다. 사실 비용은 차차 큰 문제가 되지 않을 것입니다. 그것은 이런 문화봉사자 파견이 진행되어 광활한 지역들에 우호관계가 성립 증진되면 앞날의 밝은 경제적 전망으로 재벌들이 좋은 지대를 선점하기 위해 앞다투어 투자를 하게 될 것입니다. 그러면 재벌 돈이 풀려나와 많은 직장이 생겨나고 내수 진작(振作)에도 속도가 붙을 것입니다. 또한, 젊은이 20만 문화봉사단의 세계 파견은 얼마 안 가 이 땅에서 실직 문제로 야기될 세대 간의 갈등, 즉 사회적, 인간적, 윤리적으로 전개될 문제를 미연에 방지하고 세계에 모범 사례를 제시할 것입니다. 이런 세계 파견은 어차피 인류문화가 생활상의 모든 면에서 한 마당이 될 것이기에 한국은 멀리 앞서가는 한민족(韓民族) 기상을 세계에 발휘하는 것이라 할 수 있습니다. 4대강 공사로 세계에 유례가 없이 잘 생긴 자연을 지형까지 바꿔가며 파헤치는 토목공사에 이 어려운 경제 국난(國難)시기에 투자할 것이 아니라 세계 인간계발과 자연조율에 나설 인간, 특히 젊은층에 투자하여 인류의 비참을 몰아내면 그 이상 좋은 일은 없을 것으로 확신했기 때문입니다. 사실 한국은 자연을 있는 그대로 살린다면, 하느님의 창조 그대로를 보여주는 인류의 자연 학습장이 되어 수많은 관광객과 자연 학습인을 세계로부터 끊임없이 불러들일 것입니다. 이로 말미암아 얻을 수익은 방대한 부(富)로 후대에게 전수될 것입니다. 저는 근일 TV 등이 자주 방영하는 4대 강가를 따른 자전거 타기를 보며 20세기 중반, 독일 등 유럽의 그 옛날 자연을 따라 펼쳐지는 자전거 물결을 떠올립니다. 독일의 라인 강 기적으로 세계를 놀라게 할 때, 즉 1950년대 후반기부터 1960년 초반에 걸쳐 인접 국가들이 라인 강 오염 문제를 제기할 때, 독일은 주저 없이 라인 강 경제 발전을 중단하고 환경 살리기에 나서는 것을 보고 놀란 일이 있습니다. 만일 비무장지대의 천고의 자연 지형과 동·식물을 원상 보존하고 남한의 4대강을 홍수 등에 대비해 준설(浚渫)하며 자연 그대로의 모습을 보존했다면 얼마나 아름다운 조국일 것인가를 생각합니다. 북한의 아름다운 자연은 기술 부족 등으로 그대로 보존된 셈이니 비무장지대 원시 자연을 가운데로 남과 북의 자연이 어우러질 때, 세계를 환장시켰을 것을 하는 아쉬움이 큽니다. 또한, 젊은이 20만 문화 봉사단 세계파견은 얼마안가 이 땅에서 실직 문제로 20대, 30대, 40대, 50대 등 세대 간 최악의 갈등을 빚을 사회적, 인간적, 윤리적 문제도 미연의 방지하여 세계에 모범 사례를 제시할 것이겠습니다. 이런 세계 파견은 어차피 인류문화가 생활 모든 면에서 한 마당이 될 것이기에 한국은 멀리 앞서가는 세계가 감탄하는 민족기상을 발휘하는 것이겠습니다. 어찌 되었건 이명박 대통령이 2011년 신년사에서 2만 넝의 청년을 해외 봉사단으로 파견한다고 했습니다.

최_ 이제 국내 문제에 대한 질문입니다. 지금은 국민이 정치 지도자들의 자기만의 이익과 권력 장악을 위한 끝없는 싸움을 국민의 이름으로 하는 데 진저리가 났습니다. 그래서 국민들은 여·야를 불문하고 정치인들에 대해 냉소주의가 되어 모든 정치인을 외면하고 배척하는 처지에 이르렀습니다. 국민이 일반적으로 정치 지도자를 선택하는 기준은 자기희생과 언행일치라고 봅니다. 이런 덕목은 교회 지도자, 즉 사목자에게도 그대로 적용된다고 생각합니다. 이런 점에 대한 몬시뇰님의 조언을 들려주십시오.

정_ 현재 우리나라 정치 지도자들과 같이 국민의 이름으로 자기들의 잇속만 차리며 날마다 국회 내 투쟁이거나 장외 가투 시위, 투쟁만을 일삼는 정치 지도자들은 다른 민주국가에서 찾아보기 어려울 것입니다. 따라서 우리는 먼저 국민이 완전히 외면하는 정치인의 현주소를 간략히 그 요점이나마 짚어보고자 합니다. 그리고 민주체제 국가와 교회 지도자에게 요청되는 덕목에 대해 이야기하겠습니다.

양당 지도자들에 대해 첫째 요구되는 덕목은 '언행일치에 대한 신뢰'입니다. 다시 말해 그들의 언행을 믿을 수 있어야 합니다. 그리고 그들이 할 일을 제대로 해야 합니다. 우리 국회의원들은 국회의원의 직책도 제대로 지키지 않고 명분만 대의명분일 뿐 자기이익과 권력을 위한 투쟁으로 날이 새고 밝는 분들에게 자기희생이니 언행일치 등은 사치스러운 말일뿐입니다. 그렇지만 그런 중에도 남모르는 곳이나 그늘진 곳에서 묵묵히 남을 위해 희생하는 분들도 있을 것이라고 생각합니다.

2011년 10월 26일 서울 시장 보궐 선거를 계기로 국민들은 후보 선정 과정에서 제1야당 민주당의 후보를 거부했습니다. 본선에서는 여당의 강력한 후보를 참패로 일거(一擧)에 탈락시켜 무소속 박원순 씨를 압승으로 선출하였습니다. 그런데 문제는 앞으로의 실천입니다. 첫째, 박원순 씨는 시민운동가로 활동한 분인데 그런 감시 기능의 분이 시장이라는 막강한 권력의 자리를 차지했으니 그 자체가 매우 부자연스럽습니다. 그분이 시민운동을 한 것은 결국 시민운동가의 순수성을 떠나 기회만 있으면 권력을 차지하기 위한 수단이었다는 국민의 회의의 눈길을 피할 수 없게 되었습니다.

둘째, 박원순 서울 시장이 당선된 지 얼마 되지 않았기에 아직 그 정체(正體)성이나 향방에 감을 잡기 어렵지만, 민주당 가입 여부가 상당히 어려울 것입니다. 입당하면 양당과 기존 정당 정치인들을 통틀어 거부하는 국민의 신임을 배신하는 것이 될 것이고 입당하지 않으면 열매만을 따먹고 시치미를 떼는 격이 될 것이기 때문입니다. 혹시 신 야당이 출현해도 언사의 농락이 있을 뿐 사정은 마찬가지일 것입니다.

셋째, 서울은 3천 년대 동양 중심의 인류문화 시기에 예술과 새로운 문화 흐름을 이끄는 세계의 시조격(始祖格)이 다 모이는 전당으로 군림하게 되었습니다. 서울은 세계문화계를 휘젓는 한류의 산출처입니다. 서울은 파리나 뉴욕을 저리가라로 밀쳐내는 세계 유행의 최전선입니다. 서울은 동·서 문화를 아울러 새로운 세계를 창출하는 격조 높은 인류의 문화 도시입니다. 박원순 시장은 이제는 무상급식에 목매는 정도를 넘어 인류문화의 중심이 되어가는 서울 시장임을 자각, 선도(先導) 내지 선도(善導), 새로운 차원을 창출할 수 있는 문화 지도자의 자질도 갖추어야 할 것입니다. 또한, 안철수 융합과학기술대학원장에 대해서 말씀드리겠습니다. 여러 가지 견해가 있겠지만, 안 원장은 본인이 정치계에 뛰어든다고 한 것도 아닌데 그런 정치적 높은 호응도를 받게 된 것은 직접이든 간접이든 기성 정치인들에 대한 국민의 실망감이 그 밑바탕이 된 것으로 보입니다. 그렇기에 그분은 우리가 사는 현실을 직시하며 제시하는 문제에 아직 정치적으로 검증된 바가 없습니다. 정작 정치계에 입문하고 높은 자리에서 정치를 구현할 때, 그분이 어떤 성과를 내어 어떤 평가를 받게 될지는 알 길이 없습니다. 다만 그동안 오랜 시간에 걸쳐 정치인들에게 쌓인 실망감과 배신감이 민심으로 하여금 정치계 밖의 인물에게 희망을 걸도록 했습니다. 우심(尤甚)하게는 고도의 정치적 사항들에 대해서도 비정치인에게 모두 걸기를 할 만큼 국민의 기성 정치인들에 대한 실망감이 크다는 것을 드러내는 징표입니다. 그렇기에 기성 정치인들은 차제에 대폭적인 물갈이를 해 전원 신인들이 등장하여 모임을 새롭게 할 수밖에 없지 않겠나 생각할 정도입니다. 물론 이런 경우, 고도의 경험과 식견을 요하는 정치계에 큰 혼란을 일으킬 수 있습니다. 한 가지 현재로서 확실한 것은 5%대의 지지율에 불과했던 박원순 씨가 안 원장의 지지를 받은 후, 단연 50% 선대의 지지율로 상승했고 한나라당 서울 시장 나경원 후보와의 비교도 막상막하였습니다. 낙관 불허 위기감마저 돌던 때에는 안 원장 지원 방문으로 박 후보가 압승을 거두었다는 것은 놀라운 일입니다. 더 나아가 아직 정치에 입문 소신을 밝힌 것도 아닌데 그동안 수년간 거의 단일 후보인 것처럼 보이던 한나라당 박근혜 전대표와의 차기 대통령 후보 가상 대결에서 월등히 앞선다는 것이 사회조사 결과입니다. 그런데 그것도 대선으로 그가 뛰어 드는 경우, 그 지지 배경이 어떤 정당이냐 순 시민 단체냐 등의 변수에 따라 전혀 다른 결과로 나타날 수 있을 것입니다. 그렇기에 물론 그분의 자유이긴 하지만 정말 대선에 뛰어들 용의가 있다면, 조속히 결단을 내리고 공표하여 국민의 당혹감을 줄여주는 것이 좋을 것 같습니다. 이쪽저쪽 눈치나 사태의 흐름만을 저울질하는 소인(小人)형이라는 평이라도 힘을 얻기 시작한다면 국민 편에서나 본인 편에서 이로울 것이 없을 것입니다.

또한, 지금 뜨거운 감자처럼 떠오른 국가의 중대사가 한·미 FTA 문제입니다. 나는 노무현 대통령이 한·미 FTA 구상을 밝히며 그 협정의 단초를 열어갈 때, 그동안 종북(從北) 친북(親北)으로 비쳐 국민에게 많은 우려를 하게 하고 손실을 입힌 부분을 이 협정 하나로 커버하고도 남는다고 한 적이 있습니다. 저는 한·미 FTA 협정으로 한국이 얻는 것은 미국의 광대한 시장 전부이고 미국이 얻을 것은 물론 작다고는 할 수 없는 한국 시장이지만 전 세계 경제 시장에 비해 미국의 입장에서 볼 때, 한국 시장이 그렇게 대단한 것이라 아니라고 생각했습니다. 그러나 따질 것은 다 따져 국익을 보호하되 이쪽의 손실만을 생각지 말고 거시적 안목에서 미국이라는 거대한 경제시장을 잡아 쥐어 우리의 산품을 가능한대로 많이 미국 시장에 출시하고 동시에 우리의 젊은 인력을 미국 시장에 진출시켜 큰 부분을 장악하게 해야 한다고 생각했습니다. 앞으로 인류문화의 새로운 전개는 경제시장 교류나 더 나아가서는 통합으로 진정 하나의 지구촌이 이루어 질 것입니다. 그렇기에 3천 년대 인류문화의 중심이 동양으로 옮겨오는 전초로서의 경제 교류, 더 구체적으로는 FTA 협정 체결 등은 매우 중요합니다. 노무현 대통령 때까지만 해도 FTA 협정이 그리 활발하게 이루어지는 시기가 아니었으니 한국이 먼저 FTA 협정 모범국이 되는 것이 한국이 인류문화사 발전의 선구자가 되는 첩경이라고도 했습니다. 사실 인류문화 발전의 중심이 동양으로 옮겨오는 이때에 한·미 FTA를 비롯하여 한국의 EU와의 FTA 체결, 동남아 제국과 남미 제국과의 FTA 체결 등으로 초조해진 나라는 일본과 중국이란 보도가 잇달았습니다. 이번 한국의 미국과의 FTA 협정국을 도면화한 그래픽을 어떤 일간지를 통해 보니 한국은 FTA 협정으로 경제적 영토로 중국을 포위한 형태입니다. 한·미 FTA 협정 완결은 국방에도 견고한 보장이 되는 것도 간과해서는 안 될 중대한 요인입니다. 불리한 각개 조항은 앞으로 전문가들의 손을 거쳐 국익에 부합하게 문제를 이끌어가야 할 것입니다. 그동안 그 많은 FTA 협정, 특히 EU와의 협정은 한·미 FTA와 꼭 같은 조건이라는데 유독 미국과의 협정에는 제1야당 민주당까지 국회의 내년도 예산안 심의를 거부하고 거리의 극렬 시위대와 합류하니 반미 감정의 발산 뿐이라는 국민의 따가운 시선을 면키 어려울 것 같습니다.

국회의원에 대한 불신이 하늘을 찌르는 형국인데 불행한 것은 우리나라 정치인들 대부분이 종교인이라는 것입니다. 그러니 종교 또한 신자들 지도에 있어 큰 허점을 드러내는 결과가 되어 맹성을 촉구받게 됩니다. 이 점은 여야를 불문하고 기성 정치인들이 더욱더 맹성을 촉구받는 대목입니다. 정치 지도자들에게 요구되는 덕목은 한마디로 언행 일치입니다. 이런 것은 한국 종교 지도자들에게도 정도의 차이는 있겠지만 그대로 적용됩니다. 천주교 사목자들도 지난날에 비해 교우들의 신임도가 떨어지는 편이란 말을 심심치 않게 듣게 됩니다. 그리고 요구되는 것이 직무에 대한 성실성입니다. 사목자들이 생명을 바치면서라도 피해야 할 것이 성직을 사회인들의 생활방편인 직업처럼 직업적 의식으로 수행한다는 평을 듣는 것입니다. 사목자들은 스스로 조금이라도 그런 의식을 갖거나 그런 분위기를 풍기지 않는지 깊이 성찰해야 합니다. 그야말로 성직자의 성직 수행은 헌신이며 성직자의 존재와 삶과 성직 수행이 같은 하나일 수밖에 없기에 생명을 다 바치는 열성으로 수행해야 합니다. 사제의 존재는 그리스도의 화신(化身)입니다. 사제는 그리스도의 강생과 십자가의 수난과 죽음과 부활을 자신의 삶으로 실현하는 화신입니다. 사제의 삶은 삼위일체인 하느님 안에서 영원에서 영원으로 교류하는 사랑과 행복에 인간을 참여케 하는 하느님의 아들 그리스도 삶의 화신입니다. 사제는 이런 화신의 삶을 매일 미사 성제(聖祭) 거행으로 실현합니다. 사제는 사람들의 죄를 그것이 어떤 죄이든 그리스도께서 하신 것처럼 직석에서 사하는 그리스도의 화신입니다. 이렇게 사제는 사람들의 삶 고비고비에 필요한 성사(聖事), 즉 거룩한 일을 하는 그리스도의 화신입니다. 사제의 삶은 사람이 이 지상 삶을 마치고 영원으로의 길을 떠날 때, 하느님의 생명에로 인도하는 그리스도의 화신입니다. 무엇보다도 사제의 삶은 삼위일체의 영원한 사랑으로 사람을 사랑하신 그리스도의 화신, 사랑의 화신입니다. 사제는 사람들의 고통과 아픔이 있는 곳에 현존하는 그리스도의 화신입니다. 사제는 그리스도의 사랑의 화신상(化身象)을 구현하기 위해 끊임없이 기도하는 사람입니다. 사람들은 사제가 기도하는 것을 보고 신뢰하고 안심하며 자기들도 은혜를 받는다고 기뻐합니다. 사제는 끊임없이 기도하는 사람이어야 합니다. 사제는 땅 끝까지 가 복음을 선포하고 성부와 성자와 성령의 이름으로 세례를 베풀어 사람을 영원한 생명에로 이끄는 하느님의 사람입니다.

저는 그동안 젊은 세대가 공산주의적 좌경에 물드는 것을 걱정했습니다. 그러나 몇 년 사이 또 다른 젊은 세대들은 종북 야당도 배척하기에 이르렀다는 것을 확인하게 되어 앞으로 한국의 밝은 앞날을 보게되었습니다. 그렇기에 국회에 진정한 무소속들이 다수 출현하여 지금의 여야 체질을 완전히 바꾸어 제대로의 정당 정치를 실현시키면 하는 바람입니다. 젊은 층의 압력만으로는 현재의 여야가 완전히 탈바꿈하기는 어려울 것이니 젊은이들의 의기를 따라 국민이 대오각성(大悟覺醒)하여 다음 총선에서는 썩고 무능하며 사리사욕에 눈이 멀어진 기존의 정치인들을 학연, 지연, 혈연 등의 사슬을 다 끊고 무자비하게 탈락시켜 참된 민주 정치를 실현하게 해야 합니다. 이 도정은 단번에 기적과 같이 이루어질 수는 없겠으나 한국 젊은이들의 정의감의 전통을 이어 받아 다음 총선 때부터는 새로운 싹이 움터 오르기를 기대하는 마음 간절합니다.

우리는 앞으로 세계 개도국들에게 경제적 발전의 모범이 될 뿐만 아니라 자유민주주의 정착의 모범이 되어야 하기에 개도국들에게 앞으로 겪어야 할 인권존중의 자유민주화 과정이 험난하다는 것을 보여주어야 합니다. 그뿐만 아니라 그런 과정을 거쳐야 인권이 보장되고 자유민주주의가 성취된다는 표본을 복잡다단한 개인과 집단 관계의 개발도상국 국민들에게 보여주어야 합니다. 저는 나라의 운명이 풍전등화(風前燈火)이고 제 개인의 생명이 머리와 가슴에 총구를 들이대 죽음이 경각(頃刻)에 달렸을 때에도 한 번도 실망하거나 좌절한 적이 없습니다. 그것은 이 나라가 성모님께 고스란히 바쳐진 나라이고 제 생명도 사제 성소를 위한 간절한 기도를 성모님께 드리며 성모님께서 계속 밀려오는 모든 죽음의 올가미에서 벗어나게 해 줄 것이라는 희망 때문이었습니다. 이를 좀 더 부연하겠습니다.

첫째, 인류문화적 차원입니다. 저는 인류문화 발전을 하느님 창조계획의 새로운 단계의 실현으로 바라봅니다. 그렇기에 3천 년대 들어 인류문화의 중심이 서구 중심, 더 구체적으로는 백인 중심에서 동양 중심으로 옮겨 오고 있다고 생각합니다. 문화란 사람이 사람답게 사는 삶의 양태인데 인간은 하느님의 모습으로서 지성과 양심으로 인간다운 삶을 영위합니다. 그렇기에 인간은 잘못된 본성으로 잘못 가기도 하지만, 전체적인 입장에서는 하느님의 모습으로서 올바른 더 나은 삶으로 옮겨갑니다. 그것은 하느님 창조계획의 더 좋은 단계의 실현입니다. 그것은 더욱 폭을 넓혀 3천 년대에는 전(全) 인류가 공존(共存) 공영(共榮)의 단계로 접어드는 것입니다. 하느님은 우주와 세상을 모든 사람들이 형제와 같이 협력하며 사랑하여 다 같이 잘 살기 위해 창조하였습니다. 오늘날 이와 같은 삶은 가장 깊은 사상과 가장 오래된 종교들을 발생시킨 큰 대륙이자 인류 인구의 태반을 차지하며 하늘과 땅과 바다의 무한한 자연 자원과 인적 자원을 가진 아시아에서 새로운 인류문화로 개화(開花)해 가는 것입니다. 그런데 그것은 지금 동아시아에서 먼저 피어날 것인데 기이한 경위를 통해, 일본도 중국도 아닌 한국이 그 중심 역할을 해야 할 사명을 하느님으로부터 받게 되었습니다. 그 구체적 예는 2010년 11월에 열린 G20 서울정상회의가 그 개막(開幕) 테이프를 끊은 셈입니다. G20 서울정상회의에서 제가 제기한 인류의 공존(共存) 공영(共榮)을 위한 개도국 개발안 제의와 채택이 이루어졌습니다. 이로써 지난 500년 동안 식민착취에 대한 속죄와 착취한 부(富)의 대가, 즉 속죄의 정신으로 발전에 뒤떨어진 개도국들을 개발해 줄 것을 한국이 제안하고 실천케 하는 것입니다. 이것은 극히 높은 단계의 인류문화 실현입니다. 이것은 하느님 창조경륜의 더 높은 단계의 실현입니다. 그렇기에 이것은 사람의 사랑, 하느님의 사랑의 실현이어야 합니다. 하느님은 하느님 삼위일체 안의 사랑으로 만물을 창조했기 때문입니다. G20 서울정상회의 개도국 개발안에 전 인류가 환호했으나 주최 측 실천기구 설치의 아이디어 부족으로 그 실천이 난관을 만날 것 같아 우려했습니다. 그 아이디어를 후일 이메일과 비서관 등을 통해 이명박 대통령에게 보충하고 건의했습니다. 단적으로 말해 그것은 새로운 "세계 개도국 개발은행"을 서울에 설치하는 것입니다. 이런 은행이 서울에 설치되어야 직·간접으로 식민지와 전세계적인 영토 착취 및 경제 착취를 한 선진국들의 개도국 개발자금이 서울 개발은행을 통해 세계에 산지사방으로 드나들게 되어 서울은 세계 금융의 중심이 되게 됩니다. 이를 통해 한국의 수많은 유능한 젊은이들이 전 세계의 오지까지 누비며 3천 년대 인류가 명실공히 하나되어 공생(共生) 공영(共榮)하는 데 절대적인 역할을 하게 될 것입니다. 그런 은행 개발과 유치에 이른바 선진국들의 각축이 예상됩니다. 그러나 개도국 개발안 발의를 한국이 제안해 개도국 172개국을 한국이 업은 채, 오랜 인류문화의 산출처이며 인류 인구의 태반을 보유하는 동양에, 그것도 서울에 있어야 한다는 당위성에 반론을 제기할 수 없는 시기와 계제에 도달했습니다. 그런 은행 설립에 가장 중요한 국가들은 개도국 당사자들입니다. 수혜(受惠)국인 개도국들 또한 서울을 찬성할 입장입니다. 이른바 선진국들은 지난날의 죄과(罪科) 속죄 의식과 현재와 앞으로의 생산품 판매 소화를 위해 그 소비처인 개도국들의 눈치와 비위를 살펴야 하는 처지입니다. 그렇기에 그런 경제 중심, 즉 앞으로 무한대의 가능성을 가진 개도국을 등에 업고 한국이 세계 중심국으로 도약할 기회를 스스로 박찬 결과가 되었습니다. 스스로 박찼다는 것은 실천기구로서 회원국들의 지분 조정으로, 스러져 역사 속으로 사라져 가는 IMF를 오히려 한국 측이 살려놓고 강화한 것을 의미합니다. IMF는 G7 세계 경제 착취 시기에 착취 기구로 등장했습니다. 그렇기에 영국 명문대 경제 전문 출신이라는 말레이시아 총리는 유력지와의 인터뷰에서 자기는 어떤 일이 있어도 IMF의 도움을 청하지 않을 것이라고 말했습니다. 그런데도 이명박 대통령은 어떤 경제 보좌관의 조언을 받았는지 시대가 다 지난 G7의 착취 시기 기구인 IMF, 죽어 없어져 가는 IMF를 되살리는 데에 앞장서는 우를 범한 셈입니다. 옛 속담에 "알아야 면장을 한다"는 말이 있었습니다. 그러니 미국의 위세에 눌려 IMF 기구 소재지는 뉴욕이 되었지만, 미국이 옛 식민지를 많이 거느렸던 프랑스에게 IMF 소재지를 미국 뉴욕으로 해, 꿩과 알은 다 먹되 총재 자리를 프랑스에 양보하여 체면 유지를 시켜 준 것으로 생각됩니다. 그런데 꿩도 알도 다 먹을 위치에 있는 한국이 무식으로 인해 입에 다 들어온 고기 덩어리를 스스로 뱉으며 느닷없이 개도국 개발의 새로운 기구 설정으로 말미암아 사장(死藏)이 재촉되는 IMF를 살려놓으니 프랑스야 얼마나 고마웠겠습니까. 그러니 아마도 2011년 11월 프랑스 G20 칸 정상회의에 앞서 한·불 정상회의 명목으로 이명박 부부를 파리로 초청하여 융숭한 대접을 한 것이 아닌가 싶습니다.

2011년 11월 3-4일에 열린 G20 칸 정상회의를 앞둔 10월 24일 정의와 평화 문제에서 세계에서 가장 객관성과 공정성을 유지하고 이론적 실천적 가치의 규준이 되는 교황청 "바티칸 정의평화위원회"에서 IMF는 더 이상 할 일이 없을 것이기에 새로운 경제 기구의 필요성을 말했습니다. 약소국, 개도국, 빈국을 도울 새로운 "세계 중앙은행" 설립을 역설하는 성명을 발표하였습니다. 이런 교황청 안은 저의 "IMF 폐기론"과 "세계 개도국 개발은행" 설립안과 양태를 조금 달리 하긴 했어도 그 핵심과 표현이 같습니다. 저의 IMF 폐기론과 "세계 개도국 개발은행" 설립 안은 제가 2010년 11월 G20 서울정상회의 때부터 강력하고 다각적으로 주장해 왔고 교황청 IMF 무용론과 "세계 중앙은행" 신설론은 저의 안과 같아 제게 큰 위로와 용기를 갖게 해 주었습니다. 저는 인류문화 진보 선상에서 미래투시적으로 말한 반면, 교황청은 국제관계 등을 고려하여 좀 더 문제를 포괄적으로 완곡하게 발표한 것입니다. 이렇게 유사하게 된 것은 아마도 미래사목연구소가 발행, 교황님을 위시하여 교황청 주요부서장 추기경님들께 보내는 〈사목정보〉지 영문판에 의한 어떤 교감 때문이 아닐까 하는 생각입니다. 이런 교황청 성명은 칸 G20 정상회의가 겉으로는 멀쩡해 보여도 속으로는 휘청케 했을 것이 분명합니다.

둘째, 신앙적 차원입니다. 그것은 18세기 신앙은 무지몽매한 시기나 문화적으로 뒤떨어진 사람들이나 받아들일 것이고 진정한 문화인은 신앙이나 교회 따위와는 전혀 상관없다는 사상이 파리를 중심으로 프랑스 전역과 유럽 전체에 퍼져 갈 때, 원죄 없으신 성모님께서는 그런 지식인이나 문화인에게는 아니고 남부 루르드에 사는 소녀 베르나데트에게 나타나시어 인류에게 갈 길을 제시하셨습니다. 그 때 프랑스 선교사들은 하느님 구원의 말씀과 구원 자체를 전해 주기 위해 이 땅에서 조국의 성모님 발현을 생각하며 원죄 없으신 성모님께 이 나라 전체를 위탁하며 순교하였을 것을 쉽게 생각할 수 있습니다. 그렇기에 그 후에도 한국 천주교의 상징인 명동성당과 이 나라 온 땅을 원죄 없으신 성모님께 바친 것입니다. 그러면서 프랑스 선교 순교 성직자들은 한국 신자들에게 아주 훌륭한 성모님께 대한 신심을 유산처럼 남겨주셨는데 그것은 성모님의 대표적 신심인 묵주의 기도에 대한 깊은 신심입니다. 한국 신자들은 묵주의 기도에 대한 신심이 유달리 뛰어나 성모님의 은혜를 한없이 받는다고 생각합니다. 그렇기에 한국 식민지 해방의 원천인 미·일 전쟁의 단초인 일본군의 하와이 진주만 기습도 12월 8일 원죄 없이 잉태되신 성모님 축일, 즉 성모님께서 세상의 생명을 시작한 경축일에 감행되었습니다. 한국이 해방된 날은 성모님이 하늘로 올라가신 성모님의 승천대축일 8월 15일이었습니다. 저는 이런 성모님의 한국에 대한 특별 보호에 대한 믿음은 가히 절대적이기에 1974년 월남에서 미국이 패전하여 삽시간에 철수할 때, 어떤 대학교수님이 저를 찾아와 자기는 자유를 찾아 혈혈단신 적수공권(赤手空拳)으로 남한으로 도피해온 북한 출신인데 남한마저 월남 꼴이 되면 자기는 일차적으로 공산당에 의해 숙청 내지 탄광행이 될 터인데 이 일을 어찌하면 좋겠느냐는 한탄이었습니다. 저는 확신에 찬 대답을 그분에게 주었습니다. 성모님께서 남한을 보호하실 거라고 하였습니다. 인간적 지혜로만 생각할 때 남한이 북한 공산당 수중에 들어갈 것은 불을 보듯 뻔한 것이었습니다. 그러나 남한 거의 전부가 북한 수중에 들어가고 자유 대한민국은 부산 지역만 간신히 남았다가 성모님의 도우심으로 남한 전토를 회복하고 경제적·자유민주적으로 발전하게 되었는데 공산주의 수중에 들어갈 것이었다면 그때에 끝날 것이었을 것이라고 했습니다. 이렇게 된 것은 다시 한 번 성모님이 신자들의 열렬한 묵주기도의 신심을 보시고 큰 은혜를 내리시기 위한 것이니 묵주의 기도를 열심히 바치라고 했던 것입니다. 그때 한국의 실상은 군사적으로나 경제적으로나 북한이 우세한 편이었고 베트남에서 패배한 미국은 중국과 근접한 아시아 대륙에 군 주둔 등으로 피 흘릴 이유가 없기에 한국에서도 일단 유사시에 철수한다는 풍설이었습니다. 또한, 그것이 사실이라는 말까지 소식통을 통해 듣고 있는 터였습니다. 그러나 저는 인간의 지혜나 힘이 미치지 못하는 어떤 초능력이 작용할 것을 확신하고 있었기에 그런 말을 서슴지 않고 했습니다. 아니나 다를까 북한의 김일성 주석은 잃을 것은 38선 철조망이고 얻을 것은 남한 전부라고 호언장담했다는 것입니다. 이런 계제에 놀라운 힘이 작용했습니다. 김일성 주석은 베트남 모델대로 남한의 적화 통일을 할 수 있는 절호의 기회를 놓치게 되는데 그것은 중국의 양해를 구한 것이었습니다. 즉 남한 침공을 위한 중국의 양해와 도움이 필요한 것으로 생각하여 김일성 주석은 북경을 방문하고 실질적 권력자인 등소평(鄧少平)에게 사정을 논의했습니다. 등소평은 자기도 권좌에 복귀한 지 얼마 되지 않은 터라 반대했기에 김일성 주석은 더 이상 남침으로 남한 공산화를 단념할 수밖에 없었다는 것이었습니다. 그때 만일 김 주석이 북경과 상의하지 않고 군사적으로 남한을 먼저 침공하였다면 틀림없이 남한 적화통일에 성공했을 것입니다. 저는 이런 놀라운 사건이 성모님의 도움이라고 믿으며 그 교수님도 그 후로는 강의 차 버스로 한 시간씩 출퇴근을 할 때마다 묵주신공으로 시간을 채우던 것이 습성이 되어 묵주신공이 몸에 배게 되었다고 합니다. 그런 놀라운 힘의 원천은 묵주의 기도인데도 근래에 와서는 전과 같이 버스나 지하철 같은 데서도 심심치 않게 묵주의 기도를 바치는 부인들이나 남자 분들을 보았습니다. 그런데 지금은 거의 자취를 감춘 것 같아 나라의 앞날도 걱정이 됩니다. 이런 특별한 은혜는 이런 분들에게 격외적으로만 주어지는 것이 아니라 묵주의 기도를 잘 바치는 신자 누구에게나 주어지는 것입니다. 2012년 새해를 맞는 여러분도 이 새 아침에 성모님께 굳은 약속을 드리고 실천하여 이 해가 끝날 때, 과연 그렇더라는 고백을 할 수밖에 없는 처지가 되어 보시기 바랍니다. 어찌 기도에는 묵주의 기도만이 만능 영약(靈藥)이겠습니까. 교회의 모든 기도와 영적 희생과 사랑의 행위가 다 그런 것이 아니겠습니까. 여기서 본인은 묵주의 기도의 특효를 말한 것뿐입니다.

끝으로 총선과 대선으로 나라의 운명이 젊은이들 손에 있듯이 교회에 사활(死活)이 달린 젊은이들 사목에 주안점이 주어진 사목, 그 말이 그 말인 사목을 넘어 떠나가는 젊은이들을 떠나가는 현장으로 되돌려 오는 사목의 한 해가 되기를 기도합니다. 더하여 점차 급증하며 버려져가는 노인 문제와 비참하게 소외된 사람들에 대한 사랑의 사목이 이루어지는 한 해가 되기를 바라며 기도합니다. 새해에 두루 하느님의 축복 많이 받으십시오.

3. 월간 〈사목정보〉 2012년 신년 대담을 마치고 - 최홍운 고문

† 그리스도의 평화

지극히 존경하올 교황명예고위성직자 정의채 몬시뇰 님께

안녕하세요.

언제나 열정적이시며 높은 경륜과 예언자적 통찰력으로 저희와 모든 이를 올바른 길로 이끌어 주셔서 감사합니다.

지난 해 12월에 가진 월간 〈사목정보〉 신년기획으로 기획한 정의채 몬시뇰 님과의 대담은 저에게 너무나 영광스럽고 값진 가르침을 받은 자리였습니다. 정 몬시뇰 님의 놀라운 예지와 국내와 세계적인 차원의 폭 넓은 정보력에 감탄했습니다. 또한, 3천년에 걸쳐 인류가 이룰 수밖에 없는 창조사 구현 사상은 일생을 언론계에서 바친 저로서는 듣지도 보지도 상상도 못했던 탁견이라 하겠습니다. 더욱 놀라운 것은 말씀과 저서로 밝히시는 시간과 공간, 하늘과 땅의 크고 작은 사건들이 모두 실현되는 몬시뇰 님의 예언자적 말씀들에 대해 또 한번 감탄하며 고개 숙여 존경합니다. 이러한 것들이 이번에 출간하시는 『인류문화 지각 변동 속의 한국』1·2·3권에 녹아 있습니다.

그런데도 모든 면에서 일천한 저를 전화로, 또 이메일로 칭찬해 주시니 몸 둘 바를 모르겠습니다. 늘 건강하시고 오래 오래 저희와 이 시대를 이끌어 주시기 청하옵니다. 천주님의 은총 많이 받으시고 복된 나날 보내시기 기원합니다.

감사합니다.

2012년 2월

최홍운 베드로 올림(現 월간 〈사목정보〉 고문, 서울신문 편집국장 15년, 이사대우, 가톨릭대학교 생명대학원 겸임교수, 한국가톨릭언론협의회장, 새언론포럼 회장 등을 역임)

4. 인류공통문화 지각변동 속의 한국 2권

목차

1) 베네딕도 수도회(덕원)의 말기 경제 문제
2) 베네딕도회 분도 지(誌) 2011년 여름호 인터뷰
: "한국 가톨릭교회 대표 원로 정의채 바오로 몬시뇰 인터뷰"
11. 한국 천주교 선조 시성시복 준비 출판 기념회 축사

5. 인류공통문화 지각변동 속의 한국 3권

목차

12. 2천년 성탄을 맞으며

13. 독도 문제

14. 가톨릭철학회 제2회 개회사 (2000년 2월)

한국 가톨릭 철학회 제5회 학술회의 축사

    14-1. 가톨릭철학회 제5회 학술회의 축사 연세대학교 (2003년 2월)

15. 토마스 아퀴나스의 철학과 신학체계

    - 그의 「시학대전」을 중심으로- (2004년 2월)

16. 수원교구 시성시복 세미나에 대한 말씀 (2010년 1월)

17. 지난 두 천년을 돌아보며 새천년 여명에서

    - 기조 강연, 제33차 학술회의, 주최 한국그리스도사상연구소

    후원, 새천년 복음화사도회, 2010년 6월 12일(토)

    장소:서울 정동 프란치스코 교육회관 4층

18. 『모든 것이 은혜였습니다』서평, 김현태 신부

    - 〈평화신문〉 2011년 1월 9일

19. 수원 가톨릭대학교 신학부 3학년 신학생들과의 대담

    장소: 한국그리스도사상 연구소

    일시: 2011년 4월 23일 성 토요일 오후 1시 30분-5시

    19-1. 수원 가톨릭대학교 신학부 3학년 신학생들과의 대담에 대한

        대구가톨릭대학교 신학대학 학장 전헌호 신부의 평가

20. 한국그리스도사상연구소 제 35차 학술회의 기조강연

    제목: 청소년 사목의 비전 설정을 위한 제언

    장소: 정동 프란치스코 교육회관 4층

    일시: 2011년 6월 11일(토) 오후 2시

6. 정의채 몬시뇰 이력

(Philosophy and Christianity), 주최: 교황청, 집행: 파리 가톨릭 대학교 철학대학, 장소: 파리 UNESCO 본부, 후원: UNESCO, 프랑스 정부

2000   중국 북경 보인 대학(공산정권 추방으로 現 대만 소재) 70주년 국제 가톨릭철학대회 발표, 주제: 3천 년대 동·서 문화의 기초 개념으로서 새로운 생명문화관 정립(The Philosophy of Life in the Oriental and the Western Philosophy), 표어: "생명을 사랑하자, 풍요롭게 하자!"

2002   "우리 시대의 폭력, 정의와 평화"(Violence, Justice and Peace in our Times) 발표, (제5회 아시아 가톨릭철학회와 미국 워싱턴 가톨릭대학교, "International Society for Metaphysics and Council for Reseach in Values and Philosophy"와 공동 주최. 장소: Okura Akademia Center, Chiba, Japan

2004-현재   아시아 가톨릭철학회 명예회장

2005-현재   한국 가톨릭철학회 명예회장

2005   교황 명예고위성직자 서임

2008   대통령 위촉 건국 60주년 기념사업위원회 위원

2008-현재   대한민국 국민원로회의 회원

2009-2011   대통령 자문 국민원로회의 위원 2회 연임, 제3회 연임 요청 사절

2009-현재   대한민국 태평관 기영회(耆英會)위원(33인 원로 학자 모임)

수상

1982. 12. 4. 국민훈장 석류장 수상(교육 공로)

1991. 8. 3. 국민훈장 모란장 수상(학문적 업적과 공로)

1993. 5. 5. 평안북도 문화상 수상

2003. 10.   한국 가톨릭 학술상 수상

2003. 11.   '칭찬합시다' 운동 중앙회 시민상 수상

2009. 12. 2. 한국 가톨릭 매스컴 특별상 수상(토마스 아퀴나스의 "신학대
　　　　　　 전 번역 시리즈 공로), 한국 천주교회 주교회의 매스컴위원회

＊정의채 몬시뇰의 저서와 역서는 2004년 12월말 현재 30여권에 달하며 논
문, 국내외 학술회의 발표문, 시론, 신문 인터뷰, TV, 라디오 대담 등은
2004년 12월말 현재 350여 편에 달한다. 그 후 오늘에 이르기까지 수많은
학술 발표문, 시론, 대담 등을 발표하여 국내와 국제 사회에서 3천 년대 인
류의 삶인 인류공통 문화 형성과 방향 지시에 지대한 공헌을 했다. 앞으로
인류공통 문화는 1990년대 초반에 인류사상 초유로 시작한 "생명문화"가
(모든 것이 거짓인 한국에서는 "사심문화" 혹은 "진실문화"를 거쳐) "사랑의
문화"로 뒷받침되는 한, 마을 혹은 한 가정의 삶과 같은 인류공통 문화로 진
화할 것이다. 정의채 몬시뇰은 인류가 이를 실현하는 과정에서 많은 우여곡
절을 겪으며 하느님의 창조경륜을 전진적으로 실현해 갈 것이라고 한다. 〈편
집자 주〉

저서

－『모든 것이 은혜였습니다 －인류공통 문화의 흐름과 한국사회와 교
　회』, 미래사목연구소, 초판, 증판 총 4쇄, 2010－2011.

－『사상과 시대의 증언』I, II, 바오로딸, 1990.

－『삶을 생각하며』, 바오로딸, 1995.

－『시간과 영원 사이의 진리』, (영문과 한글 공저, 영문편은 정의채 신부 저)

한국그리스도사상연구소, 2004.

- 『인류공통문화 속의 한국』1,2,3권, 위즈앤비즈, 2012, 출판 중.
- 『젊은이들을 위한 철학』, 가톨릭철학교재 편찬위; 위원장 정의채 지휘로 편찬, 이문출판사, 1988.
- 『존재의 근거 문제』, 성바오로출판사, 1판, 1981, 증보판, 2판 43쇄, 2000.
- 『존 듀이의 윤리 학설과 토마스 아퀴나스의 윤리 학설의 비판적 고찰 – 형이상학적 관점에서』, 가톨릭대학교 출판부, 1995.
- 『주님의 기도 묵상』, 바오로딸, 초판, 2003, 4쇄, 2008.
- 『중세 철학사』(공저), 10판, 지학사, 1998.
- 『철학』(고등학교 교재), 가톨릭철학교재편찬위, 위원장 정의채 지휘로 편찬, (문교부 인정 우수 교재), 이문출판사, 1989.
- 『하이데거의 철학사상』(공저), 분도출판사, 1978.
- 『현대의 무신론』(공저), 분도출판사 1982.
- 『현재와 과거, 미래, 영원을 넘나드는 삶』1,2,3, 가톨릭출판사, 2003.
- 『형이상학』, 13판, 바오로딸, 1판,1975, 4판 총13쇄, 2010.

외국어 저서 및 논문

- *De naturalismo experimentali secundum John Dewey quatenus est fundamentum ethicae ejus pricipiisque theoriae ethicae deweyanae et critica eorum secundum Thomism*, Universitas Urbaniana, Roma, 1960.
- 日本の文化視察をえて, Paper to the Japan Foundation, Tokyo, 1975.

- Seminary Formation in the Context of Catholic University, Synods Episcoporum VIII, Vatican City, 1990.
- *La mission des catholiques en Asie*, in RAISON PHILOSOPHIQUE ET CHRISTIAISM A L'AUBE DU IIIe MILLÉNAIRE, Cerf, Paris, 2004 (이 논문은 위 불어 단행본에 2편으로 출판).
- *La reconcontre entre les représentations orientale etoccidentale de l'homme*, Ibidem.
- *Comparative Study on Ethics of John Dewey and Thomas Aquinas*, Journal of Philosophy and Religion Vol. 7 No. 1, 2006.
- *Contrasting the Phiosophy of Life in Eastern Philosophy and in the Philosophy of Aquinas from the Perspective of Immanence and Transcendence*, Ibidem, Vol.7, No. 2.
- *The Philosophy of Life in Oriental Philosophy and in the Theory of Thomas Aquinas (the Original Subject, Violence, Justice and Peace in Our Time with subtitle A Comparative Study of St. Thomas and Confucianim*, Ibidem. Vol. 10 No.1-2, 2009.
- N*ew Flow of Common Human Culture, Korean Society and Religion- As a -Realization of Divine Economy of Creation*, ⟨Catholic Pastoral Information⟩, 2010.

역서

보에티우스, 『철학의 위안』(A.M.S. Boetius, De Consolatione Philosophiae), 초판, 1964, 3판 총12쇄, 열린책들, 2003.
성 토마스 아퀴나스, 『有와 본질에 대하여』(De ente et essentia), 라틴-한글대역, 가톨릭대학교 논문집, 서광사, 2판, 총 7쇄 이상, 바오로딸,

2011.

제2차 바티칸 공의회 문헌 번역:

- 교회에 관한 교의헌장(라틴-한글대역판, Lumen Gentium, C.
  Vaticanum Ⅱ), 한국천주교중앙협의회, 1966.

- 그리스도교적 교육에 관한 선언(Gravissimum Educationis, C.
  Vaticanum Ⅱ), 한국천주교 중앙협의회, 1967.

  교회의 선교 활동에 관한 교령 (Ad Gentes, C. Vaticanum Ⅱ), 한국천
  주교중앙협의회, 1967.

- 수도생활의 쇄신 · 적응에 관한 교령 (Perfectae Caritatis, C.
  Vaticanum Ⅰ), 한국 천주교중앙협의회, 1967.

토마스 아퀴나스,『신학대전』Ⅰ,Ⅱ,Ⅲ,Ⅳ,Ⅴ,Ⅵ,Ⅹ,ⅩⅠ,ⅩⅥ,(라틴-한
글 대역), 1985-2003.

Ⅰ (제1부 제1-12 문제), 제5판, 바오로딸, 1985-2002.

Ⅱ (제1부 제13-19 문제), 제2판, 성바오로, 1993-1994(제2권만 한글 단역)

Ⅲ (제1부 제20-30 문제), 제4판, 바오로딸, 1994-2000.

Ⅳ (제1부 제31-38 문제), 제1판, 바오로딸, 1997.

Ⅴ (제1부 제39-43 문제), 제1판, 바오로딸, 1998.

Ⅵ (제1부 제44-49 문제), 제1판, 바오로딸, 1999.

Ⅹ (제1부 제75-78 문제), 제1판, 바오로딸, 2003.

ⅩⅠ (제1부 제79-83 문제), 제1판, 바오로딸, 2003.

ⅩⅡ (제1부 제84-89 문제) 출판 예정, 바오로딸, 2012.

ⅩⅥ (제2부의 2, 제1-5 문제), 제1판, 바오로딸, 2000.

논문, 국내 · 외 학술회의 발표문, 시론, 신문 인터뷰, TV 대담 등(일부 게재)

「과학기술 시대와 비인간화의 문제」, 성심여자대학 자연과학연구소 연보, 1980. 2.

「동 · 서양 문화의 융합과 우리의 진로, 한국 선진화의 싱크탱크」, 〈時代精神〉, 2008, vol. 41.

「東西倫理와 그 사상의 만남」, 가톨릭 대학교, 1991.

「서강 우리의 자랑이어라, 서강 40년과 새천년의 과제」, 개교 40주년 기념 학술대회 개회기조강연, 서강대학교, 2000, 5.

『성직자, 한국교회 선교 의안 해설집』, 정의채 신부 고희 기념문집, 한국그리스도사상연구소. 1994.

「200주년 기념 사목회의 20주년을 맞으며, 200주년 기념 사목회의 의안 재조명」, 정의채 몬시뇰 명예고위성직자 서임 기념호, 한국그리스도 사상연구소, 2004.

「인간 복제와 생명의 존엄성」, 서강대학교 개교 40주년 기념 심포지엄 폐회 기조강연, 서강대학교, 2000, 11.

「존 듀이의 實用主義的 善觀과 토마스 아퀴나스의 內在 超越的 善觀의 比較 研究」, 『토마스 아퀴나스의 철학과 신학체계, 東西思想의 만남』, 한국 그리스도사상 연구소, 2004.

『한국가톨릭대사전』, 한국교회사연구소, 1994-2005: 유(有), 스콜라학, 무신론, 데카르트, 보편논쟁, 성 토마스 아퀴나스, 인과 원리, 형이상학.

Aurelius Augustinus의 『神國論』; 研究-歷史哲學的 見地에서, 가톨릭 대학교, 1976.

7. 저자의 삶

문화적 보람 및 우려

 1992년에 나는 생명문화연구소(서강대학교 부설) 창립과 함께 '생명문화'라는 새로운 용어를 창출하고 실천하였다. 생명문화 연구소의 방대한 『생명연구』 연구지 제1호는 영어로도 번역하여 당시 공산국가였던 소련 모스크바 대학, 북경 대학을 위시하여 미국의 하버드대, 예일대, MIT, 콜럼비아 대학 등을 위시한 교회 대학들과 영국의 옥스포드 대학, 케임브리지 대학, 런던 대학, 파리 소르본느 대학, 독일의 베를린 대학, 뮌헨 대학 등 유럽의 유수 대학들과 일본의 도쿄 대학, 쿄토 대학, 조치 대학, 필리핀의 성 토마스 대학 등의 세계 유수 대학들에게 배분하였다. 또한, 국내의 모든 대학에는 한글판을 제공하여 세계학계에 생명문화의 새 개념을 널리 알렸다.

 2000년 11월 중국의 가톨릭 명문 보인대학교(輔仁大學校) 70주년 기념 세계 가톨릭 철학발표 회의에서는 "동 · 서 생명문화관의 비교와 새로운 인류공통문화 창출: 생명을 사랑하자, 풍요롭게 하자!"라는 주제 발표로 생명문화의 급속한 세계 확산과 실천이 온 인류의 상류층과 중·하류층에 급속히 전파되었고 내게 큰 보람을 주었다. 3천 년대에 수행되어야 할 새로운 인류공통문화의 창출 제안은 모든 국제학술회의와 국제 실천회의의 기초 개념이 되었으며 급속한 실천 파급 효과를 주었다. 이후, G20 서울정상회의에서 정부가 주제를 설정하는 아이디어에 대해 고민하는 중에 나는 "개발도상국 발전안"을 이명박 대통령에게 강력히 제안하였다. 이명박 대통령은 G20 서울정상회의에서 이를 의제로 채택하여 세계 속에서 한국의 위상을 크게 제고하였다. 또한, 이를 뒷받침할 안을 제시하였는데 이는 1970년대 오일쇼크로 발생한 G7의 무력화와 세계 경제를 마음대로 주무르는 새로운 경제 착취의 파이프라인이었던 IMF의 해체하고 개도국 개발은행을 서울에 설치하는 것이었다. 나는 이 안을 이명박 대통령에게 강력히 건의했으나 무산되었다. 이는 정부의 몰이해와 무기력 때문이었다. 오히려 한국은 G20 서울정상회담에서 IMF를 강화하여 '개도국 개발안 실천기구 서울 설치안'을 무산시켰다. 세계가 경탄하는 '개발도상국 개발안'을 약화하거나 무산시킬 위험에 처하게 된 것은 매우 우려스러운 일이었다. 교황청은 프랑스의 G20 칸 세계 정상회의를 10 여일 앞둔 시점, 즉 2011년 10월 26일에 IMF 무용론을 정식 발표하였다. 이런 일련의 세계 움직임은 나에게 보람과 아쉬움으로 남는다.

학문적 성과와 미비

나는 적지 않은 수의 저서와 역서 및 논문을 발표하였다. 그 중 몇 가지는 여기서 언급하는 것이 좋을 듯싶다. 『형이상학』은 1975년에 초판을 냈고 증보판을 거듭하여, 2010년에는 13쇄를 출판했다. 『형이상학』은 한국인 저작으로서는 초유의 것이었으며 2006년 제자 김춘오 교수 신부의 『성 토마스의 형이상학』 출간까지, 어찌 말하면 아직도 한국인 저술 초유의 유일한 『형이상학』 저작이라 할 수 있다. 『존재의 근거 문제』는 1981년에 초판, 2000년에는 증보판 4쇄를 출판했다. 1977년 초판의 『中世哲學史』(김규영 교수 공제)는 출간을 거듭하여 1988년에 10판 10쇄를 냈다. 보완할 시간적 여유가 없어 지금은 증판을 사절한 상태다. 그리고 보에티우스의 『철학의 위안』역은 1964년에 초판을 냈고 증판을 거듭하여 2003년에는 12쇄를 냈다. 그 동안 해당 분야의 불모지 내지 황야와 같았던 우리 철학계에 이 책들의 출현은 존재론과 중세철학에 대한 초석을 놓고 활기를 띄게 되었다. 말하자면 이런 학문계에 가톨릭이 초석적 작업을 한 셈이다. 또한, 부연할 것은 성 토마스의 『신학대전』 라틴-한글 번역이다. 나의 개인 번역으로 1985년 제1권 초판이 나온 후, 10여권을 냈다. 『신학대전』 라-한 대역이 알려지자, 세계학회, 이른바 선진국들인 영, 불, 독, 이, 서반어 밖 언어권에서는 한국의 라-한 대역이 처음이라며 경탄의 대상이 되었다. 약 4년 전부터 제자 토마스 전문학자 교수 사제들과 평신도, 나의 저서에 영향을 받았다는 여타의 젊은 성 토마스 전문학자 교수 10여명이 공동번역을 시작했기에 가톨릭이 서구 문화의 진수를 전하는 작업에 박차를 가할 것으로 보인다.

미흡한 점은 근·현대 문명의 원천지인 유럽에서 가톨릭이 전래되고 한국 가톨릭이 전래 200주년을 1984년에 지내어 지금쯤에는 가톨릭이 한국 문화에도 크게 공헌했어야 했을 것이나 이점에 못 미친 것이다.

교회적 성취와 자성

이 책의 제2-3권에서는 "인류공통문화 지각변동 속의 한국교회의 역할"이다. 조국 현대화와 미래화 측면에서 하느님 창조계획의 비전과 실천을 다룰 것이다. 이런 면의 많은 논의는 세상 질서와 영성 질서가 모두 하느님의 계획에서 나온 것이기에 하느님 창조경륜의 실천으로 인류공통의 삶, 즉 인류공통의 문화 형성을 교회가 선도(先導) 내지 선도(善導)하여 완수할 면을 제시하고 시도한 것이다.

1939년대 후반과 1940년대 초반에 가톨릭 신자 수는 남·북한을 합쳐 약 15만 내지 18만 명으로 들었는데 1970년대 말 남한에서만 150만으로 늘어났다. 젊은 신부로서 한 해에 2,000명의 예비자를 모아 약 1,700명에게 세례를 주는 현장 신부였으니 만족감과 열성이 대단했던 것 같다. 당시에도 화제였던 비결은 별다른 것이 아니었다. 6·25 남북전쟁 혹은 민주와 공산의 이념과 물리적 충돌이 한반도에서 일어나 전국 초토화와 남과 북에 백만을 헤아릴 젊은이들의 사상자와 부상자, 일천만 가족 생이별의 아픈 상처를 가슴 깊이 안고 있었기에 교리 강좌에서는 그들에게 희망을 불어 넣어주어야겠다는 일념으로 임했다. 이는 영원한 구원의 희망만이 아닌, 현세 질서에서의 희망을 되살리고 기도로서 마음의 평화와 고통을 극복하려는 의지를 주려고 노력한 것이다. 또 한 가지는 1981년 초에서 1984년에 걸친 교회 전래 200주년 기념행사 중 백미였던 200주년 기념 전국 사목회의 실무책임을 맡게 된 것이다. 그 당시 교회상은 평신도가 순명 일변도로 교계 즉, 성직자들의 교회라 할 만큼 교회는 위로부터의 이끌음 일변도였다. 그렇기에 나는 바티칸 제2차 공의회가 지난지도 근 20년이 되고 '선교 300년대' 혹은 3천 년대를 눈앞에 둔 교회가 근본적 변화를 일으키지 않고서는 큰 위기에 직면할 것이라고 확신하였다. 이에 가톨릭은 모든 그리스도교의 원조로서 2천 년의 전통을 견지하면서 새로운 양상을 띠어야 한다는 확신으로 안건을 준비하였다. 그 때까지는 상상도 할 수 없었던 밑바탕 평신도의 의견에서 수도자, 성직자들의 의견을 모아 현 사회와 미래가 요구하는 안건을 만들되 그 핵심은 사회 각계각층에서 활동하는 수많은 평신도를 전면으로 등장시켜 그들이 보유한 자연적·초자연적 능력을 십분 활용케 하는 데 두었다. 그것을 명시적으로 표명하지는 않았으나 13 분과에 150명 이상의 위원 중, 위원장 성직자 10여명과 수도자 몇 명 외에는 모든 분야 전문가 평신도들이 적극 참여하여 사목회의를 성공적으로 완수했다. 교황청은 한국의 전국 사목회의가 세계 초유의 형태이고 향후 세계 각국 사목회의의 모범이 될 것이라고 찬사하였다. 그 후, 사목회의는 각계에서 500만 가톨릭 신자를 이루는 데 크게 공헌했으며 한국 교회 발전과 세계교회 발전의 자극제가 되었다.

위에서는 보람된 몇 가지를 말했지만 아래에서는 자성과 자책을 요하는 것을 말하고 싶다. 시간이 지나면서 이런저런 것이 모두 사라지고 실제의 교회상은 외형으로 흐르는 모양새가 되었다. 드디어 지금의 교회상에 관심을 잃은 신자, 특히 젊은이 90% 이상이 교회를 떠나고 있고 이 현상이 가속화 되어 교회는 깊은 자성을 요구받게 되었다. 지금 젊은이들의 특성은 보람 있는 일이라면 옛날과 같이 이해에 구애되지 않고 자기의 생을 바쳐 뛰어든다는 점이다. 이러한 현상은 인류의 재난과 참상이 빚어질 때, 봉사 정신으로 나타나기도 하고 때로는 절해고도 주민들에게 말없이 헌신하는 젊은이들의 미담이 사람의 마음을 사로잡기도 한다. 그런데 왜 이런 젊은이들이 교회를 거의 다 떠나는 것일까.

새롭게 형성해 가는 3천 년대 인류공통 문화는 하느님 창조계획의 새로운 단계 실천인데 교회는 이에 무관심하거나 타성에 젖어 있다. 그렇다고 이런 새로운 문화에 젊은이들이 만족하는 것만은 아니다. 새로운 인류공통 문화의 밑바탕은 '사랑의 실천'인데 지금까지는 사랑이 전면에 나타나지 않았고 무보수 봉사에 그치기에 인류 대참사에 대한 일회적이거나 일시적인 것이 일반적인 현상이다. 그렇다 할지라도 이는 의식적이거나 무의식적인 사랑의 표현이기에 새로운 인류 문화는 젊은이들의 마음을 사로잡는다. 그렇기에 3천 년대의 새로운 인류 공통 문화는 인류창조의 근원으로서의 사랑, 즉 하느님 삼위일체 안에서 영원에서 영원으로 교류되는 사랑에 근거한 봉사로 탈바꿈해 갈 것이다. 그런 사랑의 봉사 형성에 교회가 선도(先導)적 역할을 해야 할 것이다. 그런데 지금 교회가 외치는 영성이나 사랑은 새로운 인류 공통의 삶인 인류공통문화 형성에는 미치지 못하는 것 같다. 그렇기에 새로운 인류문화를 형성해가는 젊은이들은 의식적·무의식적으로 교회의 현실을 진부하게 느끼고 교회를 떠나는 것으로 보인다. 이런 점에서 이태석 신부와 같이 영·육으로 갈라놓는 사랑이 아니라 현실적인 삶 안에서 이루어 놓는 인류 공존(共存)·공영(共榮) 사랑의 실천이 절실히 요구된다. 이런 사랑의 봉사가 세계적 차원에서 이루어질 때, 교회는 젊은이들에 대한 놀라운 흡인력(吸引力)을 발휘할 것이다.

나는 젊은이들에 대하여 국가적으로, 더 나아가서는 교회적으로 20-30여년 전부터 염려하고 걱정하며 권유와 경고를 해왔다. 어떤 의미로는 군사독재 정권의 무서운 후유증, 국가의 운명까지 좌우할 후유증으로 젊은이들의 문제를 걱정하고 경고하였다. 그런데 지금은 모든 것이 현실화된 느낌이되 그때보다 훨씬 더 후퇴한 형태다. 그러나 머지않은 앞날에 새로운 희망을 건다. 세계를 바꾸는 아주 새로운 바람(風) 속에서 한국 젊은이들이 어떤 면에서 주도적 역할을 할 것이기에 때문이다. 여기에서 교회는 우리 젊은이들을 통해 주도적인 역할을 해야 한다. 그것은 지금 세계를 뒤덮고 있는 '생명 문화, 1991년 박홍 전

총장 요청으로 내가 서강대학교에서 발표하여 새롭게 발동시킨 '생명 문화', 즉 "생명을 사랑하자, 풍요롭게 하자!"를 기치로 새로운 문화인 사랑의 문화로 승화(昇華)하여 진화해 갈 것이기 때문이다.

미수(米壽)를 맞으며 돌아본다

나는 금년으로 미수를 맞았다. 젊었을 때엔 생각조차 못했던 장수를 누리는 셈이다. 나는 주임 신부로서 첫 번째 본당인 불광동성당에서 성스러운 미사를 봉헌하고 융숭한 축하연과 대접을 받았다. 주임 신부님과 신자 모든 분께 이루 말할 수 없는 고마움을 느낀다.

위 약력 등에 나타난 것을 보면 나의 삶은 그런대로 보람 있는 삶처럼 보인다. 그러나 실상을 느끼는 대로 말하면, 참으로 겉 다르고 속 다른 셈이다. 어디에선가 이미 밝힌 바와 같이 나는 일본의 식민수탈 정책 극한 시기에 농촌의 유교 집안에 태어나 자란 보통 소년이었다. 보통학교(지금의 초등학교) 6학년 때, 미국 메리놀 신부와의 만남이 오늘의 나로 만들어 놓은 결정적 계기가 되었다. 그 분과의 만남으로 나는 가톨릭 세례를 받게 되었고 내가 신부가 되면 좋겠다는 그분의 권유로 원산 부근에 있던 덕원 신학교에 입학하였다. 1949년 5월 9일 야밤에 공산정권에 의해 수도회와 신학교가 몰수되고 사제 전원이 체포되고 폐쇄되기까지 독일 성 베네딕도회 수사 신부님들께 교육 받은 것이 오늘날 나의 인격적, 학문적, 영성적인 모든 것의 기초가 되었다. 그때 그분들의 삶에 매혹되다시피 됐던 나는 그들처럼 학자가 되어 대학교수도 되고 후배 성직자를 기르는 것을 꿈꾸었던 것 같다. 외형적으로는 꿈을 이룬 듯싶다. 그러나 근년(近年) 들어 더욱 심각하게 느끼는 것은 남을 위해 모든 것을 투신하는 노동 사제나 가난한 이들과 더불어 사는 이름도 소리도 없는 사제가 되었어야 했던 것이 아닐까 하는 자책을 자주 느낀다. 더욱이 근년, 강남 성모병원에 입원했을 때, 옆방에 제자 사제가 있었다. 그는 안동 상지대학 총장까지 지낸 후, 이태석 신부님과 같은 지역에서 아프리카인들을 위해 헌신하다 암의 불치의 단계라며 3개월 기한부이니 3개월 후 부고로 인사드리겠다던 말 그대로 선종했을 때, 나는 충격을 받았다. 미국 가톨릭의 명문 뉴욕 포담 대학에서 학위를 받고 귀국하여 수원 가톨릭대학교 총장 임기를 마치고는 기아와 질병으로 신음하는 아프리카 모지로 떠난 나의 제자, 또 다른 신부님의 투신도 소위 선생이라던 내게 충격으로 다가왔다. 그런 사제들이 근년 들어 적지 않기에 나는 앞날에 희망을 건다. 그런 사제들 뿐 아니라 겉으로는 평범한 것 같으면서도 실제로는 성자와 같은 삶을 사는 청년 사제들을 만날 때 속으로 빈약하기 짝이 없는 자신을 부끄럽게 생각할 때가 여러 번이다. 이것은 겸사의 말도 아니고 그저 있는 그대로의 나를 적는 것뿐이라는 한마디로 모든 것을 대(代)하고자 한다.

2012년 7월 6일
저자 정의채

744-5, 747, 749, 750, 759

가톨릭철학회: 49, 434, 435, 745, 747

갈루치: 199

강남: 232, 251, 628, 707, 717, 759,

강만수: 388

강부자: 232, 241, 251, 256, 274, 329, 409, 473, 491, 601, 715

강산개조론: 659

개도국 개발기구: 619, 620

개도국 개발안: 9, 12, 25, 30-2, 614, 616-8, 621-3, 625, 641-2, 645-6, 711-2, 719, 730, 739, 754

개도국 개발은행: 625-6, 664, 730, 732, 754

개성공단: 399, 467, 510, 513, 548-9

개신교: 39, 53, 210, 228, 252, 350-1, 356-7, 684, 694

개혁안: 69, 102-3, 207, 245, 335

거국 내각: 105, 285

거룩한 전례에 관한 헌장: 66

건국 60주년 기념사업: 300, 304, 310, 365, 501, 537, 747

게이: 46, 430, 508

경부고속도로: 265, 483-4

경성제국대학: 78

경의선: 176

경인 운하: 368, 370, 502, 516

경제 대공황: 359-60, 401, 471

경제 문제: 30, 130, 192, 202, 363, 500, 503, 506, 622, 635, 743

경제 위기: 361, 461, 616

경제공황: 91, 92

경제착취: 31, 597, 620, 641, 645, 662-3, 712

경제포럼: 95

경제회복: 246, 254, 506

경주회의: 619

경향신문: 60, 61, 184, 353, 686

경향잡지: 60, 184

경협: 150, 170, 190, 197-8

계급투쟁: 403, 488, 497

고려대학교: 300

고르바초프: 23, 38

고베(神戸): 690

고소영: 29, 232, 241, 256, 274, 288, 329, 355, 372, 387, 390, 407, 409, 478, 513, 523, 601, 614, 633, 638, 715

고속도로: 301, 302, 483-4

공산 체제: 23, 132, 169, 652

공산당 선언: 39, 360, 402, 471

공산주의: 22, 23, 39, 46, 66, 97-8, 100, 101, 123, 141, 143, 209, 228, 266, 292, 308, 420-1, 430, 459, 461, 495, 573, 580, 694, 728, 733

공생: 23, 30, 32, 49, 111, 434, 488, 497, 618, 652, 720, 730

공약: 71, 136, 221, 245-6, 251-3, 256-7, 263, 278, 285, 290, 321, 343, 355, 389-90, 409, 472, 474, 477, 492, 514, 516, 527-8, 541, 548, 558, 601-2, 633-4

공영: 8, 23, 30, 32, 49, 111, 434, 488, 497, 566, 569, 609, 618, 639, 698, 720, 729, 730, 758

공존: 8, 111, 434, 566, 569, 609, 639, 698,

729, 758

공통 소명: 41

공통문화: 8, 22-3, 25, 30, 39, 41, 43, 48-50, 53, 54, 110, 111, 114, 306, 383, 385, 403, 414-5, 425, 427-9, 432-6, 440-3, 446, 455, 487, 490, 496, 574, 600, 618, 648, 665, 683, 699, 700, 738-9, 744, 748-9, 753, 755, 758

공화당: 134, 164, 386, 492, 550, 563, 609

과거사 규명법: 69, 74, 102, 245

과학기술: 41-3, 54, 55, 155, 159, 168, 173, 360, 386, 402, 428, 437, 440, 442-4, 447-8, 471-2, 488, 497, 624, 724, 752

관동지방: 81

광복 60주년: 298, 303

광우병: 254, 255, 264, 265, 283, 334, 449

광주민중항쟁: 70, 96, 184, 308

교도권: 319-20, 688

교황청: 31, 51, 115, 124-5, 320, 323, 432, 599, 625-6, 670, 672-4, 703, 731-2, 738, 746-7, 754, 756

구속경륜: 159, 173, 211, 323

국가 보안법: 72

국민 대책회의: 279

국민원로회의: 9, 25, 27, 297, 298, 299, 303, 514, 536-8, 557, 566, 569, 584, 612-4, 617, 623, 624, 628, 640, 645, 695, 718, 747

국민통합: 188, 191, 247

국보법: 69, 70, 73, 93, 95, 245

국수주의: 108

국제교류기금: 77, 690

국제철학연맹: 51

국제협력단: 28, 664, 665

국토 개발: 290, 368, 369

국회: 68-9, 71, 73, 76, 81, 82, 84, 87-8, 93, 102, 105, 122, 133, 135, 142, 145, 166, 207-8, 241, 245, 255-6, 260, 271-3, 278, 280, 294, 311, 322, 328, 330, 335, 341, 343, 344, 367, 370, 372, 376-8, 391, 394, 397, 405-6, 408, 410-1, 474, 476-7, 479, 491, 493, 498, 542, 555, 558-9, 562-3, 574, 577, 631, 723, 726, 728

군부 정치: 78

군사정권: 61-2, 70, 87, 90, 96-7, 422, 577, 607

권양숙: 524

권위주의: 83, 448-50, 453-4, 465

그리스: 12, 50-1, 195, 374, 384, 486, 495, 710

그리스도교 사상: 51, 433

그리스도의 왕국: 66, 112, 113

극좌 사상: 245, 335

금강산: 198, 311, 328, 330, 332, 340, 513, 548, 595-6

금수강산: 194, 216, 289, 393, 482, 583, 695

기부 문화: 661

김남조: 307, 646

김대중: 90, 174, 197, 547

김성구: 301, 482-4, 494

김수환: 123, 124, 160, 275, 356-7, 416, 421

김연아: 573, 587, 704

대영제국: 47, 333, 697

대운하: 192-4, 214, 216-9, 222-3, 225, 233-5, 239, 241-2, 245, 252, 256, 263, 277-8, 288-90, 296, 321, 326, 355, 386, 391-3

대의 민주주의: 457, 703

대장금: 305

대희년: 56

더 타임스: 504

도교: 38, 111, 384, 414, 508, 683

도로열린우리당: 220, 272, 331, 347, 406

도미노 현상: 23, 98, 195, 266, 549

도쿄대학교: 47, 666

독도: 250, 260, 337-40, 342-4, 479, 745

독일: 5, 24, 29, 85, 97, 106, 109, 140, 153, 164-5, 189, 192, 197, 213, 315, 333, 419, 457, 461, 480, 483-5, 531, 583, 597, 609, 616, 622, 639, 668, 699, 700, 711, 721-2, 753, 759

동·서 문화: 110-1, 114, 427-8, 430, 485, 489, 495, 499, 724, 747

동계올림픽: 24-5

동북부: 689, 690-1

동북부 대지진: 689, 692

동북아: 223, 341, 403

동아일보: 89, 118-9, 126, 159, 180-1, 292, 380, 520, 617, 621

동티모르: 49, 110

두바이: 216-8, 289, 606

드골: 24, 83, 188, 213, 407, 591

등소평: 734

디자인: 236, 306, 375, 405, 412, 480-1, 518, 533-4

디지털: 277, 279, 281, 292-3, 305, 309, 327, 335, 362, 400, 437, 499

디지털 시대: 326

ㄹ

라이언 몬시뇰: 360, 401, 471

라인강: 192-3, 582

러시아: 85, 101, 266, 298, 437, 500, 509, 511, 546, 616, 639

레닌: 97, 98, 100, 117, 163, 181

레오 1세: 37

레이건: 164, 550, 563

로마제국: 37, 53, 710

로켓 발사: 503, 512

루돌프 엘마: 678

루즈벨트: 91, 360, 401, 471

룩셈부르크: 195, 222

리더십: 189, 269, 283, 391, 405-6, 448-9, 561, 591, 665, 703

리먼브라더스: 620

리앙쿠르 암: 340

링컨: 387, 571, 598, 653

ㅁ

마가렛: 83, 189, 213, 333

마닐라: 51-2

마더 데레사: 23, 54, 159, 204, 435

막스 플랑크 연구소: 29, 668

말레이시아: 115, 731

맑스: 39, 97-9, 100, 117, 163, 181, 360, 401, 471

맑스주의: 38, 53, 99, 227, 347

맥린: 45, 48, 435, 499, 508-9

멜라넌 사건: 415, 509

명동성당: 59-63, 74, 97, 184, 275, 276, 288, 324-6, 356-7, 420, 423-4, 431, 507, 732, 741

모란디니 교황대사: 123-4

모스크바: 266-7, 507, 753

모택동: 593

몽고반점: 81

무라(村): 80

무상 급식: 34, 35

무슬림: 110, 681-4

문민정권: 90

문화 봉사: 623, 664, 666,

문화봉사단: 722

문화혁명: 93

묻지마 투표: 187, 225, 235, 243, 257, 263, 273, 290, 297

물질세계: 22, 428

미8군: 356, 357

미국: 12, 24, 29-33, 42, 44-6, 48, 49, 52, 55, 73, 84, 85, 88, 90-2, 97, 101-2, 109-10, 115, 122, 129, 146-7, 149-50, 153-7, 163, 166-8, 172-3, 175-6, 181, 188-190, 194, 197-9, 204, 213, 223, 226, 228, 230, 232, 241, 251, 255, 257, 260, 265-7, 269, 271, 283, 285, 291-2, 294, 301-2, 305-6, 313-5, 318, 331-2, 334-5, 338-40, 342-3, 347-8, 351-2, 356-7, 359-362, 369, 373-4, 383-7, 392, 397-401, 407, 421-2, 426-7, 429-31, 434-8, 444-5, 449, 451, 461, 464, 467, 470-2, 476, 484-8, 491, 494-500, 504, 506-9, 511-2, 515, 518-9, 533, 540-2, 546-9, 553-4, 563, 568, 570-3, 579, 583, 588, 592, 593, 597, 600-1, 603, 609, 613, 616, 618-9, 621-2, 631, 634-7, 639, 641-3, 646, 650, 652-3, 662-4, 668, 678, 684, 692, 700, 703-4, 708-10, 712, 719, 725-6, 731, 733, 739, 747, 753, 759

미국 국무성: 46, 49, 426, 435

미래기획위원회: 501, 526, 537-9

미래사목연구소: 6, 10, 638, 708, 732, 748

미래지향: 12, 47, 58, 82, 92, 109, 124, 146-7, 183, 195, 224, 230, 237, 297, 315, 317, 354, 370, 375, 378, 420, 489, 500, 502, 522, 587, 589, 598, 646, 656

미사일: 204, 511-2, 541, 547, 567, 615, 636, 637

민생 문제: 35, 128, 472

민심 이반: 102, 104, 291, 353, 367, 525

민족사관: 74-6

민족자결 원칙: 650

민주당: 71, 120, 166, 220, 239, 245, 272, 280, 331, 347-8, 386, 476, 491, 526, 542, 550-3, 630, 693, 717, 723, 726

밀라노: 236, 306, 375, 405, 412, 479, 518, 533

ㅂ

바오로: 20, 23, 38-9, 152, 177, 202, 211, 356, 358, 435, 600, 683

바이언 주: 106

바티칸: 66, 117, 152, 177, 325, 353-4,